한겨레의 역사와 문화의 뿌리를 찾아서

정 연 규

한국문화사

저자와의
협의하에
인지생략

한겨레의 역사와 문화의 뿌리를 찾아서

2008년 7월 10일 초판 1쇄 인쇄
2008년 7월 20일 초판 1쇄 발행

지 음 : 정 연 규
발 행 : 김 진 수
편 집 : 최 정 미

발행처 : **한국문화사**
등록번호 / 2-1276호(1991.11.9)
주소 / 서울시 성동구 성수1가2동 656-1683번지
전화 / 464-7708(대표) · 팩스 / 499-0846
URL / www.hankookmunhwasa.co.kr
e-mail / hkm77@korea.com

책값은 뒤표지에 있습니다. ISBN 978-89-5726-574-1 93910

이 도서의 국립중앙도서관 출판시도서목록(CIP)은 e-CIP 홈페이지 (http://www.nl.go.kr/cip.php)에서 이용하실 수 있습니다.
(CIP제어번호: CIP2008002107)

한겨레의 역사와 문화의 뿌리를 찾아서

정 연 규

한국문화사

마고성(麻姑城)에 빛인 인류사의 여명(70,000년 전)

궁희(穹姬)		소희(素姬)	
황궁(黃穹)	청궁(靑穹)	백소(白巢)	흑소(黑巢)
환인(桓因, 7,198 B. C.)	반고(盤固, 3,898 B. C.	Skeyten	Indus
환웅(桓雄, 3,898 B. C.)	(中原으로 이동 黃河	Babylonia	Ganges
단군(檀君, 2,333 B. C.)	문명 이룩)	Sumer	Maya, 타밀 문명 이룩
(북방 수렵 이동 족 베링		Egypt	(마야족 태평양을
해협을 건너 아라스카		서구문명 건설	건너 미 대륙에 진출)
Eskimo-Aleut문명			

머리말

어느 겨레나 나의 겨레가 언제, 어디에서 비롯되었으며, 어떻게 뭉쳐서 어디로 옮겨 살았는지 알고 싶은 것은 당연한 일이다.

한민족은 자기의 주체성을 잃었을 때 언제나 외국의 지배를 받게 되는 불행을 겪게 된다. 오늘 우리들은 주체성을 잃고 비틀거리고 있는 것이 아닐까? 우리는 우리의 역사, 문화, 그리고 얼의 뿌리 그 실체를 찾는 일이 시급하다. 뿌리가 없는 나무에 다른 나무를 접목시킬 수 없는 것과 같이 우리들의 고유한 전통문화를 잃어버린 민족에게는 남의 문화를 무조건 무비판적으로 수용할 수밖에 없으니, 문화의 식민지로 전락하지 않을 수 없을 것이다.

잃어버린 과거의 행적을 찾아 정처 없이 헤매는 심정으로 이 책을 쓰기 시작했습니다. 동양인 최초로 1,913년에 노벨문학상을 받은 인도의 시인 타고르(1,868-1,941)는 이 나라를 "동방의 등불"이라고 찬양하며, 다음과 같은 시를 남겼다.

일찍이 아시아의 황금시대에
빛나던 등불 하나 코리아
그 등불 다시 켜지는 날
너는 동방의 밝은 빛이 되리라
마음엔 두려움이 없고
머리는 높이 들린 곳
지식은 자유롭고
좁은 담 벽으로 세계가 조각조각 갈라지지 않은 곳
진실의 깊은 곳에 말씀이 솟아나는 곳
끊임없는 노력으로 완성을 향해 팔을 벌리는 곳

> 무한히 퍼져 나가는 생각과 행동으로
> 우리들의 마음이 안정되는 곳
> 그러한 자유의 천국으로
> 내 마음의 조국, 코리아여! 깨어 나소서

"그 빛이 다시 켜지는 날에 동방의 빛이 되리라"고 한 이 한마디는 지금 이 순가에도 우리 겨레의 양심의 고동치는 맥박을 억지할 수가 없습니다. 단군성조의 건국 이상과 고구려, 발해의 그 높은 민족정기를 일깨워주는 밝은 촛불, 동방의 등불 코리어가 되리라.

중국의 한족(漢族)들은 자기들 나라를 세계의 중심이라 하여 중화(中華)라고 부른다. 뿐만 아니라 주변에 있는 민족들은 모두가 야만이라 하여 동이(東夷), 서융(西戎), 남만(南蠻), 북적(北狄)이라 했다. 그러나 중국의 여러 사서들은 동이는 군자국이요, 크고 인자한 사람이 사는 곳이라고 다음과 같이 칭찬하고 있다.

백익(伯益?)의 저서로 알려진 〈산해경(山海經)〉에도 "君子國.....衣冠帶劍....其人好讓不爭" 즉 "동이는 군자국으로 ......의관을 하고 칼을 차며 타투지 아니한다."고 했다.

〈왕제칙기(王制則記)〉에서도 "東方曰夷......言仁而好生 萬物抵地而出" 즉 "동방을 이라고 하는데, 어질고 생물을 좋아하므로 만물이 땅을 밀고 나온다."고 했다.

허신(許愼)이 쓴 〈설문(說文)〉에도 "唯東夷從大 大人也 夷俗仁 仁者壽 有君子不死之國 以孔子乘桴浮欲居" 즉 "오직 동이는 대를 좇으니 대인이다. 이족의 풍속이 어지니, 어진 사람은 장수 한다. 군자가 죽지 않는 나라가 있다하니, 공자와 같은 성인조차도 뗏목을 타고 가고자 하였다."고 했다. 중국의 여러 고전에 나타나는 반고(盤固), 유소(有巢), 수인(燧人), 복희(伏羲), 신농(神農) 황제 등은 모두 동이의 조상인 환웅의 후예라는 것이 분명하다. 다음 장에서 상세하게 논하겠지만 중국의 국조로 받들고 있는 헌원(軒轅)은 환웅의 봉후국인 유웅국(有熊國)의 소전(小典)의 아드님이니 이 황제 역시 동이 계통이다.

위와 같은 기록을 볼 때 옛날부터 중국의 한족 사이에 동이족은 고도의 문화를 가진 종족으로서 숭앙되어 왔으며, 군자국이라고 불려 져 왔다. 그러므로 東

夷族의 夷자가 활/弓/ 과 큰/大/의 합성으로 되어 있으니, 활을 잘 쏘는 용감한 겨레의 별명이라고 생각한다.

4,000여 년 전 단군성조께서 아사달에 도읍하고 이 나라의 국기를 수립하여 다스렸다. 개국 성조께서는 건국이념인 "하늘을 우러러보고, 조상을 숭배하며, 사람을 사랑해야한다"는 기본 사상을 정하고 홍익인간(弘益人間), 민주화 사회를 지향하는 이화세계(理化世界), 효 사상으로 이 겨레의 정통성과 가치관을 세웠다.

겨레라고 하는 것은 우리네 선조들이 물려 준 한 핏줄과 언어 그리고 그들이 창조하고, 개척한 유산인 문화와 문명으로 뭉쳐져 면면히 이어오는 하나의 공동체이다.

소크라테스는 인간을 향해 이런 말을 자주 했다고 한다. 「너 자신을 알라.」 이 말은 평범하게 듣기 쉬우나 참으로 깊은 뜻이 있다. 사람의 삶이란 어쩌면 잃어버린 나를 찾아 헤매는 과정인지 모르겠다.

뿌리가 없는 나무에 다른 나무를 접목시킬 수 없는 것과 같이 우리들의 고유한 전통문화를 잃어버린 민족에게는 남의 문화를 무조건 무비판적으로 수용할 수밖에 없으니, 문화의 식민지로 전락하지 않을 수 없을 것이다.

용비어천가(龍飛御天歌)의 한 구절이 새삼 생각난다. 풀이해 보면"뿌리가 깊은 나무는 바람에 흔들리지 않고 꽃이 예쁘게 피고, 열매가 많이 맺는다. 샘이 깊은 물은 가뭄에도 끊이지 아니하니 내를 이루어 바다로 흘러간다." 우리의 얼이 담겨져 있는 〈천부경(天符經)〉과 〈삼일시고(三一神誥)〉의 정신문화를 받들고, 우리 조상의 홍익인간(弘益人間)의 글로벌 이념을 되찾아 주체성을 회복했을 때, 우리는 세계화 시대를 이끌어 갈 수 있는 21세기의 주역이 될 수 있을 것이다.

우리는 우리의 정체성을 잃어버린 채 외래문화와 종교를 받아들였기 때문에 중심을 잃어버리고 허둥대는 꼭두각시가 되었다. 나는 편협한 민족주의와 국수주의를 반대합니다. 이것은 인류평화에 전혀 도움이 되지 않으며, 오히려 역사적으로 갈등과 증오만을 조장해 왔습니다. 그러나 우리의 조상들이 오래도록 가꾸어 온 홍익인간 정신은 모든 나라와 인류를 이롭게 하는 그로벌 철학입니다. 가이 소르만은 "Globalization is making the world a better place."라고 했습니다. 마고성의 철학이 집약된 이 홍익인간 정신은 인류평화를 추구하고 이룰 수 있는 사상이며, 부처님의 자비심, 예수님의 사랑, 공자님의 인, 노자의 무위자연의 뿌리가 되는 사상입니다.

삼복더위에도 비지땀 흘려가며 농민들은 농사일에 한 눈도 팔 여지가 없는데 양반 선비들은 고루 대각에 앉아서 주기(主氣)다 주이(主理)다. 혹은 기발(氣發)이다 이발(理發)이다 하며 사변적 토론에 여념이 없었으니 그러한 것이 조선조의 지배층과 피지배층 간에 생활양상이었다. 이와 같은 결과로 임진왜란, 병자호란과 같은 외세의 침략을 받으며 생산력은 여지없이 짓밟히고 국민의 생활은 극도로 피폐해져 국력은 점점 쇠약해 갔다.

우리 민족은 외국의 강압에 의하여 또는 자기비하의 사대사상으로 주체성을 잃고, 역사의 뿌리마져 잘라 왜곡시킨 채, 남의 나라 것은 무조건 높이고 받아들여, 굽실대는 거지 근성이 만연해 있다. 우리 겨레 역사의 수레바퀴 속에서 잘못 인식된 우리 역사의 진실을 바로잡고, 어두움을 밝혀, 꺼지지 않는 심지의 불씨가 되어 민족의 정기로 길이 빛나야할 것이다.

동서고금을 막론하고 한 나라의 국력과 그 국력을 구성하고 있는 사회 각 분야의 힘은 그 나라의 자원이나 물질 그리고 특히 과학문명의 발전 여하에 따라 좌우된다는 것은 역사발전의 진리요 누구도 부인할 수 없는 상식이다. 그러나 이와 같은 발전을 이룩할 수 있는 근본적인 힘의 원천은 그 나라를 사랑하고 계속 육성, 발전시키고자 하는 변함없는 국민의 의지와 기상 그리고 도덕성과 정통 가치관 및 공동체 의식으로 형성된 국민 의식인 것이다. 이러한 국민 의식은 올바른 역사 교육을 함으로써 형성되는 것이다.

일제 식민사관의 역사가 얼마나 일제의 식민지 침략 정책을 충실히 수행하였는가를 알기 쉽게 실례를 들어 설명한다면, 경술국치(庚戌國恥)후 무단 정치로 악명이 높았던 초대 데라우치(寺內) 총독이 실패하자, 뒤를 이어 부임한 2대의 사이도(齊藤實) 총독은 무단 정치 대신 문화 통치를 내걸고 조선 사람을 위한 교육 시책에 관하여 조선 총독부 간부 회의에서 그의 교육 시책을 천명하였던 것이다. 이것이 바로 그 후에 발족한 총독부 직속의 조선사편찬위원회의 설립 취지이자 목적이 된 것은 물론이다. 사이도의 역사 교육 시책을 요약해보면 다음과 같다.

첫째는, 조선 사람은 그들의 진정한 민족사를 알지 못하게 하라. 그렇게 함으로써 조선인의 민족혼, 민족정신 그리고 민족문화를 상실하게 만들라.

둘째는, 조선인 조상들의 무능과 악행들을 과장하여 폭로하라. 그렇게 함으로써 조상들에 대한 경시와 멸시의 감정을 유발하게 하고, 동시에 역사상의 인물이나 사적에 대한 부정적 역사 지식을 유도하여 그들로 하여금 조상들에 대한 실망과 허탈감에 빠지도록 하라.

셋째는, 바로 이때에 일본 제국의 역사상의 사적, 문화 및 위대한 인물 등을 소개하면 이것이 조선 사람을 반 일본인으로 만드는 동화 정책이다.

이 허위 역사 편찬사업에 당시 편수관으로서 일본의 사학자 이마니시(今西龍)와 같이 주도적으로 편수 집필한 사람이 자타가 공인하는 친일사학자들 이였으며, 해방 후에도 아이러니컬하게도 이들의 이 조선사가 일제로부터 독립한 대한민국의 국사로 당당하게 둔갑하여 오늘에 이르고 있는 것이다.

구체적으로 식민사관의 조선사는 어떤 목적을 가지고 편수되었는지 검토해 보기로 한다.

이것은 대략 세 가지 목적을 가지고 쓰여 졌는데,

그 첫째 목적은 신라 통일 이후만을 역사 시대로 하고 그 이전의 마고>환인>환웅>단군으로 이어지는 인류 문명을 선도했던 대부분의 민족사를 역사에서 배제한 것이다. 이것은 마치 땅속의 초목의 뿌리를 끊어 그 생명을 시들게 하는 격으로 민족의 유래를 잘라 없앰으로써 민족의 생명, 자각, 사명, 이상 그리고 긍지의 근원을 없애는 것과 같은 결과가 되는 것이다.

둘째 목적은 우리 민족사의 영역을 한반도에 국한시킴으로써 민족사를 반도사관으로 대폭 축소하여 역사를 조작하였던 것이다. 그러나 원래 우리 겨레의 상고 조선의 영역은 파미르고원, 천산산맥, 태백산, 알타이산맥 등의 광대한 유라시아 대륙사인데, 이 역사를 축소하여 왜소하고 협소한 반도 사관으로 조작하였던 것이다.

세 번째 목적은 민족의식을 말살하여 독립 운동으로 확산되는 것을 역사 교육으로 막아보자는 것이다.

우리는 빛난 우리 겨레의 역사를 바로 찾아 튼튼한 역사의 뿌리를 디디고 밝은 세계사를 창조해야 한다. 사람은 역사를 갖고 그 것을 거울삼아 반성하고 보다 나은 미래가 약속하듯이 정신적으로 사대주의 역사 병에서 유발된 비하의 의식을 우리는 무엇보다 먼저 버려야 할 것이다.

다산 정약용은 단군을 그리워하고 그의 가르침을 잊을 수 없었던 것은 우리 겨레에게 나쁜 버릇으로 남아 있는 사대주의 때문이었다고 했다. '남을 흉내 내는 데만 급급한'우리들의 고질화된 사대주의라는 한국병을 2백 년 전 벌써 다산이 다음과 같이 탄식하고 있었다.

> 안타깝다! 우리나라 사람들이여.
> 좁은 우리 속에 갇혀 있구나.
> 삼면은 바다로 둘러싸이고
> 북쪽은 높은 산이 주름잡아
> 사지를 늘 꼬부리고 있으니
> 큰 뜻인들 어찌 채울 수가 있으랴.
> 성현은 참으로 만 리 에 있으니
> 누가 능히 이 어두움을 열어 주리 오
> 머리 들고 온 누리 바라보아도
> 보이는 것은 없이 정신만 아득하여라.
> 남을 섬기고 흉내 내는 데만 급급하다가
> 제 정신 차릴 틈이 없 구 나.
> 어리석은 무리들은 한 천자를 받들고
> 같이 절을 하자고 소리 지른다.
> 도리어 순박하던 단군 시대의
> 꾸밈없는 그 시절만 못하리로다.
> (박성수 지음 단군문화 기행에서)

한국의 역사학자들은 중앙아시아에 있었던 단군이 도읍한 아사달을 황해도 구월산으로 비정했고, 주원대륙을 제패하고 있었던 동이의 강역을 반도의 좁은 땅으로 축소시킨 이유가 무엇인지 알 길이 없다. 바로 우리의 정신병인 사대주의에서 나온 것이다. 단재 신채호님은 우리 역사를 작게 만든 장본인은 남이 아닌 우리들 자신들이라고 한탄하지 아니 하였던가.

차례

3. 한일 고대 관계사고(韓日古代關係史考) ‖ 335

01 서론

어느 겨레나 나의 겨레가 언제, 어디에서 비롯되었으며, 어떻게 뭉쳐서 어디로 옮겨 살았는지 알고 싶은 것은 당연한 일이다.

인류의 역사를 연구하는데 있어서 문자의 기록으로 남겨진 것을 중심으로 생각해 볼 때, 가장 오래된 옛날의 사료를 기록한 학자는 〈삼성기(三聖紀)〉를 남긴 원동중(元童仲)과 레무리아 대륙의 무(Mu)제국에 관한 사료를 제공해준 영국의 고고학자 제임스 처치워드(James Churchward)이며, 자료로는 작자를 알 수 없는 메소포타미아의 왕명 표이다. 증선지(曾先之)가 집필한 〈십팔사략(十八史略)〉은 반고의 뒤를 이은 왕으로, 천황(天皇), 지황(地皇), 인황(人皇)을 들고 있으며, 인황씨와 그 들 씨족들이 150대를 이어 45,600년을 집권 했다고 했다. 이들 황제는 마고(麻姑), 궁희(穹姬), 청궁(青穹)의 역사를 가리켜 천 황, 지 황, 인황을 지칭한 것으로 생각한다.

제임스 처치워드는 50년 동안 인도, 미얀마, 티벳, 이집트 등의 나아칼(Naacal)의 점토판을 발굴, 해독하여 그의 저서를 통하여 다음과 같이 말하고 있다. 「나는 티벳의 사원에서 추정의 실마리가 되는 나아칼의 점토판을 발견했다. 그것에 따르면, 약 7만 년 전 나아칼이 어머니 나라의 신성한 책, 거룩한 영감의 책의 사본을 위글(Uigur)의 수도로 가져왔다.」고 했다. 또한 메소포타미아의 왕명 표에는 「왕권이 하늘에서 내려와 먼저 에리두에 있었다. 에리두에서는 아무림이 왕이 되어 28,800년 간 통치하였다. 아라르가르는 36,000년 간 통치하였으니, 두 왕은 합하여 64,800년간 통치하였다.」고 했다.

〈삼성기(三聖紀)〉에는 「환인(桓因) 7세의 역년이 3,301년 혹은 63,182년이다.」라고 기록하고 있다. 인류사상 이 넷 사료들이 약 7만 년 전 인류사의 시원에 관한 매우 중요한 정보를 우리에게 제시한 것으로 생각한다. 상고시대에 관하여 〈부도지(符都誌)〉와 〈환단고기(桓檀古記)〉에 따르면, 약 7만 년 전의 파미르고원의 마고성(麻姑城)시대, 황궁(黃穹) 씨와 유인(有因) 씨의 천산주(天山州)시대, 환인(桓因) 씨의 적석산(積石山)시대, 환웅(桓雄) 씨의 태백산(太白山)시대, 단군(檀君)의 아사달(阿斯達)시대로 구분하고 있다.

미국의 스텐포드 대학의 그린버그(Joseph H. Greenberg) 교수는 세계 어족의 연구에 많은 기여를 했으며, 그는 인도-유럽어족, 우랄-알타이어족 등의 조상어로서 유라시아 공통 조어 설을 제의한 바 있었다. 백인종, 황인종, 흑색인종의 조상들이 유라시아에 살았다는 것을 주장하는 것과 같다. 유럽과 아세아의 모든 언어, 즉 한국어에서 영어에 이르기까지 공통요소가 있으며, 이들 언어권의 어족들이 유라시아 지방에 문화권을 만들어 살아 왔다는 것이고, 세계도처에 이 자매 언어들이 분포되어 있다는 것은 이 어족들이 여러 곳으로 이동해 갔다는 것을 전하고 있는 것이다. 우리의 말은 겨레와 더불어 유구한 역사를 가지고 있다. 민족이란 하나의 핏줄과 언어로 뭉쳐진 사람들의 견고한 공동체이며, 우리 민족은 오랜 옛날부터 고유한 언어가 있었기 때문에 민족문화와 문명을 창조 계승할 수 있었다. 특히 지명, 인명, 성명(城名), 국명 등은 매우 보수적인 성향이 있어 고대사의 기층(氣層)연구에 매우 귀중한 재료가 되는 것이다. 우리 조상들이 남긴 역사의 발자취인 언어재료들을 모아 그 어원을 규명하고 그 말들이 후대로 어떻게 이어져 사용 분포되어 있는가를 조사연구하기 위하여 지난해에 《언어 속에 투영된 한민족의 상고사》를 출판하였고, 본서는 부여, 삼한, 예 · 맥, 기사조선, 위만조선, 삼국시대의 언어재료를 취급하여 우리 역사의 동맥을 잇고, 조명해 보려는 의도로 집필을 계속했다. 세계 언어 족 가운데 가장 연구가 발달한 분야가 인도-유럽 어족이다. 인도-유럽어족에 산스크리트 어가 포함된 것은 이 언어의 인칭어미가 라틴어나 희랍어의 인칭어미와 같고, 인구어의 많은 자매 언어들의 단어들이 같은 뿌리의 말이라는 것이 증명되었다.

인도-유럽 어족의 이동에 관하여, 북방에서 인도로 유입되었다고 하는 사실을 인도의 고전 베다(Vedas)가 전하고 있다. 이 고전은 인도의 남쪽에 있는 갠지스 강에 대한 사실의 언급은 없고, 다만 북쪽의 인더스(Indus) 강에 대한 사실을 언급한 기록을 전하여 줄 뿐이다.

이 외에 중, 근동의 언어 즉 토카리언어, 이란어, 하이타이트언어가 인구 언어에 포함된 것은 역사적 친연 관계를 암시하고 있다. 공통언어를 사용하는 사람들을 우리는 종족이라고 한다. 왜냐하면 그들은 신체적 혹은 언어적 특징을 갖고 있기 때문에 다른 종족과 구별된다. 역사학자나 인류학자들은 가끔 인종, 언어와 문화가 일률적으로 분포되어 있지 않는 경우가 있다는 것을 발견하여 왔다.

그러나 언어는 문화를 떠나 존재할 수 없다고 하는 것은 분명하다.

인도-유럽 어족에 대한 많은 연구 성과가 있었으나 이 어족의 발상지가 어디냐 하는 문제에 관하여 학자들 간에 의견이 다르다. 이 어족의 시원지에 관하여 지난 20여 년 동안 괄목한 연구 성과의 보고서를 제의한 학자들은 소련 인류학자들 이었다. 그 들은 돈 강과 우랄산맥 사이 카스피어해 북방 고원지역에서 기원전 5,000-3,000 전 인도-유럽어족의 쿨간 문화(Kurgan culture) 유물을 발견하게 되었다. 이곳에서 마리자 김부다스(Marija Gimbutas)는 동물 군과 식물 군을 조사하고, 인도-유럽 조어(祖語)족이 그 숲속의 고원지대에 살았든 쿨간어족이라는 것을 증명했다. 그 이후 많은 언어학자와 인류학자들이 그의 설에 동의하고, 기원전 3,500-2,500 전에 인도-유럽 어족들이 그 지대에 존재하였다는 사실을 인정하게 되었다.

아래 어족의 분류를 보면, 인류의 이동과 분포를 파악할 수 있다.

Indo-European

Indo-Iranian(Aryan)

Indic : Sanskrit, Marathi, Hindi, Bengali

Iranian : Ossetic, Fashto, Persian, Kurdish, Old Percian, Avestan

Anatolian : Hittite, Luvian, Lydian

Tocharian

Armenian

Albanian

Greek

Balto-Slavic

Baltic : Lativian, Lithuanian, Old Prussian

Slavic : West : Polish, Czech, Slovak, Polabian
South : Slavonic, Serbo-Croatian
East : Ukranian, White Russian, Russian

Italic(Romance) : Latin : Portuguese, Spanish, French, Italian
Rumanian, Osco-Umbria

Celtic : Continental : Gaulish
Insular : Goidelic : Old Irish, Scots, Gaelic
Brythonic : Welsh, Cornish, Breton

Germanic : West : High : German Yiddish
Low : Dutch Afrikaans, Flemmish
Anglo-Frisian : English, Frisian
North : Old Norse(Old Icelandic) : Norweigian,
Icelandic, Old Norse, Danish, Swedish
East : Gothic

Hamito-Semitic(Afro-Asiatic)

Semitic : Akkadian, Hebrew, Sumerian, Aramaic, Syriac, Arabic, Ge'ez,
Amharic, Tigre´, Punic

Hamitic : Berber : Tuareg, Kabyle, Shilh, Zenaga
Cushitic : Bogo, Somali, Galla
Chad : Hausa, Gabin, Ngala
Egyptian : Ancient Egyptian, Coptic

Finno-Ugric(Uralic)

Hangarian, Finnish, Extonian, Lappish, Cheremis, Samoyed, Ob Ugric, Mordvin

Altaic

Turkic : Turkish, Uzbek, Kazakh, Kirgiz, Turkomen
Mongol : Khalkha, Buriad, Kagur, Khorchin
Tunguz : Manchu, Evenki, Goldi, Tunguz
Korean
Japanese

Basque

Caucasian

Northern Caucasian : Lezgian, Circassian, Abkhasian, Avar, Chechen
Southern Caucasian : Georgian, Laz, Mingrelian

Sino-Tibetan

Tibeto-Burman : Tibetan, Burmese, Lolo, Kachin, Garo, Karen
Sinic : Chinese

Tai

Thai(Siamese), Laotian, Shan

Mon-Khmer

Mon, Khmer

Dravidian

Tamil, Telegu, Malayalam, Kannarese, Brahui, Gondi, Kurukh, Kui

Malay-Polynesian

Malayan : Malagasy, Javanese, Sudanese, Malay, Tagalog, Bahasa, Indonesian
Polynesian : Maori, Samoan, Fijian, Hawaiian

Australian and Papuan

Paleo-Asiatic

Chukchee, Yakaghir, Gilyak, Yenissei, Ostyak

Niger-Congo

West Atlantic : Temme, Bulom, Wolof, Fulami
Kwa : Ga, Yoruba, Igbo, Ewe, Nupe, Akan, Fon, Baoule
Benue-Congo : Swahili, Zulu, Kambari, Mbembe

Khoisan

Hottentot, Bushman, Sandawe, Hatsa

Eskimo-Aleut

Eskimo

Athabascan(Na-Dene)

Beaver, Chipewyan, Apachean, Navaho

Algic

Algonquian : Cree, Arapho, Ojibwa, Micmac, Delawre, Penobscot
Wiyot
Yurok

Iroquoian

Mohawk, Oneiddddda, Seneca, Cherokee, Tuscarora

Muskogean

Muskogean, Creek-Seminole, Choctaw, Mikasuk

Siouan

Dakota, Ioway-Oto, Hidatsa, Crow

Uto-Aztecan

Shoshome, Paiute, Hopi, Nahuatl

Mayan

Mam, Quiche, Tzeltal, Tzotzil, Yucatec

South American Indian

Arawak, Carib, Quechua, Tupi-Guarani

세계 여러 석학들의 고고학적, 언어학적, 문헌학적 연구에 따르면, 마고(麻姑)>궁희(穹姬)>황궁(黃穹)>유인(有因)>환인(桓因)>환웅(桓雄)>단군(檀君)으로 이어지는 역사는 우리겨레만의 것이 아니고, 인류사의 뿌리가 되는 근원적 사실이다. 김은수(金殷洙, 1937~1987)가 번역과 주해를 붙인 〈부도지(符都誌)〉의 이론을 통하여 환인시대 이전의 파미르고원의 마고 성(麻姑城) 시대의 역사를 밝혀, 한겨레의 기원을 근원적으로 파악해 보려고 한다. 우리의 상고사를 이해하려고 하면, 많은 사학자들이 위서라고 오해하고 있는 〈부도지〉, 〈환단고기〉 이 두 권의 책이 귀중한 사료가 된다는 것을 다시 한 번 강조하고자 한다. 그 동안 학계는 최초의 고대문명으로서 나일 강 유역의 고대 이집트문명, 티그리스, 유프라테스 강 유역의 메소포타미아 문명, 갠지스, 인더스 강 유역의 고대 인도문명, 황하 유역의 고대 중원문명을 들고 있으나 인류의 가장 오래된 문명의 발상지가 유라시아 대륙이라는 것을 유라시아 공통조어 설은 밝혀놓은 것이다. 유라시아 대륙의 중심지역에 알타이 산맥지대가 있고, 그 아래에 천산산맥이 동서로 뻗어 있으며, 이 산맥의 남쪽에는 "세계의 지붕"이라고 하는 파미르고원이 있다. 이 지역이 마고, 궁희, 유인, 환인, 환웅, 단군으로 이어지는 우리 겨레의 상고사가 형성되는 곳이라고 〈부도지〉와 〈환단고기〉는 전한다. 이와 같이 유라시아 어족들은 일광처럼 퍼지며 동서남북으로 땅 끝까지 여러 줄기로 갈라져 이동하였다. 동으로 이동한 어족이 만주, 퉁구스, 한국, 일본, 축치, 길 략, 에스키모 족들이며, 서쪽으로 이동한 어족이 스키텐, 수메르, 이집트, 그 외의 모든 서양의 어족들이고, 남쪽으로 이동한 어족이 나아가, 마야, 드라비다 어족 들이다.

마고성의 후천 세계는 세월이 흘러 열두 개 파를 형성했으며, 인구가 증가하여 각 파마다 3천명이 되었다고 했다. 인구의 증가는 이동을 불가피 하게 했다. 열두 개 파는 네 파로 나뉘어 이동을 시작했다. 청궁(靑穹)씨는 동쪽 운해주(雲海洲), 파미르고원의 동쪽, 지금 중국의 중원(中原) 지역으로 가고, 백소(白巢)씨는 권속을 이끌고 서쪽 월식주(月息州), 파미르고원의 서쪽, 중동 근동 지역으로 가고, 흑소(黑巢)씨는 권속을 이끌고 남쪽 성생주(星生州), 파미르고원의 남쪽, 인도 및 동남아 지역으로 가고, 황궁(黃穹)씨는 권속을 이끌고 북쪽 천산

주(天山州), 파미르고원의 북쪽, 천산산맥 지역으로 가니, 천산 주는 매우 춥고 위험한 땅이었다. 황궁 씨는 천산주 시대의 우두머리이며, 그 법통이 아들인 유인(有因)>환인(桓因)>환웅(桓雄)>단군(檀君)으로 이어져 온 우리들의 직계 조상들이다. 마고 성(麻姑城)은 중앙 아세아의 심장부인 파미르고원에 있었다. 이 고원의 동북으로는 높이 7,000m, 길이 약 2,400km(6,000리)의 천산산맥이 동서로 길게 뻗어 있다. 그 남쪽에는 높이 7,000m의 곤륜산(崑崙山)이 약 2,500km 길게 가로놓여 있다. 천산과 곤륜 사이에 폭이 약 1,000km나 되는 타림분지가 동서로 길게 가로 놓여 있다. 이 타림분지의 중앙에 길이 약 900km의 타클라마칸 사막이 있는데, 이 사막의 동쪽 입구는 돈황(敦煌)이요, 서쪽 경계는 파미르(Pamir)고원이다. 돈황에서 파미르고원까지는 약 5,000리 길인데, 돈황의 서쪽은 사막이므로 그 사막의 북쪽 또는 남쪽을 택하여 여행을 한다. 그러므로 천산북로 혹은 천산남로라는 말이 생겨난 것이다. 타림분지의 북쪽에 3,000여리나 되는 타림 강이 동서로 관통하여 흐르고 남변과 북변에는 초원이 연해져 있는데, 목동들은 이 초원을 따라 양 떼와 소떼를 몰고 이동한다고 하여 일본의 마쓰다(松田夢)씨는 이곳을 "알타이 유목민의 지대"라고 그의 저서에서 말하고 있다. 파미르고원은 높이 5,000m나 되는 속칭 "세계의 지붕"이라고 말한다. 이 고원에 7만 년 전 인류의 문화의 발상지인 마고성이 있었고, 마고 씨족들이 세계의 동서남북으로 이동하여 인류문화를 건설하였다. 유라시아 대륙의 중앙부에 파미르고원이 우뚝 솟아 있고, 서 쪽으로 힌두쿠쉬 산맥, 그 남쪽에 이란고원이 있고, 그 서쪽으로 티그리스-유프라테스 양 강 유역의 메소포타미아 평원이 전개되고, 다시 서 쪽에 아프리카 동북부인 나일 강 하류에는 낮은 지대가 있다. 파미르의 동쪽으로는 천산, 쿠룬, 히마라야의 3대 산맥이 뻗어 있고, 동북을 향하여 신강(新疆), 몽고고원이 연속되고, 동남방으로 티벳 고원 및 인도-차이나 산맥이 가로놓여 있다.

B. C. 3,000-4,000 년경에 거의 동시에 나타난 메소포타미아의 수메르 문명, 이집트, 인도, 중국문명과 마야, 잉카 문명은 많은 공통점이 있다. 많은 학자들이 그 들의 신화, 전설, 신앙, 민속 등에 있어서 공통점이 있다고 인정하고 있다. 이와 같은 지형과 문화사적 사료들을 조합해 보면 파미르고원의 마고 씨족들이 동

서남북으로 이동하여 문화의 씨앗을 뿌렸기 때문에 전 세계에 돌은 건축문화로, 수는 역(歷)과 역(易)의 문화로, 음은 음악, 무용, 제 의식 등의 문화로 발전되어 공통성이 있는 인류의 문화가 형성된 것으로 생각한다.

02 한 겨레의 뿌리를 추적한다

2.1 인류사가 비롯된 파미르고원의 마고 성(麻姑城)

원동중의 〈삼성기〉에 환인의 역년이 63,182년이라고 하는 기록을 볼 때 파미르고원의 마고성 시대부터 황궁, 유인 환인으로 이어지는 역사가 약 7만 년 전이라는 계산이 나온다. 미국의 스텐포드 대학의 그린버그 교수는 세계 어족의 연구에 많은 기여를 했으며, 그는 인도-유럽어족, 우랄-알타이어족 등의 조상어로서 유라시아 공통 조어 설을 제의한 바 있었다.

마고(麻姑), 궁희(穹姬), 소희(巢姬), 이 모녀씨족들이 파미르고원의 마고성에 낙원을 건설한 것이 약 70,000년 전으로 추정된다.

궁희(穹姬)와 소희(巢姬)의 /穹/과 /巢/는 그들이 생활하는 주거 형태와 관계가 있는 것으로 생각된다. /穹/은 언덕이나 산에 동굴을 파고 사는 뜻을 갖고 있다. 중국어에 있어서는 굴을 뜻하는 /혈(穴)/자 밑에 활 모양의 둥근 상형을 나타내기 위하여 /弓/을 넣어 글자가 이루어졌다.

옥스퍼드 대학의 볼(Ball) 교수는 굴을 파고 주거생활을 하는 습속은 동방에서 수메르로 옮겨온 원시 전통이라고 말하고 있다. 오늘날 중국의 산동 성(山東省)과 한국에 있어서는 동굴 움집을 볼 수가 있다. 이 혈거생활은 미 대륙에까지 전파되어 북미 인디언들의 "Cliff dweller"족의 생활에서 볼 수 있다. 수메르어 /kur/과 한국어 /kur/이 서로 대응이 된다. 소(巢)는 옛 수메르 상형기호, 산봉우리, ▲▲▲ 밑에 새집, 밑에 나무 木이 받치고 있는 상형이다. 높은 곳에서 적이 오는 것을 망보고, 또 하늘에 제를 올리는 습속에서 비롯되었다고 생각한다. 백소(白巢) 씨와 흑 소(黑巢) 씨의 후예가 소를 만들어 풍속을 잊지 아니하여 높은 탑과 계단을 많이 만들었다고 〈부도지〉는 전하고 있다. 이 높은 탑이나 계단은 수메르의 지구라트나 이집트의 피라미드의 시원을 이루었다고 생각한다. 유호 씨가 서방으로 갔는데, 그 곳은 마고성에서 이동한 흑소 씨와 백소 씨의 땅이었으며, 그 후예들이 소(巢)를 만드는 풍습을 잊지 아니하여 높은 탑과 계단을 많이 만들었으나 천부의 본음을 잊어버리고 탑을 만드는 유래를 알지 못하여 서로 싸우므로, 유호 씨가 천부의 이치 즉, 천부경의 원리를 전하였다고 〈부도지〉에 기록하고 있다. 서양에서는 높은 탑이나 계단은 바벨탑이나 지구라드이며, 피라미드이다. 이것들은 마고성의 높은 새집과 같은 소를 만들던 풍속에서 연유했으며, 소를 만든 목적은 하늘의 소리 곧 천부의 본음을 듣기 위한 것이었다. 천부 음은 하느님이 내려준 소리이며, 탑은 하느님의 목소리를 더욱 가까운 곳에서 듣기 위해 만든 계단이었다고 할 수 있다. 계단 위의 나무는 하늘에 오를 수 있도록 도와주는 사다리이다. 하늘에 사는 천제들은 사다리를 타고 하늘과 땅을 오르내렸다는 신화가 아메리카 인디언에게도 전해졌다. 탑이나 계단, 나무와 사다리는 하늘나라와 땅의 세계를 연결하는 통로였으며, 하느님과 사람 사이의 의사소통의 장이기도 하다. 강화도의 참성단은 밑이 둥글고 위는 사각형인 지구라트이며, 고구려 시대의 고분도 소형 지구라트라고 할 수 있다. 금과 온갖 색의 보석으로 쌓여 있는 메소포타미아 수메르의 하늘 기둥, 중앙아세아의 수메르산과 곤륜산, 성경에 나오는 에덴은 생명의 나무가 있는 천산이다.

영국의 고고학자 제임스 멜라르뜨 교수는 1950년대와 60년대에 걸쳐서 터키의 남쪽 코냐 고원에서 수메르 문명보다 3천 년이나 앞서는 카탈 후이욱(Catal Huyuk) 문명의 유적지를 발굴했다. 여기서 발견된 건조물은 흙으로 지어졌고

구조는 장방형이었으며, 구석에 창고가 있는 단층집이었다. 그런데 이 집은 특이하게도 입구가 지붕 위에 있었다. 즉 지붕을 통해 나무로 된 계단을 지나 안으로 들어가도록 되어 있었다. 〈위서 물길 전(魏書 勿吉傳)〉에는 주거형태에 대한 아래와 같은 기록이 있다. "땅은 낮고 습하고 성을 쌓아 혈거한다. 집의 모양은 무덤에 가깝고 입구는 위로 열며 사다리를 타고 출입한다." 양쪽 집 모두가 입구가 지붕 위에 있었으며, 나무로 된 계단을 타고 출입했다. 아세아의 동쪽 끝에 살았던 물길족의 집과 5,650 B. C.경에 서쪽 끝에 살았던 카탈 후이욱 사람들의 집이 구조가 같다고 하는 사실은 이들 모두가 마고성의 소의 건축양식을 이어간 것으로 생각하며, 문화의 같은 뿌리를 뒷받침해주는 증빙자료를 우리에게 제공해준다고 하겠다. 또한 〈부도지〉에 따르면, 마고(麻姑)의 두 딸이 궁희(穹姬), 소희(巢姬)이며, 이들 모두 남편이 없이 자녀를 가진 것으로 보아서 7만년 전의 파미르고원의 마고성 원시사회는 난혼이 이루어져 모계 중심의 씨족 사회였던 것으로 생각한다.

마고성은 유라시아 대륙의 심장부이며, 세계의 지붕이라고 하는 파미르고원에 있었다. 파미르고원은 동북으로 천산산맥을 통하여 알타이산맥으로 이어지고, 동남으로는 곤륜산맥과 히말라야산맥을 통하여 중국, 인도 대륙과 접하며, 서남으로는 술라이만산맥과 이란고원을 통하여 메소포타미아에 연결되고, 북쪽으로는 아랄 해, 발하슈 호, 카스피 해 와 키르키츠 초원에 닿아 있다.

그러면, 파미르고원의 지리를 살펴보도록 하겠다. 마고성의 위치를 파미르고원이라고 생각되며, 〈부도지〉에서 마고성의 땅에서 젖이 솟는다고 한 것으로 보아서 이들은 양 떼와 소 떼를 몰고 초원(草原)을 찾아 이동하는 유목민으로 생각된다. 그들은 천산 남로(天山南路) 또는 북로를 거쳐 파미르고원을 나가고 들어갈 수 있다. 천산 남로란 곤륜산(崑崙山) 북쪽 기슭이 타림분지의 북변을 통과하는 비단길(Silk road)이다. 중국의 서부에는 높이 약 7,000m, 길이 약 2,400km(6,000리)의 천산산맥(天山山脈)이 동서로 뻗어 있다. 그 남쪽에는 높이 7,000m의 곤륜산(崑崙山)이 약 2,500km 길게 뻗어 있다. 타림분지의 북쪽에는 3,000여 리나 되는 타림 강이 동서로 관통하여 흐르고, 타림분지의 남쪽 변두리에는 곤륜산 기슭에서 타림분지로 흘러드는 수많은 강들이 있다. 파미르고원은 높이 5,000m 가 되는 속칭 "세계의 지붕"이라고 말한다. 〈부도지〉에는 마고 성을 지상에서 가장 높은 성이라고 기록하고 있다. 그러나 서쪽 편은 경사가 급하지 않다. 파미르고원에서 서북방으로 내려가면, 지금은 소련 영인 우즈베크(Uzbek) 초원 지대에 당도한다. 파미르는 옛 페르시아 말로 '미트라(태양)신의 자리'를 뜻한다고 했다. /Pa-mir/가 /pa/"밝은" /mir/"뫼(山)"로 해독되니, "밝은 산"이라는 뜻이다. 해발고도 5,000 m 가 넘는 10여 갈래의 복잡한 주행(走行)을 보이는 산맥들로 구성되어 있는 파미르 지방의 대부분은 타지키스탄 고르노바다흐산 주에 속하며, 동쪽은 중국 신장웨이 우얼 자치구(新疆維吾爾自治區), 남 · 서쪽은 아프가니스탄에 속한다.

산계(山系)는 3개의 그룹으로 나누어지는데, 동(東) 파미르는 카슈가르 파미르(중국 영토)를 가리키며, 최고봉은 쿵구르봉(7,719m)이다. 북서에서 남동방향으로 호(孤)를 그리며 남쪽의 타시쿠르간 산계로 이어진다. 심한 개석이 진행되고 있으나 이 고원은 기후가 한랭한 데다 건조하기 때문에 식생이 빈약하고 관목상(灌木狀)의 텔레스켄이 주민의 유일한 식물질 연료이다. 중부 파미르(지질학자 무르자에프는 이곳을 좁은 뜻의 파미르라고 부른다)는 파미르 가운데에서도 가장 새로운 지질시대에 융기하였기 때문에 산꼭대기 부근이나 하곡(河谷)의 중간 등에서도 평탄한 면이 잘 남아 있다. 그리고 서(西) 파미르는 자알라이산맥(일명 트랜스알라이)라고도 하며 이곳에 7,134m의 레닌 봉이 있다. 표트르 1세 산맥 · 아카데미아산맥(교차점에 7,495m의 코뮤니즘 봉이 있다), 그 밖에 여러 산맥으로 구성되며 심한 개석으로 웅대한 모습을 보인다.

파미르 산계는 여러 줄기의 향사축(向斜軸) · 배사축(背斜軸)을 가지고 있는데, 배사 부는 편마암 · 고생층(古生層: 헤르시니아계가 많다), 이에 관입(貫入)한 심성암류(深成岩流)로 이루어져 있으며, 향사부에는 중생층을 중심으로 하는 퇴적암이 나타나고 있다. 융기운동은 지금도 계속되고 있으며, 파미르 주변은 세계에서도 손꼽히는 지진대(地震帶)이다. 파미르 지방의 기후는 심한 대륙성 기후를 나타낸다. 서 파미르의 해발고도 4,000m 부근에서는 연평균 강수량이 1,000mm나 되지만 골짜기는 건조하다. 식생의 수직적인 변화가 분명하며, 서쪽으로 열려 있는 하곡에서는 쑥 등이 식생 하는 반사막(半砂漠), 하천 연안이나 선상지(扇狀地)에서는 규모는 작지만 버드나무 · 자작나무 숲을 볼 수 있다. 2,600m에서는 스텝, 3,800m에서는 고산식물의 꽃밭, 4,000m에서는 설선(雪線)이 나타난다. 동 파미르에서는 5,200m에서 설선이 나타나고, 빙하는 타지키스탄 영토에만 해도 1,085줄기가 있다. 파미르에 사는 동물은 양 · 늑대 · 설치류(齧齒類) · 산 까마귀 · 독수리 등이고 서 파미르에는 불곰 · 표범 종류도 있다.

돌은 고대 문화의 상징물이다. 생활도구, 사냥, 전쟁무기, 건축, 축성, 분묘, 종교적 상징물인 신전 등 쓰이지 않는 곳이 없었다. 돌의 문화를 크게 나누면 세석기 문화와 거석문화로 구분할 수 있다. 대표적인 거석문화로 이집트의 피라미드, 영국의 스톤헨지, 프랑스의 카르나크 열석, 태평양 이스터 섬의 거인 상, 멕시코 올메가의 거석 인두 상(人頭像), 쿠스코의 잉카제국 시대의 석축, 한국이 중심지인 지석묘(支石墓, 고인돌 무덤) 등을 들 수 있다.

홍산 문화 다음 단계로 같은 지역에 하가점 하층문화의 초기 청동기문화가 전개된다. 홍산 문화의 특징으로, 여인 상(女人像)이 다수 출토되고 있고, 또한 최초로 용(龍)의 형상을 창출해 옥기(玉器)로 표현하는 등 독특한 요소를 많이 지니고 있다. 여인상은 비 중국적인 특징으로 남부 시베리아의 바이칼 호 말타(Malta) 유적 등에서 다량 발견되고, 유럽지역에서도 발견되었는데, 지모 신(地母神) 숭상의 증거로 생각한다. 〈부도지(符都誌)〉에 따르면, 마고(麻姑) 전설은 우리나라와 중국에 널리 분포되어 있으며, 마고와 궁희(穹姬) 그리고 소희(素姬)는 모두 여성으로서 창조적 생산의 기능을 가지고 있었다고 한다. 한편 궁희는 땅을, 소희는 하늘을 나타내기도 하므로 천공신(天空神)과 지모신(地母神)에 비유되는데, 남부 시베리아의 말타(Malta)지역과 유럽지역에서 발견되는 지모신 숭배는 약 6~7만 년 전의 마고성 믿음이 이어져 계승된 것으로 추정된다.

원시사화에 있어서는 우주의 자연현상은 신의 뜻으로 일어나는 것으로 보았던 것 같다. 신의 뜻을 존중하고, 신의 뜻에 따라 사회생활이 이루어졌으며, 정치가 향하여 졌던 것이다. 신화란 자연과 사회현상을 신격(神格)으로 한 설화인데 신화에는 역사적, 종교적, 문학적, 제 요소가 미분화(未分化) 상태로 나타난다. 그러므로 신화는 인류의 상고사 연구에 매우 중요한 사료가 되고 있다. 우리는 그 동안 우리 겨레가 걸어온 자취를 거의 잃거나 잊고 말았습니다. 따라서 신화나 전설처럼 남아있는 옛 선조들의 이야기조차 우리에게는 너무나 소중한 역사적 사료가 된다는 것은 분명한 사실입니다. 우리는 상대의 역사를 기술함에 있어서 우리는 그 당시의 사회상을 깊이 이해해야 할 것이다. 오늘의 생각과 입장에서 옛 날의 사실을 파악하려고 하면 큰 오류를 범하게 된다는 것을 잊어서는 아니 됩니다. 아득한 옛날부터 우리 겨레의 역사를 되짚어 보고 조상님들의 깨달음의 역사를 살펴 왜곡된 역사를 바로잡아 지금의 우리 모습을 가늠하여 인간 삶의 진실을 밝혀야 할 것이다. 〈부도지〉에 따르면, 우리의 역사는 인류의 조상들이 함께 모여 살았던 원시여권씨족사회이며 신권정치가 향하여진 마고성 시대로부터 시작합니다.

마고(麻姑)의 전설과 신화가 중국과 우리나라에 많이 전하여 오고 있다.

지금 지리산에는 역사적으로 유서 깊은 지명들이 많다. 삼신산(三神山), 삼태동(三台洞)이라는 산명 혹은 지명이 있으며, 마고할미의 전설과 마고단(麻姑壇)이 노고단(老姑壇)으로 음이 변하여 남아 있다. 삼신은 하늘 신, 땅 신, 사람 신(天, 地, 人 神)을 말한다. 또한 지금 지리산 천왕 사(天王寺)에는 마고 성모 석상을 모시고 있으며, 문화재 제 14호로 지정되어 있다.

〈부도지(符都誌)〉의 저자 박제상(朴堤上)의 관향인 경북 영덕군의 영해에는 마고 산이라는 산이 있다. 황해도 성주와 강동 지방에서는 지석묘(支石墓)가 마고할미를 위해 장수들이 마들어 준 것이라고 하며, 평안남도 양덕군 주민들은 마고할미 자신이 장수여서 그 큰 돌을 운반해서 직접 만든 것이라고 한다. 평안남도 맹산군 사람들은, 마고할미가 매우 인자한 이라 가난한 사람에게 저고리와 치마, 속옷까지 벗어주고 맨몸으로 부끄러워 나다닐 수 없어서 지석을 만들어 그 속에 살았다고 한다. 또한 황해도 봉산지방의 전설에는 마고할미가 넓고 평평한 돌을 하나는 머리에 이고 두 개는 겨드랑에 하나씩 끼고, 하나는 등에 지고 와서 지석을 만들었다고 한다(박용숙, 1985).

중국 쪽의 여러 전설들을 살펴보자, 「바다 한 가운데의 섬 속에 열고야(列姑射)가 있다……바다 한 가운데 야고국(射姑國)이 있는데 열고야에 속하며, 산이 서남쪽을 에워싸고 있다. 그가 말하기를, 막고야산(邈姑射山)에 신인(神人)이 있어 살색은 눈처럼 희고 단아하기는 처녀 같은데, 곡식을 먹지 않고 바람을 호흡하고 이슬을 마시며 구름 위에서 나는 용을 타고 사해 밖으로 놀러 다닌다고 한다. 그녀는 온갖 사물에서 부패를 없애고 오곡이 풍성하도록 할 수 있다는 것이다……요(堯) 임금은 천하의 백성을 다스리며 바다 안을 다스렸다. 마고야 산에 있는 네 명의 성인(聖人)을 방문한 뒤에 분수(汾手)의 양(陽)으로 돌아오며 자기의 천하는 이미 상실한 것으로 느꼈다」고 했다(山海經).

〈산해경(山海經)〉에 따르면, 「한(漢)나라 효환제(孝桓帝) 때에 신선(神仙) 왕방평(王方平)이 채경(蔡經)의 집에 내려왔다. 도착 시간이 가까워지자, 금북(金鼓), 퉁소, 피리, 인마(人馬)의 소리가 들려왔다. 채경의 집안사람들이 줄을 서서 알현하니, 왕방평은 머리에 원유관(遠遊冠)을 쓰고, 붉은 옷을 입고, 호랑이 머리로 장식한 패물이 달린 큰 띠와 오색의 끈을 매고, 칼을 차고 누런 수염이 듬성듬성 나 있는 보통 키의 사람이었다. 우차(羽車)를 탔는데, 다섯 필의 용이 끌었다. 용은 각각 색이 달랐다. 깃발에서부터 시중드는 사람들까지 위험을 갖추어 마치 대장군과 같았다. 악기를 연주하는 주 악대는 모두 기린을 타고 하늘에서 내려와 뜰에 모였다. 시종 관은 키가 모두 한길 남짓 되었다. 도착하자마자 시종 관은 모두 모습을 감추어버려 간 곳을 알 수 없었다. 다만 왕 방평만이 채경의 부모형제를 찾아뵈었다. 왕 방평은 혼자 앉아 있다가 잠시 후 사람을 시켜서 마고를 방문하게 하였다. 채경의 집에서는 마고가 어떤 분인지 아무도 몰랐다. '왕 방평이 마고 어른께 삼가 한 말씀 올리겠습니다.

"오랫동안 민간인이 되었으나 지금 여기에 와 있습니다. 마고 어른께서는 잠시 왕림하시어 말씀을 들려주시기 바랍니다." 라고 전하게 하였다.

잠시 후 사자가 들어왔으나 마고의 모습은 보이지 않고 소리만 들릴 뿐이었다. '마고가 인사드립니다. 뵈옵지 못한 채 어느덧 오백 년이 지났습니다. 존비(尊卑)의 서열도 있는데 어떻게 뵙게 되리라고는 기대하지 않았습니다. 소식을 듣고 달려왔습니다. 잠시만 기다려 주시면 곧 돌아오겠나이다.'라고 하였다. 마고가 돌아 왔다. 도착하기 전부터 인마(人馬)와 피리, 북소리가 들렸다. 마고가 도착하자 채경 일가는 모두 배알하였다.

마고는 젊고 아름다운 여자로 나이는 열일곱 여덟 정도였다. 머리는 위로 틀어 올리고 남은 머리는 허리까지 늘어뜨리고 있었다. 입은 옷은 금란(金襴)은 아니지만 모양이 좋았다. 눈빛도 눈부시게 반짝여 무어라 형용하기 어려울 뿐이었다.

마고는 방에 들어가 왕 방평에게 배례 하였다. 방평도 일어섰다. 좌석이 정해지자 마고는 가지고 온 음식을 내놓았다. 모두 금 접시와 옥으로 만든 잔에 음식은 거의 과일 종류였으며, 그 향기는 안 밖으로 진동하였다. 마른 고기를 찢어 내놓았는데, 말린 기린고기를 숯불에 구운 것이었다. 마고가 이렇게 말하였다. '뵈 온 이래 벌써 동해가 세 번 뽕 나무 밭으로 변하는 것을 보았습니다. 지난 번 봉래산에 오셨을 때에는 물도 먼저 번 대회 때에 비하여 그 반 정도로 얕아졌습니다.' 왕 방평도 웃으면서, '성인도 모두 바다 가운데에서 먼지가 오를 것이라고 말하고 있습니다.'라고 하였다.

마고는 채경의 어머니와 아내를 만나고 싶다고 하였다. 당시 채경의 제수는 출산한 지 수일이 지났는데, 마고는 멀리서 보고 알고 있었다. 마고는 '여기에 다시 오기 어려우니'라며, 쌀을 조금 가져오라고 하였다. 쌀을 받아 손에 들고 땅에 뿌리니 모두 진주가 되었다. 방평이 웃으면서, '마고 어른은 역시 젊습니다. 나는 늙어버렸습니다. 이처럼 교묘한 변화를 하는 기분은 벌써 없어져 버렸습니다.'라고 말하였다.

마고는 새와 같은 손톱을 가지고 있었다. 채경이 그것을 보고 등이 가려울 때 저 손톱으로 긁으면 꽤 기분이 좋겠다고 마음속으로 생각하고 있었는데, 방평은 벌써 채경의 마음을 알아채고는 곧 채경을 묶어놓고 매를 때리게 하였다. '마고 어른은 신인이시다.'

'너는 왜 손톱으로 등을 긁고 싶어 하였는가?' 하고 꾸짖었으나, 매가 채경의 등을 때리는 것만 보일 뿐 매를 든 사람의 모습은 보이지 않았다. 방평은 채경을 향하여 '내 매는 절대로 얻을 수 있는 것이 아니다.'라고 하였다. 연회가 끝나자 왕 방평도, 마고도 우차를 타고 하늘로 올라갔다. 주악과 행렬은 올 때와 마찬가지였다(부도지, 박 제상 지음, 김 은수 번역 주해).

이와 같이 마고에 관한 많은 지명과 전설들이 민초들의 입을 통하여 전하여 오고 있지만 사적인 기록으로 남겨진 것으로는 박제상(朴堤上)저 〈부도지(符都

誌)〉가 유일한 것이다.

마고 가아든은 미국 애리조나 주의 세도나에 있는 아름답고 특별한 땅이라고 한다. 마고 가아든은 세도나 시내에서 40분 정도 차를 달려 비포장 길을 타고 들어가는 국립고원 안에 있다. 붉은 대지 위에 향나무와 선인장, 강렬한 야생의 힘을 뿜어내는 사막 식물들이 낮게 깔려 장대하게 펼쳐져 있는 평원 한가운데 들어선 곳이다. 이곳은 미국의 정신 지도자가 자신의 깨달음을 펼치기 위하여 세운 곳이라고 한다. 이승헌 국학원 총장님의 〈한국인에게 고함〉에 따르면, 그가 이 땅을 사서, '지구의 영혼', '지구의 어머니'의 상징인 마고를 기리기 위하여 마고 가든 이라는 이름을 붙였다. 더욱 놀라운 것은 이승헌님이 천부경과 단군의 홍익인간 정신문화를 알리기 위하여 그 곳에 단군 상을 세웠다는 사실이다.

미국의 여러 곳에 치우(蚩尤), 복희(伏羲) 그리고 그의 후인 여와(女媧)의 상이 새겨진 조개껍질이 발견되고 있다. 이러한 유물들이 미조리 주, 오크라호마 주, 테네시 주의 박물관에 아직 보관되어 있다. 오대 호 가까이에 살고 있는 오수퉁고(Otstungo) 인디언들은 아직 치우 제(祭)를 올린다고 한다. 이러한 사실들은 우리 겨레와 미국 인디언들의 혈연관계를 증명하고 있다고 하겠다.

세계에서 가장 오래 되었다고 하는, 동으로 조각된 다음의 여인상이 마고(麻姑)의 상(像)으로 생각된다. 이 동상은 20,000년 전에 우글의 수도나 무에서 세워진 것으로 추정되며, 온 세상을 지배하는 여인 통치자로 알려져 있으니, 마고일 개연성이 높다.

마고성의 원시사화에 있어서는 우주의 자연현상은 신의 뜻으로 일어나는 것으로 보았던 것 같다. 신의 뜻을 존중하고, 신의 뜻에 따라 사회생활이 이루어졌으며, 정치가 향하여 졌던 것이다.

마고성의 원시사회에 있어서 그들은 무리를 이루어 생활했던 것 같다. 개인으로서는 극히 약한 인간은 발달한 무기와 생활도구를 발명하기 이전에는 집단을 이루어 생활하지 않을 수 없었다. 그들은 무리의 힘이 아니면 다른 맹수를 방어할 수 없으며 그날의 먹이를 얻기에도 어려울 것이다. 무리의 결성은 물론 동일혈연(同一血緣)으로 이루어졌을 것이다. 이와 같은 무리 사회는 영혼에 대한 생각 특히 조상신(祖上神)에 대한 신앙이 두터워지고 통제가 행하여지자 여기에 씨족이 발생하게 되었다. 이와 같은 초기의 씨족 사회에는 여성의 지위가 높고, 특히 모계(母系)의 지배하에 있었으므로 이 시대를 모계씨족 혹은 모권(母權)씨족 사회라고 했다. 씨족이 처음 모계 또는 모권 적(母權的)이었다는 것은 주술(呪術) 신앙과 관계가 있다고 생각한다. 또한 난혼(亂婚) 혹은 집단혼(集團婚)이 행하여졌을 때 누가 아버지라는 것을 모르고 자녀들은 모두 어머니 아래 있었으므로 모계씨족 사회가 만들어졌을 것이다. 마고(麻姑)는 배우자 없이 궁희(穹姬)와 소희(巢姬) 두 딸을 낳았으며, 궁희와 소희 역시 결혼하지 아니하고 황궁(黃穹), 청궁(靑穹), 백소(白巢), 흑소(黑巢)를 낳았다고 하는 것은 마고 원시사회의 모권씨족 사회에 관한 실상을 알려주는 대목이다.

[예시 물 2-1] 세계에서 가장 오래된 여인 동상

One of the two oldest known bronzes in the world—a symbolical figure of Mu as the mistress and ruler of the whole earth. It was made in either Mu or in the Uighur Capital City over 20,000 years ago.

박제상(朴堤上)의 〈부도지(符都誌)〉에 따르면, 제(祭)와 역(歷), 뗏목을 통한 통신 수단, 제악(祭樂)을 위한 음악, 천부(天符)를 돌에 새기는 문자 등 놀라운 문화의 발달을 이해할 수 있다. 〈부도지〉를 읽어보면, 「황궁(黃穹)씨의 후예 6만이 부도에 이주하여 지키고, 곧 나무를 베어 뗏목 8만을 만들어서 신부(信符)를 새겨 천지(天池)의 물에 흘러 보내 사해의 종족을 초청하였다. 각 종족들이 신부가 새겨진 뗏목을 얻어서 보고, 모여들어 박달나무 숲에 신시(神市)를 크게 열고, 계불로 마음을 깨끗이 하여 하늘의 움직이는 모습을 살핀 후 마고(麻姑)의 계보를 살펴, 그 족속을 밝히고, 천부의 음에 준하여 그 말과 글을 정리하였다. 또 북극성과 칠요(七曜)의 위치를 정하고 넓고 평평한 돌 위에 속죄의 희생물을 구워 제사를 올리고 모여서 노래하며, 천웅(天雄)의 악을 연주하였다. 종족들이 방장산(方丈山) 방호의 굴에서 칠보의 옥을 채굴하여 천부를 새기고 그 것을 방장 해인(方丈海印)이라 하여 칠난(七難)을 없애고 돌아갔다.」고 기록되어 있다. 위의 〈부도지〉 내용을 볼 때 벌써 7만 년 전의 파미르고원의 마고성 시대에 통신 수단으로 문자가 있었던 것으로 생각한다. 우리 겨레는 마고, 황궁, 유인, 환인, 환웅, 단군으로 이어지는 상고 시대부터 고유한 말과 글자를 가지고 문명과 문화를 창조하여 세계의 모든 인류에게 전파한 재능이 있고, 슬기로운 민족이다.

영국의 고고하자 제임스 춰치워드(James Churchward)는 인도, 미얀마, 이집트, 위굴, 중국, 멕시코 등의 나아칼(Naacal)의 점토판을 50년간이나 연구, 해독하여 레무리아 대륙이 약 15,000년 전에 태평양에 침몰되었으며, 이 대륙에 무(Mu) 제국이 있었다고 했다. 레무리아 대륙이 태평양에 있었느냐 혹은 인도양에 있었느냐 혹은 저자가 주장하는 것처럼 파미르고원의 마고성에 있었느냐 하는 문제는 아직 논쟁의 여지가 있지만 나아칼의 점토판 해독은 인류사의 시원이나 선사시대의 역사 연구에 매우 귀중한 사료를 전하고 있다. 레셔톱은 1966년 〈지구의 자연과 인간의 기원〉이라는 책에서 「해양학, 고생물학, 고인류학, 영장류학, 지질학의 분야에서 입수한 재료를 근거로 하여, 레무리아 대륙은 태고의 인류 생성에 있어서, 매우 중요한 역할을 하였다. 왜냐하면 그곳이 영장류의 발생지이기 때문이다.」고 했다. 1,961년 여름, 소련의 해양 관측선 비타아즈호는 인도양의 해저 5,000m에서 열은 바다나 해안에서만 볼 수 있는 모래를 발견했다. 이 발견을 근거로 하여 영국의 동물학자 F. L. 스크레터는 인도양에 침몰한 대륙이 있었다고 발표했다. 그러나 저자의 견해로는 파미르고원의 마고성에 무 제국이 있었다고 생각한다. 저자가 파미르고원의 마고성에 무 제국이 있었다고 주장하는 몇 가지 이유는 다음과 같다.

첫째,	대부분의 인류학자들은 중앙아세아를 인류사의 시원지로 보고 있다는 점.
둘째,	그린버그 교수가 유라시아 공통 조어 설을 제의 한 점.
셋째,	인도-유럽어족의 발상지가 쿨간(Kurgan) 문화의 유적지가 발굴된 소련의 남방 고원 지대라는 점.
넷째,	나아칼의 점토판에서 말하는 "어머니 나라"가 파미르고원 마고 여권 씨족 사회를 지칭한다는 점.
다섯째,	무 제국의 /mu/, 나아칼의 /na/, 마야족의 /ma/, 마고의 /ma/ 이형태들이 음이 약간 다르지만 "어머니"의 뜻이 있다는 점 등을 들 수 있다.

2.2 자연 환경의 변화와 인류의 이동

인류학에서는 인간의 특징으로 불과 언어의 사용, 도구의 제작과 사용, 직립보행(直立步行)을 들고 있다. 그러므로 인간의 역사를 연구하려면 인간의 특징을 중심으로 살펴보아야 할 것이다.

언어의 사용에 관해서는 어족의 분류, 공통 조어의 구성, 음운의 변화, 어족 상호간의 어휘의 대응 등을 추적하여 인류의 이동을 연구하며, 도구의 제작과 불의 사용에 관해서는 고고학적 발굴 작업에 의하여 인류의 이동에 관한 연구에 많은 성과를 거두고 있다.

인간은 자연환경에 따라 알맞게 생활하고 있으며, 또한 생존에 적합한 곳으로 이동하는 것은 당연한 일이다. 따라서 인간의 이동에 관한 역사를 이해하려면, 그들을 이동하게 만든 자연환경의 변화에 대한 지식이 없으면 정확한 연구를 할 수가 없다.

지구의 역사를 살펴볼 때에 홍수(洪水), 한파(寒波), 해침(海浸), 해퇴(海退) 등의 사건이 빈번하게 발생한 것이다. 지구는 빙하기(氷河期)와 간빙기(間氷期)가 교차되는 기간에 홍수 사건이 있었다는 것을 알 수 있다. 지금으로부터 약 4,000년 전 아세아 전역에 홍수 피해가 일어났던 것으로 여러 기록들이 전하고 있다 .

맹자(孟子)는 그 당시의 홍수 사태를 다음과 같이 전하고 있다. 「요(堯)나라 임금 때 물이 거슬러 흘러서 중국에 범람했다. 뱀과용이 기승을 부려 백성이 정착할 수 없었다. 낮은 곳에 사는 사람은 새 집을 지어 살고, 높은데 사는 사람은 굴을 파고 살았다. 우왕(禹王)이 치수(治水)하여, 땅을 파고 물을 바다로 흘러보내 뱀과용을 몰아내니 물이 땅속으로 흘러가 새나 짐승이 사람을 해치지 못하게 된 연후 사람들은 땅을 고르고 살게 되었다. 콸콸 밀어닥치는 홍수가 사방으로 넘쳐흘러서 산들을 둘러싸고 둑을 무너뜨려 멀리 하늘에 닿으므로 백성들은 걱정하고 원망하였다.」고 기록하고 있다.

「9년 동안이나 홍수의 해가 만민에 미치므로, 단군왕검이 태자 부루(扶婁)를 보내 우순(虞舜)과 약속하니, 초청하여 도산(塗山)에서 만났다. 순(舜)이 사공(司空) 우를 보내 오행치수지법(五行治水之法)을 받아 곧 공을 이루었다.」고 번한세가(番韓世家)에 기록되어 있다. 약 4,800년 전에 메소포타미아에서도 대 홍수가 있었던 기록들이 많다. 노아의 홍수, 엔릴의 영웅시와 길가메시의 서사시에 기록된 홍수는 많은 홍수 피해로 사람들의 이동 사실을 알려준다.

한파는 지자기(地磁氣)의 변화에 의하여 일어나며, 해침과 해태 현상은 지축(地軸)의 회전 각도가 달라짐에 따라 육지가 바다가 되고, 바다가 육지가 되는 현상이 일어났다. 대표적인 예로는, 대서양에 침몰한 아틀란티스 등을 들 수 있다.

〈삼성기〉, 「나아칼(Naacal)의 점토판」, 「수메르의 왕명 표」가 똑같이 제시하고 있는 "7만 년 전"이라는 것을 기점으로 삼아, 지금까지 자연환경의 변화와 인류의 이동 사 및 한겨레의 이동 사를 살펴보도록 하겠다. 인류사의 시원 지를 레무리아 대륙이 침몰한 태평양 혹은 인도양의 어느 곳 인지의 문제는 연구 과제로 남겨두고 파미르고원의 마고 성을 기점으로 인류의 이동로 및 그들이 정착한 역사를 조사해 보겠다.

우리들은 역사를 이해하려고 할 때 큰 잘못을 범하게 된다. 그것은 현재의 입장에서 과거의 역사를 기술하려고 하는 것이다. 국경이 없는 옛날을 오늘과 같이 마치 국경이 있는 것처럼 역사를 서술하곤 한다.

인류는 이 지구상에 가장 풍성한 도지에 탄생되어 자연의 혜택을 받으면서 그 자연을 이용하며 살아 왔다. 인류사의 진실을 이해하려면 인류가 이 지구상에 탄생한 이후의 진실을 파악하는 것이 필요하다. 우리 한반도의 역사는 인류의 공통된 역사의 일부분에 지나지 않으므로 한국사의 진실을 이해하려면 동양사, 서양사, 나아가 인류사를 이해하는 것이 필수적이다.

인류는 이 지구에 태어나서 자연을 개척하며 살아왔다. 자연을 이용하여 삶을 꾸려 가는데 있어서 혼자의 힘으로는 될 수가 없으므로 무리를 이루어 살았다. 사람의 무리는 시대가 흐름에 따라 점점 크게 되어 씨족(氏族)에서 부족(部族)으로, 부족에서 민족(民族)으로 오늘날과 같은 국가사회를 만들게 되었다.

한민족의 상고사는 인류공통의 역사의 일부분에 불과하다. 그러므로 우리의 역사를 이해하려면 인류사를 알아야 한다.

우리 인류가 그 위에서 살아가는 지구는 해의 세계 안에 작은 하나의 별에 불과하다. 이 지구라는 별이 해의 세계에서 처음 떨어져 나와 모양이 생긴 것이 약 45억 년 전인데 그때는 그 위에 생물은 물론이고 한줌의 흙도 없는 불덩어리에 지나지 않았다. 그것은 이 지구상에 생물이 전혀 없었던 별에 불과했다. 그러다가 약 35억 년 전부터 바위 위에 이끼와 같은 하등조류(下等藻類)에서 비롯하여 인류에 이르기까지 생물진화의 긴 세월이 계속되었다.

인류는 포유류(哺乳類, 젖먹이동물) 중의 영장 목(靈長目)에 속하고, 영장 목은 각종의 원숭이들로 3천만 년 전에는 꼬리가 있는 원숭이가 나왔고, 거기로부터 다시 꼬리가 없는 원숭이로 발전하여 고릴라, 침판지, 오랑우탄 등의 조상으로 보이는 드리오피테쿠스부터 약 1천만 년 전에 인류의 선조로 생각되는 라마피테쿠스가 나왔다. 이 라마피테쿠스는 이미 두 다리로 똑바로 서서 걸어 다니는 원인(猿人)으로 발달했고 치아의 형도 인류의 그것과 비슷하게 되었다. 약 50만 년 전에 참다운 인류 호모 사피엔스가 생겨났다. 지질시대의 구분에 있어서 인류시대는 지금으로부터 200만~1만 년 전으로 소급되는 신생대 제4기의 홍적세(洪積世)에 해당한다. 이 시기에 인류는 원인(猿人)>원인(原人)>구인(舊人)>신인(新人)으로 진화를 거듭하면서 타제석기와 토기를 같이 사용하던 신석기시대로 접어들었다.

자연환경의 변화에 대한 연대를 간추려보면,

① 65,000년 전 한랭(대변동)

② 49,000년 전 한랭(대변동)
③ 30,000년 전 한랭
④ 25,000년 전 아간빙기
⑤ 18,000년 전 한랭(대변동)
⑥ 10,000년 전 온도상승(대변동)
⑦ 6,000~7,000년 전 정상기온
⑧ 2,000년 전 온도 하강

우리가 알고 있는 세계의 문명을 살펴보면, 그 상한 연대를 최대한 올려 잡아도 6,000~7,000년 전 그 이상을 넘어서지 않는다. 이것은 앞에서 살펴본 연대를 고려해보면 자연환경의 변화와 인류문화와의 관계를 짐작하게 한다.

여기서 한 번 더 깊이 생각해 볼 것은 인류 문명은 일직선으로 달려 온 것일까? 과연 오늘의 문명만이 최고의 문명일까? 하는 의문을 우리에게 던져주고 있다. 초 고대 문명이라고 하는 안데스산맥의 잉카문명, 중앙아메리카의 마야문명, 인도의 모헨조다로 문명은 인류문명이 일직선으로만 발전해 왔다는 사실을 부인한다. 우리가 오늘 생각하는 지구의 문명은 고작해야 6,000년의 시간 범위 안에서 이루어진 것이다. 현재의 문명이 전부 파괴되고 다시 맨주먹이 될지라도 지금과 같은 비슷한 조건의 자연환경이 6,000년간 계속된다면, 인류는 또 다시 오늘날과 같은 발달된 문명을 이루어낼 것이다.

박제상(朴堤上)의 〈부도지(符都誌)〉에 따르면, 약 7만 년 전 파미르고원에 인류사의 시발점이라고 볼 수 있는 마고 성(麻姑城) 여권(女權)씨족 사회가 있었고, 이 씨족들이 세계의 동서남북으로 이동했다고 한다. 마고(麻姑)의 세계와 이동 사는 다음과 같다.

[예시 물 2-2] 마고씨족의 이동사와 인류문명의 발생

마고(麻姑)	궁희(穹姬) >	황궁(黃穹)	– 유인-환인-환웅-단군-한문화
		청궁(靑穹)	– 중국의 황하문명
	소희(巢姬) >	백소(白巢)	– 중근동의 수메르, 이집트, 로마, 그리스 서구문명
		흑소(黑巢)	– 간지스, 인더스강을 비롯한 동남아 문명

파미르고원의 마고성은 7만 년 전 인류의 역사가 시작된 곳이다. 이 마고성에서 마고의 손녀인 황궁(黃穹)은 천산산맥(天山山脈)으로 이동하여, 유인(有因)>환인(桓因)>환웅(桓雄)>단군(檀君)으로 이어지는 우리 겨레의 직계 조상들이며, 청궁(靑穹)씨족은 돈황(敦煌)이 있는 중국의 중원(中原)쪽으로 이동하여 황하문명(黃河文明)을 이룩한 씨족들이며, 백소(白巢)씨족은 사마르칸드가 있는 서쪽으로 이동하여, 중, 근동 문화 나아가 서구문명을 탄생시킨 주인공들이며, 흑소(黑巢)씨족은 남쪽으로 이동하여 나아칼(Naacal), 마야 문명, 타밀을 비롯한 드라비다 문명, 갠지스, 인더스 강 유역의 베다 문명을 건설한 주인공들이라는 것을 〈부도지〉와 세계 여러 학자들의 발굴 조산한 보고서에서 확인할 수 있다.

마고가 도읍한 파미르고원, 환인이 도읍했다고 추정되는 천산산맥, 단군이 도읍했다고 추정되는 알타이산맥 지대의 지형을 살펴, 유라시아 어족의 이동 노선을 알아보겠다. 알타이-천산산맥-힌두쿠시 선의 산림 양편에 걸친 카스피 해안-로브 노오르-몽고의 사막은 그 대부분이 풀도 나지 않는 불모지이므로 지금도 그곳에는 사는 사람이 극히 희소하다. 그러므로 유라시아 어족의 이동 길은 이 불모 지방을 사이에 두고 천산 남로 또는 북로로 갈라져 옮겨갔을 것이다. 그들이 찾는 살기 좋은 살찐 땅은 알타이-천산-힌두쿠시 선 동쪽에 중원(中原)과 만주, 서쪽에 카스피해 북쪽 해안을 지나 흑해 주변의 돈, 드니프, 다뉴브 등 유역의 평야가 있고, 카스피해 남쪽 해안을 지나서는 유프라테스, 나일 유역의 평야가 있고, 이란고원 동쪽에는 인더스, 갠지스 강 유역의 히말라야산맥 기슭이 있다. 이와 같이 살기 좋은 땅을 찾아서 땅 끝까지 지구상의 동서남북으로 옮겨가

서 문화의 꽃을 피웠다. 마고씨족 즉 유라시아 어족들은 햇살처럼 퍼지며 지구의 동서남북으로 땅 끝까지 여러 줄기로 갈라져, 문화, 습속, 형질, 신화 등의 유적을 남기며, 이동한 것으로 생각한다.

인류의 이동에 관한 역사를 〈부도지〉에는 「황궁(黃穹) 씨가 곧 천부를 신표로 나누어주고 칡을 캐서 식량을 만드는 법을 가르쳐 사방으로 나누어 살 것을 명령했다」고 했다.

이에 「청궁(靑穹)씨는 권속을 이끌고 동쪽 사이의 문을 나가 운해주(雲海州)로 가고, 백소(白巢)씨는 권속을 이끌고 서쪽 사이의 문을 나가 월식주(月息州)로 가고, 흑소(黑巢)씨는 권속을 이끌고 남쪽 사이의 문을 나가 성생주(星生州)로 가고, 황궁(黃穹)씨는 권속을 이끌고 북쪽 사이의 문을 나가 천산주(天山州)로 가니, 천산 주는 매우 춥고 위험한 땅이었다.」고 기록하고 있다. 운해주는 파미르고원에서 동쪽 돈황(敦煌), 중원(中原)쪽을 가리키며, 그 씨족이 황하문명을 꽃피운 주역이라고 생각되며, 월식주는 서쪽으로 사마르칸드를 지나 중근동 지역으로 나아가, 수메르 문명, 이집트 문명, 서구 문명을 이룩한 백소씨족의 활동 무대로 생각한다. 성생주는 동남아 지역으로 생각되며, 이 씨족들이 인도 문명을 이룩한 주역들이라 생각되며, 천산 주는 천산산맥(天山山脈)쪽이며, 한겨레의 직계 조상들의 이동 사를 알려주는 매우 중요한 사료가 된다고 할 수 있다.

자연환경이 급변한 연대와 그 당시의 사료를 살펴보면,

1) 65,000년 전의 사료(史料)를 보면,

65,000년 전 한랭이라는 대 변동이 있기 전에는 지금과 비슷한 자연환경의 조건이 몇 만 년이나 지속되었음을 알 수 있다. 그런데, 약 73,000년 전에 변동이 있었으며, 65,000년 전에는 기온이 급강하한 사실을 알 수 있다. 이것은 그 이전의 문명이 존재했다면, 이때 깨끗이 정리되었을 것이라고 생각한다. 이 기간은 홍적세로 동서를 막론하고 대홍수의 시대였다. 홍적세 말기에는 지구상에 4대 인종이 거의 다 등장한다.

〈신사기(神事記)〉에 따르면, 「……다섯 물건들에서 빼어난 것이 사람인데,

맨 처음에 한 남자와 한 여자가 있었으니, 나반(那般)과 아만(阿曼)이라, 천하의 동서에 있어 처음에는 서로 오가지 못하더니, 오래 뒤에 만나 서로 짝이 되니라, 그 자손이 다섯 빛깔의 종족이 되니, 황인종, 백인종, 흑인종, 남색인종, 홍인종이라.」 했다. 인류학적으로 구인에서 신인으로 발달하는 시기였다.

나반(那般, Nirvana)은 인도 힌두교의 3대 신, 즉 시바(Siva), 비스흐누(Vishunu), 부라흐마(Brahma)가 있는데, 부라흐마 신과의 재회(再會, Reunion)를 뜻하며, 이 말이 불교로 전파되어, 열반(涅槃), 즉 모든 번민(煩悶)을 없애는 지복(至福)의 경지를 뜻하게 되었다. 아만(Aman)은 고대 생명과 번식을 주관하는 이집트의 신이며, 이 말이 기독교에 전파되어, 기도의 끝에 소원을 비는 뜻으로 쓰이고 있다. 나반은 "아버지"의 뜻으로 나반>나바이>아바이로 음이 변했으며, 아만은 "어머니"의 뜻으로 아만>아마이로 변했다. 몽골어에도 /아미/해서 "생명"의 뜻이 있다. 동쪽의 나반과 서쪽의 아만이 서로 만나 짝이 되었다는 장소인 아이사타(阿耳斯它)는/아이사/"금" + /타/"산"의 형태소로 구성되어 있다. /아이사/는 /아사/로 변음이 되고, /타/는 /달/로 변음이 되어, 단군이 도읍한 아사달(阿斯達)과 같은 어사이다.

이 시기는 파미르고원의 마고 성 시대부터 황궁, 유인의 천산 주 시대에 이르는 기간으로 천문(天文), 역법(曆法), 도상문화(圖像文化), 건축문화 등이 발달되고 있었으며, 여기에서 인류문화가 비롯되고, 이 씨족들이 지구상의 동서남북으로 이동하여 역법, 거석, 세석기, 빗살무늬 토기, 신화, 종교, 천문학, 음악, 수학 등을 전 세계로 전파한 흔적들이 나타나고 있다.

폴란드 출신의 수학자 브로노브스키는 그의 저서 〈The Ascent of Man〉에서 고대 그리스 문명을 동양 문화권에 묶어두고 있으며, 동방의 문화가 터키반도 서쪽에 위치한 사모스 섬을 통하여 그리스로 이입된 것으로 보고 있다. 그런가 하면 히프쿠트 교수는 그의 저서 〈고대 해양왕의 지도〉에서 약 만년쯤 전의 아주 태고 시대에 고도로 발달된 문명이 있었는데, 그 문명은 중국 대륙에서 아메리카까지 지구 전역에 퍼져 있다가 갑자기 살아졌으며, 너무나 오래 전의 일이라 잊혀 지게 되었다고 했다. 이런 사실들이 멕시코에서 니이벤의 발굴 조사 또는 처치워드의 50년간에 걸친 점토판 해독성과가 증명 해주고 있다. 먼저 제임스 처치워드의 〈잃어버린 무 제국〉에 따르면, 「약 7만 년 전 나아칼(Naacal)이 어머니 나라의 신성한 책, 거룩한 영감의 책의 사본을 위글(Uigur)의 수도로 가져왔다.」고 되어 있다. 또한 같은 책에 「히말라야의 옛 사원의 기록에 따르면, 무(Mu) 제국의 종교와 학문의 보급을 위해 나아칼이 무의 수도 힐라니프라에서 나와 미얀마 북방으로 온 것이 약 7만 년 전……」이라고 했다.

C. 보렌의 〈대세계의 역사〉에 따르면, 메소포타미아의 키쉬(Kish)라는 곳에서 발굴 조사한 기록에 「왕권이 하늘에서 내려와 먼저 에리두에 있었다. 에리두에서는 아무림이 왕이 되어 28,800년 간 통치하였다. 아라르가르는 36,000년 간 통치하였다. 두 왕은 64,800년 간 통치하였다.」고 했다.

〈삼성기〉에 따르면, 「환인(桓因) 7세의 역 년이 3,301년 혹은 53,182년이다.」라고 했다. 위의 인용을 통하여, 약 7만 년 전에 지구상의 어떤 곳에 발달된 문명이 있었다고 생각한다. 필자는 그곳이 파미르고원의 마고성이라고 주장하고 있다.

2) 49,000년 전의 사료를 보면,

지금으로부터 49,000년 전에 이르면, 고고학자들이 구석기시대 후기라고 부르는 신인 단계의 새로운 시대에 들어가게 된다. 그러나 실제로는, 지금으로부터 약 4만 년 전에 인류학자들이 학명으로 신지인(新智人, Homo Sapiens)이라 부르는 신인들이 지구상에 나타나, 새로운 문화를 이루게 되는 것이다. 이 시대는 지금으로부터 약 1만 년 전까지 계속된다.

니벤 씨에 의한 매몰된 고대 도시의 발굴은 고고학 상으로 말할 것도 없고 지질학상으로도 아주 중대한 발견이었다. 멕시코 분지에 아득한 옛날 지금으로부터 20,000~50,000년 전에 적어도 몽고인에 가까운 인간들이 살고 있었다고 하는 것을 알려주는 흙 인형이 발굴되었다는 사실에 놀라지 않을 수 없다. 이 시기에 중앙아메리카 지역에 아세아 계통의 문명이 존재하였던 것이다.

3) 30,000년 전의 사료를 보면,

유카탄(Yucatan)은 멕시코의 동남방에 위치하고 있으며, 본토로부터 동쪽으로 뻗어 있는 반도이다. 북쪽으로는 멕시코 만과 경계를 이루고, 남동쪽으로는 카리비어 해와 경계를 이루고 있다. 중앙아메리카 유카탄 반도의 고대 마야문화의 연구가인 르푸론 존 박사는 치첸이짜의 유적에 있는 고대 마야 초고의 신관인 카이의 무덤에서, 열두 개의 머리를 가진 뱀의 조각을 발견했다. 비문에 따르면, 이 열 두개의 머리를 가진 뱀은 칸 왕조에 앞선 마야 12왕조를 나타내는 것으로, 이 12왕조가 통치한 기간은 약 18,000년에 달한다. 그리고 트로아노의 옛 사본에 따르면, 칸 왕조 최후의 왕은 지금으로부터 약 18,000년 전에 재위하고 있었던 셈이 된다. 고대 마야 최초의 왕이 통치하기 시작한 것은, 약 35,000년 전부터 38,000년 전 사이라고 추정되고 있다. 이 시기는 비교적 따뜻한 아간빙기(亞間氷期)와 같았음을 알 수 있다. 그렇다면 이 기간에 어떤 문명이 존재했었다는 것은 있을 수 있는 사실이다.

피터 코로시모의 〈시간이 없는 지구〉에 따르면, 니이벤 씨는 멕시코 시에서 약 7km 떨어진 알레판도라 근방의 샌미겔 아만토라에서 지금으로부터 2만~5만 년 전의 몽골 인종의 유적을 발견했다고 한다.

4) 25,000년 전의 사료를 보면,

이집트의 신관(神官)이자 역사가인 아비토우의 저서에 따르면, 아틀란티스국의 사제왕의 통치가 13,900년간 계속되었다고 한다. 아틀란티스 대륙은 대서양에 있었던 대륙으로 지금으로부터 11,500년 전에 바다 밑으로 침몰되었다.

그때까지 13,900년 동안 왕이 지배하고 있었다고 하니까, 초대 왕이 왕위에 오른 것은 25,400년 전이라고 생각된다. 아틀란티스 제국에 관해서는, 플라톤이 그의 저서 〈티마이오스〉, 〈크리티어스〉의 두 대화편에서 언급한 바 있는데, 초고대 문명을 대표할 정도로 널리 알려져 있다. 앞의 표를 보면, 25,400년 전의 기온은 대체로 상승하였기 때문에 그만큼 사람 살기가 좋았다는 것을 뜻한다.

5) 18,000년 전의 사료를 보면,

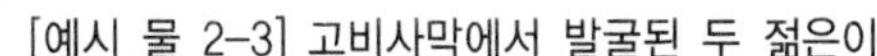

[예시 물 2-3] 고비사막에서 발굴된 두 젊은이

중국의 여러 전설들을 종합해 보면, 위글의 문명은 약 17,000년 전에 가장 전성기이였다고 생각된다. 위글의 수도는 고비(Gobi) 사막의 한 복판에 카라 코토(Khra Khoto)의 폐허가 남아 있는 그곳이다. 위글은 천문학, 광업, 직물, 건축, 수학, 농업, 문자, 의학 등 다방면에 있어서 최고의 인류 문명을 성취한 것으로 보고되고 있다. 길이 2,000km, 면적 120만 평방km에 이르는 고비 사막은 몽고의 대부분을 뒤덮고 있다. 그러나 그곳은 옛날에는 비옥한 땅이었다고 한다. 코즐로프(Kozloff) 교수가 지하 50피트나 되는 카라 코토의 폐허에 있는 한 무덤에서 18,000년 전의 네 부분으로 구획된 원(圓)의 한 복판에 그리스 문자의 "무", 즉 로마 문자의 M자와 똑 같은 기호로 된 가문(家紋)을 갖고 있는 두 젊은이를 그려 놓은 벽화를 발견했다. 그의 업적은 더욱 가치 있는 것이다.

위 그림은 코즐로프 교수가 카라 코토의 지하 15.6m에서 발견한 것 중의 일부분인데, 두 인물상은 비단 위에 그려진 것들이다. 제임스 처치워드는 16,000~18,000년 전의 것이라고 추정했다. 그러나 지하 15.6m의 유물과 지하 13m 흙의 지자기(地磁氣) 측정 결과는 18,000년 전이라는 같은 연대 수치를 나다내고 있다. 이 사실로 미루어, 그 시기에 우리가 상상하는 것 보다 더 높은 수준의 문명이 존재했다는 사실을 알 수 있다.

6) 10,000년 전의 사료를 보면,

이 시기는 긴 홍적세(洪積世, Diluvial epoch)가 끝나고, 충적세(沖積世, Alluvial epoch)가 시작되어 오늘에 이르고 있다.

이란의 고도였던 하마단을 떠나 고개를 넘어 중첩한 즈그로스(Zgros)산맥의 계곡을 따라 카만사의 넓은 평지에 도달하면 높이 2,794m의 암산이 우뚝 솟아 있다. 이 암산은 깍은 것 같은 절벽의 높이 70m의 암 면에 많은 인상이 그려져 있고, 그것과 아울러 13난간에 장문의 설형 문자가 새겨져 있다. 이 비문은 B. C. 6세기 페르시아 왕 다리우스 1세가 자신의 왕위 획득에 관한 정당성을 주장하며, 그의 공적에 관한 것을 알리기 위하여 새겨 넣은 것이다. 이것을 베히스탄의 마애비(磨崖碑)라고 한다. 이 히말라야의 산기슭에 있는 베히스탄 토굴에서 천공도(天空圖) 한 폭이 나왔는데, 이 천공도에 기입되어 있는 천체의 위치는 13,000전의 것이다. 실은 그보다 훨씬 전인 1778년에 이와 똑같은 천공도가, 파리 시장이었으며, 천문학자였던 장 실반 바알리에게 전달되었는데, 추산 결과 그것이 그려진 곳은 고비 사막의 한 복판이었다고 하였다. 1만 3천 년 전에 천공도가 고비 사막에서 작성되었다는 것은 1만 8천 년 전의 대 변동 이후 다시 그곳에서 문명이 발생하였다는 것을 뜻하며. 그 문명은 약 1만 년 전에 있었던 지구의 대홍수에 의해 소멸되었을 것이다. 이 홍수는 홍적세(洪積世)를 충적세(沖積世)로 전환하게 할 정도의 큰 자연의 사건이었다. 지구의 역사는 이때부터 새로운 시대로 접어든 것이다.

마고(麻姑)씨족의 이동 노선 추적해 보자,

세계 언어 족 가운데 가장 연구가 발달한 분야가 인도-유럽(Indo-European)어족이다.

인도-유럽어족의 발상지에 관하여 언어학자들이 많은 관심을 갖고 연구를 계속해 왔다.

유럽 공통 조어의 겨울, 추위 등의 낱말을 발견하고, 식물군과 동물군의 공통 낱말을 분석한 결과 러시아의 남쪽 초원지대라고 추리하기에 이르렀다. 바로 유라시아를 말하는 것이고, 그린버그 교수의 유라시아 공통 조어 설이 발표됨으로써 유라시아 고원지대가 가장 오래된 옛 인류문명이 비롯된 곳이라 주목을 받게 되었다. 유라시아의 중심지역에 알타이(Altai)산맥 지대가 있고, 그 아래에는 천산산맥이 있다. 그 천산산맥에는 환인이 도읍한 것으로 알려진 한등격리봉(汗騰格里峰, 6995m)이 있다.

/한등격리/는 /한/"큰" "하나" "왕" /등격리/ "천군(天君)" "단군(檀君)" 즉 "하늘에서 내려온 임금"으로 풀이되는데, 이 말이 몽고어, 터키어, 수메르 어, 위글어, 우즈베그어에 쓰이고 있다는 것은 이 언어를 사용하는 조상들이 유라시아에서 공통어를 사용하면서 살고 있었다는 것을 말해주고 있다. 천산산맥 바로 아래에는 파미르고원이 위치해 있다. /파+미르/는 "밝은 산"으로 해독된다. 박제상(朴堤上)의 〈부도지(符都都)〉에 따르면, 약 7만 년 전 마고(麻姑), 그녀의 두 딸 궁희(穹姬), 소희(巢姬)의 마고성이 있었으며, 여권씨족 사회가 형성되어 있었다. 제임스 처치워드가 발굴 조사한 나아칼(Naacal)의 점토판의 해독에 따르면, "어머니 나라"라고 무(Mu) 제국을 지칭했으며, /마/가 /무/와 같은 형태소라고 생각된다. 필자의 견해로는 처치워드가 말한 "무 제국"은 파미르고원의 마고성에 있었던 마고 여권씨족 사회를 두고 말한 것 같다.

그러면 인도-유럽어족이 흩어져 동서남북으로 이동한 연대를 보면, 약 B. C. 3,500경으로 이 연대는 6세 환웅 태우의(太虞儀)가 재위한 시기이며, 이때에 태호(太昊) 복희(伏羲)부족이 메소포타미아에 진출하여 서양의 문명의 모태라고 하는 수메르 문명을 건설한 시기이다(정연규 저, 〈수메르 · 이스라엘 문명을 탄생시킨 한민족〉 참조).

미국 스텐포드 대학의 그린버그(Greenberg) 교수는 세계 언어족의 분류 작업을 하던 가운데 인도-유럽어족, 우랄-알타이어족, 축치-길략 어족, 에스키모-에릇 어족 등의 조상어로서 유라시아 공통 조어가 있었다고 발표했다.

[예시 물 2-4] 유라시아 공통 조어(스텐포드 대학의 그린버그 설)

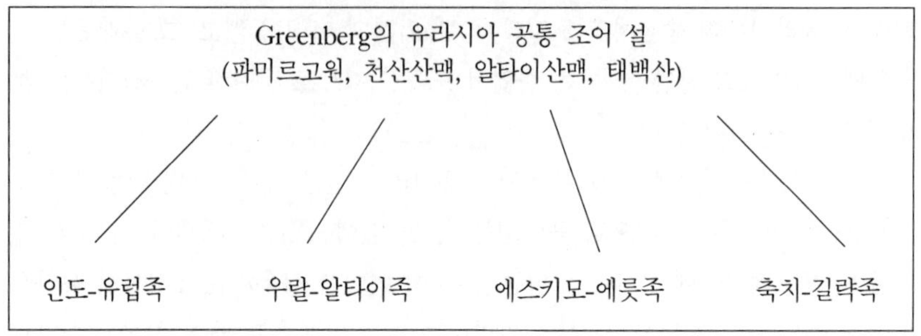

2.2.1 황궁(黃穹)씨 족의 이동과 한국문화

사람들이 흔히 우리 역사를 흔히 반만년이라 하고 육천년이라고 하는데, 저자는 약 7만 년 전의 마고 시대부터 연구해야 한다고 생각한다.

내 나라 역사를 억지로 길게 잡자는 것은 아니다. 역사가 길다는 것이 반드시 그 나라의 자랑거리가 되는 것은 물론 아니다. 그러나 충분히 고증이 된 것은 아니라 할지라도 현존하는 문헌이 그렇게 되어 있는 것을 굳이 내려서 짧게 잡아야 할 이유는 없다고 생각한다.

인류의 역사를 연구하는 데 있어서 문자의 기록으로 남겨진 것을 중심으로 살펴볼 때, 약 7만 년 전 파미르고원의 마고 원시사회에 대한 기록을 남긴 박제상(朴堤上)의 〈부도지(符都誌)〉, 환인(桓因) 7세의 역년이 3,301년 혹은 63,182년이라고 한 원 동중(元董仲)의 〈삼성기(三聖紀)〉, 「나는 티베트의 사원에서 나아칼(Naacal)의 점토판을 해독했다. 그것에 따르면, 약 7만 년 전 나아칼이 어머니 나라의 신성한 영감의 책의 사본을 위글의 수도로 가져 왔다.」고 해독한 영국의 고고학자 제임스 처치워드(James Churchward)의 〈잃어버린 무 제국(The Lost Continent Of Mu)〉, 메소포타미아의 키쉬(Kish)라는 곳에서 유적을 발굴 조사한 보고서에, 아무림 왕과 아라르가르 왕의 통치 기간이 64,800년이라고 한 C. 보렌의 〈대세계의 역사〉, 이 네 가지 기록은 약 7만 년 전의 잃어버린 인류사의 기원을 찾는 데 매우 중요한 사료를 제공한다.

유라시아는 마고가 도읍한 파미르고원, 황궁과 유인이 도읍한 천산산맥, 환인이 도읍한 섬서 성(陝西省)의 적석 산(積石山), 환웅이 도읍한 태백 산(太白山), 단군이 도읍한 알타이산맥이 있는 곳이기 때문에 한겨레의 기원과 이동 사를 알려주는 매우 중요한 사료를 제공한다고 하겠다.

〈위서(魏書)〉가 전하는 바의 「지금으로부터 2,000년 전에 단군왕검이 있어 아사달(阿斯達)에 도읍을 세우고 국호를 조선이라 하였으니 요(堯)나라와 같은 때였다.」는 기록을 근거로 하여, 이 시기를 B. C. 2,333이라고 보고, 올해가 2,008년이니 2,333+2,008=4,341년이니, 지금으로부터 4,341년 전에 단군이 아사달에 도읍을 하게 되고, 〈삼성기〉에 의거하여, 환웅의 신시시대의 역년이 1,565년이니

4,341+1565=5,906이니 지금으로부터 5,906년 전에 환웅이 태백산에 도읍을 했고, 다시 환인 7세의 역년 3,300년을 더 소급시켜 5,906+3,300=9,206이니, 환인이 적석산에 9,206년 전 도읍을 했고, 환웅의 연대 5,906+63,182=69,088년이 되므로 69,088년 전에 마고성의 시대가 열린 것으로 환산이 된다. 이 또한 지금으로부터 7만 년 전이니 우연의 일치로 볼 수 없는 것으로 생각된다.

우리 민족은 파미르고원(마고성)에서 시작해 천산의 유인시대와 환인시대, 태백산의 환웅시대, 알타이 산맥의 단군시대를 거쳐 북부여가 단군의 대통을 이었다. 그러나 그동안 우리 상고사는 전설과 신화 속에 묻혀 있었다.

인류가 이동한 길을 저자의 상상으로 도시해 보면 다음과 같다.

[예시 물 2-5] 한겨레의 이동

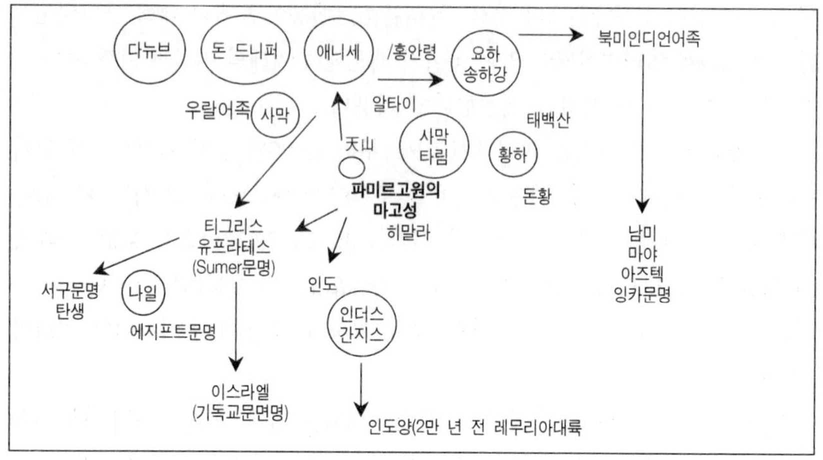

파미르고원을 시발점으로 한다면,

① 파미르고원>천산산맥>알타이산맥>야블로노이산맥>스타노보이산맥>콜리마산맥>알래스카>아메리카 대륙(미국 인디언 즉 에스키모-어룻, 동굴족 문명, 마야, 잉카 문명이 형성됨)
② 파미르고원>몽고고원>황하(黃河) 유역(중원 문명이 형성됨)
③ 파미르고원>히말라야산맥 또는 술라이만산맥>갠지스, 인더스 강 유역(인도문명)
④ 파미르고원>사마르칸드>이란고원>메소포타미아(백소씨족과 태호, 소호씨족이 합류하여 수메르 문명 탄생)
⑤ 파미르고원>이란고원>아라비아 반도>이디오피아고원>나일강 유역(이집트문명)

중원(中原)에서 활약한 영수들의 사적(史跡)을 밝혀 중국의 대 공정에 맞설 우리의 상고사를 하루 속히 광복해야 할 것이다. 필자는 〈대한상고사〉와 영문판 〈The Ancient Korea and the Dawn of Human History in the Pamirs〉 두 권의 책을 통하여 한겨레의 비롯됨과 이들의 이동 분포 등의 사실을 밝혀 중국 한족의 역사와 동이족의 역사를 구분 하였다.

사마천은 중국 전설 시대의 오제로 황제(軒轅), 전욱(顓頊), 제곡(帝嚳), 요(堯), 순(舜)을 들고 있다. 이들 오제들은 염제(炎帝), 치우(蚩尤), 태호(太昊),

소호(小昊) 등 황하 유역에서 활동한 영수들과 투쟁을 했으며, 패한 자들은 다른 곳으로 옮겨 갔다.

치우(蚩尤)씨는 병기를 만들고 적과 맹수를 막는 직책을 맡았고, 고실(高失)씨는 농사와 목축을 관장하고, 화식(火食)을 발명하였으며, 신지(神誌)씨는 녹도문(鹿圖文)이라는 옛 문자를 발명하여 신지비사(神誌秘詞)를 저술하였으며, 이비사에는 동국의 도읍을 아홉 번 옮길 것이라는 예언이 실려 있다.

주인(朱因)씨는 남녀 혼인하는 법을 만들었으며, 복희는 음양 역리의 원리인 팔괘(8卦)를 만들었다. 그 당시 중국의 지배자는 수인(燧人), 신농(神農), 유망(楡罔), 소호(小昊), 헌원(軒轅) 등이었는데, 특히 치우는 헌원과 싸워 탁록에서 70여 회나 승리를 했다고 한다. 이 싸움이 중국의 한족과 동이족간의 첫 전쟁이다. 치우 환웅은 14세 자오지(慈烏支) 환웅으로 청구(靑丘)로 옮겨 도읍한 것으로 기록되어 있다. 〈산해경(山海經)〉에는 "치우는 우수한 병기를 만들어 황제를 정벌했다."고 했고, 관자(管子)에도 "치우는 금으로 무기를 만들었다."고 했다. 단군의 봉후 국에서 발달한 국가들에 관하여 개관해 보면, 단군의 봉후 국(封侯國)은 다음과 같이 수봉되어 후국 또는 족 단으로 발전되어 근세조선에 이어진다.

마고(麻姑) 여권 씨 족 사회(약 70,000 전 파미르 고원)>황궁(黃穹)>유인(有因)>환인(桓因, 7,198 B. C.)>환웅(桓雄, 3,898 B. C.)>단군(檀君, 2,333 B. C.)>봉후국은 다음과 같이 발전한다:

① 신지(神誌)의 누진(僂侲)>읍루(挹婁)>물길(勿吉)>말갈(靺鞨)>금(金)>여진(女眞)>청(淸)

② 고실(高失)의 봉후국 청구(靑丘)>마한(馬韓), 진한(辰韓), 변한(卞韓)>마한의 통일>백제(百濟), 신라(新羅), 가락(駕洛)>신라의 통일>고려(高麗)>이씨조선(李氏朝鮮)

③ 여수기(余守己)의 봉후국, 예국(濊國)>예(濊)>동예(東濊), 한예(寒濊)>구맥(九貊)

④ 단군 첫 황자 부루(扶婁)의 부여(夫餘) 봉후국>북부여(北夫餘), 동부여(東夫餘)>고구려(高句麗)>발해(渤海)>대원(大元), 흥요(興遼), 정안(定安)

⑤ 치우(蚩尤)의 봉후국, 남국(藍國)>: 풍이(風夷), 견이(畎夷), 우이(嵎夷), 화이(華夷), 회이(淮夷)

⑥ 선라(仙羅), 도라(道羅), 동무(東武)의 봉후국>옥저(沃沮), 졸본(卒本), 비류(沸流)>옥저>북옥저, 동옥저

⑦ 주인(朱因)의 봉후국, 개마(蓋馬)

⑧ 단군의 둘째 황자 부소(夫蘇)의 구려(句麗)

⑨ 단군의 셋째 황자 부우(夫虞)의 봉후국, 진번(眞番)

김부식의 〈삼국사기〉는 고구려, 백제, 신라의 역사 이후만 다루고 있으며, 일연의 〈삼국유사〉에도 환인에 대한 이야기는 몇 줄로 설명하는데 그쳤다. 우리는 상고사를 철저하게 방치시켰습니다. 그러나 우리가 신화와 전설 속에 묻어버린 것을 중국은 자기 역사로 재 발굴하고 있습니다. 우리 겨레가 언제 어디서 비롯됐는지를 아는 것이 시급하다. 중국의 대 공정에 당황하는 우리를 볼 때 역사를 공부하는 사람으로 부끄럽기 짝이 없다. 특히 사학자들은 우리의 상고사를 재조명하고 우리의 민족사를 다시 정립시킬 21세기의 중차대한 의무가 있다.

2.2.2 환인의 적석 산(積石山) 도읍

유인(有因) 씨가 천년을 지내고 나서 아들 환인 씨에게 천부를 전하고 곧 산으로 들어가 재앙을 없애는 굿을 전수하며, 그곳에서 수행하고 있었다.

환인 씨가 천부 3인을 이어받아 인간세상의 이치를 알리는 일을 크게 밝히니, 이에 햇빛이 고르게 비추고 기후가 순조로워 생물이 잘 자라고, 사람들도 편안한 생활을 하게 되었다고 〈부도지〉는 전한다.

이는 3세 황궁-유인-환인이 하늘의 도를 닦아 실천하는 3,000년 동안 그들의 공이 크게 미쳤다고 한다. 환인 씨가 청궁(靑穹)씨족과 합류하여 적석산(積石山)에서 등극한 시기가 약 9,200년 전으로 환산된다. 〈삼성기〉에는 환국의 역년이 63,182년 혹은 3,301년이라 했으니, 3,301년은 환인 7세의 역년을 말하는 것이고, 63,182년이라고 한 것은 파미르고원의 마고 성-황궁-유인 시대의 역년으로 생각된다.

〈삼성기〉에는, 「환의 나라 세움은 세상에서 가장 오랜 옛날이었는데, 한 신이 있어 시베리아 하늘 아래에서 홀로 되어진 자이니, 그 밝은 빛으로 온 누리를 비추어 주고 그 권능은 만물을 생겨나게 했다. 오래 오래 살며 멀리 내다보며 언제나 즐거워하고 지극한 기운을 노닐어 묘하게도 자연의 이치에 합치더라. 형체 없어도 뚫어 보며, 일삼아 하지 않으면서도 지어내고 말없이 행하였다. 어느 날 동녀 동남 800이 흑수와 백산의 땅에 내려왔는데, 이에 환인이 또한 감군(監群)으로 하늘 세상에 있으면서 돌을 쳐서 불을 일으켜 날 음식 익혀 먹기를 처음으로 가르쳤으니 이를 일러 환인이라 하고 천제(天帝)라 하며, 아버지라 부르기도 하였으니, 7세를 전하였다.」고 하였다. 혁서(赫胥), 고시리(古是利), 주우양(朱于襄), 석제임(釋提壬), 구을리(邱乙利), 지위리(智爲利) 환인으로 이어져 7세이다. 그러므로 이 7세는 12국으로 열거된 각각 독립한 원시적 씨족 공동체들 중에서 비교적 중심적 역할을 담당한 우세한 공동체가 일곱 번 교체된 세대라고 보면 무리가 없을 것 같다.

〈부도지〉에는 환인씨는 청해 성에 있는 적석 산에서 등극했다고 했다. 이때에 만방의 백성이 기약도 없이 모여든 사람이 수만이었다. 무리가 스스로 춤추며 돌고, 환인을 추대하여 환화(桓花)의 아래 적석(積石) 위에 앉게 하여 늘어서서 절하였다. 경축하며 부르는 만세 소리가 넘쳐흘렀다. 돌아가는 자가 시장과 같았다. "적석 위에" 하는 것을 보니 돌을 쌓아 올린 성이 아닌가 생각된다. 하여간 적석 산이란 산명은 천산산맥에는 없으나, 〈부도지〉에는 태백산 근처라고 하고 있다.

환국을 나눠서는 비리(卑離), 양운(養雲), 구막한(寇莫汗), 구다천(句茶川), 일군(一群), 우루(虞婁) 또는 필나(畢那), 객현한(客賢汗), 구모액(句牟額), 매구여(賣句餘), 또는 직구다(稷臼多), 사납아(斯納阿), 선비(鮮裨) 또는 시위(豕韋) 혹은 통고사(通古斯), 수밀이(須密爾)국이다. 합하여 12국이다. 12개국은 본래 정치적 권력집단으로서의 이른바 국가라기보다 오히려 혈연적 씨족들의 생활공동체로서 이들 상호간의 협력관계가 수 만 년 간 계속되는 가운데 그 중의 우세한 어떤 공동체를 중심으로 유대가 점점 긴밀하게 됨으로써 하나의 씨족연합체로 규합되는 자연스러운 과정이 진행되었을 것이다.

〈환단고기〉에 이르기를 파나류 산(波奈留山) 아래에 환인 씨의 나라가 있었다. 천해 동쪽의 땅을 파나류 국 이라한다. 그 땅의 넓이는 남북이 5만 리요, 동서는 2만여 리니 합하여 환국이라 했다. 파나류의 형태소는 파 "밝은 + 나류 "나라"로 합성되어 있다. 환웅의 나라를 배달이라 하는데, 배달, 박달, 백달은 "밝은 산"의 뜻이며, 최남선님의 논문 〈백색과 불함론(不咸論)〉에 /밝, 붉, 벌/을 알타이 언어 간에 대응시키고 있다.

한국어	:	Polg(조어), pulg(현대어)		
터어키어	:	bulan		
몽고어	:	ulan		
퉁그스어	:	에벤키	:	hulaka, ulaki
		소론	:	xula, ula
		라무트	:	hulana
		네기달	:	xolajin
만주어	:	오로치	:	xolo
		우데헤	:	xulaligi
		나아이	:	folgae
		만주	:	fulgan
		여진	:	bulja

이 모든 말은 환인의 나라 비리국의 /비리/에서 유래된 것이다. 비리는 /부리(夫里), 화(火), 벌(伐), 불(弗)/로 기록되고 있으며, 뜻은 "붉, 밝, 벌판, 성, 광장, 평지, 촌리"등으로 해독된다.

2.2.3 환웅의 태백산 도읍

〈三聖紀〉 하에 다음과 같이 전하고 있다. 「한국의 말에 안파견(安巴堅, 7세 지위리(智爲利 桓因)이 아래로 삼위 산(三危山)과 태백산을 내려다보며. 모두 가히 홍익인간을 할 만한 곳이라 하며 누구를 시킬 것이냐고 물으시니 모두 환웅을 보낼 것을 요청하였다」고 했다.

또한 〈朝代記〉에 이르기를 「때에 사람이 다산함으로 인구가 증가하여 물자가 모자라서 근심스러웠으나 어찌할 방도가 없었다」 고 했다. 그러므로 환웅과 반고(盤固)는 무리 3,000을 거느리고 새로운 삶의 터전을 찾아 이동하게 된다. 오늘날 준가르 분지의 비단길의 요지인 우루무치 역에서 중국의 西安까지 깔려 있는 철도 노선을 따라 내려가다가, 반고는 삼위산이 있는 돈황(敦煌)의 납목동굴(拉木洞窟)에서 도읍을 하게 되고, 환웅은 섬서성(陜西省)에 도달하여 태백산(太白山)에 도읍하였다. 환웅과 반고가 약 6,000년 전에 헤어져 각각 다른 곳에 정착하게 된 것이 중국사와 한국사가 분리되는 분기점으로 생각한다.

환웅은 천신의 뜻을 받들어 백산과 흑수 사이에 내려왔다. 사람이 모이는 곳을 천평(天坪)에 마련하고 그 곳을 청구로 정했다. 천부(天符)의 징표를 지니시고 곡식, 생명, 질병, 형벌 및 선악 다섯 가지 일을 주관하시며, 백성을 교화하여 하늘의 이치에 맞게 세상을 잘 다스리니, 신시에 도읍하고 그 나라를 배달(倍達)이라 하였다. 웅씨의 여인을 거두어 아내로 삼으시고 혼인의 예법을 정하였다. 농사를 짓고 목축을 하고 시장을 열어 물건을 사고 파니, 온 나라에서 조공을 받쳤다. 뒷날 사람들은 그를 최고의 신으로 받들어 세세토록 제사가 끊임이 없었다. 〈삼한관경본기〉에는 "세상에 전하는 말로는 환웅천왕이 이곳에 들러 머무르시며 사냥도 하고 제사를 지냈다고 하는데, 풍백은 천부를 새긴 거울을 들고 앞서서 나아갔고, 우사는 북을 쳐서 울리며 주변을 돌면서 춤추었고, 운사는 백 명의 무사를 데리고 대장의 검으로 호위하였으니, 그 행렬이 성대하고 엄중하였다"고 했다.

환웅천왕은 지금으로부터 5,900여 년 전 즉 3,898 B. C.년에 만물을 창조할 수 있는 조화력(造化力)과 만물을 육성하고 통치하는 활화력(活化力) 및 사람을 가르치고 인도하는 교화력(敎化力)을 가지고 이 세상에 오시게 되었다. 사람과 사회가 미개한 암흑시대에 사람을 널리 이롭게 하려는 홍익인간(弘益人間)과 더불어 사람의 사회를 하늘나라와 같이 만들려는 천리(天理)에 따라 교화하고 통치하는 이념을 가지고 바람을 주관하는 풍백(風伯), 비를 주관하는 우사(雨師), 구름을 주관하는 운사(雲師)와 더불어 해가 가장 일찍 떠는 동방에 위치한 섬시성(陜西省)의 태백산(太白山)에 도읍하고 좋은 정치를 펴셨다. 이 때에 중원대륙에는 환웅의 자손들이 아홉 종족으로 나누어졌으니 이들을 구이(九夷), 구려(九黎)라고 했다. 즉 황이(黃夷), 백이(白夷), 현이(玄夷), 적이(赤夷), 남이(藍夷), 양이(陽夷), 간이(干夷), 방이(方夷), 견이(畎夷)를 3,000여 부족단으로 조직하였다. 또한 곡식을 주관하는 부서, 생명을 주관하는 부서, 병을 주관하는 부서, 형벌을 주관하는 부서, 선악을 분별하고 도덕을 주관하는 부서, 다섯 부로 나누어 인간사 360여 가지를 살펴 다스리도록 했다. 그러므로 백성들의 생활이 향상되고, 음식, 의복, 거주의 제도가 성립되어 남녀, 부자, 군신의 윤리 도덕이 바로 서게 되었다.

배달겨레는 천자(天子) 환웅이 하늘에서 홍익인간의 이념을 지니고 천부인(天符印)을 가지고 세상에 오신 환웅으로부터 시작되었다. 이 근본이념인 홍익인간은 사람에게 널리 베푸는 박애정신으로 편협한 인간애나 민족애가 아니고 실로 인류애를 지향하는 글로벌 정신이다. 중원(中原) 사람은 환웅의 자손을 동이(東夷)라고도 하고 숙신(肅愼)이라고도 하고 예맥(濊貊)이라고도 하고 융이(戎夷) 또는 동호(東胡)라고도 일컬어 왔다. 이들 이족들은 하화계가 중원에 들어오기 오래 전부터 중원 천하의 주인이었으며, 농경문화를 주도한 것으로 중국의 여러 고서들이 증언하고 있다.

사마천(司馬遷)은 중원대륙의 오제로 헌원(軒轅), 전욱(顓頊), 제곡(帝嚳), 요(堯), 순(舜)을 들고 있는데, 이들은 하화 족(夏華族)의 영수들이었다. 그러나 염제(炎帝), 치우(蚩尤), 태호(太昊), 소호(小昊)는 빠져 있다. 이들 모두가 황하 유역에서 활동한 부족들의 영수였으며, 여러 세기 동안 패권을 놓고 서로 투쟁을 했고, 패한 자는 다른 곳으로 옮겨 갔다. 헌원 황제가 탁록에서 승리한 후 그들 주 세력들은 남하해서 화하 중류지역을 차지했다. 이들 동이들은 요임금 말년에 유주(幽州) 즉 지금의 북경을 중심으로 한 남북 지역으로 이동하였다. 환웅 세력은 천산 쪽의 세계에서 돈황(敦煌)의 삼위산(三危山)을 거쳐서 황하 중, 상류지역으로 들어왔으며 그 곳에서 신석기 후기의 앙소(仰韶) 채도 문화를 일구었다. 그러다가 요임금 말년에 현 북경 지역인 유릉(幽陵)으로 이동한다.

유라시아 공통조어 설을 낸 스텐포드 대학의 그린버그 교수는 그 대학의 D N A 연구팀과 같이 세계 어족의 분류에 많은 성과를 올리고 있다. 이러한 우리 민족의 시원에 관한 유전학적 연구 결과가 단국대하교의 김 욱 교수에 의 하여 나왔다. 그는 우리 민족의 주류는 북방의 수렵족이 75%, 남방의 농경민이 약 25%가 된다고 하는 설을 새롭게 제기했다. 그는 한국 사람의 유전자를 분석해 기원을 추적한 결과 우리 민족의 주류는 중원대륙의 중북부 황하와 양자강 일대에 농경문화를 꽃피우던 동이(東夷)들이었으며, 대부분이 북방의 유목민족에서 유래했다고 밝혔다. 그러므로 예를 들어 우리들은 뱀을 토템으로 하는 하수농경민인 태호(太昊)와 여와(女媧) 씨족과 옛 우가릿트 왕국의 후리 사람들이 신봉하는 우두(牛頭)의 바알 신 씨족들, 이 이중구조를 염두에 두고 연구를 계속해야 할 것이다. 이 조사 결과는 지금까지 한민족의 기원에 대하여 주요 학설로 인정받던 북방 유목민족 단일 기원설에 정면으로 배치된다. 그러나 비율은 차이가 나지만 한민족의 유전학적 기원을 연구해 온 서울대의 이 홍규 교수는 한민족을 동남아세아를 통하여 들어온 하수농경민(25%)과 시베리아를 통하여 들어온 북방 수렵 민 다수(75%)의 분포로 보았다. 이들 수렵 민들은 알타이-바이칼 호-흑룡강(아무르) 유역에서 한반도로 이동해 온 것으로 일반적인 추정을 하고 있다.

연산(燕山) 남북 지구의 신석기시대 문화는 시랍 목윤하(西拉 木倫河) 유역을 중심으로 내몽고의 소조달맹(昭烏達盟), 철리목맹(哲里木盟)및 북경, 천진, 하북(河北) 요성시의 북쪽을 포함하고 있다. 이 지구는 많은 강물이 흐르고 있는 곳이다.

1949년 이전에 발굴된 지역은 적봉산후(赤峰山后) 유적이다. 또한 1950-1960년대에 유적의 발굴과 연구로 소하연(小河沿, 샤오허옌)문화의 역사적 사실들이 밝혀졌다. 80년대 이후에 발굴 작업의 지속으로 새로운 유적과 자료를 얻을 수 있었다. 특히 둥샨취(東山嘴), 우하량(牛河梁,뉴허량), 흥륭와(興隆洼, 싱룽와), 상택(上宅), 사해(査海, 차하이), 조보구(趙寶溝, 자오바오거우) 등의 유적 발굴은 대단히 풍부한 자료들을 얻을 수 있었다. 이 지구의 신석기시대 문화 유적을 정리하면 대체적으로 흥륭와 문화, 상택 문화, 조보구문화, 부하(富河)문화, 홍산문화와 소하연(小河沿, 샤오허옌문화)로 대별된다.

8,000년 전 고온 다습한 기후로 발해 연안에는 신석기 문화가 본격적으로 전개되고 있었는데 '之'자 '人'자 문양의 빗살무늬 계통의 토기를 특징으로 하는

농경문화였다. 대표적인 내몽골 홍릉와, 요녕성 심양 신락(新樂)하층, 요동반도 남단 소주산(小朱山)하층 등의 유적들은 방사선탄소 연대 측정에 의해 7천 년 전의 유적으로 밝혀졌다. 내몽골 임서(林西), 만주 송화강 상류 눈강 일대 초원 지대에는 세석기 유적이 다수를 점하여 하북성 북부지역과 요동반도 남부, 한반도 서북부 일대가 대형 석기 위주의 '之'자 '人'자 문 토기 문화를 이루는 곳과는 대조적이다.

최근에 중국 학계에서는 발해 연안의 신석기 문화의 동시 다발적 발생에 대하여 '환발해권역(環渤海卷域)'으로 설정하고, 과거의 황하 중심 문화 전파 론을 지양하고, 이른바 '다 중심 발전론(多中心發展論)'을 인정하고 있다. 신석기 시대 문화가 황하 유역으로부터 전파된 것이 아닌 발해연안 일대에서 동시에 발생하여 각자 특징적인 문화 전개를 이룩하였다는 것이다. '之'자 '人'자문을 연속고선문(延續孤線文)이라고 하는데, 심양이나 내몽골 등지의 연속고선문계 토기문화와 연계하여 발달된 신석기 문화를 꽃피우는 단계가 바로 우리가 주목해야 할 홍산문화(紅山文化)이다.

홍산문화는 요녕 지역과 내몽고 동부 지역에 광범하게 전개된 6,000년 전의 신석기 시대 중기에 해당하는 신석기 문화로 인식되고 있다. 황하 유역에서는 8,000년 전 경부터 자산문화(磁山文化), 배리강문화(裵李崗文化)가 전개되었는데, 신석기 시대 전기에 해당한다. 이 뒤를 잇는 것이 양사오문하(仰韶文化) 단계로 물고기와 기타 문양을 채색한 채도(彩陶)를 특징으로 하는 홍산문화와 같은 시기의 문화 단계이다. 홍산문화는 양사오문화의 채도와 이전 단계의 연속고선문계 토기와 세석기 등을 융합하여 한 단계 발전하여 전개되는데, 정교한 옥기의 사용, 석 묘계통의 돌을 사용하는 무덤, 주거 유적, 등이 특징적으로 이러한 홍산문화의 유산은 후에 이 지역 하가점하층문화(夏家店下層文化)에 계승되고 황하 유역과 산동반도에도 큰 영향을 미치게 되었다.

동이족(東夷族)의 활동지역을 문헌상으로 보면. 하북성 동북부와 산동 일대, 양자강 하류 유역 등이다. 산동지역에서 가장 앞서는 문화유적은 북신문화(北辛文化)인데, 북신문화는 7,000년 전까지 소급되고 황하의 자산, 베리강 문화와 뚜렷한 차이를 보이고 있으며, 또한 4,500 B. C.경의 이 지역 대문구문화(大汶

口文化)와도 직접적인 연원 관계에 있다. 대문구문화는 하남성 서쪽의 양사오문화와 대비되는 문화로써 동이계 문화로 추정되고 있고, 이후의 용산문화(龍山文化)에 연결된다. 황하 유역의 이리두문화의 주인공으로는 하나라와 은나라를 비정한다. 이리두문화는 양사오문화를 계승하여 대문구문화의 요소도 받아들인 초기 청동기문화 단계로 인식되고 있다. 홍사문화 다음 단계로 같은 지역 하가점하층문화의 초기 청동기 문화가 전개되는데 둘 다 농경문화에 속한다. 홍산문화의 특징으로는 여인상이 다수 출토되고 있고, 또한 최초로 용의 형상을 창출해 옥기로 표현하는 등 독특한 요소를 많이 지니고 있다. 여인상은 남부 시베리아의 바이칼 호 말타(Malta) 유적 등에서 다량 발견되고, 유럽지역도 발견되는데 지모신(地母神) 숭상의 증거로 인식한다. 이러한 지모신 숭배는 파미르 고원의 여권씨족 사회의 믿음이 이어져 계승된 것으로 추정된다.특히 회색토기에 관하여, 대만대학 교수 서량지(徐亮之)는 그의 저서 〈中國史前史話〉에서 "회도를 생산하는 문화는 소호(小昊), 전욱(顓頊), 제곡(帝嚳), 제순(帝舜) 황제들의 제국에서 비롯되었다고 했다.

1923-1937년 펜실베니아 대학과 영국박물관 의 공동 연구 팀이 수메르 제 3 왕조의 수도였던 우르 지방에서 많은 수메르 회색 도기를 발굴하였다. 이 도기들은 홍산문화, 대문구문화의 유적지에서 발굴된 회도와 모양이나 색깔이 같은 유의 것이었다. 저자는 〈수메르 이스라엘 문화를 탄생시킨 한민족〉을 통하여 산동성을 중심으로 한 지역에서 형성된 대문구문화는 태호 복희, 소호 김천 씨가 약 5700여 년 전에 일구어낸 문화이며, 이 부족들이 메소포타미아로 진출하여 수메르 이스라엘 문화를 창조한 것으로 제의한 바 있다.

근동학의 영국 학자인 우울리 경(Sir Leonard Woolley)이 우르 지방에서 발굴 조사한 보고서에 따르면, 우르에서 발굴된 왕의 시체는 동이족 특유의 상투머리를 하였다고 하며, 그 들은 은나라, 고대 한국 일본 등지에서 했던 순장을 했고, 수메르 언어가 한국어나 일본어와 단어나 유형에 있어서 매우 유사하다는 점을 생각해 보면, 태호, 여와, 소호족이 메소포타미아로 이동하였다는 저자의 제의가 신빙성이 있다고 생각한다.

홍산문화 유적지에서는 많은 옥제 품이 적석무덤에서 출토되었다. 용머리, 거북이, 새, 독수리, 팔찌, 구슬, 도끼, Y자형 기 등의 옥 제품이 발굴되었으며, 그 당시의 신앙과 의식을 구현한 것으로 독특한 품격의 예술 작품으로 알려져 있다.

홍산문화는 농업경제 위주이다. 석제 농기구가 많이 발굴되었는데, 농업 생산규모 및 농업경제가 상당한 수준에 이르렀음을 나타내 주고 있다. 또한 목축과 고기잡이, 사냥 경제가 동시에 존재하였다. 정교하게 가공된 돌촉, 돌칼, 등은 사냥용으로 사용한 것으로 생각된다. 옥의 제품은 대문구문화(大汶口文化)와 양저문화(良渚文化)의 제품과 같은 형질이었다.

홍산 문화의 가장 큰 특징은 석 묘계(石墓系) 돌무덤이다. 돌을 쌓아 묘실을 구성하는 적석총(積石塚: 돌무지무덤)과 돌 판을 잘라 관을 짜는 석관묘(石棺墓: 돌널무덤)가 대능하 상류 지역 요녕성 능원현(凌源縣) 뉴허량 유적에서 발굴되었다. 이러한 돌무덤들은 후에 석곽묘(石槨墓: 돌덧널무덤), 석실묘(石室墓: 돌방무덤), 지석묘(支石墓: 고인돌) 등으로도 다양하게 발전하는데, 만주일대와 한반도 전역에 분포하고 있고 이것은 바로 고조선의 대표적인 묘제이기도 하다.

요서 사해흥륭와(査海興隆窪, 차하이싱륭와) 지역에서는 서기전 6,000-5,000년에 신석기문화가 발달하였다. 그 지역에서 용머리를 한 옥기들이 발굴되었으며, 홍산문화 지역에서 발굴된 소머리 모양의 옥기가 발굴된 것과는 대조적이다. 옛 시리아의 우가리트 왕국 바아알 신이 소머리로 상징되는 것과 같은 소머리형의 옥기들이 발굴되었다. 바아랄 신이 행차할 때 환웅이 대동하는 것과 같이 풍백, 우사, 운사를 대동한다는 신화는 환웅의 환족과 우가리트 왕국의 후리안 족과의 역사적 관계를 시사하고 있는 관심이 가는 사실이다.

소머리를 토템으로 하는 수렵 민들의 이동은 북방 초원을 통한 이동으로, 문화사 측면에서 세석기와 빗살무늬토기 문화의 전파 경로와 거의 일치하고 있다. 그러나 하수농경민들의 이동은 천산 지역에서 감숙성을 지나 황하의 중류로 들어간 중국학자들이 말하는 구이(九夷)들의 이동이다.

역사학계에서 기원전 2,333년에 세워진 단군조선은 신화를 벗어나지 못했다. 실증사학을 중시하는 국내학계에서는 국가 성립이 이루어지는 청동기문명이 만주지역에서는 기원전 15세기경, 한반도에서는 기원전 10세기경에나 이뤄졌다는 점에서 단군조선을 역사적 실체로 인정하지 않았다. 그러나 최근 중국의 주상하단공정(周商夏段工程, 1996-2000완료)으로 단군대의 역사를 복원하였고, 중화문명탐원공정(中華文明探源工程)으로 10,000년 환인대의 역사를 복원하여 중화문명이 인류사의 시원이라는 것을 밝히기 위하여 중국의 사회과학원은 야심찬 역사 복원에 힘을 기우리고 있다. 저는 〈대한상고사〉를 통하여 환웅과 반고가 천산산맥 쪽에서 이동하여 반고는 감숙성 돈황현에 정착하고 환웅은 섬시성 태백산에 도읍하게 되는 시점이 소위 중국의 한족과 동이족이 분기되는 시점으로 보았다. 그리고 동이의 영수 차우와 중국이 국조로 받들고 있는 헌원과 탁록에서의 싸움 등 한족과 동이족의 이동 분포 등을 밝혀 우리 역사의 복원에 미력이나마 힘을 보태려고 힘써왔다. 이러한 우리 상고사의 복원을 알리기 위하여 〈Ancient Korea and the Dawn of Human History on the Pamirs〉를 집문당 Korean Studies 34권으로 마고성에서 단군까지역사를 기술하여 중국의 사회과학원에 이미 보냈고, 북부여부터 고려조까지의 역사를 복원하기위하여 〈New Horizon to Ancient Korean History〉를 지금 집필 중이다.

환웅은 섬시성(陝西省) 태백산에 도읍하고 신시를 개설하여 풍백(風伯), 우사(雨師), 운사(雲師)로 하여금 인간사 360여 가지를 가르쳤다. 그리고 18세 거불단 환웅은 곰 족의 후를 맞이하게 된다. 이 웅 족의 후는 중국이 창조주로 받들고 있는 헌원(軒轅) 황제의 어머니 소전(小典)의 나라 유웅국(有熊國) 이다.

환웅의 세계를 보면,

1세 배달 환웅(倍達桓雄) 거발환(居發桓)>2세 거불리(居佛里)>3세 우야고(右耶古)>4세 모사라(慕士羅)>5세 태우의(太虞儀)>6세 다의발(多儀發)>7세 거련(居連)>8세 안부련(安夫連)>9세 양운(養雲)>10세 갈고(葛古)>11세 거야발(居耶發)>12세 주무신(州武愼)>13세 사와라(斯瓦羅)>14세 자오지(慈烏支), 치우(蚩尤)>15세 치액특(蚩額特)>16세 축다세(祝多世)>17세 혁다세(赫多世)>18세 거불단(居弗壇)으로 이어졌다. 이 시기는 B. C. 3,898부터 단군이 아사달에 도읍한 B. C. 2,333까지 18대 역 년 1,565년이다 이 시기는 전기와 후기로 나눌 수 있는데, 전기는 13대 사와라 환웅까지의 1,191년간이며, 후기는 치우 천왕이 등극한 B. C. 2,707부터 B. C. 2,333까지의 374년간이다. 전기를 신시시대(神市時代)라 하고, 후기를 청구시대(青丘時代)라 한다.

감숙성에는 돈황굴로 알려진 굴이 480개나 된다. 굴 가운데 가장 큰 천불동(天佛洞)의 벽화에는 신라시대의 것으로 착각하는 기마 수렵도(騎馬狩獵圖)와 환웅과 대동한 것으로 기록된 우사(雨師), 풍백(風伯), 운사(雲師)로 해석되는 벽화가 있다고 한다.

반고라는 사람은 누구일까, 중국에서는 반고라는 이 사람을 자기네의 조상으로 보고 있다.

그러나 사실은 동이(東夷) 서이(西夷)를 갈라서 생각하는 입장에서 보는 것이 타당하다. 즉 동이는 고조선, 고구려, 신라, 백제 등이고 서이는 삼위 산에 살던 배달족의 한 가닥이다. 그럼 한번 반고에 관한 사기를 읽어보자.

이때에 반고(盤固)라는 자가 있었는데, 괴상한 술법을 즐기었다. 그는 환웅과는 다른 길을 택할 것을 간청하여, 그의 허락을 받았다. 마침내 재물과 보물을 꾸리고 십간십이지의 신장(神將), 갑, 을, 병, 정, 무, 기, 경, 신, 임, 계를 십간, 자, 축, 인, 묘, 진, 사, 오, 미, 신, 유, 술, 해를 십이지라고 하는데, 전자인 천간과 후자인 지간이 합쳐서 갑자를 이룬다. 이것은 고대 동방 사회의 수사(數詞)로 쓰였을 뿐만 아니고 지금도 민간에서는 널리 쓰이고 있다. 동이족이 세웠다는 것이 고고학적으로도 밝혀진 은나라와 그 임금의 이름부터 60갑자에 의해 지어졌다. 이러한 60갑자 즉 십간 십이 간지의 뿌리는 결국은 환인시대에 싹이 텄다는 것을 알 수 있다. 신장이란 십간 십이 간지를 상징으로 한 신령스러운 장군이다. 물과 공인(工人)을 다스리는 관리인 공공(共工), 법을 다스리는 유수(有燧)와 함께 감수성(甘肅省) 돈황현(敦煌縣)에 있는 납목동굴(拉木洞窟)이 있는 삼위산(三危山)에 임금이 되어 반고가한(盤固可汗)이라 하였다.

중국의 사학자 왕동령(王桐齡)은 그의 저서 〈中國民族史〉에서 다음과 같이 말했다. 「약 4,000년 전 현재의 湖北, 湖南, 江西 등지는 벌써 묘족(苗族)이 점령하고 있었고, 중국에 漢族이 들어온 후에 차츰 이들과 접촉하게 되었으며, 이 민족의 나라 이름을 구려(九黎)라 하고 군주는 치우(蚩尤)였다」고 했다. 14대 자오지(慈烏支) 환웅 치우는 기원전 2,707년에 재위했으며, 그는 쇠와 수금을 재취하여 갑옷과 투구를 만들어 강성한 황제로 탁록(涿鹿)에서 헌원(軒轅)과 싸워 70여회나 전승하였다고 했다. 중국의 고서 〈산해경(山海經)〉에도 「치우는 병기를 만들어 황제를 물리쳤다」고 했다. 〈관자(管子)〉에 「치우는 금으로 병기를 만들었다」고 했으며, 〈사기(史記〉에는 「치우의 형제 81명이 동두철액(銅頭鐵額)이다」. 즉 머리는 동으로 이마는 철로 무장하였다고 하니 그는 4,700여 년 전에 동과 철을 병기로 이용했다는 사실을 중국 고서들은 전하고 있다고 하겠다.

〈삼성기(三聖紀)〉의 기록에 따르면, 환웅 14대 치우천왕은 염제신농이 점점 쇠퇴하여지는 형세를 알고 큰 뜻을 품고, 서쪽에서 천병(天兵)을 조직하여 색도(索度)까지 진군했으며, 회대(淮岱)에 진을 치고 헌원(軒轅)과 대치하였다. 그는 헌원과 탁록(涿鹿)의 들판에서 싸워 그를 사로잡아 신하로 삼았다. 그 후 오장군(吳將軍)을 파견하여 서쪽의 고행(高辛)을 격퇴했다. 그 때 천하는 어지러워 탁록의 북쪽에는 대요(大僥)가 있고, 동쪽으로는 창힐(倉頡)이 있으며, 서쪽으로 헌원이 있어 서로 힘을 자랑하며 중원의 패권을 잡으려고 타투고 있었다. 대요와 창힐 두 나라는 치우의 제후가 되어, 간지(干支)를 배우고, 창힐은 부도(符圖)의 문자를 배워 치우에게 신사(臣事)한 것으로 기록하고 있다.

사마천(司馬遷)이 저술한 〈사기(史記)〉에 치우는 천하를 호령하며, 머리에는 동으로 만든 철모를 쓰고, 얼굴에는 철면을 쓰고 그들 형제 81사람이 천하를 위협했으나 뒤에 허원에게 사로잡혀 살해되었다고 했다. 사마천은 주 제국(周帝國)과 신농의 나라를 중심으로 역사를 서술하였기 때문에 치우나 백이숙제(伯夷叔齊)는 왜소화하게 기술하였다는 사실을 알 수 있다. 그러나 중국의 금속문명이 은나라 이후의 시기에 발달한 것으로 되어 있으나 치우는 하나라나 은나라 이전에 금속의 병기로 무장하였다는 사실은 인류의 역사상 매우 중요한 업적이라고 할 수 있다. 한족(漢族)과 동이족(東夷族)의 역사를 정확하게 파악하면 중국의 역사와 한국의 역사를 바르게 기술하게 된다. 환웅이 천산산맥 쪽 준가리아 분지에서 돈 황까지의 철도 노선을 따라 중원지역으로 이동할 때 반고는 감숙성에, 환웅은 섬서성에 각각 정착하게 된다. 그 다음은 14세 자오지(慈烏支) 환웅 치우(蚩尤)와 헌원(軒轅) 황제가 탁록(涿鹿)에서 싸움을 하였다. 이 두 영수들에 관한 기록들을 살펴보면 다음과 같다.

치우

1. 〈환단고기 신시역대기〉에 의하면 치우는 14세 자오지(慈烏支) 환웅이다.
2. 치우는 구려(九黎)의 군주이다.
3. 〈산해경(山海經)〉에 따르면, 치우는 병사를 모아 황제를 토벌하였다.
4. 〈菅子〉는 치우는 쇠로 무기를 만들어 무장하였다.
5. 〈史記 五帝紀〉에는 치우 형제 81 사람은 동으로 만든 철모를 머리에, 쇠로 만든 마스크는 얼굴에 무장한 강력한 군대였다.

헌원

1. 헌 원은 소전(小典)의 아들이며, 성은 공손(公孫)이요, 이름은 헌 원 이다.
2. 때에 염제(炎帝) 신 농(神農)씨의 시대였으며, 제후들이 서로 세력 다툼을 하고 있었다.
3. 헌 원은 모든 제후들은 정복하였으나 치우는 정벌할 수 없었다.
4. 황제는 염제의 자손들과 판천(阪泉)의 들판에서 싸워 세 번이나 승리하였다.
5. 치우가 천하를 호령하고 있었으나 황제가 지남차(指南車)의 위력으로 치우를 사로잡아 살해한 것으로 〈史記〉에 기록하고 있다.

〈삼한관경본기(三韓管境本記)〉에는 태백산 북쪽이 비서갑(斐西岬)의 경계라고 하고 중원의 웅씨나 신농(神農) 모두가 소전(小典)으로부터 갈라져 나왔지만 이 모두는 환웅천자의 자손이었다고 다음과 같이 기록되어 있다.

「桓檀古記 太白逸史 三韓管境本記 太白山北 斐西岬之境 風伯雨師雲師是之盛嚴也 中略 熊氏之所分曰小典桓雄之末 其子神農小典之別孤 軒轅之皆其后也」

또한 환웅천자 때 곰 족과 범 족이 서로 다투고 있었지만 그들은 모두가 환웅천자의 후손들이었다고 다음과 같이 기록하고 있다.

「三韓管境 馬韓世家 熊虎交爭之世 桓雄天王尙未君臨 苗桓乃九皇之一也遂代其位統九桓(九夷)爲一是爲檀君王儉也」

이때 환웅은 신시를 개설하고 풍백 우사 운사로 하여금 인간사 360여를 교화하고 홍익인간 정신으로 소도(蘇塗)를 세우기에 도처에서 소도를 볼 수 있다. 위의 사기들을 검토해보면, 당시 중원대륙에는 여러 영수들이 각축전을 벌이고 있었으며, 패한 자는 중원을 떠나 이동을 했을 것이다. 14세 자오지 환웅이후에는 환웅 족은 북쪽의 알타이 산맥 쪽으로 이동했다고 추정 된다. 왜냐하면, 환웅 1세부터 13세까지를 신시시대(神市時代)라고 하고 14세부터 마지막 18세 거불단(居弗檀) 환웅까지의 기간을 청구시대(青邱時代)라고 하니 환웅 족의 이동사를 전한다고 하겠다.

중국의 기록을 좀 더 살펴보면 〈二十五史〉에는 치우를 고천자지명(古天子之名)이라 하였고, 王桐齡은 삼묘족(三苗族)의 나라를 구려(九黎)라 하고 구려의 임금을 치우라고 〈中國民族史〉에서 말했다.

「조선」과 「마고(麻姑)」의 사기를 전하여주는 중국 최고(最古)의 인문지리인 〈산해경(山海經)〉에 따르면, 중국 고대의 삼황오제는 현재 중국을 지배하고 있는 한(漢)의 조상이 아니고 동이족이라고 주장했다. 대황지(大荒地) 가운데 불함산(不咸山)이 있는데, 그 속에는 숙신(肅愼)씨가 흰 옷을 입고 사는 곳이며, 복희(伏羲), 헌원(軒轅), 신농(神農) 삼황과 소호(小昊), 고양(高陽), 고신(高辛), 당뇨(唐堯), 우순(虞舜)의 오제는 모두 숙신에서 배출된 인물이라고 했다.

황제 이전의 치우(蚩尤)는 구이(九夷)의 군주였으며, 그는 탁록(涿鹿)의 들판에서 헌 원과 대전을 했을 때 환웅이 거느렸던 풍백과 우사의 도움을 받았다는 기록도 있다.

서양지 교수는 말하기를 「지금으로부터 4천여 년 전 은나라시대 이전뿐 아니라 그 이후의 주나라 춘추전국시대까지의 중원은 동이족이 점유하고 있었다. 산동지방을 위시해 하남(河南), 강소(江蘇), 안휘(安徽), 호북(湖北) 지방과 하북(河北) 및 발해(渤海) 요동 지방과 조선반도의 광대한 지역이 동이의 활동지였고 그 중에서 산동지방이 동이 활동의 중심지였다」고 했다.

중국의 학자 왕동령(王桐齡)이 말하기를 「천산산맥(天山山脈)과 곤륜산(崑崙山) 사이 타림분지의 티벳 지방에서 한족(漢族)이 중원으로 이동해 들어오기 이전의 호북, 호남, 강서, 절강, 강소 지방은 묘족이 점하고 있었고, 이 구이(九夷)의 군주는 치우였다」고 했다. 이상으로 살펴본 바와 같이 삼황오제를 전후한 중원은 동이족이 점하고 있었으며, 동이의 황동 중심지였던 산동의 유웅국(有熊國)은 환웅의 제후국이었다는 사실도 부인할 수 없다. 그러기에 서양지, 왕동령, 임혜상 등 중국의 사학자들은 지금으로부터 4천여 년 전 티베트 지방의 한(漢)족이 중원으로 들어오기 전에 중원은 동이족이 점하고 있었다고 하는 사실이 분명하다고 했다.

이 동이족은 하(夏), 은(殷), 주(周)시대를 전후해서 이(夷), 융(戎), 적(狄)이라고 했고, 춘추시대와 전국시대에는 동호(東胡)라 했고, 진(秦), 한(漢) 대에는 예맥이라 했으며, 한 대 이후부터는 동이를 선비(鮮卑) 또는 오한(烏丸)이라 일컬었고, 당대(唐代)에는 말갈(靺鞨), 당 말에는 거란(渠丹)이라 했고, 그리고 송대(宋代) 이후부터 명대(明代)에 이르기까지는 여진(女眞)이라 칭하였다.

중국의 사기에 중원(中原)대륙의 삼황오제(三皇五帝) 시대가 5백 년이었다고 기술되어 있다. 그리고 중원 최초의 황제는 동이 활동의 중심지였던 산동의 유웅국(有熊國) 소전(小典)의 아들이었다. 티베트 지방의 한족(漢族)이 동쪽으로 이동하여 오기 이전의 중원은 동이족들이 점유하고 있었다고 볼 수 있다. 헌원 황제 이전의 치우는 구려(九黎, 九夷)의 군주였다는 것이 입증된다. 또한 산동(山東)과 하남(河南) 사이에 유웅국이 있었다고 한다. 따라서 황제의 출신지인 유웅국과 동이의 조상 환웅의 아들 단군의 모친 웅녀와는 어떤 관계인가 하는 것이 우리의 관심을 끌게 한다. 황제는 소전의 아들로서 산동노(山東魯) 지방 동문 북쪽 지금의 연주(兗州) 부곡현(阜曲縣) 동북 수구(壽丘)에서 출생했다. 황제의 본래 계통은 복희(伏羲), 신농(神農), 황제로 이어지며, 황제 이후 소호(小昊)를 위시한 순(舜)에 이르기 까지 5제였다는 것을 밝히고 있다. 이러한 황제는 산동 유웅국 소전의 차자로 처음에 도읍했던 곳이 헌원(軒轅)이었는데 그 헌원이 황제의 이름이 되었고, 호는 황제의 조국 이름에 따라 유웅씨라 했다고 되어 있다.

신농(神農)의 몸은 사람이었지만 두상은 소머리였는데 백성들에게 농사짓는 법을 가르쳤기 때문에 신농 이라고 한다. 그를 염제라고 하는 것은 불을 다루는 방법을 백성들에게 가르쳐 주었기 때문이다. 그가 처음 도읍한 곳은 사노(徙魯)였는데 그 곳 산동에는 석굴이 있었다. 신농은 여향(厲鄕)에서 출생했는데 춘추시대에 신농의 출생지가 여국(厲國)이 되었다. 치우(蚩尤)는 이러한 난세에 최강자였다. 황제가 나타나 섭정했을 때, 치우는 갑옷을 입고 투구를 쓰고 다섯 종의 군사를 조련하여 칼, 활, 창 등의 무기를 갖춘 정병들을 거느리고 그 위세를 천하에 떨치고 있었기에 만민이 그의 명을 받들었던 천자였다. 이러한 치우는 구이의 군주였다.

〈쉬치(史記)〉는 삼황에 대하여 다음과 같이 명기하고 있다.

> 태호(太昊) 복희(伏羲) 씨는 풍성(風姓)이며, 얼굴은 사람이고 몸은 뱀 모양(人面蛇身)을 하고 있었다. 또한 이 부족들은 결승문자(結繩文字, Quipu)를 사용했으며, 소, 되지, 염소 등의 가축을 길렀다. 그의 후 여와(女媧)씨도 풍성이며, 역시 인면사신의 상을 하고 있었다.

인도의 마야족과 같이 해양 족이 사용하던 결승문자를 사용했고, 뱀을 토템으로 하는 하수농경민이란 사실도 확인하게 되었다. 여와 씨는 에람 드리비다(Elam Dravida) 족과 같이 뱀 토템 족이었다. 왜냐하면 베다(Veda)의 기록에 따르면, 드라비다 사람은 뱀의 신 빌도라를 숭배하고 아리안 족과 싸울 때 뱀 토템 족으로 알려져 있다.

공공(共工)씨가 여와의 나라에 침범하여 왔으나 축융(祝融)씨가 물리쳤다. 공공 씨가 여와의 나라에 홍수를 일으켜 혼란에 빠지게 했다. 여와 씨는 이 홍수를 막아 기주(冀州) 땅을 구하였다. 공공(共工)은 요나라 때에는 물을 다스리는 관이며, 순나라 때에는 백공(百工)의 관이며, 한(漢)나라 때에는 소부(少府)의 관이다. 공공 족이 가지고 있던 최고의 능력은 물을 다스리는 수관인 동시에 공사였다. 공공이 물과 물의 신을 숭배하던 사람들로 물의 혜택을 받으며 생활하던 하수농경민이었음을 알 수 있다. 그들은 천산 너머의 중앙아세아의 어느 곳에서 살던 사람들일 것이다. 동남아에는 일찍이 농업이 발달한 지역일 뿐만이 아니라 양소문화의 가장 특징적인 요소인 채도가 발생한 지역이기도 하고, 그곳의 하수농경민들이 뱀을 숭배했다. 공공족이 뱀 신을 숭배했다고 하는 것은 고전에서 복희, 여와상과 같이 인면사신으로 표현되고 있다.

그 때에 염제 신농(炎帝神農)이 일어났다. 그는 몸은 사람이고 머리는 소(人身牛頭)의 상을 하고 있었다. 강수(姜水)가 고향이어서 성이 강이다. 소머리를 토템으로 하는 씨족은 시리아의 옛 우가릿트 왕국의 바아알 신과 같이 북방의 수렵 민임이 명백하다.

황제 헌원(軒轅,2,692-2592 B. C.)은 환웅의 제후국인 유웅국(有熊國) 소전(小典)의 아들이며, 성은 공손(公孫)이고, 이름은 헌원 이다. 때는 신농씨의 시대로 중원대륙에서 제후들이 서로 싸우고 남의 나라를 침 법 하였다. 신농씨와는 판천(阪泉)의 싸움에서 승리 했으며, 치우와는 탁록에서 70여 회 치열한 전쟁을 했으나 실패했다고 한다. 중원의 삼황오제는 환웅의 직계 단군조선 중심부족인 숙신의 출신들이라고 하는 사실은 여러 사서에서 밝히고 있다. 갈홍(葛弘)의 〈포박자(抱朴子)〉라는 책에 다음과 같은 기록이 있다. 『昔有皇帝 東到靑丘 過風山 見紫府先生 受三皇內文 以勅召萬神』 즉 "황제가 청구에 와서 풍산을 지나다가 자부선생을 만나 삼황내문을 받아 많은 신을 다스렸다고 하였으니, 헌원 황제는 유웅국 소전의 아들로서 동이족이라는 것이 확실하다.

환웅의 신시 때에는 녹서(鹿書, 그림문자)가 있었고, 자부 때에는 우서(雨書, 세로 선 문자)가 있었다고 〈환단고기〉에 기록되어 있다. 이 말은 자부가 녹도문을 우서로 발전시켰다는 것을 뜻한다. 자부는 환웅천황과 가까운 시대의 학자로서 대략 3,800 B. C.년경에 생존한 것으로 추정된다. 자부는 처음에 녹도문으로 삼황내문경을 기록 하였는데, 녹도문이 어렵고 복잡하여 선 문자인 우서로 문자 개량을 하였을 것으로 추측할 수 있다. 위의 인용을 통하여, 삼황내문-음부경-황제중경-홍범은 원래 같은 내용의 책으로서 개정되어 나온 서적들로 추정할 수 있다. 그렇다면 우서는 현재 홍법황극내편(洪範皇極內篇)에 전하고 있는 선으로 된 고대 우서로 생각한다. 고대의 농경생활에 있어서 비는 하늘의 뜻과 절대적인 힘을 대변하는 것이었다. 자부선생이 하늘에서 비가 내리는 형상을 보고 우서를 창안하였으며, 그림문자에서 기호문자로 전환되는 문자 발달의 변혁이라 할 수 있다. 그 후 약 300-500년 뒤 복희가 가로로 된 선문자인 용서(龍書)를 창제했다. 이 용서는 역(易) 문자로 역의 철학과 더불어 전 세계에 전파된 사실을 생각해보면, 환웅천황대의 문화와 문명이 얼마나 전성했는가 하는 것을 이해하게 된다.

그러므로 고전에 나타나는 반고(盤固), 유소(有巢), 수인(燧人), 복희(伏羲), 신농(神農) 황제 등은 모두 동이(東夷)의 조상인 환웅의 후예라고 하는 것이 분명하다. 그러니 동이(東夷), 서이(西夷), 남만(南蠻), 북적(北狄)들을 〈後漢書〉는 사이(四夷)라고 했고 또 동이 유 구종(東夷有九種)의 구이(九夷)라고도 하지만, 모두는 동이였던 사람들로 환웅의 후예들이었다.

환웅 18세 거불단(居弗檀)과 유웅국(有熊國) 출신의 후와의 사이에 아들 단군이 태어나 아사달에 조선을 건국하기 이전에 인간사 360여를 교화했다는 환웅의 자손은 그 때 벌써 구려(九黎) 또는 구이(九夷)로 번성했다고 하는 사실을 알 수 있다. 이러한 사실을 전하여 주는 것이 〈山海經〉의 기록대로 고대 중원(中原)의 삼황오제(三皇五帝)는 모두 동이의 나라 숙신(肅愼)으로부터 배출되었다. 숙신은 순나라 때에 단군조선의 명물이던 단궁(檀弓)과 고시(枯矢)를 중원으로 수출했던 국력이었다고 〈산해경〉은 전하고 있다.

〈後漢書〉나 〈三國志〉에서 숙신(肅愼)을 읍루(挹婁)라고 기록하고 있다. 「숙신은 일명 읍루라고 하는데, 불함산(不咸山) 북쪽에 있으며, 부여에서 60일 쯤 가야하는 거리에 있다. 동쪽으로는 큰 바다에 연해 있고, 서쪽으로는 구만한국(寇漫汗國)과 접해 있으며, 북쪽은 약수에까지 이른다. 그 땅의 경계는 사방 수천리에 뻗쳐 있다. 사람들은 심산유곡에 살며, 그 길이 험준하여 수레나 말이 통행하지 못한다. 여름철에는 나무 위에서 살고 겨울철에는 땅굴에서 산다.」고 했다. 위 구만한국은 환인 12개 씨족 공동체 중에 구막한(寇莫汗)의 후예들이라 생각한다. 그러나 〈晉書〉에는 숙신은 만주 동북지역에 살던 동이족이라고만 했다.

〈奎園史話〉에 따르면, 단군조선이후의 여러 부족 국가의 성립은 단군의 봉후국(封候國)으로부터 이어져 갔다고 했으며, 신지(神誌)부족은 동북지방에 누진(僂侲)에 봉하여졌으며, 후에 읍루(挹婁), 물길(勿吉), 말갈(靺鞨), 금(金), 여진(女眞), 청(淸)은 동일한 부족으로 이어져 왔다.

주(周)나라 시대의 숙신 이래 역사서에 쓰이던 명칭은 다음과 같다.

肅愼(Sukchin)	-	周代
朱申(Sushin)	-	前漢代
挹婁(Dyur)	-	後漢 三國時代
徹兒赤(Dzurchin)	-	宋代, 元代
女眞(Jurchin)	-	明代
여직(Jurchi)	-	明代
奴兒眞(Nyurchin)	-	清代

이와 같이 숙신이 여러 명칭으로 변경되었으나 단군의 봉후 국에 수봉된 신지의 후예로 이어진 씨족들이었다.

숙신이라는 용어는 주나라 시대에 중국의 동북 지방에 살던 동이족을 일컫던 말이며, 숙신에 관한 가장 오래된 기록은 공자가 쓴 춘추(春秋)이다. 숙신은 연(燕)과 박(亳)과 아울러 중국의 북방에 있다고 하였다.

불의 사용에 깊은 관심을 갖고 그 이용 기술을 일찍부터 터득한 사람은 추운 북방에 거주하는 오로치(Orochi)족이라고 전한다. 오로치 족은 만주의 북방에 거주하는 종족이다. 인류의 역사상 인간이 처음 이용한 금속이 사금(砂金)이였다고 한다. 사금은 일찍 부터 장식품에 이용이 되었으며, 그 역사는 석기시대로 거슬러 올라간다. 그러므로 고고학적으로 금석기병용시대(金石器倂用時代)라는 말이 나오게 되었다. 옛날에는 금, 은 철의 구별이 없이 다 쇠로 통했던 것 같다. 〈계림유사(鷄林類事)〉에 다음과 같은 기록이 있다.

金曰那論歲	"금은 누른 쇠"
銀曰漢歲	"흰 쇠"
鐵曰歲	"쇠"

그러나 금의 유연성 때문에 세공품에 이용하기에는 어려움이 있어서 인간은 일찍 부터 도구를 만드는데 동(銅)을 사용하였다. 점토에 고열을 가하여 높은 온도에 견디는 용기를 생산하여 그 속에 광석을 용해하는 기술을 인간이 갖게

된 것이 9,000년 전으로 알려져 있다. 그러나 동 광석 용해의 기술은 약 4,000년 전 치우시대에 발달하였던 것으로 위 여러 사서들이 증언하고 있다. 이와 같이 묘족들이 개발한 동 광석 용해 기술이 동으로 이동하여 만주족의 한 갈래인 오로치 족에게 이어져 한반도로 유입된 것으로 추정된다. 그러나 이 기술이 일본에 전달된 것은 고분시대(古墳時代)의 말기인 400년대 초기로 알려져 있다. 환웅의 배달국시대에는 문화가 급진적으로 발전했다. 여러 기록에 따르면, 「천부경(天符經)은 환웅 시대에 말로 전하여 오는 경전이다. 환웅께서 하늘에서 내려오셔서, 신지(神誌) 혁덕(赫德)에게 명하여 녹도문(鹿圖文)으로써 그것을 썼다.」고 〈소도경전본훈(蘇塗經典本訓)〉에 기록하고 있다.

규원사화(揆園史話) 〈태시기(太始記)〉의 다음 글을 보면,

> 「아득한 옛날 신시 시대에 신지 씨께서 하루는 사냥을 하러 나갔다가 갑자기 놀라서 달아나는 한 마리의 암사슴을 발견하고 활을 당겨 쏘려고 하였으나 그 사슴을 놓치고 말았다. 그래서 사방을 헤매어 찾느라고 산을 넘고 들을 지나 모래사장에 이르렀다. 이때 비로소 암사슴이 도망간 발자국을 보고 그 방향을 알게 되었고 이 사실을 깊이 생각하여 세상 만물의 원리를 살펴 곧 문자를 만들게 되었으니 이것이 옛 문자의 기원이라 하였다」
>
> (이상시, 1990).

위의 문을 통하여, 우리들은 신지 씨(神誌氏)가 모래사장 위의 사슴 발자국을 보고 문자를 만들려고 하는 동기를 갖게 되었다고 읽을 수 있다.

녹도 문자(鹿圖文字)는 그림 문자이며, 그 후 자부(紫府) 때의 우서(雨書), 복희(伏羲) 때의 용서(龍書), 치우(蚩尤) 때의 화서(花書), 가림토 문자(加臨土文字), 한글 등 한겨레의 문자의 역사적 발달사를 이해할 수 있으나, 너무 자료가 없어서 깊은 연구를 하지 못해 유감스럽다.

환웅이 개척한 태백산 일대에는 흑산(黑山)과 백수(白水)가 있고, 우리 겨레는 이곳에 한수, 천수, 강수, 흑수 등의 이름과 적석산과 태백산이라는 산 이름을 남겨놓았다. 강수는 태백산 아래의 기수(岐水)를 말하며, 흑수(黑水)는 양자강의 상류이다.

5세 태우의(太虞儀) 환웅의 막내 아드님인 복희(伏羲)는 지구가 해를 쫓아 해가 12번 변색하는 것을 보고 곧 역을 만들었다. 복희의 후가 여와(女媧) 이며, 이들은 뱀을 토템으로 하는 하수농경민이라고 생각된다. 오늘날 중국의 산동성에는 얼굴은 사람이고 몸은 뱀인 이들의 그림을 볼 수 있다. 중국의 산동성 대문구진(大汶口鎮)에서 발굴한 고고유품을 측정함으로써 대문구문명은 5,785년 전으로 거슬러 올라간다고 중국의 고고학자 당란(唐蘭) 씨가 보고한 바 있다. 그 문화를 꽃피운 사람은 태호(太昊), 여와(女媧), 소호(小昊)로 생각한다. 이들이 메소포타미아에 진출하여, 서구문명의 모태라고 할 수 있는 수메르 문명을 건설하였다.

[예시 물 2-6] 태호 복희와 여와의 인면사신(人面蛇身) 상

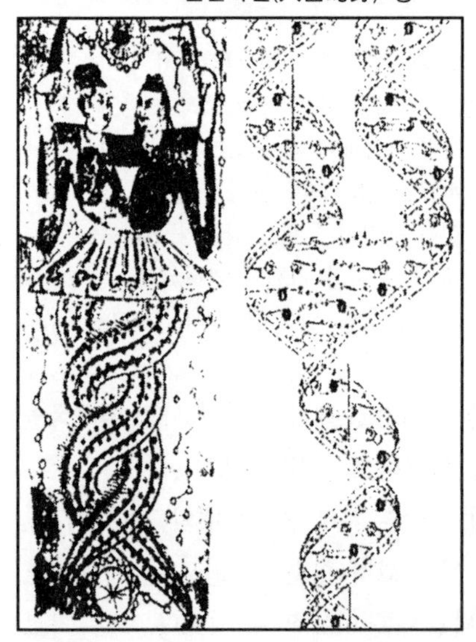

중국의 신화 중에 복희와 여와가 인류를 낳았다는 이야기가 있다. 우주가 처음 열렸을 때 오직 복희와 여와 남매만이 곤륜산 위에 있었다. 그래서 그들은 하늘에 기도를 했다. "만약 하늘이 우리 남매가 부부가 되라고 보냈다면 연기가 합치게 하시고, 아니면 흩어지게 하십시오" 그러자 연기가 합치므로 여와는 오빠를 맞아들여 부부가 되었다. 그리고 이들 부부에게 태어난 아이들이 인류가 되었다. 이들이 처음 내려온 산이 곤륜산이다. 황제나 천황은 곤륜산과 관련이 있다고 생각해 왔다는 것을 알 수 있다.

고구려의 재상 을파소(乙巴素)가 쓴 〈참전계경(參佺戒經)〉의 총론에 태호자(太皞者) 태우의환웅지자야(太虞儀桓雄之子也)라는 기록이 있으니 태호 복희씨는 환웅 5세 태우의 환웅의 의 12자녀 가운데 막내 아드님이다. 복희는 신시에서 태어나 우사(雨師)의 자리를 세습하고, 뒤에 청구와 낙랑을 거쳐 마침내 진(陳)으로 옮겨 수인(燧人), 유소(有巢)와 나란히 그 이름을 빛내었다. 그의 후

예는 갈리어 풍산(風山)에 살았으니 풍으로 성씨를 정했다. 지금 산서성의 제수(濟水)에 희족(羲族)의 옛 흔적이 남아 있다.

〈한서(漢書)〉에 "동평국(東平國) 임성(任城)은 태호의 후손인 풍이씨(風夷氏)의 영역이었다고 하며, 현재 위치는 산동성 제녕시(濟寧市) 동북쪽 연주(兗州)인데, 연주는 고대 중국 9주의 하나였다"고 했다. 또한 〈대변경(大辨經)〉에는 복희의 능이 산동성 어대현(魚臺縣)의 남쪽 풍현(風縣), 패현(沛縣)에 있으며, 복희의 후 손들이 살고 있다고 한다. 연주와 어대현은 제녕시에 속하며, 서로 가까운 곳이라고 한다. 소호는 태호의 손자이다. 소호 씨는 산동반도-회대(淮岱)에 그의 유적이 남아 있다.

대문구문명(大汶口文明)은 태호 복희와 소호 김천씨의 유산으로 알려져 있다. 지금까지 중국의 역사는 앙소문명(仰韶文明)과 용산문명(龍山文明)을 기준으로 4,000년 전으로 생각해 왔으나, 중국의 사학자 당란(唐蘭)은 6,000년 전이라고 광명일보(光明日報)에 발표했다. 나아가서 그는 중국의 문명이 서방의 이집트, 수메르문명의 영향을 받았다는 종래의 학설을 부정했다고 할 수 있다.

당 란님은 소호 김천 씨의 나라가 산동성의 곡부(曲阜, 공자의 탄생지)에 있었다고 고고학적 뒷받침을 하고 있다. 산동성의 태안(泰安)과 곡부의 중간 지점인 대문구진에서 발굴한 유품을 방사선탄소 측정을 함으로써 대문구문명은 약 5,785년 전으로 거슬러 올라간다고 주장했다. 또한 산동성 영양에서도 한 고분이 발굴되었는데, 거기에는 사자(死者)와 함께 귀중한 도기, 상아로 만든 기물, 나무로 만든 궤짝 등 200여점이 묻혀 있었다. 이러한 유물들을 측정하여, 이때 이미 계급 형성이 되어 있는 사회 체제였다고 했다. 이와 같이 대문구문명은 농업, 수공업, 목축 등을 영위했으며, 설형문자와 같은 점토판에 새긴 문자를 갖는 등 높은 문명을 이룩하고 있었다. 대문구문명은 태호와 소호가 일구어낸 문명이며, 소호국이 곡부에 도읍했다는 것도 판명되었다. 대문구문명의 분포 지는 산동성 제남시의 약 100km 남방으로부터 강소성 북부에 이르기까지 70,000평방km에 달하는 넓은 지역으로 밝혀졌다.

〈산해경〉에 "동해의 바깥 큰 골짜기에 소호의 나라가 있으며 소호 김천 씨는 애명이 지(摯)다"라고 했다.

대만대학 서량지(徐亮之) 교수에 따르면, “소호는 동이부족가운데 가장 이른 맹주였으며, 그 사실은 너무 명백하다. 그 당시의 영수들로는 소호, 전욱, 제곡, 제순, 제예가 있으며, 한 계열의 동이라”고 했다.

소호는 남만주 철령(鐵嶺)이남-요동반도-산동성에 근거를 가졌고, 제 전욱(顓頊)과 제곡(帝嚳)은 열하성(熱河省) 조양(朝陽)지방에 도읍하였고, 황제 헌원은 내몽고 수원성(綏遠省) 탁록현(涿鹿縣, 북경 동북방 300리) 지방에서 도읍했다고 했다.

〈회남자(淮南子)〉에 “태호, 소호의 나라는 동방에 있으며, 조선을 통과하는 대인이 있는 나라”라 했다. 240 B. C.년경의 인물로 여부위(呂不韋)가 쓴 〈呂氏春秋〉에 “경신은 금의 날로 소호씨는 금덕으로 천하에 군림하였고 김천씨라”고 했다.

이 시대에 문자가 있었다는 것, 목축 및 농업생산의 증가, 혼인법의 제정, 군사제도의 확립과 야금술(冶金術)의 발달로 인한 병기 제작, 역법(曆法) 등 실로 눈부신 발전을 이룩했다.

2.2.4 단군의 아사달(阿斯達) 도읍

〈단군세기〉에 말하기를 왕검은 아버지 18세 거불단(居弗檀) 환웅과 웅씨(熊氏) 왕녀 사이에 B. C. 2,370에 탄생하니, 신인(神人)의 덕이 있어 원근이 존경하고 따랐다. B. C. 2,357 웅씨 왕이 부왕(副王)으로 삼아 대 읍의 국사를 섭행하도록 하였다. B. C. 2,333에 아사달(阿斯達)에 도읍하고 국호를 조선(朝鮮)이라 했다. 아사달은 동경 126도 북위 58도를 중심으로 하는 알단고원과 스타노보이산맥 일대에 소재하고 있었다고 생각된다. 중국 측 사서로는 〈위서(魏書)〉에 「2,000년 전 단군왕검이 아사달에 도읍하고 국호를 조선이라 하였는데, 요(堯)나라와 같은 때였다」고 했다.

약 6,000년 전 환웅이 도읍했던 섬시성(陝西省)의 태백산(太白山, 4,017m)에서 단군이 도읍한 알단고원에 이르는 고산지대를 제외한 지금의 평야지대는 모두 물속에 잠겨 있었음을 알 수 있고, 18세 거불단 환웅의 뒤를 이어 조선을 건국한 단군왕검이 최초의 도읍지를 정한 곳도 고원지대라고 짐작된다. 1세 단군이 조선을 세운 후에도 홍수 사태는 계속되었다고 생각된다.

단군왕검 당시 중국 대륙의 모든 강이 범람하였기 때문에 사람들이 정착할 수 없었던 것 같다. 맹자는 그 때의 상황을 "요임금 때 물이 거슬러 흘러서 중국에 범람했다. 뱀과용이 기승을 부려 백성들이 정착할 수 없었다. 낮은 곳에 사는 사람은 새집을 지어 살고, 높은데 사는 사람은 굴을 파고 살았다. 우임금이 치수하여 땅을 파고 물을 바다로 흘려 보내 뱀과용을 풀밭으로 몰아내니 물이 땅속으로 흘러가 새나 짐승이 사람을 해치지 못하게 된 연후 사람들은 땅을 고르고 생활하였다"고 서술하고 있다.

〈사기(史記)〉에도 "콸콸 밀어닥치는 홍수가 사방으로 넘쳐흘러서 산들을 둘러싸고 둑들을 무너뜨려 멀리 하늘에 닿으므로, 백성들은 걱정하고 원망하였다"고 기록하고 있다.

〈단군세기(檀君世紀)〉에도 "단군왕검이 도읍한지 50년이 지난 2,283 B. C. 년에 홍수가 범람하여 백성이 쉬지 못하였다. 왕검은 풍백 팽우(彭虞)에게 치수를 명하여, 높은 산과 큰 내를 정하고 백성이 편안하게 하였다. 우수주(牛首州)에 홍수에 관한 기록이 있다"고 서술했다.

〈번한세가(番韓世家)〉에도 "9년 동안이나 홍수의 해가 만민에 미치므로 단군왕검이 태자 부루(扶婁)가 우순(虞舜)을 초청하여 도산(塗山)에서 만나게 했다. 순이 사공 우(禹)를 보내어 우리의 오행치수지법(五行治水之法)을 받아 큰 공을 이루었다. 태자는 치수 법을 전하고 나라의 경계를 감정하여 유주(幽州)와 영주(營州)를 우리에게 속하게 했다 "고 기록하고 있다.

우리 겨레의 선조들이 홍수를 피해서 고산지대로 옮겨 이동하였다. 약 7만 년 전 마고(麻姑), 궁희(穹姬) 시대에는 해발고도 5,000m가 넘는 파미르고원에 여권원시씨족사회인 여 왕국을 세우고 있었고, 황궁(黃穹)과 환인 시대에는 중국과 키르키즈의 국경을 이루는 천산산맥의 한등격리봉(汗騰格里峰, 6,995m)의 고산에 도읍했고, 환웅 시대에는 섬시성(陝西省)의 태백산(太白山, 4,017m)에 도읍했고, 단군은 알단고원 높은 지대로 옮겨 이동을 했으니, 그 당시 홍수의 피해가 얼마나 심각했던가를 이해할 수 있다.

웅녀가 단군의 어머니라는 사실은 〈삼국사기〉와 〈삼국유사〉에 단군신화와 더불어 명기되어 있다. 중국 만주의 만천성(滿天城)에 조성된 단군공원 안에 거대한 웅녀상이 서 있다.

우하량 여신 묘에서 곰용(熊龍)이 출토되었으며, 후기 홍산문화에 속하는 소하연문화(小河沿文化)의 묘지에서도 곰을 표현한 흙으로 만든 채도가 나왔고 적봉 시에서도 곰 머리형 채도 항아리가 나왔다. 홍산문화 기의 사람들이 곰을 숭배한 사실이 분명하다. 이 시기에 돌로 조각한 신상이 있는데 그 모습이 곰이다.

환웅천왕의 봉후 국으로 유웅국(有熊國)이 있었으며, 중국 사람이 국조로 받들고 있는 헌원(軒轅) 황제의 어머니 소전(小典)도 단군의 어머니 웅녀와 같이 유웅국 군주였다. 유웅국에서 유래된 곰 숭배 사상은 만주, 시베리아, 아이누, 에스키모, 그 외의 미국 인디언 사이에 널리 보급되어 있다.

내몽고 동남부의 중심 도시인 적봉은 웅여의 고양인 유웅국이 있었던 곳이며, 중국이 국조로 받들고 있는 헌원 황제의 어머니 인 소전(小典) 군주의 유웅국이며, 단군의 외가가 이곳이란 인연이 있다. 또한 이곳이 홍산문화의 지역인 동시에 그 문화를 계승 발전시킨 하가점문화 지역이기도 하다.

금미달(今彌達), 개마(蓋馬), 현토(玄菟), 고구려(高句麗) 등은 /고마/라고 읽고 뜻은 "곰"이다. 고구려어에서는 /공목(功木)/, /공목(工木)/, /웅문(熊問)/, /공무(功戊)/ 또한 백제어에서는 /공무(公戊)/라 쓰고 /고마, 고모, 구머, 구무/로 읽었던 것이다. 본래 음은 /감, 검, 금, 곰, 개마, 고마/ 등으로 표기되었다. 동부 시베리아에서는 무녀(巫女)를 kam이라 하고, 고 터키, 몽고, 신라, 아이누 족들은 신을 Kam 또는 Kamui 등으로 불렀다. 그 당시의 제정일치(祭政一致) 시대에는 무녀가 부족을 이끌던 최고 권력자이며, 단군의 어머니 웅녀는 곰 부족의 최고 권력자였을 것이다. 곰 녀의 곰이란 말은 환웅의 환과 같은 말이며, 한이 하늘의 준말이라면, 곰은 땅의 다른 말이다. 한님이 하느님이니 곰 여는 곧 곰님의 여자이다. 우리의 옛 사람들은 땅의 신을 감이라 했으니 웅 씨의 여인이란 결국 지신 족(地神族)을 뜻한다.

그러나 최근 요하(僚河, 랴오허)문명론의 실체가 드러나면서 지금까지의 역사적 시각에 대한 전면 수정이 불가피하게 되었다. 요하 강 유역인 내몽고 적봉(赤峰, 츠펑)시 일대와 요녕(遼寧, 라오닝)성 조양(朝陽, 차오양)시 일대에서 황하문명을 앞지르는 신석기와 청동기 유적이 대거 발굴되었다. 신석기는 기원전 7000년경까지 올라가 기원전 4,500년 경 황하의 앙소(仰韶, 양사오)문화나 기원전 5,000년경의 장강(長江, 창장) 유역 하모도(河姆渡, 허무두)문화보다 2,000년 이상 앞선다. 홍산문화 우하량(牛河梁, 뉴허량) 유적에서 발굴된 여신상(女神像)이 발굴된 여신 묘에서 곰 아래 턱 뼈가 발굴됨으로써 18세 거불단 환웅과 유웅국 출신의 웅녀(熊女) 사이에 단군이 출생했으며, 헌원 황제의 부모인 소전(小典)이 유웅국 군주이니 1세 단군의 외가가 바로 유웅국이라는 사실을 알 수 있다.

흥륭와문화는 1983-1984년 중국사회과학원 고고연구소에 의하여 흥륭와 지역에서 유적의 발굴이 이루어져 비교적 근년에 이 문화에 관심을 갖게 되었다. 흥륭와 문하는 특징이 뚜렷한 토기를 가지고 있다. 토기들 대부분이 주거지 내에서 출토되어 당시 사람들의 생활용구로 생각된다. 이 토기의 색깔은 주로 회갈색 또는 황갈색이다. 대부분 중소형의 단지, 사발, 술잔 등이며, 문양은 대단히 풍부하고 그 처리가 규칙적이다. 그 문양은 연속적인 갈지자 문양, 단선의 교차문 등이 있는데, 갈지자 문양이 대부분이다. 흥륭와문화는 비교적 안정된 거주지를 가지고 있었다. 정착된 생활의 가옥내부에는 사슴의 뿔 및 다른 동물들의 뼈가 있었다. 흥륭아 사람들은 돌 호미를 사용하여 농사를 했으며, 사냥과 채집도 병행한 흔적이 있다. 흥륭아 문화의 연대는 대략 서기전 5,500-5,000년으로 추산되고 있다.

1970년대에 부신(阜新) 호두구(胡頭溝), 성자산(城子山) 등지에서 동산취(東山嘴) 적석무덤을 발견하였다. 또한 1980년대 이후에 중국의 고고학자들은 객좌 동산취와 건평 우하량(建平 牛河梁)에서 홍산문화의 제단, 여신 묘와 적석무덤을 발견하였다. 이 여신 묘는 파미르 고원의 마고성에서 숭상된 지모신의 믿음이 이어져 환웅의 후가되어 단군을 낳은 고마 족의 여인상으로 추정된다. 이 홍산문화의 유적지에서 발굴되는 곰과 관련된 유물은 18세 거불단 환웅의 후가 된 단군의 어머니인 웅 족의 유웅국이 있던 곳으로 주목 된다 객좌평원과 그 북쪽은 신석기시대에 홍산문화가 발달한 지역이다. 그곳에서는 파미르고원의 마고성의 전통을 이어온 모계사회의 특성을 지닌 부족들이 홍산문화를 일구어낸 것이다. 요서 지역에는 6,000-5,000 B. C.년경에 신석기문화를 꽃피웠던 사해흥륭와(查海-興隆窪, 차하이-싱룽와) 문화인들이 있었다. 이들이 용과 옥기를 만들었다. 그리고 이를 계승한 홍산문화에서 옥기는 찬란한 모습으로 빛났다. 홍산문화는 대체로 3,000 B. C.년 전후에 형성되었다. 우리는 홍산문화 인들이 남긴 옥기를 통해 그들의 의식을 읽을 수 있다. 옥기 중에 우리의 관심을 끄는 소머리를 한 우수신기(牛首神器)이다. 우수 신상은 홍산문화 시기에 사람들의 토템이었다. 또한 홍산문화 내부에서 태양신앙이 있었다. 신석기 시대의 장강하류 하모도(河姆渡) 문화인들도 태양을 숭배했는데, 많은 암각화에는 태양신을 표현한 것들이 많다. 이것은 파미르고원의 마고(Ra Ma, 태양신)을 받든 믿음이 이어진 것으로 생각한다. 홍산문화 지역은 일찍부터 세석기가 발달한 곳으로 북방계 어렵과 수렵문화가 발달했다. 소머리 신하면 염제(炎帝) 신농이 떠오른다. 그는 농업과 의약을 일으킨 영수로 알려져 있다. 고고학적 정황으로 보면 홍산문화 지역은 단군신화가 발생할 수 있는 토양을 구비하고 있다. 뉴하량(牛河梁) 유지에서 단군 신화와 관련된 것으로 곰과 관련된 유물들이 많이 출토되었다. 하가점하층문화(夏家店下層文化, 샤자뎬하층문화)의 중심지로 알려진 내몽고 동남부의 중심도시인 적봉(赤峰, 츠펑)은 웅녀의 고향인 유웅국이 있었던 곳으로 추정된다. 그 곳은 홍산문화의 지역인 동시에 그 문화를 계승하고 발전시킨 하가점문화 지역이기도 하다. 그 곳에서 아름다운 기하학적 무늬로 채색된 세련된 도기들이 발굴되었다. 홍산문화는 기본적으로 모계사회의 전통을 가지고 있었으며, 옥기의 가공기술이 뛰어나고 옥기로 만든 토템 상징물이 많다.

특히 홍산문화 유지에서 발굴되는 곰과 관련된 유물은 단군의 어머니인 웅녀집단이 숭배하던 동물인 것으로 하늘에서 온 환웅과 현지 모계사회의 웅녀와 결합함으로써 새로운 단군의 사회가 탄생한 것으로 추정된다. 객좌평원과 그 북쪽은 신석기시대에 홍산문화가 발달한 지역이다. 〈三國誌 魏誌 東夷傳〉에 "그들은 구슬을 귀하게 여겨 옷에 꿰매어 장식하기도 하고 목이나 귀에 달기도 하지만, 금은과 비단은 보배로 여기지 않는다"라는 기록이 있다.

홍산문환는 1930년 발견된 내몽고 적봉시 홍산후(赤峰市 紅山后,츠펑시) 유적에서 유래되었다. 1940년대에 동주신(佟柱信)은 능원(凌源) 등지에서 홍산문화의 채색토기와 석기를 발굴하였다. 또한 1965년 요령성 박물관 팀이 전국시대의 성지에서 홍산문화 유적을 발굴하였다. 이 유적에서는 대형 석기 즉 보습, 돌삽, 돌낫, 돌도끼와 같은 농경 도구들이 발견되었다. 홍산 문화의 성격은 세석기, 빗살무늬, 채도 문화, 농경문화의 특징이 있다고 할 수 있다.

많은 토기가 발굴되었는데, 흑도와 회색토기가 많으며, 갈지자 문양(之), 가로선 문양 삼각선 문양 등이 특색이다.

조보구문화 유물에는 되지를 모델로 하는 회화가 있었다. 뿐만 아니라 사해문화 시기 유적에서 많은 동물 뼈가 발굴되었는데 그 중 제일 많은 것이 사슴 뼈이고 그 다음이 되지 뼈였다. 이는 당시의 주 수렵대상의 동물이 사슴과 되지 이었다고 생각한다.

또한 요서지역에는 사해-흥륭와 신석기문화인들이 살았다. 이 문화지역은 북으로 사라므랜 강 너머에서 내몽고 동남부의 적봉시외 철리목맹(哲里木盟)의 서남부. 남으로는 연산 남쪽의 기(冀) 동북지역과 경진(京津)지구까지였으며, 문화의 중심지는 대릉하의 지류인 망우하(牤牛河) 상류지대였다. 이 지역의 유지에서 사슴 뼈와 되지 뼈가 많이 발굴되었다. 이 들이 수렵 민임이 분명하다. 그로나 흥륭와 유지 묘에서 발굴된 것은 곰이 아니고 용이다. 사해유지의 용 모양 돌무더기나 도자기에 새긴 용이 많이 발굴되었다. 뱀과용이 농경민의 문화 상징이라면 다른 문화의 수용내지 동화 현상으로 보아야 할지 분명하지 않다. 사해-흥륭와 문화인들은 되지를 소중히 생각했으며 동시에 용을 숭배했음을 알 수 있다.

홍산문화의 중심지라고 할 수 있는 우하량 지역은 곰을 숭배하는 사람들이 주도하던 사회인 반면, 사해-흥륭와 문화인은 곰을 숭배하던 고아시아인이 아니고 황하유역에서 북방으로 이주해온 퉁구스 농경민으로 보아야 할 것이다. 사해-흥륭와문화인이 황하유역에서 살았을 가능성을 추론해볼 수 있는 것으로 용 문화를 들 수 있다. 사해 유지에서 발굴된 돌로 쌓아서 만든 석용(石龍)은 용을 토템으로 한 집단이 농경민인 사해 문화인이었다고 하는 사실을 알 수 있다.

다음은 중국에서 발굴 조사한 우리의 상고사의 추적에 참고가 되는 문화와 그 년대는 다음과 같다.

신석기 시대	
소하서(小河西, 샤오허시)문화:	기원전 7,000-6,500년
흥륭와(興隆洼, 싱룽와)문화:	기원전 6,200-5,200년
사해(舍海, 차하이)문화:	기원전 5,600-
조보구(趙寶溝, 자오바오거우)문화:	기원전 5,200-5,000년
신석기와 청동기 병용	
홍산문화:	기원전 4,500-3000년
소하연(小河沿, 샤오허옌)문화:	기원전 3,000-2,000년
청동기	
하가점하층문화(夏家店下層文化, 사자뎬하층문화):	기원전 2,000-1,500년

천동기의 경우도 동과 석기가 함께 사용된 동석병용시대가 적봉시 일대를 중심으로 한 홍산문화 만기에 이미 시작되었고, 청동기시대에 진입한 하가점하층문화도 기원전 20세기경에 이미 시작 됐다는 점에서 황하문명 청동기의 진입 시기인 기원전 16세기경 보다 훨씬 앞선다. 문제는 이들 요하 문명권이 고조선의 영역이며, 요동을 넘어서 요서지역까지 고조선의 영역이라고 중국의 여러 사서들이 기록하고 있다. 고대 한국문화의 정체성으로 생각해 왔던 빗살무늬토기, 돌무덤, 석성, 비파형 창동 검 뿐 아니라 중국문화의 상징으로 여겼던 용, 옥과 관련된 가장 오래된 유물도 출토 되었다는 점이다. 그러므로 중국 학계의 일각에서는 요하문명과 황하문명이 만나 중국문명을 이루었다고 하기나 한발 더 나아가서 요하문명이 중국문명의 시원이라 주장하며, 과거 동이족 문화를 중국문명의 일부로 포섭하려고 한다. 특히 홍산문화의 주역은 단군조선에 등장하는 곰토템 부족의 원형이며, 이를 계승한 하가점하층문화도 단군조선이 일구어 낸 문화가 분명하다. 중국의 사서에 등장하는 동이, 동호, 숙신, 예맥, 산융 등은 단군조선의 봉후 국이니 크게 중국 한족의 역사와 동이족의 역사를 구분해서 양국의 역사를 복원하는 것이 올바른 역사관이 될 것이다.

이 모두 중요한 연구 결과이나 한민족의 시원에 관하여 역사학적, 유전학적, 고고학적, 언어학적 다른 분야들의 보다 깊은 협동 연구가 이루어져서 많은 성과가 나와야 할 것이다.

우리 겨레의 구성은 먼저 정착해 살았던 어렵인인 즉 고 아시아인과 뒤에 온 농경민의 동화 내지 교체에 의하여 형성되었다고 본다. 그 땅에 선주하고 있던 곰 족과 범 족, 이 두 개의 족 단이 고아시아 족 단 들이며, 농경민을 대표하는 환웅 세력이 유웅국(有熊國) 출신의 곰 족의 여인을 후로 맞이하여 단군이 탄생된 사실이 신화로 전하여 왔다고 해석해야 할 것이다. 한겨레를 구성한 주요 종족들의 이동 경로를 크게 두 가지로 상정할 수 있다. 첫 번째는 북방 초원을 통한 어렵 인들의 이동으로, 문화사적 측면에서 세석기와 빗살무늬토기 문화의 전파 경로와 거의 일치한다. 두 번째는 농경민의 이동으로 천산지역에서 황하의 중류로 들어간 환웅세력이 이 길을 걸었다.

뱀 신이 하수농경민의 신이요 또한 물의 신인 바면, 소의 신이 목축민의 신이요 불의 신이다. 홍산 문화는 기원전 3,000년 전후에 형성이 되었는데, 중원지역과 산동지역의 하수농경민의 문화와 북방의 수렵 민들의 문화가 혼합된 화려하고도 동창적인 문화유산을 많이 남겼다. 농경민이 가지는 용이나 구렁이에 대한 토템, 북방의 수렵 민들이 갖는 고사 때 되지를 올리는 습속, 곰 숭배 습속, 지도자를 우두(牛頭)머리라고 하는 용어, 도읍지를 우수주(牛首州)라고 칭하는 사실은 우리 겨레가 이들 문화와 관련이 있음을 시사한다. 홍산 문화인들이 남긴 소머리를 한 옥기는 소머리가 그들의 토템이었다고 생각한다.

이 소머리 신상의 이동경로는 한반도와 일본의 상고 문화의 흐름과도 관련이 있다.

환인의 나라 12국 가운데 수밀이국(須密爾國)이 있는데, "소머리"는 이 나라명에서 유래되었다. 〈단군세기〉에 「겨울철 10월에 수밀이와 양운 두 나라 사람이 와서 방물을 받쳤다」고 기록 했고, 또한 같은 책에 「3세 단군 가륵(嘉勒) 때에 두지주(斗只州)의 예읍(濊邑)에서 소시모리(素尸毛梨)가 반란을 일으키니 토평하고 그 땅을 소시모리 하다가 지금은 우수국이라 하고 그 후손에 협야노(陜野奴)가 있었다」고 하였다. 해인사가 있는 가야산을 소머리라 했고, 지금의 춘천을 옛날에 우수주라고 했는데, 이 모두가 소머리 토템에서 유래된 말이다.

아마데라스 오미가미(天照大神)의 동생인 스사노오노미고도(素盞嗚尊)는 용감하기는 하지만 잔인한 사람이었다. 모든 신들이 모여 의논한 결과 그를 네구니(根國)로 내쫓기로 했다. 그러나 그는 네구니에 가지 않고 그의 아들인 이다게루노가미(五十猛神)를 데리고 신라에 와서 소시모리에 있었다고 한다. "소머리"를 뜻하는 소시머리는 〈단군세기〉와 〈고지기(古事記)〉에 같은 이름으로 기록되어 있다.

홍산문화 지역은 일찍부터 세석기가 발달한 곳으로 어렵과 수렵문화가 발달한 곳이다. 우수인신(牛首人身)하면 염제 신농(炎帝 神農)이며, 인면사신(人面蛇身)하면 태호와 여와(女媧) 상이다. 이들은 각각 하수농경 민과 수렵 민을 대표하는 인물로 볼 수 있다.

염제신농은 우수신의 모습을 하고 고구려 벽화에도 나타난다. 우리는 고구려 벽화에 그려진 소머리를 한 신상의 모습이 이미 요서지역의 홍산문화에 나타나고 있었다고 하는 사실은 우리 겨레의 이동과 관련해서 생각해야 할 것이다.

앙소문화(仰紹文化)가 황하와 분하(汾河)를 타고 거슬러 올라와 내몽고를 지나 홍산문화 지역으로 유입된 흔적이 있다. 즉 중원의 논경문화와 앙소문화 지역의 수렵문화가 혼성된 것이다. 1940년대에 배문중(裵文中)은 홍산후(紅山后)의 유적에서 발견된 것들이 중원의 채도문화와 북방의 세석기문화가 장성지대에서 만나 혼성문화를 형성된 것이라 했다. 즉 앙소문화와 세석기문화가 서로 영향을 미치면서 장성지대에 새로운 유형의 홍산문화가 형성된 것이라고 생각한다. 홍산문화 유지에서 채도가 많이 출토되는데, 그것의 형과 색이 앙소문화의 채도와 유사한 것이 많다. 홍산문화의 정수인 우하량 유지와 유물에 대하여 연구한 소병기는 홍산문화는 앙소문화를 받아들여 발전한 문화라고 이해했다.

고아시아족의 특성은 그들이 빗살무늬토기를 사용하고 어로와 수렵, 채집에 종사하던 사람들이며, 곰을 숭배하는 습속을 가졌다는 것이다. 빗살무늬토기 문화권은 발틱 해로부터 시베리아 및 북아메리카에 이르는 추운 사림지대에서 어로와 수렵을 주된 생업으로 사람들이 만든 문화권이다. 이들은 시베리아 지역에서 요하의 동부지역을 타고 만주를 지나서 한반도로 들어온다.

그 후 바이칼 호를 중심으로 살았던 농경민인 퉁구스 족이 중국의 남부와 동남방 지역까지 이동을 했다. 이들은 뱀과용을 토템으로 하는 신석기 인들이었다. 고대 이집트 사람들은 태양의 빛을 생명 에너지로 생각하고 그것을 신성한 뱀으로 표현했다. 만주족들도 뱀을 빛이 변화한 동물로 생각하는 정통이 있었다. 서몽고 지역의 신석기 시대 암각화에는 뱀의 표현이 많으며, 알타이 산과 바이칼 호 사이에 사는 투바족 샤먼의 의상에 주렁주렁 매달려 있는 것은 뱀을 나타낸다. 우리나라 울산광역시 울주군 언양읍 천전리에 있는 암각화에도 고깔모를 쓴 용이 새겨져 있다. 그리고 옛 인도의 나아가족이 세운 일곱 성시(The Seven Rish Cities)를 일곱 뱀의 머리로 상징하고 있다. 김수로왕의 후가 된 허 황옥 왕후의 고향인 인도의 아유타국은 이 일곱 성시의 하나이다. 뱀은 하수농경민의 토템이며, 뱀을 보다 신격화한 것이 용이다.

김 원용 교수는 5,000 B. C.년경에 신석기 인이 한반도에 들어와 어렵생활을 영위하면서, 초기 신석기 문화를 남겼는데 그 담당자가 곧 고 아시아 족이라 하였다. 또한 2,000 B. C.년경에 한반도의 문하는 농경의 개시라는 일대 변혁을 일으키면서 후기 신석기 문화로 들어가는데, 이 사실이 하수농경민이 한반도에 들어온 경위를 논하고 있다.

단군왕검은 2,333 B. C.년에 아사달에 나라를 세우시고 사람을 널리 이롭게 하기위하여 홍익인간(弘益人間)이란 큰 이념을 실현하기 위하여 하늘의 뜻에 따라 사람을 다스리고, 자유평등을 누리는 평화세계 즉 지상천국을 건설 하였다.

왕검을 보필한 신하를 선궁(仙宮) 또는 신장(神將)이라 하였다. 수상인 원보 팽우(元輔 彭虞)는 산천을 개간하는 일을 맡고, 사관(史官)인 신지(神誌)는 문자를 창제하고, 농관(農官)인 고실(高失)은 농사짓는 일과 음식을 익혀 먹는 법을 가르치니, 이 세 사람을 삼 선관(三仙官)이라 했다. 풍백(風伯)인 지제(持提)는 명령을 내리고, 우사(雨師)인 옥저(沃沮)는 질병을 치료하는 일을 맡고, 뇌공(雷公)인 숙신(肅愼)은 형벌을 다스리는 일을 맡고, 운사(雲師)인 여수기(余守己)는 선악을 가르치는 일을 맡으니 이 네 사람을 사 신장(四神將)이라 했다.

왕검은 비서갑(匪西岬)에 살고 있는 하백(河伯)의 딸을 왕비로 맞이하였다. 이 왕비 신모(神母)는 양잠과 길쌈하는 일을 백성에게 가르쳤다. 그리고 황자 넷을 두었는데, 태자 부루(扶婁)는 도자기 굽는 일을 가르치고, 둘째 부소(扶蘇)는 의약을 관장하고, 셋째 부우(扶虞)는 수렵하는 일을 맡고, 넷째 부여(扶余)는 정치와 풍속을 감독하고 생활향상과 미풍양속을 장려했다. 이 황자들은 혈구(穴

口)에 성을 쌓아올리고 외적의 방어에 대비하였다. 단군왕검은 국조로서 이 겨레의 일대 왕일 뿐 아니라 인류의 선조이며, 모든 종교의 선조라고 〈환단고기〉를 번역한 일본의 사학자 가지마 노부루(鹿島 昇)의 번역서에 추천사를 쓴 기니와(木庭次守)는 말하였다.

〈중국사고지도집(中國史古地圖集)〉에 만주와 몽고와 바이칼 호를 중심으로 한 5개국의 유적이 발견되었다. 국내외 학자들이 터키에서부터 베링해협까지 5개국의 터를 더 찾아내 12개 국 중 10국을 발견하고 그 곳에서 모든 고고학적 증거를 찾아내기에 이르렀다. 이 최초의 국가들의 통치자는 환인 7세, 환웅 18세, 단군 47세를 이은 군장들의 유적으로 생각한다. 처음 환웅천제로부터 세워진 배달민족이 번성하면서 아홉 이족이 되고 이 겨레를 구이(九夷) 또는 구려(九黎)라 했다. 이들 구이는 바이칼 호수의 동녘으로 흐르는 흑룡강 으로부터 삼신산인 한밝산(太白山, 白山, 天山, 白頭山)의 주위를 점유하고 살았다는 것이 문헌상으로 나타난 우리 배달 뿌리의 역사기록이다.

조선 숙종(肅宗) 원년(1,675)에 북애(北厓) 저 〈규원사화(揆園史話)〉에 단군 사화를 실고 있는데, 천지창조나 인류문명의 기원 등이 합리적으로 설명되어 있고, 특히 동이 관계 등은 중국의 기록들을 풍부하게 원용하고 있다. 그는 단군조선의 영역이 요녕(遼寧) 하북(河北) 및 산동(山東) 산서(山西)를 포함하는 대제국이었다고 했다. 상고 중국 문명의 기원은 동방의 환웅, 치우에 있다고 했으며, 한민족의 기원은 동이와 깊이 관련된다는 것을 강조하고 있다.

조선 초의 석학 양촌(陽村) 권근(權近, 1,352-1,409)이 동이 왕에 대한 유명한 글을 다음과 같이 남겼다.

聞說鴻荒日	전설을 듣자하니 아득한 옛날
檀君降樹邊	단군님이 나무 밑에 내리시어
位臨東國土	임금이 되어 동쪽 나라를 다스렸는데
傳世不知幾	전한 세대 얼마인지 모르지만
歷年曾過千	해로 따져서 천 년이 넘었답니다.
後來箕子代	그 뒷날 기자 대에 와서도
同是號朝鮮	똑 같은 조선이라 이름 하였네

이처럼 양촌은 잊혀져가는 단군의 겨레 사를 증언해 주고 있다(박성수 지음 단군문화기행에서).

1,392년 예조 전서 조 박은 조선의 단군은 동방에서 처음으로 나라를 세운 임금이라 하였고, 〈제왕운기〉에서는 우리 민족사의 첫 머리에 단군을 우리나라 개국시조로 보고 그가 고조선을 세운 사실을 서술하였다.

현제의 단군능이 평양시 강동군 강동 읍에서 서북쪽으로 좀 떨어진 대박산의 동남쪽 경사면 기슭에 자리 잡고 있다. 이 /박산/은 "밝은 산"의 뜻으로 옛날에는 /박달/이라고 하였다. 단군을 박달임금이라 한데서 생겨난 이름이다. 이 능의 동북쪽에는 아달산이 있다. 이 아달산은 단군이 도읍한 아사달이 변음 되어 나온 이름이다. 능에서 서쪽으로 얼마 멀지 않는 곳에 단군 호라고 하는 호수가 있다. 그리고 단군능이 있는 부락을 단군동이라 하였고, 그 동쪽 마을을 아달동이라 하였다. 이 무덤의 바로 앞에는 한자로 단군능이라고 새긴 화강암으로 잘 연마한 비석이 서 있다. 이 모든 유적들이 단군의 실사를 증언하고 있는 것이다. 이 단군능에 대하여 문헌 기록도 적지 않다. 1,530년에 완성된 〈신증동국여지승람〉에 강동에 있는 단군 능을 실재했던 단군의 무덤으로 기록하고 있는데, 47세 단군 중 어느 단군의 묘소인지 알 갈이 없다. 강동에 단군 능이 있다는 기록은 〈이조실록〉에 있다. 〈숙종실록〉에는 1,697년 7월 14일 숙종이 강동의 단군 묘와 평양의 동명왕 묘를 해마다 수리 할 것을 이 인 엽의 제의를 승인하였다고 기록하였다.

〈영조실록〉에도 1,739년 5월 23일과 1,763년에 정조가 평양감사에게 단군 묘를 잘 보수 관리하도록 지시한 기록이 있다. 〈정조실록〉에는 1,786년 8월 9일에 정조가 평양감사에게 단군 묘를 순시한 다음 부근의 백성들이 묘지기를 정하고 강동의 원은 봄과 가을에 직접 묘를 돌아보는 것을 제도화 하도록 지시한 내용을 전하고 있다. 또한 〈고려사 지리지〉에는 강동 현에 박달 곶 촌이 이라고 하는 단군과 관련된 마을이 있다는 기록이 있다. 이것은 고려 시기에도 강동에 단군 능이 있었다는 것을 전해준다고 하겠다.

중국의 사학자인 전사년(傳斯年)은 〈左傳〉등 고 문헌의 이론을 통하여, 태호(太昊) 복희(伏羲)씨 소호(小昊) 김천(金天)씨를 조상신으로 삼았던 세력들이 바로 동이 계이었음을 밝히고 중국의 상고사는 서방의 하(夏) 와 주(周), 동방의 동이와 은(殷)의 세력 다툼으로 전개된 것이라고 하였다. 또한 동이는 발해, 황해를 둘러싼 제하(濟河, 하류에 제남이 있음), 황하(黃河), 난하(灤河), 요하(遼河), 압록강, 대동강의 충적지에 분포되어 있던 세력이었다고 했다.

단군왕검은 문물을 크게 일으켜 기계공장을 송화강 유역에 세우고 갖가지 배와 기계를 만들어 백성들의 생활이 새로운 기계의 힘을 이용할 수 있게 하였다.

우리 배달겨레는 하늘과 땅과 사람이 하나라는 자연의 도를 배우고 익혀왔던 것으로, 이것이 삼신일체라는 삼일 철학이다.

사람들이 말하는 조선(朝鮮)이라는 명칭은 해 돋는 동방의 나라라는 뜻에서 생겨나게 되었다. 〈史記〉에 「分命羲仲居郁曰 陽谷 正義 堯命羲仲理東方 嵎夷之地日所出處 名曰陽明之谷 羲仲主東方之官 徐廣云尙書日出陽谷蓋郁夷亦地之別名也」라고 기록 되어 있다. 위 기록에 제요(帝堯)가 구이(九夷)와 친했다고 "帝堯以親九族"하고 그 구족 중에서 욱이(郁夷)가 있었으며, 욱이의 땅은 해가 돋는 동방의 양곡(陽谷)이라는 것을 밝히고 있다. 〈東史年表〉를 보면, 조선은 해 돋는 동방에 있는 나라로서 아침의 신선한 햇빛을 제일 먼저 받는 나라라라는 뜻에서 국호를 조선으로 정했다고 했다. 즉 「東史年表 古記云 東方有先光朝日光鮮故謂之朝鮮」이라한 사실을 알 수 있다.

조선이라는 말 앞에 붙이는 관사들이 단군조선(檀君朝鮮), 기자조선(箕子朝鮮), 예맥조선(濊貊朝鮮), 연동조선(燕東朝鮮), 진동조선(秦東朝鮮), 진번조선(眞番朝鮮), 위만조선(衛滿朝鮮), 발조선(發朝鮮), 대인지조선(大人之朝鮮), 이씨조선(李氏朝鮮) 등의 관사를 붙여 기록되어 있다. 이 관사들은 모두가 단군조선에서 파생된 말이다.

동이(東夷)를 하(夏), 은(殷), 주(周) 나라 시대를 전후해서 이(夷), 융(戎), 적(狄)이라 칭하고, 춘추시대(春秋時代)와 전국시대(戰國時代)에는 동호(東胡)라 칭하였고, 진(秦)과 한(漢) 시대에는 예맥(濊貊)이라 칭하였다. 한나라 시대 이후부터 동이를 선비(鮮卑), 또는 조한(烏丸)이라 칭했고, 당나라 시대에는 거란(契丹), 말갈(靺鞨)이라 칭했고, 그리고 송(宋)대 이후부터 명대(明代)에 이르기까지는 여진(女眞)이라 칭했다.

당나라와 신라의 연합군에 의해 멸망한 고구려의 뒤를 이어 일어난 발해(渤

海, 699-926)나 발해의 뒤를 이어 일어난 거란의 요(遼, 916-1125), 요의 뒤를 이어서 일어난 여진(女眞)의 금(金, 1115-), 한(漢)족의 명(明)나라를 멸한 여진의 청(淸, 1616-1912)은 단군의 후(侯) 신지(神誌)의 누진(僂侲) 숙신홀(肅愼忽) 봉후국(封候國)에서 이어온 동이의 피가 흐르는 후예들이 세운 나라들이다.

금나라가 시조 단군 임금을 개국의 조상으로 받들어 그 신위를 백두산의 개천홍성제묘(開天弘聖帝廟)에 모셨다고 하는 사실을 볼 때 이 모두 동이의 후예라고 하는 것이 분명하다. 환웅이 도읍한 섬시성 태백산, "크게 밝은", 환웅을 거발한 이라 하는데 "크게 밝은"의 뜻이며, 우리 겨레를 배달민족이라 하는데 이 배달도 "밝은"의 뜻이며, 백두산은 "밝은 산"의 뜻으로 우리 겨레의 영산이다.

육당 최남선(1,890~1,957)은 백두산은 성스러운 산으로 단군, 부여, 고구려, 말갈, 발해, 금, 여진, 만주로 이어지는 모든 왕조가 백두산의 품안에서 태어났다고 했다.

중원을 정복하고 천하를 석권한 청나라 시조는 백두산 밑의 무산(茂山)에 귀화했던 청 태조의 6대 할아버지였다고 알려져 있다.

〈동국여지승람〉에 따르면, 백두산에서 흘러내리는 강이 송화강 외에도 모두 여섯이 된다고 한다. 남쪽으로 흐르는 강이 압록강이요, 북쪽으로 흐르는 강이 송화강과 혼동강(混同江)이요, 동북으로 흐르는 강이 소하강(蘇下江)과 속평강(速平江)이요, 동쪽으로 흐르는 강이 두만강이다. 이처럼 백두산은 동북아 여러 왕조의 조산으로 모셔 왔던 것이다.

육당 최남선님은 다음과 같이 백두산을 찬미 했다.

> 일심으로 백두천왕에게 귀명(歸命)합니다.
> 우리 민족의 근본이시며
> 우리 문화의 연원이시며
> 우리 국토의 초석이시며
> 우리 역사의 탯줄이시며
> 우리 이상의 기둥이시며
> 우리 운명의 효모이신
> 백두천왕 앞에
> 일심으로 귀명합니다.

〈산해경〉이 말한 외인애지(偎人愛之)와 단군조선의 소도(蘇塗) 교육에 도덕이 있고 도법(道法)이 유통되었던 고차원의 수행을 하고 있었다고 전한다. 한(漢)나라 초, 회남자(淮南子) 역시 동북이(東北夷)로서의 대인지조선(大人之朝鮮)인 단군조선의 중심 부족이던 숙신은 천민(天民)이었다고 했다는 것과 대인지국(大人之國) 조선의 숙신(肅愼)은 인(仁)의 화신으로서 군자의 나라였다고 했다 조선에는 높은 도덕과 귀한 문물의 문사가 있고, 경천애민(敬天愛民)하는 외인애지, 홍익인간 소도(蘇塗)의 도(道)가 조선에서 나왔다고 이 고전은 명기하고 있다.

단군조선의 사실에 관한 기록이 기술되어 있는 사서로 박제상의 〈부도지(符都誌)〉, 대조영의 아우 대야발이 편찬한 〈단기고사(檀寄古史)〉, 김부식의 〈삼국사기〉, 일연 스님의 〈삼국유사〉, 이승휴의 〈제왕운기(帝王韻記)〉, 〈세종실록 지리지〉, 〈동국여지승람〉, 〈규원사화〉, 〈해동역사〉, 〈환단고기(桓檀古記)〉 등이 있다.

중국 측의 사료로, 〈산하이칭(山海經)〉에 『東海之內 北海之隅 有國名曰朝鮮 天毒其人水居 偎人愛之』 즉 중국대륙의 동해라는 황해 안쪽의 중원대륙과 북해라는 발해 쪽의 대륙이 상고대의 조선이었다는 사실이 명기되어 있다. 중국 첫 제왕이었다는 헌원과 치우가 탁록에서 싸울 때 치우는 단군조선의 풍백과 우사의 도움을 받았다고 한다.

〈史記 宋微子世家〉에 은나라 말기에 주 무왕이 은나라를 멸망시키자 기자가 조선으로 가버렸다는 사실이 기술되어 있다. 은나라 때 이전부터 삼황오제를 전후해서 중원대륙 동해 안쪽의 대륙은 조선이었다고 하는 사실이 명백하다.

〈史記〉에 따르면, 전국시대(戰國時代) 연(燕)의 문후(362-336 B. C.)가 연의 동쪽이 조선이었다고 기술 했다. 또한 진 시왕(秦始王, 246-210 B. C.) 때의 진나라 동쪽, 발해 남쪽이 조선이었다는 사실이 명기되어 있다.

〈史記 匈奴傳〉에, 한(漢)나라를 전후한 흉노들에 관한 기사들이 있다. 하북(河北)과 요동(遼東)이 조선이었다고 명기되어 있다. 〈희남자(淮南子)〉에 중국 태행산(太行山)과 갈석산(碣石山)을 지나면 조선이 있다고 명기되어 있다. 이 조선도 기자 이래의 중원대륙의 조선임을 명기하고 있다.

전국시대 연의 문후(文候)가 연의 동쪽에 조선이 있고 조선의 동쪽은 요동이었다고 증언했다.

진나라 무공(繆公)이 융이왕(戎夷王, 숙신왕)의 사신 유여(由余)에게 묻기를 진나라에는 시서와 예악과 법도가 있어서 정치를 해도 세상이 시끄러운 난리가 끊이지 아니하는데 숙신조선의 나라에서는 이러한 사서와 예악이 없는데도 무엇을 가지고 다스리는지 참으로 어렵지 않겠느냐고 했다. 이에 대해 사신 유여가 웃으면서 대답하기를 윗사람은 아랫사람을 순박한 덕으로 대우하고 아랫사람은 윗사람에게 충성과 신의로 섬기는데, 이것은 한나라의 정치가 마치 한 몸을 다스리는 것과 같은 이치라는 것을 모르는 데서 묻는 질문이라 하고, 숙신조선나라의 정치야말로 참 성인의 정치입니다 라고 했다. 고대 단군조선의 정치는 백성을 자신의 몸을 생각하는 것처럼 다스렸던 정치였으므로 공자와 같은 성인도 구이(九夷)가 사는 곳에 가서 살고 싶다고 했다는 일화가 있다.

임혜상(林惠詳)저 〈中國民族史〉에 「孟子曰 舜東夷之人也 舜殷人之祖 殷人爲東夷 興於東方而殷亡後 箕子東走朝鮮 亦是 東夷活動中心地也」라 했으니, 순은 은나라 동이의 조상으로 은이 산동지방에서 흥했다가 은허에서 망한 후에 기자가 동쪽 조선으로 갔다는 동쪽의 조선은 동이의 활동 중심지로서의 조선 이였다고 전한다.

〈史記〉에 기자조선 다음으로 나타나는 조선이 전국시대(戰國時代)의 연(燕)의 동쪽에 조선이 있다고 했다. 전국시대에 연, 제(齊), 초(楚), 위(魏), 조(趙), 한(韓) 여섯 나라가 있었다. 소진(蘇秦)과 연문후(燕文候)와의 대화에서, 연의 동쪽에 조선이 있고 조선의 동쪽이 요동(遼東)이었다고 했다. 그르면 조선은 지금의 하북성에 조선이 있었다는 것을 증언한다. 왜냐하면 연의 북쪽은 임호와 루번(樓煩) 지방이었고, 연의 서쪽은 운중(雲中)과 구원(九原)이었고, 연의 남쪽은 태원(太原)쪽에서 동쪽으로 흘러 발해로 들어가는 호타수(嘑沱水)가 흐르고 있는 곳이 전국시대 연의 위치였다. 그러므로 연의 동쪽에 있었다는 조선은 은대에 존재했던 조선으로 동해 안쪽의 산동지방과 하북 및 요동지방의 조선이라고 하는 것을 입증하고 있다.

연의 장수 진개(秦開)가 조선에 인질로 잡혀와 있었다는 것은 사가들은 다 함께 인정하는 사살이지만 이러한 조선도 〈史記〉나 〈한서(漢書)〉 등은 조선이라고 표기하지 아니하고 동호(東胡)라고 하였다. 다만 〈위략집본(魏略輯本)〉에서만 연의 장수 진개가 조선에 인질로 잡혀왔다는 것과 연으로 돌아가서는 조선을 급습하여 조선 땅 1천여 리를 탈취하였다고 기술했다.

제(齊)나라의 관중(管仲)이 조선의 호피는 유명하다고 하고 그러한 호피를 특산물로 하는 조선은 광활하기가 그지없는 8천 리가 된다고 했었지만, 〈史記〉는 그러한 조선을 조선이라 하지 아니하고 산융(山戎)이라고 표기하고 있다.

중국의 사가들은 동이를 산융(山戎), 융적(戎狄), 숙신(肅愼), 융이(戎夷), 예맥(濊貊), 동호(東胡) 등으로 호칭되어 왔다. 동이를 산융, 융이, 융적이라 표기한 것은 夷자 다음에 융자의 뜻은 클 융, 군사 융, 오랑캐 융의 뜻이니 큰 군사의 오랑캐라는 것을 의미한다. 그러니 중원의 고대사를 살펴보면, 황제를 위시하여 요순뿐 아닌 하, 은, 주 할 것 없이 그들 왕조는 동이를 정벌하였다는 기록이 무수히 많다. 그 실례가 구려(九黎) 즉 구이(九夷)들의 군주였던 치우(蚩尤)와 황제 헌원(軒轅)의 탁록(涿鹿)에서의 싸움이 바로 그것이고, 요순 때에도 말을 잘 듣지 아니하는 동이들을 오지로 쫓아버린 사기들과 하, 은, 주 할 것 없이 그들 중원 왕조들의 끈질긴 동이들과의 투쟁이 바로 이러한 사실을 입증하는 것이라 하겠다. 박제상의 〈부도지〉에 단군조선이 언급되어 있고, 고구려의 단군조선에 관한 사료는 고구려가 멸망할 때 사고(史庫)가 불타버림에 따라 소실되었으나, 고구려의 뒤를 이어 발해(渤海)를 일으켜 세운 대조영의 아우 대야발(大野勃)이 저술한 〈檀奇古史〉에 단군조선이 명확히 다음과 같이 기술되어 있다.

「부루(夫婁)는 1세 단군왕검의 맏아들로서 뒤에 단군 2세가 된 분이다. 그가 아직 태자로 있을 때 순임금의 충신 백우(伯禹)와 가까이 지내다가 왕위에 오르니 백우도 순의 자리를 이어받아 왕이 되었다. 그 때 홍수가 9년 동안 범람하여 우는 치수에 어려움을 겪고 부루는 팽오(彭吳)를 시켜 치수에 성공하였다. 우가 도산회의(塗山會議)를 개최하였는데 부루는 팽오를 보내어 우에게 치수하는 법을 가르쳐 주었다」고 기록했다.

고조선은 B .C. 2,333 단군왕검(檀君王儉)에 의해 세워졌으며, 단군은 고조선의 정치적 지배자였다. 단군은 제정일치시대(祭政一致時代)의 군장(君長)이었고, 이러한 군장들이 하느님의 자손임을 주장하면서 한 시대의 사회를 이끌어 온 지도 이념으로서의 원시종교가 성립되었음을 알 수 있다.

알타이산맥의 지형을 살펴보면, 길이 2,000km이며, 알타이는 '금으로 이루어진'이란 뜻의 몽골어 알탄(altan)과 같은 말이다. 러시아연방, 카자흐스탄, 몽골, 중국 오지에 걸쳐 있으며, 북극해로 흘러드는 오브, 이르티슈 강 유역과 중앙아시아 내륙 유역의 분수계이다. 남동쪽은 몽골고원, 북서쪽은 서 시베리아 저지에 접하며, 북동쪽은 서(西) 사얀산맥으로 이어진다. 이 산맥은 몽골 알타이(최고점 하이툰: 4,355m), 고비 알타이, 소비에트알타이(최고점 벨루하산: 4,509m)의 셋으로 크게 구분된다. 지질은 고생 층의 혈암(頁岩), 녹니편암(綠泥片岩), 사암(砂岩), 화산분출물로 이루어져 있으며, 화강암도 군데군데 노출되어 있다. 이들은 강한 변위(變位)를 받아 칼레도니아 및 헤르시니아 조산운동으로 습곡하면서 융기하였는데, 나중에 준평원화 작용을 받았다가 다시 제 4기초에 심하게 융기하였다.

이 융기 과정에서 많은 단층 운동이 수반되었고, 몇 개의 커다란 단층 분지가 형성되었으며(추강, 칸강, 크라이 계곡 등), 산허리와 봉우리는 빙식을 받았다. 알타이산맥은 '루드니 알타이(광석이 많은 알타이)'라고 부르는 부분이 있듯이 납, 아연, 주석, 금, 백금 등이 매장되어 있으며, 서부(주로 러시아연방)의 오브강, 이르티슈 강 유역의 상류는 유력한 전원(電源) 지대이며, 부크타르마, 비야강 등에는 낙차가 큰 수력발전소가 많다.

연평균 강수량은 카자흐스탄 쪽의 산허리가 1,000~2,000mm, 탁월풍의 바람그늘에 해당하는 몽골 쪽이 300mm 전후이다. 산허리인 1,500~ 2,500m 지대에는 낙엽송, 전나무 등이 무성하며, 산림은 전면적의 2/3를 차지한다. 산꼭대기의 빙하는 모두 800줄기이며, 면적은 600km2에 이른다. 서 시베리아와 카자흐스탄 쪽의 산기슭에서는 스텝을 개간하여 대규모의 밀·옥수수 재배가 이루어지며, 알타이 산중에서는 축산과 임업·광업이 경제의 기초를 이룬다.

고조선은 홍익인간(弘益人間)의 이념 아래 제정일치시대의 최고 통치자인 단군왕검을 중심으로 한 신권정치(神權政治)를 이루었으며 점차 연맹 왕국으로 성장하여 갔다. 〈위략(魏略)〉에 따르면, 고조선사회는 청동기문화와 철기문화를 받아들임으로써 다른 어느 부족사회보다도 문화상의 발전이 현저히 앞서 있었다. 이러한 고조선사회의 일반 사회상을 알 수 있는 것으로는 <한슈(漢書) 지리지(地理志) 〉에 남아 있는 팔조법금(八條法禁)이 전한다.

그 가운데 현재 전해지고 있는 3가지 조목은,

① 사람을 죽인 자는 사형에 처하며,

② 사람을 상해한 자는 곡물로써 배상하게 하고,

③ 남의 물건을 훔친 자는 노비로 삼는다는 것이다.

이것은 원시적인 복수가 아니라 정치권력의 중재에 의해 싸움을 해결하는 사회의 법칙이며, 이로써 농경사회의 중앙집권적인 정치권력이 성립되었다는 것을 짐작할 수 있다.

이 금법은 미개사회에 공통되는 만민적인 성질을 띤 것으로, 이러한 금법을 통해서 고조선 같은 부족 연맹적인 사회에 있어서는 이미 권력과 부(富)의 차이가 생겨나서, 모권사회(母權社會)로부터 부권사회(父權社會)로의 이행, 가부장제적(家父長制的) 가족제도가 성립되고, 재산에 대한 사유 관념이 생기면서 형벌 노비도 발생된 것을 볼 수 있다.

〈후한서(後漢書)〉에도 부도라는 소도는 자비심 위주의 생활을 하는 참으로 정의로운 나라였다고 명기하고 있다. 또한 조선 사람은 천성이 유순하여 천도를 어기지 아니하는 군자국이었다고 하고 조선의 백성은 숙신(肅愼)이라고 했다. 조선 사람은 어질고 착하기 때문에 도가 행해지는 나라로 도적질하는 일이 없기 때문에 문을 잠그는 일이 없으며, 부녀자들은 정숙하기 때문에 음행을 하는 일이 없고 동성 간에 호인하지 아니하는 순결한 백성들이기에 남쪽의 만족(蠻族)과 북쪽의 융적(戎狄)과 서쪽의 서이(西夷)이와는 달랐기에 공자가 그 곳에 살고 싶어 한 나라였다고 명기하고 있다.

〈三國誌〉에도 동방의 사람들은 서로 공경하며 사는 사람들이기에 사람이 어려운 일을 당하는 것을 보면 죽음을 무릅쓰고 자신의 몸을 던져 구하는 사람들이라고 했다. 또한 이들은 인성은 후덕하고 욕심이 적은 사람들로 염치가 있는 사람들이기에 서로 길을 가더라도 먼저 길을 양보하는 미덕을 지닌 백성들로서 항상 성실한 생활을 하며 흰 옷을 입고 사는 백이민족이었다고 명기하고 있다.

〈회남자(淮南子)〉는 조선의 백성인 숙신은 천민(天民)으로 군자가 끊이지 않는 가히 성인의 나라였다고 했다.

> 『史記卷五秦本記 戎夷王聞繆公賢 故使者由余秦 繆公問之 中國以詩書禮樂 法度爲政然尙常亂 今戎夷無此 何以爲治 不亦難乎 由余笑曰 夫戎夷不然 上含淳德以遇其下 下懷忠信以事其上 一國之政猶一身之治 不知所以治 此眞聖人之治也』

〈서경(書經)〉에 요(堯) 임금이 늙어서 그 해의 정월에 순(舜)에게 제위를 물려주었다. 순이 상제의 도(道)에 따라 다스리기 위하여 그해 2월에 산동의 태산(太山)으로 가서 천제(天祭)를 올린 다음에 동방의 상제인 단군을 알현하고 달력과 법률과 도량형과 오례(五禮) 등의 문물을 전수받아 가지고 중원을 통치했다고 명기하고 있다.

〈竹書記年〉에 동북이(東北夷)로서 숙신이라 일컬어졌던 단군조선은 순임금이 즉위한지 25년에 단군조선의 명물인 무기, 단궁(檀弓)을 순에게 주어 순이 중원을 평정하는데 도움을 주었다고 명기 하고 있다.

〈書經〉, 〈史記〉, 〈漢書〉에 단군조선은 만주의 도산국(塗山國)을 통해 하(夏)나라 우(禹)나라 때 황하의 치수를 도왔다고 명기하고 있다. 만주의 도산국은 하우의 처가가 되는 나라였고, 하나라가 흥하게 된 것은 도산국의 가르침에 많은 혜택을 입었다고 명기하고 있다.

또한 〈書經〉에 단군조선이 탕(湯)을 도와 하나라의 폭군 걸 왕(桀王)을 정벌하게 하고, 은(殷)을 건국하도록 도와주었다는 사실이 기록되어 있다. 하나라 걸왕의 죄가 하늘에 닿아 걸 왕을 정벌하라는 단군조선의 천명(天命)이 있었다고 하고 하늘같은 상제국인 단군조선이 탕에게 걸 왕을 정벌하고 나라를 다시 세우라는 명령에 따라 은나라의 탕이 하나라를 패망시켰다고 명기하고 있다.

주나라 무왕(武王) 때에도 단군조선의 명물인 단궁 등의 무기를 제공하여 은의 폭군 주왕(紂王)을 정벌하라는 명령을 무왕에게 내려 은나라를 패망시켰다고 했다. 하늘같은 상제국인 단군조선은 중원에서 현자라고 이름이 높았던 문왕에게 은을 벌할 것을 명했으나 문왕이 공을 세우지 못했기에 문왕의 아들 무왕 때에 단군조선의 명물인 단궁의 무기를 주어 은나라를 멸하게 했다. 그리고 주공(周公)이 은나라의 왕족들과 많은 선비들을 모아 놓고 작은 나라인 주나라가 대국인 은나라를 멸하게 된 것은 하늘과 같은 상제국인 조선의 도움 때문이었다고 했다.

고조선의 과학과 기술문화는 대체로 청동기 문화와 철기 문화 시대를 포괄한다. 청동기 문화 시대를 초기, 중기 후기로 구분할 수 있는데, 고조선의 청동기 문화는 단군이 아사달에 도읍하기 170년 전 혹은 황하 중류 지대에 청동기 문화가 시작된 약 300년 전 서기전 2,500년에 시작 되었다. 초기 청동기시대의 유물로 작은 기구들 즉 화살촉, 단검, 귀고리, 칼 등인데, 이 기구들의 생산을 위한 주물 터가 발견된 것을 보아서 수입한 기구가 아니라는 것이 확실하다. 대체로 발굴된 유물을 보면, 그 물건들이 정교하여 서기전 9세기경, 청동기 시대 중기에 생산된 것으로 추정된다. 매우 발달된 기구로 대표적인 만돌인 형의 단검 및 다양한 청동기 도구들이 요서지방의 서쪽 및 황하 유역에서 발굴 되었다. 요하 유역에서 발굴된 유물과 황하 유역에서 발굴된 유물이 같은 종류인 것으로 보아서, 상나라와 서주 사람들이 그들의 나라가 망하자 기자와 같이 고조선 땅으로 몰려 온 역사적 사실이 있어 이 두 나라 귀족 유민들이 사용하던 유물로 추정된다.

청동기 후기 혹은 철기 전기에 생산된 것으로 추정되는 도구들은 실용성 뿐만이 아니라 예술적 가치가 있는 정교하고 아름다운 도구들이었다. 이 도구들은 전쟁용이 아니고 종교적 의식에 사용되는 물건이라는 것도 알 수 있다.

약 서기 전 8세기 고조선은 철기문화 시기에 들어가게 된다. 고조선 영역에서 발굴된 유물들의 약 90%가 철기 물이다. 약 서기 전 3세기에 주물에 의하여 생산된 철기들은 그 당시 매우 발달된 기술을 알 수 있다.

철기의 사용과 더불어 경제적인 생활은 청동기 시대보다 훨씬 발달하였으나 증가된 부가 사회 지배층에 점유되어 빈부의 차이는 점점 확대되어 갔다.

농경 생활을 한 고조선시대는 청동기문화를 기반으로 성립되었다. 청동기문화의 유물로서는 청동검(靑銅劍), 청동모와 각종 말갖춤(馬具), 거여구(車輿具) 등이 있다. 그리고 뒷면에 특수한 기하학적 잔금무늬(細線紋)가 있고, 2개의 꼭지가 달린 거울인 다뉴세문경(多紐細紋鏡)과 복식용으로서 허리띠에 쓰인 동물형 띠고리(動物形帶鉤)도 있다. 이와 같이 고 조선인들은 독특한 형식의 청동기를 변형·발전시켜 사용했는데, 매우 예리하게 만들어져 세형동검(細形銅劍)이라 불리는 청동 검과 청동꺾창(靑銅戈)은 한국에서만 발견되는 독특한 양식으로 유명하다. 또한 대륙과 만주에 있어서의 정세변화에 따라서 일어난 중요한 사실은 철기문화(鐵器文化)의 전래이다.

중국의 전국시대(戰國時代)에 나타나게 된 철기문화는 만주에서 다시 북방계 청동기문화와 섞이면서 한반도로 들어오게 되었다. 이러한 중국의 철기문화와 이와 섞인 청동기문화의 전래 시기는 B. C. 4세기에서 3세기에 걸친 것으로 여겨진다. 그 문화가 한반도로 파급되어 온 경로는, 요동반도에서 한반도 서북부에 걸쳐 분포되어 있는 전국시대 연나라의 화폐인 명도전(明刀錢) 유적으로 미루어보아 압록강 중류를 거쳐 청천강, 대동강 상류 유역으로 들어와 한국 서북지방에 정착된 듯하다. 이러한 철기문화의 영향으로 철제 농구를 사용함으로써 농업경제가 크게 발달하였으며, 철제 무기도 등장하였다. 그리하여 고조선 전역의 지배 계급은 말이나 청동제 마차를 타고 청동제뿐만 아니라 철제의 검(劍)과 투 검, 창 등 새로운 무기를 휘두를 수 있었고, 석기에 대신해서 괭이, 보습, 낫 등 발달된 농구를 이용할 수 있게 되었다.

철기문화의 보급은 고조선 지방 사람들의 생활양식에 많은 변화를 일으켰다. 주거를 움집바닥에는 온돌 장치를 하고, 가옥은 지하 움집에서 지상 목조 가옥(木造家屋)으로 변해 갔다. 무덤의 축조도 달라졌는데, 넓은 구덩이(土壙)에 시체를 묻는 널무덤(土壙墓)과 2, 3개의 항아리를 맞붙여서 널(棺)로 쓰는 무덤의 2가지 양식이 새로이 행하여졌다. 따라서 한국에는 한족(漢族)의 철기문화와 스키타이 계통의 청동기문화가 들어와 대동강 유역은 금속문화의 중심이 되었다. 이 두 계통의 금속문화는 계속 남하하여 종래의 민무늬토기문화(無紋土器文化)와 혼합되면서 일본으로 전파, 일본의 야요이 문화(彌生文化)를 이루었다.

농경문화의 기원을 인도나 남중국에서 찾아야 한다는 학자들이 많다. 그러나 일본이나 우리 땅에서 발견된 벼 알은 다 알이 짧은 종류로 인도나 남 중국에서 자라는 큰 벼의 알과는 다른 종류로 알려져 있다. 토질과 기후의 차이 때문에 변종이 될 수 있기 때문에 인도나 남지나에서 벼농사가 비롯되었다는 것을 부정하는 것은 아니지만 일본의 농경문화는 한반도에서 전파 되었다는 사실은 분명하다. 일본에서 처음 농경문화가 전파된 곳은 한반도와 가장 가까운 북 규슈의 여러 곳이다. 특히 이다쯔께(板付)유적을 비롯한 여러 고대 논 유적지에서는 한반도에서 출토된 것과 같은 마제 석기들인 돌로 만든 칼, 반달형의 칼, 돌로 만든 도끼, 돌로 만든 활촉 등이 출토되었다.

〈규원사화〉에 따라, 단군조선시대의 천도에 관하여 조사해보면, 알타이 산맥의 아사달(阿斯達)에서 개국>2차 도읍지는 지금의 송화 강(松花 江) 강변의 소밀경(蘇密京)>3차 도읍지는 백두산 남쪽의 패수(浿水, 지금의 압록강)>4차 도읍지는 지금의 대동강 변의 평양이다. 단군조선이 제 1차로 도읍한 곳이 동경 126도 북위 58도를 중심으로 한 알단고원과 스타노보이산맥 일대의 아사달이라고 했다. 아사달이니 평양이니 하는 말은 도성을 뜻하는 말로 평양 하면 오늘날의 대동강 변의 평양이 아니다. 제 2차로 천도한 곳은 중국의 길림성(吉林市) 서북방 300여 리의 지점에 있는 화전현(樺甸縣) 휘발하(輝發河)의 관가(寬街) 계곡에 있는 소밀경(蘇密京) 옛터로 생각된다〈新唐書, 地理誌〉. 여기서 말하는 우수하(牛首河)는 후세에 소밀하(蘇密河) 또는 속말 수(涑末水)라고 부르게 되었는데, 그 뜻은 원래 "소머리"이다. 이명(李茗)이 말하기를, 속말수 남쪽에 있던 발해중경 현덕부(顯德府)가 바로 단군이 도읍을 정하던 임금 성, 즉 평양인데 이곳은 북쪽으로 발해 상경 홀한 성(忽汗城)과는 600 리 떨어진 거리에 있다고 하였다. 여기에 나오는 우수하는 지금의 송화강(松花江)을 말한다. 제 3차로 천도한 평양성은 그 위치가 백두산 남쪽 패수(浿水) 북쪽 지점인데, 발해의 서경 압록부(鴨綠府) 신주(神州)가 있는 바로 그곳이다. 지금의 요녕성(遼寧省) 집안현(集安縣) 통구(通溝) 평야가 있는 고구려의 국내성 옛터 위나암(尉那岩) 부근으로 추정된다(〈遼史〉). 제 4차로 이동한 평양성은 단군조선 34세 오루문(奧婁問) 원년 즉 B. C. 1,342에 옮긴 지금의 대동강변의 평양이다. 즉 지금 평양의 별칭으로 백아강(白牙崗), 백악강(白岳岡), 낙랑홀(樂浪忽)이라고 하였다. 그러므로 B. C. 2,333부터 B. C. 237까지 총 역년 2,096년 간 네 번 천도한 것으로 생각한다.

단군의 세계를 살펴보면,

1세 단군왕검(B. C. 2,333년)>2세 부루(扶婁, B. C. 2,240)>3세 가륵(加勒, B.C.2,182)>4세 오사구(烏斯丘, B. C. 2,237)>5세 구을(丘乙,B. C. 2,099)>6세 달문(達門, B. C. 2,083)>7세 한률(翰栗, B. C. 2,047)>8세 우서한(于西翰, B. C. 1,993)>9세 아술(阿述, B. C. 1,985)>10세 노을(魯乙, B. C. 1,950)>11세 도해(道奚, B. C.1,891)>12세 阿漢, B. C. 1,834)>13세 흘달(屹達,B. C.1,782)>14세 古弗, B. C. 1,721)>15세 대음(代音, B. C. 1,661)>16세 위나(尉那, B. C. B. C. 1,610)>17세 여을(余乙, B. C. 1,552)>18세 동엄(冬奄, B. C. 1,484)>19세 구모소(緱牟蘇, B. C.1,435)>20세 고홀(固忽, 1,380)>21세 소태(蘇台, B. C.1,337)>22세 색불루(索弗婁, B. C.1,285)>23세 아홀(阿忽, B. C. 1,237)>24세 연나(延那,B. C. 1,161)>25세 솔나(率那, B. C.1,150)>26세 추로(鄒魯, B. C. 1,062)>27세 두밀(豆密, B. C. 997)>28세 해모(奚牟, B. C. 971)>29세 마휴(摩休, B. C. 943>30세 나휴(奈休,B. C. 909)>31세 등올(登屼, B. C. 874)>32세 추밀(鄒密, B. C. 849)>33세 감물(甘勿, B. C.819)>34세 오루문(奧婁門, B. C.795)>35세 사벌(沙伐, B. C.772)>36세 매륵(買勒,B. C.704)>37세 마물(麻勿, B. C.646)>38세 다물(多勿, B. C.590)>39세 두홀(豆忽, B. C.545)>40세 달음(達音, B.C.509)>41세 음차(音次,B. C.491)>42세 을우지(乙于支, B. C.471)>43세 물리(勿理, B. C.461)>44세 구물(丘勿,B. C.425)>45세 여루(余婁, B. C.376)>46세 보을(普乙, B. C.341)>47세 고열가(高列加,B. C.295).

B. C. 2,333부터 B. C. 295까지 총 역년 2038년이다.

그러면 1세부터 47세까지의 중요한 치적을 살펴보도록 하겠다.

1세 단군왕검은 신시개천(神市開天) 1,565년 즉 B. C. 2,333에 오가(五加)의 지도자로서 아사달에 조선을 세우고 93년 간 선인의 덕으로 나라를 다스렸고, 2세 단군 부루 제(扶婁帝)는 아버지를 계승하여 산업을 일으켜, 추위와 굶주림에 떠는 사람이 없는 복지사회를 실현하고, 매년 춘추 성(城)과 나라를 순시하며, 제사를 올리고, 제정일치(祭政一致)의 성대를 구가하였다. 홍익인간(弘益人間)을 위한 활동을 나라 안에 한정하지 않고 외국에까지 미치게 하여 우왕(禹

王)으로 하여금 치수(治水)에 성공하도록 지도하였다.

2세 부루(扶婁) 단군 당시 홍수사태가 계속되었다. 〈書傳〉, 〈堯傳〉, 〈史記〉의 기록을 보면, 중국의 모든 강이 범람하였기 때문에 사람들이 정착할 수 없었던 것 같다. 맹자는 그 때의 상황을 다음과 같이 서술하고 있다.

> 「요임금 때 물이 거슬러 흘러서 중국에 범람하였기 때문에 뱀과용이 기승을 부려 백성이 정착할 수 없었다. 낮은 곳에 사는 사람은 새집을 지어 살고 높은데 사는 사람은 굴을 파고 살았다. 우왕이 치수하여 땅을 파고 물을 바다로 흘러 보내 뱀과용을 풀밭으로 몰아내니 물이 땅속으로 흘러가 새나 짐승이 사람을 해치지 못하게 된 연후 사람들은 땅을 고르고 살게 되었다.」

9년 동안이나 홍수의 해가 만민에게 미치므로, 단군왕검이 태자 부루를 보내 우순과 약속하니, 우의 사공(司空)과 도산에서 만나게 되었다. 사공은 단군의 오행치수 법(五行治水法)을 받아 공을 이루었다고 〈번한세가〉에 기록하고 있다. 태자 부루는 오행치수 법을 전하고 나라의 경계를 감정하여 유주(幽州)와 영주(營州)를 우리에게 속하게 하였다고 했다.

중원(中原)의 치수 사업은 요순 때 곤(鯤, 하우(夏禹)의 아버지)이 9년 치수에 실패함으로서 우산(羽山)으로 유배되어 죽은 다음에 아들 우가 그 뒤를 이어 치수를 하게 되었다. 우가 도산 국(塗山國, 숙신제후국)의 왕녀에게 자식 계(啓)를 낳았으니 우는 처자를 돌볼 겨를도 없이 치수에만 몰두했었다는 것을 〈書經〉은 밝히고 있다. 우는 1세 단군의 태자 부루로 부터 치수를 위한 금간옥첩(金簡玉牒)을 받기 위하여 왕녀에게 장가들었다는 기록들이 있다.

〈규원사화〉에는 다음과 같은 기록이 있다.

> 「부루는 즉위 후에 앙숙이란 자가 무도하여 반란을 일으키자 산하 선라(仙羅)로 하여금 이를 토벌케 하고, 그 무리를 궁북(窮北)으로 몰아내는 한편 천하에 명령하기를 10월 맹동(孟冬)에 해가 진 후 주민들이 모여 새 곡식을 올리는 제사를 하늘에 드리도록 하고, 아울러 하늘로 가신 단군에 대해서도 제사 드리라고 하니 백성들이 기뻐서 받들어 그리워하기를 마치 단군 재세 시와 조금도 다름없이 하였다.」

지금도 경상도의 민가에 부루단지가 있어 울타리 아래 깨끗한 곳에 흙으로 단을 쌓아 항아리에 새 햅쌀을 담아서 단 위에 두고 짚을 엮어서 가린 후 10월이 되면 반드시 부루에게 감사드리는 추념을 하게 된다. 이를 업주가리(業主嘉利)라고도 한다. 우리 말에 앙숙하면 적대 관계를 뜨하는 말로 사용되고 있다. 부루단단지, 앙숙, 고시례 등은 민초들의 입을 통하여 내려오며 역사의 진실을 알리고 있자만 단군은 신화나 전설 속에 잊혀 져 가버리고 있으니 한심한 일이다.

3세 단군 가륵(嘉勒)대에는 가림토문자(加臨土文字)가 제정되었고, 5세 단군 구을(丘乙)대에는 60갑자의 원리를 기초로 하여 역법(歷法)이 제정되었고, 6세 단군 달문(達門)대에는 황족이 아닌 우가 족(牛加族)에게 대통이 승계되어 화백공화정치(和白共和政治)가 실현되었고, 8세 단군 우서한(于西翰)대에는 20분지 1세의 제도를 제정하여 민생복리를 도모하였고, 10세 단군 노을(魯乙)대에는 천문대가 설치되었고, 12세 단군 아한(阿漢)대에는 많은 소도(蘇塗)를 증설하여, 미혼 자제들로 하여금 읽기와 활쏘기를 가르치고, 19세 단군 구모소대에는 주천력(周天歷)과 팔괘상중(八卦相重) 역법이 제정되어 하역(夏易)과 은역(殷易)의 원본이 되었고, 20세 단군 고홀(固忽)대에는 구환(九桓) 전역의 지도가 제작되었다. 이때 단군조선의 문물이 발달한 절정기였다. 중반기로 접어들면서 쇠퇴되어 나라가 기울 고 있었다. 이때 고리국(藁離國)의 해모수(解慕漱)가 일어나 조선의 대통을 이어 북부여를 세웠다. 이 시기가 B. C. 342이다.

단군대의 언어 재료를 해독해 보면 아래와 같다.

1) 아사달(阿斯達)

인류의 시조 아만(阿曼)과 나반(那般)이 만난 곳이 아이사타(阿耳斯它)이고, 단군이 도읍한 곳이 아사달이며, 같은 어사라는 것을 알 수 있다.

/Aisa(Asa)/"金" + /타(달)/"山" 즉 "금산, 동산, 소산" 등으로 해독된다. /asa/가 음이 변하여 /쇠/로 변했다.

aisa>asa>sa>soe>se>sala>sela로 음이 변했다.

옛날에는 금, 은, 쇠의 구별이 없었던 모양이다. <계림유사(鷄林類事)>에 다음과 같은 기록이 있다.

金曰那論歲 (누른 쇠)
銀曰漢歲 (흰 쇠)
鐵曰歲 (쇠)

알타이 자매 언어들과 대응을 시켜보면,

만주어: aisin"금">asi, asu"이자", "小金">aji"小"
몽골어: aisin>alocu>asu"金"
터키어: asa>asi>az"東", "日出地"
한국어: asa"金">asi"初">adi"子">adal"子">achim"朝">sae"東,"新"

위에서 보는 바와 같이 뜻도 여러 가지로 쓰이게 되었다. 이병도 교수는 아사달의 뜻을 "朝山"으로 보았고, 양주동님은 "子山", "小山"으로 해독했다. /신라, 서라벌/도 같은 어사이며, 동쪽을 /새쪽/이라 하고, 동쪽에서 불어오는 바람을 /새바람/, 동쪽이 밝아 온다는 뜻으로 /새벽/, 동쪽의 별을 /샛별/이라고 한다.

2) 단군(檀君)

단군을 박달나무 檀를 써서 檀君 혹은 제단 단자를 써서 壇君으로 표기하고 있으나 모두 /다나구루/"天君"라는 우리의 옛 말을 이두로 소리 옮긴 것에 지나지 않는다. /다나구루/는 하늘에서 내려와 세상을 다스리는 임금을 뜻한다. /tengri/하는 말이 야굿어, 우즈백어, 위글어, 수메르어에도 쓰이고 있다. 오늘날 이라크에 흐르고 있는 Tigris강도 "천군"의 뜻이다. 옛 책들에 나오는 /天君, 登高, 檀君, 騰格里, 天哥里, 登高/ 등도 같은 이두 식 표기이다.

〈삼국지(三國志)〉에, 「귀신을 믿어 국 읍에 각각 한 사람을 세워 하느님에게 제사 올리는 일을 맡아보게 하고 그를 천군(天君)이라고 했다」고 기록되어 있다. 또한 〈주서(周書)〉에, 「귀신에게 제사 지내는 두 군데가 있는데, 그 하나는 부여신이라 하고, 나무로 여자의 모습을 깎아 만든 다른 하나는 등고신(登高神)이라 하였다」고 기록하고 있다. 〈원사(元史)〉에, 「또 산이 있는데, 천가리간답

합(天哥里干答哈)이라 하는데, 하늘의 신명스러운 산이라는 말이다」고 했다. 1790년 이억성(李億成)이 편찬한 2권으로 된 〈몽어류해(蒙語類解)〉에도 "하늘 임금"의 뜻으로 /tenggeri/하고 다음과 같이 기록되어 있다.

[예시 물 2-7] 다나구루

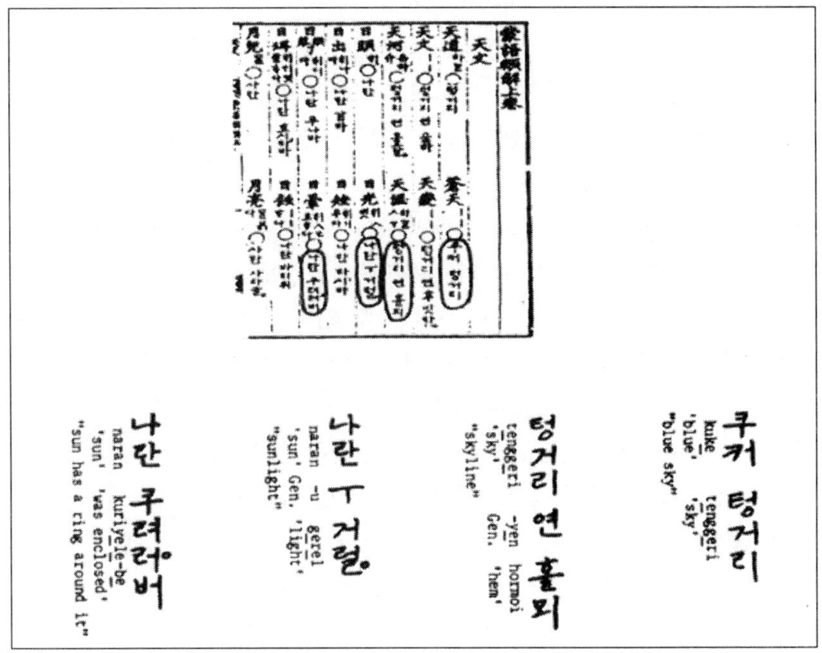

2.2.5 부여의 역사

1세 단군왕검이 B. C. 2,333년에 아사달(阿斯達)에 도읍하고 조선이라 했다. 이때가요(堯)와 같은 시기라고 〈위서(魏書)〉는 전한다. 1세 단군에서 47세 고열가(古列加)까지 2,096년간을 문물의 전승 기를 누렸으나 제 고열가는 어질고 순하기만 하여 결단력이 없고, 명령을 내려도 시행되지 않으니, 백성의 사기가 날로 떨어졌다. 제 고열가는 제위를 버리고 입산수도 길에 들어가고, 이에 5가(加)가 나라 일을 다스리기를 6년이나 계속 되었다. 규원사화(揆園史話)에 따르면, 단군조선이후의 여러 부족 국가의 성립은 단군의 봉후국(封候國)으로부터 이어져 간 것으로 생각한다. 〈진서(晋書) 동이열전(東夷列傳)〉에 의하면『진나라 시대의 부여는 고구려와 위진(魏晋) 시기에 이르러 크게 성장한 선비(鮮卑) 모용씨(慕容氏)의 침입을 받아 영역의 변동이 심하였는데, 결국 4세기 말 모용황(慕容皝)의 침입으로 북부여는 멸망하고 그 영역은 고구려에 통합된 것으로 보이며, 3세기경 모용씨(慕容氏)의 침입을 받아 동쪽으로 이동하였던 부여족의 일파가 건국한 동부여만이 고구려의 보호 속에 5세기까지 존속하다가 문자왕(文咨王) 때에 이르러 물길(勿吉)의 흥기로 그 왕족이 고구려에 투항함으로써 만주지역의 부여는 소멸된 것으로 보인다.』고 기록되어 있다. 따라서 부여는 이미 선진시대(先秦時代)부터 고조선과 더불어 중국에 알려질 정도의 국가로 성장하고 있었으며, 늦어도 1세기 초의 후한대(後漢代)에는 왕호를 쓰는 연맹왕국으로 성장하였다고 추론된다. 또한 부여는 예(濊)의 나라에서 건국한 국가란 설과 예의 일부가 맥(貊)에 흡수되어 만주로 이동하는 과정에서 형성된 예·맥 족에 의해 건국되었다는 설이 있다. 부여의 도장에는 예왕지인(濊王之印)이란 글귀가 있다. 〈후한서(後漢書)〉에는 부여의 영역을 동서남북 2천리라 하였으며, 여러 사서에 기록된 것을 근거로 부여의 영역을 살펴보면 다음과 같다. 첫째 〈한서(漢書)지리지(地理誌)〉에 따르면, 부여는 B. C. 3세기말에서 1세기까지는 서쪽으로는 오환(烏丸)과 그 이후에는 선비(鮮卑)와 각각 경계를 하고 있었다. 또한 연(燕)나라가 북격오환부여(北隔烏丸夫餘)라는 기록이 있으니, 오환과 부여가 연나라의 북쪽에 서로 접하고 있었으며, 부여의 서쪽에 오환이 위치해 있었다고 생각된다. 또한《후한서(後漢書)》〈烏丸鮮卑傳〉에 의하면 기원전 3세기 말에서 2세기 초에 오환이 흉노(匈奴)에게 정복당한 후에도 오환은 본래 거주 지역에 그대로 있었으므로 부여와 오환과의 지리적 관계는 기원 1세기까지도 그 전시기와 다름이 없었다고 했다. 기원 1세기에 부여의 서쪽에 선비세력이 성장하기 시작하여, 기원 1세기 말에서~2세기 초 후한(後漢)이 흉노(匈奴)를 격파한 후 급속히 장성한 선비족들은 이전 흉노지역을 차지하게 되어 부여와 접하게 되었다. 이와 같이 부여의 서쪽 변은 서요하(西遙河) 일대였다. 기원 2세기 중엽 선비의 우견(右肩)이었던 단석괴(檀石槐)는 흉노 고지를 차지하고 그 관할구역을 동부, 중부, 서부의 3개부로 구분하였는데 동부지역은 우북평(右北平)으로부터 요동(遼東)에 이르러 부여, 예맥과 접하였다. 3세기 전반 가비능(軻比能)대의 선비의 동쪽 변경은 요수계선(遼水界線)에 이르렀다고 하는데 기원 2~3세기 이 요수는 오늘날의 요하이며, 이 시기의 요동(遙東)도 요하 동쪽 지역이다. 그런데 당시 요하의 하류에는 후한의 위(魏)의 요동군(遼東郡) 현토군(玄菟郡) 등이 있었으므로 선비의 동쪽은 요하 상류지역을 가리킨 것이다. 그러므로 선비와 접하는 부여의 서쪽 변도 서요하 일대라고 생각된다. 둘째 부여의 동쪽은 읍루(挹婁)와 접하였다고 하는 《진서(晋書)》〈동이열전(東夷列傳)〉에 의하면 읍루의 후신인 숙신(肅愼)이 부여에서 60일이면 갈 수 있다고 하여, 당시의 읍루는 부여에 예속되어 있었던 까닭에 실지 부여의 영역은 읍루의 동쪽 변인 연해주 일대에 미친 것으로 보인다. 셋째, 북쪽을 보면, '북유약수(北有弱水)'라 하였으니 후한대의 부여의 북쪽 강역은 약수(弱水)임이 분명하나, 이 약수의 위치에 대하여는 제설이 분분하다. 그런데《진서(晋書)》〈숙신전(肅愼傳)〉에 의하면, '숙신북극약수(肅愼北極弱水)'라 하여 약수라는 강은 부여뿐 아니라 읍루(숙신)의 북쪽까지도 경유하면서 흐르는 큰 강이었다는 것을 알 수 있다. 송화강(松花江) 유역에 있었던 부여와 그 동변이 연해주의 해변지대까지 이르렀던 읍루의 북쪽을 경유하여 흐르는 큰 강으로는 흑룡강(黑龍江) 외에는 없다 따라서 부여의 북쪽은 흑룡강에까지 이르렀다고 볼 수 있다. 넷째, 남쪽은 대체로 고구려와 접하였다. 진나라 때에 이르러서는 선비 모용씨(慕容氏)의 진출로 선비와 접한 것으로 보인다. 따라서 부여의 강역이 사방 2천리였다는 것은 부여가 오늘의 부여부(夫餘府)일대를 중심으로 동쪽으로는 연해주지방, 북쪽으로는 흑룡강이남, 서쪽으로 요하하류, 남쪽으로는 백두산 줄기에 이르는 넓은 지역을 점유한 강대국이었음을 시사한다. 나라에는 군왕이 있고, 모두 여섯 짐승의 이름으로 관명을 정하여 마가(馬加), 우가(牛加), 저가(豬加), 구가(狗加)라 했다. 이 관명은 단군시대부터 이어져 오고 있다. 은력(殷曆) 정월에 지내는 제천행사(祭天行事)는 국중대회(國中大會)로 날마다 마시고, 먹고, 노래하고 춤추는데, 그 이름을 영고(迎鼓)라 하였다. 부여는 본래 현토군(玄菟郡)에 속하였다. 〈三國志 魏志 東夷傳〉에 「漢時 夫餘王 其印文言穢王之印 國有故城名穢

城 蓋本穢貊之地也」라 했다. 즉 부여를 예맥이라 하고 부여왕의 인문에 예맥왕의 인이 있고 부여의 성은 예맥의 성으로 부여는 본래 예맥 땅이었다는 사실을 밝히고 있다. 고대 숙신의 뒤를 이었던 부여는 단군조선의 중심 부족국가였다. 왜냐하면 사기에 나타나는 숙신(肅愼), 산융(山戎), 읍루(挹婁), 말갈(靺鞨), 물길(勿吉), 부여 등은 단군조선의 부족이었기 때문에 색리국(索離國)으로부터 나와서 부여 왕, 동명왕(東明王)이 되었고, 주몽은 동명의 후예로 부여에서 나와 고구려왕이 되었다. 부여는 흥안령(興安嶺) 이동의 만주평야에 자리 잡고 있었다. 중국의 여러 사서들에 따르면, 부여는 만리장성(萬里長城) 이북으로부터 북으로는 약수(弱水) 또는 흑룡강(黑龍江)까지와 서역은 선비(鮮卑)와 접해 있는 사방이 2천리로 호구가 8만호였다는 것이다. 부여 사람들은 흰 옷을 입었고, 남녀 간에 정절을 지키며, 동성은 혼인을 허락하지 않고, 신의와 정의심이 강하고 용감한 사람들이었기에 한나라는 이러한 부여가 일어나면 걱정이라 부여를 방어하기 휘하여 만리장성을 쌓았다고 한다. 부여는 10월을 추수감가절로 하고 하늘 앞에 제사를 드리는 경천사상을 지녔는데, 그 제사는 거국적인 행사였다. 한(漢)나라로부터 조공을 받았던 흉노였지만 부여에게는 복종했으니 한초 때부터 부여의 강력한 위력이 드러나고 있었다. 한고조(漢高祖)가 백등산에서 흉노에게 포위되었다가 풀려날 무렵 모돈(冒頓)이 자신보다 후비 소생의 차자를 더 사랑했던 부친 두만(頭曼)을 사살했다. 이 소문을 듣고 부여 왕이 사신을 보내 모돈이 부친을 살해한 죄를 문책했다고 한다. 부여 왕이 모돈에게 왕비를 바치라고 하니 그가 사랑하는 알씨(閼氏) 왕비를 부여 왕에게 보냈다고 한다. 그러나 국토 1천 여리를 달라고 하니 모돈이 거절하고 습격을 했는데, 그 때 부여는 흥안령 서쪽의 땅 1천 여리를 흉노에게 침탈당하였다고 사기가 전하고 있다. 양계초(梁啓超) 저서의 〈中國歷史民族之硏究〉에 흉노와 한나라 고조 그리고 동호(東胡)라는 부여사이의 정세에 대하여 다음과 같이 말하였다. "진한(秦漢) 대에는 흉노가 강성하여 여러 민족이 흉노의 지배를 받게 되었으나 부여만은 강성하여 흉노에 대립했었다"고 했다. 〈史記〉와 〈前漢書〉의 증언대로 한나라로부터 조공을 받았던 흉노를 마음대로 통제할 수 있는 부여가 그 당시 얼마나 강성했는가를 알 수 있다. 한(漢)나라 말년에 공손도(公孫度)가 해동(海東)에서 세

력을 확장하여 외이(外夷)들을 위엄으로 복속시키자 부여왕 위구태(尉仇台)는 요동군(遼東郡)에 복속하였다. 이때 고구려와 선비(鮮卑)가 강성해지자, 공손도(公孫度)는 부여와 동맹을 맺고, 일족의 딸을 그 왕에게 시집보내었다. 위구태(尉仇台)가 죽고 간위거(簡位居)가 왕이 되었다. 간위거가 죽자 서자 마여(麻余)를 제가(諸加)들이 옹립하여 왕으로 삼았다. 정시(正始, 위 제왕의 년호)에 유주(幽州)의 관구검(毌丘儉)이 고구려를 토벌하면서 현토태수(玄菟太守) 왕기(王頎)를 부여에 파견하였다는 기록이 있다. 따라서 부여의 강역이 사방 2천리라 하는 것으로 보아, 오늘날의 부여부(夫餘府) 일대를 중심으로 동으로는 연해주, 북으로는 흑룡강, 서로는 요하(遼河) 하류, 남으로는 백두산 줄기에 이르는 넓은 지역을 점유한 강대국 이였다는 것을 알 수 있다. 이상의 봉후국이 성립되어 고대 조선의 여러 부족 국가가 형성되고, 처음의 부여는 단군의 제4 황자가 받은 봉후국이었다. 단군조선이후 근 조선까지의 이어진 세계는 다음과 같다.

[예시 물 2-8] 조선시대의 봉후 국

	封候國	位　置	受封者	推　移
1	藍國	中國東北地方・西南地方	蚩尤氏후손	風夷・畎夷가 갈리어져 나왔고 海岱(山東)・江淮(河南)에 진출, 嵎夷・華夷・淮夷로 분리됨
2	僂侲	東北地方・先春嶺以東	神誌	후에 挹婁・勿吉・靺鞨로 불리고 金・女眞의 祖上
3	青丘	東南地方 (평안, 황해, 경기지방)	高失	뒤에 南으로 進出, 三韓成立
4	蓋馬	咸南의 蓋馬高原 일대	朱因氏후손	
5	濊國	중서부지방(開原縣부근)	余守己	
6	句麗	서방(고구려의 발상지)	夫蘇 (王儉의 2皇子)	
7	眞番	서방 (후에 眞番郡의 소재지)	夫虞 (王儉의 3皇子)	
8	夫餘	북부지방 (長春以北, 農安縣 부근)	夫餘 (王儉의 4皇子)	
9	沃沮卒本沸流	남만주와 咸北지방 (압록강 對岸沸流水 상류부터 咸北地方)	仙羅・道羅・東武	

[예시 물 2-9] 부여 시대부터 근 조선까지의 세계

肅愼	濊	貊	濊	扶	沃	辰 弁 馬
	貊		(	餘	沮	韓 韓 韓
把	朝	九	滄			
婁	鮮	貊	海	北東	北東	
	中		)	夫夫	沃沃	馬
	朝			餘餘	沮沮	韓
勿	鮮		東 寒			
吉		濊 濊				
	後					
	朝					
靺	鮮			高句麗		百濟 新羅 駕洛
鞨						
	漢					
	四					
女	郡					
眞	二			渤		新羅
	府			海		
						後泰
金				大 興 定		百
				元 遼 安		濟封
清						高麗
						近朝鮮

흉노족(匈奴族)은 상고시대부터 북쪽의 변방에서 부락을 이루고 살아오던 유목민족으로서, 터키족과 퉁구스족이 석여있는 종족으로 알려져 있다. 이 종족을 하(夏)대에는 훈륙(獯鬻)이라 하고, 은나라 주나라 대에는 험윤(玁狁)이라 하고, 춘추전국시대에 비로소 흉노라는 호칭이 나왔다. 〈史記〉에는 흉노의 선조는 하후(夏后)씨의 후예인 순유(淳維)라는 기록이 있다. 터키족은 북 흉노의 한 갈래 이였는데, 552 A. D.년에 흉노의 부장 토문(土門)이 고차(高車)를 격파하고 유연(柔然)에 반기를 들고 자립하여 가한이라 칭하고 터키를 건국하였다고 하였다.

제 4세 단군 오사구(烏斯丘, 2,155-2,106 B. C.)의 동생인 오사달(烏斯達)을 봉하여 몽골족의 조상이 되었다는 기록이 있다. 그러나 그 당시에 몽골지방에는 유목민으로 흉노족의 선조라고 하는 험윤이 있었다. 몽골이라는 명칭이 처음 나타나는 것은 당나라대의 사서에 몽올실위(蒙兀室韋)라는 명칭으로 기록하고 있다.

만주 퉁구스족은 단군의 봉후 국에 수봉된 신지(神誌)씨의 후예들이라는 것을 이미 밝혔다.

그리고 다달(Tatar)족은 〈滿蒙歷史地理辭典〉에 따르면, 명나라 초기에 몽골 부족장인 귀력적(鬼力赤)이 원나라 5세 권 데무위르(Kün Temür)를 시해하고 1,402 A. D.년에 몽골의 국호를 버리고 다달의 가한이 되었다고 하니 이 다달족도 몽골족의 분파이라고 생각하면, 이 모든 종족들이 단군의 지족임이 분명하지만 재료의 부족으로 명확한 계보를 제시할 수 없다.

덴마크의 언어학자인 라스머스 라스크는 스키타이(Skythen) 어족으로 몽골어, 만주어, 터키어, 바스크어를 포함시키고 있으니 이 어족도 알타이 어족으로 추정된다.

청동기 문화는 이날까지 많은 사람들이 터어키와 이란 지방의 흑해와 카스피어해를 배경으로 하는 B. C. 6세기경에 일어난 이란계 유목 기마민족이던 스키타이 인들과 몽고인들의 문화가 중국과 만주와 한반도에 영향을 끼친 문화였다는 것과는 정반대의 고고학적 발굴 성과들이 드러나고 있다. 그러나 종래의 인식과는 반대로 일찍이 단군조선의 강역이던 요동에서 비파형 동검, 창날, 화살촉이 발견되었고 비녀 팔찌 등의 청동기 장식물이 발굴되었다는 중국의 고고학 보고가 있었다.

그리고 북한의 고고학적 발굴 보고에 따르면, 만주 심양에서 비파형 청동단검과 6백여 점의 청동기 유물이 발굴되었는데, 이 비파형 동검은 B. C. 12세기경 요동에서부터 중원대륙으로 전파되었다는 발굴 성과를 보고했다.

동호(東胡)라고 일컬었던 단군조선 후의 부여시대에 청동기 문화와 철기문화는 만리장성 너머 몽고 수원(水原) 지방에서 출토된 청동기문화보다 월등하게 우수한 문화로서 중원의 남쪽에서 연철(鉛鐵)로 농기구가 제작되었던 것보다 부여의 선철(銑鐵)과 강철(鋼鐵)은 그 강도가 높기 때문에 무기 생산이 유리했을 것이다. 〈사기〉에 의하면, 한고조 때부터 한나라는 흉노와 형제나라의 화친조약을 맺고, 한나라 10대 황제인 원제(元帝, B. C. 49-33)때까지 그 화친조약의 이행으로 원제의 후궁이었던 왕소군(王昭君)을 흉노의 호한선우(呼韓單于)에게 바쳤던 한나라와는 달리 흉노의 모돈(冒頓)에게 천리마를 요구하고 알씨(閼氏)를 요구했던 동호가 부여이며, 부여의 강성함을 입증하고 있다. 10세기경, 만주 청동기 유물의 주인공이 동이족으로서 우리 겨레의 선민인 단군조선의 뒤를 이어오는 부여라는 것이 명백하다. 중원의 요순 때부터 하, 은, 주 이전부터 만주대륙을 점유하고 있었던 동이는 그 어느 민족보다 역사가 길고 선진 동이로서 우리의 선민이었다는 사실을 알아야 한다. 왜냐하면 고대로부터 동이 또는 동호로 일컬어졌던 만주의 동이 숙신 예맥족은 요순시대부터 단궁(檀弓)을 수출하여 중원을 통일하는데 지대한 영향력을 행사해 왔던 우리의 조상들이라는 것이 명백하다. 통고사(Tungus)족이라고 하는 동이 또는 동호는 부여를 일컬어는 것이다.

전한에서 후한으로 바뀌어 질 무렵인 서기초의 고구려 유리왕 31년에 한나라 장수 엄우(嚴奄)가 왕망(王莽, 45 B. C.~18 A. D.)에게 말하기를 흉노를 아직 누르지 못하고 있는 이때 부여가 다시 일어나면 큰 걱정 이다 고 할 만큼 부여는 강성했었다는 사실을 알 수 있다. <삼국사기>에 의하면, 37 B. C.에 고구려가 건국된 다음에 가섭원부여 왕 대소가 사신을 고구려에 보내 왕자를 인질로 하자고 하니, 고구려의 유리왕이 부여의 강대함을 꺼리어 불응하니 부여 왕이 노했다고 할 만큼 부여는 강대했다.

그 뿐 아니라, 고구려 6대 태조대왕 94년(145 A. D.)에는 부여는 요동의 현도를 공격하여 대방의 령을 죽이고 요동 낙랑 태수의 처자를 사로잡아왔다는 기록이 국내외의 여러 사서들이 밝히고 있다.

1) 북부여의 역사

(가) 북부여 1세 해모수(解慕漱)

북부여의 시조 해모수는 고주몽(高朱蒙)의 증조부가 된다. 따라서 해모수가 고구려의 시조라고도 할 수 있다. 해모수는 그의 선조가 고리국(槀離國)에 살았다고 하는데, 〈한서 지리지〉를 보면, 구려국(句麗國)이 고리국이다. 해모수는 웅심산(熊心山)에 내려와 군대를 일으켰다. 이 해에 해모수는 궁실을 지었는데, 웅심산 아래 난변(蘭邊)이었다. 고열가 단군은 해모수의 득세에 견디지 못하고 왕위를 버리고 백악산(白岳山) 아사달(阿斯達)에 은거하게 되었다. 기사(己巳) 8년(B. C. 232년)에 모든 나라 사람들이 추대하여 단군(檀君)이 되시니 해모수(解慕漱)가 곧 북부여의 시조가 되는 것이다.

B. C. 239년, 고리국(槀離國)의 해모수(解慕漱)가 수유(須臾)의 번한(番韓) 조선과 연합하여 아사달을 점령하니 단군조선은 막을 내리고 북부여가 대통을 이어갔다.

부여국(夫餘國)은 현토(玄菟)의 북쪽 1천 리 쯤에 있다. 남쪽은 고구려와, 동쪽은 읍루(挹婁)와, 서쪽은 선비(鮮卑)와 접해 있고, 북쪽에는 약수(弱水)가 있다. 국토의 면적은 사방 2천리이며, 본래 예(濊)족의 땅이라고 했다.

북부여 1세 해모수(解慕漱)의 탄생 설화는 다음과 같다.

> 「처음에 북이(北夷)의 색리국(索離國, 槀離國을 말함) 왕이 출타중 그의 시녀가 궁의 뒤뜰에서 임신을 하게 되었다. 왕이 돌아와서 그녀를 죽이려 하자 시녀가 말하기를, "지난번 하늘에 크기가 달걀만한 기(氣)가 있어 저에게로 떨어져 내려오는 것을 보았는데, 그대로 임신이 되었습니다." 하였다. 왕이 그녀를 옥에 가두었는데, 그 뒤에 아들을 낳았다. 왕이 그 아이를 되지 우리에 버리게 하였으나, 되지가 입김을 불어주어 죽지 않았다. 다시 마구 간에 옮겼으나 말도 역시 그와 같이 해주었다. 왕이 그 아이를 신기하게 생각하여 그의 어머니가 거두어 기르도록 허락하고, 이름을 동명(東明)이라 하였다.
>
> 동명이 장성하여, 활을 잘 쏘니 왕이 그의 용맹함을 꺼리어 다시 죽이려고 하였다. 이에 동명이 남쪽으로 도망하여 엄리수(掩利水)이르러, 활로 물을 치니 고기와 자라가 모두 모여 물 위에 떠올랐다. 동명은 그걸 밟고 물을 건너서 부여에 도착하여 왕이 되었다.」고 했다.

부여는 동이 지역 중에서 토지가 넓고, 토질은 오곡이 자라기에 알맞다. 말과 붉은 옥과 담비, 삵괭이가 생산된다.

나무 울타리로 둥글게 쌓아 성을 만들고 궁실과 창고와 감옥이 있다. 그 나라 사람들은 체격이 크고 성품은 굳세고 용감하며, 근엄하고 후덕하여 다른 나라를 쳐들어가거나 노략질하지 않는다. 활, 화살, 칼, 창으로 병기를 삼았으며, 그 나라의 읍락은 모두 여러 가(加)에 속했다. 여섯 짐승의 이름으로 관명을 지어 마가(馬加), 우가(牛加), 구가(狗加) 등이 있었다. 제천행사에는 연일 크게 모여서 마시고 먹으며, 노래하고 춤을 추는데, 그 이름을 영고(迎鼓)라 하였다고 중국의 고 사서들이 기록하였다.

몽골의 과학원 베 수미야바타르 교수의 〈몽골과 한국 민족 선조들의 민족 언어학적 상호관계에 관한 문제에 대하여〉라는 논문에서, 북부여는 몽골 지역에서 건국되었다고 했다. 즉 고진(高辰)의 손자 불리지(弗離支) 고모수(高慕漱)와 하백(河伯)의 딸 유화(柳花)와 사통하여 낳은 고주몽(高朱蒙)이 금와왕(金蛙王)의 일곱 태자들로부터 시기를 받고, 도망쳐 고구려를 세운 흘승골(紇升骨)을 몽골의 할힌골(Xalhingol) 강이 있는 곳으로 비정했으며, 또한 고주몽이 연타발(延佗渤)의 딸 소서노(召西努)사이에 낳은 비류(沸流)도 부이르(Buir) 호수의 이름과 같다고 했다. 부여를 이어받아 고구려를 건국한 고주몽의 활동 무대를 고려하면, 몽골의 할힌골 강이 있고, 부이르 호수가 있는 지방이 부여가 건국된 곳으로 생각된다. /흘성골/과 /할힌골/, /비류, 부이르/, /부여/가 같은 어사로 생각한다. 북부여가 몽골 지역에서 건국되었다는 사실은 광개토대왕의 비문에서도 확인할 수 있다고 했다. 수비야바타르 교수는 현재 바이칼(Baikal)호 연변에 사는 부리아트(Buriat) 사람들이 스스로 우리들은 코리언이라 말한다고 했다.

휴애거사(休崖居士) 범장(范樟)이 쓴 〈북부여기(北夫餘紀)〉에 의하면, 해모수(解慕漱)는 웅심한(熊心山)을 배경으로 궁실을 난변(欄邊)에 쌓았다고 했으며, 계해 2년(癸亥 二年, B .C. 238년) 3월 16일 하늘에 제사하고 연호(烟戶)의 법 즉 호구 조사하는 법을 제정하더니 오가(五加)의 병력을 나누어 배치하여 밭갈아 자급자족함으로써 뜻밖의 일에 대비토록 하였다. 위 기사를 볼 때 지금으로부터 2,238년 전 북부여시대에 농경사회의 발달과 튼튼한 국방(國防)의 힘을 가졌다고 하는 사실을 알 수 있다.

임신(壬申) 11년(B. C. 229) 북막(北漠)의 추장 산지객륭(山只喀隆)이 영주

(寧州)를 습격하여 순사(巡使) 목원등(穆遠登)을 크게 약탈 질하고 돌아갔다.

경진(庚辰) 19년(B. C. 221년) 기비(箕丕)가 죽으니 아들 기준(箕準)을 아비의 뒤를 이어 번조선(番朝鮮)의 왕으로 봉하고, 관리를 보내 병사를 감독하고 연(燕)나라를 대비케 했다.

계미(癸未) 22년(B. C. 219) 창해역사(滄海力士) 여홍성(黎洪星)이 한나라의 장량(張良)과 함께 진시왕(秦始王)을 박랑사(博浪沙) 가운데서 저격하였으나 빗나가고 말았다고 했다.

임진(壬辰) 31년(B. C. 209) 진승(陣勝)이 반란을 일으키니 진나라가 많이 어지러웠다.

기해(己亥) 38년(B. C. 202) 연나라의 노관(盧綰)이 요동의 옛 성터를 수리하고 동쪽은 패수(浿水)로써 경계선을 삼으니 패수는 곧 오늘날의 난하(灤河)다.

해모수 제는 45년간 재위하였다.

(나) 북부여 2세 모수리(慕漱離)

B. C. 195년 북부여 1세 해모수는 물러나시고 태자 모수리(慕漱離)가 제위를 이었다.

B. C. 194년에 번(番)조선왕 기준(箕準)이 많은 복을 내려 백성이 풍요롭게 살게 되었다. 그러나 그가 도적 떼의 침략을 받아 도망쳐 돌아오지 않으므로, 오가의 무리들이 상 장군 탁(卓)을 왕으로 받들어 월지(月支)로 가서 나라를 세웠다. 이 나라를 중마한(中馬韓)이라 한다. 변진(弁辰) 두 한도 나라를 세우고 마한의 다스림을 따르며, 서로 배반하지 않고 뭉쳐서 중마한연맹(中馬韓聯盟)이라 했다.

B. C. 194년 모수리 제는 상 장군 연타발(延佗渤)을 파견하여 도성에 성책을 세우고 도적과 위만(衛滿)의 침공을 막게 했다.

B. C. 193년 해성(海城)을 평양도에 귀속시키고, 황제의 동생 고진(高辰)을 시켜 그곳을 수비하게 했다. 중부여 일대의 사람들이 모두 복종하였으므로 그들에게 양곡을 나누어주어 구제하였다.

모수리 제는 25년간 재위하였다.

(다) 북부여 3세 고해사(高奚斯)

B. C. 170년에 태자 고해사가 즉위하였다. B. C. 169년 정월에 낙랑 왕(樂浪王) 최숭(崔崇)이 해성(海城)에 와서 곡식 300섬을 바쳤다. B. C. 128년 제는 스스로 보병과 기병 만 명을 이끌고 위만(衛滿)의 도적들을 남녀성(南閭城)에서 격파하고, 그곳에 책임자를 두었다. B. C. 121년 일군 국(一群國)이 사신을 보내 토산물을 헌납해 왔다.

고해사 제는 49년간 재위하였다.

(라) 북부여 4세 고 우루(高于婁)

B. C. 120년 단제(檀帝)는 장군을 보내 우거(右渠)를 쳤으나 불리했다. 고진(高辰)을 발탁하여 서압록(西鴨綠)을 지키게 하고, 병력을 증강하며, 성책(城柵)을 많이 설치하여 우거를 물리칠 수 있었다. 단제는 고진(高辰)의 전공을 칭찬하고, 그를 고구려 후로 봉하였다.

B. C. 108년 한(漢)나라의 유철(劉徹)이 평나(平那)를 침공하여 우거를 멸망시켰다. 이에 고두막한(高豆莫汗)이 병력을 일으켜 가는 곳마다 한(漢)의 침략군을 격파하였다. 고두막한이 동명국(東明國)을 세우고, 사람을 보내, 말하기를, 나는 천 제자(天帝子)인데, 장차 여기에 도읍을 정하고자 하니, 왕은 이곳에서 물러가라고 해서 고우루 단제는 난처했다. 그러자 제는 병을 얻어 승하하였다. 동생인 해부루(解夫婁)가 즉위하였는데, 고두막한은 여전히 군대를 앞세워 위협하였다.

나라가 어지러운 때 국상(國相)인 아란불(阿蘭弗)이 통하(通河)의 유역 가섭원(迦葉原)은 토양이 비옥하고 도읍할만한 곳이라 하여, 왕에게 권하여 옮기니, 이 나라를 가섭원부여라고 한다.

고우루 제는 34년간 재위하였다.

(마) 졸본(卒本) 부여 5세 고두막(高豆莫)

고우루 왕을 축출한 고두막 단제는 호탕하고 용맹하여 군사를 잘 다루었다. 북부여가 쇠퇴하고 한(漢)의 침략이 심한 것을 보고 세상을 구할 뜻을 세워 졸본에서 즉위하여 동명(東明)이라 칭하고 47세 단군 고열가의 후예라고 했다.

B. C. 105년에 단제는 장수가 되어 격문을 선포하고 가는 곳마다 무적하니, 그를 따르는 무리가 5,000에 이르렀다. 한이 침공할 때마다 괴멸되었다. 드디어 병력을 동원하여 구려 하(九黎河)를 건너 추격하여, 옛 고리국의 영토인 요동(遼東)의 서안평(西安平)을 공략하였다. 얼마 후 북부여가 항복하고 자위 보존을 원하여, 단제는 허락하시고 해부루를 왕으로 강등하여 차능(岔陵)으로 옮기게 하였다. 그러자 단제께서 무리 수 만을 이끌고 입성하여 북부여라고 했다.

B. C. 79년 음 5월 5일 차능에서 고주몽(高朱蒙)이 탄생하셨다. 고두막 제는 재위 22년, 재 재위 27년 도합 49년간을 권좌에 있었다.

(바) 북부여 6세 고무서(高無胥)

B. C. 60년 태자 고무서가 대통을 이었다.

B. C. 59년에 제는 졸본 천(卒本川)에서 즉위하시고 백악산(白岳山)에 모여 하늘에 제사할 것을 약속하니 모두가 기뻐하였다.

고무서 제는 다만 2년간 재위하였다.

2) 가섭원 부여(迦葉原夫餘)의 역사

(가) 가섭원 부여 1세 해부루(解夫婁)

고우루의 동생 해부루가 고두막한에게 밀려서 가섭원으로 옮겨 동부여를 건국했다. 그곳은 토지가 비옥하고, 보리가 잘 자라며, 범, 표범, 곰, 이리가 많아서 사냥하기가 좋았다.

해부루 왕은 늙도록 아들이 없어 걱정하고 있었다. B. C. 77년, 어느 날 산천에 제사를 올리고 아들 갖기를 빌었더니, 왕이 탄 말이 곤연(鯤淵)에 이르러 큰 돌을 보고 눈물을 흘렸다. 왕이 이상하게 여겨 그 돌을 굴러보니 어린애가 나왔는데, 금색의 개구리 모양과 같았다. 왕은 몹시 기뻐하며, 이름을 금 와(金蛙)라고 짓고, 그가 장성하자 태자로 책봉했다.

고주몽은 어머니 유화 부인이 시키는 대로 동남쪽으로 도망가서 엄리대수(淹利大水)를 건너 졸본천에 이르러 이듬해에 고구려를 건국하였다.

해부루 제는 39년간 재위하였다.

(나) 가섭원 부여 2세 금와(金蛙)

B. C. 48년에 해부루 왕이 승하하고 태자 금와가 즉위하였다. B. C. 47년, 왕이 사신을 보내 고구려에게 토산물을 헌납하였다.

금와제는 41년간 재위하였다.

(다) 가섭원 부여 3세 대소(帶素)

B. C. 7년에 왕이 승하사시고 태자 대소가 즉위하였다.

B. C. 6년에 왕은 사신을 고구려에 보내 국교를 맺기를 요청했으나 화전(和戰) 양면 관계가 계속되었다. 같은 해 10월 5만의 병력을 이끌고 졸본성을 공격하였으나 큰 눈이 내려 동사자만 많이 내고 퇴각하였다.

A. D. 22년 2월 고구려가 침범해 오니 왕은 몸소 출전하였으나 왕의 말이 진흙탕에 빠져 나오지 못하고 있을 때, 고구려의 대장군 괴유(怪由)가 그를 살해했다.

그 해 여름 4월 대소왕의 동생이 주동이 되어 무리를 모으고, 갈사수(曷思水)의 변두리를 점유하고 나라를 세워 왕이라 하고 국명을 갈사(曷思)라 하였다.

재위 28년간 고구려와 화전 양면이 지속되었으나 문자열 제(文咨烈帝) 명치(明治) 갑술 즉 A. D. 494년에 항복하고 고구려에 편입되고 말았다. 대소 제는 28년간 재위하였다.

부여 시대의 언어를 해독하면 다음과 같다.

(1) 부여

부여라는 말이 부여시대에 들어와서 생긴 것이 아니다. 1세 단군왕검의 네 태자, 부루(扶婁), 부소(夫蘇), 부우(夫虞), 부여(夫餘)라 하였다. 부여는 /부리, 바라/에 대한 이두 식 소리 옮김이다. 중국 상고 음은 /piwa -diwa/로 추정되며, 모음 사이에 /ㄷ>ㄹ/의 발음 현상이 있었던 고대 한국어에 [pudi/pada>puri/para]로 된다. 〈환단고기(桓檀古記)〉에 소개된 천해(天海)의 파나류산(波奈留山) 아래에 12 환국이 있었다. 그 중 첫째가 비리국(卑離國)이라 했는데, /비리/“들판”과 /부여/가 같은 어사이다. /부루(扶婁), 부유(鳧臾), 부여(夫餘), 창려(昌黎), 발(發)/ 로 표기된 말이 비리국의 /비리/에서 파생된 낱말이다. 이와 같이 신라 지명의 /火, 伐, 弗/, 백제 지명에 /夫里, 富里/, 마한 지명의 /卑離, 白/ 등은 /바라/버러/보로/부루/비리/부리/의 표기이며, 뜻은 “밝, 붉(赤), 불(火), 성(城), 벌판” 등의 뜻으로 쓰였다.

/낙랑(樂浪), 평양(平壤), 평나(平那), 백랑수(白浪水), 패강(浿江)/ 등도 /비리, 부여/에서 유래된 말이다. /樂/이 음악의 뜻으로 /부루/에 대한 뜻 옮김이고. /浪/은 /나/에 대한 소리 옮김이다. /平/은 ‘벌판’의 뜻으로 옛 형태인 /바라, 버러/에 대한 뜻 옮김이고, /浿/의 중국 상고 음이 /pei/로 추정되나 거센소리가 옛날에는 쓰이지 않고 이중모음을 피하여 모음 사이에 /r/ 음을 덧내던 옛말에 /바리/가 된다.

가섭원 부여(迦葉原夫餘)의 /가섭원/은 /가서+버러/ 또는 /가사+바라/의 표기이고, /가서, 가시/는 “왕”을 뜻하는 말이고 /버러, 바라/는 “벌판”을 뜻한다.

유라시아의 중앙에 알타이산맥이 있고 그 아래에는 천산산맥이 있으며, 이 두 산맥 사이에 중가리아 분지가 있고, 분지 서쪽에 발하슈(Balkhash) 호가 있다. 〈삼성기〉의 기록에 따르면, 환인 천황이 파나류 산에 도읍했다고 하는데,

파나류산의 /파/, 비리국의 /비리/, 발하슈 호의 /발/은 같은 어사로 “밝음”을 뜻한다. 천부경(天符經)의 중심 사상을 한 마디로 줄여 명즉천지인일체(明卽天地人一體)이라고 하였는데, 그 명(明)을 순수 우리말로 /밝/이라 한다. 비리국에서 유래된 이 말이 /바라, 버러, 부루, 보리, 부리, 하라, 하러, 후리/ 등으로 음이

변했고, 뜻도 "벌판" "불" "붉" "백" "밝" "성" 등으로 해독되었다. 이 말이 세계 여러 곳으로 옮겨가서 마고, 환인, 환웅, 단군으로 이어지는 유라시아어족의 이주 분포의 사실을 전해주고 있다. 최남선의 논문 〈불함문화론(不咸文化論)〉에, "밝"을 중심으로 세계문화의 흐름을 살펴보았다.

일본어	:	후시, 하유네
만주어	:	포고리(布庫里)
몽골어	:	불아한(不兒罕)
시베리아어	:	보로간
산스크릿어	:	바루나
페르시아어	:	발스
바빌론어	:	벨
시리아어	:	바알
이집트어	:	바아아가, 바가우
희랍어	:	베스다
중남미어	:	바라고자
이태리어	:	불칸
페루 인디언어	:	베위

이와 같이 세계의 모든 언어의 이 말이 한국어의 "밝"과 같은 어원이다.

영어의 /fire/와 한국어 /불/이 같은 어원의 말인가? 많은 의문을 가질 것이다.

그러나 언어학적 발음 변화의 규칙을 살펴보면 간단한 해답이 나온다. 어두음 p/f는 교체된 현상을 볼 수가 있고, 영어에 있어서는 밑 모음이 위로 상승해서 /i/까지 올라가면 /i/는 이중 모음화 /ai/가 되는 음의 변화가 있었다고 하는 것을 알면 쉽게 이해할 수가 있다. 핀란드의 언어학자인 람스테트는 "비리"를 알타이 여러 언어와 대응시켰다.

Tungus	:	hile-ken
Manchu	:	fila
Olcha	:	pile
Korean	:	per
Japanese	:	hara

(2) 해(解)와 고(高)

북부여의 시조를 해모수(解慕漱), 가섭원(迦葉原) 부여의 시조를 해부루(解夫婁), 북부여 3세 고해사(高奚斯), 고우루(高宇婁), 또는 해우루(解宇婁)로 /해/와 /고/를 바꾸어 썼다는 것을 알 수 있다.

/해/는 하늘의 해를 말하는 옛 말 /가/에 대한 소리 옮김이다. 하늘 임금의 아들로서 햇빛을 받아 난 주몽(朱蒙)을 고로서 성을 삼아 고주몽이라 했다. /해/와 /고/는 모두 우리의 옛 말 /거, 가/에 대한 소리 옮김이다. 오늘날에도 구름이 없어지고 해가 나는 것을 /개다, 개이다/라고 하는데, /개/는 곧 /가/의 이형태이다. /가>하>해/와 같은 음운 변화가 있었다는 것을 알 수 있다.

(3) 고리(槀離)

〈졸본부여기(卒本夫餘紀)〉에, 고두막한(高豆莫汗)은 B. C. 168년 졸본에서 즉위하고 나라 이름을 동명(東明)이라 하였으며, 2년 후에 구려하(九黎河)를 건너 요동(遼東)의 서안평(西安平)에 이르니 고리국의 옛 땅이라 하였다.

1세 단군왕검의 제 4황자 부소(夫蘇)는 서방의 땅에 구려(句麗) 봉후국에 수봉되었다는 구려도 동계의 말이다. 〈요사 지리지(遼史 地理誌)〉에서, 봉주(鳳州)는 고리국의 고지라고 했다.

〈단군세기(檀君世紀)〉에, 23세 단군 아홀(阿忽) 때로서 B. C. 1,236년의 기록으로 구려군(句麗君)이 남국군(藍國君), 청구군(青丘君)과 함께 은나라를 공격했다는 기록이 있다.

〈대진국본기(大震國本紀)〉에 「대진국의 남경인 남해 부는 남옥저(南沃沮)의 옛 땅이요, 서경인 압록 부는 고리국이요, 지금의 임황(臨潢)이다.」고 했다. 부여국은 북부에 있던 작은 나라인 고리국의 일부 세력이 예족들이 살고 있던 송화 강의 북쪽 유역 일대에 옮아가서 원주민을 정복하고 세운 나라였다.

/고리, 구려, 구루, 고로, 구로/는 "성(城)"을 뜻하는 말이며, 만주어 /goro/, 몽골어 /gurun/은 "국가"의 뜻으로 쓰였다. 〈팔세아(八歲兒)〉와 〈소아론(小兒論)〉, 이 두 권의 책에 다음과 같이 /gurun/ 해서 "城"에서 "國家"라는 뜻으로 의미가 변했다.

[예시 물 2-10] /gurun/

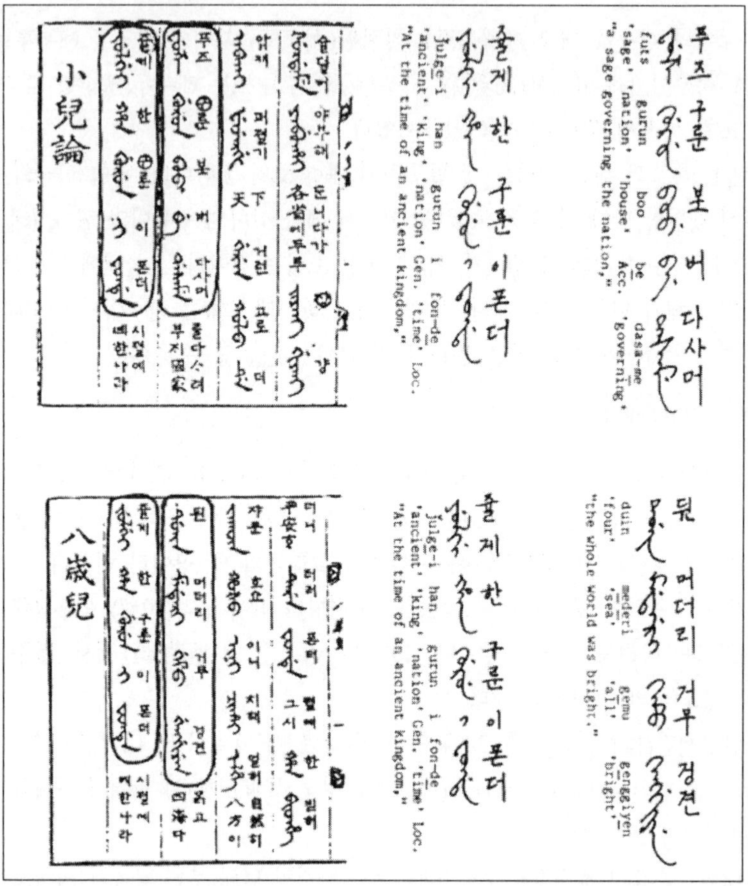

2.2.6 삼한(三韓)의 역사

삼한은 단군조선시대부터 청구(靑丘)에 수봉(受封)된 고실(高失)씨족들이 세운 봉후국(封候國)이라고 생각한다. 한반도 남부에 자생한 증거도 없는 터이라 북방에서 이동해 온 부족 집단으로 보는 것이 믿을 만한 이론이겠다. 그러므로 유라시아 대륙에서 활약한 한을 전 삼한이라 하고, 한반도 남쪽으로 이주해

온 한을 후 삼한이라고 구분하여 삼한 사를 정리해 보겠다. 마한을 막한(莫韓), 모한(慕韓), 마한(馬韓)으로, 진한을 진한(辰韓), 진한(眞韓)으로, 변한을 번한(番韓), 변한(弁韓)으로 각각 표기되어 있으니 읽을 때 혼란이 없기를 바랍니다.

이규경(李圭景) 님은 그의 저서 〈오주연문장전산고(五洲衍文長箋散稿)〉에서 삼한유이설(三韓有二說)을 내세워 북 삼한, 남 삼한을 구별하고 있는 것이 주목된다.

그는 기자조선시대(箕子朝鮮時代)에는 요동(遼東), 요서(遼西)가 조선의 땅이었고, 그곳을 한으로 칭하는 것은 이상할 것 없다고 말하였다. 이 규경님이 북 삼한에 관한 재료 가운데 많이 인용한 책이 고염무(顧炎武)의 일지록(日知錄)이며, 한치윤(韓致奫)의 〈해동역사(海東繹史)〉나 한진서(韓鎭書)의 〈해동역사, 속 해동역사〉이다.

고염무는 명나라 말기 청나라 초의 학자로서 다음과 같이 말했다. 「오늘날 사람들은 이 요동(遼東)을 삼한이라 한다.」고 했다. 〈요사지리지(遼史地理志)〉에도 요동(遼東)을 삼한으로 비정하고 있으나 한족의 이동과정의 한 곳으로 보는 것이 타당할 것이다.

〈환단고기〉의 〈태백일사(太白逸史)〉와 〈마한세가(馬韓世家)〉에는 "단군조선을 삼조선의 삼한(三韓)으로 나누었다"고 했다. 단군왕검은 단군조선을 삼한으로 나누어 통치했는데 진한이 삼한의 중심이다. 삼한은 관경이 5만 리였다. 진조선(眞朝鮮)을 진한이라 하고 막조선(莫朝鮮)을 마한(馬韓), 번조선(番朝鮮)을 번한(番韓)이라 했다고 서술하고 있다. 이 삼한은 만주대륙을 위시하여 중원대륙과 한반도까지 5만 리였다는 기록이다. 〈後漢書〉에는 위(魏)의 장수 관구검(毌丘儉)이 고구려에 침입(147 A. D.)했을 때 삼한은 하북(河北)지방의 예맥(濊貊)과 접해 있었다고 하고 그 예맥은 은말의 기자가 조선으로 가버렸다는 조선이었다는 것을 밝히고 있다. 또한 삼한의 북쪽에는 낙랑과 예맥이 있다고 했다. 〈三國志〉에는 대방(帶方) 남쪽 사방 4천 리에 삼한이 있었는데, 마한은 서쪽에 있었고, 진한은 동쪽에 있어서 삼한은 중원대륙에 있었다고 밝히고 있다. 이렇게 볼 때 마한은 지금의 산서(山西)지방과 섬서(陝西) 그리고 하남 호북 호남 강서 지방이었다고 생각한다. 진하은 연제(燕齊) 사이라고 하니 하북과 산동지방이었을 것이며, 변한은 지금의 강소(江蘇), 안휘(安徽), 절강(浙江) 지방이었다고 볼 수 있다.

삼한에서 동양 최초로 철을 생산하여 여러 나라로 수출했다고 〈後漢書〉가 기록하고 있는데, 중원에서 철이 먼저 생산된 곳이 회이(淮夷)들이 살았던 곳으로 사실을 서술하고 있다. 이와 같이 중국의 사서들이 삼한은 티벳 지방에서 한족이 이동하여 들어오기 전에 동이들이 중원대륙의 땅을 점령하고 있었던 삼한임이 명백하다고 할 수 있다.

북 삼한, 남 삼한의 역사를 체계적으로 규명한 사람은 단제(丹齋) 신채호(申采浩)님이다. 전 삼한을 단군 시대의 봉후 국으로 한이 있었으며, 기준(箕準)이 남쪽으로 이동해 가기 이전 북방에 있던 요동, 길림(吉林) 방면의 진(眞, 辰) 조선, 요서(遼西), 개원(開原) 이북의 번(番) 조선, 한반도의 기자조선, 즉 마(馬, 莫) 조선의 셋 조선을 삼한으로 간주했다.

1) 전 삼한(前三韓)

(가) 단군조선의 봉후 국으로 보는 삼한

한의 기원 특히 마한의 기원을 묘한(苗韓)에서 찾아야 한다고 중국의 사학자 왕동령(王桐齡)은 그의 저서 〈中國民族史〉에서 다음과 같이 말했다.

「약 4,000년 전 현재의 湖北, 湖南, 江西 등지는 벌써 묘족(苗族)이 점령하고 있었고, 중국에 漢族이 들어온 후에 차츰 이들과 접촉하게 되었으며, 이 민족의 나라 이름을 구려(九黎)라 하고 군주는 치우(蚩尤)였다.」고 했다. 14세 자오지(慈烏支, B. C. 2,707) 환웅인 치우를 군주로 하는 구려 국의 부족들을 묘족(苗族), 유묘(有苗), 삼묘(三苗)라고 하며, 중국의 소수 민족인 묘족이 그들의 후예들이다.

왕동령이 〈中國民族史〉에서 제시한 약 4,000년 전의 연대와 원동중의 〈三聖紀〉에서 제시한 연대가 일치한다고 하는 것은 사실의 신빙성을 확인시켜 주고 있다. 그때 치우(蚩尤) 씨는 쇠와 수금을 재취하여 갑옷과 투구를 만들어 강성한 황제가 되어 탁록(涿鹿)에서 헌원(軒轅)과 70여 회나 싸워 전승하였으나 뒤에 전사하였다. 이때 벌써 마한의 전신인 묘 씨족들이 역사의 무대에 등장하고 있었다는 것을 알 수 있다.

450 A. D.경 범엽(范曄)이 저술한 〈후한서(後漢書)〉에 따르면, 삼한(三韓)의 사료는 삼국시대 위(魏) 나라의 장수 관구검(毌丘儉)이 147 A. D.에 고구려에 침입했을 때 가져갔던 사료에 기록된 삼한임이 명백하다. 이 책에서 밝히는 삼한은 하 북(河北)지방의 예맥(濊貊)과 접해있었다고 하고, 그 예맥은 은 말(殷末)의 기자가 조선으로 갔다고 하는 그 조선이었다고 밝히고 있다. 이렇게 볼 때 삼한은 반도조선이 아닌 대륙의 조선이었다는 사실을 알 수 있다. 그러면 삼한은 기자조선의 고토이며, 대방(帶方) 남쪽 사방이 4천리였다. 전국시대 진나라와 그 외의 백성들이 부역을 피하여 이동해왔던 연(燕)과 제(齊)나라 사이에 명성이 있는 나라가 삼한의 진한이었다는 것을 〈三國志〉와 〈漢書〉가 밝히고 있다. 이 두 사서의 기록이 밝힌 삼한의 위치는 마한은 중원 대방의 남쪽의 사방 4천리의 서편에 있었다. 진한은 중원 사방 4천리 마한의 동쪽에 있었다. 변한은 중원 사방 4천리 진한의 남쪽에 있었다. 이렇게 볼 때 마한은 지금의 산서(山西)지방과 섬서(陝西) 그리고 하남(河南), 호북(湖北), 호남(湖南), 강서(江西) 지방이었을 것으로 볼 수 있다.그리고 마한의 동쪽에 있었다는 진한은 연제(燕齊) 사이었다고 하니 지금의 하북(河北)과 산동지방(山東地方)이었을 것이며, 진한의 남쪽에 있었다고 하는 변한은 지금의 강소(江蘇), 절강(浙江) 지방이었다고 볼 수 있다.

삼한내의 각 국 읍에는 천신에게 제사를 드리는 제사장이 있었으니 그를 천군(天君)이라 했다. 천군과 단군은 같은 말로 “하늘에서 내려온 임금”을 뜻한다. 그러므로 소도의 천군은 단군을 대신하는 제사장의 지위에 있었다. 이와 같이 삼한에서 천신에게 제사 드리는 방법이 소도에 큰 나무를 세우고 그 나무에 방울과 북을 매달고 신을 섬기는 의식을 행했던 것인데, 여기서 우리들은 단군조선의 경천사상(敬天思想)과 홍익인간(弘益人間) 정신이 고대 삼한을 통해 소도 의식으로 확인할 수 있다. 그러기에 중원의 삼한은 기자 이전은 물론이고 기자 이후 춘추전국 시대까지 진(秦), 연(燕), 제(齊), 조(趙) 등의 나라에서 부역과 학정을 피해 삼한의 소도로 온 사람들이 수만호에 달했다는 것을 〈三國志〉와

〈漢書〉가 전하고 있다.

그러면 〈환단고기(桓檀古記〉에 기록된 삼한 씨족들의 역사에 관한 사실들을 추적해 보겠다. 6세 단군 달문(達門, B. C. 2,083)은 새로 옮긴 도읍지 신경(新京)에 대하여 노래를 짓게 하였는데, 그 노래를 서효사(誓效詞)라고 했다. 서효사는 단군의 도읍지 서울을 예찬한 노래로서, 그 노래는 본래 새 해나 국가의 대사 때에 역점(易占)을 치고 그 결과를 해석하는 의미가 있었다. 서효사는 다음과 같다.

진한 중(辰韓中)	치도(治道),	모한(慕韓)	보기좌(保其左),
번한(番韓)	공기남(控其南),	칭극기(秤極器)	백아강(白牙崗),
칭간(秤幹)	소밀랑(蘇密浪),	칭추(秤錘)	안덕향(安德鄕)

“진한은 가운데 길을 다스리고 모한은 동쪽을 보좌하고, 번한은 남쪽을 암벽처럼 지켜내는데, 세 곳이 마치 저울과 같아서 저울 그릇은 백악강이요, 저울대는 소밀 랑이요, 저울추는 안덕향이니 오복이 내린 땅”이라고 했다. 약 4,000년 전 6세 단군 달문 시대에 삼한 부족들이 도성을 지켜 적의 침범에 대비하고 있다는 것을 알려준다고 하겠다.

〈삼한관경본기(三韓管境本紀)〉에 따르면, 14세 자오지(慈烏支) 환웅 즉 치우의 후손인 치두남(蚩頭男)을 번한 왕으로 삼고, 웅씨(熊氏)의 후예 웅백다(熊伯多)를 마한의 왕으로 봉했다는 기록이 있다. 웅백다는 유웅국(有熊國)의 후예이며, 1세 단군왕검의 웅씨후(熊氏后)도 같은 나라 출신이다.

1세 단군(B. C. 2,333 재위) 때에 천하의 땅을 갈라 삼한으로 나누고, 삼한은 모두 오 가(五加) 64 족을 포함한다고 했다.

B. C. 2,119, 4세 단군 오 사구(烏斯丘) 때에 하(夏)나라 주상이 백성들에게 덕을 잃어버리니 단제는 식달(息達)에게 명령하여, 람(藍), 진(眞), 변(弁)의 병력을 이끌고 가서 정벌하도록 하였다고 했다.

12세 단군 아한(阿漢) 때의 B. C. 1,883 단제(檀帝)께서 나라 안을 두루 순시하시고 요하(遼河)의 남쪽에 이르자 순수관경(巡狩管境)의 비를 세우고, 역대

제왕의 이름을 새겨, 이를 전하게 하셨다. 이것이 금석문(金石文)으로 가장 오래된 것이다. 창해(蒼海) 역사(力士) 여홍성(黎洪星)은 그 비석을 지나며, 시 한 수를 읊었으니, 읽어보도록 하겠다.

「마을 밖 변한이라 이르는 곳에 홀로 뛰어난 돌 하나있었네
받침은 깨지고 철쭉만 붉었는데
글자는 보이지 않고 이끼만 푸러구나
다듬어져 처음 생겼을 때 그대로
흥망의 황혼에 우뚝 서 있으니
글이 보이는 증거는 하나도 없지만
이 어찌 단군의 자취가 아니겠는 가」
(임 승국, 〈환단고기〉 역에서)

21세 단군 소태(蘇台) 때에 개사원(盖斯原)의 우현왕(右賢王) 고등(高登)의 손자 색불루(索弗婁)가 그의 조부의 자리를 세습하여 우현왕이 되었는데, 소태 단군은 삼한조선과 힘을 합쳐 색불루 반란군과 싸웠지만 패하고 말았다. 색불루는 소태 단군을 물러나게 하고 녹산에서 즉위하여 22세 단군이 되었다.

그 후 서우여(徐于餘) 장군이 좌원(坐元)에서 봉기하여 색불루의 군대를 격파하니, 색불루는 서우여와 타협하여 그를 비왕(裨王)으로 책봉하고 번한 왕으로 봉했다.

B. C. 1,285 색불루는 몸소 구한의 군사를 이끌고 여러 차례 싸워 은나라의 수도를 격파하고, 이듬해 2월 이들을 추격하여 황하 주변에서 승전의 축하를 받고 변한의 백성들을 회대(淮岱)의 땅으로 옮겨, 그들로 하여금 가축을 기르고 농사를 짓게 하니, 나라의 위세가 크게 떨쳤다고 한다.

45세 단군 여루(余婁) 때, B. C. 380경 연(燕)나라 군사들이 변두리에 침범하여, 수비 장수 묘 장춘(苗長春)이 이들을 격퇴했다. 또한 B. C. 365경 연나라 사람 배도(倍道)가 침범하여 요서(遼西)를 함락시키고 운장(雲章)에 까지 쳐들어 왔다. 이에 번조선 대장군 우문언(于文言)에게 명하여 이들을 막게 하고, 진조선, 막 조선의 군대가 합쳐 연과 제나라의 군사를 오도하(五道河)에서 쳐부수

고 요서의 여러 성을 남김없이 되찾았다.

B. C. 323 기후(箕詡)가 병력을 이끌고 입궁하여 자칭 번조선왕이라 하고 46세 보을(普乙) 단군에게 윤허를 구하여 이를 허락하시고 굳게 연나라에 대비하도록 하였다.

이 삼한에 관한 기록들을 보면, 전 삼한은 약 4,000년 전 자오지 환웅 시대부터 약 2,000여 년 전에 단군조선이 막을 내릴 때까지 단군의 봉후국으로 실존하였다는 것을 알 수 있다.

(나) 삼진(三晋)의 한(韓)

춘추시대(春秋時代)에 진나라에 유력한 3씨족 집단이 있었다. 즉 조(趙), 위(魏), 한(韓) 3 세도 가였다. 이 세 씨족 집단들이 진 시왕(秦始王)에게 멸망하게 된다고 했다.

〈사기 진세가 한세가(史記 晉世家 韓世家)〉의 기록에 따라, 이 세 가문의 내력을 자세하게 살펴보면, 주(周)나라 무왕(武王, B. C. 1,100경)의 아들 숙우(叔虞)가 당(唐)의 봉후국(封侯國)에 책봉되고, 또한 숙우의 아들 섭(燮)이 진수(晉水)로 옮겨가 진(晉)을 세워, 이로써 진나라가 비롯되었다. 그들의 처음 근거지는 산서 성(山西省) 익성(翼城)이었다고 〈일지록(日知錄)〉에 기록되어 있다. 또한 진나라는 춘추시대(春秋時代)에 산서 성(山西城) 곡옥(曲沃), 그 다음에는 강(絳)으로 수도를 옮겼다고 한다.

진나라의 신하 만(萬)이 섬서 성(陜西省) 한성(韓城)에 책봉되어 비로소 한이 생겨났다고 하나, 〈사기색은 한세가(史記索隱 韓世家〉는 섬서성 한성에는 이미 한 씨족 세력이 형성되어 있었다고 전한다.

〈좌 씨 전(左氏傳)〉에는 우(于), 진(晉), 응(應), 한(韓)은 주(周)나라 초에 무왕(武王)의 아들들이 세운 나라이며, 한은 섬서성 한성에 자리 잡았으나 그 뒤 진에게 토멸 되었다고 전한다. 또한 진(晉)의 신하 만(萬)이 한성에 책봉되어 조(趙), 위(魏)와 함께 춘추시대의 일곱 강성한 세도가로 군림하였다고 전한다.

1세 환웅이 B. C. 3,897 섬서 성(陜西省) 태백산(太白山)에 도읍을 했고, 지금으로부터 약 4,000년 전 14세 자오지(慈烏支) 환웅 시대에 세 한이 봉후국에 책봉되어 세도가로 등장하는 사실을 보면, 삼진의 한이란 주장은 여러 세도가들이 세력 다툼을 한 한 단면을 서술한 것이다.

(다) 하북 성(河北省) 고안(固安)의 한(韓)

지금 북평(北平) 부근인 하북성 고안현에 또 하나의 한이 있었다고 옛날부터 지적이 되었으며, 그 근거는 대아(大雅) 탕지십(蕩之什)의 시 한혁편(韓奕篇)에 찾아 볼 수 있다.

> 양산이라 하늘 높이 치 솟는 뫼는,
> 옛 적에 우 임금이 다스리신 곳
> 아득하게 뻗어간 그 먼 길이여,
> 한 후(韓侯) 오늘 여기서 명을 받았다.
> 거창한 그곳의 한성은 연의 백성이 쌓아 올리니,
> 조상의 뒤를 이어 왕명을 받아,
> 수많은 오랑캐의 주인 되시다.
> 왕께서 한 후에게 하사하신
> 추 족(追族)과 맥 족(貊族)이 사는 고장에
> 북국을 다스리고 그곳의 제후가 되셨다.
> 성은 높이 쌓아 올리고 호는 깊이 파고,
> 이랑안의 전지에 세금을 매겨,
> 조공에는 맥의 가죽을 바쳤고,
> 표범과 큰 곰 가죽도 조공하였다.
>
> (이원섭 역)

북경에서 남쪽으로 하북 평원을 지나가면 고안현(固安縣) 대한채촌(大韓寨村)에 도착하게 된다. 이곳은 북경의 천안문에서 남쪽으로 50km 떨어진 낭방시(廊坊市) 고안현에 있는 마을이다.

탕지십(蕩之什)의 〈한혁편(漢奕篇)〉에 기록된 한(韓)이 이동해와 정착했던 대한채촌 마을 입구의 간판에는 지금도 '하북고안대한채일촌(河北固安大韓寨一村)'이라고 씌어 있다고 하니 한의 이동 사를 말해 주고 있다고 하겠다.

이 시속에 나오는 한성을 정 현(鄭玄)의 〈모시전(毛詩箋)〉과 주 희(朱熹)의 〈시전집주(詩傳集註)〉는 섬서성 한성에 있었다고 했고, 왕부(王符)의 잠부론(潛夫論)과 고염무(顧炎武)의 〈일지록(日知錄)〉은 한성은 하북성 고안 현에 있었다고 했다.

한성이 섬서성 또는 하북성에 있었다고 하는 의견은 아무런 의미가 없다고 생각한다. 이동하는 과정에서 두 곳 모두 정착했을 것으로 보는 것이 옳은 주장이다. 김상기(金庠基)님은 동이(東夷) 계통의 한, 예, 맥의 이동, 그것도 한을 중심으로 한 이동과정을 다음과 같이 추정했다.

- 제 1 단계 이동 : 기주(岐周)의 서→섬서성(陝西省) 한성현(韓城縣) 방면
- 제 2 단계 이동 : 섬서성→ 하북성(河北省) 고안현(固安縣)방면
- 제 3 단계 이동 : 하북성→ 남만주(南滿州) 및 한반도 방면

이 세 단계의 이동이 있었다고 주장하는 김상기님의 견해가 타당하다고 나는 생각한다. 이와 같이 삼한(三韓)은 마고, 환인, 환웅, 단군으로 이어지는 상고조선의 봉건사회에 있어서 제후국의 한 갈래로 이해해야 할 것이다.

삼한은 환웅이 도읍한 태백산이 있는 섬서성(陝西城)에 봉후국으로 존재하고 있었다는 사실을 중국 쪽의 사서 또는 〈환단고기(桓檀古記)〉를 통하여 우리는 이해할 수 있다. 그들은 이동하는 부족으로서 섬서성 한성에서 하북성의 고안 방면으로 또 거기에서 남만주로, 한반도로 이동하는 군단이었다. 시 한혁편이 하북성 고안 지역 방면이라 할 때, 한과 예, 맥이 적어도 이 지역에서 같은 생활권을 형성하고 있었다고 추정된다.

〈삼국지 동이전(三國志 東夷傳)〉에 예, 맥과 관련된 부분을 추려보면, 모두 부여, 고구려, 동옥저(東沃沮), 예에 관한 기록이다. 한편 같은 책의 〈한전(韓傳)〉에는 예가 보이기는 하나, 어느 경우에도 한과는 구별하는 기록이다. 그 대신 한은 준 왕(準王), 위만(衛滿) 등 조선과 관련시켜 기록되어 있다. 한국 상고사의 주인공들은 이와 같이 예, 맥=부여 계와 한계=조선계로 나누어진다. 언어상으로도 원시 부여어와 원시 한어로 구별하고 있다. 이 예, 맥계와 한계가 지역

과 시기에 따라 분리 혹은 결합을 거듭하면서 상고사가 형성되었다고 생각한다.

〈삼국사기〉에도 A. D. 121 고구려 태조는 마한, 예 · 맥 군사와 더불어 1만여 명의 기마병으로 현토성(玄菟城)을 포위하였고, 이듬해에 요동을 침범하였다는 기록이 있다.

다산 정약용님은 기씨(箕氏)의 서 북경 방면에 남아 있던 무리들이 마한이라고 스스로 칭했다고 그의 〈강역고〉에서 말하고 있다. 고구려 영내의 마한을 기자조선의 한에 관련시켰다는 점이 주목된다.

〈송사(宋史)〉에서는 발해(渤海)가 A. D. 926에 멸망한 후 40여년이 지난 시기에 안정국(安定國)에 관하여 「안정국은 본래 마한의 종족으로 거란(渠丹)의 침공을 받아 백성들을 규합하여 세운 나라이다.」라고 했다. 고구려의 옛 땅의 발해 유민들이 마한의 후신이라고 생각된다. 〈요사 지리지(遼史地理志)〉에 따르면, 「辰州奉國軍節度는 본래 고구려의 개모성(蓋牟城)으로 당나라의 태종이 개모성을 함락시켰다는 곳이다. 발해가 이곳을 개주(蓋州)로 고치고 다시 진주(辰州)로 고쳤는데, 이 지명은 진한에서 온 이름이다.」 하였다.

〈성경통지(盛京通志)〉에는, 「개평현(蓋平縣)은, 주나라 때에는 조선에 있었으니 본래 진한의 땅으로서 진때에는 위만이 점유하고 있었다. 복주(復州)는 주나라 때에는 조선과 경계 지역이고, 진나라 때에도 같았다.」고 했다. 위의 기록으로 보아서 요동반도(遼東半島)가 진한의 땅임을 잘 설명하고 있다.

〈당서(唐書)〉에서도 신라는 변한의 묘족(苗族) 후예라고 하고 한낙랑(韓樂浪)의 땅에 있었다고 변한의 위치를 말하고 있다.

한나라 때에 유방의 왕후인 여왕후의 전횡으로 연나라 왕 노관(盧棺)이 흉노 땅으로 망명하였다. 노관의 부하 장수인 위만이 요동으로 달아나 기후 변한에 망명하였다. 변한 왕 기준은 위만을 신뢰하고 운장(雲章)에 머물러 연나라에 대비케 했다고 〈후한서(后漢書)〉에 기록하고 있다.

B. C. 146 위만(衛滿)이 기준(箕準)을 배반하고 패수(浿水) 번한성(番韓城)에 입성하여 기후의 후손인 기준(箕準)을 내몰고 번한 왕이 되고, 기준은 황해도로 옮겨가 금마(金馬) 마한에 정착하였다. 위만이 만번한(滿番韓)이라고 했던 번한의 세계는 다음과 같다.

치두남(蚩頭男)>낭사(埌邪)>물길(勿吉)>애친(愛親)>도무(道茂)>호갑(虎甲)>오라(烏羅)>이조(伊朝)>거세(居世)>자오사(慈烏斯)>산신(散新)>계전(季佺)>백정(伯佺)>중제(仲第)>중전(仲佺)>소전(少佺)>사엄(沙奄)>서한(棲韓)>물가(勿駕)>막진(莫眞)>진단(震丹)>감정(甘丁)>소밀(蘇密)>사두막(沙頭莫)>갑비(甲飛)>오립루(烏立婁)>서시(徐市)>안시(安市)>해모라(奚牟羅)>소정(小丁)>…… 기준(箕準)으로 이어졌으나 위만에게 패망하였다.

위만의 수도는 만번한성 이지만 위만의 손자 우거(右渠)는 B. C. 118에 북부여와 싸워서 요동반도에 진출하였다. 1세 치두남은 험독부(險瀆府) 번한 봉후국에 수봉되었으며, 이때가 1세 단군왕검 시대였다.

12세 계전에 이르러 번한은 왕조가 바뀌면서 옛 서무성(徐無城)에 도읍하고, 후기에 연나라가 세워지자 백랑성(白浪城)으로 옮겨갔다. 위만은 운장(雲章)에 주둔하고 있었으나 기준을 속여 번한 조선을 빼앗았다. 위만의 손자 우거는 북부여를 살수 북으로 물리치고 연주산성으로 천도하였으나 한 무제(漢武帝)에게 멸망되었다. 기자조선은 서우여 이후의 후기 번한 조선을 가리킨다.

2) 후 삼한(後三韓)

(가) 남 마한의 성립

마한은 산과 바다 사이에 있는데 성곽이 없다. 모두 56개의 작은 나라가 있는데, 큰 나라는 1만 호, 작은 나라는 수천 가로서 각각 거사(渠師)가 있다. 마한의 풍습은 기강이 흐려 예의가 없다. 땅을 파서 움집을 만들어 거쳐하는데, 그 모양이 마치 무덤 같으며 출입문은 위쪽으로 나있다.

남자들은 머리를 틀어 묶고 상투를 들어 내 놓으며, 베로 만든 도포를 입고 짚신을 신는다.

마한 사람들은 활, 방패, 창을 잘 쓰며, 비록 남과 다투거나 전쟁을 할 때에도 굴복한 상대를 잘 대우한다.

마한의 풍습은 귀신을 믿으므로 해마다 5월에 씨 뿌리는 일을 마친 뒤 떼를 지어 노래하고 춤추면서 신에게 제사를 올린다. 10월에 추수를 마친 뒤에도 역시 같은 행사를 한다. 국읍에는 각각 한 사람을 세워 천신에게 제사를 주재하게 하는데, 그를 천군이라 부른다. 또 별읍을 설차하여 그 이름을 소도(蘇塗)라 하는데, 큰 나무를 세우고 방울과 북을 매단다고 〈晉書〉가 기록 하고 있다.

25세 단군 솔나 때에 기자는 주나라를 떠나서 당시 번한조선 땅인 하남성(河南省) 개봉시(開封市)의 동남쪽 서화(西華)에 살았는데, 그 후손 기후(箕詡)가 춘추전국 시대에 번한조선의 도성 근처로 옮겨 수유성(須臾城)을 세워 들어와 살다가 번한 조선의 왕권을 찬탈하여 번한성 즉 백랑성(白浪城)에 들어갔다.

기준(箕準)은 위만에게 번한왕의 자리를 빼앗기고 마한에 들어가 왕이 되었다고 하였는데, 기준의 마한 땅이 금마(金馬)라고 〈삼국지 위지 동이전(三國志魏志 東夷傳)〉이 전한다.

기자조선의 중핵을 이루는 족단인 북마한이 남하하여 세운 기준의 금마마한 사람은 궁모성(窮牟城)에서 패강 즉 오늘날의 청천강 남쪽에 이르러 당나라를 치고, 서해안의 사야도(史冶島)에서 고구려의 왕자 안승(安勝)을 맞아들여서 한성으로 모시고 와서 후 고구려 왕으로 받들었다. 한성은 금마저(金馬渚) 마한의 한성이며, 그 위치는 황해도 재령(載寧)의 장수산성(長壽山城)이다. 재령의 고구려 때 지명이 한성 혹은 한홀(韓忽)이었다고 한다. 신라 문무왕(文武王)은 안승을 고구려왕으로 책립하여 서쪽 금마져에 살게 하였는데, 바로 이 금마져가 기준이 있었던 금마한 이라고 했다.

단제(丹齊) 신채호(申采浩)님은 그의 저 〈朝鮮上古史〉에서, 마한국의 왕도는 월지국(月支國)인데, 그 월지국은 백제국의 경계인 웅천(熊川) 즉 지금의 공주 부근 어디일 것이라고 했다. 반면 이병도님은 그의 저서에서 조선왕 준(準)이 남쪽으로 이동하여 자리 잡은 곳은 익산(益山)이 아니라 광주(廣州) 서안(西安) 지역이라 했고, 마한 국가연합체로서 진(辰) 왕을 모신 목지국은 직산, 성환, 평택 지역이라고 주장했다. 따라서 웅천은 금강이 아니라 직산 북방의 안성천이라고 비정하고, 목지국 즉 마한 국이 백제 국에게 병합되자, 익산의 건마국(乾馬國)이 마한 전 지역의 맹주적인 구실을 하게 된듯하다고 했다.

(나) 남 변, 진의 성립

① 변한의 사기

단군왕검은 치우(蚩尤)의 후손 치두남(蚩頭男)을 변한에 봉하고, 험독(險瀆)에 도읍하게 했다. 그 뒤 색불루(索弗婁)는 서우여(徐于餘)를 번한 왕으로 봉하였다. 또한 기 후(箕詡)가 춘추전국 시대에 번한 조선의 왕권을 찬탈하였다고 했다. B. C. 146 위만(衛滿)이 기후의 후손인 기준(箕準)을 내쫓고, 자신이 번한 왕이 되고 기준은 남하하여 금마 마한에 정착하게 되었다고 요약된다.

위만의 손자 우거(右渠)는 B. C. 118에 북부여와 싸워서 요동반도로 진출하였다. 우거의 위만조선은 번한, 진한, 낙랑 땅의 대부분을 잠식한 것이며, B. C. 300경 조선과 연(燕)의 대결은 연의 장군 진개(秦開)가 침입하여 만번한(滿番韓)을 연나라와 조선의 경계로 삼았다고 했다. 또한 연나라의 태자 단(丹)이 진(秦)에 대항하여 싸웠으며, 진이 요동을 점령하고 긴 성을 요하(遼河)까지 뻗쳤으므로 한조선에 큰 충격과 혼란을 일으켰을 것이다.

진나라 말에는 내란이 일어나고 한(漢)의 재통일 년을 전후한 중국의 대 혼란으로 유민 수만이 기자조선의 서쪽 경계로 피난했으며, 조선의 서쪽 경계에서 조선의 유민과 북 진 번이 규합하여 형성된 것이 위만조선이다. 위만이 처음 번한으로 왔을 때의 모습을 〈史記 朝鮮傳)〉에 「상투를 틀고 오랑케의 옷을 입고 있었다.」고 전한다. 그러므로 위만도 실은 조선족이었을 것이다. 이러한 중국 쪽의 사정으로 번한 백성들이 한반도로 이동했을 것이다.

② 진한의 사기

진한은 대방(帶方)의 남쪽에 있는데, 동쪽과 서쪽은 바다로 한계를 삼는다고 〈晉書〉가 기록하고 있다. 〈三國志〉에 따르면, 변한과 진한의 합계가 24 국이나 된다. 큰 나라는 4-5천 가가 되고, 작은 나라는 6-7백 가로, 총 4-5만 호이다.

토지는 비옥하여 오곡과 벼를 심기에 적합하다. 누에치기와 뽕나무 가꾸기를 알아 비단과 베를 짤 줄 알았으며, 소와 말을 타고 다녔다.

이 나라에서는 철이 생산되는데, 한, 예, 왜인들과 거래를 하였다. 시장에서 철을 화폐처럼 사용했다. 낙랑과 대방에도 철을 공급했다.

그 나라의 풍습은 노래하고 춤추며 술 마시기를 좋아한다. 비파가 있는데, 악보에 따라 연주한다. 이 12국에는 왕이 있으며, 그 왕들은 건장하다. 의복은 청결하며, 긴 머리를 한다. 또 폭이 넓은 고운 베를 짜기도 한다. 법규와 관습은 엄하다고 기록하고 있다.

44세 단군 구물(丘勿)은 본래 백민성주(白民城主)였으나, 43세 단군 물리(勿理)가 외적 우화충(于和沖)에게 패하여 사망하자 구물 단군은 스스로 궐기하여 압록(鴨綠) 18성의 지원군을 받아 외적을 물리치고, 나라 이름을 부여조선으로 고치고 장당경(藏唐京)으로 옮겼다. 이때부터 마한조선, 번한조선, 진한조선 등 삼 조선이 봉후 국으로 독립하게 되고, 대부여도 부여조선이라 하게 되었다. 진한조선이 B. C. 426경 생겨났는데, 그 위치는 개주시(蓋州市) 부근으로 추정하고 있다.

진한조선의 남하과정은 〈新羅本紀〉에 기록되어 있다. 경주지역 중심의 사로(斯盧) 세력과 남하한 진한 세력의 이중 구성체이다.

A. D. 64~76 사이에 치열했던 신라와 백제간의 와산 성(蛙山城) 전투는 실은 구 진국 세력과 백제 세력이 와산성-구양성(狗壤城, 지금의 괴산) 선에서 대결하는 전투를 말한다.

진한 세력이 경주지역에 와 정착한 때는 A. D. 167~184경으로 이 세력은 석씨(昔氏) 왕계의 집단으로 추정되며, 〈삼국지 진 변 한 전〉에 진왕은 석씨계의 진한 즉 사로(斯盧)왕을 말한다고 했다. 또한 〈마한 전〉에 진왕은 구 진국의 땅에 자리 잡은 왕, 곧 백제왕(伯濟王)이다.

남 삼한의 위치는 한백겸(韓百謙)의 견해대로 마한이 한반도 서남부, 변진한이 한반도 동남부를 각각 점유하고 있었으며, 경상도 방면에서는 변한은 서남부, 진한은 그 나머지 부분을 점유하고 있었다.

송나라의 법엽(范曄)이 쓴 〈後漢書〉에,

「마한 54개국으로 가장 크고 진한과 변한은 각 12개국으로 모두 78개국이라 했다. 각국의 위치는 마한은 서쪽에 있는데, 북으로 낙랑과 접하고, 남

> 으로 왜와 접하고 있으며, 진한은 동쪽에 있는데, 북으로 예·맥과 인접하며, 변한은 남으로 왜와 인접하며, 산간과 임해에 있는데, 큰 나라는 만여 호 되고 작은 나라는 수천가가 된다고 한다. 이 나라들은 각각 산과 바다 사이에 있어서 전체 국토의 넓이가 사방 4천 여리나 된다. 마한이 가장 강성하여 종족들이 연합하여 왕을 옹립하여, 진왕이라 하고 목지국(目支國)에 도읍하여 전 삼한의 왕으로 군림하였다.」

고 기록했다.

5월에 농사일을 마치고 귀신에게 제사를 지냈는데 제사장을 천군(天君)이라 부른다. 또 소도(蘇塗)를 만들어 거기다가 큰 나무를 세우고서 방울과 북을 매달아 놓고 귀신을 섬긴다고 하였다.

모든 읍(邑)에는 각각 거사(渠師)가 있으니, 높은 벼슬이 신지(臣智)라 하고 그 다음은 검칙(儉則), 그 다음은 번지(樊秖), 그 다음은 살해(殺奚), 그 다음은 읍차(邑借)가 있다고 했다.

특히 진한(辰韓)에는 철이 생산되는데, 예(濊), 왜(倭), 마한(馬韓)이 모두 와서 사간다. 모든 무역에 있어서 철을 화폐로 사용 했다고 하는 기록이 있다.

진(晋) 나라의 진수(陳壽)가 233-297년에 쓴《삼국지(三國志)》〈위서(魏書)〉 한전(韓傳)은,

> 「한은 대방(帶方)의 남쪽에 있어 동과 서는 바다를 경계 삼고, 남은 왜(倭)와 접하고 있으니, 사방이 사천리가 된다. 한에 세 종류가 있으니 첫째 마한(馬韓), 둘째 진한(辰韓), 셋째 변한(弁韓)이다.」

(다) 삼한의 국가 형성

성(城), 성읍(城邑), 국(國)의 성격을 보면,

〈後漢書〉에 삼한 78개국의 이름까지 나열하고 있다. 이 국의 형성과 발전과정 즉 성(城), 성읍(城邑), 국(國)의 단위로 나누어 생각해 보아야 할 것이다.

백제국(伯濟國), 사로국(斯盧國)과 같은 영역국가(領域國家)도 있고, 구야국(狗耶國), 안야국(安耶國)이나 마한 남부 지역의 여러 나라와 같은 성읍국가도

있고, 감로국(甘路國)=감문국(甘文國), 여담국(如湛國)=소문국(召文國)과 같이 과거에는 성읍국가였으나 이미 백제, 사로에 편입된 성읍도 있었다.

성은 삼한의 국가 형성 과정을 살피는데 있어 중요한 실마리가 되는데. 〈삼국사기 지리지(三國史記 地理誌)〉에 표기된 /ki, ji(只, 知, 支)/는 "성"의 뜻이 있다. 그 외에도 /tara/로 표기된 성읍계, /para/로 표기된 성읍계 등은 정착하여 부락을 이루는 취락(聚落)이나 성을 의미한다. 이 성을 책(柵), 진(鎭)으로 표기하기도 한다. 성 몇 개를 구성요소로 주(州), 군(郡), 현(縣)이 설치되었다. 예를 들면 경산을 중심으로 고포성(古浦城)은 서쪽으로 9 리, 곡성(曲城)은 서쪽으로 6 리, 금성(金城)은 남쪽으로 7 리에 있는데, 이것들이 군을 설치할 때 기초가 된 것으로 보인다.

성읍(城邑)에서 영역 국가(領域國家)로의 발전을 살펴보면, 백제, 사로가 지방행정 단위로서 주(州), 군(郡), 현(縣)을 제도화하기까지 국의 중요한 하위 단위는 성이었다. 후일 주, 군, 현이 정식으로 설치될 때에도 성 몇 개가 구성요소가 되었다. 국은 이러한 성의 병합을 거치면서 점차 성립된 것으로 보인다. 성을 중심으로 사람들이 모여 정착하면서 성읍이 형성되었다.

〈삼국사기〉의 기록을 보면, 「태백산 동남의 행인 국(荇人國)을 토벌하고 그 땅을 점령하여 고구려의 성읍으로 삼았다.」고 했다. 사로, 구사의 시조대가 성읍국가의 단계의 시발을 반영하고 있는 것과는 달리, 백제의 시조 대는 성읍국가의 단계를 넘어 영역국가의 단계로 발전했던 것이다. 〈삼국시가 온조기〉의 내용을 봐도 「백제는 북은 패하(浿河, 지금의 예성강), 남으로는 웅천(熊川, 공주 의 금강), 서는 바다, 동은 주양(走壤, 춘천경계)에 미치고 있었고, 또 당대에 마한의 국 읍을 병합한 것이 주목된다.」고 했다. 그러나 사로는 지역의 범위가 의성, 개녕, 영천, 상주의 지역에서 크게 벗어나지 못한 것으로 아직 광역의 영역을 점유하지 못한 것으로 보인다. 한편 가야 지역에서도 부족 연맹에서 크게 벗어나지 못하고 신라에 격파된 것으로 보인다.

영역 국가란 영역의 확대, 곧 전쟁 혹은 평화적 수단으로 정복 활동을 하여 성읍국가의 수가 점점 증가한 단계의 국가를 말한다.

〈삼국지 한전〉에, 「마한은 ……각각 장사(長師)가 있어 대자(大者)는 스스로 신지(臣智)라 하고, 그 다음은 읍차(邑借)라 하고, 무릇 50여 국으로 대국은 만여 가, 소국은 수천 가, 총 십여 만호이다. ……그 풍습이 규율이 엄하지 못하여 국 읍에 비록 주사(主師)가 있으나 읍락이 서로 섞여서 좋은 일을 하도록 권장해도 선행이 행하여지지 못했다.」고 했다.

진한은 12국, 변진도 12국 이였으며, 별 읍에는 각각 거사(渠師)가 있어 대자는 신지라 하고 그 다음은 험측(險側), 다음에는 번예(樊濊), 다음에는 살해(殺奚), 다음에는 읍차(邑借)가 있다. 변, 진한은 합하여 24국으로 대국은 4, 5천 가, 소국은 6, 7백 가, 총 45만 호이다. 변진은 12국에 왕이 있는데, 진왕이 모든 왕을 총괄한다고 했다.

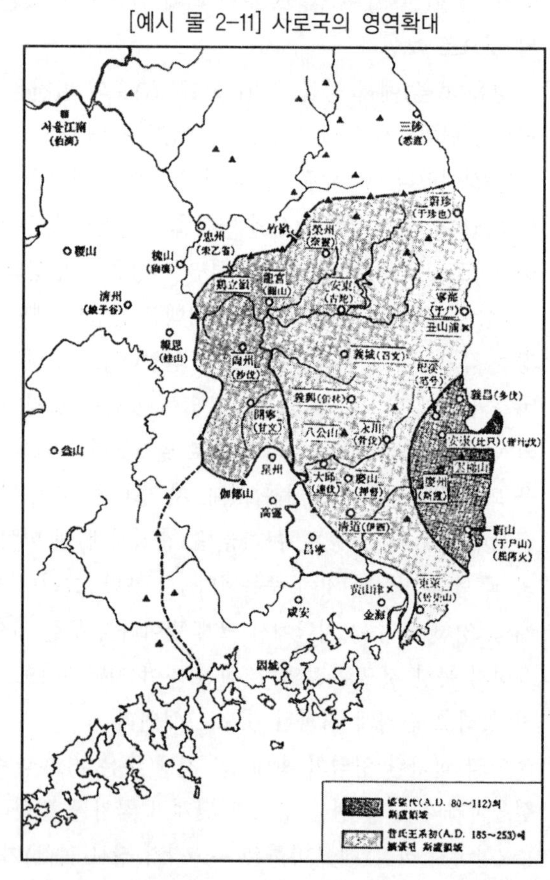

[예시 물 2-11] 사로국의 영역확대

여기서 말하는 국은 독립성을 가진 국가를 뜻하는 것이 아니라, 백제, 사로에게 병합된 성읍국가 단계의 국을 말한다.

여기에 부언해 둘 것은 진한 계 즉 석계가 경주 지역에 와서 왕위에 오른 직후에도와산성(蛙山城, 보은), 구양성(狗壤城, 괴산) 지역에서 대 백제 전투가 일어나고 있었다. 사로국의 영역 확대 과정을 다음의 지도를 참고하기 바란다.

마한국과 부여계의 비류(沸流), 온조(溫祚)가 남하하여 세운 백제국(伯濟國)의 국가 형성과정을 보면, 백제의 경우 그 시조 온조 대에 벌써 성읍국가 단계를 넘어 발전하고 있었다.

마한 지역에 있어 그 초기의 핵심 세력은 기자조선왕 준(準)이 남하 하여 세운 백제 국이라는 이원적인 구조로 되어 있었다.

기자조선왕이 남하하여 세운 왕도는 고려 중기 이후의 문헌이 익산이라고 하고 있으나, 신채호님은 마한국의 왕도는 월지국이며, 그 월지국은 백제국과의 경계인 웅천(熊川) 즉 공주 부근의 어디이일 것이라고 했다.

또한 이병도 교수는 월지국은 익산이 아니라 직산, 성환, 평택 지역이라고 했다.

마한국과 백제국의 경계라고 하는 웅천은 공주의 금강이 아니라 직산 북쪽의 안성천이며, 이 안성천에 웅교(熊橋), 군물진(軍勿津) 등의 이름이 남아있어, 안성천이 옛날에 웅천임을 말해주고 있다. 또한 직산 일대에는 도하리(都下里), 안궁(安宮里), 평궁리(坪宮里), 신궁리(新宮里) 등도, 궁과 관련되는 지명이 많다는 것이다.

〈삼국사기〉에 「온조(溫祚, 36년, A. D. 18)에 탕정성(湯井城, 온양)을 축(築)하여 대두성(大豆城)의 민호(民戶)를 나누어 살게 하였다. 원산(圓山) 금현(錦縣) 두 성을 개축하고 고사부리성(古沙夫里城, 예산 고사원)을 건축하였다.」고 했다. 마한국의 도성으로 충남북부의 몇 장소인 홍성과 예산군의 중간 지점에 홍성군 금마면이 있다고 했다. 홍성 근처를 지나 북류하는 금마천의 금마면과 더불어 이곳을 금마마한으로 비정한 것이다. 더욱 온조가 이 홍성 금마마한을 멸망시킨 뒤 그 인근인 온양과 예산 고사원에 성을 쌓고 아산 벌에서 사냥을 했을 것이라 추정하기도 했다.

마한 금마가 익산, 직산, 홍성군 금마면 이 세 곳을 두고 보다 많은 검토가 있어야 하겠다.

가락국의 국가형성을 살펴보면, 낙동강 하류는 곡창지대였다. 가락국의 고도 구지 봉(龜旨峰)에 아홉 촌장 즉 아도간(我刀干), 여도간(汝刀干), 피도간(彼刀干), 오도간(五刀干), 유수간(留水干), 유천간(留天干), 신천간(神天干), 오천간(五天干), 귀신간(鬼神干)이 모여 가락국을 통솔할 군장을 얻고자 하늘을 향해 제를 올렸다. 한 줄기 붉은 빛이 하늘에서 내려, 해만큼 큰 황금 알 여섯 개가 금함에 담겨져 있었다. 다음 날 여섯 개의 알은 귀동자로 변하고, 그 중 먼저 나온 동자의 이름을 수로(首露)로 짓고, 금 상자에 태어났다하여 김씨로 성을 삼으니 그가 바로 김해 김씨의 시조요 금관가락국(金官駕洛國)의 첫 임금이다.

9 간이 다스리던 김해의 땅에 수로가 이끄는 세력이 정착하게 된 것이 서기 167~184년 전 후로 보는 것이 옳겠다. 가락국 1세로부터 계승한 거등왕(居登王)이 39년간, 마품왕(麻品王)이 역시 39년간, 거질미왕(居叱彌王)이 56년간, 좌지왕(坐智王)이 15년간, 취희왕(吹希王)이 30년간 통치하다가 태자 구형 왕(仇衡王)에게 물려주었다. 이 구형왕이 금관가락국 최후의 임금으로 42년간 재위하다가 신라 법흥왕(法興王)과 싸웠으나 패하고, 신라에 투항하고 말았다. 이로써 가락국은 9대 491년간 계속되었다.

고령 대가야(大伽倻)의 시조는 이진아시(伊珍阿尸)이며, 수로왕 대와 같은 시대의 왕으로 16세계 520년간 내려오다가 최후의 도설지왕(度說智王) 때 신라 24세 진흥왕(眞興王)과 싸워서 패하고 말았다.

그 외에 성주를 중심으로 한 성산가야(星山伽倻), 함안을 중심으로 한 아라가야(阿羅伽倻), 함창을 중심으로 하는 고령가야(古寧伽倻), 고성을 중심으로 한 소가야(小伽倻) 등 성읍국가가 있었으나 모두 신라 또는 백제의 영토로 병합되었다. 김해의 금광가락국, 구야국, 아시량국(阿尸良國), 함안의 안야국, 고성의 고사포 국(古史浦國), 고령의 대가야국을 포함하는 6 가야는 끝내 부족연맹에서 벗어나지 못하고 성읍국가 단계에 머물러 그중 어느 세력을 중심으로 영역 국가로 비약하지 못하고 신라에게 격파된 것으로 보인다.

삼한 시대의 언어 재료를 해독해 보겠다.

① 한(韓, 가라)의 어원 및 뜻

han/kan의 옛날 음에는 받침소리 [n]이 쓰이지 않고, 모음사이에 흔히 결합자음 [r]음을 덧내던 옛말에서는 /kara, kana/였고, 뜻은 “큰”이었다. /韓, 干/등은 /가라, 가나/를 비슷한 음으로 소리 옮김을 한 것이다. 오늘 날 일본말에는 /kara/하면 “일족, 친족, 혈통, 동족”의 뜻이 있다. 이 말의 어근인 /get, kar/의 뜻은 “배”의 뜻을 지니고 있다.

일본의 가나사와 사부로(金澤三郎) 씨는 /가라/가나/를 음운변화로 보지 않고 /가/ '큰' +/ 나/라/ '土'의 두 형태소의 합성(合成)으로 보는 견해도 있다.

다음에는 [韓]의 고대지명 표기에서 보기로 한다.

- 하동군 본한다시군 경덕왕개명(사기(史記), 지리지(地理誌), 하동(河東)
  河東郡 本韓多沙郡 景德王改名
- 공한시성 마읍성 극지 (사기(史記) 7 문무(文武) 12)
  功韓始城 馬邑城 克之
- 한산군 본 백제 마산현 신라인지
  韓山郡 本 百濟 馬山縣 新羅因之

  위가림군 령현 고려개금명
  爲嘉林郡 領縣 高麗改今名
  (동국여지승람(東國與地勝覽) 17 한산연혁(漢山沿革))
- 한적산 (동국여지승람(東國與地勝覽) 25 군위(軍尉) · 산청(山淸))
  韓敵山 (삼국사기(三國史記), 지리지(地理誌), 하동(河東))

경상남도(慶尙南道) 하동군(河東郡)의 옛지명으로 신라(新羅) 때의 [한다사]의 /한/은 '큰'의 뜻으로 표기된 글자이다. 이는 같은 지명 하동군조(河東郡條)에,

악양현 소다사현 경덕왕개명
嶽陽縣 小多沙縣 景德王改名
(삼국사기(三國史記), 지리지(地理誌), 하동(河東))

으로 경덕왕(景德王) 개명(改名) 이전에는 그 지역이 한다사[韓多沙]와 소다사[小多沙]로 나누어져 있었는데, [韓多沙] · [小多沙]는 '大' '小'를 뜻하는 [多沙]로 보인다. [河東]의 /河/는 /韓/의 다른 표기이고, /東/은 /多/의 다른 표기로 보인다. 즉 [韓多沙]를 [河東]으로 고치려고 [沙]를 버리게 되었다. [河東]의 /河/ '江'은 옛 음으로 [고로(kɔrɔ)]로 생각된다.

그 다음 한시성(韓始城)의 [韓]도 /가라(kara)/ 또는 /고로(kɔrɔ)/의 표기로 보이며, [始]는 15세기의 어형이 [㕛]이나, 고대에는 [新]과 같이 /고로(kɔrɔ)/로 읽었을 것이다. 그러므로 [韓始]는 /kara/kərə/의 중복표기로 보인다.

또한 [韓山]은 [馬山]과 대응이 되며, [馬]의 고대어는 /(kara)/kərə)/로 추정되니 [韓山]은 /가라-다라(kara-tara)/의 표기로 생각된다.

다음은 [韓敵山]도 /kara-kara/의 표기로 생각된다. 즉 [敵]은 /並(갊-)/, /雙(글오기)/ 등과 같은 뜻으로 [韓敵] 역시 /(kara)/(kɔrɔ)/의 중복표기이다.

《삼국사기》〈지리지〉에 보이는 한산현(翰山縣), 대산현(大山縣), 홍산현(鴻山縣)이 보이는데, '큰'을 뜻하는 [翰][鴻]은 소리 옮김이며 [大]는 뜻 옮김이다. 또한 [鴻]은 뜻이 '기러기'이니 /가라(kara)/거어(kərə)/의 뜻과 소리 옮김이다.

역시 동서(東西)에 대시산(大尸山), 대산(大山) 태산(泰山)도 [kara]의 표기를 보이며, 한산(漢山), 평양(平壤), 한양(漢陽)의 표기에 있어서, [平]은 뜻이 [고ᄅᆞ]이며, 다 같이 [kara]의 표기로 생각된다. 제주도(濟州道)의 한라산(漢拏山)도 /가라(kara)/와 /다로(taro)/의 표기이다.

[韓]이 '大'를 뜻하는 [kara]의 표기라는 것을 지금까지 살펴보았다.

국명으로서의 [韓]은 '大, 一, 多' 또는 '성대', '강성'의 뜻이 있는 동시에 [거세한(居世干), 마립한(麻立干), 이벌한(伊伐干), 오한(烏干)] 등의 [干]도 같은 어형이다.

[韓]이 '한(一)'을 뜻하는 [한]과 [하다(多)]의 [韓]도 같은 계의 낱말이다.

또한 이 [韓]이 고대 성읍 국가시대의 성에서 유래된 말로 생각된다.

환웅이 도읍한 성서성(陝西省)에 있는 [韓城]도 이 성의 흔적으로 보인다.

김영태님은 <제주도(濟州道)의 특수지명(特殊地名)에 대하여>라는 논문에서 '大', '多'의 뜻으로 황소 '大牛' 황새 '큰새', 함박(咸白)에서 같이 [한], [황], [함], [하] 등으로 표기된 제주도 지명을 아래와 같이 보여주었다.

한지골	大路洞	(濟州一徒)
한나가름		(濟州 奉蓋)
한데기	大瓮洞	(濟州 龍潭)
하늘	大屹	(北 朝天)
한수풀	翰林	(北 翰林)
한다니	多橋洞	(北 翰林 歸德)
하늘이	天律洞	(北 舊左 演坪)
하니꼴		(北 翰京 北津)
한개		(北 翰京 今勝)
한대코지	漢潭	(北 涯月 涯月)
하논	大沓	(南 西歸 好近)
한세미	漢泉	(南 城山 東明)
한못	漢池	(南 城山 水山)
한장밧	廣田	(南 翰京 高山)
할미왓	好山里	(南 西歸 法環)
한지못		(南 大靜 新坪)
한진것못		(南 城山 水山)
함박이굴		(濟州 老衡)
항바두리	缸坡頭里	(北 涯月 古城)

일본의 사서들은 [韓]자에 음을 달아서 [賀良, 介良, 柯羅]로 쓰고 '나라'의 뜻을 첨가해서 [가라구니(可良久爾)], 또는 [가라구니(柯羅倶爾)]로 표기하고 있다.

알타이 자매 언어들의 낱말과 대응시켜보면 다음과 같다.

몽골어	:	gedes	"배"		
터키어	:	karin	"배"		
한국어	:	kari/kuri	"옆구리"	kyure	"族"
일본어	:	hara kara	"동포"	kara	"族"
몽골어	:	kara/hara	"城"		
만주어	:	haliu	"城", "종족"		
퉁구스어	:	xala	"종족"		

② 신지(臣智)

벼슬 이름으로 신시(神市), 신지(神誌), 신지(臣芝)로 표기된 이 말은 /시니디, 시니지, 시니시, 서너디, 서너지, 서너시/에 대한 이두식 표기이며, 뜻은 "큰 사람, 우두머리"이다. 즉 /시니, 서너/는 "큰"의 뜻이며, /디, 지, 시/는 "사람"을 뜻한다.

③ 구지(龜旨)

아홉 촌장이 구지봉에서 제를 올려 수로왕을 탄생하게 했다는 구지봉은 아마데라스오미가미(天照大神)의 손자인 니니기노미코도(天津日子)가 천강(天降)한 곳인 구지후루다게(久土布流多氣)와 같은 표기이며, /구지/는 "굿(巫)"를 뜻한다. 굿은 신어를 말하며, 무여(巫女)는 굿을 할 때 사람의 말을 신에게 전달하고, 신의 말을 사람에게 전하는 중재자 역할을 하기 때문에 /굿/은 곧 신어(神語)를 말한다.

④ 낙랑(樂浪), 평나(平那), 백랑수(白浪水), 패수(浿水)

낙랑은 /부루나/에 대한 표기이며, /악/은 음악의 뜻으로, 옛 말 /부루/에 대한 뜻 옮김이다. /평나/는 /바라나, 버러나/의 뜻-소리 옮김이다. /평/이 "벌판"의 뜻으로 /바라, 버러/에 대한 뜻 옮김이다.

/백랑/은 /바라/에 대한 표기이고, /수/는 /나/에 대한 뜻 옮김이다.

/패수/는 /버러나/에 대한 표기이며, /부루나, 바라나, 버러나/는 벌판에 흐르는 강의 뜻이나, 성읍의 뜻이고, 환인의 나라 12 국명 가운데 비리국의 /비리/에서 유래된 말이다.

⑤ 안야(安耶)

함안 고장에 소재 했던 성읍국의 /안야/는 /아라/에 대한 표기이며, /어라(於羅)/와 같이 "왕"을 뜻한다.

⑥ 목지국(目支國)

/목지/는 진국의 성 또는 읍리를 뜻하는 미지(彌知)와 같은 말이다. 〈馬邑縣

本百濟古馬彌知縣〉의 /고마미지/=마읍의 관계에서 /미지/는 "성읍"을 뜻한다는 것을 알 수 있다. 앞에서 나온 /고마미지/의 /고마/는 "君"의 표기이며, 고마미지는 "君邑"의 뜻이다.

⑦ 거사(渠師)

/거사/는 "君長"을 뜻하는 /kasi, kasa/의 포기로 생각한다. 〈王岐縣一云皆次丁〉의 관계에서 왕은 /개차/에 대응이 된다. /개차/는 /kasi/의 표기이며, 〈周書〉에 기록된 건길지(鞬吉支)의 /길지/도 /kisi/의 표기로 같은 말이다. 〈닛본쇼기(日本書記)〉에 표기된 /konikisi/혹은 /kokisi/라는 말이 있는데, /ko(鞬)/은 "大"를 뜻하고, /kisi, kisi/는 "왕"을 뜻한다. 박혁거세의 /kese/, 거서한(居西汗)의 /kese/도 같은 어사이다. 동부여가 도읍한 가섭원(伽葉原)은 /kasa pere/의 기록이며, /kasa/"왕", /pere/"벌, 성읍"을 뜻한다.

⑧ 변한(弁韓)의 어의

弁韓은 /가야/가라/와 같은 말이다. /弁/은 고깔 변자이다. 이 고깔은《두시언해(杜詩諺解)》에 「흰곳가ᄅᆞᆯ」「곳갈밧고」,《훈몽자회(訓蒙字會)》에 「골갈관」 등의 기록이 보인다.

이 /곳갈/은 현재 스님이 쓰는 고깔모이며, 농부들이 쓰는 고갈모와 같은 말인데, 이는 /곳+갈/의 합성어로 생각된다.

/곳/은 꽃을 말하며, /갈/은 [갓(冠)]과 같은 말이다. 그러므로 [弁]은 고대어 [가라(kara)]의 표기로 생각된다. 그러므로 [弁韓]은 /kara-kara/ 2중 표기이니, 弁韓의 족단이 곧 가야국의 건설자로 봄이 타당한 견해이다.

⑨ 마한(馬韓)의 어의

[마한(馬韓)]은 상고음이 [메아한(mea-han)]인데, 고대어에서 이중모음을 피하여 [ma-kan]이 되고 받침소리 [n]이 없어지고 [r]음을 곁 넣어, [ma-kara]의 소리옮김, 즉 [마가나/마가라]의 소리 옮김이 된다. 번한(番汗), 진한(辰汗)

등은 변한(卞韓), 진한(辰韓)과 같은 이름을 달리 표기한 것인데, 여기서 한(汗)은 '큰사람', '통치자' 등을 가리키던 말로 쓰이며, 그것은 또한 가(加)로도 쓰였다. 단군의 조선시대와 부여시대 벼슬 이름인 [마라가(馬加)] [소가(牛加)] 등에서의 가(加)는 [韓], [汗]으로 표기되었던 [가나/가라]의 준말형태이다.

《삼국사기(三國史記)》에는 다음과 같은 기록이 있다. [구성(駒城)], [一云멸오(滅烏)]에서 [구]는 [거러(kərə)]의 표기이고 [滅]은 [믈]의 소리옮김이 되고 [馬]는 말음절모음 즉 [mərə]의 [E]를 표기한 것이다. 그리고 말의 고대어에 [kara]가 있었음을 아래에서 볼 수 있다.

한산현 본백제 마산현 신라인지
韓山縣 本百濟 馬山縣 新羅因之

한산군 본 백제 마산현 신라인지위
韓山君 本 百濟 馬山縣 新羅因之爲

가림군영현(동국여지승람(東國與地勝覽) 17 한산연혁(韓山沿革))
嘉林郡領縣

한산 마산 한주 아주(동국여지승람(東國與地勝覽) 한산군명(韓山郡名))
韓山 馬山 韓州 鵝州

견성군 본 고구려 마홀 경덕왕 개명(삼국사기(三國史記))
堅城郡 本 高句麗 馬忽 景德王 改名

위 문에서 [韓=馬], [韓=馬=嘉林], [韓=鳥=鵝], [馬忽], [韓=馬=嘉林], [韓=馬=鵝], [馬忽=堅城]의 관계를 볼 수 있다.

[韓(kara)]과 대응 표기된 [嘉林]은 'ㅁ'이 탈락된 [가리(kari)]의 표기이고, 그리고 [아(鵝)]에 대하여서는《삼국사기(三國史記)》〈지리지(地理誌)〉에 「아주현본거노현(鵝州縣本巨老縣)」에 보는 것처럼 [鵝=巨老] 관계에서, [鵝]가 방언 [고니]의 뜻 옮김이며, 馬忽=堅城의 관계에서, [堅]은 [굳-]의 뜻 옮김이며, [kata]= [가라]의 대응으로 볼 수 있다.

고구려 말에 [한(漢), 대(大), 왕(王), 다(多), 덕(德), 인(仁), 광(廣), 가(加)]

의 기록이 보이고, 백제 말에는 [한(漢), 대(大), 광(廣), 한(翰), 한(韓), 거(居), 고(固)]가 기록되어 있고, 신라어에 [간(干), 한(翰), 다(多)]는 [가나/가라/하나/하라/가/거/고/구→간/한]으로 읽으며, 뜻은 '큰', '높은', '王', '넓은'으로 해독된다.

위의 [마라/가라]가 대응된다고 하는 것은 윷놀이 [걸]에서도 볼 수 있다. 즉 윷놀이 말이름 [도 · 개 · 걸 · 윷 · 모]는 부여의 [마가(馬加), 우가(牛加), 저가(猪加), 구가(狗加)]의 猪(돛), 狗(개), 馬(걸), 牛(윷), 일본어 [우시]의 [말]을 뜻하는 것이다.

그리고 일본어 [가리(kari)] '雁' 만주어 [가루(karu)] '天鵝', 몽골어 [갈귀(galgü)]는 동계의 말이다.

마한(馬韓)은 묘한(苗韓)이었는데 묘한산이 오늘날의 묘향산(妙香山)으로 변음이 된 것 같다.

중국의 역사가 왕동령(王桐齡)은 그의 중국민족사(中國民族史)에서 다음과 같이 말했다.

> 「4,000년 전 현재의 호북, 호남, 강서 등지에는 이미 묘족(苗族)이 점령하고 있었고, 중국에 한족(漢族)이 들어온 후에 차츰 이들과 접촉하게 되었으며, 이 민족의 나라 이름이 구려(九麗)이며, 군주는 치우(蚩尤)라고 했다」

이들을 묘족, 유묘(有苗) 삼묘(三苗)라고 하며, 오늘날의 묘족이다. 그러나 마한족이 묘족이냐 하는 문제는 좀 더 검토되어야 한다고 생각한다.

⑩ 진한(辰韓)의 어의

다음에는 진한(辰韓)의 [진(辰)]이 무엇을 표기한 것인가를 보기로 한다.

이 [辰]은 위에서 본 [馬 · 弁]과는 다른 계의 표기로 생각된다.

그러나 신채호 님은 변한(弁韓) · 번한(番韓)을 [불한]이나 [벌한]이라 불렀을 것으로 추정했다. 그렇다면 변한은 [pərə-kara]표기로 생각할 수 있을 것이다.

《후한서(後漢書)》에서는 삼한(三韓)이 모두 옛날의 진국(辰國)이라 하였고, 〈위지(魏志)〉 〈동이전(東夷傳)〉에서는 변한이 옛날의 진국(辰國)이라 하였다.

「마한 최대공 입기종위진왕 도목지국
馬韓 最大共 立其種爲辰王 都目支國
진왕삼한지지 기제왕선 개시마한 종인언
盡王三韓之地 其諸王先 皆是馬韓 種人焉」 (후한서(後漢書) 한(韓))

위 기록에서 마한(馬韓)이 가장 크니, 마한(馬韓)을 세워서 진왕(辰王)을 삼고 목지국(目支國)에 도읍하여 삼한(三韓) 땅에 왕 노릇을 했다는 것이다. 이병선(李炳銑) 님은 이 [진국(辰國)]을 성(城) 또는 읍리(邑里)를 뜻하는 /미지(彌知)/로 해독하고 있다.

마읍현본배제고마미지현
馬邑縣本百濟古馬彌知縣

위 [고마미지]=[마읍]의 관계에서 /미지/는 '읍'을 뜻함을 알 수 있는데, 진국(辰國)이 도읍한 /목지(目支)/도 이 /미지(彌知)/와 동계어의 표기라고 했다.

앞에 나온 [고마미지(古馬彌知)]의 [고마]는 [kɔma] '君'의 표기로서 /고마미지/는 '君邑'의 뜻이며, 다른 기록에 보이는 [송미지(松彌知)]의 [松]은 /소리(sori)] '都'의 뜻으로 /송미지/는 '도읍'의 뜻이라고 했다.

《후한서(後漢書)》에 삼한(三韓)을 옛날의 진국(辰國)이라 했고 변한에 [미지국(彌知國)]이 있은 까닭으로 〈위지(魏志)〉 〈동이전(東夷傳)〉에 변한(卞韓)을 옛날의 진국(辰國) 또는 변진(弁辰)이라 기록하게 된 것이다.

마한(馬韓)의 동쪽 산악지대 사이에 끼여 있는 진한(辰韓) 12개의 부락국가(部落國家)로 형성되었다. 12개의 부락국가를 통일한 왕은 역시 목지국(目支國)에 있었다. 이 목지국(目支國)에는 마한(馬韓)의 왕이 있어 사실상 진한(辰韓) 12개국의 왕을 겸하고 있었다. 이런 점을 종합하여 볼 때에 진한(辰韓)은 /미지가라(彌知, 目支)/의 표기라고 추정했다.

서효사(誓效詞)에서 진한이 길을 다스린다고 하는 구절이 있는데 [길]은 구개음화되어 [질]이므로 진한은 질한으로 불리었을 것이라고 한 설도 있다.

또한 진한을 [시니/서너 가라]에 대한 표기로서 [시니/서너]는 '큰사람', '우두머리'의 뜻으로 해독하는 것도 생각해 봐야 할 문제이다.

2.2.7 예(濊)·맥(貊)의 역사

굴만리(屈萬里)의 〈시경석의(詩經釋義 대아(大牙) 한혁(韓奕)〉편 시경에 「韓, 追, 貊은 우(禹) 때에 연(燕)나라의 근처에 한성(韓城)을 가지고, 중토(中土)의 북 동변의 이동(移動)군들 가운데 군림하였다.」고 했다. 굴만리의 말대로 '개융적국야(皆戎狄國也)'라 했으니 이들 모두가 알타이어족의 이동 군 집단으로 간주해야 할 것이다.

〈前漢書〉에는 한무제(漢武帝) 때에 예맥조선의 일부를 떼 내어 한사군(漢四郡)으로 만들어서 다스렸다고 되어 있다.

이와 같이 하(夏), 은(殷), 주(周) 이래 춘추시대와 전국시대를 거쳐 진(秦)과 한(漢)대에 이르기까지의 예맥조선은 동해 안쪽 북해 쪽의 조선으로 태원 북쪽 상곡을 접경으로 하는 중원대륙 동부와 북부뿐 아니라 만주대륙 전체가 예맥조선이었다고 〈三國志〉는 밝히고 있다.

한 대(漢代) 만주지방 부여왕의 인문 가운데 예맥왕의 인이 찍혀 있는데, 부여 옛 성의 이름이 모두 예맥 성 이었던 것으로 부여는 본래가 예맥조선이었다고 볼 수 있다.

〈史記〉에 의하면, 위만조선은 일찍이 연(燕)의 정성기를 가져다 준 진개(秦開)에게 진번도선(眞番朝鮮)땅 1천여 리를 탈취 당했다. 위수(謂水) 남안의 장안(長安)에 도읍했던 한(漢)은 요동(遼東)에 있는 조선은 한의 손이 닿지 않을 만큼 멀었다. 그러므로 진시황(秦始皇)때 황하를 거점으로 했던 요동의 옛 요새를 한이 다시 수축하여 대비했다. 한무제(漢武帝)가 설치한 한사군의 현도와 낙랑은 원래 예맥조선 땅이었는데 은나라 말의 기자가 조선으로 가버렸던 기자조선의 고토가 진번조선이었다.

관자(管子)는 춘추시대 제(齊)나라의 재상이었다. 패도정치(覇道政治)를 통해 제나라가 패권을 잡게 만든 장본이다. 관자가 발조선(發朝鮮)이라고 했는데, 이 조선은 동해 안쪽 북해 쪽의 조선뿐 아닌 만주대륙 조선까지의 예맥조선을 말했던 것임을 알 수 있다. 발조선의 /발/은 "밝"을 뜻한다. 관자가 말하는 예맥조선은 만주대륙과 중원북부 하북성과 요동일대를 점하고 있었다. 〈사기〉에서 말하는 발조선의 호피(虎皮)에 관하여, 조이(鳥夷)는 동방 만 리까지 펴져 살면서 짐승의 가죽으로 옷을 지어 입었다는 숙신까지를 관자는 발조선이라 했다. 요순 때부터의 숙신의 강역은 만주대륙을 위시하여 중원대륙을 활동무대로 했던 예맥조선을 관자는 발조선 8천리라고 했다.

춘추시대 연(燕) 동쪽 조선이던 산융(山戎)이 연을 토벌했을 때 제나라에게 구원을 청하였다. 제나라의 환공(桓公)이 산융을 토벌하고 고죽(孤竹)에서 돌아갔다는 그 산융은 예맥조선이며, 만주 전체와 중원대륙 북부를 점하고 있었다.

회남자(淮南子)는 한고조(漢高祖) 유방(劉芳)의 손자이다. 회남자는 유여(劉厲)왕의 아들로 태어나 그 뒤를 이어 회남 왕이 된 유안(劉安)이다. 회남자는 중원 서북으로부터 남방에 이르기까지의 해외에 36국이 있었는데, 그 가운데 "숙신 씨의 백성은 천민(天民)이라"고 하고 숙신은 인(仁)의 화신이기 때문에 군자의 나라였다고 했다. 또한 회남자는 조선을 대인의 조선이라고 했다. 회남자가 말하는 대인조선을 관자가 발조선이라 했다. 회남자는 "중원의 태행산(太行山)과 갈석산(碣石山)을 지나서 대인의 나라 조선이 있다"고 했다. 이 대인조선은 〈산해경〉에서 말하는 중원 동해 안쪽의과 발해 쪽의 조선으로 〈삼국지〉가 말하는 요서 요동 우북평(右北平) 상곡에 있는 조선을 위시하여 갈석산을 지난 대인조선뿐 아니라 만주의 예맥조선과 한반도의 조선이 모두 회남자가 말하는 대인조선이다.

〈後漢書 濊傳〉에 따르면, 예(濊)는 북쪽으로 고구려, 옥저와, 남쪽으로는 진한과 접해있고, 동쪽은 큰 바다에 닿으며, 서쪽은 낙랑에 이른다. 예, 옥저, 고구려는 원래 모두가 옛 조선의 강역이다.

일찍이 주나라 무왕(武王)이 기자를 조선에 봉하니, 기자는 조선의 백성에게 예의와 농사짓는 법과 양잠하는 법을 가르쳤다. 또 8조의 교를 제정하니, 그 나라 사람들이 마침내 서로 도둑질을 하지 않아 밤에도 문을 닫지 아니하고, 부인들은 정절을 지키며 음식은 콩을 사용하여 먹었다.

그 뒤 40여세를 지나 조선 후 준(準)에 이르러 스스로 예 왕이라 칭하였다. 진(秦) 나라 말년에 진승(陳勝) 등이 기병하여 일어남에 온 천하가 진나라에 반기를 드니, 이러한 대 혼란기에 연(燕), 제(齊), 조(趙) 사람이 조선 지역으로 피난 온 사람이 수만 명이 되었다. 연나라 사람 위만(衛滿)은 준을 공격하여 점령하고, 스스로 조선의 왕이 되어 그 나라가 손자 우거(右渠)에 까지 전하여졌다. 그러나 B. C. 128년 예군 남녀(南閭) 등이 우거를 배반하고 28만 가구를 이끌고 요동에 와서 귀속 하였다. 한(漢) 무제(武帝)는 조선을 정벌하여 멸망시키고, 그 지역을 분할하여 사군(四郡)을 설치하였다.

예에는 대 군장(大君長)이 없고, 그들의 관직으로는 후(候)와 읍군(邑君)과 삼노(三老)가 있다. 예의 노인들은 자신들이 고구려와 같은 종족이라 말하는데, 언어와 법령과 풍속이 대체로 비슷하다.

그 사람들의 성품은 우직하고 건실하며 욕심이 적어 남에게 구걸하지 않는다. 그들의 풍속은 산천을 중요시하고 산천마다 각 읍락의 경계가 있어서 함부로 서로 침범 하지 않는다. 동성 간에는 혼인하지 않으며, 꺼리고 금하는 것이 많아서 병을 앓거나 사람이 죽으면 곧 옛 집을 버리고 다시 새 집을 지어 산다. 삼을 심고 누에를 기르며 길쌈을 했다. 새벽에 별자리의 움직임을 관찰하여 한해의 길흉을 점친다.

해마다 10월이면 하늘에 제사를 지내는데, 주야로 술 마시며 노래 부르고 춤추니 이를 무천(舞天)이라 한다. 또 호랑이를 신으로 여겨 제를 올린다. 보전에 능숙하여 길이가 3자나 되는 창을 만들어 사용하기도 했다. 그 곳에서 단궁(檀弓)이 산출되었으며, 무늬가 있는 표범이 있고 과하마(果下馬)가 있으며, 바다에 나는 고기를 잡아 사절이 오면 진상을 한다고 기록하고 있다.

대만대의 예일부(芮逸夫)교수는 한민족을 예맥과 한의 양계로 구성되었다고 하면서, 예 맥 족 중 예족은 한반도 중북부와 송화강(松花江), 길림(吉林), 눈강(嫩江) 등에 살았고, 맥 족은 산동(山東), 요동(遼東), 발해안(渤海岸) 등에 거주하여, 구 거주 분포에 따라 구분되었다고 보았다. 또한 三上次男은 예 족과

맥 족을 다른 종족으로 보고, 예 족은 유문토기문화(有文土器文化)를 영위하였고, 생활방식에 있어서 수렵, 어로의 비율이 큰 고 아세아족 계통이고, 맥 족은 무문토기문화(無文土器文化)를 남긴 퉁구스 계통으로 파악하였다. 그러나 이 설은 빗살무늬 토기와 무문토기가 같은 시대의 것이 아니라 시대를 선후하는 문화라는 점에서 수긍하기가 어렵다.

고구려와 예맥과의 관계에 대해 이옥은 맥 족과 예 족은 산서성, 하북성 방면에 각각 거주하다가 점차 동으로 이동해 왔는데, B. C. 3세기 무렵 장춘, 농안 방면에 먼저 정착해 있던 예 족은 이어 맥 족에게 밀려 남으로 왔다가 고조선에게 쫓겨 요동군에 예속된 것이 예군 남녀의 집단이고 이 예의 일부가 맥 족에게 흡수되어 B. C. 2세기 무렵 새로운 종족인 예맥이 성립되었다고 했다. 이와 같이 예와 맥이 같은 종족이냐 다른 종족이냐 하는 설을 두고 논고가 많았다. 다산 정약용님은 예맥은 같은 종족이며, 맥은 종족명이고 예는 지명 또는 수명이라고 보아, 예맥은 아홉 맥 중의 한 종족이라고 했다.

맹자(孟子)의 말씀에 예맥에 관한 다음과 같은 기사가 있다.

세상 사람들에게 성인의 치세로 알려져 있는 요순(堯舜) 치세의 세제(稅制)는 10분의 1의 세제였는데, 전국시대의 백규(白圭)가 맹자에게 세제를 20분의 1로 했으면 좋겠다고 하니 맹자 말하기를 자네가 말하는 세제는 예맥조선(濊貊朝鮮)의 세제라고 설명했다.

예맥은 전쟁을 대비하기 위하여 쌓은 성곽도 임금이 호사롭게 생활하는 궁실도 없고 역대 제왕의 위패를 모시는 종묘(宗廟)도 없고 제후(諸候)도 따로 없기 때문에 폐백도 궁실의 큰 향연도 번거로운 정치를 위한 백관도 없으며 다만 일을 맡아보는 유사(有司)가 있을 뿐이다. 그러므로 20분의 1 세제로도 나라 살림이 족했다고 말했다.

이와 같이 융이(戎夷)라고 중국의 사서에 지칭된 예맥조선은 요순의 치세 보다 더 태평성대 이었다는 것이 분명하다. 왜냐하면, 예맥조선의 기본정신이 선대로부터 이어온 홍익인간이었기 때문에 전쟁을 준비해야할 필요도 없거니와 통치자들은 자신들보다 백성을 먼저 돌아보는 선군정치를 했다고 하는 사실을 읽을 수 있다.

동이를 예맥(濊貊)이라 부르게 된 데에는 다음과 같은 이유에서 일 것이라고 짐작된다. 하(夏), 은(殷), 주(周)도 동이라고 중국의 여러 학자들이 증언하고 있지만, 그 들은 홍익인간 정신에서 벗어난 왕조 중심의 이기심을 지니고 동이들을 끊임없이 압박했다. 동이니 예맥이라는 어휘를 분석해 보면, 오랑캐 夷 자에 더럽고 거칠 穢자와 오랑캐 貊이 결합된 것이 예맥이라는 것을 알 수 있다.

〈규원사화(揆園史話)〉의 단군조선의 봉후 국 조직 표를 보면, 여수기(余守己)를 개원현(開原縣) 부근의 예국에 봉한 것으로 되여 있는 것으로 보아 예·맥도 단군조선의 봉후 국 이었던 것으로 생각한다. 단군조선 때 아홉 개의 봉후국이 있었는데, 치우(蚩尤)족의 남국(藍國), 신지(神誌)족의 누진(僂侲), 고실(高失)족의 청구(靑丘, 樂浪忽), 주인(朱因)족의 개마(蓋馬), 여수기(余守己)족의 예국, 부소(夫蘇) 단군 제 2태자의 구려(句麗), 부우(夫虞), 제 3태자의 진번(眞番), 제 4태자 부여(夫餘)의 부여, 선라(仙羅), 도라(道羅), 동무(東武)의 옥저(沃沮), 졸본(卒本), 비류(沸流) 등 9 봉후국이다. 이 봉후국을 중국의 사가들은 구이(九夷), 구환(九桓), 구려(九黎)라고 하였다, 무리려(黎)를 쓴 /구려/는 /korea/의 어원이 되었다고 한다. 이와 같이 단군 시대의 영토가 점점 넓어짐에 따라 제 4세 오사구(烏斯丘) 때부터 천하를 9개의 대국과 12개의 소국, 21주로 나누어 통치하게 되었다고 기술하고 있다.

단군 4세 가륵(嘉勒)제께서 B. C. 2,206년에 즉위하였으며, 그 당시의 대외관계를 보면, 하 왕(夏王)이 실덕(失德)하므로 식달(息達)로 하여금 이를 정벌케 했다는 기록으로 볼 때, 양쪽의 연대가 거의 일치한다.

《단군세기》에 보면, 이때에 큰 강이 대홍수로 범람하였기 때문에 사람이 정착할 수가 없었다. 맹자(孟子)는 그 때의 상황을 다음과 같이 서술하고 있다.

「요(堯)임금 때 물이 거슬러 흘러서 중국에 범람했다. 뱀과 미리가 기승을 부려 백성이 정착할 수 없었다. 낮은 데 사는 사람은 새 집을 지어 살고 높은데 사람은 굴을 파고 살았다. 우왕(禹王)으로 하여금 치수(治水)케 하였는데 우왕이 땅을 파서 물을 바다로 흘러 보내 뱀과 미리(龍)를 풀숲으로 몰아내니 물이 땅속으로 흘러가 새나 짐승이 해치지 못하게 된 연후에 사람들이 땅을 고른 뒤 거주하게 되었다.」고 기록했다.

1세 단군이 아사달에 도읍한 것이 B .C. 2,333년 당뇨(唐堯) 때이며, 2세 단군 부루(夫婁)가 B. C. 2,240년에 즉위하였고, 이때가 중국 쪽에는 우순(虞舜) 때이며, 3세 단군 가륵(嘉勒)이 B. C. 2,206년에 즉위하였으며, 이때가 중국 쪽에는 하우(夏禹) 때이다.

그러므로 예(濊)국은 여수기(余守己)가 이끄는 하나의 봉후 국으로 출발했음을 알 수 있다.

우리 민족의 직계 조상인 예, 맥, 조선족은 고아세아인과 북 몽골인, 이 두 계통의 융합으로 이루어졌다는 의견이 지배적이다.

B. C. 5000경부터 신석기 인이 한반도에 들어와 어렵 생활을 영위하면서 초기 신석기문화와 중기 신석기문화를 남겼는데, 그 담당자가가 곧 아세아족이었다. 그로부터 3,000년 후 B. C. 2000경에 이르러 한방도의 문화는 농경(農耕)의 새 시대라는 일대 변화를 일으키면서 후기 신석기문화로 들어가는데, 여기에는 퉁구스족이 서 남 만주 방면에서 이동해 오기 시작했다고 김원룡 교수는 고고학적 견해를 피력했다. 하수농경민인 퉁구스족은 잇달아 들어와 수렵민인 고 아세아족과 서서히 융합되면서 이른바 예·맥을 형성하게 되었다. B. C. 700경부터의 청동기문화의 개척자도 예·맥 족인 것으로 보고 있다.

고 아세아계의 어렵 민이 예 족이며, 퉁구스계의 농경민이 맥이라고 하는 설을 일본의 三上次男은 주장하고 있으나, 예, 맥은 한 덩어리인가, 구별되는 것인가, 이 문제부터 아직 정설이 없는 실정이다.

A. D. 1287 이승휴(李承休) 저의 〈帝王韻紀〉에,

「蚩蚩散在湖山間 各自稱國相侵凌
於中何者是大國 先以扶餘沸流稱
次有尸羅與高麗 南北沃沮濊貊膺
此諸君長問誰後 世系亦自檀君承」

풀이해 보면, “미개한 백성들이 못과 산 사이에 흩어져 살면서, 제각기 나라라 하고 서로 공격을 하곤 하였다. 그 중 큰 나라가 어느 것이냐 하면, 먼저 부여와 비류를 들여야 하고, 다음에는 신라와 고구려가 있었으며, 남 북 옥저와 예와

맥이 그것이었다. 그 군장들은 누구의 후예인가 그 세계는 모두 단군에서 나와 이어져 온 것"이라 해독된다.

위에서 주목해야 할 것은 이 모든 부족 국가들이 그 뿌리가 단군이라는 것이다. 〈태백일사(太白逸史)〉에, 「단군왕검이 아사달에 도읍하고 삼한조선이라 하니 고리(高離), 시라(尸羅), 남북의 옥저(沃沮), 동북의 부여, 예, 맥은 모두 그의 관경 이었다」고 하는 사실을 볼 때, 예·맥은 단군조선의 봉후 국 이었다는 사실을 이해할 수 있다.

〈전한서(前漢書)〉의 기록에도, 「한 무제(漢武帝)의 팽오(彭吳)로 하여금 예·맥 조선을 재물과 금품으로 매수하여 그 일부에 창해군을 설치하니 연(燕), 제(齊) 등지에서 소요가 일어났다.」고 했다.

탕지십(蕩之什)의 〈한혁편(韓奕篇)〉에도, 「왕께서 한후(韓候)에게 하사 하옵신 추 족(追族)과 맥 족이 사는 고장이 여기라, 북극을 다스려 취하고 그곳의 제후가 되 시 도다.」고 하였다. 이 기록의 追가 濊냐 하는 문제가 있으나, 문맥으로 봐서 추는 예를 가리킨다고 생각한다.

을묘(乙卯) 29년(B.C. 1806) 청아(靑莪)의 욕살(褥薩)인 비신(丕信)과 서옥저(西沃沮)의 욕살인 고사침(高士琛)과 맥성(貊城)의 욕살인 돌개(突蓋)를 봉하여 왕으로 삼았다고 〈단군세기〉에도 말하고 있다.

〈삼국지 위지 동이전(三國志 魏志 東夷傳)〉에도, 「예국은 북으로 고구려와 옥저, 남으로 진한과 접하고 서로는 낙랑(樂浪)에 이르는 한반도 서북지방과 요동지방을 중심으로 하여 넓은 영역을 점하고 있었고 언어와 풍습이 고구려와 같다.」고 하였다.

또한 〈사기(史記)〉에도, 「맥은 조선, 고려, 동 옥저 가운데 한 나라이며, 면적은 동서 1,300리, 남북 2,000리」라고 했으며, 〈후한서〉에는 「예·맥은 오한(烏桓)이라」고 하는 것을 볼 때 환웅의 후가 된 고마 족(熊族)의 후예들이라고 생각한다.

여러 기록을 참고하면, 예·맥은 한과 같이 섬서성(陜西省)>하북성(河北省)>남 만주>한 반도로 이동한 흔적이 보인다.

예·맥의 언어재료들을 해독해 보겠다.

1) 예

예 족은 옛 부족국가를 형성한 종족의 하나로서, 섬서성(陝西省)에서 하북성(河北省) 또한 북동으로 이동하여, 고구려에 흡수될 때까지 한반도의 서북지방과 요동(遼東)지방을 중심으로 넓은 지역을 점유하고 있었다.

이 /예/는 옛 중국 쪽 사서에 기록된 것을 보면, 물 많은 /穢/ 혹은 더러울 /濊/ 등 상대의 종족을 비하하기 위하여 악자를 사용한 것으로 생각한다. 옛 우리말은 /사, 사라/ 이며, 1세 단군이 도읍한 아사달의 /아사/에서 유래된 말이다. 뜻은 "금, 새, 동"으로 해독된다. 이두로서 /사, 세/를 歲로 표기했으나 뒤에 濊, 穢 등으로 기록하였다. 〈世宗實錄 地理志〉에는 강릉은 예의 고지인데, 철국(鐵國)이라 한다고 했다. 철원(鐵原)은 본래 고구려의 철원군인데, 신라가 철성군으로 고쳤다. 고려 태조 직위 연에는 동주(東州)로 고쳤다는 기록을 볼 때 /사, 사라, 사리/로 읽었다. 또한 강릉은 예의 고지로서 고려 태조 때에 동원경(東原京)으로 불렀다고 했다. 이 동원은 /새 바라/의 뜻 옮김으로 생각한다.

2) 맥

貊이 생김새가 熊과 매우 비슷하고, 또한 이병도(李丙燾) 교수는 貊의 유래에 대하여, 貊·熊을 신성시하여 이를 수호신, 조상신으로 숭배하던 토템(Totem) 사상이 있었다고 했다.

또한 맥의 고지인 춘천(春川)이 신라 때의 지명이 《동국여지승람》에서 [수약주(首若州)] 일운(一云) 오근내(烏斤乃), 일운 수차약(首次若)이라 했다.

수차(首次)는 '수장'을 뜻하는 [kəsi]의 표기이고 [烏斤乃]의 [오]는 가마귀 오, 검을 오자이므로 [kəmə/kɔma]의 표기이고 [斤]은 [kərə]의 표기이며, [內] na '壤'의 표기로 보았다. 이런 연유로 [貊]을 [koma]의 표기로 간주하고 있으나 재고해야 한다.

맥의 우리 옛 말은 /바라, 버러, 보로, 부루/이였으며, "밝, 붉, 성, 벌"등의 뜻이 있다. 맥은 예와 같이 오환 족(烏桓族)이라는 기록으로 보아서 종족은 웅족(熊族)이나 국명은 /버러/로 해독함이 옳은 것 같다. 원래 百자를 써서 /바라/를 표기하였으나 오랑캐 /貊/과 같은 글자를 쓰고, 다시 貉과 같은 글자로 바꾸어 쓰기도 한 것으로 보인다. /바라, 버러/는 환인의 나라 12국 중 비리국(卑離國)의 /비리/에서 유래된 말이며, 관자(管子)의 〈경중편(輕重篇)〉에 보이는 발조선(發朝鮮)의 /발/, 〈산해경(山海經)〉에 기록된 /불여(不與)/, 〈송형명(宋刑冥)〉에 기록된 /부유(鳧臾)/도 같은 어사이다.

우리 겨레는 배달민족이라고 하는데, 배달민족의 '배달'은 원래 밝다는 뜻을 지닌 말이다. 백달(白達), 박달(朴達) 배달(倍達)도 같은 말이다. 그리고 배달겨레가 흰 옷을 입는 것도 밝음을 상징하는 동시에 순결을 상징하는 뜻이다. 고대 숙신(肅愼)이 흰 옷을 입은 백이민족이었고 그 후의 부여사람도 흰 옷을 입었으며, 오늘의 우리도 밝고 맑음을 뜻하는 흰 옷을 입는다.

2.2.8 기자조선(箕子朝鮮)과 위만조선(衛滿朝鮮)의 역사

1) 기자조선(箕子朝鮮)

기자는 은나라 주왕(紂王)의 친척이다. 은나라는 하남성(河南省) 상구(商邱) 부근에 건국하여 640여 년 내려 온 왕국이었다. 그러나 주나라 무왕(武王)은 은나라를 쳐서 패망시켰다. 주무왕은 기자를 조선에 책봉하였으나 신하가 되는 것을 거절하고 조선에 망명하게 된다. 그 후 주나라에 봉후 국 신하의 예가 없을 수 없어서 옛 은의 고도를 지나가게 되었을 때 사치만을 일삼던 옛 주왕의 궁실이 허물어진 폐허 위에 기장과 보리만이 잡초처럼 무성하게 자라나고 있는 것을 보고 북받쳐 오르는 통곡을 참아가면서 읊은 다음의 시가 있다.

> "보리만 점점 자라났구려
> 기장도 기름 졌도다
> 저 교활한 아이들아
> 나와 더불어 좋아하지 않았으면"

결국 기자의 종질이며 은나라 말 왕이었던 폭군 주왕이 이 꼴이 되었다는 인

생무상을 한탄하여 읊은 시이다.

〈史記〉의 기록에 의하면, 하(夏) 왕조가 무너지게 된 것은 조정의 부덕 때문이었다고 말한다. 그와 마찬가지로 은나라의 멸망 역시 은 말의 주왕(紂王)이 폭군이 됨에 따라 동이(東夷)족의 종주국인 숙신조선이 주 무왕(周武王)에게 은나라를 토벌하도록 명하였다. 은 말의 주왕이 정사를 돌보지 아니하고 술과 향락에 빠져있을 때 숙신 조선이 주 무왕에게 단궁(檀弓)과 고시(楛矢), 석촉 등의 무기를 제공하면서 은을 정벌할 것을 명령한 것이 공자의 〈書經〉이 다음과 같이 기록하고 있다.「은 나라 주왕은 하늘을 공경하지 아니하니 그 화가 백성에게 미치게 되었다. 하늘은 크게 진노하여 문왕에게 하늘의 위엄을 삼가 행하도록 하였으나 큰 공훈을 이루지 못하였다. 그래서 주 무왕이 은나라의 정사를 살펴보니 주왕은 하늘을 두려워하지 않고 백성을 무시하는 마음을 버리지 않고 있다.」이와 같이 은나라의 제 무을(武乙)이 무도하여 숙신조선에게 불경하여 벼락을 맞아 죽은 다음 무을의 증손이던 주왕이 숙신의 미움을 받아 주나라가 은을 정벌하게 되었다고 밝히고 있다.

이 말을 들은 은나라의 백성들은 눈물을 흘렸다고 전한다. 동이가 이(夷), 융(戎), 적(狄), 호(胡), 예(濊), 학(貉) 등으로 기록되어 있으나 중국의 사서에 조선이라는 나라의 명칭이 위 기사에 처음 나타난다. 〈史記 宋徽子世家〉에「於是武王 乃封箕子於朝鮮而不臣也」즉 주 무왕이 기자가 조선으로 가버렸다는 소식을 듣고 기자를 조선의 왕으로 인정했다는 데서 은의 시대에 조선이 실재하고 있었다는 사실이 입증되었다고 할 수 있다.

중국의 사기들은 삼황오제라는 복희(伏羲)와 염제신농(炎帝神農)뿐 아니라 오제였다는 소호김천씨(小昊金天氏) 이후의 요와 순을 모두 중국 한민족의 선조들인 것처럼 오인하게끔 꾸며내고 있지만 태호(太昊) 복희는 환웅 5세 태우의(太虞儀)의 12 자녀 중 막내 아드님이요, 소호는 그의 손자이다. 하, 상나라도 동이라고 중국의 사학자 서양지(徐亮之), 임혜상(林惠祥), 왕동령(王桐齡) 제씨가 이구동성으로 증언하고 있다는 것은 이미 밝힌 바 있다. 고대 중원의 하(夏)는 산서(山西)와 하남(河南) 지방을 점하고 있었다. 산동(山東)의 동이(東夷) 출신인 담자(郯子)가 말하기를 중국 오제 중의 첫 임금인 소호김천씨(小昊

金天氏)는 담자의 선조라는 것을 밝히고 오랜 옛 일을 청년 공자에게 들려주었는데, 공자는 담자의 말을 듣고 감탄하면서 이곳은 학문이 없어진지 오래이나 사이(四夷)에 학문이 있다는 말이 사실 이었나 라고 〈春秋左傳〉에 기록하고 있다. 이렇게 볼 때 황하문명의 근원은 순(舜)이 단군조선 중심부족이던 숙신(肅愼)으로부터 모든 문물을 가지고 가서 펼쳤다는 〈書經〉과 〈史記〉의 기록과 〈산해경〉이 말하는 고대 중원 삼황오제는 숙신의 백이민족 가운데 배출되었다는 사실이 담자와 공자의 대화로 확인할 수 있다. 〈史記〉를 따르면, 하(夏)의 시조 우(禹)는 동이(東夷) 유웅국(有熊國) 출신인 황제의 현손이며, 하 왕조의 출범 때 순의 아들 상균(商均)과의 충돌이 있었는데, 민심이 상균을 떠나 우에게로 돌아가자 우가 천자의 위에 올랐다. 우의 아들 제계(帝啓) 때에는 동이인 유호씨(有扈氏)가 불복함으로 정벌하고자 감(甘)이라는 곳에서 대전이 벌어졌다. 계의 아들 제태강(帝太康) 때에는 실덕으로 인해 반란을 일으킨 제후가 많았다고 한다. 제공갑(帝孔甲) 이래 하의 덕이 쇠하여 많은 제후들이 반란을 일으켰다. 그 때 동이로 알려진 탕(湯)이 왕권을 장악하게 된다고 중국의 사사들이 기록하고 있다. 은의 말기에 제무을(帝武乙)이 무도하여 숙신조선의 공격을 받아 죽고, 그의 증손 주(紂)왕에 이르러 은은 망하게 된다.

〈史記〉에 보면, 숙신은 순(舜)과 무왕에게 단군조선의 명물인 단궁(檀弓)과 고시(枯矢)와 석촉(石鏃)을 제공했다고 하고, 그 지역이 하우(夏禹)의 도읍지 기주(冀州, 太原 근방)로부터 1만 리나 되었다고 기록하고 있다.

일본의 小田省吾는 기자가 동으로 이동해 와서 나라를 세웠다는 것은 전설에 불과하며, 기자의 동래(東來) 사실이 〈史記〉, 〈宋徽子世家〉에 는 부분적으로는 수록되어 있으나, 같은 〈朝鮮列傳〉에는 기자에 관한 언급이 한 마디도 없었다고 주장했다.

그러나 사마천(司馬遷)이 30세가(世家)와 70열전(列傳)의 인물 사에 기자를 제외시킨 이유에 주목해야 할 것이다.

은나라 주왕(紂王)의 서형인 휘자계(徽子啓)는 주 무왕(周武王)으로부터 하남성(河南省) 상구현(商邱縣)에 있는 송나라에 정식으로 책봉을 받아 은나라 유민들을 다스리게 했던 제후국이었으나 기자와는 경우가 다르다. 기자도 비록 조선에 책봉되었다는 기사가 있기는 하나 주 무왕에게 신사(臣事)하지 않고, 스스로 그의 조상의 나라인 조선으로 망명, 귀화하였기 때문에 주(周)의 제후국 신하로 司馬遷이 취급 않는 것은 너무 당연하다고 볼 수 있다.

白鳥庫吉은 후세에 와서 기자의 후예라고 자칭하는 부왕(否王)의 선조 들이 자기들의 문벌을 높이기 위하여 기자를 빌려와서 조상으로 삼아 계보를 꾸민데 불과한 것이라고 하였다. 또한 일본의 어용 사학자 今西 龍은 〈集解杜預〉의 주에 중국의 양국몽현(梁國夢縣)에 기자의 무덤이 있다고 기록되어 있으므로 평양에 있는 기자의 무덤이나 정전지(井田趾) 등 기자의 유적은 위작된 것으로 볼 수밖에 없다는 등의 주장을 내세워, 기자의 동래는 전설에 불과하며, 설사 기자의 동래 사실이 중국고대 기본 사적에 수록되어 있다고 하더라도 그 기록들의 내용이 모순되거나 후세에 와서 위작되었다고 볼 수 있을 뿐만 아니라, 기자는 중국사람 즉 은나라 사람이므로 기자 조선사는 조선사에 수록될 수 없다는 억지 논리를 펴고 있다. 특히 今西龍은 조선사 편찬 위원회의 대표적 인물로 우리의 상고사를 뿌리 채 잘라버리고, 우리의 민족혼을 뽑아 그들의 천황에게 제물로 받치려는 원흉 이였음을 우리는 결코 잊어서는 아니 된다.

〈三國史記〉에, 「주(周) 무왕(武王)이 기자(箕子)를 조선에 봉하자 단군은 장당경(藏唐京)으로 옮겼다가 아사달(阿斯達)로 숨었다.」고 하였다.

〈帝王韻紀〉에는, 「단군(47세 고열가 단군)이 아사달로 숨은 뒤 164년 동안 나라 없는 상태가 계속되다가 기자가 조선에 와서 기자조선을 세우니 주 무왕이 형식적으로 그를 후로 봉하였다.」고 했다.

〈易經 明夷〉, 〈論語 徽子〉 등 진(秦)나라 시대 이전에도 기자의 사적이 기록되어 있고, 기후(箕詡) 등 기자가의 이름들이 새겨진 은나라의 복사(卜辭)나 동기(銅器)도 발굴되었으니 기자조선이 일본 학자 일부가 주장하는 것처럼 허위 날조된 것은 아니라는 것은 확실하다. 기자조선에 관한 문헌상의 근거는 그 수량이 방대하여 일일이 열거할 수 없을 정도이나, 그 가운데 특히 중요하다고 인정되는 한, 중 양국의 책들을 간추려 보면 다음과 같다.

[예시 물 2-12] 기자에 관한 중국 고 서적 및 문헌

서 명 및 편 명	편찬 년대	편 찬 자
《書傳》(尙書)〈周書〉洪範九疇 尙書疏		
《尙書大傳》卷2〈殷傳〉洪範	秦	伏生 撰
《史記》〈宋微子世家〉	B.C. 97경	司馬 遷 撰
《淮南子》〈道應訓〉注 齊俗訓	B.C. 179~122	劉安 撰
《漢書》〈地理志〉燕	A.D. 82	班固 撰
《竹書紀年》	281	魏襄王墓에서 발굴
《魏略》《三國志》《魏書》東夷列傳 〈韓〉의 註譯 引用	280~289	魚豢 撰
《三國志》〈魏書〉東夷傳 濊 및 韓	233~297	陳壽 撰
《後漢書》〈東夷列傳〉	424~445	范曄 撰
《水經注》〈浿水〉	467~527	酈道元 撰
《舊唐書》〈東夷列傳〉高麗	940~945	劉昫 撰
《新唐書》〈東夷列傳〉高麗	1044~1060	歐陽 修 撰
《遼史》〈地理志〉	1343~1344	脫脫 撰
《金史》〈地理志〉	1343~1344	脫脫 撰
《通志》〈氏族略〉	1104~1162	鄭樵 撰
《大明一統志》	1458~1460	李賢 撰
《續文獻通考》	1586	王圻 撰
《三才圖會》	1589 경	王圻 撰

[예시 물 2-13] 기자에 관한 국내 서적 및 문헌

서 명 및 편 명	편찬 년대	편찬자
《帝王年代歷》	890경	崔致遠 撰
《三國史記》〈年表〉	1145	金富軾 撰
《三國遺事》	1285경	僧 一然 撰
《帝王韻紀》	1287	李承休 撰
《世宗實錄》〈地理志〉	1454	鄭麟趾 撰
《東國通鑑》	1485	徐居正 · 崔溥 共撰
《東國與地勝覽》	1486	盧思愼 · 金宗直 共撰
《東國史略》	1514	朴祥 撰
《標題音註東國史略》	1529	柳希齡 編註
《東史簒要》	1606	吳澐 撰
《東史補遺》	1630	趙挻 撰
《揆園史話》	1675	北崖子 著
《東國歷代總目》	1705	洪萬宗 撰

서 명 및 편 명	편찬 년대	편찬자
《東史綱目》	1756~1758	安鼎福 撰
《東國文獻備考》	1770	洪鳳漢 撰
《增補文獻備考》	1782	李萬運 補編
《修山集》〈東史〉箕子本紀	1803	李種徽 撰
《海東繹史》	1800~1814	韓致奫 撰
《東國歷代史略》	1899	大韓帝國學部 發刊
《東史輯略》	1902	金澤榮 撰
《東國史略》	1906	玄采 著
《東史年表》	1915	魚允迪 編撰
《朝鮮史略》	1924	金宗漢 撰
《大東史綱》	1928	金洸 編撰
《朝鮮歷史》	1934	李昌煥 著
《朝鮮世宗譜》	1938	尹甯求・徐繼洙 共編
《海東春秋》	1957	朴章鉉 編著

[예시 물 2-14] 기자의 사적, 사묘, 세계, 정전(井田) 등에 관한 단행본, 문헌 기록

서 명 및 편 명	편찬 년대	편찬자
《高麗史》〈地理志〉禮志 雜祀	1541	鄭麟趾 등 撰
《筆苑雜記》	1490경	徐居正 著
《慵齋叢話》	1439~1504	成俔 著
《箕子志》	1580경	尹斗壽 撰
《箕子實紀》	1580	李珥 撰
《大東韻玉》	1591경	權文海 撰
《箕子圖說》	1607	韓百謙 著
《箕子廟碑銘幷序》	1612경	李廷龜 撰
《月汀漫筆》	1537~1616	尹根壽 著
《荷潭破寂錄》	1581~1643	金時讓 著
《盎葉紀》	1770	李德懋 撰
《箕田攷》	1770경	李家煥・李儀駿 共撰
《箕子外紀》	1776	徐命膺 撰
《紀年兒覽》	1778	李萬運・李德懋 共撰
《五洲衍文長箋散稿》〈震旦通紀〉	1778~?	李圭景 撰
《大東地志》〈平壤〉崇仁殿	1861	金正浩 編
《箕子志》	1879	鄭璘基 撰
《大東正路》	1903	許侙 著
《淸州(上黨)韓氏世譜錄》		

서 명 및 편 명	편찬 년대	편찬자
《幸州(德陽)奇氏世譜錄》 《太原鮮于氏世譜錄》 《文化柳氏世譜錄》 《延安車氏世譜錄》		

그러나 이 가운데 기자의 동래와 기자조선의 실존여부에 관하여 종래부터 학자들 사이에 그 문헌고증의 사료로 주로 많이 거론되고 있는 것은 중국의 고대 기본사적이라고 할 수 있는《서전(書傳)》〈상서(尙書)〉·《상서대전(尙書大傳)》·《사기(史記)》·《한서(漢書)》·《위략(魏略)》·《삼국지(三國志)》·《후한서(後漢書)》 등 7종의 기록이라 할 수 있다.

기자의 부정설을 주장하는 공통적인 논거는 기자는 한(漢)민족계의 인물이라는 것이 그 전제가 되어 있다. 그러나 조선으로 망명한 기자는 동이 족(東夷族)의 인물이라고 중국의 많은 학자들이 주장하고 있다. 즉 은(殷), 상(商) 두 나라는 동이족의 왕조라는 것이 분명하다. 중국의 사학자 서량지(徐亮之)도 그의 사서 〈中國史前史話〉에서, 「이로 미루어 본다면 殷(商)나라는 요동(遼東)에 있는 조선의 동이 땅에서 성립된 것이 분명하다.」고 했고, 전사년(傳斯年)도 이른바 이하동서 설(夷夏東西說)을 주장하며, 은족을 동이의 일파로 보며, 결국 기자족도 동이라고 했고, 예일 부(芮逸夫)도 중국 고대의 은족과 한국문화의 기초를 이룬 고조선 족은 동족이라고 했으며, 전 락성(傳樂成) 역시 은족은 동이족이라고 주장하고 있다. 이들 외에 대다수 중국의 사학자들도 같은 의견을 피력했다.

은의 전신인 상(商)은 제수(濟水), 더 멀리는 발해(渤海) 해안 방면에서 성립된 나라라고 말하는 학자는 일본의 貝塚茂樹이다. 그러므로 기자족은 은나라 말, 주나라 초 때의 본거지는 산서 성(山西省) 태곡(太谷)으로 추정하고 있다. 또한 기자족의 일부는 산서 성(山西省)에 잔류하였으나, 일부는 산동(山東)으로 이동한 흔적을 그곳의 동남경계에서 출토된 기기(箕器)가 증언하고 있다. 또 일부는 요서(遼西) 방면으로 이동해 란하(灤河) 하류의 고죽국(孤竹國) 근처에 한동안 정착한 것으로 추정하고 있다. 〈隋書, 裵矩傳〉에도 고죽국은 기자가 봉해졌던 조선이라 기록되어 있고, 〈大明一統志 永平府〉에도 고죽국에 기자가 봉해졌던 곳이라 전하는 조선성이 있었다고 밝히고 있다. 〈漢書〉에는, 기자 족이 고죽국을 떠나 요동, 요서로 이동하면서도 계속 조선이라 불리었던 것으로 추정된다고 하였다.

고죽국(孤竹國)의 동쪽 강역이었던 객좌현 평방지향 북동촌 고산(孤山)에서 기자 집단의 유물로 보이는 청동기가 출토되었다. 북동촌에서 나온 기후명 동기의 발굴로 미루어 초기의 기자조선은 객좌지역으로 추정된다. 고죽국과 기자조선의 관계는 〈隋書 裵矩傳〉에 『高麗本孤竹國 周以封箕子爲朝鮮』 즉: 고려는 원래 고죽국이었다. "주나라에서 기자를 봉해줌으로서 기자조선이라 했다"고 해석된다. 또한 〈大明一通誌〉에 "영평부(현 河北 盧龍縣 일대)에서 15리 떨어져 고죽국의 봉지가 있고 조선 성도 경내에 있는데, 전하기를 그곳이 기자의 봉지라고 한다"고 되어 있다.

〈唐書 高麗傳〉에도, 평양이 수도였던 당시의 고구려에 기자 신(箕子神) 숭배의 풍습이 있었다고 전하는 것을 보아서 기자 족이 대동강 하류에 이동해 온 것으로 추정된다. 그러므로 기자 족의 이동 코스는,

山西省 太谷→山東省 東南境→遼西 欒河下流의 孤竹國→遼東→평양의 대동강 하류로 그 흔적을 남기고 있다.

〈水經注〉의 다음 기록도 주목을 끌고 있다.

「杜預曰 梁國蒙顯北 有薄伐城 城內有成湯塚 其西有箕子塚」 즉 "두예가 말하기를 양국 몽현의 북쪽에 박벌성이 있는데, 성안에 은나라의 탕 임금의 무덤이 있고, 그 서쪽에 기자의 무덤이 있다."고 기자총의 위치를 전하고 있다.

그러므로 일본인 今西龍은 기자의 무덤이 양국 몽현에도 있고, 평양에도 있으니, 위 기자에 관한 사료는 위작이라고 말하고 있다. 그러나 기자는 "天子"라는 뜻으로 기자족의 왕위를 계승한 모두에게 부쳐진 이름이기에 평양에 있는 기자 능은 기자 후세의 능이라고 생각해야 할 것이다. 기자는 그의 15대 조가 상(商)왕조를 창건한 성탕(成湯, 天乙)이고, 성탕의 13대 조인 설(偰)은 후에 우(禹)를 도와 치수에 공이 있었으므로 같은 동이계의 제왕인 제순(帝舜)에게 발탁되어 사도(司徒)라는 벼슬에 있었는데, 그의 치적이 우수하므로 상(商)의 후(候)로 세습되어 내려오다가 B. C. 1,776 성탕에 이르러 漢族의 하(夏)왕조를

타도하고 비로소 상 왕조를 창건하였다. 그 후 성탕의 16세손인 주왕(紂王)의 포악한 정치로 말미암아 상이 주(周)의 무왕(武王)에게 B. C. 1,122에 멸망하자, 기자는 무왕의 신하가 되지 아니하고, 조상이 살던 나라로 망명, 귀화한 것으로 보아야 할 것이다.

〈단군세기〉에 따르면, 치두남(蚩頭男)의 번한은 21세 단군 소태 때에 색불루(索弗婁)의 쿠데타로 무너지고, 그때에 일어난 소태 단군의 신하 서우여(徐于餘)에게 색불루가 타협하여 번한 왕으로 책봉하였다. 그때부터 번한왕의 승계가 치(蚩)씨로부터 기자 족 서 우여에게 넘어가게 되었던 것이다. 그러므로 <번한세가>에는 번한 조선의 후기 마지막 6세 왕검을 기(箕)씨가 이어갔다고 했다. 25세 단군 솔나(率那) 때에 기자는 주나라를 떠나서 당시 번한 조선 땅인 하남성(河南省) 개봉시(開封市) 동남쪽 서화(西華)에 살았는데, 그의 후예인 기후(箕詡)가 춘추전국(春秋戰國) 시대에 번한 조선의 도성 근처로 다시 옮겨, 수유성(須臾城)을 세워 살다가 번한 조선의 왕권을 찬탈하였다고 하고, 그 후 백랑성을 세워 조선왕으로 군림하였다.

B. C. 146 위만이 번한 왕 기준(箕準)을 내몰고 번한 왕이 되고, 기준은 한반도로 옮겨와 금마(金馬) 마한에 정착하게 되었다. 이로서 번한 조선은 위만조선으로 대통이 넘어가게 되었다.

황하문명의 유적은 하남성(河南省)의 낙양(洛陽) 서쪽 양소촌의 은나라 옛터에서 발견된 채도(彩陶)문화와 산동성(山東省)의 용산진(龍山鎭)에서 발견된 흑도(黑陶)문화가 모두 동이의 문화로 확인되었다. 동이(東夷)의 분포 지를 보면, 만주 와 한반도는 물론이고 중원 대륙에까지 펴져 살았다는 것을 알 수 있다.

흑도문화가 신석기시대의 문화임이 밝혀졌는데, 만주의 송화강 유역으로부터 남쪽으로 산동성의 용산진을 거쳐 강소성(江蘇省)의 소주와 절강성(浙江省)의 항주 그리고 서쪽으로 하북(河北), 산서(山西), 섬서(陝西)를 거쳐 삼위산(三危山)이 있는 감숙성(甘肅省)에까지 분포되어 있다.

이와 같이 산동성 용산의 흑도문화와 하남성 양소촌의 채도문화에 관하여, 대북대 서양지(徐亮之)교수는 동이는 원시 세석기문화의 개척자들이며, 역시 동이족이었던 순(舜)은 흑도문화의 창시자라고 주장했다.

〈위략(魏略)〉에 따르면, 옛 기자(箕子)의 후예인 조선후가 주(周)나라가 쇠약지자 연(燕)나라가 스스로 높여 왕이라 칭하고 동쪽으로 침략하려는 것을 보고, 조선후도 왕이라 칭하고 군사를 일으켜 연나라와 대항해 싸우며, 주 왕실을 받들려 하였다. 그 뒤 연은 장군 진개(秦開)를 파견하여 조선의 서쪽 지방을 침공하고 2천여 리의 땅을 빼앗아 만번한에 이르는 지역을 경계로 삼으니, 마침내 기자조선의 세력은 약화 되었다.

이때에 기자조선 왕 부(否)가 왕이 되었는데, 진(秦)나라의 습격을 두려워한 나머지 복속하는 체 하여 충돌은 없었다. 부가 죽고 그의 아들 기준(箕準)이 즉위하였다.

그 뒤 20여 년이 지나 진승(陳勝)과 항우(項羽)가 군사를 일으켜 세상이 어지러워지니 연(燕), 제(齊), 조(趙)의 백성들이 준에게 망명하므로 준은 이들을 서부 지역에 거주하게 하였다.

한(漢)나라 때에 이르러 노관(盧瓘)이 연나라 왕이 되니 조선과 연은 패수(浿水)를 경계로 하게 되었다. 노관이 한나라를 배반하고 흉노(匈奴)의 땅으로 망명한 뒤, 연의 위만(衛滿)도 망명하여 준에게 항복하였다. 준은 위만을 믿고 박사에 임명하여 백리의 땅을 봉해 서쪽 변경을 지키게 하였다. 그러나 위만은 망명자들로 군대를 편성하여 준을 공격하였다. 준은 위만에게 패하여 도망가고, 기자조선은 위만조선으로 대치되었다.

2) 위만조선(衛滿朝鮮)

한(漢)나라 때에 유방의 황후인 여 황후의 전횡이 심하여 연(燕)왕 노관(盧綰)이 흉노의 나라에 망명하자 노관의 부하 장수 위만이 요동으로 달아나 기후번한에 망명하였다. 위만이 무리 1,000여명을 이끌고 진번조선으로 왔을 때 진번조선의 왕이던 기준(箕準)이 전국 시대말 진(秦)이 연(燕)을 멸하고 진번조선과 접했던 공지의 상하에 거주하도록 허락했다. 그 뒤 위만은 기준왕의 신뢰를 얻어 진번조선 서쪽 변경을 수비하는 임무를 맡게 되었던 위만은 마침내 수도인 왕검성에 쳐들어가 기준 왕을 몰아내고 스스로 왕이 됨으로서 진번조선은 194 B. C.년에 막을 내리고 위만조선이 서게 되었다.

〈사기(史記)〉에 따르면, 조선왕 위만은 연인 이었다. 일찍 연이 전성했을 때 진번조선을 공략한 일이 있는데 진이 연을 멸한 후에는 요동(遼東) 바깥쪽에 있던 조선이었다. 위만이 요동의 패수를 건너 진번조선으로 망명했을 때 옛 진과 진번조선 사이의 공지에 거주하게 되었다. 한나라 초에 대란이 일어났을 때 연나라와 제나라의 망명자들이 옛 진번조선이었던 위만조선으로 몰려왔다. 그 때 위만조선의 수도는 왕검성이었는데 이 왕검 창려(昌黎,渤海) 지방의 험독현에 있었다. 요동에 험독현이 있었는데 그 곳에 조선왕의 구도 왕검성이 있었다. 왕검성은 낙랑의 패수 동쪽에 있었다.

한(漢)나라 초기의 연(燕) 나라 왕 노관(盧綰)이 흉노로 망명했을 때 위만도 함께 망명했다가 위만은 다시 흉노로부터 망명하여 패수를 건너 조선으로 왔을 때 조선왕 준(準)이 위만을 조선과 진(秦) 나라 사이의 빈터에 살게 했다. 그때 위만이 건넜던 패수(浿水)는 지금 요동의 백 하(白河)이다. 위만조선의 왕검성은 요동 발해지방의 창 여(昌黎)지방이며, 요동 패수의 동쪽이었다는 것을 〈史記 朝鮮列傳〉은 밝히고 있다. 또한 〈史記〉의 주해 자들인 서광(徐廣), 찬(瓚)과 응소(應劭)가 요동의 발해 연안 창 여 지방인 험독 현(險瀆縣)에 위만조선의 구도가 있다고 하고 그 험독은 패수의 동쪽 창 여 지방이었다고 했다. 그러나 패수는 지금 북경(北京)과 천진(天津) 동쪽의 백 하가 패수였다고 한다. 백 하의 수원이 몽고 쪽에서 발하여 요동대륙 쪽으로 흘러 발해로 들어가는 장강(長江)이므로, 위만이 노관을 따라 흉노의 몽고로 망명했다가 패수를 건너 조선으로 왔다는 그 패수는 지금 북경 동북방 백 하 상류인 패수를 건너 조선으로 와서 옛 진나라와 조선사이의 빈터를 점유한 것이 분명하다.

번한 왕 기준은 위만을 신뢰하고, 박사로 위촉하여, 운장(雲章)에 머물게 하고, 연에 대비토록 하였다. 그러나 B. C. 194~180 사이에 기자조선의 마지막 왕인 준이 위만에게 왕권을 빼앗겨 기자조선은 위만조선으로 교체되었다. 위만은 요동군 양평성에 위만조선을 세워 만번한(滿番韓)이라고 하였다.

〈史記 朝鮮傳〉에 연인(燕人) 위만이라는 기록 때문에 위만조선의 지배자가

화하(華夏) 계통인 것처럼 오해가 되고 있으나 실은 동이계로 보는 것이 옳을 것이다. 연나라의 지배층은 화하 계 이었으나, 그 영내에는 지역에 따라 오환(烏桓), 선비(鮮卑), 조선계의 주민이 많았다고 한다. 위만도 연나라 영내에 있었던 동이계로 추정된다. 위만이 처음 번한으로 들어왔을 때의 모습을 〈史記 朝鮮傳〉에 「상투를 틀고 오랑캐의 옷을 입고 있었다.」고 하는 사실은 연인 위만 이라고 하지만 위만은 동이족 특유의 상투를 하는 습속으로 보아서 동이족으로 간주하여야 할 것이다. 위만이 준(準)왕을 몰아내고 새 왕조를 세웠을 때 그는 여전히 그 왕조를 위만조선이라 호칭하였다. 위만조선의 수도는 부신시(阜新市) 탑영자(塔營子)에 있는 만번한성(滿番韓城)이지만, 위만의 손자 우거(右渠) 때에는 조선성으로 천도한 것으로 추정이 되는데, 요양 연주산성(遼陽 燕州山城)으로 비정 된다.

위만의 손자 우거는 B. C. 118 북부여와 싸워서 요동반도로 진출하였다. 북부여는 겨우 살수(薩水) 이북과 구려하(九黎河) 동쪽을 확보하고 휴전하였다. 그 뒤 위만은 사방 수 천리에 달하는 인근 지역을 정복하여 그의 영역으로 편입하였다. 그러나 그 왕조는 오래 가지 못하고 B. C. 109~108 사이 한 무제(漢武帝)의 침략으로 붕괴되고, 그 영토에는 낙랑군(樂浪郡) 등 한(漢)의 직할 영이 설치된 것이다.

3) 기자, 위만조선 시대의 언어 재료 해독

(가) 기자

일식(日蝕)에 관한 설명에서 「하늘의 긔가 희를 먹는다」는 설명의 /긔/는 [희] '日'의 옛말이다. /기자/의 어원을 살펴보면, 일본어에 있어서는 3日의 日을 /kal/하고 읽는다. 부여의 왕명에도 /해/와 /고/를 혼용하고 있다. 그러므로 /기/는 /해/의 이형태로서, 기자는 /해아지/"日子"로 해독된다. 고구려 동명왕의 성이 /해/여서 해 주몽 이었는데, 제왕이 이르기를 하늘 임금의 아들로서 햇빛을 받아 낳았으므로 /고/로서 성을 삼았다고 하는 옛 기록으로 보아서 /해/의 옛 말이 /고, 거, 기, 가/이었다. 오늘 날 해가 나오는 것을 /개다/라고 하는데, /개/는 곧 /가/의

이형태 이다. 그러므로 기자는 "日子, 天子"를 뜻 한다

북부여 1세를 해모수(解慕漱), 3세 고해사(高奚斯), 4세 고우루(高于婁), 졸본부여 5세 고두막(高豆莫), 6세 고무서(高無胥), 가섭원(迦葉原) 부여 1세 해부루(解夫婁)라 했다. 즉 [해]와 [고]를 혼용하고 있는 것이다.

그러므로 알타이어에 [해]의 이형태(異形態)로서 [키-기-히-히]와 같은 것들이 분포되었음을 알 수 있다. 고로 [기]는 [해]의 이형태로서, [기자]는 [히ᄋ지] '日子'로 해독되는 것이다. 여기서 해를 가리키는 옛말 [가]에 대한 소리 옮김이다. 그것은 첫째로 천강일자(天降日子)라는 것과 관련되어 있기 때문이며, 둘째로 고구려 동명왕(東明王)이 본래의 성이 [해]여서 [해주몽]이었는데, 제(帝)가 이르기를 하늘임금의 아들로서 햇빛을 받아서 났으므로 [고(高)]로서 성을 삼았다고 한 옛 기록으로 보아서 [햇빛]과 관련이 되어 있으며, [해]와 [고]는 모두 우리말 [가/거/기]에 대한 소리 옮김이다. 오늘날 그 자취를 엿볼 수 있다. 해가 나오는 것을 [개다]라고 하는데 [개]는 곧 [가]의 이형태인 것이다.

그르므로, 환(桓), 해(解), 희(白), 고(高)의 뿌리어는 [해]이며, [해]는 곧 태양의 옛말 [가]에서 변한 것이다.

오늘날 5일을 [닷새]라고 한다. [닷]은 [다섯]의 준말이며, [새]는 [사흘], [나흘]의 [흘]과 같은 말인데, [히]에서 갈라져 나온 것이다. [ㅎ]음과 [ㅅ]음의 교체는 [힘]을 [심]이라고 하는 데서도 볼 수 있다. 따라서 [닷히]가 [닷새]로 변한 것이다.

(나) 패수(浿水), 백랑(白狼) · 박벌성(薄伐城), 낙랑(樂浪), 평나(平那)의 해독

樂浪, 白浪水, 浿水, 平那 등은 모두 고조선 이래로 그 다음 시기에 이르기까지 매우 중요한 고장 이름으로서 널리 쓰였다.

[낙랑(樂浪)]은 [부르나]에 대한 뜻-소리 옮김이다. 그것은 [樂]이 음악의 뜻으로 그 옛말인 [부루]에 대한 뜻 옮김이고, [浪]은 상고 음이 [laŋ]으로 추정되나, 혀옆소리 [ɪ]음이 고대 음에는 없고, 튀김소리 [r]만이 쓰일 뿐 아니라 단어의 첫 음절에는 [n]로 내며, 받침소리가 쓰이지 않던 고대조선말에서는 [na]로 되어 [나]에 표기가 되어 [부루] '벌', [나] '강'의 합성이다.

[平那]는 [부루나]의 발음변종인 [바라나/버러나]에 대한 뜻-소리 옮김이다. 즉 [平]이 '벌판'의 뜻으로 그 옛 형태인 [바라/버러]에 대한 뜻 옮김이고 [那]는 '강'이 되어 [바라나/버러나]의 표기이다.

[白浪水]도 [바라나]에 대한 표기이다. [白狼]은 상고음이 [beak-laŋ]으로 추정되며, 유성음이 음운단위를 이루지 못하고, 이중모음을 피하고, 받침소리가 없던 고대어에서는 [pa-ra]로 되어 [바라]에 대한 표기가 되고, [水]는 '물'이란 뜻으로 내·강의 옛말 [나라/나리]의 준말 [나]에 대한 뜻 옮김으로 되어 있다.

[浿水]도 [바라나]의 발음변종인 [버러나]에 대한 뜻-소리 옮김이다. [浿]는 상고음이 [p'ei]로 추정되나, 거센소리가 쓰이지 않고, 이중모음을 피하고, 흔히 모음 사이에 [r]을 덧내던 고대어에서는 [바리]에 대한 표기가 된다. 합하여 [浿水] [바리나]의 표기가 된다.

박벌성(薄伐城)도 [薄]도 받침소리가 쓰이지 않고, 결합자음 [r]을 덧내던 옛말에서는 [바라]의 소리 옮김이며, [伐]도 [버러]에 대한 소리 옮김이 되어 [바라] [버러]의 이중표기이다.

2.2.9 삼국(三國)의 역사

B. C. 220 천하를 통일한 진시왕(秦始王)은 만리장성을 쌓는데, 山東, 河南, 江蘇省 등지에서 조선인을 강제로 동원하여 혹사하였다. 견디지 못한 이들이 동북방으로 이동하기 시작했으며, B. C. 57~18 사이에 이 난민들이 이동하여 남만주, 한반도에 신라, 고구려, 백제를 세웠다. 한편 진나라가 망하고 한(漢)이 성립되었는데, 한 무제(武帝)는 B. C. 120 농서(隴西) 지방에서 흉노 휴도왕(休屠王)의 아들 김일제(金日磾)를 포로로 사로잡았다. 일제는 말먹이 종이 되어 충실히 일을 하였으므로 투후(秺候)라는 벼슬을 하게 되었다. 일제의 증손 왕망(王莽)이 한 제국을 찬탈하여 신제국을 세우게 되었다. 그러나 17년 후 유수(劉秀)가 일어나 왕망 제국을 타도하였다. 일제의 모든 자손들이 모조리 죽임을 당하게 되어서 그 부족이 김해 지방에 피난 와서 A. D. 42 년 낙동강 유역에 여섯 가야를 건설하게 된다.

수로왕의 김해 구야국(狗耶國)은 먼저 정착하여 부족 연합을 이룬 아홉 촌장들로 구성된 선래민들이고, 수로가 이끄는 후래민은 변한의 일족으로 생각한다. 변한 족을 이끈 수로의 김해 정착이 진한족의 경주 정착과 거의 동 시기인 듯하다.

〈삼국유사〉에 수로왕의 재위 기간이 158년(A. D. 42~119)이며, 구야국의 국가 형성기는 서기 1세기의 중엽으로 볼 수 있다.

B. C. 4세기경으로부터 만주와 요하(遼河) 유역에서 한반도의 대동강 유역에 걸쳐서 북방계 청동기문화를 물질적 기초로 삼아 고대 조선의 부족 연맹체들이 점차 국가체제로 성장해가고 있었다.

B. C. 5-3세기 간에 동북아시아에서는 한족(漢族), 흉노족(凶奴族), 선비족(鮮卑族), 조선족 간에 치열한 경쟁이 복잡하게 계속되고 있었다. 춘추시대(春秋時代, B. C. 5세기)와 전국시대(戰國時代, B. C. 4-3세기)를 거쳐서 한때 진시황(秦始皇)에 의하여 B. C. 206에 통일이 되었으나 이는 잠간 동안이고 다시 한(漢)으로 대체되었다. 그러는 동안에 흉노, 오환(烏桓), 선비 등의 북방 여러 족이 일어나 진(秦)이나 한(漢) 또는 조선족을 압박하고 있었다. 그러므로 진은 만리장성(萬里長城)을 쌓아 북방 제 족에 대비하였다. 한족, 조선족, 흉노족과의 사이에 요하를 사이에 두고 치열한 각축이 벌어지기 시작하였으며, 항쟁도 또한 불가피하였을 것이다.

이러한 판국은 조선족이 점차 동북 방향으로 이동하여, 부족 연맹체에서 주앙 집권적 국가체제로 개편되지 않을 수 없는 객관적 여건이었다. 조선족의 입국은 이러한 정세로 인한 불가피한 역사적 요청이었다.

220 B. C.년에 천하를 통일한 진시왕은 조선에서 〈진록도서(秦錄圖書)〉라는 점괘를 보는 책을 보았다. 그 책에 장차 진나라를 망하게 하는 자는 호(胡)라고 기록되어 있었다. 호는 시왕의 아들 호해(胡亥)를 말하는 것인데, 시왕은 이 사실을 동북방에 있는 조선족으로 착각했다. 크게 우려한 진 시왕이 장군 몽 념(蒙恬)을 보내어 30만 대군으로 만리장성을 쌓았다. 진시왕은 조선인을 고역에 투입, 혹사하여 죽이고, 산동, 하남, 강소 성(江蘇省) 등지에 살고 있는 조선족을 크게 탄압하였다. 견디지 못한 조선족이 57-18 B. C.년에 동북으로 이주하기 시작하여 만주와 한반도에 신라, 백제, 고구려 삼국이 성립되었다.

한편 진나라가 망하고 한이 통일을 이룩했는데, 휴도 왕(休屠王)의 아들 김일제(金日磾)가 120 B. C.년 농서(隴西)지방에서 한 무제에게 포로로 사로잡혔다. 그러나 일제는 한 무제의 조정에 들어가 말먹이 종이 되고, 그의 자손들이 성공하여 한나라의 실권을 쥐게 되었다. 마침내 일제의 증손 왕망(王莽)이 한 제국을 타도하고 새 제국을 세웠다. 그러나 17년 후에 한족의 유수(劉秀)가 일어나 왕망제국을 멸망시켰다. 그러므로 김 일제의 후손들이 모조리 죽음을 당하게 되어서, 김수로를 비롯한 조선족들이 한반도로 밀려와서 삼국 및 가야를 세우게 되었다.

1) 고구려의 역사와 문하

(가) 고주몽(高朱蒙)의 고구려 건국과 발전

고주몽(高朱蒙)의 탄생에 대한 중국 〈위략(魏略)〉의 옛 기록으로 다음과 같은 말이 있다.

「옛날 북방에 고리(高離)라는 나라가 있었는데, 그 왕의 시녀가 임신을 하여 왕이 그녀를 죽이려 하자, 시녀는, "달걀만한 크기의 신령스러운 기운이 나에게 떨어졌기 때문에 임신을 하였습니다." 하였다. 그 뒤에 그녀는 아이를 낳았다. 왕은 천제(天帝)의 아들일 것이라고 생각하여 그 어머니에게 거두어 기르게 하고는, 이름을 동명(東明)이라 하고 항상 말을 사육토록 하였다. 동명(東明)이 활을 잘 쏘자, 왕은 자기 나라를 곧 빼앗길까 두려워하여 죽이려고 하였다. 이에 동명은 남쪽으로 달아나서 시엄수(施掩水; 松花江으로 추정하고 있음)에 당도하여 활로 물을 치니, 물고기와 자라가 떠올라서 다리를 만들어 주었다. 동명이 물을 건너간 뒤, 물고기와 자라가 흩어져 버리니 추격하던 군사는 건너오지 못하였다. 동명은 부여지역에 도읍하여 왕이 되었다.」

이와 같이 고진(高辰)의 손자 불리지(弗離支)와 유화(柳花) 사이에 탄생한 고주몽이 위와 같이 설화로 전하여 내려오던 것을 중국의 사료에 기록한 것 같다. 일본의 계행사간(階行社刊)의 〈日韓上古史の裏面〉에는 河伯女 柳花는 浥婁의 王女라고 했다.

고리군(藁離郡)의 고진(高辰)은 북부여 1세 해모수(解慕漱)의 둘째 황자(皇子)이다. 고진의 손자인 고모수(高慕漱) 불리지(弗離支)는 웅심산(熊心山) 아래, 성의 북쪽에 있는 청하(靑河) 강변에서 하백(河伯)의 딸 세 자매, 즉 유화(柳花), 훤화(萱花), 위화(葦花) 중 유화(柳花)와 사통(私通)하여 고주몽을 서자로 얻었다.

주몽은 생김새가 뛰어났으며, 나이 7세에 혼자 활과 화살을 만들어 쏘았는데 백발백중이었다. 부여에서는 활은 잘 쏘는 것을 일컬어 [주몽]이라 하였으므로 이로써 이름으로 불렀다. 《환단고기》 〈고구려본기〉에 고주몽은 B. C. 79년 즉 임인년 5월 5일 단오날에 탄생한 것으로 되어 있다.

《삼국사기(三國史記)》와 《삼국유사(三國遺事)》에는 하백녀(河伯女) 유화(柳花)와 사통한 사람이 해모수로 기록하고 있다. 실로 어처구니없는 사실이 아닐 수 없다. 주몽의 본 부인은 예(禮)씨이며, 주몽은 북부여로 남하하여 북부여 6세 고무서(高無胥)의 사위가 되어 왕이 되었다고 하며, 뒤에 소서노(召西努)를 부인으로 삼아 비류(沸流)와 온조(溫祚)형제를 두었다고 한다.

조정에서 그를 죽이려고 하였는데 오이(烏伊), 마리(摩離), 협보(陜父)와 더불어 동남쪽으로 도망하여 엄리대수(淹利大水)를 건너 졸본천에 이르러 이듬해 새 나라를 세우니, 이가 고구려의 시조가 된다.

협보(陜父)는 주몽의 협력자이며, 뒷날 일본으로 건너가 다파라국(多婆羅國)을 세웠다고 한다. 이보다 앞서 협보는 남한(南漢)으로 도망하여 마한의 산중에 살았는데, 장혁을 알게 되어 무리를 설득하여, 식량을 준비해 가지고 배로 패수(浿水)를 따라 아래로 해포(海浦)를 지나 곧 바로 구야한국(狗耶韓國), 바로 가라해(加羅海)의 북안에 이르러 몇 달을 살다가 아소산(阿蘇山)으로 이사하였다. 이것이 곧 다파라국의 시조가 되었으며, 후에 임나(任那)와 합하여 다스렸다고 한다.

〈삼국유사〉에 다음과 같이 기록하고 있다.

> 「고구려는 곧 졸본부여(卒本夫餘)이다. 졸본주는 요동(遼東) 경계에 있었다.」

〈삼국사기〉에는 「시조 동명성제(東明聖帝)의 성은 高씨요, 이름은 주몽(朱蒙)이다. 이보다 앞서 북부여의 왕 해부루(解夫婁)가 동부여로 피해가고 부루가 죽자 금와(金蛙)가 왕위를 이었다. 이때 금와가 태백산 남쪽 우발산(優勃山)에서 여자를 하나 만나서 물으니 그 여자는 말했다. 나는 하백(河伯)의 딸로서 유화(柳花)라고 합니다. 여러 동생들과 함께 밖으로 나와 노는데 남자 한사람이 다가오더니 자기는 천제(天帝)의 아들 해모수(解慕漱)라고 하면서 나를 웅신산(熊神山)밑 압록강 가의 집 속으로 유인하여 남몰래 정을 통하고 가더니 돌아오지 않았습니다. 부모는 내가 중매도 없이 혼인한 것을 꾸짖어서 드디어 이곳으로 귀양 보냈습니다.」

B. C. 239에 고리국(槀離國)의 해모수가 번한조선과 연합하여 아사달을 점령하니 단군조선은 막을 내리고 북부여가 대통을 이어갔다.

47세 단군 고열가(古列加) 때에, 국세가 기울고, 뒤에 북부여 1세가 된 해모수(解慕漱)는 수유(須臾)와 결탁하여 백악산(白岳山)을 습격하여 점령하고, 스스로 천왕이라 칭했다. 또한 기비(箕丕)를 권하여 번조선왕으로 삼았다.

북부여 4세 고우루는 고두막(高豆莫) 장군의 위세에 눌려 왕위를 물려주고 은퇴하였으며, 고우루의 동생 해부루(解夫婁)가 국상인 아란불(阿蘭弗)의 권유에 따라 통하(通河)의 유역 가섭원(迦葉原)으로 옮겨 가섭원부여를 세우게 된다.

B. C. 24년 유화부인(柳花夫人)이 작고하셨다. 고구려는 호위병 수만으로 졸본으로 모셔와 장사를 지냈는데, 산 같은 능을 만들고 곁에 묘사(廟祠)를 세워 황태후의 예를 갖추었다.

졸본부여(卒本夫餘)의 승계에 과한 사기를 보면,

주몽이 성장하여 사방을 전전하다가 가섭원(迦葉原)을 택하여 거기서 살다가 관가에 뽑혀 말 지기로 임명되었다. 얼마 안 되어 관가의 미움을 사서 도망하여 졸본으로 왔다. 때마침 북부여 6세 고무서(高無胥)는 아들이 없었는데, 고주몽을 보고 사람이 범상치 않음을 느끼고는 딸로서 아내를 삼게 하였다.

계해(癸亥) 2년(B. C. 58년) 10월 고무서제가 붕어하고 고주몽이 유언에 따라 대통을 이어 졸본부여의 왕이 되었다.

고구려의 즉위연도가 〈북부여기〉에는 기원전 58년으로 되어 있고, 《삼국사기》에는 기원전 38년으로 되어 있다.

이 모순된 기록들을 추정하기 위하여 《환단고기》〈고구려본기〉 중의 연타발(延佗渤)의 기록을 보도록 하겠다. 연타발은 졸본사람으로서 해모수 시대에 좌원(坐原: 今法庫縣)을 지키는 장군이었고, 구려하(九黎河)에 살았으며 고구려가 B. C. 26년에 눌현성(訥見城)으로 옮기는데 협조하여, 좌원에 봉작을 받았고 다물(多勿) 34년 병인년에 죽었다.

연타발은 눌현 도읍을 하는데 재물과 인력을 바쳤고 딸인 소서노(召西努 : 沸流, 溫祚의 母)도 이미 20여 년 전에 주몽에게 주었다. 고주몽의 눌현성은 개원시 서풍현 양천진 산성자산성으로 생각된다.

《환단고기》에서 北沃沮를 멸망시킨 기록은 고주몽 즉위 32년이니까, B. C. 27년으로 본다. 고로 고주몽은 B. C. 58년에 철범시 효명진의 졸본부여에서 22세에 즉위한 것으로 생각된다. 고주몽이 22세에 즉위한 사실은 《환단고기》와 《삼국사기》〈고구려본기〉와 일치한다.

〈南史 東夷列傳〉에 따르면, 고구려는 요동 동쪽 천리 밖에 있다. 국토는 사방 약 2천리이다. 나라 가운데 요산(遼山)이 있고, 요수(遼水)가 그 산에서 흘러나온다. 한(漢), 위(魏) 시대에는 남으로 조선, 예맥, 동으로 옥저, 북으로 부여와 인접하였다.

그 나라의 왕도는 환도산(丸都山) 아래에 있다. 국토는 큰 산과 깊은 골짜기가 많고 넓은 들판이 없어서, 백성들은 산골짜기에 의지하여 살면서 시냇물을 식수로 한다. 비록 토착 생활을 하고 있지만 좋은 토지는 없고 그들의 습속에 음식을 아껴 먹고 궁실은 잘 지어 치장한다. 왕의 궁실 왼편에 큰 집을 지어 귀신에게 제사 지낸다.

〈隋書〉에 따르면, 고구려는 동서가 2천리이다. 국도는 평양성(平壤城)으로 장안성(長安城)이라고도 하는데, 동서가 6 리이며, 산을 따라 굴곡이 지고 남쪽은 패수(浿水)에 닿아 있다. 또 구내성(國內城)과 한성(漢城)이 있는데, 고구려에서는 삼경(三京)이라 했다. 신라와는 늘 서로 침공하고 약탈하여 전쟁이 끊이지 않았다.

사람들은 모두 가죽 모자를 쓰는데, 사인(使人)은 새의 깃을 더 꽂고, 귀인은 관을 붉은 비단으로 만들어 금, 은으로 장식한다. 옷은 소매가 긴 적삼과 통이 넓은 바지를 입으며, 흰 가죽 띠에 노란 가죽신을 신는다. 부인은 치마와 저고리에 선을 두른다. 매년 봄, 가을에 사냥대회를 여는데, 왕이 몸소 참가한다.

인두세(人頭稅)는 베 다섯 필에 곡식 다서 석이다. 무직자는 3년에 한번을 내되, 열 사람이 어울려서 세포 1필을 낸다. 세는 부자는 1석, 다음은 7말, 그 다음은 5말이다.

형벌은 매우 준엄하고, 법을 범하는 자가 드물다.

해마다 연초에 패수에 모여 놀이를 하는데, 왕이 직접 참여한다.

시집 장가드는 데도 남녀가 서로 사랑하면 바로 혼례를 치른다. 사람이 죽으면 집안에 안치하여 두었다가, 3년이 지난 뒤에 좋은 날을 가려 장사를 지낸다. 귀신을 섬기어 제사가 많다. 사람들의 성질은 포악하고 성급하며 노략질하기를 좋아한다고 기록했다.

벼슬로는 상가(相加), 대노(對盧), 패자(沛者), 고추가(古鄒加), 주부(主簿), 우태(優台), 사자(使者), 조의(皁衣), 선인(先人)이 있어서 신분의 높고 낮음에 따라 각각 등급을 두었다.

언어나 생활 관습은 부여와 같은 점이 많으나 그들의 기질 및 의복은 서로 달랐다.

본래 5족이 있으니, 소노부(消奴部), 절노부(絶奴部), 신노부(愼奴部), 관노부(灌奴部), 계루부(桂婁部)가 그 것이다.

그들의 습속은 노래와 춤을 좋아하며, 술을 잘 빚는다. 길을 걸을 때는 달음박질을 하듯 빨리 간다.

10월에는 하늘에 제사를 올리는 대회가 있다. 그들의 공식모임에서는 모두 비단에 수놓은 의복을 입고, 금과 은으로 장식한다. 그 나라의 말들은 모두 작아 산에 오르기 편리하다. 사람들은 활, 화살, 칼, 창을 잘 쓰고, 갑옷이 있으며, 전투에 익숙하여 옥저, 동예를 모두 복속시켰다고 기록하고 있다.

(나) 고구려 역대 왕의 세계와 치적

고구려의 시조 동명왕(東明王) 주몽으로부터 28세 보장왕(寶藏王)에 이르는 세계(世系)와 괄호 안의 재위 년 수는 다음과 같다.

1세 동명왕(東明王, 39) · 2세 유리왕(琉璃王, 37) · 3세 무신왕(武神王, 27) · 4세 민중왕(閔中王, 5) · 5세 모본왕(慕本王, 6) · 6세 태조왕(太祖王, 94) · 7세 차대왕(次大王, 20) · 8세 신대왕(新大王, 15) · 9세 고국천왕(故國川王, 19) · 10세 산상왕(山上王, 31) · 11세 동천왕(東川王, 23) · 12세 중천왕(中川王, 23) · 13세 서천왕(西川王, 23) · 14세 봉상왕(烽上王, 9) · 15세 미천왕(美川王, 32) · 16세 고국원왕(故國原王) · 17세 소수림왕(小獸林王, 14) · 18세 고국양왕(故國壤王, 8) · 19세 광개토왕(廣開土王, 22) · 20세 장수왕(長壽王, 79) · 21세 문자명왕(文咨明王, 28) · 22세 안장왕(安藏王, 13) · 23세 안원왕(安原王, 15) · 24세 양원왕(陽原王, 15) · 25세 평원왕(平原王, 32) · 26세 영양왕(嬰陽王, 29) · 27세 영류왕(營留王, 25) · 28세 보장왕(寶藏王, 27) 총 역년 28대 725년이다.

그러나 《삼국사기》 〈고구려본기〉의 고주몽 재위 기간은 19년이다. 따라서 《환단고기》 연대로 본다면 B. C. 41년에 고구려 2대왕이 즉위한 것이다.

척발의 위서(魏書)에 의하면,

「고주몽(高朱蒙) 이후에 여달(閭達)이 왕이 되고, 뒤이어 여율(如栗)이 왕이 되며, 여율 이후에 막래(莫來)가 왕이 되는데, 막래는 동부여를 멸망시켰다. 즉 유리왕의 아들인 무신왕(武神王)이 막래왕이며, 여율은 곧 유리왕을 말한다.」고 했다.

고주몽-여달-유리-무신으로 세계는 이어졌으나, 여러 사서에 여달왕이 누락되었다. 유리왕은 2대왕이 아니고 3대왕이며, B. C. 19년에 즉위하였다. 기원전 41년에 고주몽을 밀어내고 즉위한 고구려왕은 여달왕이다.

《삼국사기》 〈백제본기〉에서 비류(沸流), 온조(溫祚) 등이 고구려를 떠나는 이유의 하나로 주몽이 염세증(厭世症)에 빠졌다고 기록하고 있다.

《환단고기》에서 비류(沸流)와 온조(溫祚)가 소서노(召西努)와 함께 고구려를 떠난 시기는 B. C. 42년으로 기록되어 있다.

B. C. 26년에 고구려가 눌현(訥見)으로 천도하였다. 이때에 고주몽이 하야하고 다시 나라를 세운 것으로 추정할 수 있다.

고주몽은 졸본부여 왕 고무서(高無胥)의 사위가 되어 왕위를 승계하였다. 그러나 고주몽이 정신병 증상으로 졸본부여의 신하들에 의해 강제퇴위 되었다고 추정된다.

고주몽이 퇴위된 후 그의 아들 여달왕(閭達王)이 고구려의 2대 왕이 되고, 이복 형제인 예씨의 아들 유리는 3대왕으로 추정된다.

이후 고주몽은 비류수 남쪽에 정착하여 살았다. 이후 상류에 있던 비류국(沸流國)을 차지하고 비류수 서쪽에 홀본성(忽本城)을 짓고 고구려라고 했으나 《후한서(後漢書)》에서는 기존의 고구려와 구별하기 위하여 구려(句麗)라고 기록하였다.

고주몽의 구려국 건국시기가 B. C. 37년으로 추정된다. 따라서 졸본부여 왕으로 즉위한 것이 B. C. 58년이므로 21년을 재위하였다가 물러난 것이다.

고구려는 시조 고주몽이 졸본(卒本)에서 나라를 세운 때부터 동북지방의 말갈(靺鞨) 부족을 친히 정벌하고 장군 부방노(扶芳奴)를 명하여 비류강 상류 비류국왕 송양(松讓)을 투항시켜 영토 내에 편입하고, 압록강의 행인국(荇人國)을 병합하고 동부여와 대결하는 등으로 세력을 확장해 갔다.

2세 유리왕(琉璃王) 때에는 몽골 동부의 선비(鮮卑)를 친히 정벌하여 고구려에 편입하고 다시 즙안현읍(楫安縣邑) 동쪽 15리쯤 되는 곳에 위나암성(尉那巖城)과 환도성(丸都城)을 축성하고, 국내성(國內城)으로 천도(遷都)한 후 한(漢)을 압박하여 요동(遼東)의 동북을 탈환하였다.

고구려의 광역은 오늘날의 샨하이구안(Shanhaiguan)과 수이총(Suizhong) 및 그 근처 영역의 남서방의 요서 지역에 자리하고 있었다. 〈周書〉에 따르면, 서주(西周)의 북동쪽에 위치하고 있는 고구려의 사절단이 120 B. C.년에 서주 청주에서 개최한 행사에 참석했다고 기록하고 있으니, 고구려는 오늘날의 요서지역에 있었다는 것이 명백하다. 그러나 위만조선과 한무제(漢武帝)가 요서 지역을 점령하였기 때문에 고구려의 유민들은 오늘날의 요하 동쪽인 요수 유역으로 이동하여 정착하게 되었다. 그 들은 졸본에 도읍하고, 37 B. C.년에 고구려가 건국되었다. 〈삼국사기〉에도 고구려는 기원전 37년에 건국되었다고 기록되어 있다. 2세 왕 유리 22년, 즉 3 A. D.년에 국내성으로 수도를 옮겼고, 국내성의 위치는 압록강 유역 오늘날의 집안이다. 고구려의 영토는 산이 많고, 들이 적어 농사가 잘되지 않으며, 그들은 근면하고 절약하는 생활을 할 수 밖에 없었다.

고구려는 2세 유리왕 대에 이르러 가섭원부여를 견제하면서 요서지역으로 영토를 확장해 갔다. 주몽왕 2년, 36 B. C.년에 비류국을 통합하고, 74 B. C.년에 10개의 조금만한 나라들 즉 행인국, 북옥저, 선비, 양맥, 개마, 구다, 낙랑, 동옥저, 갈사, 조나, 주나 등을 정복하였다.

가섭원부여의 대소왕은 5만의 병력으로 고구려를 침공하였으나 많은 눈이 내려서 공격에 실패하였다. 그리고 가섭원부여는 13 A. D.년에 또다시 고구려를 침공하였으나 뒤에 대무신왕이 된 무휼 왕자의 군대가 물리쳤다. 21 A. D.년에는 고구려는 가섭원부여를 공격하여 다음해에 대소왕을 죽이고 승리하여 귀환했다. 요서지역은 본래 조선의 영토이며, 고구려가 건국된 곳이기 때문에 고구려의 옛 강토를 수복하게 된 것이다.

75 B. C.년에 고구려는 조선 주민들과 손을 잡고, 요서의 서부지역에서부터 요하의 상류에 이르기까지 한사군의 하나인 현도를 점령하였다.

유리왕이 왕위를 계승한 후 33년이 지난 14 A. D.년에 현도군에 있는 고구려에 속하는 군들을 완전히 장악하고, 또한 대무신왕 2년(30 A. D.)에 고구려는 낙랑군의 일곱 군들을 점령하였다.

모본왕 2년(49 A. D.)에 고구려는 한 령의 유베이핑, 유양, 상구, 대유안을 점령하였다. 그러므로 고구려의 광역은 북경 넘어 황하유역을 포함하는 광대한 국토를 점유하게 되었다.

태조왕(53-146 A. D.)은 선왕들의 강력한 국토 회복의 의지를 계승하여, 영토 확장에 전력을 기우렸다. 동옥저, 갈사, 조나, 주나를 정복하여, 동북의 해안, 동남으로 함경도 해안, 북쪽으로는 훈지앙강 상류, 서쪽으로는 요서 지역, 남쪽으로는 청천강에 이르는 넓은 영토를 확장해 갔다.

태조왕 53년(105 A. D.)에 요서지역의 요수에 위치한 요동군을 공격하여 탈환하고, 111 A. D.년에 요동군으로 옮겨간 현도성을 탈환하고, 121 A. D.년에는 한나라의 대대적인 반격이 있었으나, 태조의 동생인 수성 장군이 반격하여 현도성과 요동성을 공격하여, 2,000명이 넘는 포로를 잡아 죽였다. 또 같은 해에 고구려 군은 요동군을 공격하여, 요동군 태수 가이 휑, 부 태수 롱 두안과 공손 푸를 잡아 살해했다.

146 A. D.년에 요동과 낙랑 두 군을 공격하여, 낙랑군 태수의 가족들을 사로잡고, 대방군 영주를 살해한 전과를 올렸다.

태조왕이 사망한 이후 왕위 계승문제를 놓고 내분이 일어나 나라가 혼란에 빠졌다. 그 틈을 타 현도 태수 겡 린의 공격을 받아 연패하였다.

3세 무신왕대(武神王代)에는 정복사업이 더욱 활발하게 계속되었다. 왕자(王子) 호동(好童)이 낙랑국(樂浪國) 왕녀를 취하여 그녀로 하여금 무기고에 설치된 고각(鼓角)을 찢게 하여 이 나라를 격파하였다고 전하여지는 「호동왕자와 낙랑공주」 이야기도 이때의 일이다.

5세 모본왕대(慕本王代)에는 한(漢)을 공격하여 요동(遼東)을 완전히 회복하고 나아가 하북성(河北省)의 어양(漁陽)과 북평(北平), 산서성(山西省)의 상곡(上谷)과 태원(太原)을 아우르고 한(漢)으로 하여금 고구려에 조공을 받치고, 화전(和戰) 하게 했다.

고구려의 강역은 요서(遼西)지방, 지금의 발해 쪽에 10개의 성을 쌓고, 한에 대비했으며, 한나라 초 한 무제(漢 武帝)가 황하 삼각주 지방의 천진(天津)지방 남쪽에 창해군(滄海郡)을 설치했다가 실패했던 연제(燕齊) 지방까지가 고구려의 강역이었다.

태조대왕 69년 A. D. 119년에는 한의 현도를 공격했고, A. D. 149년에는 요동(遼東)의 낙랑(樂浪)과 대방(帶方)을 습격하여 대방령을 죽이고 요동 낙랑 태수의 처자를 사로잡아 왔다.

A. D. 121년 한의 유주(幽州) 지사 풍환(馮煥), 현도 태수 요광(姚光), 요동 태수 채풍(蔡諷)이 고구려에 침입하여 병마(兵馬)와 재물을 약탈함으로 고구려왕은 아우 수성(遂成, 차대왕)이 방어하게 했는데, 수성은 유주 지사와 현도 태수에게 사람을 보내어 거짓으로 항복하는 채 하고 그들을 험한 곳으로 유인하여 대군을 차단시켜 놓고 요동 태수 채풍을 신창(新昌)에서 전사시키고, 요동과 현도를 역공하여 성곽을 불 지르고 2천여 명을 살상 또는 포로로 잡아왔다.

A. D. 49년 고구려는 우북평(右北平) 어양(漁陽) 상곡 더 나아가서는 대륙 깊숙한 태원(太原)에까지 진격했다가, 요동 태수 채융(蔡肜)이 신의로 대우함으

로 화친을 맺고 돌아왔다. 그때의 곡려는 마한을 통합한 백제로부터 1만여 기병의 원병을 받아 현토성(玄菟城)을 포위했으나 불행이도 사섭원부여가 한나라의 편을 들어 원병 했기 때문에 그 전투에서 실패했다.

A. D. 50년경, 후한(后漢) 때의 고구려의 국력은 대륙의 심장부인 태원(太原)까지 진격했던 국력이었고, 백제 역시 〈삼국사기〉와 〈後漢書〉의 기록에 따르면, 고구려에 수천의 기병을 원병 할 정도의 국력이었다.

6세 태조왕(太祖王)은 유리왕(琉璃王)의 제5왕자 연나부(涓那部)의 군장(君長) 고취가(古鄒加)인 재사(再思)의 아들이요, 이름은 궁(宮), 아명은 어수(於漱)였다.

《후한서(後漢書)》〈고구려전〉에 의하면, 고구려의 정제(政制)에 대하여 다음과 같이 기록하고 있다.

> 「안금고구려오부 일왈내부 일명황부 즉 계루부야
> 按金高句麗五部 一曰內部 一名黃部 卽 桂婁部也
> 이왈북부 일명후부 즉절노부야 삼왈동부 즉 순노부야
> 二曰北部 一名後部 卽絶奴部也 三曰東部 卽 順奴部也
> 사왈남부 일부전부 즉관노부야 오왈서부 일명우부
> 四曰南部 一部前部 卽灌奴部也 五曰西部 一名右部
> 소노부야
> 消奴部也」

위와 같이 5부로 편성되어 있었다.

위 [절노(絶奴), 순노(順奴), 소노(消奴), 관노(灌奴)]의 [노]는 나라 '國', 누리 '世'와 같은 말이다.

고구려는 처음 나라를 세울 때, 여러 개의 작은 부족연맹체(部族聯盟體)로서 성읍국가(城邑國家)였으나 점점 영역국가(領域國家)로 성장해 가는 가운데 중앙집권적 권력체계가 갖추어 갔다.

중앙관제(中央官制) 신가(國相), 팔치(沛者), 발치(評者)란 삼상(三相)을 두었으니, 신가의 별명은 마리 '머리'이므로 이두로 [對盧]라고 쓴다. 또는 대보

(大輔), 좌보(左輔), 우보(右輔)라고도 했다. 지방의 5부에는 욕살(褥薩)이라고 호칭된 군관과 처려근지(處閭近支)라고 하는 행정관이 파견되었다.

6세 태조(太祖) 때에 와서 매년 5월과 10월에 고구려에서는 동맹(東盟)이라고 하고 부여에서는 영고(迎鼓)라고 하는 소도(蘇塗) 제(祭)를 행했다.

6세 태조왕과 그의 왕자 7세 차대왕(次大王)에 의하여 현도(玄菟), 낙랑(樂浪) 양군에서 한(漢)의 세력을 완전히 몰아내고 요하(遼河) 동서의 옛 강토를 수복하였을 뿐 아니라 漢으로 하여금 다시 조공을 하게 했고, 화(和)를 허락하였다. 동으로 연해수(沿海州)에 책성(柵城)을 설치하여, 고구려는 동북아시아 전역에 군임하는 대 왕국으로 성장하였다.

8세 신대왕대(新大王代)에는 명임답부(明臨答夫)가 국상(國相)에 임명되어 지금의 직례성(直隷省)과 산서성(山西省)에 해당하는 유주(幽州) 병주(並州) 2주로 원정(遠征)하여 전사하니 왕이 친히 장례를 정중하게 치렀다.

9세 고국천왕대(故國川王代)에는 현상(賢相)으로 을파소(乙巴素)를 기용하여 국정을 밝게 하고, 백성들을 편안하게 하였다. 을파소는 진화법(賑貨法)을 실시하여, 봄과 여름이면 나라의 창고에 있는 양곡을 백성에게 빌려주고, 추수기에는 상환케 했다. 산상왕(山上王) 7년 A. D. 203년에 을파소가 죽으니 온 백성이 슬퍼했다고 한다.

10세 산상왕대에는 왕위(王位) 계승에 관한 문제로 그의 형 발기(發岐)와의 사이에 분쟁이 있었고 이를 틈타 한(漢)의 침범이 있었다.

11세 동천왕대(東川王代)에는 漢이 망하고 중국 쪽은 연(燕)·위(魏)·오(吳)·촉(蜀)으로 분열되었다. A. D. 240년경, 왕의 군사들이 위나라 서안평(西安平)을 침공하였으나 실패하고 돌아왔다. 그 후 또다시 위나라와 싸웠으나 전세가 불리하고, 환도성(丸都城)이 함락되었다. 적장 관구검(毌丘儉)이 궁실을 태우고 역대의 문헌을 탈취하여 갔다.

동천왕은 한때 동해안 옥저 지방으로 후퇴하였으나 이에 굴하지 않고 수도를 되찾고 국세를 만회하였다.

수(隋)가 진(陳)을 멸한 것은 고조(高祖) 개황(開皇) 9년, A. D. 589년으로 고구려 평원왕 31년이다. 개황 초에는 고구려의 입조하는 사신이 자주 있었으나, 진을 평정한 뒤로는 평원왕이 크게 두려워하여 군사를 훈련시키고 곡식을 비축하여 튼튼한 방어 태세를 갖추었다. 개황 17년, A. D. 597년, 문제가 고구려의 평원왕에게 칙서를 내려 말하였다. 「짐이 천명을 받아 온 세상을 사랑으로 다스리매, 왕에게 바다 한 구석을 맡겨서 조정의 교화를 선양하여 모든 인간으로 하여금 저마다의 뜻을 이루게 하고자 하였다. 왕은 해마다 사신을 보내어 매년 조공을 바치지만 성절을 다하지 않고 있소. 왕이 남의 신하가 되었으면 모름지기 짐과 덕을 같이 베풀어야 할 터인데, 오히려 말갈(靺鞨)을 못 견디게 괴롭히고 거란(契丹)을 구속하고 있소. 여러 나라들이 머리를 조아려 나에게 신하 노릇을 하는 게 무엇이 나쁘다고 그처럼 착한 사람이 의리를 사모하는 것을 분개하여 끝까지 방해하려 하오?」 이와 같이 고구려를 신하 국으로 멸시하는 수의 태도가 고구려와 수나라와의 전쟁을 예고하고 있었다고 하겠다.

12세 중천왕대(中川王代)에 중국에 위 · 촉 · 오나라가 망하고 진(晋)으로 바뀌어졌는데 이때 요동(遼東)과 요서(遼西)는 불안정한 정세였다.

13세 서천왕대(西川王代)에는 북부여에 위치한 아사달(阿斯達)이 선비족(鮮卑族) 모용외(慕容廆)의 침입을 받아 단군왕검 이래의 역대 문헌이 소실되었다.

14세 봉상왕대(峰上王代)에 왕의 천성이 포악하고 우매하므로 숙질간과 형제간의 골육상쟁이 계속되었고 선비족의 침입이 잦았다.

15세 미천왕(美川王, 300-331)은 계속 중국 제족에게 압박을 가하여 위(魏)를 이은 진(晋)의 세력이 약해졌을 때의 313년에는 적들이 낙랑과 대방(帶方)에서 완전히 축출하는데 성공했다. 이때에 중국에서는 북방계 여러 부족의 남침을 받아 진(晋)나라가 양자강(楊子江) 유역으로 쫓겨 가고 중국북부에는 5호(五胡) 16국이 난립되었다.

16세 고국원왕(故國原王)은 복구의 강한 의욕은 가졌으나 항상 선비족(鮮卑族) 모용씨(慕容氏)의 견제를 받고 있었다. 왕은 즉위하자마자 평양성(平壤城)을 증축하고, 집안현(輯安縣) 산성자(山城子)에 새로 환도성(丸都城)을 쌓았고, 12년에는 환도성으로 천도하였으니, 이는 제3의 환도성이다. 태조대왕(太祖大王)의 왕자 축성(逐成)이 쌓은 제1환도성이 있고, 또 동천왕(東川王)이 쌓은 제2의 환도성이 있으니, 제3의 환도성과 더불어 세 곳에 환도성이 있었다. 고구려가 환도성으로 북천하자 선비족은 선수를 써 대군으로 침입하여 성곽(城郭)과 궁실(宮室) 및 민가의 집을 불 지르고 역대 문헌을 불태웠다. 말년에는 백제의 근초고왕(近肖古王, 346-375)과의 싸움에서 왕은 진중에서 전사했다.

17세 소수림왕(小獸林王, 371-384) 2년에 진왕(秦王) 부견(符堅)이 인도의 승(僧) 순도(順道)를 보내 불상(佛像)과 불경(佛經)을 전해 왔으니, 이것이 불교가 이 나라에 전하여진 시초이다.

왕은 태학(太學)을 세우고 박사(博士)를 두어 관이(官吏) 양성을 위한 교육기관으로 삼았으며, 다음해 3년에는 대법전(大法典)을 배포하였다. 4년에는 고구려의 승(僧) 아도(阿道)가 성문사(省門寺)와 이불란사(伊弗蘭寺)를 지어 불법을 가르쳤다.

고구려 사람들의 기예(技藝)는 쉽게 불교와 융합되어 일본으로 건너가 법융사(法隆寺)의 벽화를 그려준 담징(曇徵)은 고구려 예술의 발달을 잘 보여준다.

소수림왕(小獸林王) 2년 즉 372년에 한자와 한학도 이미 들어와 있었다.

한자사용으로 유리(留記) 100권의 사서가 편찬되었다고 알려져 있으나, 지금은 남아 있는 것이 없다.

19세 광개토왕(廣開土王, 391-413)은 18세에 즉위하여 재위 22년 동안 정복사업(征服事業)을 강력하게 전개하여 널리 영토를 확장해 갔다.

그는 남으로 신라와 친하고, 백제에 반대하는 한편, 강력한 북방정책을 썼다. 오래도록 항쟁을 반복해 오던 요동지방(遼東地方)을 완전히 고구려의 영토로 수복했으며, 동북으로 견제하고, 남으로는 백제를 공격하였다. 또한 신라를 침공해오는 왜(倭)를 낙동강 유역에서 섬멸하였다.

《삼국사기》에,

광개토대왕의 위업을 계승한 20세 장수왕(長壽王, 413-491)은 재위 15년(427년)에 국내성(國內城)에서 평양성으로 천도하였으니, 이는 북쪽을 지키고 남진(南進) 정책을 바꾸었다는 것을 의미한다.

장수왕은 굳건하게 북쪽을 지켰으니 남방정책에 주력할 수 있었다.

장수왕 63년(475년)대의 고구려는 드디어 백제의 수도 한산(漢山)을 함락시키고 백제왕을 죽였다. 백제는 이때 고마나루(熊津, 今公州)로 천도하게 되었다.

이리하여 고구려는 만주의 대부분과 조선반도의 아산만(牙山灣)에서 죽령(竹嶺)에 이르는 선까지 국토가 확장되어 동아시아의 대 왕국으로 군림하게 된 것이다.

25대 평원왕(平原王)이 북주(北周)에 사신을 보내어 조공을 하니 무제(武帝)는 평원왕에게 상개부(上開部) 요동군공(遼東郡公) 요동 왕으로 임명했다. 고조(高祖)가 북주의 왕위에 오르자 평원왕은 다시 사신을 보내어 궁궐에 이르렀다. 이에 평원을 대장군(大將軍)으로 올려주고 고려왕으로 고쳐 봉하였다.

26대 영양왕(嬰陽王)이 왕위에 오르니, 한(漢) 고조(高祖)는 사신을 파견하여 영양왕에게 상게부의동삼사(上開府儀同三司)를 제수하는 한편, 요동군공(遼東郡公)을 세습시키고 옷 한 벌을 내려주었다. 그리고 고조는 영양을 왕으로 책봉하였다. 그러나 이듬해 영양왕이 말갈(靺鞨)의 기병 1 만여 명을 거느리고 요서에 침입하였는데, 영주(營州) 총관 위충(韋沖)에게 패하고 돌아왔다. 고조가 이 소식을 듣고 크게 노하여 수군과 육군을 총동원하여 고구려를 물리치고 영양왕의 작위를 삭탈하였다.

(다) 고구려와 수(隋) 및 당(唐)과의 전쟁

중국에서는 B. C. 206년 진(秦)이 성립되었다가, B. C. 221년에 망하고, B. C. 206년 서한(西漢)이 일어난 후에 열국시대(列國時代)로 접어들어, A. D. 24년 후한(後漢)을 거쳐, 조위(曹魏)·손오(孫吳)·유촉한(劉蜀漢) 등 씨족국가인 삼국시대(三國時代)가 열리고, 북위(北魏), 남송(南宋)으로, A. D. 386년, A. D. 420년으로 각각 양분되었다가 A. D. 479년에 제(薺)나라, A. D. 502년에 양(梁)나라, A. D. 550년에 북제(北齊), A. D. 556년에 북주(北周)를 거쳐서, A. D. 581년에 수(隋)에 이른다. 수나라는 우문 씨(宇文氏)계의 선비(鮮卑)족 양견(楊堅)이 세운 나라이다.

북주(北周)의 우문 씨(宇文氏) 제위를 탈취한 수 문제(隋文帝) 양견(楊堅)이 진(陳)나라를 흡수하고 다시 중국대륙을 통일하여 강대한 영역국가로 성장하였다.

수문제(隋文帝)는 26세 영양왕(嬰陽王)에게 조공을 강요하며, 모욕적인 문서를 보냈다. 영양왕이 대노(大怒)하여 강이식(姜以式)을 병마원사(兵馬元師)로 삼아 정병(精兵) 5만으로 임유관(臨渝關)으로 진격하게 되어 高, 隋전쟁이 일어났다.

고구려 병이 요서(遼西)에 침입하여 요서총관(遼西總管) 위충(韋沖)과 접전하고, 수문제가 30만 대병으로 수륙작전으로 맞아 싸웠다.

강이식(姜以式)은 수군으로 해중에서 맞아 싸워 식량을 실은 배를 격침시키니 수병(隋兵)은 군량미가 모자라고, 설상가상으로 장마가 들어 기아와 질병으로 어려움에 처하게 되었다. 강장군이 유수상(渝水上)에서 추격하여 거의 섬멸하였다.

이때 신라와 백제는 오히려 수나라의 편에 서서 고구려를 다시 쳐 줄 것을 요청하였다.

고구려가 얼마나 강성했던가 하는 것은, 제갈무후(諸葛武候)의 고서가 전하고 있다. 『동방 고구려의 백성들은 예의가 바르고 대의에 살기 때문에 정의감이 강하다. 정의를 위해서는 목숨도 사양하지 않는 용감한 백성들이다. 외적의 침입에는 어떠한 어려운 전투라도 능히 방어해낸다. 지세를 보면 산과 구릉이 많고 또 바다가 있어서 그 지형의 자연 요새를 잘 이용하기 때문에 그들의 나라는 견고하다. 그러므로 침략하기 어렵다. 그러나 굳이 침략 하려면 먼저 첩자를 시켜 그 나라 조정에 이간이 일어나게 한 다음 유능한 신하들을 모두 제거하게 하고 백성과 군인 간에 알력이 생기게 해야 한다. 그 이후 수교 하는 체 하고 꾀여 그 이후 공격하면 승리할 수 있을 것이다.』 했다. 이 얼마나 고구려의 사정을 면밀하게 분석하고 한 말인가.

수 문제(隋文帝)가 죽고 수양 제(隋煬帝)가 즉위하였다. 수양제가 612 A. D. 년에 백만의 대군을 이끌고 고구려에 침입 했다가 을지문덕 장군과 살수대첩(薩水大捷)의 싸움에서 대패하고 돌아갔다. 수양제 또다시 고구려에 침입했다가 실패하여 수나라의 국력이 쇠해진 틈을 타 당나라 태종이 수나라를 멸망시키고 중국 천지를 지배했다는 것은 우리 모두 잘 알고 있다. 그와 같이 강성했던 고구려도 제갈무후의 말대로 연개소문의 장자였던 남생이 동생 남건 남산 등에 의해 재상 직 에서 물러난 후 당나라에 투항하여 첩자노릇을 함에 따라, 수양제의 백만 대군을 물리쳤던 고구려가 당태종의 18만 군사 앞에 무릎을 꿇게 되었다.

수군은 24군을 수륙양면으로 나누고, 양제(煬帝) 스스로 장수가 되어 요수(遼水)를 건너 요동(遼東)의 각 성을 공략하고, 한편 우문술(宇文述)이 사령(司令)이 되어 요수를 건너 고구려의 서울인 평양으로 쳐들어가고 수군(水軍) 수만은 양곡 선을 이끌고 대동강으로 쳐들어가 우문술과 합세하여 평양을 공략하였다. 을지문덕(乙支文德)이 요하(遼河) 북서의 군사를 거두어 요하를 지키다가 거짓 퇴군하는 척 하니, 수군이 요하를 건너 요동성을 포위 공격하며, 우문술 등 9군으로 하여금 평양으로 추격케 하였다.

전 중에 을지문덕이 우문술에게 다음과 같은 시를 보내 여유작작한 무인의 태도를 보였다고 한다.

> 「신책궁천문 묘산궁지리 전승공기고 지족원운지
> 神策究天文 妙算窮地理 戰勝功旣高 知足願云止」

즉 「신책은 천문을 다 궁구했고, 묘산은 지리를 다하였도다 싸움마다 이겨서 그 공이 이미 높았으니 족한 줄 알진대 그만 둠이 어떠리」로 해독된다.

수양제의 군사가 烏列忽과 요동의 성을 쳤으나 함락시키지 못하고 고구려군에 전사한 해골이 성하에 산을 이루었다고 한다.

수양제는 흉년과 전쟁의 패망으로, 인민의 원성이 극에 달하고, 고구려를 침범한지 5년이 지나 양제는 신하에게 암살되고 617년에 나라도 망하고 말았다.

고구려와 당(唐)의 전쟁에 관한 사기를 보면,

당(唐)나라 태종(太宗)의 머리에는 대 고구려 작전계획이 잠시도 떠날 수 없었다.

고구려의 강역은 요서(遼西)지방, 지금의 발해 쪽에 10개의 성을 쌓고, 한에 대비했으며, 한나라 초 한 무제(漢 武帝)가 황하 삼각주 지방의 천진(天津)지방 남쪽에 창해군(滄海郡)을 설치했다가 실패했던 연제(燕齊) 지방까지가 고구려의 강역이었다.

태조대왕 69년 A. D. 119년에는 한의 현도를 공격했고, A. D. 149년에는 요동(遼東)의 낙랑(樂浪)과 대방(帶方)을 습격하여 대방령을 죽이고 요동 낙랑 태수의 처자를 사로잡아 왔다.

A. D. 121년 한의 유주(幽州) 지사 풍환(馮煥), 현도 태수 요광(姚光), 요동 태수 채풍(蔡諷)이 고구려에 침입하여 병마(兵馬)와 재물을 약탈함으로 고구려 왕은 아우 수성(遂成, 차대왕)이 방어하게 했는데, 수성은 유주 지사와 현도 태수에게 사람을 보내어 거짓으로 항복하는 채 하고 그들을 험한 곳으로 유인하여 대군을 차단시켜 놓고 요동 태수 채풍을 신창(新昌)에서 전사시키고, 요동과 현도를 역공하여 성곽을 불 지르고 2천여 명을 살상 또는 포로로 잡아왔다.

A. D. 49년 고구려는 우북평(右北平) 어양(漁陽) 상곡 더 나아가서는 대륙 깊숙한 태원(太原)에까지 진격했다가, 요동 태수 채융(蔡肜)이 신의로 대우함으로 화친을 맺고 돌아왔다. 그때의 곡려는 마한을 통합한 백제로부터 1만여 기병의 원병을 받아 현토성(玄菟城)을 포위했으나 불행이도 사섭원부여가 한나라의 편을 들어 원병 했기 때문에 그 전투에서 실패했다.

A. D. 50년경, 후한(后漢) 때의 고구려의 국력은 대륙의 심장부인 태원(太原)까지 진격했던 국력이었고, 백제 역시 〈삼국사기〉와 〈後漢書〉의 기록에 따르면, 고구려에 수천의 기병을 원병 할 정도의 국력이었다.

고구려가 얼마나 강성 했던가 하는 것은 제갈무후(諸葛武候)의 의견에 따르면,

「동방 고구려가 얼마나 강성 했던가 하는 것은 잘 알려진 사실이다. 백성들은 예의가 바르고 대의에 입각해 있기 때문에 정의심이 강하다. 정의를 위해서는 목숨도 사양하지 않는 용감한 백성들이다. 외적의 침입에는 어떠한 급하고 어려운 전투라도 능히 방어해낸다. 지세를 보면 산과 구릉이 많고 또 바다가 있어서 그 지형을 잘 이용하기 때문에 그들의 나라는 견고하다. 그러므로 능히 침략하기가 어렵다. 그러나 굳이 침략 계획을 세우려 한다면 먼저 첩자로 하여금 그 나라 조정에 이간이 일어나게 한 다음 지력이 있는 신하들을 모두 제거하게 하고 백성과 군신 간에 틈이 생기게 해야 한다. 그 후에 수교로서 꾀여 가지고 공

격하면 승리할 수 있을 것이다」고 했다.

수양제(隋陽帝)가 A. D. 612년 백만의 대군을 이끌고 고구려에 침입했다가 을지문덕(乙支文德) 장군과의 살수대첩(薩水大捷)의 싸움에서 대패하고 돌아갔다는 것은 잘 알려진 사실이다. 수양제는 또다시 국운을 걸고 재차 고구려에 침입했다가 실패함에 따라 수의 국력이 쇠해진 틈을 타 당태종이 수를 타도하고 군림하게 되었다.

당의 태종이 당의 제일 명장 이정(李靖)을 행군대총관(行軍大摠管)으로 삼고자 하였으나, 이정은 태원(太原)에 있을 때에 연개소문(淵蓋蘇文)에게 병법(兵法)을 배운 은사라 하여 이를 거절하였다.

당태종의 작전계획은 수양제(隋煬帝)의 패인을 분석하는 등 신중하지 않을 수 없었다.

644년 7월에 병력을 낙양(洛陽)에, 군량(軍糧)을 영주(寧州)의 대인성(大人城)에 집결시키고, 영주도독(營州都督) 장검(張儉)을 시켜 유(幽)·영(營) 2주의 병마(兵馬)로서 요동을 공격하였으며, 동년 10월에 바다로 정병 4만으로 요하에 진군케 하였다. 한편 육로로 진군한 주력과 요동에서 합류토록 하여 당 태종의 친위군 20만이 뒤를 따랐다.

이에 대하여 연개소문(淵蓋蘇文)의 고구려군은 오골성(烏骨城)을 방어선으로 굳게 지켰다. 625년 2월에 당태종은 스스로 군사를 이끌고 출정(出征)하였다.

당태종이 안시성(安市城)에서 연개소문에게 패하고 돌아갈 때에 활에 맞은 눈이 악화되어 죽었으니 그의 아들 고종(高宗)과 그의 신하 이적(李勣)과 소정방(蘇定方)은 복수심이 간절하였으나 연개소문이 무서워 다시 출정하지 못했다.

당대의 최고 영걸이요, 최고 장군으로 추앙받던 연개소문은 보장왕 17년, 657년에 병으로 작고했다.

당은 독력으로 고구려를 칠 수 없다는 것을 알고 신라와 연합하여 협공할 것을 갈망하던 차에, 신라 태종(太宗, 金春秋) 즉위년에 태자 법민(法敏)을 당에 보내 청병하여 왔으므로 당은 쉽게 응했다.

연개소문의 아들 남생(男生)이 아우들과 다투다가 국내성으로 쫓겨 갔을 때

당 군과 싸우다가 패하여 항복하게 되었다.

그와 같이 강성했던 고구려도 제갈무후의 말대로 연개소문(淵蓋蘇文) 자식들의 권력 투쟁에 휘말려, 연개소문의 장자였던 남생(南生)이 남건(南建) 남산(南産)에 의해 재상 직에서 물러난 후 당에 투항하여 첩자 노릇을 함에 따라, 수양제의 1백만 대군을 물리쳤던 고구려가 당태종의 18만 군사 앞에 무릎을 꿇게 되었다.

고구려 보장왕 20년, 661년에 당 고종은 신라 병력과 합세하여 평양성을 공격하였고, 보장왕 27년인 668년 9월 12일 유서 깊은 평양성이 함락되었으며, 이 날이 고구려 최후의 날이었다. 시조 주몽으로부터 28대왕 역년 725년으로 막을 내리고, 우리 민족의 영토가 만주의 광활한 영토를 버리고 한반도로 쪼그려드는 결과를 낳게 했다.

고구려가 멸망한 지 30년이 뒤에 고구려의 유장(遺將) 대조영(大祚榮, 699-719)이 고구려의 옛 강토를 수복하고 발해국(渤海國)을 세웠는데 그 영토가 동쪽으로 연해주, 북쪽으로 흑룡강, 서쪽으로 압록강 하류에서 신라와 접했다. 그때 사실상 우리 겨레는 북쪽에 발해, 남쪽에는 신라의 남북 조선으로 분리되었던 것이다. 그런데 당태종과 현종은 신라를 군자국이라 했고 발해를 해동성국(海東盛國)이라 했다.<新唐書北狄列傳> 성국이란 그 치세가 성세하였다는 것을 말하는 것인데, 고대 중원의 요순(堯舜) 시대가 성세였다. 성세란 성덕이 있는 군자가 다스리는 치세를 두고 하는 말이기에 적대관계에 있었던 당의 황제들이 발해를 "바다 동쪽의 강성한 나라"라고 칭송한 것은 어렵게 세운 발해가 얼마나 융성한 나라인가 하는 것을 우리에게 깨우쳐 주고 있다.

〈삼국사기〉를 〈삼국사기〉를 쓴 김부식은 백제와 고구려가 멸망한 것은 큰 나라 당 대국에 불경했기 때문이라고 했고 신라가 당의 허락이 없이 독자적으로 연호를 사용한 것은 당에 대하여 결례였다는 것이다.

그리고 형행 국사의 대본으로 되어있는 〈국사대관〉의 저자이며 유명한 사학자인 서울 대학교 전 사학과 교수 이병도는, "고구려 11대 동천왕 21년 요동의 환도성을 한반도의 평양으로 옮겼다는 〈삼국사기〉의 기록은 김부식은 한사군의 낙랑군을 염두에 두지 아니 했던 착오라고 했다(국사대관 p59). 그뿐 아니다. 이병도는, 대방태수 궁준(弓遵)과 낙랑태수 유무(劉茂)가 백제와 싸우다가 궁준은 전사하고 대방과 낙랑 3두 군은 드리어 멸망했다는 중국의 사서 〈三國志魏志〉의 기록은 표현상의 과장이요 실상은 백제가 항복한 것이었다고 주장하며, 중국의 정사인 〈삼국지〉까지도 부인하였다. 일본의 총독부 조산사편찬위원으로 일제의 압자비가 되어 역사 왜곡에 앞장선 친일 사학자들의 이러한 허무맹랑한 위설 들을 모두 정정해야 할 것이다.

(라) 고구려시대의 언어재료 해독

A. [고구려]의 표기 및 뜻

고구려의 기본 주민은 고대 조선족의 하나였던 맥(貊)족이었다. 옛 책들에 있어서는 고구려의 언어가 부여와 많은 점에서 같다고 하였다.

ⓐ 금미달(今彌達), 개마대산(蓋馬大山), 현도(玄菟)

환웅의 후(后)가 고마족(熊族) 출신이라고 하는 것은 앞에서 이야기되었기 때문에 지금부터 [고마]라는 어휘가 어떻게 우리에게 계승되고 있는지 살펴보고자 한다.

고구려에서는 [공목(功木), 공목(工木), 웅문(熊間), 공무(功戊)] 또한 백제에서는 [웅(熊)→공무(公戊)]로 기록하고, [고마/고모/구머/구무] 등으로 읽었던 것이다. 그 외의 많은 나라에서, 지명(地名)에서 [고마]가 여러 표기로 오늘날까지 쓰이고 있다.

금미달(今彌達)은 상고음이 [기엄-미에이닫(kiəm-miei-ɗat)]으로 추정되고 있다. 이러한 추정을 통하여 이중모음 [iə], [ie]는 고대음에서는 단모음이 되어 [e]로 줄여지고 받침소리 역시 삭제하는 고대음에서 [m], [t]가 없어지고, [ɗat]에서의 [t]는 일반적을 [t]받침으로 끝나는 음은 우리말에서는 [r]음으로 변하여, [금미달]은 [거머-다라(kəmə-dara)]로 된다. 그러므로 이 두 형태소는 [거머] '곰'과 [다라] '산'이 되어 뜻은 '곰의 산'으로 해석할 수 있다.

다음 개마대산(蓋馬大山)은,

《후한서(後漢書)》〈동이전(東夷傳)〉〈동옥저(東沃沮)〉에는 동옥저(東沃沮)

는 개마대산(蓋馬大山)의 동쪽에 있다. 개마(蓋馬)는 현(縣)의 이름이고 현도군(玄菟郡)에 속(屬)한다고 기록하고 있다. 본문을 보면,

「동옥저는 고구려 개마대산의 동쪽에 자리 잡고 있으며, 동쪽물가는 큰 바다이다. 북으로는 읍루국(挹婁國), 부여국(夫餘國)에 접하고, 남으로는 예·맥(濊·貊)과 접하고, 그 땅은 동서는 좁고, 남북은 길어서, 가히 꺾어도 천리는 된다. 토지는 비옥하고, 아름다우며, 뒤로는 산을 등지고 앞으로는 바다를 향해 있도다. 또한 북옥저(北沃沮)가 있으니, 다른 이름이 치구루(置溝婁)이고, 남옥저(南沃沮)와의 거리가 8백여 리가 되니, 그 풍속은 남과 같도다. 경계로는 읍루(挹婁)와 남으로 접하고 읍루인(挹婁人)은 배를 타고 도둑질하기를 좋아했다. 그래서 북옥저(北沃沮)는 그들을 좋아하지 않는다」고 했다. 또한 단군(檀君)때 로가(鷺加)의 벼슬, 즉 예법(禮法), 주선악(主善惡)을 관장하던 주인씨(朱因氏)족의 한 사람은, 함경남도(咸鏡南道) 개마고원(蓋馬高原) 일대에 개마 봉후국(封候國)에 봉(封)했다고 하는 [개마(蓋馬)]는 중국의 상고음이 [게-메아(ke-mea)]로 추정된다. [mea] 이중모음이 고대음(古代音)에는 없으니 [ma]가 되고 모음조화 현상을 고려하여 [가마(ka-ma)]에 대한 소리 옮김으로 해독될 수 있다. 즉 [ke-mea → ke-me → kə-mə 또는 ka-ma]의 소리 변화를 추정할 수 있다. 곧 개마대산(蓋馬大山)은 [거머다로] 또는 [가마다라/다로]로서 '熊山'으로 해독된다.

구자일 님은 〈한국고대역사지리연구(韓國古代歷史地理研究)〉에서 현토군(玄菟郡)에 대하여 다음과 같이 기록하고 있다.

「현토군(玄菟郡)은 고구려현(高句麗縣) 서개마현(西蓋馬縣), 상은대현(上殷大縣) 등 3현이다. 낙랑군(樂浪郡)보다 1년 늦게 생겼으며, 대부분을 낙랑군(樂浪郡)이 먼저 점령한 상태에서 낙랑군(樂浪郡)과 요동군(遼東郡) 사이에 생겨났다. 고구려현(高句麗縣)에는 요산(遼山), 요수(遼水)가 있는데, 대요하(大遼河)는 오늘날의 요양하(繞陽河) 하류로 들어간다. 이는 산도(散都)에서 흘러내리는 수수하(秀水河)를 가리킨다. 산도(散都)는 현도(玄菟)의 다른 표기이다」라고 현도군(玄菟君)을 밝혔다.

《삼국사기(三國史記)》에 나오는

「토함군 본고구려 오사함달현
菟含郡 本高句麗 烏斯含達縣」

에 나오는 [함/감(含)], 제비(玄鳥)의 [현(玄)], 北方의 색인 [玄] 즉 [가아라](일본어는 [구로] '검은색'), 신(神) 즉 [가미], [감(坎)]의 낱말들은 '곰' '검은'에서 파생된 것이다.

《후한서(後漢書)》〈동이전(東夷傳)〉에도 「동옥저(東沃沮)는 개마대산(蓋馬大山)의 동쪽에 있고 개마(蓋馬)는 현(縣)인데 현도군(玄菟郡)에 속한다」고 했다.

이 [玄]은 검을 현자로서 [거머]에 대한 뜻 옮김이다.

[玄]은 상고음이 [군(kun)/건(kən)]이다.

여기서 [玄]은 소리 옮김으로 보지 않고, 뜻 옮김으로 본다면, 해결의 실마리가 생긴다. [玄]은 [가맣다/거멓다]는 뜻이며, 그 뿌리는 [가마/거머]이다. 그러므로 [玄菟]는 [가마/거머 다라/더러]로서 '검은 산' '곰산'으로 판독된다.

[가마(솥)]란 말도 [검다]의 이형태인 머리를 [감다]의 어간 [ᄀᆞᄆᆞ]에 어원을 둔 단어로서, 원래 '검은 것'이라는 뜻을 가지고 있었다. 15세기에 나온 《용비어천가(龍飛御天歌)》에서는 웅진(熊津)을 [고마ᄂᆞᄅᆞ]라고 하였고, 《삼국사기》에는 [고마]의 표기를 [금마(金馬)], [고마(古馬)]라고 하였는데, [가마/고마]는 다같이 [ᄀᆞᄆᆞ]에서 유래된 말로서 '검은 것' 또는 '곰'이라는 뜻이다. [가마]를 [솥]이라고 하는데 《훈몽자회》에서는 두 말이 다 쓰이고 있다. [釜 가마부] 또는 [鼎 솥 뎡]이라고 기록하고 있다.

[가막조개]의 '[감+악] → 가막'이 되었으며, [감]은 '감다' '검다'의 뜻이며 [악]은 아기란 말이 변한 것으로 '작은 것'이라는 뜻이다. 결국 [가막조개]는 '가맣게 생긴 자그마한 조개'란 말이다. 또한 눈을 [감다], 머리를 [감다]에서 [감다]의 어원은 [ᄀᆞᆷ다]이다.

「누늘 ᄠᅳ거나 ᄀᆞᆷ거나 ᄒᆞ야」 《월인석보》
「沐 머리 ᄀᆞᆷ을 목」 《훈몽자회(訓蒙字會)》

에 보이는 것처럼 [·]가 [ㅏ], [ㅓ]로 변하여 [감다], [검다] 두 단어로 파생되었다. [눈을 감다]에서 [감다]는 눈을 닫는다는 뜻으로서 보이지 않게 되어 밤처럼 검게 된다는 말이다.

《후한서(後漢書)》〈제기(帝紀)〉에도,

> 「현도군 육성운운 서 개마상은대
> 玄菟郡 六城云云 西 蓋馬上殷台」

라 했다.

위 [玄菟]는 [가마다라/거머다로], [蓋馬]도 [가마다라/거머다로]의 표기이다. [머리를 감다]에서 [감다]는 물에 머리를 씻어서 먹물처럼 머리를 검게 한다는 말이다. 또한 [검다]란 말은 [곰] '熊'에서 유래된 것이다. [곰]은 북극지방에 가면 흰 것도 있지만, 검은 곰이 훨씬 많다 환웅의 후(后) [고마족]에서 [고마] '高句麗' '高麗' 말이 이어져 온다.

ⓑ 험칙(險側), 검칙(儉側), 왕험(王險), 왕검(王儉), 험독(險瀆), 검독(儉瀆)

왕검(王儉)은 우리 동방 고유(固有)로 전래되어 내려오던 군장(君長)을 뜻하는 호칭인 임금(壬儉)을 말한다. 따라서 왕검성(王儉城)은 임금이 계시는 도성(都城), 즉 수도를 지칭하는 말이므로, 어느 한 지명에 고정된 호칭이 아니고 여러 곳에 있을 수 있다. 《규원사화(揆園史話)》〈단군기(檀君記)〉에 의하면 처음의 단군(檀君)의 왕검성(王儉城)은 알타이(Altai)산맥에 있는 알툰(Altun)산과 알단(Altan)고원 등지로 생각되며, 두 번째의 왕검성(王儉城)은 만주(滿洲) 김림성(吉林省) 우수하(牛首河)(속말강(涑沫江) 뒤에 송화강(松花江)으로 변함) 남쪽에 있는 소밀성(蘇密城)이었다. 세 번째는 패수(浿水) 북쪽 신주(神州: 후에 발해(渤海)의 서경 압록부(西京 鴨綠府))로 옮겨서 이곳이 3의 임검성(任儉城)이다. 네 번째의 임금성(壬儉城)이 있던 곳은 한반도 이북의 지금의 평양이라고 했다.

[왕검(王儉)], [왕험(王險)], [임검(壬儉)], [임험(壬險)]은 같은 말이며, 옛

말인 [님금(壬儉)]의 조어형(祖語形)이 [니무거머]나 그 발음 변종인 [니무가마]에 대한 뜻과 소리 옮김으로 해독될 수 있다.

[王儉], [王儉]에서 [王]은 [니무가마/니무거머]에 대한 뜻 옮김이다. 또한 [險], [儉]은 그 산고음이 [히암(xǐam)]으로 추정되고 있으며, [儉]자는 그 상고음이 [기암(gǐam)]으로 추정되고 있으나 [x]가 음소로 쓰이지 않고 [k]로 대치되고, 유성음이 음운단위가 되지 못하고, 이중모음을 피하며, 받침소리가 쓰이지 않았던 고대 한국어에는 [감/검(kam/kəm)]이 [가마/거머(kama/kəmə)]로 되어 [니무가마/니무거머]에서의 [가마/거머]가 2중으로 표기된 것이다. [王險], [王儉]에서 [임금]의 조어형태(祖語形態)인 [니무거머/니무가마]의 표기라 한다면, [王]자보다 [壬]자가 처음의 형태로 보는 것이 타당하다. [壬]은 그 상고음이 [니엄(nǐəm)]으로 추정되고 있다. 그러나 이중모음을 피하고 받침소리가 쓰이지 않던 고대에서는 [nimu]로 되어 [니무거머/니무가마]가 된다. [니무]는 [님]의 옛말 형태인 것이다.

《후한서(後漢書)》, 〈동이전(東夷傳)〉에 보면,

> 「진한(辰韓)의 여러 별읍(別邑)에는 각각 우두머리 즉 거사(渠師)가 있는데 큰 사람을 신지(臣智)라 하고 다음 벼슬로는 험칙(險側)/검칙(儉側)이라 했다」

고 한다.

사기(史記)에 나오는 위 어휘들을 보면,

《삼국사기(三國史記)》〈조선열전(朝鮮列傳)〉에,

> 「고려군 평양성본 한낙낭군 왕검성
> 高麗君 平壤城本 漢樂浪郡 王儉城
> 우고운 조선지야
> 又古云 朝鮮地也」

라는 기록이 있다.

[왕검(王儉)]은 [니무가마/니무거머]로 판독된다. 같은 책,

> 「왕지도 왕검 서광왈 창여 유험독
> 王之都 王儉 徐廣曰 昌黎 有險瀆
>
> 현야 색은왈 운운 험독현 조선왕구도
> 縣也 索隱曰 云云 險瀆縣 朝鮮王舊都
>
> 신찬운 험성재 낙랑군 패수지동
> 臣贊云 險城在 樂浪郡 浿水之東」

라 했다.

위 험독(險瀆)은 [가마도/거머도]의 표기이다.

[險(儉)側]은 상고음이 [히암(기암)–치억(xĭam(giam)–tsĭək)]으로 추정된다. 그러나 고대어에서는 [가마–디(kamə–ti)/가마시(kama–sĭ)] 또는 [거머디(kəmə–ti)/거머시(kəməsi)]에 대한 표기로 된다.

그래서 가미디(시)/거머디(시)의 [가마/거머]는 '가맣다/거멓다', '곰'의 뜻이 되며 [디/지/시]는 '사람'을 가리키는 말이다.

다음은 험독(險瀆)과 검독(儉瀆)을 보기로 하자.

〈번한 세가(番韓世家)〉에서는 다음과 같이 말했다.

> 「단군왕검은 치우(蚩尤)의 후손 치두남(蚩頭男)을 번한(番韓)의 후(候)로 삼아 부(府)를 험독(險瀆)에 세우게 하였는데 역시 왕금성(王儉城)이라고도 하였다. 경자(庚子)년에 요 중에 열두 개의 성을 쌓으니 험독(險瀆), 영지(令支), 탕지(湯池), 용도(槦道), 거용(渠鄘), 한성(漢城), 개평(蓋平), 대방(帶方), 백제(百濟), 장령(長嶺), 갈산(碣山), 여성(黎城)이 그것이다.」

라고 되어 있다.

그래서 험독(險瀆)이나 검독(儉瀆)은 고대(古代)의 도읍(都邑) 즉 수도(首都)를 이르던 고장 이름으로 생각된다.

[險瀆]은 상고음이 [히암-독]으로 추정되고 있다. 그러나 자음 [x]가 쓰이지 않고 [k]음이 쓰이며, 이중모음을 피하고 받침소리가 쓰이지 않던 고대어에서는 [감-도(kam-do)/검-도(kəm-do)]의 표기이다 [kəm-do/ kam-do)/ kama-do/kəmə-do]로 되어 가마도/거머도에 대한 표기이다. 역시 가마/거머는 '곰, 검'의 뜻이며 [도/더]는 소도(蘇塗)가 사다/서더 '새 땅', '새 터'가 되는 것처럼 도/더는 '터', '땅'의 뜻이다.

B. [고마]계의 지명(地名)

ⓐ 고구려(高句麗) 지명에 보이는 [고마]

《후한서(候漢書)》〈제기(帝紀)〉에,

> 「백만 공직 오환예맥 함래조제
> 百蠻 貢職 烏桓濊貊 咸來助祭」

위 기록 가마귀 '烏' 또는 검을 '烏'자로서 [고마]의 표기이다. 또한 [烏骨城]도 [고마고로]의 표기로서 '고마 城'을 뜻한다.

다음에는《삼국사기(三國史記)》〈지리지(地理誌)〉에서 동계의 지명을 보기로 한다.

> 「감물주성 본 감물이홀
> 甘勿主成 本 甘勿伊忽」

위 [감물(甘物)]은 [고마]의 표기로 '군주'를 뜻한다.

> 「흑양군 본고구려 금물노군 경덕왕 개명 금진주
> 黑壤郡 本高句麗 今勿奴郡 景德王 改名 今鎭州」

위 예에 있어서 [흑양(黑壤)]과 [금물노(今勿奴)]의 [黑]은 뜻 옮김이고, [壤]

은 그 외 한역표기(漢譯表記)이다. 그러므로 [黑壤]은 [거머나]의 표기이다. 또한 [今勿]과 [奴]는 소리 옮김이며, [거머나]의 표기로 '군읍'(君邑)을 뜻한다.

ⓑ 마한(馬韓), 백제(百濟)지역에서의 [고마]

《삼국지(三國志)》〈위지(魏誌)〉〈마한조(馬韓條)〉에 나오는,

건마국
乾馬國
감해국
監奚國
감해비리국
監奚卑離國
고마성
固麻城(북사(北史))

위 건마(乾馬)는 거마(kəma)의 표기이며, [감해(感奚)]와 [감해(監奚)]에 있어서의 [해(奚)는 토씨에 불과하고 [感]과 [監]은 [kam]→[kama]의 변음으로 [가마]의 표기가 된다.

위 국명, 성명의 위치를 보면 건마국(乾馬國)은 전라북도(全羅北道) 익산군(益山郡)에 비정되며, 감해국(感奚國)은 전라북도(全羅北道) 함열(咸悅)에, 감해비리국(監奚卑離國)은 충청남도(忠淸南道) 홍성군(洪城郡)에 비정(比定)된다. 그리고 고마성(固麻城)은 충청남도(忠淸南道) 보녕군(保寧郡) 수영(水營)에 비정(比定)된다.

《삼국사기(三國史記)》〈지리지(地理誌)〉의 백제지명(百濟地名)에서 아래 같은 예를 볼 수 있다.

「함열현본 백제 감물아현 경덕왕 개명 금인지
咸悅縣本 百濟 甘勿阿縣景德王 改名今因之」

「금마군 본백제 금마저군 경덕왕 개명 금인지
金馬郡 本百濟 金馬渚郡 景德王 改名 今因之」

「감개현 본 고막부리
甘蓋縣 本 古莫不里」

백제지명 [감물아(甘勿阿)]는 [흑양(黑壤)], [금물노(今勿奴)], [금물내(今勿內)]와 같이 [감어내/검어내]의 기록이며, [함열(咸悅)]도 [금물아(甘勿阿)]같은 어형의 표기로 생각된다.

[금마(金馬)]는 [고마]의 표기이며 [저(渚)]는 '城'을 뜻하는 [sa], [tsa]의 표기로 생각된다. 그래서 [금마저(金馬渚)]는 [고마-사(koma-sa)] 즉 '군성(君城)'으로 해독된다. 또한, [감개(甘蓋)]와 [고막(古莫)]은 [고마/가마]의 표기로 해독된다.

ⓒ 진한(辰韓) · 변한(弁韓) · 가락(駕洛) · 신라(新羅)지역의 [고마]계 지명

경상남도 함안군(慶尙南道 咸安郡)은 옛날 아시량가락국(阿尸良駕洛國)이 있었다.

함안(咸安)의 [함(咸)]은 고대음으로 [xəm/xæm]으로 추정되며, [x]음이 없었던 고대음은 초성에 [k]가 대치되고, [m]로 끝나는 음절에 모음이 첨가되어 [거마/고마]의 기록으로 생각된다.

[개녕(開寧)]이 [감문소국(甘文小國)], [감로국(甘路國)] 등도 [고마나/가마나]의 표기이며, 경남김해의 옛명 [가락(駕洛)], [가라(加羅)], [감물야(甘勿也)], [감로(甘露)], [금녕(金寧)]의 표기 등은 [가마노(kama-nɔ)]의 표기이다. 경북 함창(慶北 咸昌)의 지명인, [고녕(古寧)], [고능(古陵)]으로 표기된 것은 [가마나(kama-na)]의 표기이다. 경남 함안(慶南咸安)의 지명인 [함안(咸安)], [금라(金羅)]도 [가마나(kama-na)]의 표기이다.

그밖에 변한(弁韓)의 감로국(甘路國)은 감문소국(甘文小國)에 비정되는데, [가마노(kama-nɔ)]의 표기로 생각된다. 《동국여지승람(東國輿地勝覽)》에 나오는 현재의 지명인 김해 상동면(金海上東面) 감노리(甘露里)의 [감노(甘露)],

[금녕(金寧)]은 [거머-나(kɔmɔ-na)]의 표기로 생각된다.

변한(弁韓)과 진한(辰韓) 12나라 중에 하나인 군미국(軍彌國)의 [軍彌]도 [kəmi]의 표기이며, 동계의 어휘이다.

합성지명으로는, [금물기(今勿怾)]와 같이 [거머] '군주'+가/게/기 '城'의 합성지명, [함자(含資)], [금마저(金馬渚)]와 같이 [고마] '군주'와 [사] '城'의 합성지명, [오골성(烏骨城)], [오근내(烏斤乃)], [감미홀(甘彌忽)]과 같이 [고마] '군주'+고로 '城'의 합성지명, [고막부리(古莫夫里)]와 같이 고마 '城'+버리/부리 '들판'의 합성지명 [감해비리국(監奚卑離國)]과 같이 고마 '군주'+가/게/기 '城'+버리/비리 '들판'과 같이 세 형태소(形態素)가 합성된 지명도 있다.

[고마계] 지명은 자연 지형의 표기로서 [고마나루] '態津', [가마실] '態谷', [감재], 검단(檢丹), 감골, 곰실, 거무섬, '黑島' 등 현행 지명에서도 수없이 많이 분포되어 있다.

고마실(態谷)에서 선농제(先農祭)를 입춘(立春) 뒤에 지냈는데, 우선 고마실에서 곰을 숭배하기 때문에 곰을 잡아 잘 기르다가, 때가 되면 곰을 죽여 천신(天神), 지신(地神)에게 바쳤다. 이 제(祭)는 인간의 뜻을 신에게 전한다고 믿었기 때문이다. 길리약인[Gilyak], 퉁그스인(Tungus), 골디인(Goldi), 캄챠카인(Kamchka), 아이누인(Ainu) 등이 거주하는 시베리아(Siberia) 전역과 북해안(北海岸)에서는 일반적인 제(祭)의 의식이다.

[고마실]에서는 선농제, 산원(蒜園) '바늘밭'에서는 후농제(後農祭)를 지낸다고 한다. [고마]는 고마족의 환웅후(桓雄后), 웅가(熊加)의 관직명, 고구려(高句麗), 맥(貊)과 같은 국명, 지명으로 많이 계승되어 표기되었다.

ⓓ [고마]의 어원

사기(史記)의 기록에 보이는 [고마(固麻)], [금마(金馬)], [고마(古馬)], [금마(金磨)], [고미(古彌)], [개마(蓋馬)] 또한 일본사기에 나타나는 [고마(高麗)], [기미], '君', [가미] '神' 등은 [곰]에서 파생되어, 검은색, '머리를 감다'의 [감다], '눈을 감다'의 [감다], 가마(솥)와 같은 말로 파생되어 갔다.

이 [고마]를 알타이 자매 언어들과 대응시켜 보면 아래와 같다.

만주어(Manchu)	:			
오로치(Orochi)어	:	Kumaka		
오로키(Oroki)	:	Kumala		
퉁구스(Tungus)	:	에벤키(Evenki)	:	kuma
소론 (Solon)	:	xumxā		
라뭇(Lamut)	:	kuma		
네기달(Negidal)	:	komaka		
일본어(Japanese)	:	구마(kuma)		
한국어(korean)	:	곰(kom)		

등으로 이와 같이 환족(桓族)의 고마 족은 알타이어족의 나라에 지명, 성씨 명, 성명, 읍락명 등으로 넓게 분포되어 있다.

C. 고주몽(高朱蒙)의 해독

ⓐ 고(高)와 해(解)

북부여의 1세는 해모수(解慕漱)이며, 2세는 해모리(解慕離), 3세는 고해사(高奚斯), 4세는 고우루(高于婁), 5세는 고두막(高豆莫), 6세는 고무서(高無胥), 동부여(또는 가섭원부여(迦葉原夫餘))의 1세는 해부루(解夫婁)이다. 1세 해모수의 둘째 황자 고진(高辰)의 손자인 고모수(高慕漱)일명 불리지(弗離支)가 청하(靑河) 하백(河伯)의 딸 유화(柳花)와 사통(私通)하여 출생한 고구려 시조 고주몽(高朱蒙)의 성을 볼 때 해와 고가 교체되고 있다.

여기서의 [해(解)]자는 고유한 우리말로서 하늘의 [해]를 말하는 옛말 [가]에 대한 소리 옮김이다.

그것은 첫째 [하늘임금]이라 한 것과 관련되어있기 때문이며, 둘째로 고구려의 시조 동명왕(東明王)이 본래의 성이 [해]였는데 제가 말하기를 하늘 임금의 아들로서 햇빛을 받아서 났으므로 [고(高)]로써 성을 삼았다고 하는 옛 기록으로 보아 햇빛과 관련되어 있으며, 또한 [해]와 [고]는 모두 우리말 [거/가]의 소리 옮김이기 때문이다. 그것은 오늘날의 우리말에서도 뚜렷한 자취를 찾아볼 수 있다. 곧 구름이 없어지고 해가 나는 것을 [개다, 개이다]라고 하는데 [개]는 곧

[가]의 이형태(異形態)이며, [해]는 [가→하→해]이 음운변화가 있었던 것으로 생각된다.

ⓑ [주몽]의 해독

《삼국사기》〈고구려본기〉에는,

「시조동명성왕 성 고씨 휘 주몽 자작
始祖東明聖王 姓 高氏 諱 朱蒙 自作
궁실사지 백발백중 부여속어선사 위 주몽
弓失射之 百發百中 夫餘俗語善射 爲 朱蒙
고이명운
故以名云」

[주몽]은 활량(善射)이 뜻으로 해석된다.

Cincius는 [몽]을 Manchu어, Tungus어와 대응시켰다.

Manchu어

Orochi:	maŋasi	'경고하다'
	maŋga	'용감하다', '강력하다', '경고하다'
Udehe :	maŋahi	'용감하다', '견고하다'
	maŋga	'경고하다', '귀중하다'
Ulcha :	maŋga	'곤란하다'
Oroki :	maŋga	'용사', '강력하다', '경고하다'
Nanai :	maŋa	'경고하다', '귀중하다'
Uučen :	maŋ-hah	'경고하다', '귀중하다'

Tungus 어

Evenki :	maŋa	'선사하다', '경고하다', 모든 것에 능하다
Solon :	mandē-mandi	'강력하다', '유력하다'
Negidal :	mandē-nandi	'강력하다', '유력하다'

[주(朱)]에 대하여도 Manchu어와 Tungus어 제족의 언어에 찾아보면, Manchu어에 [jori] '활로 겨냥하다', '지시하다'가 있고, Tungus어의 Evenki에도 Oʒorē, ʒori, ʒori '목표로 함', '의향', '고의로'의 낱말이 보인다.

결국 Manchu어, Tungus어, 고구려어에서 [주몽]은 '활로 겨냥해서 잘 마추다'의 뜻이 있으며, 또한 [maŋa]는 몽골족의 족 명이 되어서 [moŋo], [moŋgo] 하면 용감한 민족인 몽골족을 뜻한다.

D. 고국원왕(故國原王), 국원성(國原城), 절노(絶奴), 순노(順奴), 소노(消奴)의 해독

ⓐ perə '原'의 해독

《삼국사기》〈지리지〉에는 다음과 같이 [버러, perə]계 지명에 [城]자가 첨가된 예를 볼 수 있다.

국원성(國原城), 불이성(不而城), 비성군(臂城郡), 비성(臂城), 설부루성(屑夫婁城), 거발성(居拔城) 등이다.

國原城의 [國原]은 [나라버러(nara-pərə)/나라바라(nara-para)]의 표기로 [나라]는 '王', '國'을 뜻하며, [버러]는 '野', '城', '赤', '光明' 등의 뜻이 있다.

不而城의 [不而]도 [버러/버리]의 표기로 보인다. 臂城의 [비(臂)]도 고대어는 말음절 모음을 가진 [보로, pɔrɔ]였을 것으로 생각된다. [屑夫婁城]의 [설부루(屑夫婁)]는 '首邑'을 뜻하는 [서버러(sə-pərə)]의 표기이며, 居拔城의 [거발(居拔)]은 '大城'을 뜻하는 [그버러(kɨ-pərə)]의 표기이다.

다음에는 [國]자를 첨가한 것을 보면, 사벌국(沙伐國), 골화국(骨火國), 갈화국(竭火國), 비화국(非火國), 다벌국(多伐國) 등이다.

[沙伐國]은 경북 상주에 있었던 삼한시대의 성읍국이다. [沙伐]은 '首邑'을 뜻하는 [사버러(sa-pərə)]의 표기이며, [骨火], [竭火], [非火]는 부족장이 있는 '長邑', '大邑'의 뜻을 지닌 지명으로 생각된다. 즉 [非]의 뜻이 [그르-]이다. [多伐]의 [多]는 '大'이 유의어(類義語)로 [多伐]도 [骨火 · 竭火] 등과 같은 [가라버러(kara-pərə)]의 표기로 생각된다.

[버러/바라/부루/보리/부리/하라/허러/후리] 등으로 읽고 '벌판', '불', '붉',

'성', '광명' 등의 뜻으로 해독되는 [pərə]계의 말은 환인시대의 환국(桓國) 12국 중에 비리국(卑離國)에서 유래된 말이다.

〈삼성기(三聖紀)〉에 소개된 고기(古記)에 의하면, 천해(天海)의 동쪽 파내류산(波柰留山) 아래에 12환국이 있었다고 했는데, 그 중 첫째가 비리국(卑離國)이라고 했다.

《위서(魏書)》〈동이전(東夷傳)〉〈한전(韓傳)〉에 보면 마한(馬韓)의 소국명 가운데 내비리국(內卑離國), 벽비리국(壁卑離國), 여래비리국(如來卑離國)으로 기록되어 있다.

《양서(梁書)》에 나타나는 「기도왈거발성역왈고마성(其都曰居拔城亦曰固麻城)」이라고 했다. 이 발(拔)도 같은 표기로 생각된다.

신라(新羅)지명의 [화(火)·벌(伐)·불(弗)], 백제(百濟)지명의 [부리(夫里)·부리(富里)], 마한(馬韓)의 [비리(卑里)], 백제(百濟)의 수도 [소부리(所夫里)] '金野', 신라(新羅)의 수도(首都) [서라벌] '東野' 고려(高麗)의 수도(首都)인 [ᄉᆞᄇᆞᆯ], 동부여(東夫餘)가 도읍한 [가섭원(迦葉原)]의 [가사] '王' + [버러] '野'의 合成語이며, 스사노오노미코도(佐之男名)가 누나인 아메데라스오미가미(天照大神)를 다가마하라(高天原)로 방문한 [하라]도 동계의 어형이다.

또한 九州의 구마모드현(熊本縣)의 장식 고분(古墳)에 나오는 [淸原]을 [세바루]로 읽고 있으며 '東野'의 뜻으로, 동쪽으로 이동하면서 그들이 믿었던 '신천지(新天地)'로 해독된다.

일본어에서는 평지(平地)에 사람이 모여 살고 있는 '촌리(村里)'의 뜻으로 사용되고 있다.

日本의 이끼(壹岐)에서 기다큐슈(北九州) 연안(沿岸)지역에 [후레] [후루]가 붙은 지명이 많이 보이고, 《日本書記》에 나오는 [후레, 후루]도 일본어 [하라] '들', 아이누어의 [비라]도 같은 어원으로 대응이 된다.

뜻은 '벌판', '붉', '광명', '성', '국명' 등으로 의미가 확장된 것이다.

甲火良은 경상남도 기장(機張)의 구 신라지명(新羅地名)인데 (火良)과 [張]이 대응되며, (張)은 하루/바루의 뜻 옮김이며, [甲]은 [크]'大'의 이형태(異形態)로서 '문촌(文村)', '대읍(大邑)'의 뜻으로 해독(解讀)이 된다.

경상북도 비안(比安)의 옛 지명으로 [阿火室]은 [아버러]의 표기로 생각되며, 경상남도 합천군 야로면을 赤火縣으로 표기하고 있는 [赤火化]가 다같이 [바라]의 뜻옮김으로 [바라]의 2중 표기이다.

백제(百濟), 고구려(高句麗)의 지명에서,

「扶寧縣」을 「皆火縣」으로 개명했다는 《사기(史記)》〈지리지(地理誌)〉의 기록을 보면 「扶寧」은 「皆火」의 「火」를 달리 표기한 것이며, 「皆火」는 [가버러], 즉 '大邑'으로 해독된다.

경상북도 영천(永川)의 구 신라(新羅)지명 [切也火](절야화)이다. 이것도 가라-버러(Kara-Pərə)의 이형태인 가다-버러(Kata-pərə)의 표기로 보이니, [切]의 뜻이 [긏-]이고, [切]는 그 말음절 모음을 표기한 것이다. [斯同火]는 경상북도 인동의 구 신라지명이며, [고라 버러(kɔrɔpərə)]의 이형태 [kɔtɔ-pərə]의 표기이다.

[斯]와 [同]은 한 가지로 그 뜻이 [곧-] '如'으로 [斯同]은 [kɔtə]의 중복 표기이다.

기록에 보이는 [屈阿火, 昔里火, 比火, 切也火, 斯同火]는 고대 부족장이 있는 '대읍(大邑)'을 뜻하는 [kəra-pərə] 또는 [kata-pərə]의 표기이다.

충주(忠州)를 지칭하는 고구려 말로서 [國原城]의 [原] 역시 [바라/버러] 즉 '성읍'을 뜻한다.

고구려	[平, 樂, 貊, 百] [火→城, 陽: 根斬]
백제	[平 → 代, 夫里 → 平, 肦 → 原]
신라	[吐 → 隄 → 原]

으로 표기된 것들은 [바라/버러/ 부루/보리/부리/하라/허러 … 후리/] 등으로 읽고 '벌판', '불', '성', '광명' 등의 뜻으로 해독된다.

맥(貊)족은 옛 조선족을 형성한 중심종족으로서 예(濊)족과 이웃하여 서쪽에 있었으며, 일찍이 열하 서쪽지역에까지 진출하여 살기도 하였다.

원래의 우리말로 된 이름은 [바라/버러/보로/부루]였으며 그것은 '밝은 것',

'불' 등의 뜻을 나타내던 옛말이었던 것으로 보인다. 그것을 한자(漢子)로 음(音)을 옮길 때 [百] '밝'을 쓰던 것을 이웃 종족들에 대한 그릇된 입장과 관점으로 오랑캐 맥(貊)과 같은 악자(惡子)를 사용했다.

《동국여지승람(東國與地勝覽)》에 의하면,

춘천(春川)을 오근내(烏斤乃)라 하고 삭주(朔州)와 같이 옛 맥(貊)의 고지임을 말하고 있다.

[烏斤乃]의 [烏]는 까마귀 '오' 또는 검을 '오'자인데 여기서는 [검] '黑'의 뜻으로 풀이가 되며, 맥(貊)부족은 고마족이 주류를 이룬 것으로 생각할 수 있다.

《삼국유사(三國遺事)》〈단군고기(檀君古記)〉에 의하면,

「以唐高卽位 五十年庚寅 都平壤城 始稱朝鮮 又移都於 白岳山 阿斯達」

이라고 기록하고 있다.

평양(平壤)은 현재 한반도(韓半島) 내의 대동강(大洞江)변에 있는 평양(平壤)이 아니라 임검성(壬儉城)의 뜻으로 사람과 더불어 이동되었다는 사실을 알 수 있다.

또한 평양성(平壤城)과 백악산(白岳山)의 도성(都城)이 있는 신성(神聖)한 산명으로 생각된다.

다음은 평양의 어원에 대하여 살펴보면 이숭녕(1976) 또는 이병선(1982)은 고구려의 [홀(忽)], 신라의 [火], [代], [弗], 백제의 [夫里], [富里], 마한의 [卑離]와 대응시키고 있다.

[西原京] 또는 [南原京]하는 [原]은 뜻이 '[벌]' 또는 '城'을 뜻하는 [pərə]로 표기되고 있다.

G. R. Ramstedt의 《Studies in Korean Etymology, 1949》에서 [벌] "平野"를 다음과 같이 대응시키고 있다.

Tungus	:	hile - ken
		hileken
Manchu	:	fila
Olcha	:	pile
Goldi	:	pili
Korean	:	per
Japanese	:	hara

Tungus 언어 어말에 붙은 [ken]과 한국어의 평양의 [jang]이 대응되는데 뜻이 무엇인지 알길 없고 어두음의 반영음(reflex)은 /p/, /f/, /h/ 등으로 나타낸다.

송호수의 저 《민족정통사상의 탐구》「ᄋᆞ리ᄅᆞ(원형문화)」와 단군신화에서 평양(平壤)이라는 말의 어원을 살펴서 세계의 여러 언어를 대응시키고 있다.

Egyptian	:	pharaoh 왕의 신성명
		per - o
Avestan	:	pairi daeza
Greek	:	πεpi
Latin	:	fing - ere
Iran	:	persia
English	:	paradise

고대 한국어에 [ᄑᆞᄅᆞ] "para"가 평나(平那), 평양(平壤), 백악(白岳), 불내(不耐), 부악(負嶽)·북악(北岳)으로 기록되어 "성"을 뜻하게 되었다고 한다.

지명에 나타나는 [樂浪], [平那], [沮水]는 널이 쓰이던 이름으로, [樂浪]은 [부루나]에 대한 뜻-소리 옮김이다. [樂]은 옛말인 [부루]에 대한 뜻 옮김이고, [浪]은 [나]에 대한 표기이다. [平那] 역시 [바라나/버러나]에 대한 뜻·소리·옮김이다. [平]이 '벌판'의 뜻으로 [那]는 [나]에 대한 표기이다.

[沮水]도 [버러나]에 대한 소리·뜻 옮김이다.

그러므로 [부루나, 바라나, 버러나] '벌판에 흐르는 강'으로 해독하는 것이다.

그러므로 평양의 옛말이 [부루나]이며, 평양(平壤)은 고구려(高句麗)수도 옛 이름인 [부루나]의 이두식(吏讀式) 표기이다. [평(平)]은 벌판의 [벌]의 옛 형태인 [부루/바라/버러/비리/]에 대한 이두식(吏讀式) 표기이다.

[양(壤)]은 땅을 뜻하는 옛말의 하나인 [나]의 이두식(吏讀式) 표기로서 고구려(高句麗)의 옛 수도(首都) 평양(平壤)을 의미한다.

《삼국사기(三國史記)》,《삼국유사(三國遺事)》 등에 기록되어 있는 낙랑(樂浪), 평나(平那), 백낭수(白浪水), 패수(浿水) 등은 모두 옛 조선 이래로 매우 중요한 고장으로서 널리 쓰이던 이름이다.

[樂浪]은 [부루나]에 대한 뜻과 소리 옮김이며, 그것은 [樂]이 음악의 뜻으로 그 옛 낱말인 [부루]에 대한 뜻 옮김(訓讀) 또한 [浪]은 상고음이 [랑]으로 추정되고 있으나 혀 옆소리 [l]이 없고 [r]만이 쓰일 뿐 아니라 그나마 첫소리는 [n]로 내며 받침소리가 쓰이지 않던 옛말에서는 나(na)에 대한 표기로 되기 때문이다.

[平那]는 [부루나]의 발음변종인 [부루나/버러나]에 대한 뜻과 소리의 옮김이다.

그것은 [平]이 '벌판'의 뜻으로 그 옛 형태인 [바라/버러]에 대한 뜻 옮김이고 [那]는 상고음이 [na]로 추정되어 합하여 [부루나]가 된다.

[白浪水]도 [바라나]의 표기이다. 그것은 [白浪]이 상고음이 [beak – laŋ]으로 추정되고 있으나 유성음이 음운단위가 되지 못하고, 2중 모음을 피하고 또한 받침소리가 없던 옛 조선말에는 [바라(pa–ra)]로 되고, [水]는 [물]이라는 뜻으로 내나 강의 옛말인 [나라/나리]에 대한 준말형태로서의 [나]의 뜻옮김이 되어 역시 [바라나]가 된다.

[沮水]도 [바라나]의 이형태인 [버러나]에 뜻과 소리옮김이다.

그것은 [沮]가 상고음이 [빼이(P'ei)]로 추정되나 거센소리가 옛음에는 없으며, 이중모음을 피하고 결합자음 [r] 덧붙여 내던 옛조선 말에 [바라(Pa–ra)]로 되어 [바라]의 異形態가 된다.

[水]나 [江]은 [白浪水]에서의 [水]와 같이 [내 · 강]의 옛말 [나라/나리]의 준말 [나]에 대한 뜻옮김이 되기 때문에 패수(浿水) 역시 바라나/버러나의 이두식(吏讀式) 표기이다.

백악산(白岳山) 아사달(阿斯達)이라고 하는 백악산(白岳山)도 「바라다라」에 대한 소리와 뜻옮김으로서 해독할 수 있다.

[白岳]은 상고음이 [베악응에옥(bĕak – ŋĕok)]으로 추정되고 있다. 그러나 유성음(有聲音) /b/가 옛음에는 음절의 단위가 되지 못하고 받침소리가 쓰이지 않으며 /ŋ/이 음운으로 되지 못하고, 이중모음을 피하며, 두 모음 사이에 흔히 결합자음 /ㄹ/을 덧넣던 옛말에서는 [Pə–ə/pa–o → Pərə / Paro]로 되어 [버러 / 바로]에 대한 표기로 된다. [山]은 山을 뜻하는 옛말인 [다라]에 대한 뜻옮김으로 된다. [白岳山]으로 표기된 [바라다라]는 '불산', '밝은산' 등의 뜻을 가진 이름으로서 옛날부터 '신비한 산' 혹은 '신성한 산'으로 생각하여 온 특정한 산이 아니라, 중요한 산들의 이름으로 널리 쓰였다.

환웅(桓雄)이 처음 도읍(都邑)한 섬서성(陝西省)에 있는 높이 4,017M의 太白山(흔바라다라) 또한 小白山(아사다라)이라고 붙인 이름에서의 [白山]은 곧 [바라다라]에 대한 표기에서 유래된 것이다. [배달]이니 [박달]이니 하는 말도 이 [바라다라]에서 유래된 것이다.

평양을 일명 유경(柳京)이라고 했다. 평양과 같은 말로서 (버더러/버러러)에 대한 이두식(吏讀式) 표기이다.

[柳京]의 [유]는 [버들]의 옛 형태인 [버더러/버러러]의 이형태(異形態)인 (바라라/바라나)의 뜻옮김이며 (京)은 수도(首都)라는 뜻으로 덧붙은 것이다.

단군(檀君)의 넷째 황자(皇子) 부여(夫餘)는 장춘(長春)의 이북 농안현(農安縣)부근에 부여(夫餘) 봉후국(封候國)을 접수하게 되었다.

시조 단군께서 나라를 다스리신 지 40여 년에 설유(猰貐)의 난이 있었는데, 곧 부여(夫餘)로 하여금 군사를 모아서 평정(平定)하게 하였다. 이어 부여(夫餘)를 더 북방땅에 봉(封)하여 우수홀(牛首忽)에 정거(定居)케 했다는 기록이 있다.

단군왕검(檀君王儉)의 네 황자(皇子) 중 부루(夫婁)는 [부루단지]라는 민속(民俗)이 이어져 오고 있으며 제2 황자(皇子) 부소(夫蘇)는 [부싯돌로]로 알려져 있고, 제3 황자(皇子) 부우(夫虞), 제4 황자 부여(夫餘)를 볼 때 [夫]에 어떤 의미가 부여되었을 것이라고 하는 데는 의심의 여지가 없다.

우리들의 정통사상을 담고 있는 천부경에는 [天地人一體卽明], [明卽天地人

一體]라고 하였는데 [夫]는 붉 "明" 붉 "赤" [버러/부루/버리/비리]의 표기로서 그 뜻이 '벌판', '성읍' 등으로 뜻이 확장되어 갔다.

부여국은 부여지역의 북부에 있던 작은 나라인 고리국(槀離國)의 일부 세력이 예족(濊族)들이 살고 있던 송화강(松花江)의 북쪽으로 흐르는 하류 유역 일대에 옮아가서 원주민을 몰아내고 세운 나라이며, 부여국의 기본 주민은 맥족(貊族)이었다.

《삼국지(三國志)》〈위지(魏志)〉〈동이전(東夷傳)〉과《후한서(後漢書)》〈동이전(東夷傳)〉에는 [부여(夫餘)]라고 표기되어 있다.

ⓑ 國·奴, 丸都城의 해독

[nara]계 국명·지명의 뜻을《삼국사기》를 통하여 살펴보면,

「중원경 고구려 국원성 신라평지 진평왕치소경
中原京 高句麗 國原城 新羅平之 眞平王置小京
문무왕시축성운운 경덕왕 개위 중원경
文武王時築城云云 景德王 改爲 中原京
금충주
今忠州」

「국원성 일운말을성 일운탁장성
國原城 一云末乙省 一云託長城」

「국내주 일운불내 혹운위나암성
國內州 一云不耐 或云尉那嵒城
국내성 혹운위나성 혹운불이성
國內城 或云尉那城 或云不而城」

위 國原·國內에 京·城·州가 첨가되었다. 이를 보아서 이는 성읍명(城邑名)이나 국명임을 알 수 있다. [國]의 옛 어형을 [nara]로 보고, 이 [나라]와 같은 어원으로 [누리] '世'를 볼 수 있다. 오늘날과 같은 영역국(領域國)이 아닌

옛 성읍국가(城邑國家)시대에 있어서는 '君主'의 뜻으로, 왕이 있는 조정(朝廷)을 [나라뜰]이라 하였다. 그리고 국왕을 [나라님]이라 부르니 신라의 왕명에서 노례(弩禮)〈一作儒理〉 니사금(尼師今)의 [弩禮, 儒理, 世里]는 [나라]와 동계어로 생각된다.

Ramstedt는 [나라]는 만주어 [na], Goldi어 [na] '地'와 동원이라고 했다.

고구려의 행정관제인 絶奴, 順奴, 消奴 등의 [奴]도 [na/nara]의 소리옮김으로 생각된다.

다른 알타이 자매언어들과 대응시켜 보면 다음과 같다.

Tungus어	Negidal	:	naraŋ '국가', '토지'
Manchu어	Goldi	:	na
	Ulcha	:	na
	Orochi	:	nanai
Mongol어		:	nara

일본어 나라(奈良)도 동계의 낱말이다.

고구려의 왕명은 그의 장지명(葬地名)을 따서 부른 것인데, 16세 고국원왕(故國原王)의 장지가 [nara-pərə] 즉 國原이었다. 이는 그가 이도(移都)한 환도성(丸都城)이 아닌가 한다. 왜냐하면 丸都城의 [丸]은 /ara/를 표기한 것이고, nara>nara>jara>ara의 음운변화를 생각하면 [丸都城]은 [nara-perə]의 표기로 생각된다.

E. 을지문덕(乙支文德) · 을파소(乙巴素)의 해독

ⓐ [을지]의 해독

/을지/는 김알지(金閼智)의 [알지]와 같이 '王,'大'를 뜻하는 ara/ərə에 접미사 [-ti]가 첨가된 것이다.

주서(周書)에,

「왕성부여씨 호어라하 민호위건길지 하언병왕야
王姓扶餘氏 號於羅瑕 民呼爲鞬吉支 夏言並王也」

라고 기록하고 있다.

어라하(於羅瑕)는 두 형태소 /ərə-ka/ 또는 /ɔrɔ-ka/의 표기이며, 이 [瑕]는 단군조선, 부여, 고구려의 관명 [馬加 · 牛加]와 [加]와 같은 표기이다.

'王'을 뜻하는 이 [어라]는 백제의 수읍명(首邑名) 위례성(慰禮城)의 /위례/, 고구려의 장군 명 을지문덕(乙支文德)의 /을지/와 동계어(同系語)로 생각된다.

고대 일본의 /aru-ʒi/ (<aru-di) '主'도 /알지/와 대응된다.

이 /ərə/ɔrɔ/계는 왕의 호칭과 존자의 호칭뿐 아니라 큰 산곡 명(山谷名)이나 하천 명(河川名)에도 쓰이고 있다.

즉 알야산(閼也山), 안라산(安羅山), 어라산(於羅山), 어얼외영(於乙外嶺), 안로(安老), 알천(閼川), 어얼매(於乙買) 등의 산과 하천 명으로《삼국사기》에 나타난다.

현행지명 /ərə, ɔrɔ/계 산명인데, 크고 높은 뜻임을 알 수 있다.

어래산(御來山)	충북 괴산군과 중원군 경계 395M
어래산(御來山)	충북 단양군과 강원도 영월군 경계 1,063M
어래산(魚來山)	경북 월성군과 영일군 경계 563M
어룡산(魚龍山)	경북 문경군 가은읍 600M
올산(兀山)	충북 단양군 1,058M
어라산(於羅山, 어르미)	충남 당진군 순성면 98M

이와 같이 [어라]는 '왕, 존자'의 뜻에서 높고 긴 산명 · 강명 등으로 오늘날에도 쓰이고 있다. [慰禮城] [漢城]으로 기록하고, [漢江]을 [아리수(阿利水)]로 기록하는 것을 볼 때, '大水,'大江'의 뜻이 있다.

을파소(乙巴素)는 고구려 산상왕(山上王) 때의 재상이며, 압록곡 사람으로 유리왕 때의 대신 을소(乙素)의 손자이다. 특히 참전계경(參佺戒經)의 저자로 알려져 있다.

[乙巴素]는 /ərə+pɔrɔ, pɔsɔ/의 형태소로 분석된다. /ərə/는 '왕'을 뜻하는 말이고 /pɔrɔ, pɔsɔ/가 '長'의 뜻이 있는 것 같다.

1세 단군왕검의 제1황자 부루(夫婁)의 공적을 기리기 위하여 해마다 10월이 되면 [부루단지]라 해서 짚으로 가린 단지에 새 곡식을 담아 치성을 드리는 풍속이 오늘날에도 남아 전한다.

이 [부루]가 [보로]와 동계어로 보인다. 경북 안동지방의 방언으로 [검불님] 하는데, [검]과 [불]이 모두 '神'을 뜻하는 말이다.

ⓑ 오골성(烏骨城)의 해독

〈고구려본기〉에,

「장량(張亮)은 막(莫, 馬) 병력을 이동시켜 오골성(烏骨城)을 습격하려 하였으나 도리어 관병 때문에 패하고 말았다」고 기록했다.

오골성의 위치는 요녕성(遼寧省)의 봉성현성(鳳城縣城) 지금의 연산관(連山關)으로 추정된다. 이 오골성은 살수(薩水)의 싸움 때 우문술(宇文述)의 별군(別軍)이 거쳐 온 城으로 기록하고 있다.

[烏骨城]에 있어서 [烏]는 '검을 오', '가마귀 오'자이니 /kɔma-kɔrɔ/의 표기이다. [王儉城]의 [儉], [險瀆]의 [險], [甘句主城]의 [甘句], [黑壤郡 本高句麗今句奴郡]의 [黑]과 [今句] 등도 [烏]와 같은 /kɔma/의 표기이다.

2) 백제의 역사와 문화

(가) 백제의 건국과 발전

A. 어하라(於瑕羅)

연타발(延佗渤)은 졸본(卒本) 출신으로 북부여 1세 해모수(解慕漱)시대에 좌원(坐原)을 지키던 장군이었고, 남북의 갈사(曷思)를 오가면서 많은 재물을 모았다. 뒤에 구려하(九黎河)로 옮겨 고기잡이와 소금장사를 하여 거부가 되었다. 은밀하게 주몽을 도와 창업입도(創業立都)의 공을 세웠으며, 고주몽이 가섭원 부여를 칠 때에 양곡 5,000석을 바쳤으며, 서울을 눌현(訥見)으로 옮길 때도 자진 많은 헌납을 한 공으로 좌원에 봉작을 받았다.

북부여 2세 모수리(慕漱離) 때에 상장(上將) 연타발은 평양에 성책을 설치하고 도적 떼와 위만의 무리에 대비하였다.

연타발은 딸 소서노(召西努)를 주몽에게 주어 사위로 삼았다. 주몽과 소서노의 사이에 비류(沸流)와 온조(溫祚)가 탄생하는 것이다.

B. C. 42년에 고주몽이 고구려의 왕위를 그의 첫 후(后)인 예씨(禮氏)의 아들 유리(琉璃)에게 물려 주려하자 비류(沸流)와 온조(溫祚)를 데리고 졸본부여를 떠나게 된다. 패대(浿帶)의 땅이 기름지고 물자가 풍부하고 살기가 좋다는 말을 듣고 남쪽으로 내려가 진(辰)·번(番)의 사이에 이르렀다. 그곳에 산지 10년 만에 밭을 사고 장원(莊園)을 두고, 재물을 크게 모으니, 원근에 협력하는 자가 많았다. 북쪽은 대수(帶水)에 이르고 서쪽은 큰 바다에 임했다. 서신을 보내 주몽에게 섬기기를 원한다고 하니 주몽제는 몹시 기뻐하시며 소서노를 어하라국(於瑕羅國)에 책봉했다.

어하라는 진번지간(辰番之間)이니 진한의 남쪽변두리인 요동반도(遼東半島) 남동해안 복주하(復州河), 벽류하(碧流河) 부근이 소서노의 개국지 어하라로 추정된다.

어하라의 소서노는 임인 년에 붕어하였고 비류(沸流) 태자가 뒤를 이어 어하라로 즉위하였는데 이 해는 B. C. 19년이 된다. 여기서 어하라는 대련시 득리사진(得利寺鎭) 예애(倪崖)부근의 용담산성(龍潭山城)으로 추정하고 있다.

백제는 고구려와 더불어 요동(遼東)의 동쪽 1천여 리 밖에 있었다. 진(晋)나라 때에 이르러 고구려가 이미 요동을 점유하자 백제 역시 요서(遼西), 진평(晋平) 두 군의 땅을 점거하여 스스로 백제군을 설치하였다.

백제는 도성을 고마(固麻)라고 하며, 읍을 담로(擔魯)라 하는데, 나라 안에는 22 담로가 있는데, 모두 왕의 자제와 종족에게 나누어 살게 하였다.

백제 사람의 키가 크며 의복은 깨끗하다. 그 나라는 왜와 가까이 있는 까닭에 문신한 자가 많았다. 언어와 복장은 고구려와 거의 같다.

B. 온조의 백제건국

《삼국사기》〈백제본기〉 온조왕 서문에는 비류와 온조가 같이 패수(浿水)와 대수(帶水)를 건너서 비류는 미추홀(彌鄒忽)에 살고, 온조는 하남위례성(河南慰禮城)에 살았다고 기록하고 있다.

그러나 비류는 어머니 소서노가 붕어한 이후 어하라 왕국을 계승하였기 때문에 온조를 따라올 이유가 없다. 미추홀에 비류의 후손이 온 것으로 추정된다.

《환단고기》〈고구려본기〉 중에 온조왕의 개국 기록은 다음과 같다.

신하 마려(馬黎)가 온조에게 '신(臣)이 들으니, 마한이 쇠퇴하였으므로 뜻을 세워 마한에 가서 도읍을 할 시기 입니다'라고 하였다.

온조가 마한의 미추홀에 상륙하고 둘레에 사는 사람이 없어서 다시 한산(漢山)으로 떠나 부아악에 올라 위지성(慰支城)에 도읍하였다고 한다.

온조는 평안남도 영유현(永柔縣), 미추홀(彌鄒忽)에 왔다가 산 넘어 평성시 청룡산(青龍山, 559M)에 위례성을 쌓고 살다가, 온조 13년에 한수 남쪽의 위례성으로 옮겨갔는데 얼마 후, 다루왕에 이르러 비류의 후손들이 와서 미추성을 쌓고 살았다.

비류와 온조가 패대수(浿帶水), 즉 금 요양시(遼陽市) 태자하(太子河)와 해성하(海城河)를 건너 같이 복주 어하라에 살았다는 것과 온조가 홀로 하남 위례성에 도읍하여 십제국(十濟國)을 세우고 있을 때, 북쪽 어하라로부터 비류의 후손이 도래하여 미추홀(彌鄒忽)에 따라와 살았다는 것으로 추정할 수 있다.

C. 하북위례성(河北慰禮城)

《환단고기》〈고구려본기〉는 온조가 마한의 미추홀(彌鄒忽)에 상륙하고 둘레에 사는 사람이 없어서 다시 한산(漢山)으로 떠나 부아악에 올라 바라보고, 하남(河南)의 위지성(慰支城)에 도읍하였다고 기록하고 있다.

《삼국사기》〈백제본기〉 서문 중에 다음과 같은 기록이 있다.

「온조(溫祚)는 한산(漢山)에 이르러 부아악(負兒嶽)에 올라 도읍지를 정하여, 하북위례성(河北慰禮城)에도 살고 다시 하남위례성에도 살았다」고 했다.

온조는 요동반도(遼東半島)의 대련시(大連市) 득리사진(得利寺鎮) 용담산성(龍潭山城)의 어하라(於瑕羅)에서 배를 타고 평안남도 영유현에 있는 미추홀(彌鄒忽)에 상륙한 것으로 추정된다.

《환단고기》〈고구려본기〉에 다음과 같은 기록이 있다.

「13년 임인에 주몽제가 돌아 가셨다. 태자 비류가 즉위하였는데 모두가 그를 따르지 않았다. 이에 마여(馬黎) 등이 온조에게 신등이 듣기로는 마한의 쇠퇴는 이미 드러난 일이니 가서 도읍을 할 때라고 했다. 온조가 승낙하여 곧 배를 건조하여 바다를 건너 처음 마한의 미추홀에 이르렀다. 사방을 살펴보니 텅 비어서 사람 사는 곳이 없었다. 한산(漢山)에 이르러 부아악(負兒嶽)에 올라 살만한 땅을 살펴보고는 마여(馬黎)·오간(烏干) 등 열 명의 신하들에게 하남의 땅은 북쪽이 한수(漢水)를 끼고 동쪽은 크고 높은 산이요, 남쪽은 기름진 평야가 열려 있고, 서쪽은 큰 바다로 막혀 있으니, 이곳은 천험의 지리를 갖추고 있어 얻기 어려운 지세이옵니다. 온조는 열 신하들의 의견을 따라 하남의 위지성(慰支城)에 도읍을 정하고 백제라고 했다」고 기록하고 있다.

지금까지 미추홀을 경기도 인천으로 쉽게 비정한 것은 대동강(大同江)으로 보아야 할 한수(漢水)를 오늘날의 한강으로 비정했고, 부아악을 북악산으로 꿰어 맞추려한 실수로 생각된다.

구자일님의 지명 비정은 우리가 깊이 주목해야 할 것이다.

그는 미추성을 비정하는 데 있어서 해안이 가깝고, 부아악이 바라보여야 한다고 했다. 미추성의 위치로 비정된 평안남도 강서군에 함종현(咸從縣)의 북쪽인 평원군(平原郡) 영유현(永柔縣)에는 미두산성(米豆山城)이 남아있다고 했다. [미추], [미두], [미지]는 이형태(異形態)로서 '城' 또는 '城邑'을 뜻한다. [고마미지]는 고마 '君' + 미지 '城'으로 합성된 것이다.

현재는 그 성이 있는 산을 태조산(太祖山)이라고 하는데 바로 한반도에 처음 도래한 백제왕 온조(溫祚)를 백제의 태조로 지칭한 것 같다.

고로 평안남도 평원군 평야에 있는 영유현 태조산 미두산성을 백제의 미추성으로 비정한 구자일님의 주장이 옳은 것 같다.

또한 그는 부아악(負兒嶽)의 [부아]를 아이를 등에 없는 어머니의 상으로 해독하고, 영유현에 있는 자모산성(慈母山城)을 부아악으로 비정 했다.

자모산성 남쪽에 청룡산성(靑龍山城)이 있다. 광개토대왕(廣開土大王)의 정벌기록에 야리성(也利城) 가까이에 대산한성(大山漢城)이 기록되어 있다.

야리성이 [야리]는 [아라]·[어라]와 동계의 말로 '王城'으로 해독되며, 이 대산한성이 온조의 하북위례성으로 그는 비정했다.

하북위례성으로 추정되는 평안남도 평성시 靑龍山城은 성의 둘레가 약 5Km이고, 산의 높이는 559M이다. 이것이 하북위례성으로 비정된다.

현재 청룡산성의 마을 이름도 상차리(上次里)로서 우리말로 윗 차례인 것이 위례성의 의미를 담고 있다. 또한 현재는 오리동이라고 부르니 역시 웃리, 상리의 의미로서 위례성 변음이라고 추정할 수 있다.

D. **하남위례성(河南慰禮城)**

《삼국사기》〈백제본기〉에 다음과 같은 기록이 있다.

「온조왕 8년에 낙랑국(樂浪國)이 침범하여 청룡산(靑龍山)의 위례성을 포위하였으나 온조왕은 농성하여 성을 지켰다」고 했다.

또한 〈백제본기〉에 온조왕 13년 8월에 마한 왕에게 한수(漢水) 남쪽 한성(漢城) 천도를 알리고 경계를 통고하였다. 다음해 정월, 마한 왕의 이주허가를 받아서 마한의 동북 100여리 한성(漢城)에 도읍하였다. 여기 한수(漢水)는 서울의 한강이 아니고, 대동강(大同江)으로 추정된다. 고로 이 한성을 《환단고기》에 위지성(慰支城)이라고 기록하였는데, 이 성이 하남위례성으로 생각된다.

백제 한성(漢城)의 지리적 위치를 《환단고기》에는,

> 「북대한수 동거고악 남망옥택 서방저대해
> 北帶漢水 東據高岳 南望沃澤 西方沮大海」

라 했다. 즉 북으로 한수를 띠고, 동으로는 고산에 의지하고 남으로는 옥택을 바라보며 서로는 바다에 막힌 천험의 땅이라고 해독된다.

고로 온조가 도읍한 이 한성이 하남위례성으로 생각되며, 황해도 平山郡에 위치한 태백산성(太白山城)이다.

황해도 재령(載寧)의 금마마한(金馬馬韓)으로 비정되는 장수산성(長壽山城)에서 평산군의 태백산성이 거리로 100여 리가 된다.

평양의 서쪽에서 발견된 평산군(平山郡)이 백제의 수호신(守護神)으로 기록되어 있으며, 오늘날 황해도 평산군이 당시의 백제 수호신이 계신 하남위례성으로 추정할 수 있다. 태백산성의 조선시대 이름이 성황산성(城隍山城)이며, 그 앞에는 지금 예성강(禮成江)이 흐르고 있다. [예성강]은 [위례성강]의 준말로 생각된다. 이 예성강 상류의 수안군(遂安郡) 위라천(位羅川)도 위례천(慰禮川)의 변음으로 생각된다.

따라서 평산군의 성읍(城邑)인 태백산성(太白山城) 일명 성황산성(城隍山城)이 온조의 위례성이었고, 백제의 한성(漢城)이었고, 그 주위로 부아악(負兒嶽)으로 추정되는 자모산성(慈母山城)이 있다. 위례성으로 비정되는 성황산성은 둘레 7,525척의 석성(石城)이다.

위 온조가 이동한 코스를 요약하면,

요동반도(遼東半島) 대련시(大連市) 용담산성(龍潭山城)이 있는 어하라(於瑕羅)에서 배를 타고 평안남도 평원군(平原郡) 영유현(永柔縣)에 있는 미두산성(米豆山城) 즉 미추홀(彌鄒忽)에 머물다가 다시 산 넘어 평안남도 평성시 청룡산(青龍山)에 하북위례성(河北慰禮城)에 천도하였다. 그러나 그곳은 낙랑(樂浪)과 말갈(靺鞨)의 침범이 심해서 다시 황해도 平山郡 太白山城 일명 城隍山城인 河南慰禮城으로 옮겼다.

백제국의 형성과 발전을 요약해 보면 다음과 같다.

단군의 훈신인 고실씨(高失氏)는 우가(牛加)의 벼슬에 있었으며, 농사를 주관하는 오늘날의 농업장관(農業長官)과 같은 관직에 있었다. 청구국(青丘國)에 책봉되고 그의 후예들이 계속 남으로 진출하여 삼한이 성립된다.

한(韓)은 고구려와 비교하면 지역이 배가되고, 인구는 세배 이상이며, 남만주에서 한반도 서해안으로 남하하여 끝까지 미친 넓은 지방에 마한(馬韓) 54국이 있었고, 그 중의 한나라가 백제로 발전 독립된 국가이다.

《통고(通考)》에,

「마한 오십사 국 중 백제 그 중 하나」였으나 그 후 점점 강해져서 마한을 통일하고 백제 국으로 발전하게 되었다.

고구려의 시조 주몽왕이 졸본 천으로 내려와 고구려 국가의 기초를 튼튼하게 할 때 전부인 예씨를 생각하고 결혼하지 않고자 하였다.

그러나 신하 오이의 권유로 소서노(召西努)를 왕비로 맞이하였다. 이 왕후에서 비류(沸流)와 온조(溫祚) 두 아들이 탄생되는 것이다.

그러나 주몽왕은 가섭원(迦葉原)에서 부인 예 씨와 작별할 때 예 씨 부인의 배속에 아기가 있다고 하고 헤어질 때 은장도를 징표로 주었던 일이 늘 궁금하게 생각하고 있었다. 예 씨는 남편과 이별한 후 주몽의 아들인 유리(琉璃)를 낳았다. 유리태자는 아버지를 닮아 7, 8세 때부터 활솜씨가 뛰어났다. 장성한 후 어머니 예씨, 신하 옥지(屋智), 구추(句鄒), 도조(都祖)와 함께 북부여를 도망쳐 나와 아버지 주몽을 상봉하게 된다. 그 후 유리태자(琉璃太子)는 주몽을 세습하여 고구려 2세왕 유리명왕(琉璃明王)이 된다.

유리왕은 《삼국사기(三國史記)》의 기록에 의하면 황조가(黃鳥歌)의 저자로 알려져 있다. 유리왕은 왕위를 세습하고 왕권을 잃게 된 비류와 온조는 부하 오간(烏干) 마려(馬黎) 그리고 백성들을 끌고 뿔산(負兒岳)에 도착하여 그 기슭 아리수(阿利水) 바로 건너 위례(慰禮)땅에 성을 쌓고 온조(溫祚)가 먼저 백제국을 건설했다.

이 집단이 처음 자리를 잡은 곳은 한수 북쪽의 위례성-일명 하북위례성(河北慰禮城)이었으나 얼마 후에 외래세력을 막는데 유리한 하남위례성(河南慰禮城)으로 옮겼다. 5세기 중엽이후 북의 고구려가 남쪽으로 진출하게 되자 백제는 475년에 그 수도를 하남위례성으로부터 웅진(熊津: 고마나루) 즉, 오늘의 충청남도 공주로 옮겼으며 538년에는 다시 사비(泗沘) 소부리(所夫里) 즉, 오늘날의 충청남도 부여로 옮겼다.

이 소부리 /쇠/'新,'東'과 [버러] '野'의 합성어이다.

3) 백제 국 역대왕의 세계와 치적

(가) 태시조(太始祖) 소서노여왕(召西奴女王)

소서노(召西奴)는 좌원(坐原)의 장수 연타발(延佗渤)의 딸로서 주몽(朱蒙)의 후(后)가 되어 비류와 온조를 탄생케 했다. 이 집안은 거부로서 고구려, 백제

두 왕국의 창업입도(創業立都) 하는데 많은 도움을 주었다.

(나) 2세 온조왕(溫祚王)

고주몽이 전처 예(禮)씨의 아들 유리에게 왕위계승을 선언하자 어머니 소서노, 형 비류와 더불어 대련시 용담산성(龍潭山城)으로 옮겨 어라하(於羅瑕) 봉국을 세웠다.

그러나 모후 소서노가 돌아 가셨고, 여달(閭達)형은 아버지의 고구려를 가졌고, 유리형은 아버지의 구려를 가졌고, 비류형은 어머니의 어라하를 가졌는데, 온조는 물려받은 것이 아무것도 없다고 탄식하고 배를 모아, 평안남도 영유현 미추홀(彌鄒忽)에 왔다가 산넘어 평성시 청룡산(青龍山)에 위례성(慰禮城)에 도읍하였다.

온조왕 원년 마수성(馬首城)을 쌓고 병산책(瓶山柵)을 세워 낙랑국과 대치하였다.

2년 후 온조왕 10년에 말갈(靺鞨)군이 쳐들어오자 곤미천(昆彌川)에서 패배하고, 온조왕이 직접 봉산(峰山)에 가서 구원하였다.

B. C. 8년 온조왕 11년에 병산책(瓶山柵)이 말갈(靺鞨)군에게 불탔다. 그러므로 온조왕은 함흥의 낙랑과 통로가 되는 곳에 독산책(禿山柵)과 구천책(狗川柵)을 쌓았다.

B. C. 11년 온조왕 8년에 말갈 군 3000명이 위례성을 포위해 왔으나 반격하여 대부현(大斧縣)에서 격멸하였다.

온조왕 14년에 예성강(禮成江)의 하남위례성 즉 한성(漢城)으로 천도하였다.

B.C. 1년 온조왕 18년에 칠중하(七重河)에서 말갈을 격퇴한 백제의 경계는 상당히 확장이 되었고, 금마마한(金馬馬韓)은 황해도 재령강 서쪽으로 축소되었다.

같은 해에 낙랑이 침입하여 백제의 하북위례성을 불태우는데, 백제는 보복으로 낙랑의 우두산성(牛頭山城)을 치려다가, 구곡(臼谷)에서 눈에 막혀 돌아왔다.

온조왕 20년에 고목성(高木城)과 석두성(石頭城)을 쌓았다.

온조왕 26년에 마한(馬韓)을 점령하였는데, 마한의 세력이 원산(圓山)과 금현(錦峴), 우곡성(牛谷城)에서 온조왕에게 저항을 하였다. 이후로 일 년 여에 걸쳐 백제는 남진하여 서울 한강을 넘어 충청남도 공주 지방까지 진출하여 영역을 확장하였다.

A. D. 18년에 온조왕이 원산, 금현성을 수리하면서 고사부리성(古沙夫里城)을 쌓았다. 또한 같은 해에 대두산성(大豆山城)을 쌓고 탕정성(湯井城)을 쌓았다.

온조왕 31년에 백제는 남북 2부에 더하여 동서2부를 설치하여 4부를 갖춘 것이다.

A. D. 22년 온조왕 40년에 술천성(述川城)과 부현성(斧峴城)이 말갈의 공격을 받았다.

A. D. 25년 온조왕 43년에 온조왕은 아산(牙山)에서 5일 동안 사냥을 하였는데 이 아산은 평안남도 함종현으로 추정된다.

(다) 3세 다루왕(多婁王)

A. D. 30년 다루왕 3년에 말갈이 마수산(馬首山)을 쳤으나 백제가 물리쳤다.

다음해에는 고목성(高木城)에서 다시 말갈 군과 싸워서 격퇴시켰다. A. D. 32년 다루왕 5년에 백제는 대사령(大赦領)을 내렸는데, 왕국의 경사스러운 일이 있었던 것이며, 다루왕이 횡악(橫岳)으로 천도한 것을 의미한다.

A. D. 63년 다루왕 36년에 백제는 낭자성(娘子城)까지 국토를 넓혔다. 이는 함흥지방의 낙랑을 점령한 것이다.

A. D. 37년 다루왕 10년에 낙랑국(樂浪國)이 대무신왕에게 멸망하였다.

A. D. 44년 다루왕 17년 후한(後漢) 광무제의 살수(薩水) 남쪽의 침범이 있었다.

A. D. 64년 백제는 신라의 와산성(蛙山城)과 구양성(狗壤城)을 쳤으나 이기지 못하였다.

(라) 4세 기루왕(己婁王)

4세 기루왕은 52년 동안 재위하였으며, 《삼국사기》에 서기 116년 기루왕 40년에 도성의 성문 위에 황새가 집을 지었다고 하였는데, 이 때문에 백제는 평양 한산성은 안학궁(安鶴宮)이라는 이름이 생겨난 것으로 추정된다.

기루왕 17년, A. D. 93년에 백제 황악에 큰 돌 다섯 개가 굴러 떨어졌는데, 이는 다루왕의 황악 한성으로부터 천도를 의미하는 조짐으로 간주했다.

기루왕 27년에 한산(漢山)에서 왕이 사냥을 했으며, 바로 이 무렵 평양의 안학궁으로 천도하였다.

(마) 5세 개루왕(蓋婁王)

개루왕은 39년을 재위하였으며, 131년에 북한산성(北漢山城)을 쌓았다. 이 성의 동쪽에는 백탑산(白塔山, 1136M)이 있고, 남쪽에는 횡계산(橫溪山)이 있다.

(바) 6세 초고왕(肖古王)

초고왕은 49년간 재위하였다. 188년에 신라의 모산성(母山城)을 공격하였으나, 이듬해에 구양성(狗壤城)에서 패배하였다. A. D. 190년에 백제는 원산향(圓山鄕)을 습격하고 부곡성을 공격하였으나 신라가 항거하여 퇴각하다가 와산(蛙山)에서 신라 국을 물리쳤다.

204년 백제가 신라의 요거성(腰車城)을 함락시키니 신라는 6부의 정병을 거느리고 사현성(沙峴城)을 공격해 왔다.

그때 남쪽은 백제와 신라의 경계는 보은을 중심으로 노령산맥의 북서쪽은 백제 땅이고 동남쪽은 신라 영역이었다.

(사) 7세 구수왕(仇首王)

7세 구수왕(仇首王)은 21년에 재위하였으며, 이때에 적현성과 사도성, 우곡 등에서 말갈과 싸웠다. 218년 신라가 장산성(獐山城)으로 쳐들어갔으나 실패하였다. 222년 백제군은 신라 우두진(牛頭鎭)에 쳐들어가서 웅곡(熊谷)에서 이겼다. 224년에는 신라는 백제의 봉산(峰山)을 함락시켰다.

(아) 8세 사반왕(砂伴王)

8세 사반왕(砂伴王)은 1년의 짧은 기간 재위하였으며, 별 다른 사기(史記)가 보이지 않는다.

(자) 9세 고이왕(古爾王)

9세 고이왕은 53년을 재위하였으며, 소도신앙(蘇塗信仰)으로 경천숭조애민(敬天崇祖愛民)하고 박사(博士) 왕인(王仁)을 일본에 보내 논어와 천자문을 전하고, 일본의 [가나]문자를 짓게 하였다.

255년 고이왕 때에 백제가 신라를 침범하여 괴곡(槐谷)에서 백제가 이겼고, 봉산성(烽山城)에서 신라와 싸웠지만 패했다.

A. D. 246년 위(魏)나라가 고구려를 침범하였고, 위나라 관구검(毌丘儉)이 환도성(丸都城)을 함락시킨 후에 현도태수 왕기(王頎)를 시켜 동천왕(東川王)을 1000 리나 추격하여 집안(集安)까지 후퇴시켰다. 이때 백제 고이왕(古爾王)은 낙랑(樂浪)을 쳐서 위나라의 보급로를 끊었고 관구검은 후방을 지키기 위해 낙랑으로 돌아 왔으며, 현도태수 왕기도 결국 동천왕(東川王)에게 패전하고 돌아왔다.

〈三國志〉에는 중국의 한나라가 망한 후 삼국시대 위(魏)나라 명제(明帝) 때인 고이왕(古爾王) 6년, A. D. 235년에 낙랑의 관리 통역의 잘못으로 고이왕이 격노하여 낙랑과 대방을 토벌 했는데, 대방태수 궁준(弓遵)은 전사하고 낙랑과 대방 두 군은 드디어 멸망했다고 기술되어 있다.

〈杜佑通典〉에는, 진대의 고구려는 이미 요동을 점령하고 있었는데, 백제 역시 요서를 점령하고 있었는데 진평 두 군이며, 진평은 지금의 유성(柳城)과 북평(北平) 사이라고 했다.

〈三國史記 崔致遠傳〉에는 이렇게 기술되어 있다. 최치원이 A. D. 866년에 당나라로 가서 부성태수(富城太守)로 있을 때 당나라 조정의 태사시중(太使侍中)에게 제출한 상소문에, 백제의 전성기에는 백만 병력으로 남쪽의 오(吳)와 월(越)을 침략하고 북쪽으로 유주(幽州), 연(燕), 제(齊), 노(魯) 나라를 흔들었던 백제는 거대한 벌레 같았다고 했다.

〈舊唐書〉에는 백제의 본국은 동으로 신라에 이르고 서해를 넘어서는 월주(浙江省)에 이르고 남쪽으로는 바다를 건너 위국(四國九州)에 이르고 북쪽으로는 고구려에 이른다고 되어 있다.

《송서(宋書)》에 백제는 구태(仇台)가 대방고지에 나라를 세웠다고 하였다. 〈隋書 東夷列傳〉에 의하면, 동명(東明)의 후손에 구태(仇台)라는 자가 있으니, 매우 어질고 신의가 두터웠다. 그 가 대방(帶方)의 옛 땅에 처음 나라를 세웠다. 漢의 요동(遼東) 태수 공손도(公孫度)가 딸을 구태에게 주어 아내로 삼게 하였으며, 나라가 점점 번창하여 동이(東夷) 중에서 강국이 되었다고 했다.

백제의 건국시조설화는 대체로 시조 온조 설(溫祚說), 시조 비류 설(沸流說), 시조 도모 설(都慕說), 시조 구태 설(仇台說)의 네 가지로 나누어지는데, 이 중 구태 설은 건국신화가 아니고 고이왕(古爾王)대에 백제가 성장하여 이를 인식하게 된 중국 사가들의 오인인 것 같다.

일본의 사학자 吾鄕淸彦은 鹿島昇의 〈환단고기(桓檀古記)〉 번역 및 주해서에 대한 추천사에서, 「요동(遼東)의 공손도(公孫度)가 그의 딸을 부여 왕 위구태(尉仇台)와 결혼을 시키고 그 보답으로 요서(遼西)의 땅을 기증받았다. 구태는 남하하여 이도국(伊都國)의 국왕이 되었는데, 〈日本書記〉는 이를 일본의 1대왕 진무(神武)라고 하고 백제사에는 이를 구수왕(仇首王)이라」고 했다는 것이다. 실제로 2C 말경에 공손도가 요동에 독자적인 세력을 만들어 동방의 패자로 군림하였다고 했다. 중국의 국조로 받들고 있는 헌원(軒轅) 황제는 소전(小典)의 아들이며, 성은 공손(公孫)이요, 이름이 헌원 이다. 황제가 처음 도읍한 곳이 헌원 이었는데, 그 헌원이 황제의 이름이 되었고, 호는 황제의 조국 이름에 따라 유웅씨(有熊氏)라 했다고 〈史記〉에 다음과 같이 기록되어 있다.

> 「史記卷一 五帝本記 皇帝者 小典之子 號 有熊 土色黃故稱皇帝 皇帝爲五帝之首 系本並以 伏羲 神農 皇帝爲 三皇 以其本是 有熊國君之子故也 都軒轅之丘因以爲名 生皇帝於壽丘 在魯東門之北 今在兗州阜曲縣東北 索隱 小典者非人名也 諸侯國號」

이 책에 지칭한 유웅국은 1세 단군왕검의 처가가 되는 나라이며, 황제 헌원의 고향이라고 생각하면 헌원은 단군의 처족이 된다.

동명설화(東明說話)는 전 부여족이 공통으로 가진 시조설화였다. 이와 같은 동명설화가 부여-고구려-백제와 같은 차례로 재생되어 왔다. 구태를 백제의 개국시조로 하고 그 구태의 선조로서 동명이 있었다고 했다. 중국 측 사서 기록에 구태는 고이왕을 지칭한 것으로 생각한다. 백제 동명신화의 원전이 되는 부여 건국 설화는 〈삼국지〉 등에 실려 있는바, 동명은 고리(槀離) 국왕의 시녀가 일광에 감응하여 출생한 자라고 되어 있다. 이러한 일광에 감응되어 왕이 출생하는 설화는 만주, 몽고에 널리 퍼져있는 신화이다.

(차) 10세 책계왕(責稽王)

책계왕은 13년간 재위하였다. 286년에 고구려를 방비하기 위하여 위례성(慰禮城)과 아차성(阿且城)과 사성(蛇城)을 수리하였다.

《송서(宋書)》에서 백제가 요서(遼西)를 다스리고 요서군과 진평군을 두었다고 하였는데 그 시기는 낙랑에 진출한 고이왕, 책계왕, 비류왕, 근초고왕, 근구수왕, 송성왕, 무령왕 대이다. 백제와 고구려 충돌이 288년에 일어났다. 대방왕(帶方王)이 구원을 청하자 구원병을 보냈다.

(카) 11세 분서왕(汾西王)

분서왕은 7년간 재위하였다. 이때에 요양은 백제 땅이었다. 요동왕(遼東王), 공손(公孫)씨 시대부터 백제가 처음으로 중국에 알려지게 되었다.

왕은 낙랑, 서현을 공격하여 빼앗았다. 하지만 304년 낙랑태수가 보낸 자객에 의하여 살해당했다.

A. D. 237년 위나라가 요동왕 공손연(公孫淵)을 정벌하기 위하여 바다 건너 금주시(錦州市) 대릉하 동쪽 해안에 백제 한군(韓郡) 태수(太守)의 허가를 받고 들어와 낙랑 · 대방 2군을 두었다.

(타) 12세 비류왕(比流王)

비류왕은 41년간 재위하였다. 이때에 내신좌평 우복(優福)이 북한산성에서 반란을 일으켜 평정하였다. 이는 대방고지의 비류왕에 대한 한반도의 반란이었던 것으로 이해된다.

(파) 13세 계왕(契王)

3년 재위한 기록은 있으나 별 다른 사기가 없다.

(하) 14세 근초고왕(近肖古王)

이 왕은 30년 간 재위하였다. 근초고왕 26년(고구려 고국원왕(故國原王) 패강(浿江)에서 고구려와 싸웠는데, 이때 고국원왕이 전사했다. 이왕 때에 박사 고흥(高興)이 백제서기(百濟書記)를 저술했다고 한다.

백제의 국력은 실로 놀라운 국력이었다. 백제 14대 근초고왕(近肖古王, 346-375) 때에는 고구려와 싸워 고국원왕(故國原王)을 전사시키고 평양성을 공격했다. 그 후부터 고구려와 백제는 경쟁적 관계가 될 만큼 강성했던 국력이었다. 이러한 백제국의 국력을 오호(五胡)시대의 〈宋書 夷蠻傳〉을 보면, 백제는 본래 고구려와 같은 계통이다. 고구려가 요동을 점령하고 있을 때, 백제 역시 요서 일대를 점령하고 있었는데 백제가 점령했던 곳은 진평군(晉平郡)이었다는 기록이다. 당대(唐代)의 이연수(李延壽)가 쓴 〈南史〉에는, 그 나라는 본래 고구려와 더불어 요동의 동쪽 1천리 밖에 있었는데, 진대(晉代)에 이미 고구려가 요동을 점령하고 있었으며, 백제 역시 요서의 진평(晉平) 두 군을 점령하고 있었고, 그 곳에 백제 자치 군을 설치했다고 하였다.

374년 근초고왕은 청목령 위에 고구려 방어를 위하여 청목성을 쌓았다.

A. D. 371년 근초고왕은 안학궁(安鶴宮)을 개수하였다. 이 안학궁은 방위체계를 잘 갖추었다. 북쪽은 대성산인데 대성산 동북 자락에 토성이 있었는데, 광개토왕의 비문에 소개된 돈발성(敦拔城)으로 추정된다. 서쪽은 청암동토성(淸巖洞土城), 남쪽은 청호동산성(淸湖洞山城), 동쪽은 고방산산성(高坊山山城)이

있었다.

근초고왕 371년에 고구려의 침략을 염려하여 평양 한성으로 재 천도하였다.

A. D. 368년 겨울 왕은 한수(漢水)에서 열병하였는데 이 한수는 대동강으로 추정된다.

A. D. 370년 10월에 고구려의 군사가 패하(浿河)에 쳐들어왔는데 맞서 싸워 물리쳤다. 이해 겨울 대동강 변 한산(漢山)의 안학궁으로 천도하였다.

왜왕의 수호신, 혹은 임명장으로서, 백제왕 근초고왕이 하사한 칠지도(七枝刀)가 아직 일본의 신사(神社)에 남아 있다.

백제와 왜국은 근초고왕에 이르러 형제 국으로 맺어졌다고 생각된다.

근초고왕이 요동반도에서 한반도의 평양으로 남천한 데에는 고구려의 위협도 있지만 그의 시대에 칠지도에서 보듯이 백제 왕자를 왜국 왕으로 임명하는 등 일본으로의 진출이 매우 활발하였던 것도 큰 이유이다.

(가) 15세 근구수왕(近仇首王)

A. D. 368년 고구려 고국원왕(故國原王)이 기병과 보병 2만 명으로 백제의 치양(雉壤)에 쳐들어와서 유린하였다. 근구수왕이 태자일 때에 반걸양(半乞壤)에서 고구려 군을 대패시키고 수곡성(水谷城) 서북쪽까지 고구려 군을 추격하였다.

근구수왕 3년(고구려 소수림왕(小獸林王 6년))에 평양에서 고구려와 백제 간에 격전이 있었다.

(나) 16세 침류왕(枕流王)

침류왕 원년에 진(晉)나라의 호승(胡僧) 마라난타(摩羅難陀)가 입국하여 포교하였다.

(다) 17세 진사왕(辰斯王)

A. D. 386년 고구려를 막기 위해서 관방(關方)을 설치하였는데, 이 성은 청목령 에서부터 북으로 팔곤성(八坤城)까지 이르고 서쪽으로는 바다에 임하였다.

(라) 18세 아신왕(阿莘王)

이 때 고구려 광개토대왕의 공격을 받아 사산(蛇山, 지금의 직산(稷山))으로 남천하였다.

A. D. 394년 고구려를 공격하기 위하여 한수를 지나 청몽령 아래까지 진격하였다가 기상이 나빠서 한수로 회군하여 한산성에 머물렀다.

(마) 19세 전지왕(腆支王)

16년간 재위하였다.

(바) 20세 구이신왕(久爾辛王)

8년간 재위하였다. 구이신왕은 병사 100인을 이끌고 요양에 진출하였으며, 대방국을 세웠는데 공손탁이 요동의 왕으로 등극할 때에 친선을 맺었다. 공손탁이 요동국을 세운 190년에 백제왕은 대방왕으로 인증을 받게 된다.

(사) 21세 비유왕(毗有王)

29년간 재위하였다. 이 왕 때에 내신좌평 우복(優福)이 북한성(北漢城)에서 반란을 일으켰다.

(아) 22세 개로왕(蓋鹵王)

A. D. 469년 청목령에 큰 책(柵)을 설치하였다. 아차성(峨嵯城)에서 고구려군이 한성을 함락시켜서, 개로왕을 참살하였던 것으로 전해졌다.

위(魏)나라의 고조(高祖)와 친교함을 알고 고구려의 장수왕(長壽王)이 공격해 왔다. 위례성 이북의 땅을 고구려에게 빼앗겼다.

(자) 23세 문주왕(文周王)

문주왕이 고마나루(熊津)으로 천도하면서 한강이북의 백성을 대두산성(大豆山城)으로 옮겼다. 즉 공주에 고마성(固麻城)을 세우기 위해 평안도에 피난 온 백성들을 먼저 대두산성으로 옮겨 웅진(熊津)을 건축하여 일군으로 삼은 것이다. 신라에 원군을 청하였으나 거절당하고 고마나루(熊津, 현 공주)로 천도하였다.

(챠) 24세 삼근왕(三斤王)

다만 3년의 짧은 기간 재위하였다.

(캬) 25세 동성왕(東城王)

A. D. 490년(동성왕 12년) 두 번이나 위병(魏兵)이 침공을 해 와서 격퇴했다.

(탸) 26세 무령왕(武寧王)

고구려의 문자왕(文咨王)의 침공을 격퇴하였다.

A. D. 507년 고구려 군이 한성(漢城)을 공격하려고 횡악(橫岳)에 주둔하니 무령왕이 그들과 싸워 이겼다.

(퍄) 27세 성왕(聖王)

성왕 7년(고구려 安藏王 11년) 개백현(皆伯縣)의 미녀 한주(韓珠)로 인하여 고구려의 침공을 받았고, 16년에 사필성(泗泌城)으로 도읍을 옮기고, 29년에 고구려 양원왕(陽原王)이 몽골과 터어키 족이 침공을 받는 허를 찔러, 백제는 남평양을 습격했다. 이때를 틈타서 신라의 진흥왕(眞興王)은 거칠부(居漆夫)와 이사부(異斯夫)를 보내 죽령(竹嶺) · 고현(高峴) 간의 10개 군을 탈취했다. 신라 진흥왕이 10개 군을 점령한 뒤에 고구려와 수교하고, 계속 백제의 동북 땅을 침공하였다. 백제 성왕은 32년에 어진성(於珍城) 진산(珍山)을 공략하고 다시 시산(尸山, 현 沃川)을 공격하며, 신라 본진을 밤에 습격하려다가 백마강(白馬江)의 상류 구천(狗川)에서 신라의 복병을 만나 전사했다. 성왕은 그의 사위인 진흥왕이 신라병에 의하여 전사하였으니, 진흥왕의 왕비는 그녀의 아버지 성왕의 전사를 어떻게 곡했을까 궁금한 일이다.

(하) 28세 위덕왕(威德王)

이왕은 성왕의 아들이며, 백제문화의 전성기를 이룩한 왕이다. 왕의 증손자 서동(薯童)을 신라 진평왕(眞平王)의 딸 선화공주(善花公主)와 결혼시켜 진평왕과 사돈 간이 되었다.

(거) 29세 혜왕(惠王)(2)·30세 법왕(法王)·31세 무왕(武王)(2)·32세 의자왕(義慈王)(20)이 백제의 마지막 왕이다.

이리하여 백제는 세계 32대 총 역년 702년으로 막을 내렸다.

4) 백제시대의 언어재료 해독

A. [백제]의 어원

양주동(梁柱東) 님은 [百濟]와 [溫祚]를 [ənсə]의 표기로 보고 그 뜻을 '넓은, '관대한'으로 보았다. 그 원뜻은 '선봉,'지도자'를 뜻한다고 하였다. 이병선(李炳銑) 님은 [百]의 15세기 말이 [온]이라고 하였다.

온 사름 드리샤	<龍歌 58>
중병을 모화온 양자 드이야	<曲 68>

옛말에 [온]은 [ɔnə] 였다고 추정하고 [濟]는 '城'을 표기한 것이라 생각하여 [百濟]를 [ɔnə-sai]로 보고 모음과 모음 사이에서 n>r로 변음되어 [ɔrə-sai]의 표기라고 했다.

위례성도 [ərə-sai]라고 하여 백제, 십제, 온조가 동어원이라고 했다. 그러나 최학근(崔鶴根) 님은 일찍이 일본으로 건너간 백제 사람들이 기록했다고 생각되는 사서에 百濟를 [구다라, クタラ, kutara]로 표기했다고 한다.

환국(桓國) 12국 중에 구다천국(句茶川國)이 있는데, [句茶]는 소리 옮김이며, [川]는 [라/나]의 뜻 옮김이라고 생각된다.

양서(梁書)에,

백제호소치성왈고마
百濟號所治城曰固麻
위읍왈 담로
謂邑曰 擔魯

위 [擔魯]는 [taro]의 소리 옮김으로 보고 [kutaro]는 ku'큰' + taro '성읍(城邑)'으로 해독된다.

제주도가 백제에 존속됨으로서 고명인 탐라(耽羅)도 [taro]와 같은 말이다. 지금 제주시에 [taro]의 표기로 一徒里, 二徒里, 三徒里의 [徒里]도 [taro]의 표기로 생각된다.

즉 [百濟][kudara]는 '큰 城邑'으로 해독되는 것이다.

알타이 언어에도 다음과 같이 대응이 된다.

몽골어의	Mango	:	tura	'성, '요새'
	Xalxa	:	tur	'성지'
	Buriat	:	tura	'도시'
	Urar	:	turǎ	'도시'
	Ordos	:	tura	'촌락'
만주어의	Goldi	:	tora	'천막의 수직기둥'
	Ulcha	:	tura	'천막의 지주'
			tora	'지주'
퉁그스어의	Evenki	:	tur	'국토', '토지', '영지'
	Negidal	:	tuj	'국토', '장소', '민족'

'성읍(城邑)'을 뜻하는 [tara/tɔrɔ]는 '산(山)'을 뜻하는 [달(達)]과 동계임을 알 수 있으며, [pərə]가 '들판'의 뜻에서 '성읍'을 뜻하게 된 것처럼 [tara]는 '山'의 뜻에서 '성읍'으로 뜻이 확장된 것처럼 보인다. 고로 [tara]는 단군왕검이 도읍한 아사달(阿斯達)에서 유래된 것처럼 보인다.

이 [達]은 고구려의 지명에서 '山'이나 '高'에 대응 표기되었음을 볼 수 있다.

「토산현고구려식달 경덕왕개명 금인지
土山縣高句麗息達 景德王改名 今因之」

「난산현 본고구려석달현 경덕왕개명금미상
蘭山縣 本高句麗昔達縣 景德王改名今未詳」

「고성군 본고구려 달홀 경덕왕개명금인지
高城郡 本高句麗 達忽 景德王改名今因之」

「고봉현 본고구려 달을성현 경덕왕개명금인지
高烽縣 本高句麗 達乙省縣 景德王改名今因之」

위 예에서 [達忽 : 高城], [達乙省 : 高城]의 대응관계에서 [達]과 [達乙]은 [tara]의 소리 옮김으로 생각된다.

진한(辰韓)의 6부 촌명 중의 [양(梁) · 진(珍)] 또는 고구려의 지명 [원(圓)] 등이 '성읍'을 뜻하는 [tara]의 표기로 생각된다. 다음의 예를 보자.

「알천양산촌 - 급량부
閼川陽山村 - 及梁部

돌산고허촌 - 사량부
突山高虛村 - 沙梁部

무산대수촌 - 점량 <점탁> 부
茂山大樹村 - 漸梁 <粘량> 部

자산진지촌 - 본피부
觜山珍支村 - 本彼部

금산가리촌 - 한기부
金山加里村 - 漢岐部

명활산고야촌 - 습비부
明活山高邪村 - 習比部」

위 [及梁部 · 沙梁部 · 漸梁部]의 [梁]은 이조어(李朝語)에도 [ᄃᆞ리 · 돌]로

표기되었다. [ᄃᆞ리 · 돌]의 옛 어형은 [tɔrɔ]로 추정된다. 위 珍支村의 [珍]도 [梁]과 같은 어형 [tɔrɔ]의 표기로 생각되니 《삼국사기》 〈지리지〉,

> 「마돌 일운마진
> 馬突 一云馬珍」

에서 보는 바와 같이 [珍]이 [突]과 대응표기 되었다.

[珍支]의 [支]는 [ki]의 표기로 '城'을 뜻한다. 大邱의 옛 지명이 達句伐인데 [tara-pərə]의 표기이다.

앞에서 본 진한의 6촌 명 중의 珍支村에서 보는 바와 같은 [tara]의 [珍]자 표기는 다른 지명에서도 볼 수 있다.

> 「성산가야 〈금경산 일운 벽진〉
> 星山伽倻 〈今京山 一云 碧珍〉
>
> 울진군 본고구려 우진야현
> 蔚珍郡 本高句麗 于珍也縣
>
> 진원현 본백제 구사진방현
> 珍原縣 本百濟 丘斯珍芳縣
>
> 진동현
> 珍洞縣
>
> 실진성
> 實珍城
>
> 진성
> 珍城」

이상 《삼국유사》 또는 《삼국사기》의 기록에서 보는 [碧珍] '성읍'을 뜻하는 [tɔrɔ]의 표기이며, 蔚珍은 고구려 때 이름이 [于珍也]로 [tɔrɔ]표기의 지명들이다.

일본에서 백제를 kudara라고 하는데, [ku]는 '大'를 뜻하고 [dara]는 '城邑'을 뜻한다.

[kɨ · ku · khə] 등의 이형태가 있다. 일본지명에서 ku '大'가 수식한 지명을 예로 들면,

ku-ta(久田)(對馬島)	ku-na(久奈)(對馬島)
ku-ne(久根)(對馬島)	ku-bara(久原)(對馬島)
ku-wa(久和)(對馬島)	
ku-mura(久村)(愛知縣)	ku-saka(久坂)(大阪)

위 지명에서 [ku]는 '大'를 뜻한다.

[dara] '城邑'은 [圓]으로도 표기되었다.

《삼국사기》〈지리지〉에

「철성군 본고구려 철원군
鐵城郡 本高句麗 鐵圓郡」

으로 기록된 [鐵圓]=[鐵城]에서 [城]을 [圓] '두루'자로 표기하였다. [鐵圓]은 [soe-turu]의 표기이니 '金城', '東城', '新城' 등으로 해독된다.

'大城'을 뜻하는 ku-dara(百濟)는 백제의 수도인 부여성(夫餘城)에서 유래한다.

《동국여지승람(東國與地勝覽)》〈부여조〉에 다음과 같은 기록이 있다.

「반월성 석성 일만삼천육척 즉고백제도성운운
半月城 石城 一萬三千六尺 卽古百濟都城云云
형여반월고명 금현치재기내
形如半月故名 今縣治在其內」

백제의 도성인 半月城을 위 기록에서 半月과 같이 생겼다고 이름 짓게 되었

다고 하나 그것은 [半月]에 맞춘 후대인의 해석에 지나지 않는다. [半月]은 '大城'을 뜻하는 [kara-dara]의 표기이다. [半]은 [中]과 동계의 어원이다. 15세기 어형인 [가온딗] '中'은 '半'의 뜻으로, 그 어근은 [갈]즉 [kara]이며, [月]은 15세기 어형이 [돌]로 표기된 [dara]이다.

백제왕국 9세 고이왕(古爾王)의 [고이]가 아닌 [고니]로 보아야 한다. 《日本書紀》의 백제관계 기사에 자주 보이는 [코니]는 '큰', '大'의 뜻이다. 雄略·武烈·欽明·齊明 등 각기의 [kisi] '王', '君'에 [코]를 붙여 [konikisi]'대왕'의 뜻이 되고, 오루쿠 '王后'에 [konioruku] 하면 '太后'의 뜻이 되고, sesimu '王子'에 [konisesimu]하면 '太子'의 뜻이 된다. 고이왕(古爾王)은 大王의 칭호를 받을 만큼 큰 업적을 남겼기에 특별히 [koni]를 붙인 것으로 생각된다.

《주서(周書)》〈이역전(異域傳)〉에

> 「왕성부여씨 호어라가 민호건길지 하언병비야
> 王姓扶餘氏 號於羅瑕 民呼鞬吉支 夏言竝妃也」

위 기록으로 보아 '왕'을 [於羅瑕], '妃'를 [於陸]이라고 하는데 백제의 일반 민중은 토착어로 [鞬吉支]라고 불렀음을 알 수 있다.

[鞬]은 '大'를 뜻하고 [吉支]는 '王'을 뜻한다. 이 [鞬]은 위의 [koni] '大'와 같은 말이다.

B. 위례성(慰禮城)과 어라하(於羅瑕)의 어원

다산(茶山) 정약용 선생은 [慰禮]를 사방을 두루는 [우리] 즉, 울타리, 닭우리, 돼지우리의 [우리]와 같다고 했다.

유창균(兪昌均) 님은 [위례]를 [bǒrǒr] 재구하고 '바람', '벌'의 뜻으로 해독했다.

이병선 님은 [위례] '왕'을 뜻하는 [어라가(於羅瑕)]에서 찾고자 했다.

《주서(周書)》〈이역전(異域傳)〉〈백제조(百濟條)〉에,

「王姓扶餘氏 號 於羅瑕 民呼爲 鞬吉支 夏言並 王也」

[어라가]를 [어라]와 [가]의 두 형태소의 합성으로 보고 있는 것이다.

[위례]는 '위'의 뜻으로 보고 알타이 언어들과 대응을 시켜보면, 다음과 같다.

Tungus	:	ugi '정상'		
		wui		
		ui		
		uile		
Manchu어의		uľca	:	ujsi
		Goldi	:	uje
Mongolian	:	ögede		
Turkish	:	ök		
Japanese	:	Ue		
Korean	:	ü		

그러므로 [위례성]은 '상성', '왕성'으로 해독된다.

닛본쇼기(日本書紀)에 의하면, [어라가]를 [orikoke]로 기록하고 있다.

위 주서(周書)에서의 '王'을 뜻하는 [於羅瑕]는 [於羅]와 [瑕] 두 형태소의 합성으로, 이 [於羅]는 [慰禮]는 동계의 어로 '上', '王' 등의 뜻이 있으며, [하(瑕)]는 단군조선, 부여, 고구려의 관명인 [馬加 · 牛加 · 豬加 · 狗加]의 [加]와 같은 형태의 표기이다.

그리고 '왕'을 뜻하는 [於羅]는 고구려 을지문덕(乙支文德)의 [을지]도 동계의 말이다.

이 /ərə/ɔrɔ(於羅)/는 王이나 존자(尊者)의 호칭으로 쓰일 뿐 아니고 큰 산이나 하천 명에도 볼 수 있다.

C. **사비(泗沘) · 소부리(所夫里)의 어원**

백제는 27세 성왕(聖王) 16년, 즉 538년에 고마나루(熊津) 즉 충남공주에서 사비(泗沘) 일명 소부리(所夫里), 즉 충남 부여로 천도하였다.

《삼국사기》 기록들을 보면 다음과 같다.

> 「십육년춘 이도어사비(일명소부리) 국호남부여
> 十六年春 移動於沙沘(一名所夫里) 國號南夫餘
>
> 자금돌성지소부리성견제감천복
> 自今突城至所夫里城遣弟監天福
>
> 자 사비승선회당
> 自 沙沘乘船廻唐
>
> 부여군 본백제 소부리군운운 경덕왕개명금인지
> 夫餘郡 本百濟 所夫里郡云云 景德王改名今因之」

양주동 님은 소부리(所夫里), 서야벌(徐耶伐), 사벌(沙伐), 서발(舒發), 각(角), 경(京)과 같은 말이라 하고 '東'의 옛말이 [싀]이므로 소부리 역시 [ᄉᆞ볼] '東京'이라 하였다.

도수희 님은 소부리(所夫里)를 서벌(徐伐)과 함께, '東原', '新原', '黎明原' 등으로 풀이하였다. 단군이 도읍한 아사달(阿斯達)의 [asa]에서 변음된 것으로 소부리의 [소]는 '金', '東', '朝', '新' 등의 뜻으로 쓰이었다.

[소부리] [소] + '부리', '벌판', '성읍'의 합성이다. [sə-pərə] 또는 [sərə-pərə]는 '城邑'으로 해독되는데, 백제의 수도 [소부리], 신라의 수도 [서라벌]이 뒤에 [서울]로 변음이 되었다. 다음은 사비(泗沘)의 표기를 보기로 한다. 《삼국유사》의 기록들을 보면,

> 「백제성왕이십육년 무오춘 이도어사비국호남부여
> 百濟聖王二十六年 戊午春 移都於泗沘國號南夫餘
>
> 주왈기지명 소부리 사비금지고성진야 소부리
> 註曰其地名 所夫里 泗沘今之古省津也 所夫里
>
> 자 부여지별호야
> 者 夫餘之別號也

도승삼십인창왕홍사 어시도사비성
度僧三十人創王興寺 於時都泗沘城
오월사비 안대어출사
五月泗沘 岸大魚出死
사해변소어출사 백성식지부진 사비혈색
四海邊小魚出死 百姓食之不盡 泗沘血色」

위에서 사비(泗沘)는 소부리(所夫里)의 약형으로 생각되며, [泗]는 [所]와 대응이 되고, [沘]는 [夫里]와 제2음절 [r]가 탈락한 어형이다.

4) 신라의 역사와 문화

(가) 신라의 성립과 발전

백두영봉(白頭靈峰)으로부터 한반도의 척추를 이루며 뻗어 내려온 태백산맥이 태백산에서 일단 멈추어 섰다가 그 잔 줄기는 계속 동해안을 따라 반도의 동남단까지 밀고 내려가고, 그 원 줄기는 서로 굽어 가다가 소백산으로 소사 오르고 소백산은 조령과 죽령으로 뻗어 나가면서 영남과 충청을 갈라놓고 속리, 덕유, 지리의 세 산으로 호남과 영남을 갈라놓는다. 동과 남으로 바다를 접한 이 지역은 농업과 어업이 일찍 발달 하였다. 북에서 남으로 흐르는 700리 낙동강은 이 곳 사람들의 젖 줄기였다. 남해로 흘러들어가는 낙동강 유역에는 북에서 남으로 여섯 가야가 연결되어 있었고, 동해로 흘러 들어가는 형산강(兄山江) 유역에는 서라벌의 여섯 부락이 자리 잡았다.

신라왕의 탄생설화에 관한 사기를 보면,

신화(神話)란 자연과 사회현상을 신격(神格)으로 한 설화(說話)인데, 신화에는 역사적・종교적・문학적 제요소가 미분화(未分化) 상태로 나타난다. 그러나, 신화는 고대사 연구에 많은 암시를 준다. 신화에는 수식적인 요소도 있을 것이고, 뒤에 점차 윤색된 요소도 있을 것이다.

천손(天孫)이 하늘에서 강임(降臨)하였다는 것은 환웅(桓雄), 북부여의 해모수(解慕漱), 일본의 아메데라스오미가미(天照大神)의 손자인 니니기노미코도(瓊瓊杵神)가 아시하라노 나카쓰구니(葦原中國) 강임에서 볼 수 있다. 하늘에서 드리워진 빛이나 끈같은 것의 끝에서 태어났다고 하는 설화의 범주에는 신라의 불구내(弗矩內)와 김알지(金閼智), 가야(伽耶)의 김수로(金首露) 등이 있다. 하늘에서 내리쬐는 빛으로 말미암아 잉태한 여성으로부터 태어난 범주로는, 고구려의 주몽(朱蒙), 일본의 아메노히보고(天日槍) 거란의 야율아보기(耶律阿保機), 선비족의 탁발규(拓跋珪) 등이 있다.

그러면 신라왕국의 세 임금의 탄생설화를 보도록 하겠다.

A. 불구내왕(弗矩內王)의 탄생설화

서라벌(徐羅伐) 넓은 땅에는 그전부터 동쪽에 양산(楊山)마을, 남쪽에는 고허(古墟)마을, 서쪽에 큰나무(大樹)마을, 동남쪽에 진지(珍支)마을, 동북쪽에 가리(加利)마을, 더 동북쪽으로 치우쳐 있는 고야(高倻)마을 여섯 부족이 있었다. 이 여섯 마을에서는 촌장(村長)이 있었으니, 양산촌의 알평(謁平), 고허촌의 소벌도리(蘇伐都利), 대수촌이 구례마(仇禮馬), 진지촌의 지백호(智伯虎), 가리촌의 지타(只他), 고야촌의 호진(虎珍) 등이다. 이 촌장들은 서라벌 한 가운데로 흘러가는 알천(閼川)가의 언덕에 모여 회의를 하고 있었다. 그들은 6부촌을 대표할 왕을 세울 것을 의논하고 있을 때에, 별안간 공중에서 흰 비단을 내려 깐 것 같은 구름이 길게 땅 아래로 내리 박혀 마치 흰 무지개 같은 것이 양산촌의 우물가 수풀사이에 비치었다. 별안간 흰 구름 사이로 흰 말이 꿇어앉은 채 소리를 지르고 땅 아래로 내려왔다. 소벌도리가 흥미를 갖고 뛰어가 보니, 우물 옆 수풀 속에 하얗게 보이는 큰 알이 있었다. 그 알을 자세히 보니, 알이 아니라 어린아이였다. 정말 큰 아이였다. 소벌도리 공은 그 아이를 집에 데리고 와서 길렀다. 13년의 세월이 지난 후 그 아이는 완전히 어른이 되었다. 키가 크고 도량이 넓으며, 재주가 비상하여 사람을 통솔할 품격을 갖추었다. 알의 크기가 박만 하였다하여 성을 박씨라고 하였고, 우리 동방을 빛나게 잘 다스리라는 뜻으로 이름을 불구내라고 하였다. 이것을 한자로 [赫]이 되고 다시 거서간(居西干)이라는 말이 합성되어 박혁거세(朴赫居世)가 되었다. 후에 서라벌의 왕으로 즉위하게 되는 것이다.

박혁거세가 임금이 되었으나 배우자가 없어 물색할 때 알영정(閼英井)에서 용의 딸로서 탄생한 알영을 부인으로 맞았다. 세상 사람은 이 두 분을 이성(二聖)이라고 하였다.

위 설화가 《삼국유사》에서 서술한 불구내의 탄생설화이다. 그러나 《환단고기(桓檀古記)》〈태백일사(太白逸史)〉〈고구려본기〉에는 보다 믿음이 가는 사실(史實)을 우리에게 전하여 준다.

사로(斯盧)의 시왕(始王)은 선도산(仙桃山)의 성모(聖母)의 아들이다. 옛날 부여제실(夫餘帝室)의 딸 파소(婆蘇)가 있었는데 남편 없이 아이를 뱄으므로 사람들의 의심을 받아 눈수(嫩水)로부터 도망쳐 동옥저(東沃沮)에 이르렀다. 또 배를 타고 남하하여 진한(辰韓)의 나을촌(奈乙村)에 와 닿았다. 때에 소벌도리(蘇伐都利)라는 자가 있었는데 그 소식을 듣고 가서 집에 데려다 거두어 길렀다. 나이 13세에 이르자 지혜는 빼어나고 숙성하며 성덕이 있는지라, 진한 6부의 사람들이 모두 존경하여 거세한(居世干)이 되니 도읍을 서라벌(徐羅伐)에 세우고 나라를 진한이라고 하고, 또한 사로(斯盧)라고 하였다.

위 불구내의 탄생설화에 대하여, 앞에서 말하는 하늘에서 말이 알을 가지고 오고 그 알에서 불구내가 태어났다고 하는 것은 왕의 존엄성을 부여하기 위하여 미화된 것에 불과하고, 뒤의 〈환단고기〉의 기록은 박계가 북방에서 남쪽으로 이동해 왔다는 것을 시사하고 있다.

B. 탈해왕(脫解王)의 탄생설화

불구내가 왕이 된 후 서라벌 6부는 튼튼하게 되고, 서라벌에 시라기(金城)를 세웠다. 왕의 재위 39년 어느 날 아진포(阿珍浦) 앞 바다에는 까치 수십만 마리가 소리치며 날고 있었다. 이 광경을 본 아진포 사람들은 구경하고 있었다. 의선(義先) 할머니는 서라벌 나라의 벼슬하던 해척(海尺)의 어머니로서, 용기를 내어 작은 배를 홀로 저어 포구 앞 바다로 나갔다. 선창을 열고 보니 큰 궤짝이 하나 있었다. 노파가 배에 올라서자 까치의 무리들은 다 날아가고 없었다.

여러 사람이 치성을 드린 다음 궤짝 뚜껑을 열었다. 자주 빛 연기 속에 어린아이가 단정하게 앉아 있었다. 사람들은 보물과 그 어린아이를 의선할머니 집으로 가져갔다.

그 아이는 매일 무럭무럭 자라났다. 그리고 할머니에게 '나는 바다건너 용성국(龍城國) 왕자예요. 아버지는 함달파(含達婆) 왕이고, 우리 어머니는 적녀국(積女國) 공주였어요. 아버지가 나를 칠보단장으로 싸서 동해에 버리게 했다'고 했다.

이름은 바다에서 튀어나왔다고 해서 토해(吐解)이던 것이 탈해가 되었고, 성은 까치 작(鵲)자에서 새가 날아갔다고 해서 석(昔)이 되었다.

왕은 탈해의 출중함과 지모가 뛰어나다는 것을 알고 운제(雲帝) 부인과 의논하여 아니공주(阿尼公主)를 탈해에게 하가(下嫁) 하였다.

남해왕(南解王)이 재위한지 21년이 되던 해에 세상을 떠나니, 왕자 유리(琉璃)가 왕위를 계승하였다. 유리니사금(琉璃尼師今)은 재위 34년에 세상을 떠나고 대보 탈해는 임금이 되었다. 앞의 설화는 《삼국유사》에 기록된 것이다.

탈해는 북에서 배를 타고 아진포 즉 오늘의 감포에 온 후래민으로 이해된다.

C. 김알지(金閼智)의 탄생설화

시라기(月城宮) 서쪽 일대의 우거진 원시림 밑으로 통과하여 표공은 대궐로 드나들었다.

탈해왕 9년 봄부터 이 원시림 숲 속에서는 밤중에 닭의 울음소리가 난다고 하였다.

세상 사람들이 천계(天鷄)의 울음소리이며, 천계는 성왕(聖王)이 탄생할 때 운다고 했다.

바다 동남쪽 수만리 되는 곳에 도도산(桃都山)이라는 산에 큰 복숭아나무가 있어 가지가 3천 개나 뻗쳐 있는데, 그 위에 천계가 내려와 운다고 했다.

표공은 먼동이 트기 전에 시림에 가보니, 나무 위에 흰 수탉이 앉아 있고, 그 주위에 자주 빛 구름이 뻗쳐, 뭉게뭉게 하늘을 향해 올라갔다. 그 나뭇가지에 조그마한 황금색 궤짝이 매달려 있었다. 표공은 월성궁 안으로 그 궤짝을 가져와 열어보니, 그 속에 한 남자아이가 웃으며 기어 나왔다. 상감은 그 아이를 수양아로 삼아 친자식같이 귀여워하며 길렀다. 이름은 아기라고 정하였으나 변음이 되어 알지가 되었고, 황금궤짝에서 나왔다 하여 성이 김(金)이 되었다.

김알지는 탈해왕의 귀여움을 받고, 왕의 말년에 대보라는 관직에 임명되었다.

점해왕(占解王)이 서거한 후 태자가 없으므로 이찬(伊湌) 양부(良夫)는 알지의 7대손 미추(味鄒)를 왕으로 모시었다.

일연(一然)의 삼국유사가 베일에 덮여 있어 우리를 당황하게 만든 사실을 〈金海金氏璿源大同世譜〉와 〈慶州金氏古書〉 때문에 우리는 옳은 판단을 할 수 있다.

「三國史曰 新羅之祖 小昊金天氏之後 故姓金當 新羅古誌 謂金閼智乃金官國道露之後乃小昊 金天氏之故 慶州金氏古書 始祖閼智 首露王之後裔」라 했다.

곧 출판예정인 〈東方의 最古文化를 西方에 전파한 수메르족은 桓族코리언〉 鄭淵奎 著에서 상세히 밝히고 있다.

서양에서 기독교 문명을 탄생시킨 수메르 · 이스라엘 족이 太昊 · 小昊족의 후예인 것처럼 신라의 국조 김알지 · 가야국의 국조 김수로의 세계는 다음과 같다.

5세 太虞儀桓雄 — 太昊伏羲(12자녀 중 막내) — 小昊金天氏(太昊의 손자) — 휴도왕(休屠王)(祭天金人) — 김일제(金日磾) — 왕망(王莽) — 金首露 — 金閼智

진한지역(辰韓地域)의 사로왕국(斯盧王國)의 성립에 관하여 살펴보면,

B. C. 5~3세기 사이에 동북아시아에서는 한족(漢族) · 흉노족(凶奴族) · 선비족(鮮卑族) · 조선족(朝鮮族) 간에 치열한 경쟁이 복잡하게 계속되고 있었다. 중국은 춘추시대(春秋時代, B. C. 206)와 전국시대(戰國時代, B. C. 4~3)를 거쳐서 한때 진시황(秦始皇)에 의하여 통일이 되었으나(B. C. 246), 이는 잠깐 동안이고 다시 한(漢)으로 대체되었다(B. C. 206). 그러는 동안에 흉노 · 오한 · 선비 등의 북방 제족이 일어나 동부여 · 북부여의 조선족을 압박해 들어오고 있었다. 이 위협은 진(秦)이나 한(漢)에 대해서도 마찬가지였으니, 만리장성(萬里長城)은 그것을 상징하고 있다. 또한 진이나 한과 조선족과의 항쟁도 또한 불가피하였을 것이다.

이러한 판국이 삼한 즉 마한·변한·진한 부족의 남하를 재촉한 것이다. 신라는 2세기 중엽 진한 12개국 소국들 가운데 사로국(斯盧國) 영역국가를 형성한 집단들이 주류를 이루었다.

경주지역에 출현한 불구내(弗矩內, 朴氏)·탈해(脫解, 昔氏)·알지(閼智, 金氏)의 순으로 되어 있지만, 실은 경주지역에 선주민(先住民)이 있었던 것으로 추정되며, 그 선주민 가운데 가장 강력한 세력이 바로 김 씨 계 었다는 것은 학계에서 주장해 왔다. 이 해석을 좇으면, 후래민인 불구내(弗矩內)·남해(南海)가 선주민인 김 계의 알영(閼英)·아루(阿婁)와 혼인한 것이 되고 김 부족이 선주 족으로 경주 일대에 자리 잡고 있을 때, 북방으로부터 온 박 부족과 연맹(聯盟)을 했다는 사실로 이해된다.

《삼국유사》〈신라시조 혁거세왕조〉에서 6촌을 다음과 같이 열거하고 있다.

진한(辰韓) 땅에는 옛날에 5 촌이 있었다. 1은 알천양산촌(閼川楊山村)이니 그 남쪽은 지금의 담엄사(曇嚴寺)이다. 촌장은 알평(謁平)인데 처음에 하늘에서 표암봉(瓢嵒峰)으로 내려왔으니 이가 급량부(及梁部) 李氏의 조상이 되었다. 노례왕(弩禮王) 9년에 부(部)를 두어 급량부(及梁部)라 했다. 고려태조(高麗太祖) 천복(天福) 5년 경자(庚子, A. D. 940)에 중흥부(中興部)라고 이름을 고쳤다. 파잠(波潛)·동산(東山)·후상(後上)의 東村이 여기에 속한다.

2는 돌산(突山) 고허촌(高墟村)이니 촌장은 소벌도리(蘇伐都利)이다. 처음에 형산(兄山)에 내려왔으니 이가 사량부(沙梁部) 최씨(崔氏)의 조상이 되었다. 지금은 남산부(南山部)라 하여 구량벌(仇良伐)·마등오(麻等烏)·도북(道北)·회덕(廻德) 등 남촌이 여기에 소속된다.

3은 무산(茂山) 대수촌(大樹村)이다. 촌장은 구례마(仇禮馬)이다. 처음에 이산(伊山)에 내려왔으니 이가 점량부(漸梁部) 또는 모량부(牟梁部) 손씨(孫氏)의 조상이 되었다. 그 후 장복부(長福部)라고 한다. 여기에는 박곡촌(朴谷村) 등 서촌(西村)이 소속된다.

4는 자산(觜山) 진지촌(珍支村)이다. 촌장은 지백호(智伯虎)로 처음에 화산(花山)에 내려왔으니 이가 본피부(本彼部) 정씨(鄭氏)의 조상이 되었다. 그 후 그곳을 통선(通仙)이라고 했다. 시파(柴巴) 등 동남촌이 이에 속한다.

5는 금산(金山) 가리촌(加利村)(지금의 금강산(金剛山, 백율사柏栗寺 북쪽 산)이다. 촌장은 지수(祗沬) 혹은 지타(只他)이다. 처음에 명활산(明活山)에서 내려왔으니 이가 한기부(漢岐部) 또는 한기부 배씨(裵氏)의 조상이다.

지금은 가덕부(加德部)라 하는데 상서지(上西知)·하서지(下西知)·내아(乃兒) 등 동촌(東村)이 여기에 속한다.

6은 명활산(明活山) 고야촌(高耶村)이다. 촌장은 호진(虎珍)이다. 처음에 금강산(金剛山)에 내려왔으니 이가 습비부(習比部) 설씨(薛氏)의 조상이다. 지금은 임천부(臨川部)라고 하는데 물이촌(勿伊村)·잉구미촌(仍仇彌村) 궐곡(闕谷) 혹은 갈곡(葛谷) 등 동북 촌이 여기에 속한다고 했다.

이 6부 가운데 후대에까지 우세했던 촌이 급량부(及梁部, 훼부(喙部))와 사량부(沙梁部, 사훼부(沙喙部)), 그에 버금가는 것이 본피부(本彼部)이었다는 것은 많이 지적이 되었다.

급량은 핵심으로 하고 점량(漸梁)·습비(習比)·한기(漢岐)가 포함되는 집단은 인구상으로 우위에 있는 김계(金系)인 듯하며, 급량부의 촌장도 알평(謁平)으로 김계임을 시사하고 있다. 본피(本彼)집단은 김계 아니면 박계 혹은 그 이전부터의 어떤 혈연집단으로 추정되며, 이부를 석계(昔系)로 추정하기도 하나 성시조설화(姓始祖說話)의 어느 부분도 불구내(弗矩內)가 추대될 당시에 석씨(昔氏)가 경주지역에 온 흔적이 보이지 않는다.

탈해는 흉노계(匈奴系) 문화와 관련을 가진 야장왕(冶匠王), 즉 쇠를 다루는 장인(匠人)이었던 것으로 보인다.

《삼국유사》에서는 탈해(脫解)의 출신지를 용성국(龍城國)이라고 하고, 거기에 일찍이 28용왕(龍王)이 있었고, 탈해가 바다를 건너온 배를 적용(赤龍)이 보호하였다고 했다.

흉노(匈奴)는 상고시대(上古時代)부터 중국의 북쪽 변방에서 부락을 이루고 살던 유목민족으로서 Turkey족, Mongol족, Tungus족 등의 잡종이라는 등 여러 가지 학설이 분분하여 정설이 없다.

《환단고기》〈단군세기〉에는 제3세 단군 가륵(嘉勒) 6년, B. C. 2,177년에 색정(索靖)을 유배한 후 그 땅에 봉하니 흉노의 시조가 되었다는 기록이 있다.

또한 4세 단군 오사구(烏斯丘) 원년에 황제의 동생 오사달(烏斯達)을 몽골왕에 봉했고, 오늘 이 몽골인은 그의 후예라는 기사가 있다. 일본의 학자 佐藤種治의 滿蒙歷史 地理辭典에 의하면, Turkey족은 북 흉노의 지족(支族)이었는데, A. D. 552년 부장 토문(土門)이 고차(高車)를 격파하고 유연(柔然)에게 반기를 들고 비로소 자립하여 이열가한(伊列可汗)이라 칭하고 Turkey를 건국했다는 기록이 있다.

그러므로 흉노족은 터어키족, 몽골족, 퉁구스족을 말하며, 언어학적으로 알타이어족, 인종학적으로 몽골인종으로 추정된다.

탈해(脫解)는 본래 용성국인(龍城國人)이라 하였는데, 《사기(史記)》〈흉노전(匈奴傳)〉에는 다음과 같은 기록이 보인다.

「세 정월(歲正月)에 제장(諸長)이 단간(單干)의 정사(庭祠)에 소회(小會)하고, 오월에는 용성(龍城)에서 대회(大會)하여 그 선조와 천지귀신을 제(祭)하고, 추마비(秋馬肥)에는 대림(蹛林)에서 대회(大會)한다」고 했다. 《후한서(後漢書)》〈남흉노전(南匈奴傳)〉에는, 「흉노(匈奴)의 속(俗)에 매년 삼용사(三龍祠)가 있는데, 매양 정월, 오월, 구월 무일(戊日)에 천신을 제(祭)한다」고 했다.

〈隋書 東夷列傳〉을 따르면, 신라국은 고구려의 동남쪽에 있는데, 한 대(漢代)의 낙랑 땅으로서 사라(斯羅)라고도 한다. 위(魏)나라 장수 관구검(毌丘儉)이 고구려를 토벌하여 격파하니, 고구려는 옥저로 쫓겨 갔다. 그들은 그 뒤 다시 고국으로 돌아갔는데, 이때에 따라가지 않고 남아 있던 자들이 마침내 신라를 세웠다. 신라는 한족(漢族), 고구려, 백제의 족속들이 뒤섞여 있으며, 옥저, 불내(不耐), 한(韓), 예(穢)의 땅을 차지하고 있다. 그 나라의 왕은 본래 백제 사람이었는데 바다로 도망쳐 신라로 들어가 마침내 그 나라의 왕이 되었다. 신라의 관직은 17등급이 있다. 1등급은 이벌한(伊罰干)이라 부르는데, 존귀한 직급이다. 다음은 이척간(伊尺干), 영간(迎干), 파미간(破彌干), 대아척간(大阿尺干), 아척간(阿尺干), 을길간(乙吉干), 사출간(沙咄干), 급복간(及伏干), 대나마간(大奈摩干), 나마(奈摩), 대사(大舍), 소사(小舍), 길사(吉士), 대오(大烏), 소오(小烏), 조위(造位)의 차례이다.

건장한 남자는 모두 뽑아 군대에 편입시켜 진영마다 소대가 조직되어 있다.

풍속, 형벌, 의복 등은 대략 고구려, 백제와 같다. 매년 정월 초하루 서로 하례하는데, 왕은 연회를 베풀어 신하의 노고를 치하한다. 이 날에는 일신(日神)과 월신(月神)에게 제를 올린다. 음 8월 15일에는 풍악을 울리고 백성들은 활쏘기 대회에 기량을 다투며, 우승자에게는 말과 삼베를 상으로 받게 된다. 국가에 큰 일이 있으면 뭇 관원을 모아 자세히 논의한 다음에 결정을 한다. 의복의 색은 흰 빛을 숭상 한다.부인들은 머리를 위로 감아올리고 갖가지 비단과 구슬로 장식을 한다. 결혼식에는 술과 음식뿐인데, 빈부에 따라 차림이 다르다. 땅이 매우 비옥하여 논과 밭곡식을 모두 심을 수 있다 오곡, 과일, 채소, 새, 짐승 등 농사가 잘 된다.

신라는 지리상 산이 많고 길이 험하므로, 백제와 사이가 나빠도 그 들은 서로 침범하기 어려웠다고 중국의 사료들은 기록하고 있다.

또한 용성국(龍城國)에서는 옛날에 이십팔 용왕(二十八龍王)이 사람의 몸에서 태어나 5세 · 6세부터 왕위에 오른다고 했다.

탈해는 경주에 도착한 후 나는 본래 야장(冶匠)이라고 자칭하였다고 한다. 이것이 터어키, 몽골 등의 설화(說話)에 보이는 스미스킹(Smith King, 야장왕(冶匠王))적인 성격을 나타낸 것이라는 것은 일본의 사학자 三品彰英이 《삼국유사고증》에서도 지적한 바 있다.

징기스칸(Chingis Khan, 成吉思汗)의 할아버지도 야장(冶匠)이었다고 하고, 몽골계의 부리앗(Buriat)은 야장(冶匠), 무(巫, 무당) 최고통치자를 [타르간] 또는 [타르하트]라고 하는데, 이 말은 [탈해]와 대응이 된다고 김열규님은 추정했다.

14세 자오지(慈烏支) 환웅(桓雄) 치우(蚩尤)는 그때 벌써 쇠를 달구어 병기(兵器)를 만들어 중국의 헌원(軒轅)과 탁록(涿鹿)에서 70여 회나 싸웠다고 한다.

이때에 중국에서는 활과 돌밖에 무기를 쓸 줄 몰랐는데, 치우(蚩尤)는 이미 수금(水金)을 채취하여 갑옷과 투구를 만들어 청동(靑銅)무기로서 연전연첩(連戰連捷)하였다고 《규원사화(揆園史話)》는 전하고 있다. 상고조선시대에 벌써 철기 · 청동기 문화가 세계의 어느 민족보다 일찍이 꽃피고 있었다는 사실을 암시하고 있다. B. C. 4세기경으로부터 만주(滿洲)의 요하(遼河) 유역에서 조선반도의 대동강(大同江) 유역에 걸쳐서 북방계 청동기문화(青銅器文化)를 물질적 기초로 삼아 부족연맹체(部族聯盟體)로 성장해 가고 있었다고 생각된다.

B. C. 4세기에서 3세기에 걸친 중국 전국시대(戰國時代)의 동북방의 한 나라인 연(燕)과 고조선과의 접촉은 불가피한 추세에 있었고, 이시기에 몽골고원에 일어선 흉노족(凶奴族)과 중국의 동북방에서 만주지방으로 흘러 들어오는 한족(漢族)과 고조선 족과 3자 사이에 요하(遼河)를 사이에 두고 치열한 각축이 벌어지기 시작하였으며, 이러한 추세는 마침내 조선반도의 남단으로까지 파급되지 않을 수 없었으니 이러한 정세는 부족연맹체(部族聯盟體)들의 국가체제(國家體制)에로의 성장을 촉진하는 것이었다.

신라는 진한의 6부 촌장들이 모여 불구내(弗矩內)를 왕으로 추대하고, 박 계인 불구내는 김 계의 알영(閼英)과 혼인을 하게 되었다. 김 부족이 토착 족(土着族) 또 선주 족으로서 경주지역에 자리 잡고 있을 때, 북방으로부터 온 박 부족과 연맹하게 된 것으로 추정된다. 탈해(脫解)는 흉노계(匈奴系) 문화와 깊이 관련을 가진 인물로서, 처음에 김해에 정착하려 했으나 실패하고 경주에 오게 되었다. 그는 쇠를 다루는 야장(冶匠)으로서 경주지역 철기 · 청동기문화를 전수한 인물로서, 박 계의 왕 남해(南解)의 여를 취하여 군국정사(軍國政事)를 위임받는 대보(大輔)가 되고, 마침내 야장왕(冶匠王)이 되었다. 그러므로 신라는 박 · 김 · 석 세 씨족들이 왕으로서 주도하는 진한 12국 중 사로국(斯盧國)에서 성장 · 발전된 나라이다.

(나) 신라왕의 세계와 치적

(1) 1세 박혁거세(朴赫居世)

전한(前漢) 지절(地節)(宣帝의 年號) 원년(B. C. 69) 3월 1일 6부 촌장들은 저마다 자제들을 거느리고 알천(閼川) 언덕 위에 모여 임금을 모실 것을 의논했다. 그때 남쪽을 바라보니 양산(楊山)밑 나정(蘿井)이라는 우물가에 번개 빛처럼 이상한 기운이 땅에 닿도록 비치고 있었다. 거기에 자주 빛 큰 알 한 개가 있었는데, 그 알에서 불구내왕이 탄생되었다는 설화가 있다.

불구내왕이 즉위한지 5년 용(龍)이 알영정(閼英井)에 나타나, 그 오른쪽 갈빗대에서 한 계집아이가 나왔다. 계집아이가 자라면서 덕기(德氣)가 있어서, 시조는 이를 맞아 비(妃)를 삼으니, 현행(賢行)이 있고, 내보(內輔)를 잘하였다.

즉 경주지역에 선주한 김 계의 여인을 북방으로부터 뒤늦게 도래한 박 계가 혼인하여 왕이 된 설화를 미화한 것이다.

즉위한지 21년에 경성(京城)을 쌓아 이름을 시라기(金城)이라 하였다는 기록을 볼 때 불구내대에 성곽(城郭)과 궁실(宮室)이 세워지고 사로국이 성읍국가(城邑國家)로 발전한 시대를 반영하고 있다고 생각된다.

불구내가 거서간(居西干)에 추대된 것이 B. C. 57년이라고 하나, 그 해가 정확한지 알 길이 없다. 그러나 사로국의 성읍국가로서의 발족이 기원전 1세기라는 심증은 있을 수 있다.

당시 한반도에 가장 선진적이었던 대동강 하류의 기자조선(箕子朝鮮)의 종말(B. C. 194-180), 또한 위만조선(衛滿朝鮮)의 종말(B. C. 108)에 따라 격동을 일으키고, 그 결과로 남하 이동한 조선유민의 일부가 기원전 1세기경에 경주지역에 새로운 세력을 형성하였다고 하는 것은 짐작할 수 있다.

(2) **2세 남해왕(南解王)**

남해(南解)는 불구내(弗矩內)의 아들로 기록되어 있다. 그리고 뒤에 박 씨 왕계는 모두 왕의 아들이거나 왕의 치친(致親)의 아들 이었다. 불구내 이후의 사로가 분명히 남계사회(男系社會)였음을 말해주며, 박 씨 왕 계의 시초인 불구내는 김 계와의 합의로 왕위에 올랐지만, 그 다음대의 즉위는 부장회의 의결대신 박 계의 세습이 당연한 것으로 간주되어 있었다는 것을 알 수 있다.

불구내의 왕호가 '왕'을 뜻하는 [거서간(居西干)] 거세간(居世干) 즉 [居世]·[居西]는 '君長' 즉 거사(渠師)를 뜻하는 /kəsi/kesu/의 표기이다.

반면, 남해(南解)의 왕호는 '무(巫)'를 뜻하는 [차차웅(次次雄)·자충(慈充)]이다.

김열규 님은 고아시아 어에 무왕(巫王)을 [자잔]이라 했다고 했다. 그러나

[자잔]이 어떤 알타이 자매언어와 대응되는 말이 없다. 만주어 · 퉁구스어에 무당을 샤만(Shaman)이라고 한다. 몽골어에 [박시(baksi)]해서 '지자(知者)', '스승'을 뜻하는데, 오늘날 한국어에 신통한 무당을 [박수/박시]무당이라는 말이 있다. 신라 제2대왕 남해(南解) 차차웅(次次雄)이 무당이며, 일본의 14대 천황 후(天皇后)가 무녀(巫女)였던 것처럼 신정일치(神政一致)의 이념이 실현되던 옛날에는 왕이 곧 무당이라는 말은 이해가 된다. 제2대 차차웅(次次雄)을 불구내(弗矩內) 왕의 다음을 계승한 차왕(次王)으로 해독하는 것이 무리가 없을 것 같다.

신정일치(神政一致)시대의 왕은 정치적 수장(首長)과 제사장(祭司長)의 두 기능을 갖는다는 것으로 이해해야 한다.

(3) 3세 유리니사금(儒理尼師今)

제3대라는 유리(儒理)는 누리 '世'의 뜻으로 해독되며, 처음으로 니사금(尼師今)으로 불리었고, 이로부터 이 왕호가 18대까지 계속되었다.

혼용되고 있는 [儒理 · 儒禮 · 弩禮]가 일명 [세리지왕(世里智王)]이라 한데서 [누리] '世'가 세습군주(世襲君主)를 뜻하는 것으로 풀이된다. [니사금]의 [니사]를 '잇다'의 뜻으로 설명하고 '왕위를 계승 한다'는 해독을 하고 있으나 신빙성이 없다.

먼저 [니사/이서]는 옛말로 '가장' 즉 '최상', '최고'를 뜻하는 말이다. [니사금]은 /nisa, kəmə/의 표기이니 /nisa, isa/는 '최상'을 뜻하며, /kəmə, kəm/은 신인(神人)을 뜻한다. 많은 신인 중에서 최상의 신인이 곧 왕이다.

유리왕은 가무(歌舞) · 축제(祝祭)를 장려하고, 6부의 이름을 고치고, 성(姓)을 하사(下賜)하고 차(車)를 만들고, 어름의 저장고를 설치하는 등 문명의 진보가 나타나는 시대의 왕으로 기록되어 있다.

(4) 4세 석탈해(昔脫解)

쇠를 다루는 야장왕(冶匠王)은 그 출신지에 관한 설화로 봐서 흉노계(匈奴系) 문화에 밀접한 관계가 있던 북방계 인물이 남하(南下)한 것으로 생각되나 인도 남부의 타밀어와 신라 및 가야의 인명 및 지명들이 서로 대응이 됨으로서 남방 계 인물이라는 설이 우리의 관심을 끌고 있다. 제4대 탈해에 이르러 그 전에는 볼 수 없었던 격렬한 전투가 백제(伯濟)와의 사이에 계속되고, 기마전투(騎馬戰鬪)도 처음으로 기록되어 있다. 그러나 이 일련의 주전장(主戰場)이 와산성(蛙山城, 보은) 일대인 데서도 알 수 있듯이, 탈해 대의 전투의 대부분은 경주 세력의 그것이 아니라 남하중인 옛 진국(辰國)계의 대 백제 전투인 것이다. 배를 타고 경주지역으로 유입한 것으로 봐서 족 단의 배경은 미약하되 야장(冶匠)으로서의 능력이 아마도 큰 요인이 되어 왕위에 오른 것으로 추정된다.

탈해 말년에 황산진(黃山津, 지금의 낙동강)에서 가야(加耶)와 격전을 벌인 기록도 보인다. 석달해는 [싀돌히] '新, 月, 日'로 해독되며, [싀]는 단군이 도읍한 [아사달]의 [아사]에서 유래된 말로서 뜻은 '金', '新', '東' 등이 있다. 그는 야장(冶匠)이니, [탈해]는, 몽골어 [다르한] '야장', [다르하치] '軍主'와 대응된다. 석탈해왕은 남해왕의 사위였다.

(5) 5세 **파사니사금(婆娑尼師今)**

유리왕의 아들이며, 왕위는 다시 석(昔)씨에서 박씨(朴氏)로 넘어갔다.

《삼국사기》는 다음과 같은 사실들을 서술하고 있다.

「A. D. 85년 즉 파사왕 6년에 백제가 변두리를 침범하였다. 이때부터 A. D. 165년까지 약 80년간 백제와의 교전기록이 중단되었다」고 했다.

「A. D. 94년 즉 파사왕 17년에 가야(加耶)가 마두성(馬頭城)을 포위하니 기병 1000명을 보내 격퇴하였다」고 했다.

「A. D. 102년 파사왕 23년 음즙벌국(音汁伐國, 안강의 남쪽)을 쳐 멸하고, 실직국(悉直國, 삼척) 압독국(押督國, 경산)이 항복하여 왔다」고 했다.

「A. D. 105년 파사왕 26년 백제가 사절을 보내 청화(請和)하였다」고 했다.

「A. D. 108년 즉 파사왕 29년 비지국(比只國, 안강) · 다벌국(多伐國, 의창) · 초팔국(草八國, 영일군 기계)을 공격하여 멸하였다」고 했다.

경주세력은 파사 대에야 그 주변에 대한 정복활동을 시작했다고 보여 진다.

《삼국사기》 A. D. 50~80년 우시산국(于尸山國, 울산) · 거칠산국(居柒山國,

동래)에 이어, A. D. 102년에는 음즙벌국(音汁伐國, 월성군 안강남) · 실직국(悉直國, 삼척) · 압량국(押梁國, 경산)이, 각각 신라의 세력권내에 들어갔다고 하였다.

또한 A. D. 108년 비지국(比只國, 월성군 안강), 다벌국(多伐國, 흥해) · 초팔국(草八國, 영일군 기계) 등 그 주변의 국가를 정복하였다.

또한 파사 대에는 굴아화촌(屈阿火村, 울산)도 정복하였다.

파사 대에는 A. D. 94년 가야가 침공해 올 때 기마병 1000명으로 격퇴했다는 것이 주목된다.

(6) 6세 **지마니사금(祇摩尼師今)**

유리왕의 아들이며, 왕위는 다시 박 씨로 넘어왔다. 재위기간이 23년으로 기록되어 있다.

A. D. 113년 지마왕 2년 백제가 신라에게 화평을 청했고, A. D. 125년 지마왕 14년에는 말갈(靺鞨)이 신라를 공격하여 왔으므로 백제가 원군을 보냈다는 기록도 보인다.

(7) 7세 **일성니사금(逸聖尼師今)**

거의 치적사실이 분명치 않다.

(8) 8세 **아달라니사금(阿達羅尼師今)**

31년간 재위한 것으로 기록되어 있으며, 구진국계(舊辰國系)의 진한(辰韓)세력이 경주지역에 정착하게 된 것은, 늦어도 A. D. 184년 벌휴(伐休) 즉위 이전, 빨라도 아달라(阿達羅) 14년 즉 A. D. 167년 이후인 것으로 보이며, 이 구 진국세력은 석씨 왕계와 깊이 관련되는 것으로 생각된다. 《삼국지》 〈진변전〉의 진왕(辰王)은 바로 석씨 계 진한 사로왕(斯盧王)을 말한다.

A. D. 156,-158년 즉 아달라왕 3,-5년 사이에, 계입령(鷄立嶺, 조령의북)과 죽령(竹嶺)이 개통되고, 감물(甘勿, 충주 남 45 리)과 마산(馬山, 충주 서 30 리)의 두 현을 두고, A. D. 167년 한수(漢水, 충주방면의 남한강)에서 대병력에 의한 시위 작전이 벌어지고 하는 일련의 사실들은 이제 백제에게 밀려 한반도

중부를 버리고 남하하는 구진국계의 마지막 저항의 자취라고 생각된다. 한반도 중부에서 경주지역에 정착하여 남진한 A. D. 167년 즉 아달라왕 14년의 한수(漢水) 출병 이후, A. D. 184년 석씨계의 벌휴(伐休)가 즉위한 그 10년 사이의 어느 시기로 추정된다.

(9) 9세 **벌휴니사금(伐休尼師今)**

13년 재위하였으며, 이 왕은 석탈해의 손자로 왕위는 다시 석씨로 넘어갔다. 제9대 벌휴 부터 제16대 첨해왕(沾解王)까지 석씨왕계가 지속되었다.

A. D. 185년 벌휴왕 2년에서 A. D. 250년 첨해왕 대까지 70~80년 동안 소문국(召文國, 의성) · 감문국(甘文國, 개녕) · 골벌국(骨伐國, 영천) · 사벌국(沙伐國, 상주) 등을 토벌하여 세력권에 넣었다. 이때에 금관가라(金官加羅)와 약간의 무력충돌이 있었다.

(10) 10세 **나해니사금(奈解尼師今)**

35년간 즉위한 석씨계 왕이다.

(11) 11세 **조비니사금(助賁尼師今)**

18년 재위한 석씨 왕계로, 231년, 조비2년에 감문국(甘文國, 경북 금능군 개령)을 영역으로 편입하였다.

(12) 12세 **첨해니사금(沾解尼師今)**

15년 재위한 석씨왕계로 조비왕(助賁王)의 동생이다. 고구려와 화친(和親)하고, 왜(倭)와 분쟁한 것으로 기록되었다. A. D. 247~253년 첨해왕 7년 이전에 사벌국(沙伐國)을 토벌하여 영역에 편입시킴으로서 사로국(斯盧國)은 변진(弁辰) 가야(加耶)지역(성주, 창녕, 김해선 서쪽)을 제외하고는 경상도 전 지역의 영역을 점령 편입시켰다.

(13) 13세 **미추니사금(味鄒尼師今)**

22년 재위한 김알지(金閼智)의 7대 손이요, 11세 조비왕(助賁王)의 사위였다. 미추왕의 [미추]는 '本'의 뜻으로 김성(金姓) 태조(太祖)를 계위(繼位)한 세종이라는 뜻으로 풀이하는 사람도 있다.

(14) 14세 **유례니사금(儒禮尼師今)**

15년간 재위한 조비왕(助賁王) 석씨의 장자(長子)이다.

(15) 15세 **기임니사금(基臨尼師今)**

13년간 재위하였다.

(16) 16세 **글해니사금(訖解尼師今)**

47년간 재위에 있었고, 10세 나해왕(奈解王)의 손자이다. 백제 아화왕(阿華王)의 사주를 받은 왜구의 침입이 있었으나 고구려의 도움으로 격멸시켰다.

(17) 17세 **나물니사금(奈勿尼師今)**

말구(末仇)의 아들이요, 13세 미추왕(味鄒王)의 사위이다.

(18) 18세 **실성니사금(實聖尼師今)**

김알지(金閼智)의 후손인데 나물왕(奈勿王)의 동서(同婿)이다. 고구려에 유질(留侄)되었다가 귀국하여 왕위를 계승하였다.

(19) 19세 **눌지마립간(訥祗痲立干)**

나물왕(奈勿王)의 아들이요 실성왕(實聖王)의 사위이다. 실성왕의 미움을 받아 고구려에 유질되었다가 고구려의 관용으로 귀국하여 왕을 시해하고 왕위를 찬탈했다. 또한 고구려 장수왕(長壽王)에게 간청하여 동생 복호(卜好)도 인질을 풀어 신라로 귀국케 했다. 그 후 강능 성주(江陵城主) 아금라(阿琴羅)가 실직곡(悉直谷, 지금의 삼척)에서 사냥하던 중 고구려의 장수를 죽인 일로 인하여 고구려의 공격을 받았는데 왕은 고구려에 사신을 보내 사과하고 화해했다. 이때 백제와 동맹을 밀약했다. 백제가 고구려의 침공을 받았을 때 왕은 백제를 지원했다. 눌지(訥祗)로부터 왕에 대한 니사금(尼師今)이란 호칭이 마립간(痲立干)으로 바뀌어졌다. [마립] '머리', '마루'(上, 宗)로 해독되며, [눌지]는 '누리'(世)

의 뜻으로 해독된다. [눌지니사금] '누리 최고의 임금'으로 해석된다.

(20) 20세 자비마립간(慈悲痲立干)

22년간 재위하였으며, 눌지왕의 장자임 신라와 백제의 동맹을 알게 된 고구려 장수왕의 침공을 맡아 청송(青松) · 봉화(奉化) · 순흥(順興) · 영덕(盈德) · 연일(延日) 등의 땅을 빼앗겼다.

(21) 21세 소지마립간(炤知痲立干)

자비왕의 장자이며, 22년간 재위하였다.

(22) 22세 지증왕(智證王)

22년 재위에 있었으며, 이때에 국호와 왕호를 확정하였다고 《삼국사기》는 기록하고 있다. 이 밖에도 왕의 장례에 남녀 다섯 명을 순장(殉葬)하던 관습을 폐지하고, 농경을 장려하고, 재해에 대비하여 백성을 돕는 등 선정을 폈다.

(23) 23세 법흥왕(法興王)

지증왕의 원자(元子)이며, 법률제정, 관등(官等)에 따른 복색제정(服色制定) 등으로 관료 제도를 확립하였고, 불교진흥, 절의 건립, 살생금지 등의 치적을 이루었다.

(24) 24세 진흥왕(眞興王)

37년간 재위했던 법흥왕의 동생이며, 입종(立宗)의 아들이요, 지증왕의 손자이다.

년 호를 개국(開國)이라 하고 불교를 진흥시켰다.

김 거칠부(金居漆夫)로 하여금 신라의 국사를 편찬케 했다.

개국 9년에 고구려 양원왕(陽原王)이 명하여 세병(歲丙) 장군으로 하여금 백제의 독산성(獨山城)을 공격하므로 정병(精兵) 3천으로써 백제를 도왔으나, 다음해 양원왕이 많은 병력을 증파하여 지금의 충북일대로 침공하여 백제군과 싸웠다.

진흥왕 12년에 몽골지방의 터어키 병이 고구려의 신성(新城)을 침공하니 고구려가 터어키 병과 싸우는 동안에 부여달기(夫餘達己)가 남평양을 점령했다. 이때 신라는 박이사부(朴異斯夫)로 하여금 랑성(朗城, 청주) · 국원(國原, 충주) 등을 점령하게 했고, 김 거칠부(金居漆夫)로 하여금 죽령이북의 도살성(道薩城)을 공격한 후 다시 백제의 진영을 격파하고 죽령 이외 고현(高峴, 용문산 부근)이내의 제천 · 원천 · 횡성 · 한천 · 지평 · 가평 · 춘천 · 랑천 등의 땅을 점령했다.

신라는 이와 같은 북진을 계속하여 함흥이북의 동초령(董草嶺)과 마운령(磨雲嶺)까지 진출했다.

진흥왕 15년에는 이사부(異斯夫) · 사다함(斯多含) 등을 보내어 대가야(大伽倻)를 격파하고 6가야를 모두 신라에 편입시켰다. 이때 백제의 성왕(聖王)이 대가야의 견병(遣兵)과 왜병(倭兵)을 합한 3만의 병력으로 진산(珍山)을 거쳐 고시산(古尸山, 옥천)으로 진격하여 신라의 본영(本營)을 야습하다가 신라의 복병을 만나 전사한 것이다. 이에 앞서 개국 14년에 신라는 고구려와 화해하고 여세를 몰아 백제의 동북을 공격하고 지금의 이천 · 광주 · 한양 등을 점령했다.

이때에 벌서 호남 한쪽 구석의 백제 땅과 평양 이북의 고구려 땅을 제외한 반도의 중심부가 신라에 귀속되고 있었다.

진흥왕은 영토 확장 뿐 아니고, 화랑도(花郎徒)를 일으켜 신라 사람들의 사기진작을 꾀했다.

이 화랑도는 고구려의 선인도(仙人道)를 본 만 제도이다.

고구려의 신소도(新蘇塗) 제전(祭典)을 모방하여 해마다 10월에 좋은 집안의 자제를 모아 무예(武藝) · 기마(騎馬) 등의 경기로 화랑을 선발하고, 시가(詩歌)와 음악(音樂)으로 산천을 탐승케 하여, 정서를 순화하고 호연지기(浩然之氣)를 함양하여, 충 · 효를 신조로 삼는 남아의 기상을 길렀다. 초대의 화랑은 설원(薛原)이지만 사다함(斯多含) · 김유신(金庾信) · 김죽지(金竹旨) · 김흠순(金欽純) · 김관창(金官昌) 등이 다 화랑출신이었다.

거칠부(居漆夫)가 금강산을 점령했을 때, 이곳에서 장안사(長安寺)를 세운 고구려의 스님 혜량(惠亮)이 그를 따라 신라에 왔다. 왕이 혜량을 승통(僧統)으로 삼아 시작한 것이 고구려의 팔관회(八關會)를 본 뜬 백고좌(百高座)이다. 팔관회의 의식은 해마다 10월에 신소도 대제와 같이 임금·신하·백성이 한데 모여서 불살생(不殺生)·불음질(不淫侄)·불망언(不妄言)·불음주(不飮酒)·불착향화(不着香華)·불좌고대상(不坐高大床)·불자낙관청(不自樂觀聽) 등의 8계를 서약하여 하늘에 제를 올리고, 음악과 연극으로 천신에게 사은하는 제전이었다. 혜량은 백고좌(百高座)를 궁중에 개설하고 불교의 포교에 힘썼다. 이와 같이 불교와 함께 예술의 진흥에도 힘썼다. 대가야 사람 우륵(于勒)으로 하여금 가야금과 가무(歌舞)를 보급시켰고, 그림의 거장(巨匠) 솔거(率去)가 나왔고, 스님 안홍(安弘)의 불교학 저술이 있었다.

(25) **25세 진지왕(眞智王)**

진흥왕의 차자(次子)이며 불과 4년밖에 재위하지 못했다.

(26) **26세 진평왕(眞平王)**

진흥왕의 장자(長者)의 아들이며, 왕의 2녀 선화공주(善花公主)의 남편이 서동(薯童)이다. 백제 28세 위덕왕(威德王)의 증손이며, 백제 31세 무왕(武王))과 왕의 3녀 문명공주(文明公主)의 남편 김용춘(金龍春)과의 사이에 동서간의 전쟁이 일어났다.

A. D. 5~6세기에 중국대륙은 남·북조(朝)로 대립이 계속되다가 6세기 말에 이르러 중국과 조선반도에 마침내 새로운 정세 변동이 일기 시작하였다.

중국에서는 수(隋)나라가 일어나 오랫동안 분열 상태를 지속해 오던 대륙을 통일하여 강력한 전제왕국으로 등장을 했고, 조선반도에서는 신라가 강력한 새 왕국으로 성장하여 고구려, 신라, 백제의 삼국관계가 바뀌어 지고 있었다. 즉 이때까지는 신라와 백제가 동맹하여 고구려에 대항하던 것이, 이번에는 고구려와 백제가 동맹하여 신라에 대항하는 판국으로 변화했다. 고로 고립상태에 빠진 신라는 수나라와 뒤에는 당나라와 손을 잡고, 연합군으로 고구려와 백제를 멸망시켰다.

(27) **27세 선덕여왕(善德女王)**

진평왕의 장녀이다. 출가하여 여승이 되었다가 속세로 나온 신라 최초의 여왕이다. 선덕여왕 13년경에 대신인 김춘추가 당(唐)나라에 들어가 당과 신라가 연합하여 백제와 고구려를 멸한 후 그 영토를 양국이 분유(分有)하기로 이세민(李世民)과 밀약하고 돌아왔다.

(28) 28세 **진덕여왕(眞德女王)**

26세 진평왕(眞平王)의 질녀이며, 8년간 재위하였다. 김춘추(金春秋)는 먼저 당면한 백제의 공격으로부터 신라를 구출하기 위하여 고구려와 손을 잡으려고 시도했으나 이에 실패하자 27세 선덕여왕(善德女王) 11년, A. D. 642년에 다시 신라의 가야(加耶)정복 이후 불편한 관계가 계속되던 일본과의 관계를 완화하기 위하여 일본에 손을 뻗쳐 보았고, 진덕여왕 원년, A. D. 647년에는 두 번에 걸쳐서 당(唐)을 출입하면서 친당외교를 추진한 끝에 마침내 신라·당 동맹을 맺고 한반도에 당병(唐兵)을 끌어들이는 데 성공했다.

(29) 29세 **태종무열왕(太宗武烈王)**

A. D. 654년에 진덕여왕이 죽고 김춘추(金春秋)가 왕위(王位)를 계승하니, 이이가 곧 태종무열왕(太宗武烈王, 654-661)이다.

무열왕의 어머니는 신라 26세 진평왕(김씨)의 셋째 딸 문명공주(文明公主)이고 왕비는 김유신(金庾信)의 누나이다.

김춘추의 머리에서 백제에 대한 복수의 집념이 한때도 떠나지 않을 때 그를 보좌한 인물이 김유신이다.

김유신은 김해를 중심으로 성립된 김수로왕(金首露王)이 시조인 금관가락국왕(金官駕洛國王) 구해(仇亥)의 증손이다.

김해를 중심으로 한 금관가야, 고령을 중심으로 한 대가야(大伽倻), 함안을 중심으로 한 아라가야(阿羅伽倻), 함창을 중심으로 한 고령가야(古寧伽倻), 고성을 중심으로 한 소가야(小伽倻). 이 다섯 가야가 거의 다 신라와 혈전한 끝에 멸망하였으며, 금관가야는 일전도 없이 신라에 병합되었다. 신라처럼 골품(骨品)을 문제 삼던 나라에서도 구해(仇亥)에 대해서는 준 귀족으로 대우했다. 그리고 구해의 아들 무력(武力)은 구천(狗川)의 싸움에서 백제의 성왕(聖王)을 죽인 전공을 세우기도 했다. 김무력(金武力)의 아들 서현(舒玄)이 3성 중 김씨

인 숙글종(肅訖宗)의 딸 만명(萬明)과 눈이 맞아 정을 통하고 유신(庾信)을 낳았다. 부 서현은 일찍 죽고, 어머니 만명이 유신을 길렀다.

유신은 어느 날 왕의 사위인 김용춘(金龍春)의 아들 춘추에게 접근했다. 둘이서 제기차기 놀이를 하다가 춘추의 옷에 달린 단추를 떨어뜨리고, 자기의 끝 누이 문희(文熙)가 그 단추를 달게 했다. 문희의 미모가 춘추의 눈을 홀렸으니, 둘은 정혼을 하고, 유신은 춘추의 매부가 되었다.

뒤에 김춘추(金春秋)가 왕이 되니 유신(庾信)은 왕의 매부로서 신라의 병마대권(兵馬大權)을 잡게 되었다.

한반도 서북과 만주에서는 수문제(隋文帝)·수양제(隋煬帝), 뒤에는 당태종(唐太宗)과 고구려가 혈전(血戰)을 벌이고 있는 동안, 반도의 남단에서는 백제와 신라가 영토쟁탈의 싸움을 벌이고 있었다. 642년에는 다시 신라의 가야 정복 이후 불편한 관계가 계속되던 일본과의 관계를 완화하기 위하여 일본에 대하여 손을 뻗쳐 봤고, 647년 양차에 걸쳐서 당나라를 출입하면서 친당외교를 추진한 끝에 마침내 라·당 동맹을 맺고 한반도에 당병을 끌어들이는데 성공했다.

무열왕(武烈王)의 모는 26세 진평왕(眞平王, 金氏)의 셋째 딸 문명공주(文明公主)이고 왕비는 김유신(金庾信)의 누님이니, 구왕족의 성골(聖骨)에서 벗어나 있다. 이로부터 그의 직계 자손으로 이어지는 신라의 왕족은 그 이전의 성골(聖骨)과 구별 지어 진골(眞骨)이라 일컬어진다. 실제로 신라 사회의 엄격한 골품제(骨品制)는 왕족인 진골(眞骨)을 제일 계급으로서 무열왕(武烈王) 이후에 확립되었으며, 이러한 신분제의 강화는 왕권의 강화에 수반되었던 것이다. 또한 이때부터 우리 고유의 뜻을 지닌 왕의 이름을 버리고 중국에서 들어온 한문 식 이름이 쓰여 졌으며, 모든 관료의 직위도 엄격한 신분적 제약을 받아야 했다. 또한 엄격한 관료정치체제가 확립되었다.

그러나 이와 같은 통치강화에도 불구하고 백제와의 대결에 있어서는 아직 열세를 면치 못하고 있었다. 백제에는 성충(成忠)·윤충(允忠)·계백(階伯)·의직(義直)과 같은 명장(名將)들이 건재하였기 때문이다. 이 열세를 만회하기 위하여 당의 세력을 끌어들여 한민족에게는 만주의 넓은 국토를 잃고, 반도의 좁은 국토로 위축시키는 계기가 되었다.

A. D. 660년 3월에 신라의 왕자 김인문이 당나라 행군대총관(行軍大摠管) 소정방(蘇定方)과 함께 당병 13만을 거느리고 황해를 건너 6월에 덕물도(德勿島)에 이르렀다. 태자 법민(法敏)은 대각간(大角干) 김유신과 더불어 장군 진주(眞珠)·천존(天尊) 등으로 하여금 배 100척으로써 영접케 하니, 당나라 장군 소정방(蘇定方)이 법민에게 말하기를 신라병은 육로로, 당나라 병은 수로로 진격하여 백제의 서울 소부리(所夫里)를 공격하자고 했다.

당장 소정방은 백제의 의자왕(義慈王)을 비롯하여 왕족, 대신, 장군 병사 10여만 명을 포로로 잡아가고 유인원(劉仁願)으로 하여금 1만의 군대를 이끌고 점령한 사비성(泗沘城)에 머물게 하였으며 백제의 영토에 오도독부(五都督府; 웅진(熊津)·마한(馬韓)·동명(東明)·금련(金連)·덕안(德安))를 설치하여 군정을 실시하였다.

왕제 김인문(金仁問)이 대군을 이끌어 평양에서 당나라군과 합류함으로써 라당 연합군이 평양성을 함락시켰다. 보장왕(寶藏王, 27년) A. D. 668년 9월 12일은 유서 깊은 평양성이 함락되던 고구려 최후의 날이 되었다.

라 당 연합군이 의자왕(義慈王) 20년, A. D. 660년에 백제의 사비성(泗沘城)과 웅진성(熊津城)을 함락시켜 백제왕국을 멸망시킨 8년 후인 보장왕(寶藏王) 27년, A. D. 668년에 평양성을 함락시켜 고구려 왕국도 무너뜨렸다.

(30) 30세 **문무왕(文武王)**

무열왕(武烈王)의 태자(太子)이며, 21년간 재위에 있었다.

(31) 31세 **신문왕(神文王)**

문무왕(文武王)의 태자(太子)이며, 12년간 재위에 있었다.

(32) 32세 **효소왕(孝昭王)**

신문왕(神文王)의 태자(太子)이며, 11년간 재위에 있었다.

(33) 33세 **성덕왕(聖德王)**

효소왕(孝昭王)의 동생이며, 36년간 재위에 있었다.

(34) 34세 **효성왕(孝成王)**

성덕왕(聖德王)의 둘째 아들이며, 6년간 재위에 있었다.

(35) 35세 **경덕왕(景德王)**

효성왕(孝成王)의 동생이며, 24년간 재위에 있었다.

(36) 36세 **혜공왕(惠恭王)**

경덕왕(景德王)의 태자(太子)이며, 18년간 재위에 있었다.

중대 말(中代末)의 이 왕 때로부터 는 신라귀족들 자체의 내부 분열이 시작되고 있었다. 그것은 왕위쟁탈을 위한 음모·반역·골육상잔의 피비린내 나는 분쟁이 이때로부터 점점 더 치열하게 계속되었기 때문이다. 혜공왕 4년에 일길찬(一吉湌) 대공(大恭)과 그의 아우 아찬(阿湌) 김은거(金隱居)의 반란, 같은 해에 렴상(廉相) 등의 음모 사건 등이 연달아 있었고, 말년에는 왕족 김지정(金志貞)의 반란을 평정한 김양상(金良相)이 왕위에 올라 6년간 통치하였다.

(38) 38세 **원성왕(元聖王)**

나물왕(奈勿王)의 12대 손이고, 김지정(金志貞)의 반란을 평정한 김경신(金敬信)이며, 14년간 재위에 있었다.

(39) 39세 **소성왕(昭聖王)**

원성왕(元聖王)의 손자이며, 2년의 짧은 기간 재위에 있었다.

(40) 40세 **애장왕(哀莊王)**

소성왕(昭聖王)의 태자(太子)이며, 10년 간 재위에 있었다. 그러나 그의 아우 체명(體明)과 함께 숙부(叔父)인 언승(彥昇)에게 살해되고 왕위를 찬탈 당했다.

(41) 41세 **헌덕왕(憲德王)**

소성왕(昭聖王)의 동생이며, 숙부로서 조카인 애장왕을 살해하고 왕위에 올라 18년 간 재위에 있었다.

이때에 왕족으로 대신(大臣)의 직에서 지방으로 전출된 웅천주도독(熊川州

都督) 김헌창(金憲昌)은 그의 아버지 김주원(金周元)이 국왕으로 선임되지 못한데 대하여 원한을 품고 현덕왕 14년, A. D. 822년에 마침 임지에서 난을 일으켜 장안(長安)이란 국호와 경운(慶雲)이란 년 호로 분립하여 무진(武珍)·완산(完山)·청(菁)·사벌(沙伐)등 4주(州)와 국원(國原)·서원(西原) 등 2경(京) 및 제군현(諸郡縣)을 협박하여 자기 소속으로 만드는 등으로 한때 기세를 올렸으나 관군(官軍)에게 패멸되었는데, 현덕왕 17년에는 현창의 아들 범문(梵文)이 고달산(高達山)의 도적 수신(壽神) 등 100여 명과 함께 모반하여 지금의 서울 부근에 도읍을 정하려고 북한산성(北漢山城)을 치다가 역시 실패했다.

(42) 42세 **흥덕왕(興德王)**

41세 현덕왕(憲德王)의 아우로 왕위를 이은 왕은 11년 간 재위에 있었으나 자식이 없었는데 후계자를 지명하지 않고 죽었으므로 4촌 동생인 균정(均貞)과 5촌 조카인 제륭(悌隆)사이에 왕위 계승을 위한 싸움이 일어나 각각 도당을 이끌고 충돌한 끝에 제륭이 즉위하게 된다.

(43) 43세 **희강왕(僖康王)**

38세 원성왕(元聖王)의 증손이며, 종숙인 균정을 죽이고 왕위에 오른 제륭(悌隆)이다. 3년 재위에 있는 동안 당인(黨人) 김명(金明)의 반란으로 인하여 자진하고 김명이 자립하여 왕이 된다.

(44) 44세 **민애왕(閔哀王)**

38세 원성왕(元聖王)의 증손이다. 이왕 때에 균정(均貞)의 아들 우징(祐徵)은 아버지가 패하여 죽은 뒤에 가족을 이끌고 청해진(淸海鎭), 지금의 완도로 피난을 가서 진장(鎭將) 장보고(張保皐)에게 의탁하여 있더니, 이때에 김명(金明)이 왕이 되었다는 소식을 듣고 장보고의 도움을 얻어 군사를 이끌고 쳐들어가 민애왕을 박해하고 스스로 왕위에 오른다.

(45) 45세 **신무왕(神武王)**

균정의 아들 우증이 민애왕의 왕위를 찬탈하고 스스로 왕이 되어 7개월 재위에 있었다. 그는 희강왕의 종제이다.

(46) 46세 **문성왕(文聖王)**

신무왕(神武王)의 태자이며, 19년 간 재위하였다.

(47) 47세 **헌안왕(憲安王)**

신무왕(神武王)의 동생이며, 문성왕(文聖王)의 숙부인 왕은 5년간 재위하였다.

(48) 48세 **경문왕(景文王)**

희강왕(僖康王)의 손자이며, 현안왕(憲安王)의 사위인 이 왕은 15년 간 재위에 있었다.

(49) 49세 **헌강왕(憲康王)**

景文王의 태자이며, 12년 간 재위에 있었다. 이때 벌써 왕성 주위에 기와집이 즐비하고, 거리마다 노랫소리가 들리고, 천하가 태평세월을 즐기며 군신(君臣) 간에 칭송을 주고받았으나, 그 내부의 부패가 이제는 벌써 몰락의 낭떠러지로 굴러 떨어지고 있었다.

(50) 50세 **정강왕(定康王)**

헌강왕(憲康王)의 아우이며, 2년 간 재위에 있었으나 그가 돌아간 뒤에 아들이 없으므로 그의 여동생에게 왕위를 물려주었다.

(51) 51세 **진성여왕(眞聖女王)**

정강왕의 여동생이다. 여왕은 행실이 부정하여 비밀리에 2~3인씩 미남 장부들을 불러들여 음란한 향락에 탐닉하고 그들에게 국정의 요직을 맡겼으니 나라꼴이 말이 아니었다.

중앙의 귀족권문이 내부 부패로 와해직전으로 치닫고 있는 한편 9세기 이후에 나타난 신라사회의 큰 변화의 하나는 농장(農莊)의 대형화와 함께 대지주들이 지방에 등장했다는 사실이다.

진성여왕 3년, A. D. 889년에 사벌주(沙伐州, 지금의 상주)에서 일어난 원종(元宗)과 애노(愛奴)의 폭동을 비롯하여 축주(竹州, 지금의 죽산)의 기훤(箕萱), 북원(北原, 지금의 원주)의 양길(梁吉), 염주(鹽州)의 유예순(柳豫順), 괴양(槐壤)의 청길(淸吉) 등이 연달아 반란을 일으켰다. 경주 서쪽 지방에서는 붉은 바지를 입은 적고적(赤袴賊)이 도성을 위협하기도 했다. 이러한 반란자 중에서 그 규모가 큰 것이 견훤(甄萱)과 궁예(弓裔)였다. 견훤은 본시 상주 지방 농민의 아들로서 일찍이 전공(戰功)이 있어 서남해변방비(西南海邊防備)의 비장(裨將)으로 있다가 위에서 열거한 반란의 기세를 타고 진성여왕(眞聖女王) 6년, A. D. 892년에 군사를 일으켜 지금의 광주(光州)지방을 점령하고 다시 완산주(完山州, 지금의 전주)에 이르러 환영을 받았다. 마침내 이곳에 도읍을 정하고 나라 이름을 후백제(後百濟)라 칭하였다.

궁예(弓裔)는 신라의 왕자로 태어나 궁중에서 버림을 받았으나 요행히 궁녀(宮女)의 손에 길러졌다가 뒤에 출가하여 세달사(世達寺, 풍덕에 있는 흥교사(興教寺))의 중이 되어 선종(善宗)이라 자칭하더니 마침내 절을 나와 북원(北原, 지금의 원주)의 양길(梁吉, 良吉)에게 890년에 투항하였다. 그는 양길의 신임을 받아 지금의 강원도 각지를 공략하는 한편으로 자기 자신의 세력을 심고, 또한 서북부의 반장(叛將)으로서 항복하여 오는 자들을 받아들여 임진강(臨津江) 유역 일대를 점령하여 병신년(丙辰年), A. D. 896년에 철원성(鐵圓城)에 도읍했다가 A. D. 897년에 송악군(松岳郡)으로 도읍을 옮겨 자립의 기초를 닦았다. 궁예는 이때에 부장

(部將) 왕건(王建)을 보내어 양길을 쳐서 그 땅을 점령했다.

(52) 52세 **효공왕**(孝恭王)

16년간 재위하였으며, 효공왕(孝恭王) 5년(A. D. 901)에 궁예(弓裔)는 왕이라 자칭하고 국호(國號)를 후고구려(後高句麗)라 하였다. 옛날에 신라가 당나라에 청병(請兵)하여 고구려를 격파했기 때문에 옛날에 서울인 평양이 폐허가 되었으니, 내가 신라에 원수를 갚는다 하여 서북방 인심에 호소하였다.

52세 효공왕 8년에 궁예(弓裔)는 국호를 마진(摩震)이라 고치고 연호를 무태

(武泰)라 하여 광평성(廣評省) 등 제관부를 설치하더니 다음해에 도읍을 송도(松都)에서 다시 철원(鐵圓)으로 옮기고, 그 후 A. D. 911년에 국호를 태봉(泰封)이라 개칭하였다. 궁예는 철원으로 천도하여 대규모의 궁궐과 성을 축조했다. 누차의 전승으로 영토가 넓혀진 뒤로는 사치하고 교만한 마음이 생겨서 자칭 미륵불이라 하고 호화스러운 사치생활에 빠졌다. 궁예의 교만과 포악은 날이 갈수록 심하여 그의 처자까지도 참살하였다. 마침 왕건도 반기를 들었다.

(53) 53세 **신덕왕(神德王)**

8세 아달라니사금(阿達羅尼師今)의 후예이며 대아찬(大阿飡) 박간겸(朴干兼)의 아들로서, 6년 간 재위에 있었다.

(54) 54세 **경명왕(景明王)**

신덕왕(神德王)의 태자이며, 8년 간 재위에 있었다.

궁예는 경명왕(景明王) 2년, A. D. 918년 6월에 부양(斧壤) 즉 지금의 평강의 백성들에게 살해되었다. 혁명파에 추대된 왕건은 궁예와 마찬가지로 고구려를 계승한다는 뜻으로 국호를 고려(高麗)라 하고 연호를 천수(天授)라 하여 출신지인 송악(松岳, 지금이 개성)에 새 도읍을 세웠다. 이때가 A. D. 918년이다. 경명왕 4년, A. D. 920년에 사신을 고려에 보내 대등한 예로 수교하였다.

(55) 55세 **경애왕(景哀王)**

후백제왕 견훤은 대병을 이끌어 신라의 대야성(大耶城)을 함락시키고 진예성(進禮城, 지금의 청도부근)으로 진격했을 때 신라는 구원을 고려에 청하여 그 도움을 얻은 바 있다.

견훤(甄萱)은 신라를 정벌하려고, A. D. 927년 대병으로서 신라의 서울 경주를 급습했다. 경애왕은 잡혀 나와 자진토록 강요당했다.

(56) 56세 **경순왕(敬順王)**

46세 문성왕(文聖王)의 손자이며, 이찬(伊飡) 김효종(金孝宗)의 아들이며, 신라 마지막 왕이다.

견훤은 경애왕 자진 이후 그의 족제 김보(金溥, 즉 경순왕)를 왕위에 계승토록 하였다.

경순왕은 전왕의 시체를 서당(西堂)에 모시고 군신과 함께 통곡하였다. 그리고 남산해목령(南山蟹目嶺)에 장사지냈다.

경순왕은 국세가 기울고, 온전할 수 없음을 깨닫고, 고려 태조에게 나라를 바쳤다. 그때 경순왕의 왕자는 통곡하며 왕을 하직하고 곧 개골산(皆骨山, 금강산)으로 들어가 바위에 의지하여 집을 짓고 마의(麻衣)와 초식으로 일생을 마쳤다고 한다. 세상 사람들은 그를 마의태자(麻衣太子)라고 불렀다.

이해 11월에 신라왕은 백관을 이끌고 왕경을 떠나 고려로 향했다. 고려 태조 왕건은 그에게 유화궁(柳花宮)을 하사하고 왕의 장녀 낙랑공주(樂浪公主)를 맞아 처로 삼고 또 정승을 배수하여 그 고도를 경주라 하여 식읍(食邑)을 삼게 하였다. 이와 같이 신라세계 56대 총 역년 992년으로 막을 내렸다.

(다) 신라, 가야 족과 타밀 족과의 역사적 친연 관계

지금까지 신라 및 가야의 주민들은 북방에서 이동해온 사로와 진한 계 부족으로 간주된 것이 통설이었으나 이들이 배를 타고 이동해온 인도의 남부 타밀족이라는 남방계 설이 제의 되고 있어 우리의 관심을 집중시키고 있다. 우리 민족의 시원에 관한 유전학적(DNA) 연구 결과가 단국대하교의 김 욱 교수에 의하여 나왔다. 그는 우리 민족의 주류는 북방의 기마민족이 아니라 남방의 농경민이라는 설을 새롭게 제기했다. 그는 한국 사람의 유전자를 분석해 기원을 추적한 결과 우리 민족의 주류는 중원대륙의 중북부 황하와 양자강 일대에 농경문화를 꽃피우던 동이(東夷)들이었으며, 일부만이 북방의 유목민족에서 유래했다고 밝혔다.

한국어와 드라비다 어족과의 친연 성을 주장한 사람은 헐버트(Homer Bezaleel Hulbert)이였다. 그는 1905년에 〈한국어와 인도 드라비다 방언의 비교문법(A Comparative Grammar Of the Korean Language and the Dravidian Dialects of India)〉을 출간했다.

헐버트는 이 두 언어의 어휘, 형태, 유형의 유사점을 지적하고, 다음과 같이 두 언어의 어휘를 대응시켰다.

한국어	타밀어	뜻
n, ni	ni	너
na	na	나
tol	tiru	돌
pi	pey	비
meuk	meyk	먹다, 음식
khal	kadi	칼
tat	satt	닫다
oo	wo	오다
kwi	kevi	귀
juk	chak	죽다
namu	namu	나무

한국어와 타밀어는 문장 어순도 같고, 토씨가 있는 것도 같으며, 또 기초 어휘가 무려 1천여 개 이상이 같거나 유사하다.

금관 가락국과 신라의 일부 부족들이 배를 타고 항해하여 흑조를 타고 들어온 타밀 족이라는 설이 우리의 관심을 모우고 있다.

김수로왕의 왕비의 고향이라고 하는 아유타(阿喩陀)가 인도 남부의 타밀나두주의 아요디야 쿠빰(Ayodhya Kuppam)이며, 아요디야는 인도의 12 성스러운 도시(Rishi)의 하나로 알려져 있다. 또한 캐나다 토론토에 파견된 언론이요, 타밀어 연구를 하고 있는 김정남님은 박혁거세는 인도 남부의 드라비다 반도에 산재해 있는 타밀족이라고 제의 하고, 타밀어와 박혁거세왕의 역사적 기록에 나타나는 여러 단어들을 대응시키고 있다. 박혁거세는 타밀어로 박키야거사이(Pakkiyakosai)라는 이름과 같고, /박/은 "밝"을 뜻하며, 거세/거사이는 "왕"을 뜻한다. 이 왕의 다른 이름인 불구내(弗矩內)는 타밀어 Purugunai와 일치하는데, 인도의 남부 밀나두주의 한 마을 이름이다. 박혁거세 왕의 탄생지인 우물 나정(蘿井)은 타밀어 nazung이며, 뜻은 "도랑"이라고 했다. 또한 서라벌은 산스크릿 말로 sona "쇠", pol "벌판"과 음이나 뜻이 한국어와 일치한다. pol은 환인의 나라 12 국명 중 비리국의 pili에서 유래된 말이며, so는 단군이 도읍한 아사달의 아사에서 유래된 말이다. 박혁거세의 왕비 알영은 타밀 여성의 이름인 Ariyam과 같다.

이들 서라벌 6 부 촌장들의 이름이 타밀 사람의 이름과 일치한다.

촌장의 이름	타밀어의 이름
알천 양산 촌(閼川 楊山村)의 알평(閼平)	Aryappan
돌산의 소벌도리(突山 蘇伐都利)	Sobolthurai
자산 진지촌의 지백호(觜山 珍支村 智伯虎)	Chippaiko
무산 대수촌의 구례마(茂山 大樹村 仇禮馬)	Kurema
금산 가리촌의 지타(金山 加利村 只他)	Cheetha
명활산 고야촌의 호진(明活山 高耶村 虎珍)	Hochin

석탈해의 이름은 석"쇠" 탈해 "다루다"로 해독이 되는데, 타밀어에 Sokalingam "대장장이"의 줄인 말로 탈해는 타밀어 Talhe 또는 Talhai와 대응된다. 석탈해의 다른 이름인 토해는 타밀어 Tohe 또는 Tohai와 일치한다. 야장 왕 석탈해가 사용한 대장간의 도구를 단야구라고 했는데, 타밀어의 Dhanyaku와 음과 뜻이 일치한다. 당시 타밀 인이 세운 촐라(Chola) 왕국이 있는 인도 의 남부지역은 당대 세계 최고 품질인 우즈(Wootz) 강철의 원산지인 철의 선진국으로 동서양에 철을 수출한 중심지 이였다고 한다. 석탈해는 서라벌에 칼이나 농기구 등 인도 남부의 선진 철기문화를 갖고 들어와 이미 와서 정착한 토착 세력과 맞서 왕권을 장악한 것으로 사료된다. 〈삼국사기〉에 따르면, "석탈해 왕은 왜국의 동북 천리 어머니 나라 출신이다"라고 기록하고 있다. 제 2대왕 남해(南解) 차차웅(次次雄)의 후임 자리를 놓고 노례(努禮) 왕자가 장자 상속의 기득권을 포기 하고 매부인 석탈해에게 왕위를 양보할 정도로 석탈해가 지닌 인도 남부 철기분화의 힘이 가공 했던 것으로 생각된다. 석탈해의 제안에 의하여 석씨가 왕권을 이

은 유리왕(儒理王)부터 왕의 호칭을 니사금(尼師今)이라고 했는데, /니사, 이사/는 "최고"의 뜻이고, /금/은 일본말에 가미"神"이라하고 한국말에도 신을 금 혹은 그무라고 한다. 이 니사 금(Nisagum)은 타밀어로 "대왕" 또는 "황제"를 뜻한다고 하니 음과 뜻이 일치한다. 〈삼국유사〉에 따르면, 신라 석씨계의 마지막 왕인 제 16대 흘해왕(訖解王, 재위 310-356년) 까지 니사금(尼師今)이라는 명칭을 사용하다가 제 17대 김씨 가문의 왕 내물왕(乃勿王)왕부터 왕은 마립간(痲立干)으로 불려진다. 니사금은 타밀어와 관계가 있으며, 마립간은 /마립/ "머리" + /간, 한/ "왕"이 합성된 말이다. 부리앗(Buriat) 사람들의 신화에 "해를 활로 쏘아 떨어뜨리고 하나만 남아 이 땅에 빛을 알맞게 주게 하였다"는 장군의 이름을 Erkhe-Mergen이라고 했다. 멜겐은 "우두머리 왕"의 뜻이다. 몽골의 비사(秘史)에 기록된 /멸이간(蔑爾干)/도 신라의 왕명, 마립간과 같은 어사이다. 니사금은 석씨계의 몰락과 함께 신라왕의 명칭에서도 완전히 살아지게 된다. 그리고 석탈해가 다파나국의 함달파(含達婆)왕의 왕자라고 했는데, 함달은 함달파가 줄여진 말로 /함달/은 타밀인들이 숭배하는 신 한다파(Handappa)를 말한다. 줄여서 한단(Handan)이라고 한다. 한다파는 힌두교 삼대 신의 하나인 시바(Shiva)의 둘째 아들 이름으로 타밀 사람들이 으뜸으로 섬기는 신인지라 남성의 이름으로 쓰이고 있다. 인도의 남부 드라비다 지역의 다파나국(多婆那國), 또는 용성 국(龍城國)을 지칭한다. 〈삼국유사〉에 탈해의 출신지를 용성국 이라고 하고, 거기에 일찍이 28 용왕(龍王)이 있었고, 탈해가 바다를 건너온 배를 적용(赤龍)이 보호 하였다고 했다. A. D. 8년 신라 2대 남해(南解)의 사위가 된 석탈해는 2 년 뒤 국무총리격인 대보(大輔)라는 중책을 맡게 되는데, /대보/는 남자 신 데반(Devan) 및 여자 신 데비(Devi)에서 온 말이다. 타밀어에서 "신의 다음 자리, 막강한 사람"이라는 뜻도 있다. 석탈해가 신라 역사상 처음으로 대보라는 자리에 오른 것은 그가 타밀 출신이라는 사실을 시사하고 있다고 하겠다. 제 3대 유리왕(儒理王)이 서거하고, 서기 57년 석탈해가 왕위에 오르자 표주박을 허리에 찬 호공(瓠公)이라고 알려진 사람이 대보로 발탁이 되었는데, 박은 아프리카나 인도 등 열대 지방에서만 자라는 식물이며, 타밀 사람들은 오래전부터 뜨거운 날씨에 목을 축이기 위하여 허리에 표주박을 차고 다니는 습관이 있었다. 그러므로 같은 종족인 타밀 인을 대보로 임명한 것으로 생각한다. 다음으로 석탈해가 한반도에 처음으로 도입한 동물의 뼈로 만든 술잔인 각배(角杯)가 고구려나 백제에는 발견되지 않고, 오직 신라와 가야지역에서만 발굴되고 있다는 사실이다. 타밀 출신의 석 탈해와 허 황옥 후가 신라와 가야 에 각배를 소개했을 것이라는 추정이 된다. 그러면 〈삼국사기〉에 나오는 석탈해의 출신국인 다파나국(多婆那國), 또는 용성국(龍城國)이 어디인지를 살펴보도록 하겠다. /다파나/는 타밀어와 산스크릿 말로 다파나(Tapana)와 일치한다. /다파/는 "태양" 을 뜻하고 /나/는 '나라'를 뜻한다. 촐라왕국의 별명이 다파나인 것으로 생각한다. 그리고 용성국은 촐라왕국 도시들 가운데 대장과 철기 제작으로 잘 알려진 옛 도시 나가파티남(Nagappattinam)을 가리킨다고 볼 수 있다. /나아가/는 "어머니"의 뜻이고 /파티남/은 "國 "의 뜻이니 '모국'을 뜻하는 말이다. 뱀은 하수농경민의 토템 이라고 하는 것은 잘 알려져 있다. 용은 뱀을 신격화 하여 부루는 것이며, 옛 부터 인도에는 학문과 종교를 가르치는 '일곱 성스러운 도시'를 가리켜 리쉬(Rishi)라고 하였다. 이 7개의 리쉬를 7개의 뱀의 머리로 상징한다. 그러므로 이 리쉬를 용성국이라고 칭한 것이다. 위와 같은 여러 역사적 자료를 근거로 신라 제 4대왕 석탈해는 인도의 남방 타밀 지역에서 오늘날의 감포 즉 옛 아진포로 항해하여 서라벌에 이주하여 선진 철기문화의 위력을 갖고 왕위에 까지 오른 것으로 생각한다. 신라의 김씨 왕계도 타밀족의 촐라(Chola) 왕국 출신이라는 것을 암시하고 있다. 신라 승려 지장은 불보살과의 접촉에서 지혜를 얻으려고 노력했다. 그는 그리스의 반대편에 있는 유라시아 대륙의 동쪽 끝에 살았다. 그의 열망은 지혜의 보살인 문수보살을 친견하는 것이었다. 그래서 그는 당나라에 있는 청량산(淸凉山)으로 향했다. 그 산에는 제석천이 기술자를 데리고 와서 만들었다고 전하는 문수보살의 소상이 있었다. 지장이 소상 앞에서 기도하고 명상하니, 꿈에 문수보살의 소상이 이마를 만지며 범어로 된 게(偈)를 주었다. 다음 날 아침 이상한 중이 와서 그 게를 해석해주고 가사와 사리 등을 주고 살아졌다(삼국유사 의해 편 자장성률). 신라의 자장이 중국의 청양산에서 수행하던 중 지혜의 보살인 문수보살에게서 신탁을 받았다. 그 신탁의 내용에 우리 겨레가 남방에서 항해하여 왔다는 설을 뒷받침 하는 다음의 기사가 있다.

> "너의 국왕은 인도의 찰라 종족의 왕인데 이미 불기(佛記 : 약속)를 받았으므로 남다른 인연이 있으며, 동이(東夷) 공공(共工)의 족속과는 같지 않다. (汝國王是天竺刹利種族 豫受佛記 故別有人緣 不同東夷共工之族).

그 신탁에는 신라 김씨 왕족인 김씨가 석가모니 부처님과 동성인 찰리 족(刹利族, Chola족)이라는 것이고, 다른 하나는 진한의 주도세력이 공공 족 이었음을 암시한 것이다.

신라의 저명한 학자인 최치원(崔致源)은 부쳐는 구이(九夷)의 하나인 우이(嵎夷)족에서 왔다고 했다. 또한 영국의 사학자 수미스(A. Smith)는 부쳐는 북부여 해모수(解慕漱)의 조상들이 살았던 고리(槀離) 출신이라 했다. 부쳐의 어머니가 마야부인이라면, 마야족도 중앙아세아의 어느 곳에서 이동하여 인도에 간 것으로 추정된다. 산스크릿의 고서 〈베다〉에는 북쪽의 인더스 강에 관한 언급은 많이 하고 있으나 남쪽의 간지스 강에 관한 언급은 전혀 없는 것으로 보아서 인도-유럽어족이 북방에서 이동해 인도에 들어간 것으로 생각한다.

지금까지 학계에선 북방유목민을 대표한 수로왕이 한반도 남쪽으로 내려와 이미 정착한 9 간 세력과 손을 잡고 가야를 건국했다 라고 보고 있다. 필자는 수로왕이 타밀출신이며, 9 간 세력이나 기층 주민들도 타밀출신이라고 생각한다. 더구나 기원전 3세기에 인도 남부 타밀지역에서 생산한 당대 최고 품질의 우츠(Wootz)강철을 타밀출신의 이들 9 간 세력이나 허 왕후가 가야에 소개하여 가야가 동아시아의 막강한 강 철 왕국이 될 수 있었던 것으로 보인다. 인도 남부 해안지대의 타밀인 들은 기원전 수세기부터 서쪽으론 로마제국까지, 동으로는 동남아시아와 중국까지 활발하게 진출하다가 대만 북쪽으로 흐르는 흑조난류를 타고 북상, 급기야 한반도까지 도달한 것이다. 타밀 인들은 사로 6촌 가운데 동해안과 접한 금산가리촌에 도착한 뒤 내륙으로 들어가 경주의 사로 6촌을 개척, 정착했던 것으로 보인다. 지타가 통치한 영일만 부근 금산가리촌은 현재 동해안과 접한 경주시 감포읍과 양남면, 양북면 등 3개 지역 모두를 포함했다. 또, 필자가 인도 타밀 출신으로 간주하는 신라 제4대왕 석탈해의 알이 담긴 궤짝도 동해를 표류하다가 동해안의 아진 포에 당도하는데, 이곳이 지금의 경주시 양남면 나아리 아진포라고 석씨전국대종회가 밝히고 있어 금산가리촌은 당시 인도 타밀 인들의 도래지였던 것으로 보인다. 타밀 인들이 한반도까지 도달했던 또 다른 증거는 박혁거세와 석탈해 등 신라 초기의 왕들의 난생설과 경주와 포항 등 신라지역에서 대거 발견되는 고인돌 등에서 일맥상통하고 있다는 점이다. 한국 고고학계의 원로인 한양대의 김 병모 교수에 따르면 벼농사, 난생신화, 고인돌로 대표되는 거석문화 등의 지리적 분포가 인도-동남아시아-한반도 남동부 해안지역으로 이어지고 있다며 인도 문화의 영향을 시사했다. 김 교수는 또 "신라주민은 진한-신라 지역에는 선사시대부터 살면서 수많은 고인돌을 남겨 놓은 토착 농경인들, 기원전 3세기 중에 중국 진나라의 학정을 피해 이민 온 사람들, 기원전 2세기에 이주해 온 고조선의 유민들, 그리고 고구려에게 멸망한 낙랑에서 내려온 사람 등으로 구성돼 있다"고 지적했는데 필자는 토착 농경 인들을 이끌던 6촌장들이 타밀출신이라고 본다. 그렇다면 이들이 경주에 어떻게 들어오게 되었는가? 물론 이번 경주 덕천 리 유적 발굴 작업에서 출토된 목관묘 11기와 청동기 항아리의 흔적이 남아 있는 무문토기, 그리고 매장된 사람의 지위가 높음을 알려주는 오리모양 토기 11개와 말과 호랑이 모양의 허리띠 고리 등이 당시 인도 타밀의 역사적 유물들과 비교, 추적해 정확하게 확인해야 할 것이다. 그럴 경우 6촌장들은 물론 박혁거세의 정체를 밝힐 수 있을 것이다.

다음 타밀어와 한국어가 대응되는 민속놀이의 용어, 농사의 용어, 왕명 및 6부 촌장의 이름이 타밀어와 일치 한다는 것은 신라 가야의 주민 기층의 일부는 타밀 출신이라는 설을 뒷받침하고 있다.

[예시 물 2-15] 타밀어와 한국어의 대응

한국어	타밀고어	타밀현대어
풀(grass)	풀(pul)	풀 [Pul]
벼(unhulled grain of rice, or a rice plant)	벼(pyeo)	넬루 [Nellu]
쌀(uncooked rice)	쏘르(Ssol)	쏘르 [Sor]
(나무)잎, 닢(leaf)	닢(nip)	엘라이 [Elai]
박(gourd)	박(bak)	수라이카이 [Suraikai]
호박(pumpkin)	호박(hobak)	부사니카이 [Pusanikai]
닭(rooster, cock)	닥(dak)	셰발 [Cheval]
달걀(egg)	달걀(dalgyal)	무따이 [Muttai]
메뚜기(grasshopper)	베뚜끼(bettukki)	베뚜끼리 [vettukkili]
소(cow)	소(so) 또는 가야(gaya)	파수 [Pasu]
말(horse)	마(ma) 또는 말(mal)	구티라이 [Kuthirai]
오리(goose)	오리(ori)	밧투(Vaththu)
지빠귀(thrush)	지빠구(jibagu)	쿠일 [Kuyil]
독수리(eagle)	수리(suri)	칼루구 [Kalugu]
땅(land, earth)	땅(ttang)	닐람 [Nilam] 또는 다라이 [Tarai]

새해 첫날 우리가 즐기는 윷놀이, 제기놀이, 쥐불놀이, 팽이놀이 등 민속놀이도 당시 타밀어로 각각 다음과 같다.

한국어	타밀어
윷노리	Yuddh, Yuth Nori
제기노리	Jegi Nori
추불 노리	Chupul Nori

팡이 노리 Pamgi Nori)로 불리며 그 형태도 완전히 똑같다. '놀이'는 고대 타밀어로 '노리(Noori), 또는 노루(Nooru)'로 불렸으며 현재 타밀어로는 '빌하야들(Vilaiyattu)'로 불린다. 아래의 비교표를 보면 타밀 인들이 피부색만 다를 뿐이지 바로 이웃 사람으로 느껴진다. 현대 타밀어에서도 우리말과 똑같은 말이 속속 포착되고 있다.

아빠	: appa,			
엄마	: amma,			
언니	: eonni,			
나	: nan,	니	:	ni,
니, 이거 봐	: ni, ingeo ba,			
니, 이리 와	: ni ingeo wa,			
난, 우람하다	: nan wuram,			
난, 니보다 우람하다	: nan ninggalbida wuram			
난, 빌다	: nan biruppumnan			
반갑다	: banakkam			
서울로 왔다	: nan seoul kku wandam			
몽땅	: mottang,			
이빨	: ppal			
궁덩이	: gungdi			

등 거의 똑같은 단어와 어구들이 적지 않다. 농사 관련용어 및 민속놀이 등의 용어가 타밀 출신들이 본격적으로 한반도에 전하는 바람에 아직까지도 우리말에 고스란히 남아 있는 것이다.

한국어와 타밀어의 민속놀이의 용어가 같다고 하는 사실은 어떠한 역사적 관계가 있는지 우리의 관심을 끄는 대목이다.

한국어	타밀어
윷 놀이	Yudh Noori
도, 개, 걸, 윷, 모	To, Ke, Kol, Yuth, Mo
제기 놀이	Jegi Noori
연 놀이	Yon Noori
팽이 놀이	Pangi Noori
딱지 치기	Ttachi Noori
자 치기	Cha Noori
널 뛰기	Nol Thuki
그네 놀이	Kune Noori
말 타기	Mal Noori

〈니혼쇼기(日本書記)〉에 따르면, 니니기노미코도(瓊瓊梧尊)의 증손인 진무(神武)는 야마도(大和) 정권의 1대 왕이었다. 니니기미코도가 다가아마하라(高天原)에서 히무가(日向)에 강임한 후 가시쓰히메(鹿葦津姬)를 비로 맞이하였다. 세 아이를 가졌는데, 장남이 호노쓰소라노미코도(火蘭降命)이고 그는 하야히도(隼人)라고 했다. 현재 가고시마에는 인구가 26,644명이나 되는 하야히도읍이 있다.

원래 이 씨족은 마라족의 가아스국에서 왔으며, 이 부족들은 인도의 간지스유역에서 마레반도를 경유하여 일본열도에 유입되었다고 한다. 또한 松村武雄씨는 九州의 아담(阿曇)씨족은 하야히도(隼人)족과 같이 남양 계 씨족이며, 인도네시아에서 이주해 온 것으로 간주했다. 일본에 야요이문화(彌生文化)를 건설한 사람은 해양족인 월족(越族)은 아만족(阿曇族)과 같은 씨족으로, 이들은 남지나(南支那)에서부터 서남 지방으로 건너온 뱃사람이다. 그들을 일명 배수랑(白水郞)이라고 하는데, 남지나의 천수(泉水)에서 온 뱃사람이라 하여 泉을 白과 水로 나누어 白水라고 불렀던 것이다. 그 들은 잠수에 능하여 조개를 채취하고 하수농경민으로서 龍과 뱀(蛇)의 토템을 갖고 있었다. 또한 이들은 되지를 기르는 양돈을 일본에 전파했으며, 바다를 통하여 도망쳐 흑조(黑潮)를 타고 북규슈에는 하야히도 족(隼人族)이, 남 규슈에는 아담족(阿曇族)이 정착한 것으로 알려져 있다.

농경문화와 철기문화의 시원 지는 남방으로 추정되고 있으며, 쌀의 기원지로 알려진 인도의 아삼 지방과 타밀 인이 세운 촐라왕국(Chola Kingdom)이 있었던 인도의 남부지역이 가장 유력한 후보지로 관심을 받고 있다. 이 지역은 세계 최고 품질인 우즈(Wootz)강철의 원산지로서 해로를 통하여 동서양에 철을 수출하던 중심 지였던 것으로 생각한다.

1996년 중앙일보에 게제된 다음과 같은 기사를 보고 필자는 인도에 산재해 있는 우리 조상들의 발자취에 놀라지 않을 수 없었다.

"인도의 구자라타 주의 간판에 새겨진 글자가 한글과 같고, 서낭당 길 돌무더기, 여인들이 냇가에 모여 정겹게 빨래 방망이질하는 모습, 우리 선조들이 타고 다녔던 과하마(果下馬)를 보면 인도는 우리 선조들의 발자취가 세계 어느 지역보다 많이 남아있다."

인도반도에는 무수한 종교, 인종 등이 뒤섞여 존재하고, 인도문명의 창시자는 문자를 지녔고, 그 언어는 타밀어와 기타 드라비다 언어였다. 인도 힌두교의 삼대 신 시바(Siva), 비스흐누(Vishunu), 부라흐마(Brahma) 가운데, 시비는 춤추는 여신으로 통한다. 신교(神教, Shamanism) 용어 가운데 샤먼을 지칭하여 사파(師婆)라고 했다. 그 당시 인도의 최고층은 시바 신을 모시는 샤먼이었다고 생각한다.

제임스 처치워드는 그의 저서에서 아카디언, 수메르, 바빌로니아, 상부 이집트는 인도의 문명을 이었다고 주장한 바 있다. 또한 이들이 인도 문명을 계승한 것이 35,000년 전이라고 주장했다.

(라) 신라시대의 언어재료 해독

A. [신라], [서라벌(徐羅伐)], [시림(始林)], [계림(鷄林)], [알지(閼智)] 형태소의 해독

[신/사/시]의 형태소는 [아사달]의 [아사]와 같이 '金', '新', '東'으로 해독(解讀)된다. 해동역사(海東繹史)의 저자 한치윤(韓致奫) 님은 신국(新國)을 뜻한다고 하였고, [新]은 뜻 옮김으로서 [새]의 표기이고 [羅]는 '나라'를 뜻하는 [라]의 표기로 보았다.

정인보(鄭寅普) 님은 [신라]는 [새벌]로 읽고 /새/는 '해뜨는 동쪽'을 뜻한다고 했고, 양주동(梁柱東) 님은 모두 /ᄉᆞᄂᆡ/의 차자로서 '東方', '東土' 또한 국명으로 쓰였다고 했으며, 안재홍(安在鴻) 님, 최남선(崔南善) 님도 '東國', '新國'으로 해독했던 것이다.

[서라벌]은 /사라부루/의 말소리가 변한 것인데 /시라/, /사라/는 [새] 즉 '동쪽'을 의미하며 /부로/, /바라/는 '벌'이라는 뜻으로 경주의 옛 이름이라고 볼 수 있다.

이와 같이 신라의 /신/은 '새'의 뜻으로 그 옛 형태인 /사라/, /사/에 대한 이두식 표기이고, /라/는 '나라'의 뜻으로 '新國', '東國' 등으로 해석되며, 아사달의

[아사]와 어원(語源)이 같은 것이다.

[서울]은 서라벌과 같이 형태소 분석이 된다. [서울]이란 말은 옛말 /사바라/의 이형태인 /서버러/ → 서벌 → 서불 → 서울로 변한 것이다.

《용비어천가(龍飛御天歌)》에 「셔블도즈기드러」,

《월인석보(月印釋譜)》에 「읻힛 자히사 셔울드러오니라」 하는 기록이 보인다.

[사바라]에서의 [사]는 '新', '東', '金' 등을 뜻하며, [바라]는 '벌'(野)을 뜻한다.

[새벌]이 오늘날의 수도를 뜻하게 되었다.

인류(人類)의 시조(始祖) 나반(那般)과 아만(阿曼)이 만난 [아이사타(阿耳斯它)]에서 단군이 도읍한 [아사달(阿斯達)]로, 또한 신라의 수도 서라벌로, 오늘의 수도 서울로 이어져 오는 언어의 맥이 지금까지 이어져 오고 있다.

[계림]에서의 [계]는 [새] 즉 '동쪽'이란 뜻으로 그 옛 형태인 [사]에 대한 뜻 옮김이고 /림/은 숲의 뜻으로 그 옛말인 /부루/에 대한 뜻 옮김으로 된다. [계림]은 /사부루/에 대한 이두식 표기로서 [새벌] 즉 '동쪽 벌'을 의미하며, [계림]은 신라의 딴 이름이다.

[시림]의 /시/는 '동쪽'의 뜻인 /사/에 대한 소리 옮김이요 [林]은 /부루/에 대한 뜻 옮김이 된다. 합성이 되어 /사부루/ 즉 '동쪽 벌', '황금벌', '새 벌' 등의 의미가 있다.

박혁거세(朴赫居世)왕이 벌판 남산 쪽에 지은 시라기 '金城', 사라기(月城宮), 김알지의 [알지] '金'도 아사달에서 유래된 말이다.

사/시/쇠/의 알타이 자매 언어들 간의 대응을 보자

터어키어, 몽골어에 있어서는 쇠를 데뮐(temür)이라고 하는데, 만주, 퉁그스, 한국어에서는 서로 다음과 같이 대응이 된다.

Manchu어의	Manchu	:	sələ
	Goldi	:	sələ

	Oroki	:	sələ
	Ulcha	:	sələ
	Udehe	:	sələ
	Orochi	:	sələ
Tungus어의	Negidal	:	sələ
	Evenki	:	hel
	Solon	:	sələ
	Lamut	:	sellə

소도(蘇塗)의 [소]도 같은 어형이다. 신(神)과 인간이 둘이 아니라는 말을 나타내는 말이 신인(神人)이며, 신인은 신(神)을 대신하여 하늘의 뜻을 지상(地上)에 전하고 지상(地上)의 사람들은 모두 신계(神界)의 사람이 되게 하는 임무를 지니고 있다.

신인(神人)이 거주하는 곳을 신시(神市)라고 하는데, 그곳은 곧 소도(蘇塗)를 말한다.

따라서 신정일치(神政一致)국가에 있어서 신인(神人)은 소도(蘇塗)에서 제(祭)와 교육(敎育)과 정치(政治)를 주관하는 중심적(中心的) 역할을 감당한다.

소도(蘇塗)가 선 곳에는 모두 계율(戒律)이 있었다. 충·효·신·용·인(忠孝信勇仁) 五常의 道가 그것이다.

蘇塗의 옆에는 반드시 견당(扃堂)을 세우고, 미혼 자제로 하여금 사물을 강습(講習)하게 하였다. 대개 독서(讀書), 습사(習射), 치마(馳馬), 예절(禮節), 가악(歌樂), 권박(拳博) 겸 검술(劍術) 등의 육예(六藝)의 유(類)였다.

소도는 나라의 수도(首都)를 가리키는 말이다. [소도]는 그 상고 음은 [시아디아(sia - dia)]로 추정된다.

그러나 이중모음을 피하던 옛말에는 /사다, 서더/로 표기되었다. /사다, 서더/는 '새땅, '새터'라는 뜻에서 여러 뜻으로 확장되었으며, 《삼국지(三國志)》〈위지(魏志)〉〈동이전(東夷傳)〉에 보면, 「모든 나라에 별 읍(別邑)이 있는데 [소도]라고 한다」고 했다.

또한 중세 전기 한국어에는 [사탁]이라고 하는 이형태(異形態)도 보인다.

형태소 [사/서]는 아사달의 [아사]의 이형태(異形態)이며 '新,'東,'金', '小, '初' 등 여러 뜻으로 쓰이고, /다,더/는 '땅, '터'를 뜻함으로서 蘇塗는 '새땅' 또는 해가 돋는 '동쪽의 땅'을 뜻한다.

B. **박혁거세(朴赫居世) · 불구내(弗矩乃)의 해독**

[박] [혁]같이 '광명(光明)'의 뜻이 있으며, [거서]는 [거사(渠師)]와 같이 '君長'을 뜻한다. [불구내]의 /불구/ '赤,'明'을 뜻하며, [내]는 '땅(壤)' 또는 '국(國)'을 뜻한다.

환웅은 신시(神市)에 도읍하고 나라를 배달[倍達]이라 하였다. 배달(倍達) · 박달(朴達) · 백달(白達)에 있어서의 /배/ · /박/ · /백/은 '밝(明)'의 뜻이다.

최남선님의 논문 <백색과 불함론(不咸論)>에서 /밝 · 붉/을 외국어와 대응시켰다.

만주어: pokoli(布庫里)
몽골어: pulahan(不兒罕)
길약어: pologan

이라 했다.

Tungus 방언의 Negidal어에도 [Polahim] [Xolajin]해서 '명백(明白)'의 뜻이다.

[붉(赤)] [밝(明)]을 알타이 자매 언어들과 대응시켜보면 아래와 같다.

Korean : 조어 :	polg	현대어	:	pulk
	Turkish		:	bulan

Mongolian: ulan(앞의 P음이 탈락)

Tungus	Evenki	:	hulaka > ulaki
	Solon	:	xula > ula

	Lamut	:	hulana
	Negidal	:	xolajin
Manchu	Oroki	:	xolomukta '붉은 포도'
	Udehe	:	xulaligi
	Nanai	:	folgæ
	Manchu	:	fulgan
	Juchen	:	Pulgan, poklang

중앙아세아에는 태초에 해가 셋 또는 넷이 있어서 견딜 수 없이 더웠다는 이야기가 있다. Buriat 사람의 전설에 의하면, Erke-Mergen이라는 장군이 그 중 셋을 활로 쏘아 바다에 떨어뜨리고, 하나만 남아 빛과 더위를 알맞게 주게 하였다. Torgout 사람의 전설에 의하면, 하나님 즉 Burkhan-Baksi가 땅을 만든 뒤에, 마귀(Shulman)가 세 개의 해를 만들어 땅이 타게 하였다. Burkhan-Baksi가 해 하나만 남겨두고, 나머지는 바닥이 없는 아래 세상에 던지고, 마귀도 거기 가서 살게 하였다는 설화가 있다.

'밝'·'붉'을 뜻하는 Burkhan·Erkhe·ülgen·Erlik라는 이형태가 보이며, 이 말은 [박간(朴干)]·각간(角干)과 같이 광명이세(光明理世)라는 천조대일신(天照大日神)이란 뜻이다.

일본학자 小林高四郎의 《蒙古의 秘史》라는 책에 다능선사자(多能善射者)의 뜻으로 元史에는 묵이걸(默爾傑)은 멸이간(蔑爾干)이라고 했다는 기록이 있다. [묵이걸]은 [볽ᄀᆞᆫ]의 이형태이며, [멸이간]은 [Mergen], 신라왕의 칭호 마립한(麻立干)과 같은 말이다. [마립]은 '머리', '마루'의 뜻이 된다.

우리 동방(東方)을 잘 다스리라는 뜻으로 불구내(弗矩乃)라고 하였다. [불구]는 '밝'을 뜻하고, [내]는 '나라' 혹은 '양(壤)'을 뜻한다. 그러므로 [불구내]는 '밝은 나라'로 해독된다.

박혁거세(朴赫居世)의 [박]은 [밝]의 소리 옮김이고, 빛날[赫]을 써서 빛을 강조했고, 거서(居西)는 '王', '大', '首', '長'을 뜻하는 /kasi/로 해독된다.

고대지명에서 보기로 하겠다.

왕기현 일운개차정 王岐縣 一云皆次丁	《삼국사기》
귀차현 본 구사진혜 貴且縣 本 仇斯珍兮	《삼국사기》
개산군 본 고구려 개차산군 介山郡 本 高句麗 皆次山君	《삼국사기》
왕지종족기대가 개칭고추가 王之宗族其大加 皆秤古雛加	《위지(魏志)》

[王岐]=[皆次丁]의 관계에서 [왕]과 대응하는 [皆次]는 /kasi, katsi/의 표기로 '왕'을 뜻한다. [仇斯診=貴旦]의 관계에서 [仇斯]와 [貴]가 대응하고 [珍]과 [旦]가 대응하는데, [珍]은 [toro] 또는 [tura]의 표기이다. [突]은 현행 음이 [돌]이나, 고대 한국어가 개음절어(開音節語, open syllable)로 /toro/표기로 생각된다.

[仇斯=貴]의 관계에서 [kusa]는 '왕'을 뜻하며, 왕의 신분이 귀함을 보이는 차의적(借義的) 표기이다. [大加=古雛加]의 관계에서 [大]와 대응되는 [古雛]는 /kasi/ '首辰'의 이형태(異形態)이다.

《위지동이전(魏志東夷傳)》과 《후한서(後漢書)》에 보이는 각읍(各邑)을 통치한 [거사(渠師)] [장사(長師)]도 같은 어원인 /kəsu/의 표기로 생각된다.

가섭원(迦葉原)은 동부여가 도읍한 곳이다. [가섭원]은 /kasə, kasi+ pərə, para/표기이며, /버러, 바라/는 '벌판', '성읍'을 뜻한다. 합성이 되어 '王邑', '王都'를 뜻한다.

백제의 지명에 고사부리(古沙夫里)와 가주화현(加主火縣)이 있다. [고사+부리]의 /kosa/ '王'과 /puri/ '城邑'의 합성으로 '王邑' '王都'의 뜻이 된다.

《주서(周書)》〈이역전(異域傳)〉에는,

「왕성 부여씨 호 어라가 민호위건길지
王姓夫餘氏 號 於羅瑕 民呼爲鞬吉支」

'王'을 [어라가], 비를 [어륙]이라고 하는데, 백제의 일반사람은 [건길지]라고 불렀음을 알 수 있다.

[건길지]의 [건]은 '大'를 뜻하고, /길지, 기지, 기시/는 '왕'을 뜻함으로 '大君'의 뜻으로 해독된다.

광주판 천자문에 '王'을 뜻하는 말로 [긔ᄌᆞ-왕]이 기록되어 있다.

《日本書記》에 의하면, 神武王은 45세 때에 많은 종자(從者)와 함께 南九州에서 동정(東征)의 길에 올랐다. 豊後海峽과 세도나이가이(瀨戶內海)를 거쳐서 쓰치우모족(土蜘蛛族)을 토벌하여 동정(東征) 6년 만에 이 지방을 평정하였다. 그리고 우네비(畝傍)의 동남쪽 [가시하라(橿原)]에 궁을 짓고 즉위하게 되었다. 현재 나라(奈良)에 있는 [가시하라(橿原)] 神宮이 있다. [kasi-hara]의 /kasi/는 한국어의 '王'을 뜻하는 [皆次] · [仇斯]와 대응된다. [가시하라]는 '王都'를 뜻한다. 일본의 다른 지명에도 볼 수 있다.

ketsi-	baru	(雞地原)	(對馬島)
kasi-	wara	(樫原)	(泰良縣 吉助郡)
kasi-	wara	(相原)	(大阪府)
kasa-	hara	(笠原)	(武藏國 大奇玉)

/ketsi, kasi, kasa/는 왕을 뜻하고 /baru, wara, hara/는 '城'을 뜻한다. 합하여 '王邑' '王都'의 뜻이다. 이와 같이 林赫居西의 [居西]는 '王' · '大' · '首' · '長'의 뜻으로 많이 표기되고 있다.

C. 노례니사금(弩禮尼師今), 유례니사금 일작 세리지왕(儒禮尼師今 一作 世里智王) 눌지마립간(訥祗摩立干)의 형태소 해독

ⓐ [노례], [유례], [세리], [눌]의 해독

[노례], [유례], [세리], [눌]은 [nara]의 원 뜻인 '主' 또는 '王'을 뜻한다. [王]을 한자어로 [主] · [君主] · [主上殿下]라 하는데, 우리의 고유한 말로 [나라님]이라 한다. 또 王이 있는 곳을 [나라뜰] '朝廷'이라 한다. 오늘날 '國家'를

뜻하는 [나라]는 왕이 웅거(雄據)하는 '主城'·'王城'에서 그 뜻이 확대된 것이다. /nara/는 신라의 왕명에서 보이듯이 /nuri/,-/juri/ 등의 이형태가 있다.

위 弩禮尼師今은 [弩禮]에 [尼師金]을 첨가한 것인데 [弩禮]는 /nara/ '主'와 같은 어원이다. 또한 儒禮尼師今=世里智의 관계에서 [儒禮]와 [世里]가 대응된다. 즉 [世]는 [누리]의 뜻 옮김이고, [儒禮]는 [누리]의 소리 옮김이다.

눌지마립간[訥祗麻立干]은 [訥]·[祗]·[麻立]·[干]의 4개의 형태소가 합성되어 있다. [訥]은 어말의 외파음화(外破音化, open syllable)에 의한 /nuri/의 표기이고 [訥祗]는 [nuri-ti]의 표기이고, [—ti](智·祗]는 사람을 가리키는 인칭 접미사이다. 나라이름이나 벼슬이름으로 신시(神市)·신지(神誌)·신지(臣智)·신지(臣芝)는 각각

/시니디/·/시니지/ ·/시니시/의 소리 옮김이며, [시니]는 '큰'의 뜻이며, [디/시지]는 [눌지]의 [지]와 같이 사람을 가리키는 말이다. '큰사람' '우두머리'를 뜻하게 된다. '世上'을 뜻하는 [누리]는 '王', '王世', '世'로 그 뜻이 확장되어 갔다. 일본어의 [나라(奈良)]도 같은 어사이며, 일본어 /nusi/ '主'는 한국어 /nuri/에서 r→s 음화한 것이며, [행복을 누리다] 할 때의 /누리/도 같은 어사이다.

ⓑ 마립간(麻立干)의 해독

[마립간]은 [마립]과 [간]의 두 형태소로 합성되어 있다.

Buriat 사람의 설화에 태양을 활로 쏘아 떨어뜨리고 하나만 남아 땅에 빛과 더위를 알맞게 주게 하였다는 장군의 이름 Erkhe-Mergen에서 이 [Mergen] 또한 몽골의 비사(秘史)에 나오는 [멸이간(蔑爾干)] 신라의 왕명에 첨가된 [마립간(麻立干)]이 같은 어원으로 생각한다. [마립간]의 [마립]은 [ㅂ]이 탈락되어 [마리]·[머리]·[마루]·'頭'·'上'·'宗'과 같은 뜻이다. [gan]은 [cingis gan] 할 때 '王'을 뜻하는 말이다.

머리 '頭'·뫼 '山' 마루 '宗'가 다 같은 어사이며, 그 조어형은 /moih/이다. 《삼국사기》에 기록된 기계현본모혜현(杞溪縣本芼兮縣)의 /모혜(moh)/도 '뫼'의 뜻이며, 5세기경의 광개토대왕(廣開土大王)의 능비의 기록에 보이는 [모로(moro)]도 같은 말이며, 《日本書紀》에 고사노 무래(辟支山)·니사기노 무래

(居會山)가 기록되어 있는데 이 /무래/도 같은 어사이다.

한국어 [moih] '山'의 파생을 보면 다음과 같다

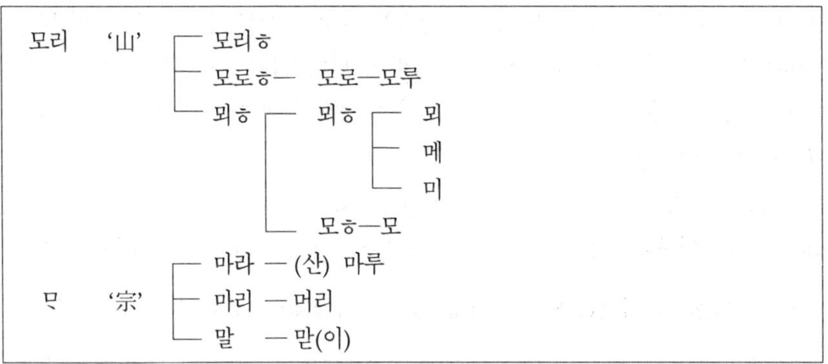

결국 [마립간]은 '首長'을 뜻 한다

ⓒ 니사금(尼師今)의 해독

신라의 왕명 유리니사금(儒理尼師金) 탈해니사금(脫解尼師今)·파사니사금(婆娑尼師今)에 있어서 /nisa-kəmə/ 혹은 /nisə-kəm/의 표기이다. /nisa/·/isa/는 '最上'을 뜻하며, /kəmə, kəm/은 '神人'을 뜻한다. 즉 [니사금]은 '왕'을 뜻하니 많은 神人 중에서 최상의 신인 곧 '王'이다.

일본어 이즈모(出雲)의 [이즈]도 같은 어원이다.

삼한시대에 경상북도 청도군에 소재했던 이서국(伊西國)의 [이서] 북 규슈(九州) 이도고구(怡西國)의 [이도]도 같은 어사이다.

D. 석탈해(昔脫解)의 어원

[昔脫海] 시 '新', 돌 '月' 히 '日'의 합성으로 보는 사람도 있다. 또한 양주동(梁柱東)님은 그의 古歌硏究에서 [昔吐解]를 /옛도히/로 풀이하고, 뜻은 '옛터'라고 하였다.

그러나 [탈해]는 몽골어 [다르한] '야장(冶匠)' [다르하치] '군주(君主)' 같은 어사로 보인다. [석(昔)]은 [ㄱ]이 탈락되면 /서/가 된다. /서/는 단군이 도읍한 [아사+달]의 /아사/에서 변음한 것인데 오늘날 [쇠(鐵)]를 뜻한다.

[昔]은 '쇠'를 해독하면, [탈해]는 '다루다' 하는 뜻으로 [야장(冶匠)], 즉 '쇠를 다루는 사람'으로 해독된다. [昔]은 [소부리(所夫里)]의 [소], [서울]의 [서], [신라]의 [신] 시림(鷄林)의 [시], [사벌국(沙伐國)]의 [사], [서이(西夷)]의 [서], 신라 6부 촌장의 한 분인 소벌도리(蘇伐都利)의 [소]와 같이 '金', '新', '東' 등의 뜻이 있다.

위 [소벌도리]의 /도리/는 일본말의 [daratsu(足)], 한국어에 [dori(兜率)], [dora(巡)], 만주어에 [doro(政, 道)], 몽골어에 [tore(道理)]와 대응이 된다.

E. **남해(南解) 나해(奈解) 점해(沾解), 보희(寶姬), 문희(文嬉)의 해독**

《조대기(朝代記)》에 이르기를 고속(古俗)에 해를 신(神)이라 하여 만방의 백성들이 조석으로 경배하였다. 해는 광명이 모이는 곳이며, 삼신(三神)이 계시는 곳이다. 아침에는 일제히 동산(東山)에 올라 뜨는 해에 절을 하였다.

신라의 왕명에 [남해]·[나해]·[점해]의 /해/, 부여왕 해부루(解夫婁)의 /해/, 신라의 명장인 김유신(金庾信)의 시매인 보희(寶姬)·문희(文姬)의 /희/가 태양을 뜻하는 [해]이다. 한국어의 [해] '태양', [희다] '白' [환] '밝다' 일본어에 [hi] '日', [hiru] '晝', [hare] '晴', [hikali] '光' 등도 동계의 낱말이며, 퉁그스어의 [siun], [hiwun]도 동계 어사임을 알 수 있다.

《동문유해(同文類解)》에 기록된 [ʻsun]도 동계의 어사이다.

F. **알영(閼英), 양산(楊山), 나얼(奈乙)의 해독**

상기 신라 시조 신화에서 양산하(楊山下) 라정방(蘿井傍)에 천마(天馬)가 내려와 놓은 알을 소벌공(蘇伐公)이 발견하여 그 속에서 낳은 아기를 새 나라의 왕으로 모시었다는 것은 북(北) 천산(天山) 아래 떨어진 해가 새벽에 나와서 일광(日光)이 온 누리에 가득하게 되었다는 것으로서, 일윤(日輪, Sun-Carriage)의 운행(運行)에 비유한 것이다.

알에서 나왔다는 난생(卵生) 신화도 원래는 태양의 아들 신화였다고 생각한다. 한국 옛말에 [알]이 태양의 뜻을 갖고 있었다. 일본어의 [ama] '天'는 한국어 [al] '太陽'의 변화형이다. 아래 두 나라 말을 비교하면 쉽사리 이해된다.

한국어	일본어
al '太陽'	ama '天'
tol '石'	tama '球'
nal '生'	nama '生'
əl '水'	umi '海'

알천(閼川)의 [알], 신라시조왕후 알영(閼英)의 [알]도 동계의 어사로 생각한다. 양산(楊山)의 [양]은 [버드] 일본어 hoto '여음' 즉 음산(陰山) 북(北山)이고 그 아래 라정(蘿井) 또 나을(奈乙)은 출생의 샘구멍 즉 '여음'을 뜻한다. 옥저(沃沮)에서도 샘구멍을 들어다보고 아기를 얻는다고 말한 것이다. 북방의 천산(天山) 아래 심연(沈淵)이 있다는 지형적인 의미도 있다. 양과 음의 결합생자(結合生子)를 의미한다. 알(卵)=ama '天'(日本語)가 함축한 뜻을 이해했을 것이다.

G. **미취(味鄒) · 미지(彌知) · 목지(目支)의 해독**

신라 13세 미취니사금(味鄒尼師今)의 [미취]지명으로서 고마미지현(古馬彌知縣)의 /미지/, 마한 왕을 세워서 진왕을 삼고 목지국(目支國)에 도읍하여 왕노릇을 했다는 /목지/는 '성(城)' 또는 '읍리(邑里)'를 뜻한다.

> 마읍현 본 백제 고마미지현 《삼국사기》
> 馬邑縣 本 百濟 古馬彌知縣
>
> 삼한각유장사 기치관 대자명신지 차왈읍운운
> 三韓各有長師 其置官 大者名臣智 次曰邑云云
>
> 진왕치 목지국 목지국치관 역다왈신지
> 辰王治 目支國 目支國置官 亦多曰臣智

위 [古馬彌知=馬邑]의 관계에서 [古馬]는 /kɔma/의 표기이며, '왕검''군(君)'을 뜻하고 [彌知]는 '邑'을 뜻함을 알 수 있는데, 진국(辰國)이 도읍한 [目支]도 이 [彌知]와 동계어의 표기인 듯하다.

이 [miti]계 지명은 마한, 진한, 변한의 전 지역에 분포되어 있다. 이에 《삼국사기》에서 그 예를 보기로 하자.

무송현 본 백제 송미지현
茂松縣 本 百濟 松彌知縣
단밀현 본 무동미지
單密縣 本 武冬彌知
화창현본지내미지현
化昌縣本知乃彌知縣
서기정본두량미지정
西基停本豆良彌知停

《위지동이전(魏志東吏傳)》에 나타난 진한과 변한의 국명에서 보기로 한다.

변진미리 미동국 난미리미동국
弁辰彌離 彌凍國 難彌離彌凍國
변진고자 미동국
弁辰古資 彌凍國

위 [彌東]은 [彌知]와 같은 형태의 표기로 생각되는데, 이들은 그 앞에 다른 형태의 수식을 받고 있다. 즉 [古馬彌知]의 [古馬]는 /koma/ '君'의 표기로 [古馬彌知]는 '郡邑'의 뜻이며, [松彌知]의 [松]은 /sori/ '首'의 표기로 [松彌知]는 '首邑'의 뜻이며, [武冬彌知]는 '長邑'의 뜻이다.

미취(味鄒)는 [mici]의 표기이며 옛 말에 유기성 자음이 없고, [t]가 구개음화 된 현상으로 생각된다.

H. 신라 6부촌 명의 해독

진한(辰韓)의 6촌명과 6부명은 아래와 같다

알천	양산촌 — 급량부
閼川	楊山村 — 及梁部
돌산	고허촌 — 사량부
突山	高虛村 — 沙梁部
무산	대수촌 — 점량부
茂山	大樹村 — 漸梁部
취산	진지촌 — 본피부
取山	珍支村 — 本彼部
금산	가리촌 — 한기부
金山	加利村 — 漢岐部 (韓岐部)
명활산	고야촌 — 습비부
明活山	高耶村 — 習比部

일본의 학자 中島一良 씨의 《동양언어학의 건설(東洋言語學의 建設)》에 의하면, 밑을 [아래]라고 하는 이유는 한국어 [아래]를 보면 이상할 것이 없다고 했다.

동천	일운북천	일운	알천	재경주	동오리	출추령	입굴연
東天	一云北川	一云	閼川	在慶州	東五里	出楸嶺	入掘淵

몽골어에도 aru '北'가 대응되고, arudai '北方'을 뜻한다.

양산촌(楊山村)은 알천변(閼川邊)에 있고 오행(五行)으로 보아서 [버들]은 북이니, 북산촌(北山村)의 뜻이다. 버드 '楊'은 음(陰), 즉 여음(女陰)을 뜻한다.

一曰 閼川 楊山村 二曰 突山高墟村은 북에서 동, [aru] '北'에서 [sai] '東'으

로의 이행이다. 방위(方位)의 순행(巡行)이 北→東→南→西의 차례대로 이행하는 것이다.

[閼川]의 [알]을 일본말 ama '天'와 대응된다.

a. 읍리(邑里)를 뜻하는 [량(梁)]·진(珍)

[及梁部·沙梁部·漸梁部]의 [梁]은 '邑里'를 뜻하는 어형의 표기로 생각되는데, 이[梁]은 [ᄃᆞ리] '橋'의 뜻이니, [ᄃᆞ리·돌]의 옛 어형은 /tɔrɔ/로 재구(再構)된다. 이 /tɔrɔ/는 단군왕검이 도읍한 아사달의 달(達) '山'과 동계의 어형이다.

본피부(本彼部)의 진지촌(珍支村)의 [珍]도 [梁]과 같은 어형 /tɔrɔ/ '邑'의 표기로 생각된다.《삼국사기》마돌일운마진(馬突一云馬珍)에 있어서 [珍]과 [突]이 대응 표기되었다. 그러므로 [珍]을 /tɔrɔ/로 읽어야 할 것이다. [珍支]의 [支]는 [지(只)] 기(岐)와 같이 '城'을 뜻한다.

고대한국어에 '城','市邑', '山'을 뜻하는 /toro, turu/ 하였다는 것은 아래의 《삼국사기》의 예문에서도 볼 수 있다.

> 「철성군 본 고구려 철원군 경덕왕개명금동주
> 鐵城君 本 高句麗 鐵圓郡 景德王改名今東州
> 진원현 본 백제 구사진방현
> 珍原顯 本 百濟 丘斯珍芳縣
> 갑성군 본백제고시이현 경덕왕개명금장성
> 岬城郡 本百濟古尸伊縣 景德王改名今長城」

위 [鐵圓]=[鐵城]의 관계를 볼 수 있는데, [城]과 대응하는 [圓]의 뜻이 [두루]임으로 /turu/가 성(城)임을 알 수 있다.

[鐵]은 [soi]이니 '東城', '金城', '新城' 등으로 해독된다.

[구사진(丘斯珍)]은 백제의 갑성군(岬城郡)에 속했던 지명인데 고려 때에 '장성(長城)'으로 개칭하였다.

[丘期珍=岬城=長成]의 관계를 알 수 있는데, [丘斯]·[岬]·[長]이 대응되

고 [珍]과 [城]이 대응된다. kusa(丘斯)와 koji(岬)는 수장을 뜻하며, [거사(渠師)]와 koci(岬)도 수장을 뜻하는 [거사(渠師)]와 같은 어형이다. 그리고 [城]과 대응하는 [珍]이 /toro/ /tara/의 표기로, [丘斯珍]은 /kusa-duru/ '長城', '王城'을 뜻한다.

《동국여지승람》에 다음의 예에서 [押梁]이 [nara-dɔrɔ]의 표기임을 알 수 있다.

> 경산현본압량소국(일운압독)신라지미왕취지치군 경덕왕개칭 장산
> 慶山縣本押梁小國(一云押督)新羅祗味王取之置郡 景德王改稱 獐山

위 [押梁]=[獐山]의 관계에서, [押]은 뜻이 [누르-]이고, [獐]은 뜻이 [노ᄅᆞ]로 서로 대응된다. 이 두말은 [nara] '國' '宗'의 뜻 옮김이다. [梁]은 앞에서 말한 바와 같이 /ᄃᆞ리/의 뜻이고, [山]은 /taro/ '達'의 표기이니 합하여 /nara-dara/ '國邑城'으로 해독된다. 뒤의 예 [nara-dori] '飛鳥' 와 같은 어형이다.

아스가(飛鳥, 明日香)는 일본문화의 발상지인 동시에 일본국가의 기초를 닦은 곳이다. 6세기 말부터 7세기 말에 걸쳐 정치의 중심지였다.

이 [아스가]를 일명 /nara-dori/라고 지칭한다. 이 [nara(飛)]는 '主'를 뜻하며, tori(鳥)는 '城'이나 '市邑'을 뜻하는 /toro,-tara/ 즉 [梁, 珍, 圓]과 같은 어형이다.

어떠한 수식성분이 /tori/ '城' 또는 그 이형태를 수식하는 예를 보기로 한다.

sori/soi	+	turu	soi-dura(강원도 철원)
kasu '王'	+	turu	kusa-duru(丘斯珍) 전남장성
ka '大'	+	turu	ka-tsuru(日本 對馬島)
nara '主'	+	toro	nara-dori(奈良縣, 明日香)

I. 김알지(金閼智)의 어원

[김알지]의 형태소 해독에도 이설(異說)이 있다. 이병선 님은 [알지]·[을지(乙支)]는 '王' 또는 '大'를 뜻하는 [ara/ərə]에 [-ti] '사람'이 첨가된 것이라 했

다. 그는 '왕'을 어라가 [於羅瑕]의 [어라]와 동계어라고 말했다.

[알지]는 인류의 시조 나반과 아만이 만난 [아이사타], 단군이 도읍한 [아사달]에서 유래된 어형으로 생각된다.

Aisa + Asa	솜 tar	으로 분석이 되는데
'金'	'山'	

aisa > asa > sa > se > soe 등의 음운변화를 볼 수 있다. 금(金) · 은(銀)이 [soe]라는 것은 계림유사(鷄林類事)에서 이미 보았다. [싀]를 뜻하는 알타이 자매 언어들과 대응시켜 보면 아래와 같다.

터어키 :	al - tun: '金山' '쇠' '산'
몽골어 :	al - tun : '金山' '쇠' '산'
만주 · 퉁그스 어	: alchu, asu '利子', aisin, asi '이자' '金國'
일본어	: asa-hara '東原', '金原', '新原'
길약어	: aisyan
한국어	: 아사-달(阿斯達) '金山', 알지(閼智) '金', 싀 '金' '新', '東', '시초', '새것'

[계림(鷄林)]의 [계(鷄)]는 새, 즉 '동', '금', 신'의 뜻으로 그 옛 형태인 [사]에 대한 뜻 옮김이고, [림(林)]은 그 옛말 [부루(puru)]의 뜻 옮김이 된다. 이 [부루]는 '숲', '성(城)'의 뜻이 있으므로 합하여 '金城', '東城', '新城'의 뜻이 된다.

[시림(始林)]의 [시]도 같은 어형이다. 알타이 계 사람이 그 지방의 명산은 천지(天地)사이를 떠받들고 정상(頂上)에 일월(日月)이 있는 금주(金柱)라 하

고, 천산(天山), 백산(白山), 금산(金山)이라 부른 것은 자연스러운 일이다. 이리하여 천산, 백산, 아사달 '金山'이란 이름이 알타이인과 함께 여러 곳으로 이주하였다.

천강(天降)한 김성왕(金姓王)의 시조 김알지(aloci)의 이름도 몽고말의 '금'을 뜻하는 [alocu]와 같은 어형이다. 고로 [김알지]는 '金' + '金'의 이중표기로 해독하는 것이 설득력이 있다.

J. 화랑(花郞)의 어원

신라의 화랑도(花郞道)가 가장 높이 그 정기를 발휘한 시대는 태종(太宗) 무열왕(武烈王) 김춘추(金春秋)와 대신(大臣) 김유신(金庾信)이 백제 · 고구려와 싸울 때였다.

천강일자(天降日子)라는 시조신화(始祖神話)를 가진 알타이 계 각 나라의 가간(可干) '王'들은 실제로 천신(天神) · 일신(日神) 또는 천자(天子) · 일자(日子)로서 생활하며, 성(姓)에 귀천의 차가 있어 가간(可干) '王'이 되는 성(姓)과 그들과 결혼하는 성이 정해져 있었다.

성 또는 성과 관계있는 뜻의 알타이어를 검토하면, 몽골어에 /kegeli/ '뱃가죽'에서 유래된 것으로 생각된다. 알타이어에서는 어중(語中)의 연구음 [g]가 탈락되어 /kegli/>/keli/가 된다. /keli/는 한국어의 /거리/와 대응이 된다. 뜻과 음이 분화되어 다음과 같이 알타이자매 언어 사이에 대응이 된다.

몽골어	:	ger	'집'			
한국어	:		겨레 '족(族)', 허리			
퉁그스어	:	hala	'족(族)'			
일본어	:	hala	'일족', '동족'			
만주어	:	hala	'성(姓)'	oogala	:	'친족'
		halagala	'형제'	iegara	:	'가계'

양주동(梁柱東) 님은 화랑(花郞)을 [화래], [화랑이]로 읽고, 알타이어 [hala] '姓', [kala] '姓', halangga '姓氏' 등과 동계의 말이라고 했다.

만주의 직급에 cingini haban '正官' ashani haban '五等官', adaha haban '六等官'의 [haban]도 동계의 말이다.

신라의 직관(職官)에 [ashan](阿食) 혹은 [ajagan] (阿尺官)도 같은 계의 말이다. 한국어 [아스] '弟', [아디], [아지] '支', 만주어에 [aca, aci]는 '小'라는 뜻이니, [ashani-haban]은 '小官', '支官'의 뜻임을 알 수 있다.

[화랑]은 [hala] '姓' [halangga] '姓氏'의 뜻이 있으니, 그것은 성골별(姓骨別)로 구성된 연합체임을 알 수 있다. 성명이 없는 서민도 있지만 성(가라, 하라, 하랑가)은 천강(天降)을 주장하는 왕족귀인의 표시였다.

K. [酒]는 [su-buri] · [sə-buri] · [sə-buri] '京'의 표기

《삼국사기》〈신라본기〉의 지마왕(祗麻王) 元年紀에 기록된 [酒干]과 [角干]에 대한 다음과 같은 이야기가 있다.

「지마니사금(祗麻尼師今)은 파사왕(婆娑王)의 맏아들이다. 왕비는 김씨 애예부인(愛禮夫人)이니, 갈문왕(葛文王) 마제(摩帝)의 딸이다. 처음 파사왕이 유손(楡飡)의 못가에 사냥할 때에 태자도 같이 갔다. 사냥을 마친 뒤에 한기부(韓岐部)를 지나가니, 이손(伊飡) 허루(許婁)가 잔치를 베풀었다. 술이 취하자 허루의 아내가 소녀를 데리고 나와서 춤을 추었는데, 마제(摩帝) 이손(伊飡)의 아내도 또한 딸을 데리고 나왔다. 태자가 보고 기뻐하니, 허루는 좋아하지 않았다. 왕이 허루에게 말하였다. 공이 잘 차린 음식과 맛 좋은 술로 잔치를 베풀어 즐겁게 하니, 마땅히 酒多라는 벼슬에 임하여, 이손(伊飡)의 위에 있게 하리라 하였다. 酒多는 뒤에 각간(角干)이라 일컬었다.」

김해 양동리 유적지인 酒村의 [酒]가 15세기 어형을 보기로 한다.

樓 우희서 수울 먹고(樓頭喫酒)	《杜解》
羊과 수울과 보내와	〈三綱孝6〉

[수울] 고대형은 [수볼]이며, 또한 앞선 형은 [수불]로 다음과 같은 음운변화를 그쳤다고 추정된다.

suburə > subul > suβul > suul > sul

모음사이에서 [b]가 [β] 마찰음이 되고, 탈락하는 것은 [서울] '京'에서도 같은 현상이다. [서울]은 《용비어천가》에서 [셔볼]로 표기되었는데, [ㅸ]는 [β]음의 표기이다.

[酒]는 경주의 /sə-bərə/, 부여의 /so-buri/와 같이 '金野'의 뜻이 있는 뜻 옮김 표기로 생각된다. 위 표기에서 [酒多]를 [角干]이라 했다고 하는데, [角]의 뜻이 [쁠]이니 [쁠]의 [ㅅ]은 [서발(舒發)]·[서불(舒弗)]의 [舒]와 같이 [suburi]/[suburə]의 표기이다. 《日本書記》 仁德41年紀에 보이는 [百濟王族酒君]과 《新撰姓氏錄》 [百濟國酒王之後也]의 [酒]는 '京'을 뜻하는 [sohori]의 표기이다. 北九州와 so-hara(祖原) so-ura(早良), so-ori(惣利)와 같은 지명은 농경문화를 가지고 건너간 김해지역의 səburi(酒村)지역 사람들이 세운 읍락국(邑落國)의 수읍명(首邑名)으로 생각된다.

여기의 [so]/[sə]/[su]는 단군이 도읍한 아사달의 [asa]에서 유래된 말인데 '金', '東', '新', '小' 등의 여러 뜻으로 분화되었으며 [pərə/buri/ori/ hala] 등 '벌판'의 뜻에서 '城', '光明', '赤' 등의 뜻으로 분화되었다.

2.2.10 발해(渤海)의 역사와 문화

신라와 당의 연합군이 의자왕(義慈王) 20년, 660 A. D.에 백제의 사비성(泗沘城)과 우진성(熊津城)을 함락시키고 백제 왕국을 멸망시킨 후 다시 8년 후인 보장왕(寶藏王) 27년, 668 A. D.에 평양성을 함락시키고 고구려 왕국도 무너뜨렸다. 그러나 두 나라 백성들의 항쟁이 치열했다. 당은 한반도 전역을 그들의 지배하에 두려는 야욕을 들어내고, 두 왕국의 유민들을 사주하여 신라의 세력 확장을 견제하려고 하였다. 이러한 상황을 볼 때 나라간의 생존경쟁에 있어서는 영원한 우군도 영원한 적군도 있을 수 없다는 교훈을 우리 모두에게 되새기게 한다. 아무튼 660년에 당은 백제 땅을 점유하고, 735년에는 북위 39도 이남의 옛 고구려 땅의 한족 구석만을 신라가 점유했을 뿐이고, 저 넓은 우리 겨레의 중국 강토를 잃어버리는 결과를 가져온 신라를 삼국을 통일한 나라로 미화하고 있지 않는가. 그러나 천하에 이보다 허망한 말은 없을 것이다. 외냐하면 그것은 세 나라가 추구하는 어떤 이념을 통일한 것도 아니고, 세 나라의 국토와 국민을 통일한 것은 더욱 아니기 때문이다. 그리고 또 대동강 하구에서 원산만으로 이어지는 북위 39도 선을 경계로 그 이북의 일부는 당의 지배하에 있었고, 그 밖의 옛 고구려 유민들에 의하여 699년에 진국(震國)이 세워졌고, 713년부터는 발해라 이름을 바꾸고, 지난 날 삼국의 땅에 엄연히 신라와 발해가 남과 북에 존재하고 있었다. 어찌 통일 신라라는 말을 아무렇게나 사용하여 우리들의 역사 인식을 혼미하게 만드는 것이 아닌가. 〈구당서(舊唐書)〉에 기록된 발해의 건국 기를 보면,

> "고구려 멸망 후에 대조영은 가족들을 이끌고 영주(營州)에 와서 살았다. 696년에 거란의 이 진충(李 盡忠)이 반란을 일으켰다. 이 진충이 패하여 죽은 후에 측천무후(則天武后)는 이해고(李楷固)로 하여금 이진충의 잔당을 치게 하였다. 먼저 말갈의 걸사비우(乞四比羽)를 죽이고 천문령(天門嶺)을 넘어 대조영을 추격하였다가 고려와 말갈을 합친 대조영에게 패하였다. 대조영은 고구려 사람들을 인도하여 동쪽 계루고지(桂婁故地)에 자리 잡았다. 동모산(東牟山)에 성을 쌓고 자립하여 진국 왕이라 했다."

〈신당서〉의 기록을 보충하면, "동모산은 영주로부터 2,000리 되는 곳이다. 696년 거란의 이진충이 영주 도독을 죽이고 반란을 일으켰는데, 걸걸중상과 말갈 추장 걸사바우는 고구려의 유민들을 인도하여 요수를 건너 오루하(奥婁河) 변에 자리 잡았다. 측천무후는 걸사바우를 허국공(許國公)에 봉하고 용서하였으나 그는 순종하지 않았다. 측전무후는 이해고를 시켜 걸사바우를 쳐서 죽였다. 이 때 걸걸중상은 이미 죽었고 그의 아들인 대조영이 남은 부대를 인솔하여 도망을 쳐서 이해고가 천문령까지 추격하다가 패하고 돌아 왔다"고 했다.

당나라 안동동호부가 거란의 이 진충에게 패퇴하여 북경을 함락당한 것이 698년 무렵이었다. 거란이 북경을 공격할 때 조영의 아버지 걸걸중상(乞乞仲

象)이 요동반도를 차지하게 되었다. 그러나 거란군은 당나라군에게 패하고, 투항한 거란 장수 이해고(李楷固)는 발해를 쳐서 걸사바우를 전사시켰다. 그러나 이해고의 추격군은 천문령에서 대조영에게 대패하였다.

〈신당서(新唐書) 渤海傳〉에 대조영은 진국 왕이라 칭하고 돌궐과 통하고, 지방이 오 천리에 달하며, 그 병사는 수만 명 이었고, 마침내 부여, 옥저, 변한, 조선, 해 북 제국을 점유하였다고 했다. 여기서 해 북이라 함은 대릉하(大凌河) 중류인 금주시 의현(義縣)을 가리키는 것이다.

〈환단고기〉에 의하면, 발해 장수 연 충린(淵忠麟)이 당나라의 반격을 요서의 대산(帶山)에서에서 물리쳤다고 했다. 요서의 대산은 733년 마도산(馬都山) 전투를 가리킨다. 마도산은 하 북 성 노룡 현으로부터 만리장성 바깥에 있다. 〈신당서〉에도 발해의 대 무예 왕이 병사를 이끌고 마도 산을 쳐서 성읍을 함락시켰는데 당나라 장수 오승체가 발해 군을 그 이남으로 들어오지 못하게 막았다고 하였다. 오승채 신도 비문에 발해가 산동 반도에서 나타나고, 마도 산에 이르러 성읍을 함락시켰다고 하였다.

대조영의 아들 대 부예(大武藝)에는 오늘날의 내몽고 파림좌기(巴林左旗)의 아래 오이길목륜하(烏爾吉木倫河)가 발해의 서쪽 경계라는 것이다. 여기가 요나라 수도였던 상경 임황부이고, 이강은 임황 수(臨湟水)였다. 여기서 난 하(灤河)의 동쪽이 발해의 장령 부라고 하면, 중국의 만리장성 바로 동쪽은 전부 발해 땅이었다고 생각한다.

발해는 북으로 송화 강(松花江)과 흑용 강(黑龍江)에 이르고, 서쪽으로 개원(開原), 남으로 지금의 함경남도, 동으로 연해주(沿海州)에 이르는 옛 고구려의 땅을 대부분 지켰는데 신라는 고구려가 무너진 뒤에 그 영토의 작은 일부분인 황해도를 치지하는데 불과하였고, 대동강 이북에서 요하(遼河)에 이르는 고구려 땅은 당나라의 지배하에 들어가게 되었다. 당은 고구려를 정복한 후에 고구려 사람을 포로로 잡아 영주(營州, 지금의 朝陽)로 끌고 가서 그곳을 동북방의 여러 종족을 통제하는 근거지로 삼았다. 그러나 한반도 내의 고구려, 백제 두 나라 유민은 물론이고 마침내는 신라 사람까지도 당 축출 운동에 가담함으로써 만주 지방의 말갈족(靺鞨族)과 거란족(渠丹族)도 이에 자극을 받아 반당의 대열에 동참하기에 이르렀다. 이때 영주에 있던 고구려의 유민들은 대조영(大祚榮)을 중심으로 뭉쳐서 당의 예속을 벗어나 699년에 동모산(東牟山, 지금의 吉林省 敦化 부근)에서 진국을 세우고, 713년에 진국을 발해라 개칭하여 지난날의 고구려 영토를 대부분 수복하였으니 이 얼마나 다행한 일인가.

발해의 강역은 〈新唐書〉의 에 따르면, 5경 15부 62주를 두었다는 기록이 있는데, 숙신(肅愼)의 고지를 상경이라 하고, 용주(龍州), 호주(湖州), 발주(渤州) 등 삼주를 다스렸다. 그 남쪽에는 중경을 두었으며, 일명 현덕부(顯德府)라고도 하였다. 예맥의 땅에는 동경을 두었는데, 용원부(龍原府)라고도 하였다. 또한 옥저의 땅에는 남경을, 고구려의 땅에는 서경을, 부여의 땅에는 부여부를, 읍루의 땅에는 정리부(定理府)를, 솔빈의 땅에는 속빈부(率賓府)를, 불열(拂涅)의 땅에는 동평부(東平府)를, 철리의 땅에는 청리부(鐵利府)를, 월희(越喜)의 땅에는 회원부(懷遠府)를 각각 두었다고 기록했다.

〈환단고기〉에 의하면, 발해 장수 연 충린(淵忠麟)이 당나라의 반격을 요서의 대산(帶山)에서에서 물리쳤다고 했다. 요서의 대산은 733년 마도산(馬都山) 전투를 가리킨다. 마도산은 하 북 성 노 룡 현으로부터 만리장성 바깥에 있다. 〈신당서〉에도 발해의 대무예 왕이 병사를 이끌고 마도산을 쳐서 성읍을 함락시켰는데 당나라 장수 오승체가 발해 군을 그 이남으로 들어오지 못하게 막았다고 하였다. 오승채 신도 비문에 발해가 산동 반도에서 나타나고, 마도 산에 이르러 성읍을 함락시켰다고 하였다.

대조영의 아들 대 부예(大武藝)에는 오늘날의 내몽고 파림좌기(巴林左旗)의 아래 오이길목륜하(烏爾吉木倫河)가 발해의 서쪽 경계라는 것이다. 여기가 요나라 수도였던 상경 임황부이고, 이강은 임황수(臨湟水)였다. 여기서 난하의 동쪽이 발해의 장령부라고 하면, 중국의 만리장성 바로 동쪽은 전부 발해 땅이었다고 생각한다. 〈원일통지(元一統志)〉의 기록에 따르면, "혼돈강(混同江)은 장백산에서 발원하는데 북으로 흘러 발해 건주(建州) 건주 서쪽 오십 리에서 여러 물을 만나 동북으로 흐르고 발해의 상경을 지난다. 아래로 흘러 오국두성(五國頭城)의 북쪽을 지나 동북으로 흘러 바다로 간다."고 기록했다. 따라서 발해 건주는 길림 시 표하진 남촌의 산성으로 비정된다. 여기 혼동 강물이 흘러 다시 발해 상경을 지나는 것이다.

발해는 옛 조선의 땅과 그 봉후 국들의 고토를 거의 회복한 강국이었다. 그러므로 발해의 역사는 다시 조명되어야 한다고 생각한다.

발해국의 세계는 다음과 같다.

태조(太祖) 고왕(高王, 39)>2세 무왕(武王, 19)>3세 문왕(文王, 57)>4세 원의왕(元義王, 1)>5세 성왕(聖王, 2)>6세 강왕(康王, 15)>7세 정왕(定王, 5)>8세 희왕(僖王, 6)>9세 간왕(簡王, 1)>10세 선왕(宣王, 13)>11세 이진왕(彝震王, 29)>12세 건황왕(虔晃王, 13)>13세 경왕(景王, 32)>14세 애왕(哀王, 26) 역년 243년이다.

10세 선왕 대에는 발해국의 전성기이다. 이때 발해는 흑용강 북쪽의 천여 리의 땅까지 점유하였으니 이는 곧 단군 시대의 광역 시베리아의 땅이다. 이때의 발해국은 고대 아세아에서 가장 넓은 영토를 점령하였으니 제 2의 광개토대왕(廣開土大王)이라고 부름직하였다. 태조 고왕의 동생 대야발(大野渤)은 〈단기고사(檀奇古史)〉를 편찬하였다. 발해의 상경 즉 지금의 영안(寧安)의 옛 터에는 성지(城址), 궁지(宮址), 사지(寺址) 등이 남아 있어 많은 유물이 발굴되었다. 무(Mu) 제국의 국화이며, 불교의 상징이라 할 수 있는 연꽃무늬가 새겨진 기와와 온돌의 장치, 횡혈식(横血式) 석곽분(石槨墳) 등이 발굴되어 고구려 문화의 찬란함을 전하며, 우수한 불상과 석등은 불교 예술의 발달을 전하여 준다. 8세기 중엽 발해는 해동성국(海東盛國)이라 일컬어질 만큼 상당한 강성한 나라로 발전하였다. 그러나 927년에 거란의 침입으로 다시 나라를 잃은 고구려의 후예, 발해의 유민들은 남쪽으로 이동하여 고려에 합류하였다. 건국 후 228년 만에 멸망하게 된다.

궁예(弓裔)가 세운 고려는 왕건(王建)에 의하여 918 A. D.년에 혁명이 되고, 왕 씨 고려는 다시 이성계에 의하여 이씨 조선으로 1,392 A. D.년에 혁명되기까지의 고려왕조는 34왕 475년간이다.

이성계, 지용수 등이 요양(遼陽)을 점령했다가 위화도(威化島)에서 돌아오게 되었다. 이성계는 명나라 주원장(朱元璋)의 신하가 되어 명을 상국이라 하고 주원장을 천자라 하며 고려왕과 제 수상을 제거하고 왕위를 찬탈하였다. 더욱 우스운 것은 명의 주원장에게 국호를 조선이라 할까 또는 자기의 고향인 화녕(和寧)으로 할까 선택해 줄 것을 요청하는 사대적 태도는 우리 민족의 긍지와 주체성을 여지없이 짓밟아 놓은 행위라 하지 않을 수 없다. 고려 불교의 정치 이념을 말살하고 주자학적 정치 이념을 신봉하는 그 들이 유교의 왕도정치를 표방하였지만 출발부터 순탄한 앞날을 기대할 수 없었다.

삼복더위에도 비지땀 흘려가며 농민들은 농사일에 한 눈도 팔 여지가 없는데 양반 선비들은 고루 대각에 앉아서 주기(主氣)다 주이(主理)다. 혹은 기발(氣發)이다 이발(理發)이다 하며 사변적 토론에 여념이 없었으니 그러한 것이 조선조의 지배층과 피지배층 간에 생활양상이었다. 이와 같은 결과로 임진왜란, 병자호란과 같은 외세의 침략을 받으며 생산력은 여지없이 짓밟히고 국민의 생활은 극도로 피폐해져 국력은 점점 쇠약해 갔다.

이러한 국난에 처해있을 때 새로 히 등장한 학파가 살학파(實學派)이다. 한백겸(韓百謙, 1,552-1615, 호 久庵)은 우리나라 역사 지리를 연구하여 〈東國地理志〉를 쓰고 檀君與堯並立 즉 단군은 요나라와 같은 때에 세운 나라라고 주장했다. 이 쉬광(李睟光, 1,563-1627, 호 芝峰)은 그 저서 〈芝峰類說〉에서 천문, 역학, 지리, 역사, 제도, 풍속, 종교, 문예 등 각 분양에 걸쳐 실사구시(實事求是)의 태도로 엄밀한 고증을 하여 실학에 크게 이바지하였다. 그는 당파의 분열을 증오하고 사대사상을 배격하고 국민의 애국사상을 고무하였다.

유형원(柳馨遠, 1622-1673 호 磻溪)는 17세기 초 우리나라에 도입된 서양의 과학에 깊은 관심을 가지고 많은 저술을 남겼다. 특히 주자학(朱子學)의 관념적 공리공론(空理空論)에 대한 날카로운 비판을 하였다.

정약용(丁若鏞, 1,762-1,836, 호 茶山)은 후기 조선의 탁월한 실학의 완성자일 뿐만이 아니라 민족의 주체성과 사회개혁의 실천 방안까지 제시한 위대한 개혁론자이기도 하였으니 민족주의 사상가로서 만민평등을 고취한 평등주의자이기도 하였다. 특히 그는 서양의 과학문명에 관심을 갖고 그 지식을 활용하여 한강교 가설의 설계로 이름을 높였고 수원성의 축조에 있어서는 기중기를 만들어 더욱 명성을 떨쳤다.

그는 철학, 천문, 지리, 역사, 법률, 정치, 경제, 문학, 군사 등 광범한 영역에 걸쳐 500여권의 방대한 저술을 남겼으니 한국의 역사상 가장 위대한 인물이다. 다산은 무기물과 유기물, 동물과 인간 사이에는 질적 차이가 있다고 보고, 물과 불은 기(氣)를 갖고 있으나 생명이 없고, 풀과 나무는 생명을 갖고 있으나 지각이 없고, 동물은 지각을 갖고 있어나 도덕규범과 사회정의가 없는데, 인간은 기가 있을 뿐만이 아니라 생명도 지각도 정의도 갖고 있다 하였으니 이는 합리적인 철학이다. 다산은 사물 속에 내재하는 법칙을 이(理)라고 보고, 이는 사물의 기(氣)안에 있는 것으로 보며 이의 주관적 관념론 화를 배격하였다. 다산은 만물이 상생, 상극의 상오 작용에 의한 운동과 변화에서 생성한다고 보았다.

2.3 청궁(青穹)씨족의 이동과 중원문화(中原文化)

〈부도지(符都誌)〉에, 「청궁(青穹) 씨는 동쪽의 문을 나가 운해주(雲海州)로 갔다.」고 했다. 천산산맥과 곤륜산(崑崙山) 사이에 타클라마칸 사막이 있는데, 이 사막의 동쪽 입구가 돈황(敦煌)이다. 청궁씨족은 이곳 중원(中原)으로 이주하여, 중원문명을 건설한 것으로 생각된다.

중국의 사기를 개관해보면,

중국의 사서 예컨대 〈삼오역기(三五歷紀)〉나 〈통감외기(通鑑外紀)〉등에 따르면, 중국의 역사는 반고(盤固) 신화에서부터 시작하고 있다.

曾先之의 〈十八史略〉은 중국의 상고사에 관하여 다음과 같이 전하고 있다.

> The <Eighteen Saryak(史略>written by Jeung seun Ji(曾先之) records that after Pango, Cheun Hwang(天皇, "the emperor of Heaven"), Ji Hwang(地皇, "the emperor of Earth") and In Hwang(人皇, "the emperor of Man") succeeded to the kingdoms, and further this book states that one hundred fifty generations of the In Hwang dynasties lasted for 45,600 years.
>
> (정연규 저 집문당 간 <Ancient Korea and The Dawn of Human History in the Pamirs>에서)

〈십팔사략(十八史略)〉은 반고의 뒤를 이은 왕으로, 천황(天皇), 지황(地皇), 인황(人皇)을 들고 있으며, 인황씨와 그 들 씨족들이 150대를 이어 45,600 년을 집권 했다고 했다. 이들 황제는 마고(麻姑), 궁희(穹姬), 청궁(靑穹)을 가리켜 천 황, 지 황, 인 황으로 지칭한 것으로 생각한다.

중국의 사회과학원에서 추진하고 있는 중화문명탐원공정(中華文明探源工程)의 많은 연구 성과가 있을 것이라고 기대하고 있지만 중국의 역사 세계는 다음과 같이 제의 한다.

파미르 고원의 마고(천황)>궁희(지황)>청궁(인황) >반고(盤固)>헌원(軒轅) 이다. 인황씨 다음으로는 유소(有巢) 씨와 수인(燧人) 씨가 승계했다. 복희(伏羲) 씨는 수인씨 다음으로 등장하며, 여와(女媧) 씨와 신농(神農) 씨가 대를 이었다.

〈사기(史記)〉의 일설은 인황씨로부터 오룡씨, 수인씨, 대정씨, 백황씨, 중앙씨, 권수씨, 율육씨, 여연씨, 혁서씨, 존노씨, 흔둔씨, 호영씨, 유소씨, 주양씨, 갈천씨, 음강씨, 무양씨가 대를 이었다고 한다.

위와 같은 기록들이 중국 한족(漢族)의 역사적 사실로 요약할 수 있다.

삼황오제라는 말은 많이 쓰지만 누가 삼황이고 오제인지에 대해서는 통일된 견해가 아직 없다. 사마천은 〈대대례(大戴禮)〉등의 문헌에 근거하여 황제 헌원(軒轅), 전욱(顓頊), 제곡(帝嚳), 요(堯)와 순(舜)이 일맥으로 이어졌다고 보았다. 즉 그들이 동일한 혈통의 동족이라는 것이다.

〈상서(尙書)〉의 서문에서는 복희, 신농, 헌원 황제를 삼황이라 하고, 소호, 전옥, 고신, 요, 순을 오제라고 했다.

후한의 정강성은 복희, 여와, 신농을 삼황이라 하고, 제홍, 금천, 고양, 고신, 당우를 오제라고 했다.

헌원 황제는 치우와의 탁록 대전에서 승리한 후 그 들의 주력은 남하해서 황하 중류 지역을 차지했다. 그 곳에서 그들은 장기간의 정지작업을 통해 세력을 확고히 한다. 그 과정에서 황제 계는 걸림돌이 되는 세력들을 변방으로 축출했다. 그러나 구이(九夷)들은 보다 오래전에 중원대륙에 정착했으며, 탄탄한 사회, 경제적 기반을 가지고 있었다. 그들은 천하의 주인 자리를 두고 전옥과 투쟁하기도 했고 요임금 때에는 물을 관리하는 공사 역할을 맡기도 했으나 요임금 말년에 황제는 이 구이들을 유주(幽州) 즉 북경을 중심으로 한 남북지역으로 추방했다.

중국의 국조로 받들고 있는 헌원(軒轅) 황제는 소전(小典)의 아들이며, 성은 공손(公孫)이요, 이름이 헌원 이다. 황제가 처음 도읍한 곳이 헌원 이었는데, 그 헌원이 황제의 이름이 되었고, 호는 황제의 조국 이름에 따라 유웅씨(有熊氏)라 했다고 〈史記〉에 다음과 같이 기록되어 있다.

> 「史記卷一 五帝本記 皇帝者 小典之子 號 有熊 土色黃故稱皇帝 皇帝爲五帝之首 系本並以 伏羲 神農 皇帝爲 三皇 以其本是 有熊國君之子故也 都軒轅之丘因以爲名 生皇帝於壽丘 在魯東門之北 今在兗州阜曲縣東北 索隱 小典者非人名也 諸侯國號」

이 책에 지칭한 유웅국은 1세 단군왕검의 처가가 되는 나라이며, 황제 헌원의 고향이라고 생각하면 헌원은 단군의 처족이 된다.

송나라의 오봉호와 〈주역 계사전〉은 복희, 신농, 황제, 요, 순을 오제라 했다. 그러나 이 황제들 가운데 누가 중국의 한족이냐 또는 동이족이냐 하는 문제는 양국 학자들의 연구 과제가 되고 있다. 복희는 5세 태우의 환웅의 황자이며, 여와는 그의 후라고 하고, 소호는 복희의 손자로 알려져 있다. 중국의 최고 창조신인 반고는 환국의 말에 공공, 유소, 유묘, 유수를 거느리고 삼위 산의 남 목 동굴에 이르러 임금이 된 신시의 분국 군주이다. 이때에 환웅은 섬시성 태백산에서 도읍하게 되는데 이 사실이 한족과 동이족이 분기되는 사기라고 생각한다.

한무제(漢武帝) 때 사마천(司馬遷)이 기술한 〈史記〉의 상고사는 춘추시대(春秋時代) 공자에 의해 편찬된 〈書經〉이 〈사기〉의 바탕이 되고 있다. 그러나 중국의 역사상 티베트족인 한족(漢族)의 등장은 한고조(漢高祖)때부터였으며, 그 이전의 중국역사는 동이(東夷)들의 역사였다. 한족은 그들의 본거지가 서역의 천산(天山)과 곤륜(崑崙)산 사이 타림(塔里木)분지의 티베트 지방으로부터 동쪽으로 이동해 온 한족이었다. 헌원 황제와 하우(夏禹)가 마치 서쪽에서 온 한족인 것처럼 오인되고 있지만 실제로 그렇지 않다. 황제는 소전(小典)의 아들로서 산동노(山東魯) 지방 동문 북쪽 지금의 연주(兗州) 부곡현(阜曲縣) 동부 수구(壽丘)에서 출생했다. 그를 황제라 하는 것은 중원의 토양이 황토이기 때문에 황토의 제왕이라는 뜻에서였다. 황제의 본래 계통은 복희(伏羲) 신농(神農) 황제로 이어지며, 황제 이후 소호(小昊) 김천씨를 위시한 순(舜)에 이르기까지가 오제라고 하는 것을 〈史記〉는 밝히고 있다.

5세 태우의(太虞儀) 환웅의 막내 아드님인 복희(伏羲)는 지구가 해를 쫓아 해가 12번 변색하는 것을 보고 곧 역을 만들었다. 복희의 후가 여와(女媧) 이며, 이들은 뱀을 토템으로 하는 하수농경민이라고 생각된다. 오늘날 중국의 산동성에는 얼굴은 사람이고 몸은 뱀인 이들의 그림을 볼 수 있다. 중국의 산동성 대문구진(大汶口鎭)에서 발굴한 고고유품을 측정함으로써 대문구문명은 5,785년 전으로 거슬러 올라간다고 중국의 고고학자 당란(唐蘭) 씨가 보고한 바 있다. 그 문화를 꽃피운 사람은 태호(太昊), 여와(女媧), 소호(小昊)로 생각한다. 이들이 메소포타미아에 진출하여, 서구문명의 모태라고 할 수 있는 수메르 문명을 건설하였다.

신농은 복희씨가 몰한 뒤에 일어나게 되었지만, 신농씨의 시대가 쇠하여 제후들이 서로 침벌하는 난세였건만 신농은 이러한 난세를 평정할 능력이 없었다. 다음 치우(蚩尤)는 이러한 난세에서 최강자였다. 황제가 나타나 섭정했을 때, 치우는 갑옷을 입고 투구를 쓰고 칼, 창, 활 등의 무기를 갖춘 정병을 거느리고 그 위세를 천하에 떨치고 있었다. 중국의 사학자 왕동령(王桐齡)은 그의 저서 〈中國民族史〉에서 다음과 같이 말했다.

「약 4,000년 전 현재의 호북(湖北), 호남(湖南), 강서(江西) 등지는 벌써 묘족(苗族)이 점령하고 있었고, 중원에 한족이 들어온 후에 이들과 접촉하게 되었으며, 이들의 나라 이름을 구려(九黎) 또는 구이(九夷)라고 하고 군주는 치우였다.」고 했다. 14세 자오지(慈烏支, B. C. 2,707) 환웅 치우를 군주로 하는 구려국의 부족들을 묘족(苗族), 유묘(有苗), 삼묘(三苗)라고 한다. 〈山海經〉에서는 흑수(黑水) 유역에 살았던 사람들을 묘족이라고 했는데, 이들은 환웅천자가 웅졸도 3천명을 거느리고 태백산 아래에 신시를 세웠던 묘족들이었다. 그리고 그 다음의 묘족은 요순(堯舜) 때의 삼위지방으로 옮겨 살게 된 천삼묘(遷三苗)의 삼위인데, 〈산해경〉에서 말하는 묘족 역시 곤륜산 동쪽의 삼위지방인 서역에 사는 사람들을 묘족이라 했다. 치우 치하에 살았던 묘족은 회수(淮水)지방에 살았다고 기술되어 있다. 그리고 그 다음의 묘족은 요순(堯舜) 때의 삼위지방으로 옮겨 살게 된 천삼묘(遷三苗)의 삼위인데, 〈산해경〉에서 말하는 묘족 역시 곤륜산 동쪽의 삼위지방인 서역에 사는 사람들을 묘족이라 했다. 치우 치하에 살았던 묘족은 회수(淮水)지방에 살았다고 기술되어 있다. 그러므로 중국의 여러 고전에 나타나는 반고(盤固), 유소(有巢), 수인(燧人), 복희(伏羲), 신농(神農) 황제 등은 모두 동이의 조상인 환웅의 후예라는 것이 분명하다. 그러니 동이(東夷), 서이(西夷), 남만(南蠻), 북적(北狄)들을 〈後漢書〉는 사이(四夷)라고 하고 또 동이유구이(東夷有九夷)의 구이라고 하지만, 이들 모두가 원래는 동이였던 사람들로 환웅의 후예들이었다.

〈山海經〉을 따르면, 고대 중국 삼황오제는 현재 중국을 지배하고 있는 한족(漢族)의 조상이 아니라 동이족이었다고 이렇게 증언하고 있다. 대황지 가운데 불함산(不咸山)이 있는데 그곳에는 숙신(肅愼)씨가 흰 옷을 입고 사는 곳이다. 그들의 기상은 용맹한 사람들이었기에 중원의 복희, 신농, 황제의 삼황과 소호, 고양(高陽), 고신(高辛), 당뇨(唐堯) 우순(虞舜)의 오제는 모두 숙신에서 배출된 인물이라고 밝히고 있다.

〈진서(晉書)〉에 따르면, 숙신(肅愼)은 일명 읍루(挹婁)라고 하는데, 불함산(不咸山) 북쪽에 있으며, 부여에서 60일 쯤 가야하는 거리에 있다. 동쪽으로는 큰 바다에 연해 있고, 서쪽으로는 구만한국(寇漫汗國)과 접해 있으며, 북쪽은 약수(弱水)에 이른다.

그 땅의 경계는 사방 수 천리에 뻗쳐 있다. 사람들은 심산에 살며, 그 길이 험준하여 수레나 말이 통행하지 못한다. 여름철에는 나무 위에서 살고 겨울철에는 땅굴을 파고 산다.

그 나라에서는 부자가 대대로 세습하여 군장이 된다. 문자가 없기 때문에 말로 약속을 한다. 말이 있어도 타지 않고 단지 재산으로 여길 뿐이다. 소와 양은 없고 돼지를 많이 길러서, 그 고기는 먹고 가죽은 옷을 만들며, 털은 짜서 포를 만든다. 우물이나 부엌은 없으며, 가마솥 용기를 만들어 4-5되의 밥을 담아서 먹는다.

숙신에는 돌로 만든 살촉과 가죽과 뼈로 만든 갑옷과 석자 다섯 치의 단궁(檀弓)과 한자가 넘는 고시(楛矢)가 있다. 그 나라의 동북쪽에서 산출되는 돌은 쇠를 자를 만큼 날카로운데, 그 돌을 채취하려면 먼저 신에게 기도하여야 한다고 기록하고 있다.

황하문명의 유적은 하남성의 낙양 서쪽 양소촌의 은나라 옛 터에서 발견된 채도(彩陶)문화와 산동성 용산진(龍山鎭)에서 발견된 흑도(黑陶)문화가 모두 동이의 문화로 확인되었다. 이와 같은 흑도와 채도문화를 중국의 사학자 서영자(徐亮之)는 말하기를, 동이는 원시 세석기문화인 이었다고 하고 동이였던 순(舜)은 흑도문화의 창시였다고 밝히고 있다.

〈史記〉는 황하문명의 서장을 삼황오제로부터 요(堯)와 순(舜)을 거쳐 춘추시대 진(秦)의 무공(繆公) 때까지 선왕들의 덕치를 모아서 편찬한 공자의 〈書經〉을 바탕으로 하여 기술되어 있는데, 황제와 치우와의 대결 때 구려의 군주였던 치우가 환웅 때부터 존재했던 풍백과 우사의 도움을 받았다고 되어있다. 그리고 요순 때 까지 만을 기술한 것이 〈사기오제본기〉인데, 그 다음의 2권부터는 하우(夏禹)가 사방을 순회하면서 육지에는 구주(九州)를 개설하고 하천은 구하(九河)를 통하게 했다. 기주(冀州) 지방의 태원(太原)과 악양(嶽陽)으로부터 황하 중류의 위수(渭水)지방을 거쳐 회수(淮水) 지방을 돌아본 다음 산동 지방을 거쳐 요동에 이르러서 언급하기를, 조이(鳥夷)는 짐승가죽으로 옷을 만들어 입었다고 하고 이들은 발해 연안의 갈석산(碣石山)을 끼고 살았던 동이들이었다는 것을 밝히고 있다.

〈史記〉는 이와 같이 주원대륙 내에서 용문(龍門) 황하 상류가 있고 남쪽으로는 회수가 있으며, 서쪽으로는 곤륜산이 있는 곳이 서역인데, 여기서부터 천산묘의 동이들이 사서에 서이(西夷) 또는 서융(西戎)으로 기술되었다. 그러니 〈사기〉에서 동이(東夷), 서이(西夷), 남만(南蠻), 북적(北狄)을 사이(四夷)라고 했다.

〈王制〉에 이르기를 동방을 이(夷)라 한다고 하였다. 이(夷)란 근본이다. 그 뜻은 이가 어질어서 생명을 좋아하므로 만물이 땅에 근본 하여 산출되는 것과 같다는 말이다. 그러므로 이는 천성이 유순하여 도리로서 다스리기 쉽기 때문에 군자국과 불사 국이 있다고 한다. 이에는 아홉 종류가 있으니, 견이(畎夷), 우이(于夷), 방이(方夷),황이(黃夷), 백이(白夷), 적이(赤夷), 현이(玄夷), 풍이(風夷), 양이(陽夷)가 그것이다. 그러므로 공자(孔子)도 구이에 살고 싶어 하였다.

옛날 요(堯)임금이 희중(羲仲)을 우이에 살도록 명하면서 '양곡(暘谷)'이라 하였으니 그 곳은 해가 돋는 나라라는 뜻이다.

하후(夏后)씨의 태강(太康, 하 왕조의 3대 왕)이 덕을 잃자, 이의 백성들이 반하기 시작하였다. 하 왕조의 6대왕 소강(小康) 이후부터는 대대로 왕실에 복종하고 그들의 음악과 춤을 바치게 되었다고 했다. 하의 말 왕 걸(桀)이 포악해지니 여러 이족이 침범하여 왔는데, 은나라의 탕왕(湯王)이 혁명을 하고 이들을 평정하였다. 은 왕 중정(仲丁) 때에 이르러 남이(藍夷)가 침입하였다. 이로부터 복종하고 배반하기를 3백여 년간 계속되었다. 은의 27왕 무을(武乙)에 이르러 은이 쇠약해지자, 동이가 점차 강성해져서 드디어 회수(淮水)와 대산(岱山)으로 나누어 옮겨 오더니 점차 중토에 까지 뻗어와 살게 되었다. 주(周) 나라 무왕(武王)이 은(殷)나라 주왕(紂王)을 멸망시켰을 때 숙신(肅愼)이 와서 무기를 바쳤다. 관숙(管叔)과 채숙(蔡叔)이 주나라를 배반하고 이적(夷狄)과 더불어 주나라를 침범하므로 주공(周公)이 이들을 정벌함으로서 동이가 드디어 평정되었다. 주 왕조의 3대 왕 강왕(康王) 때에 숙신이 다시 쳐들어 왔다.

그 후에 서이(徐夷)가 융성하게 되어 구이를 거느리고 서쪽으로 황하의 상류에 까지 침범하였다. 주나라 5대 목왕(穆王)은 이들 세력을 두려워하여 동방 제후를 분리시켜 서언왕(徐偃王)에게 명하여 다스리게 하였다. 언 왕은 황지(潢地) 동쪽에 살았는데, 국토가 500리가 되고, 어질고 착한 일을 하니 조회에 참석하는 나라가 36 국이나 되었다. 주나라의 12대 왕 유왕(幽王)대에 이르러 왕실이 음란해지자 사이(四夷)가 번갈아 침범하여 왔는데, 춘추시대의 인물인 제환공(齊桓公)이 평정하였다.

〈중국고금지명 대사전(中國古今地名 大辭典)〉에 의하면, 춘주전국시대의 막을 내리게 했던 진(秦)을 멸한 한고조(漢高祖) 유방(劉邦)이 세운 나라가 한

(漢)나라인데, 도읍을 장안(長安)에 정했다. 그 곳은 옛날 티베트 지방의 한족이 들어오기 이전에는 조선 땅이었다고 명기 되어 있다. 이렇게 볼 때 고대의 중원은 동이가 지배하고 있었으며, 요순(堯舜)도 맹자의 증언대로 동이였음은 물론이고 황제 헌원 역시 동이족 활동의 중심지였던 유웅국(有熊國) 출신이었기에 〈사기〉는 증언하기를 황제로부터 순과 우에 이르기까지 모두 동족이었지만 나라 이름을 달리 했다는 증언이다.

에벨하드(Eberhard)는 중국 사회의 형성기에 발전하고 있던 몇 개의 개별적인 문명의 요소가 있었다고 밝혔다. 확인된 기본적인 문화가 여섯 종류가 있다. 곧 1) 북방문화(양소, 용산문화로 원시 퉁그스족의 문화) 2)서북방문화로써 유목민에게 영향을 미친 원시 터키족의 것) 3) 서방의 원시 티베트족의 것 4) 남방문화로써 원래는 대양의 영향을 받아 발전한 월(越)이란 이름으로 총칭된 원시 타이족의 문화로 구분 했다.

황하(黃河)의 중간 유역은 중원이라 하는 곳이다. 신석기 시대에는 상당히 큰 취락(聚落)을 이루고, 혈거생활(穴居生活)을 하였다고 한다. 마고(麻姑)의 두 딸이 궁희(穹姬), 소희(巢姬)였는데 궁희는 굴을 파고 생활했으며, 소희는 새집처럼 높은 곳에 생활한 것으로 알려져 있다. 이 씨족은 많은 취락을 만들고 각각 추장(酋長)을 두고 씨족 사회 생활을 하고 있던 중 황제(黃帝)라는 영웅이 나와 황하 연안의 부락을 통일하고 제국의 기초를 가다듬고 농경 생활에 종사하며, 문자, 화폐를 만들고, 양잠(養蠶)을 하는 높은 문화를 가졌다. 곧 제요(帝堯)라는 성인이 나와 군주가 되자 지금의 산서 성(山西省) 지방에 도읍을 하고 마고성에서 이어 온 1년을 365일로 하는 달력을 사용했다. 요는 군주의 자리를 순(舜)에게 양도하였다. 순도 우(禹)와 같은 인재를 등용하여 나라를 잘 다스렸다. 〈번한세가상(番韓世家上)〉에 따르면, 「9년 동안이나 홍수의 해가 백성에게 미치므로 1세 단군왕검의 태지 부루(扶婁)가 우(禹)를 도산(塗山)에서 만나 오행치수 법(五行治水法)을 가르쳐 홍수를 막았다.」고 한다.

박제상의 〈부도지〉에 의하면, 요(堯)는 처음으로 마고성을 나간 지소 씨의 후예로 배달국의 제시(祭市) 모임에 왕래하고 단군이 순행하는 틈을 이용하여, 부도를 습격했다고 한다. 그러나 순의 아우 유상에게 살해당한 사람이었다.

순(舜)은 단군의 신하인 유호 씨의 장남이었다. 아버지의 명을 거역하고 단군을 배신한 후 요의 왕위를 이었으나, 동생인 상의 공격을 받고 창오의 들에서 우에게 살해되었다. 순은 당시 지금의 하북성 천진 남쪽에 있는 조그마한 나라로 단군의 작은 제후국에 불과 했으며, 순은 단군을 찾아뵙고 조공을 바쳤다고 〈부도지〉는 기록 했다. 1,996년부터 2,000년까지 마친 중국사회과학원의 주(周),상(商), 하(夏) 단 공정은 자기중심적이 아닌 위 사기들을 검토해보았는지 의심스럽다. 그리고 만년대로 역사를 복원하려는 중화문명탐원공정(中華文明探源工程)에 있어서는 저의 저서 〈Ancient Korea and the Dawn of Human History on the Pamirs〉를 읽고 동이족과 한족이 어떻게 분리 이동하였는지를 밝혀 진실 된 역사를 복원하여 타 민족의 역사 왜곡을 하지 않기를 바랄 뿐이다.

〈사기 오제본기(史記五帝本紀)〉에 순(舜)이 동방의 군주를 알현하고 달력과 법률과 도량형(度量衡) 그리고 동방의 오례(五禮)를 전수받아 중원으로 돌아가서 중원을 다스렸는데, 순이 알현한 동방숙신 조선의 군장이 상제였다. 탕(湯)의 나라 은(殷)은 마침내 제을(帝乙)의 무도와 폭군 주(紂)가 실정함에 따라 은은 상제국인 숙신조선의 눈 밖에 나 패망하게 된다. 〈書經〉과 〈史記〉에 따르면, 하우(夏禹)를 도와 건국케 했던 숙신조선이 하 말의 걸왕(桀王)이 음란과 향락에 빠져 백성이 도탄에 처했을 때 숙신조선의 군장, 상제의 명에 따라 걸왕을 바로 잡지 않을 수 없었다고 기록하고 있다. 이와 같이 은의 무을(武乙)은 무도하며, 무을의 증손인 주왕(紂王)이 동이의 종주국인 숙신조선의 눈 밖에 남에 따라 주(周)를 도와 대국인 은을 정벌하게 하였다.

단군조선은 하왕조(夏王朝)와 은왕조(殷王朝)를 비록 같은 동이였지만 좌지우지 했었다는 사실을 확인할 수 있다.

동이 족(東夷族)으로 알려진 은(殷)나라의 옛 터에서 백도(白陶), 청동기 유물과 거북의 등과 동물의 뼈에 새긴 갑골 문자(甲骨文字)가 발굴되었으며, 이 문자는 1899년 하남(河南)의 안양(安陽)지방에서 발굴되었다. 글꼴이 중근동, 동남아에서 발굴된 점토판 상형 문자와 유사하다. 그 당시의 사람들은 조상신을 숭배하고 씨족 사회였기 때문에 같은 혈족에 대한 유대가 강하였던 것으로 생각된다.

중국과 한반도 지역에 구석기 유적이 존재한다는 것은 이미 알려져 있다. 그 이전 구석기 시대 말기에는 한반도가 중국 대륙과 육지로 연결되어 있었으며, 일본열도는 연해주 캄차카 지역과 연결되어 있었던 시기였다. 구석기 시대 말기 2만 년 전부터 남부 시베리아 지역에서 신석기문화로 접어들기 전 단계의 문화가 전개되고 있었는데, 특히 바이칼 호를 중심으로 흑룡 강과 연해주, 캄차카 지역까지 침엽수림이 들어찬 삼림 지대여서 비교적 풍부한 동물 군(群)이 분포하고 있었다. 따라서 만주의 초원지대 외곽을 둘러싼 침엽수림대의 자연환경이 어로와 수렵 중심의 구석기시대 말기 사람들에게는 더없이 훌륭한 삶의 터전이 될 수 있었고, 유적 또한 많이 분포하고 있었다. 그러다가 홍적세 이후 기온이 상승하면서 인류의 활동 범위가 넓어지게 되고, 농경이 시작되면서 바야흐로 문명의 개화가 이룩된다.

지구상에 벼농사가 처음 시작된 것이 약 8,000-9,000년 전에 중근동 지역 이라고 추정되고 있으며, 태국 지방이라고 제의하기도 했다. 그 곳에서 서양으로 전하여, 그리스와 에게 해를 거쳐 다뉴브에서 헝가리 지방에 전파된 것이 지금으로부터 약 7,500년 전이라고 한다(The Times Atlas of World History 참조).

그러면 동양에 벼농사가 전파된 것은 중국의 황하하류 하모도(河姆渡) 유적에서 약 7,000년 전의 하수농경으로 도작이 시작되었다는 흔적이 발견되었다. 한반도에는 지금으로 약 4,000년 전 벼농사가 시작된 것으로 추정된다. 서울 근교의 김포일대에서 발굴한 쌀의 단수하물을 측정한 결과 그 곳에는 일찍부터 도작이 시작된 것으로 판명이 되었다. 병 농사는 사람들이 채집, 수렵으로 떠돌아다니는 유랑생활에서 일정한 곳에 정착하여 집단적인 취락을 이루는 매우 중요한 역사적 의의를 갖는다.

일본말 /ine/ “稻”는 고대 한국어 / rine /에서 왔다고 하는데, 세계의 여러 언어와 대응시켜 보면 다음과 같다.

고대 한국어 : rine>일본어 : ine
라틴어 : oriza
아랍어 : ruz
이태리어 : riz
불란스어 : riz
로마어 : orizum
스페인어 : aroz
영어 : rice

위 세계 언어들의 공통조어를 찾아보면, 로마어 *orizum으로 분석된다. 그러므로 orizum이란 말을 사용하는 사람들이 적어도 인도 또는 동남이세아의 어느 곳에 살고 있었다는 추정을 할 수 있다. 그 곳이 어디일까? 1983년 大阪市 平野區의 長原 유적에서 조몽(繩文)시대 후기의 심발토기(深鉢土器)가 발견되었다. 그 토기의 밑바닥에 쌀을 담은 흔적이 나타나고, 그 부근에 수로도 발견되었다. 일본열도의 벼농사는 동경의 야요이 정(彌生町)에서 발굴된 벼의 탄화물 조사의 측정으로 기원전 300년 전으로 추정이 되었다. 2년 후 大阪市내의 茨木市牟禮 유적에서도 논의 흔적이 발견되고, 1992년 岡山縣 古代 吉備 문화재 센트가 總社市 南溝手 유적지에서 발굴된 벼를 담는 토기를 검사한 결과 현재 재배하고 있는 종류의 벼가 중국 대륙의 남부에서 4,000년 전에 한반도를 경유하여 일본에 전래된 것으로 판명이 되었다. 기후 분포를 보면 발해 연안은 8천 년 전부터 현재보다 3~5정도 높은 기온과 다습한 난 온대 기후의 성질을 띠고 있었으므로 일찍이 농경이 발달하기 유리한 지역이었다. 요동반도 남단 대고산(大孤山) 지역의 기후 변화와 그에 따른 수목(樹木)의 변화 및 발해의 해면 변화를 보면, 5천 년 전(B. C. 3000)부터 3천 년 전(B. C. 1000)까지에는 비교적 온도가 높았으나 습도가 낮아져 상대적으로 굉장히 건조해 졌고, 3천 년 전부터 서서히 기온이 내려가 추워지면서 현재와 같은 기후로 변하였다. 여기서 주목하고자 하는 것은 기후 변화에 따른 인류 생활의 변화이다. 기후가 크게 변하는 시기가 홍적세 이후 세 차례나 있었다. 8천 년 전과 5천 년 전, 그리고 3천 년 전 등인데, 이러한 변화는 이 지역만이 아닌 범세계적인 추세였다. 당시의 요동반도 남부지역 식물 분포의 정황을 보더라도 요녕 남부 지역에는 낙엽활엽수 위주의 삼림에서 기후의 변화로 인해 침엽수가 증가하다가 3천 년 전 이후부터는 건조한 초원형 식물이 다수를 점하게 되어, 이에 따른 동물군의 변화, 궁극적으로 인류의 경제 형태 또한 변화하였을 것이라는 추측을 가능케 한다.

8천 년 전(B. C. 6000)의 고온 다습한 기후로 발해 연안에는 신석기문화가 본격적으로 전개되고 있었는데 '之'자 '人'자 문양의 빗살 무늬 계통 토기를 특징으로 하는 농경문화였다. 대표적인 내몽골 홍륭와(興隆珪), 요녕성 심양 신락(新樂)하층, 요동반도 남단 소주산(小朱山)하층 등의 유적들은 방사성 탄소 연대 측정에 의해 7천 년 전의 유적으로 밝혀졌다. 특이한 것은 요동 반도 지역의 신석기문화 유적에서는 소형의 세석기 전통이 보이지 않는데, 내몽골 홍륭와(興隆窪)나 심양의 신락(新樂)하층 유적 등 내륙의 산간 지대에서는 세석기 전통이 혼합되어 있다는 것이다. 이보다 더 북쪽인 내몽골 임서(林西), 만주 송화강 상류 눈강 일대 초원 지대에는 세석기 유적이 다수를 점하여 하북성 북부 지역과 요동반도 남부, 한반도 서북부 일대가 대형석기(金助, 金產) 위주의 '之'자 '人'자문 토기문화를 이루는 것과는 대조적이다.

최근에 중국 학계에서는 발해 연안의 신석기문화의 동시 다발적 발생에 대해 '환발해권역(環渤海卷域)'으로 설정하고, 과거의 황하(黃河) 중심 문화 전파 론을 지양하고, 이른바 '다중심발전론(多中心發展論)'을 인정하고 있다. 신석기 시대 문화가 황하 유역으로부터 전파된 것이 아닌 발해 연안 일대에서 동시에 발생하여 각자 특징적인 문화 전개를 이룩하였다는 것이다. '之'자 '人'자문을 '연속고선문(延續孤線紋)'이라고도 하는데, 심양이나 내몽골 등지의 연속고선문계 토기문화와 연계하여 발달된 신석기문화를 꽃피우는 단계가 바로 우리가 주목해야 할 홍산 문화(紅山文化)이다.

홍산 문화는 요녕 지역과 내몽고 동부 지역에 광범하게 전개된 6 천 년 전(B. C. 4000)의 신석기 시대 중기에 해당하는 2단계 신석기문화로 인식된다. 황하 유역에서는 8천년 전경부터 자산문화(磁山文化), 배리강문화(裴李崗文化)가 전개되었는데, 신석기 시대 전기에 해당한다. 이 뒤를 잇는 것이 양사오문화(仰韶文化) 단계로 물고기와 기타 문양을 채색한 채도(彩陶)를 특징으로 하는 홍산

문화와 같은 시기의 문화 단계이다. 홍산 문화는 양사오문화의 채도와 이전 단계의 연속고선문계 토기와 세석기 등을 융합하여 한 단계 발전하여 전개되었는데, 정교한 옥기(玉器)의 사용, 석묘(石墓)계통의 돌을 사용한 무덤, 주거 유적 등이 특징적으로 이러한 홍산문화의 유산은 후에 이 지역 하가점하층문화(夏家店下層文化)에 계승되고 중국 황하 유역과 산동 반도에도 큰 영향을 미치게 된다.

동이족(東夷族)의 활동 지역을 문헌상으로 보면, 하북성 동북부와 산동 일대, 양자강 하류 유역 등이다. 산동 지역에서 가장 앞서는 문화 유적은 북신문화(北辛文化)인데, 북신문화는 7 천 년 전까지 소급되어지고 황하의 자산, 배리강 문화와 뚜렷한 차이를 보이고 있으며 또한 B. C. 4,500경의 이 지역 대문구문화(大汶口文化)와도 직접적인 연원 관계에 있다.

대문구문화(大汶口文化)는 하남 성 서쪽의 양사오문화와 대비되는 문화로써 동이 계(東夷系)문화로 추정되고 있고, 이후의 용산 문화(龍山文化)에 연결된다. 황하 유역의 이리두문화(二里頭文化)의 주인공으로는 하(夏)나라와 은(殷)나라를 비정 한다. 이리두문화는 양사오 문화를 계승하여 대문구문화의 요소도 받아들인 초기 청동기 문화 단계로 인식된다. 이 점은 산동 지역 용산문화와 요녕 지역 하가점하층문화도 마찬가지이다.

 백소(白巢)씨족의 이동과 중근동 및 서구문화

〈부도지〉에는 마고 성을 지상에서 가장 높은 성이라고 기록하고 있다. 그러나 서쪽 편은 경사가 급하지 않다. 파미르고원에서 서북방으로 내려가면, 지금은 소련 영인 우즈베크(Uzbek) 대 초원지대에 당도한다. 우즈베크의 남방이요, 파미르고원의 서쪽 약 1,000리 지점에 사마르칸드(Samarkand)가 있다. 이곳이 전한대(前漢代)의 대월 씨 국(大月氏國)으로 후대의 비단 길로 교통의 요지라고 한다. 〈부도지〉에는 마고성의 백소(白巢) 씨가 무리를 이끌고 월식주(月息

州)로 이주했다고 했는데, 지금의 사마르칸드의 대월 씨 국으로 이주해서 서양 문명을 건설한 것으로 생각한다. 사마르칸드의 바로 북쪽은 대원국(大苑國)이 있었는데, 오늘날은 소련 영토가 되어 있다.

사마르칸드를 떠나 해발 1,200m인 이란의 수도 테헤란을 거쳐 베히스탄의 마애비(摩崖碑)가 있는 카만사를 지나면 메소포타미아의 바그다드에 도달하게 된다.

서양의 역사, 문화, 사상을 이야기할 때, 우리는 서구문화의 두 원류로 헬레니즘(Hellenism)과 헤브라이즘(Hebraism)을 든다. 헤브라이즘은 유태교와 그리스도교의 전통을 총괄하여 말하는 것이다. 이 사상은 신 중심적이고, 초월적이며, 영적인 세계를 신봉하는 성향을 지닌다. 이에 비해서 헬레니즘은 인간 중심적이고, 개인주의적이며, 합리적이고 세속적이며, 세계 시민주의적인 성향을 지니고 있다. 이와 같이 이 두 문화의 모태는 유라시아 지방으로 생각한다. 뱀을 토템으로 하는 하수농경민인 태호, 소호족의 문화와 소머리(牛頭)를 토템으로 하는 시리아의 옛 우가리트 왕국의 바아루 족의 북방수렵문화가 수메르로 옮겨가서 서양문화를 탄생시킨 것으로 생각된다.

영국의 고고학자 크라머의 저서 〈역사는 수메르에서 시작되다〉에서 「수메르 사람은 높은 문화를 이룩한 민족이며, 그들은 아마 바다를 통하여 동방에서 왔다.」라고 했다.

미국 시카고 대학 중동 연구소와 시리아 정부의 합동 발굴 작업으로 시리아 텔하무르가르의 도시 문명이 수메르 이전에 시작되었을 가능성이 높다고, 그 발굴책임자 맥과이어 깁슨 박사는 주장했다. 그들은 6,000년 전경에 세워진 것으로 추정되는 방호벽을 발굴했다. 또한 중국의 사학자 당란(唐蘭)은 소호 김천씨(小昊 金天氏)의 나라가 산동성(山東省) 곡부(曲阜)에 도읍을 하고 있었다고 했다. 대문구 문명(大汶口文明)은 태호 복희와 소호 김천 씨의 유산으로 알려져 있다. 지금까지 중국의 역사는 양사오문명(仰韶文明)과 용산 문명(龍山文明)을 기준으로 4,000년 전으로 생각해 왔으나, 대문구문명(大汶口文明)은 중국의 역사학자 당란(唐蘭)은 6,000년 전이라고 광명일보(光明日報)에 발표했다. 나아가서 그는 중국의 문명이 서방의 이집트, 수메르 문명의 영향을 받았다는 종래의 학설도 부정했다고 할 수 있다. 그는 유적지의 발굴성과의 뒤받침으로써 다음과 같이 제의했다. 「방사성탄소의 측정에 따르면, 대문구문명은 지금으로부터 약 5,785년 전으로 거슬러 올라간다.」고 했다. 이는 옛 문명으로 오로지 유프라테스와 티그리스 하구에서 시작된 수메르 문명이 무역 로와 식민지화를 통해 북으로 동으로 옮겨갔다는 기존 학설을 부정하는 것이다.

태호(太昊) 복희(伏羲)의 후가 모세가 조상신으로 모신 여와(女媧) 즉 여호와이다. 이 부족은 하수농경민으로서 뱀을 토템으로 하는 부족이었다. 오늘날 중국의 산동 성(山東省)에 얼굴은 사람이고 몸은 뱀으로 된 교미하는 이들의 그림이 많이 남아 있다. 이들이 메소포타미아에 진출하여 수메르 문하를 꽃피운 것으로 생각한다. 영국의 고고학자 우울리 경이 우르 지방에서 발굴한 상투머리를 한 왕의 시체, 씨름하는 모양의 향로, 그들이 사용한 회색 도자기, 태음력의 사용, 순장하는 습속, 수메르어가 한국어와 같이 교착어 언어 유형이라는 점, 형질이 한국 사람과 같이 머리털이 검고 체구가 같다는 점, 가림토문자와 같이 진흙 판 위에 새겨 쓴 수메르 문자의 특성 등을 고려해 볼 때 수메르 족은 유라시아어족의 중심 세력인 태호, 소호족이라는 사실이 분명하게 드러난다.

이와 같이 세계의 공통 언어권이 있었을 것이라고 생각하여, 지금 까지 언어학계에서는 노스트라트 제어라고 하였다. 페데르센에 따르면, 고대 소아세아의 비 인구어가 한 때는 인구어족과 밀접한 관계를 갖고 있다고 가정하고, 함어족, 셈어족, 우랄어족, 인구어족, 알타이어족, 인도의 드라비다어족의 조어로서 노스트라트어족 설을 주장한 바 있었다. 이와 같은 여러 어족설이 그린버그의 유라시아 공통조어설이 발표됨으로써 유라시아는 인류사와 언어의 시원지라는 사실이 분명하다. 파미르고원의 위치를 도시하면 다음과 같다.

[예시 물 2-16] 파미르고원

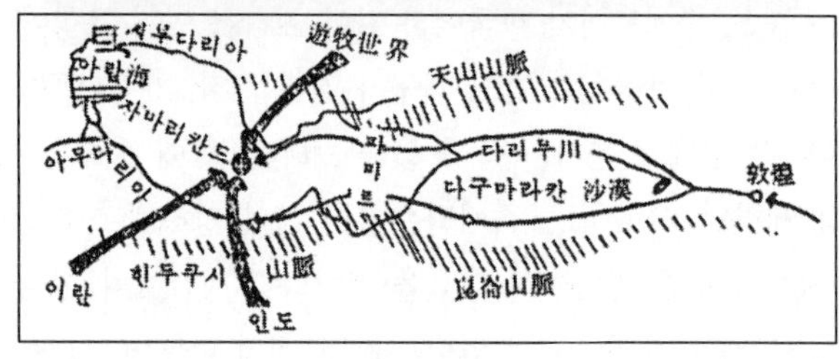

1) 스키텐(Skythen)의 역사와 문화

그리스의 역사학자 헤로도토스(Herodotos)는 그의 사서에서, 사이루스는 바빌로니아를 정복하고 마사게테를 정복하려고 하였다. 마사게테는 동방일출지(東方日出地)이며, 아락스에스 강 저편에 있는 강대하고 용감한 종족이라고 했다. 이 종족을 스키텐(Skythen) 일명 사카(Saka)라 하며, 이들은 바지를 입고, 머리 위에는 뾰족하고 높고 단단한 모자를 쓰고, 스스로 만든 활과 짧은 칼을 차고, 사가리스라는 도끼를 가졌다고 했다. 페르시아 왕 다리우스 1세의 비문에도 사가(Saka)인은 때로는 화해하고, 때로는 서로 싸웠다고 기록하고 있다. 사가는 중국 쪽의 기록에는 새종 대월 씨(塞種大月氏)라고 기록되어 있다. 사가의 /사/와 새종의 /새/는 "동쪽"을 뜻한다. 오늘날 우리말에 /새바람/"동쪽 바람" /

새벽/“동의 밝음” /새쪽/“동쪽” 등의 예에서 보는 것처럼 한국어와의 친연 성을 인정할 수 있다.

〈한서(漢書)〉에 따르면, 「烏孫國……本塞地也……故烏孫民有塞種云」이라고 기록하고 있다. 〈사기(史記)〉에 따르면, 「烏孫……行國隨畜與凶奴同俗」이라 했으니, 흉노와 거의 비슷한 언어를 사용하고, 대원(大苑), 안식(安息) 등 비교적 비옥한 지방에서 농사를 짓고 살았다고 했으며, 양관(陽關) 외의 새인(塞人)이 흉노에게 쫓겨 서쪽으로 이주한 씨족이 대원 대월 씨(大苑大月氏), 소원 소월 씨(小苑小月氏) 및 오손(烏孫)이라 했다.

스키텐 어족이 일티쉬(Irtishi)강 유역에서 핀란드, 헝가리까지 넓은 평원을 점유하고 있었다고 한다. 덴마크의 언어학자인 라스머스 라스크(Rasmus Rask)는 스키텐 어족으로 몽골어, 만주어, 터키어, 바스크(Bask)어를 포함시켰다. 이 어족이 서쪽으로 이동해간 백소(白巢)씨족으로 생각한다.

유라시아 대륙의 중앙에 파미르고원이 있고, 그곳에 인류의 고향이라고 말할 수 있는 마고 여권(女權)씨족 국가가 있었다. 그곳에서 서쪽으로는 힌두쿠시(Hindukush)산맥, 그 남쪽에 이란고원이 있고, 그 서쪽으로 티그리스, 유프라테스 두 강 유역의 메소포타미아 넓은 들판이 펼쳐 있고, 다시 서쪽의 아프리카 동북부인 나일 강 하류에는 낮은 지대가 있다. 이곳에 일찍이 관계(灌漑) 농업이 발달하고, 적으로부터 공동 방위가 필요하였기 때문에 중앙집권적 고대국가가 형성되었다. 통치자는 왕이었고, 왕은 하늘에서 내려온 신의 명에 따라 신권정치(神權政治)를 행하며, 제정일치(祭政一致)시대로 마고, 환인 환웅, 단군으로 이어지는 한겨레의 정치 사회의 여러 제도가 그곳에도 이어져 가고 있었다.

세계 최고라고 하는 이집트, 메소포타미아 문명권은 일찍부터 문화적 정치적 교섭이 빈번하였고, 지중해 동쪽 해안의 포에니키(Phoenicia), 파레스타인 지방, 소아세아, 이란 지방까지도 포함된 문화권이 형성되어 있었다.

오리엔트(Orient)는 일출, 일출방향, 동방을 뜻하는 라틴어에서 나왔다. 이 오리엔트 문명의 중심은 나일 계곡에서 시리아, 메소포타미아에 이르는 반달형의 기름진 하곡평원 지대이다. 이 평원에 발달한 농경도시 생활과 미개 유목생활을 하는 사람들과의 교류가 고대 오리엔트 문명의 기조를 이루었다.

오리엔트 세계에 활약한 중요한 민족은 셈족(Sem)(바빌로니아, 아시리아, 히브류, 포에니키아 사람)과 함족(Ham)(이집트, 리비아 사람 등), 인도-유럽어족(이란, 페르시아, 메디아, 히타이트 사람)이다. 이 오리엔트 세계는 일찍부터 원시 농경문화가 발달하였을 뿐만 아니라 제강(製綱) 기술이 뛰어나서 어느 지역보다도 일찍이 문명사회가 이룩되어 있었다. 정착 농업을 기초로 하고, 씨족 연합체가 형성되었다. 이들은 마고씨족 사회의 문명과 문화를 이어받아 서구 문화를 건설한 인류사의 업적을 남긴 것으로 생각된다.

2) 이집트의 문화와 역사

B. C. 3,500경 통일국가가 성립되기까지 이전의 이집트는 40여 개의 노모스(Nomos)가 각각 독립하여 정치적, 경제적, 종교적 단위를 이루고 있었다. 이 시기가 약 B. C. 3,500경으로 추산된다. 나일 강의 삼각주를 중심으로 22개의 노모스가 통합하여 밑 이집트 왕국을 건설하고, 삼각주의 위쪽에서 제 1 폭포에 이르는 지방에 20개의 노모스가 위 이집트 왕국을 건립하였다. B. C. 3,500경 밑 이집트 왕국이 위 이집트 왕국을 정복하여 수도를 헤리오파리스로에 정하고 처음의 큰 통일국가 성립되었다. 그들은 "어머니 나라" 마고성의 전통을 이어, 헤로도토스가 말한 것처럼, 종교는 자연물 숭배(Fetishism)와 영혼 숭배(Animism)에 기원하고 있으나 농업과 밀접한 관계가 있는 태양신(Ra)이 그들의 주신이었고, 국왕은 라(Ra)의 아들이라고 생각했다. 이집트 사람의 문화적 업적 가운데 후세에 중요한 영향을 준 것은 태양력이다. 농업사회와 불가분의 관계에 있는 천문 지식은 신관(神官)에 의하여 독점되고, 연구되어 일찍부터 발달하였다. B. C. 4,000이 전부터 사용된 태양력은 로마로 전승되어 현대 역의 기초가 되었다. 문자는 상형문자(象形文字), 신성문자(神聖文字)를 사용하였다. 이 문자의 해독에 따라 그 당시의 의학적, 기하학적 높은 지식수준을 이해할 수 있다. 예술 방면에 있어서도 현존하고 있는 피라미드, 스핑크스, 오벨리스크와 같은 대규모의 거석문화, 조각, 회화와 같은 훌륭한 예술은 그리스 예술에 큰 영향을 주고, 간접적으로는 서양의 예술에 공헌한바 크다고 할 수 있다.

제임스 처치워드의 〈The Children Of Mu〉의 이론에 따르면, 고대 이집트에는 두 집단이 들어와서 정착을 했는데, 전자는 서쪽에서 들어온 하부 이집트(Lower Egypt)이며, 후래자는 동쪽에서 온 상부 이집트(Upper Egypt)라고 했다. 서쪽에서 온 하부 이집트 사람들은 나일 삼각주의 사이스(Sais)에 정착했고, 동쪽에서 온 상부 이집트 사람들은 아프리카의 동부 해안에 정착했다고 한다. 상부 이집트의 이주민들은 인도에서 온 나가(Naga)족이라고 했다. 이들은 이집트의 태양신을 상징하는 날개를 단 원(圓)을 숭상했다. 시작도 끝도 없는 선은 원이다. 또 삼극(三極)을 연결하면 삼각형이 된다. 그러므로 천부경(天符經)은 구성 형태에서 나타나는 □과, 시작도 끝도 없는 선에서 나타나는 ○과, 삼극을 연결하여 얻어진 △의 철학을 담고 있다. 원 ○은 하늘과 태양을 상징하며, 방 □은 땅을 상징하며, 삼각 △은 사람을 상징한다. 마고성의 원, 방, 각 즉 천, 지, 인(天地人) 삼재(三才)의 원리가 이집트에 미친 유적이라고 본다.

이집트에 〈죽은 자의 책(Book of the Dead)〉은 내용은 불 속에 쌓여 어두움 속으로 살아져 버린 어머니 나라 무(Mu)에 대한 추념을 담은 것이었다. 이 책명이 〈PER-M-HRU〉인데, /per/는 "오다", /hru/는 "그 날", /mu/는 다른 학자들은 "부터"로 해독하지만 처치워드는 "무"로 해독했다. 즉 상부 이집트 사람들이 무가 파괴되고, 많은 그들의 조상들이 목숨을 잃었기 때문에 애도와 조의를 표하기 위하여 쓴 책이라고 했다. 그리고 그는 그 책 속에 들어있는 삽화를 다음과 같이 해독했다.

[예시 물 2-17] 〈죽은 사람의 책〉속에 있는 삽화

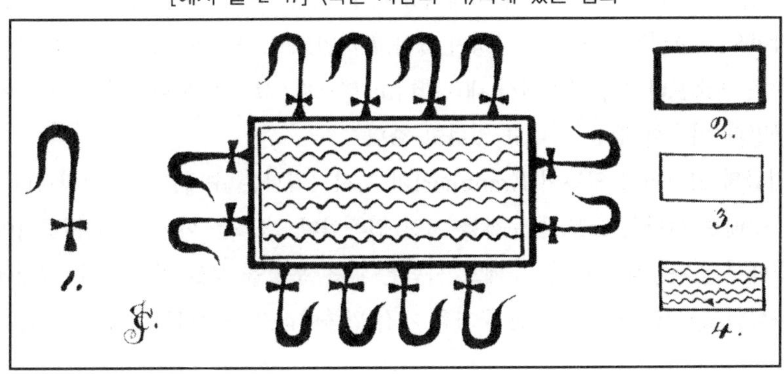

삽화 1. 이집트의 불꽃을 나타내는 표상이다.
삽화 2. 어머니 나라의 성스러운 M자이며, 가장 많이 쓰이는 표상이다.
삽화 3. 갱(坑) 혹은 나락을 표상 한다.
삽화 4. 갱이 불꽃에 싸여 있는 표상이다.

어머니 나라 무가 불에 타고 있는 갱 속에 침몰하고 있으며, 불꽃이 모든 것을 휩싸고 있다는 광경을 표현하고 있다. 무 제국이 태평양에 침몰하는 광경인지 파미르고원의 마고성이 지진으로 침몰하는 광경인지 보다 연구해야할 과제이다.

3) 메소포타미아의 역사와 문화

메소포타미아(Mesopotamia)는 티그리스, 유프라테스 두 강 사이에 서북에서 동남 약 810km로 좁고 길게 뻗쳐있다. 이 지역은 오늘의 세계문화 사상 이집트와 더불어 인류사상 가장 오랜 문화 발상지로 되어 있다. 바그다드의 남쪽 1,000여리의 땅은 그 반 이상이 홍수기에 충적되었다. 메소포타미아 지역에 있어서 바그다드 이북을 아카드(Akkad)라 하고, 그 이남을 수메르라고 했다. 또한 티그리스, 유프라테스 두 강이 발원하는 북부의 높은 고원을 옛날에는 앗시리아(Assyria)라 했고, 오늘날에는 알메니아(Armenia) 고원지대라고 한다.

상부 메소포타미아에는 옛날부터 원주민 앗슈르 족이 살고 있었다. 이곳에 3,500 B. C.년경부터 동방에서 대문구문명(大汶口文明)을 이룩한 태호, 소호, 여와의 높은 문화민족이 중앙 아세아에서 이동하여 와서 역사 활동을 시작하였으므로, 비로소 수메르 역사가 시작되었다. J. R. 본은 이들이 혈통적으로나 언어학적으로 고산지대에서 온 특징이 많다고 하였고, J. W. 가츠케 및 E. H. 하이비슨은 메소포타미아 북쪽에서 내려왔다고 했으며, 그들의 문화양식은 원시 인도문명과 비슷한 점을 지니고 있다고 했다.

영국의 고고학자 크라머(Krammer)의 저서 〈역사는 수메르에서 시작하다.〉에 「수메르 사람은 고도의 문화를 가진 민족이며, 그들은 아마 바다를 통하여 동방에서 왔다.」라고 했다. 수메르 사람은 높은 문명을 갖고 가서 서구 세계에 전파하였고, 그들은 가장 오랜 문자를 가진 민족이라고 문화사는 칭찬하고 있다,

더글라스(J. D. Douglas)는 「그들은 메소포타미아에 있는 다양한 문화적 요소를 조화롭게 합치면서 그들 특유의 천재성을 적용시켰다. 60진법의 수학체제, 즉 시간을 알려주고, 각도를 측정하는 것, 한 때에는 희랍인들에 의해서 시작되었다고 생각되었던 수학과 지학의 기초, 법률상의 동등성 기초 원리, 예술과 건축 문화 등으로 보아서 수메르 사람이 서구문명의 창시자임은 분명하다.」고 했다.

B. C. 5,000경에 소호 김천 씨(小昊金天氏)의 나라에 배가 만들어지고, 궁시(弓矢)가 제작되고, 누에와 방직이 발달되고, 회색의 무문도기가 만들어지고, 음악이 발달되고, 악기가 제작되었다고 했다. 5세 태우의(太虞儀) 환웅(B. C. 3,512~B. C. 3,419)은 황후와의 사이에 아드님 12를 두었는데, 막내가 태호(太昊) 복희(伏羲)이며, 복희의 손자가 소호 김천 씨이다. 이들이 지구의 자전과 공전, 변색하는 태양을 관찰하여 태음력을 제정하여 수메르로 옮겼다고 생각한다.

이 태음력이 수메르로 전파된 점, 동이족(東夷族)으로 판명된 은(殷)의 설형문자(楔形文字)가 수메르에도 전파된 점, 많은 문헌들은 수메르 인이 머리털이 검고, 곧으며, 후두부가 평평하며, 한국어와 같이 교착어를 사용했다는 점, 발굴된 메소포타미아의 고고 유품에 따르면, 그들은 우리의 조상들과 같이 순장을 강요했으며, 가야, 신라, 고구려 등과 같이 회도(灰陶)를 사용했다는 점, 메스칼람의 무덤에서 왕의 시체가 나왔는데, 동이족의 특유한 상투 머리를 하고 있었다는 영국의 저명한 고고학자 울리(Woolley)경의 보고, 수메르 족은 동이족 특유의 씨름하는 모습의 향로가 발견된 점을 고려해 보면, 태호, 소호족이 수메르에 진출하여 수메르 문화를 꽃 피운 것으로 생각한다(정연규 저 〈수메르, 이스라엘 문화를 탄생시킨 한민족〉 한국문화사 간 참조).

모세의 〈창세기〉는 아담을 원조로 하는 그들 일문의 역사 활동을 사실에 따라 엮어 놓은 경전이다. 그들의 조상신인 여호와를 하느님으로 받들고, 종교, 역사적으로 승화시킨 것인데, 지금으로부터 3,500년 전 그와 같이 세련된 어문시가 등장하게 된 것은 모세 자신의 뛰어난 재능 때문으로 생각한다.

상부 메소포타미아에 옛날부터 원주민 악카드, 일명 앗슈르족이 살고 있었다. 그 곳에 3,500 B. C. 년경부터 태호(太昊), 여와(女媧), 소호(小昊) 족이 동방에서 들어와 역사 활동을 시작하였으므로 서양문화의 모태라고 할 수 있는 수메르 문화가 티그리스, 유프라테스 강 유역에서 시작되는 것이다.

약 6,000년 전의 대문구문화(大汶口文化)의 유적지가 발굴됨에 따라, 소호 김천 씨의 도읍지가 곡부(曲阜)였다는 사실이 중국의 사학자 당란(唐蘭)에 의해여 밝혀졌고, 발굴 작업이 계속됨에 따라 대문구문명의 분포지가 산동성(山東省) 제남시(濟南市)의 약 100km의 남방으로부터 강소성(江蘇省) 북부에 이르기까지 70,000km의 광역이라고 했다. 특히 영양(寧陽)에서 한 고분이 발굴되었고, 거기에는 귀중한 회도(灰陶), 기물, 궤짝 등 200여 점이 묻혀 있었다. 이와 같이 대문구문명은 농업, 수공업, 목축, 등을 영위 했으며, 태호가 창제한 선문자인 용서(龍書)에서 발달한 점토판 설형문자가 있었다. 그 때부터 1,500년 후 메소포타미아에서 수메르 사람의 설형문자가 사용되었고, 태호, 소호, 여와 족이 메소포타미아에 진출하여, 높은 문명을 전파하였다는 사실을 알 수 있다.

수메르는 /수/"쇠(金) + /메르/ "뫼(山)"의 형태소로 구성되어 있고, Tigris는 /ti/ "하늘(天) + /gris/ 임금(君)으로 구성되어 있으며, 한국어의 /다나구루/ "檀君"과 같은 어사이다.

〈구약성서〉, 〈엔릴의 영웅시〉, 〈대영백과사전〉등은 수메르, 이스라엘 사람은 머리털이 검고 곧으며, 서구인에 비하여 체구가 작고, 후두부가 평평하며, 문화적으로 태호, 소호의 한 갈래인 은나라와 같이 설형문자를 사용하고, 태음력을 사용하며, 특히 수메르어는 알타이 계 언어와 같이 교착어(膠着語)적 유형이였다. 수메르 사람들은 옛날 씨름을 했으며, 노인들은 상투를 했고, 여인들은 물건을 머리위에 이고 다니는 습속이 한겨레, 수메르, 이스라엘 족의 친연 관계를 알리고 있다.

이스라엘 제국을 건설한 다윗왕은 예수의 26대 조이고, 다윗왕은 수메르 제3왕조가 우르지방에서 멸망한 후에 지중해 연안, 오늘날 이스라엘 가나안지방으로 이주하여, 이삭, 야곱, 요셉, 모세 등 5대에 걸친 역사 활동으로써 이스라엘 제국을 형성하는 기초를 딱은 아브라함의 14세손이며, 아브라함은 3,000 B. C. 경에 유프라테스, 티그리스 두 강의 상류 구스 하윌라 지방에 에덴동산을 건설한 아담의 20세손이다. 아담은 대문구문명을 건설한 태호, 소호족이라는 사실을 이해할 수 있다. 수메르 역사는 3,500 B. C.경부터 소호국의 사람들이 상부 메소포타미아에 진출하여 에덴동산을 건설한 시기부터 수메르 제 3 왕조가 멸망한 2,096년까지의 1,500년간의 사실을 모세는 구약성서를 통하여 종교적으로 승화 시켜 기술하였다.

수메르 족이 에덴동산에 입주한 사실을 말해주는 것은 1940년 모술의 동북방에 위치한 니느위 지방에서 3,500 B. C.경의 것으로 추정되는 흙으로 쌓은 성터가 발견되었다는 사실이다.

〈구약〉은 아담이 에덴동산에서 앗슈르 족에게 추방당하게 되고, 에덴동상에서 먹지 말라고 한 과일을 머고 추방당한 아담 후손들의 계보를 그의 59세손인 예수까지 기록했다.

그런데 아담의 후손인 엔릴영웅이 앗슈르족을 공격하여 에덴동산을 다시 회복하고, 이곳에 다섯 도시왕국인 수메르 제1왕조를 건설하여, 2,850-2,360 B. C.까지 존속되었다. 이러한 사실은 니퍼출토품인 점토판 설형문자로 기록된 〈엔릴의의 영웅시〉가 전하고 있다.

그러나 〈구약〉, 〈엔릴의 영웅시〉, 〈길가메쉬의 서사시〉가 전 하는 홍수는 전세계적인 재앙으로, 에덴동산에 세운 이상적인 5개 도시는 완전히 파괴되고, 그들은 앗슈르 족에게 쫓겨 〈엔릴의 영웅시〉가 전하는 홍수기 토사가 쌓여 생겨난 진흙 밭, 즉 죽음의 저지대로 피난 가게 되었다.

노아의 4세 손 니므롯(Nimrod)이 앗슈르 왕국을 정복하고 바벨론에 도읍을 정하고, 수메르 제 2 왕조를 세우며 바벨탑을 건립하게 된다.

바비론에 도읍한 이 왕조는 동족끼리 서로 흩어지지 말자고 바밸탑과 높은 성벽을 세웠다. 그러나 얼마가지 않아서 이 왕조도 바비론의 동쪽 지그로스(Zgros)산맥의 구티족의 침범을 받아 멸망하게 된다.

알메니아 고원지대에 자리한 후리족과 수메르인 우투 헤갈(Utu Hegal)이 다시 일어나 구티 왕국을 멸망시켰다. 그러나 내분이 일어나 우르 남무(Ur-Nammu)가 우투 헤갈을 물러나게 하고 수메르 제3 우르왕조(2,060-1,950 B. C.경)를 세우게 된다. 그러나 마지막 왕 입비-신(Ibi-sin)의 권위가 실추되고, 부족장들이 이탈하게 되며, 설상가상으로 우루에는 흉년이 들어 혼란에 빠지게 된다.

이 혼란기에 앗시리아 지방의 엘람(Elam)족이 침입하여 왕성 우르를 점령하고, 말 왕이 포로로 잡혀가니, 수메르는 다시 일어저지 못하고, 아담의 에덴동산 이래 1,500 년간의 수메르 역사는 막을 내리게 된다.

데라의 아들 아브람이 우르를 떠나 가나안에 들어갔다. 이때에 상수리에는 가나안 사람이 살고 있어서, 아브람은 다시 벧엘 동쪽 편 산기슭에 천막을 치고 살았다. 그러나 그 곳에 흉년이 들어 토지가 비옥한 애급을 찾아 가기로 했다. 애급에 도착한 아브람은 그의 아내 사례를 애급의 왕 바로에게 빼앗기고 심한 고초를 겪게 된다.

애급 왕 바로는 이스라엘 족을 살해하고, 심한 학대를 하였다. 그러던 중에 레위 족 어머니에게서 모세가 태어났으나, 모세는 상자 속에 넣어 나일강변에 버려졌다. 그러나 모세는 다행이도 베로 왕의 공주에 의해서 수습되어 어머니와 함께 궁전에서 자라나게 된다. 그 때 애급에는 화산이 폭발하여 온 천지가 암흑으로 변했다.

이 혼란을 틈타 모세는 70만 이스라엘 족을 이끌고 애급을 탈출한다. 모세가 애급을 탈출하여 시나이 산에 도착하는 데는 두 가지의 기적이 일어났다. 즉 피난 가는 이스라엘 족이 굶주림에 시달리고 있을 때, 하나님이 "맛나"라는 과자를 주어 구원하였고, 다른 하나는 그들이 베로의 군대에게 쫓기고 있을 때 홍해가 갈라져 무사히 건널 수 있었던 일이다. "맛나"라는 말이 한국어와 같다는 점, 그들이 홍해에 도착했을 때 "뱀 막대기"를 저으니, 홍해가 갈라져 길이 난 기적이 일어났다는 점이다. 뱀은 태호, 소호의 토탬 이었으므로 무슨 연관이 있는 지 관심이 가는 대목이다.

수메르 제 3왕조가 멸망하고, 아브람의 기근 유랑에서 시작되어, 요셉의 몸팔이 종에서 총리대신으로의 출세, 이스라엘의 기근 구생, 모세의 출 애급에 이르기까지 215 년이란 처절한 세월이 지나갔다. 이스라엘 민족사상 모세는 큰 별이며, 그는 여호아 신의 섭리를 심령학적으로, 종교학적으로 승화시켜 놓았고, 모세의 이 형이상학적 업적은 서구 사람들을 감동시켜 여호아 신이 세계의 주신으로 받아들여지게 된다.

5세 환웅 태우의의 아드님인 태호 복희의 후가 여와이다. 수메르, 이스라엘과 태호, 소호족과의 문명, 습속, 인체 등 여러 면에서 비슷하다고 하는 점을 고려해 볼 때 모세가 구약을 쓸 때 그의 조상 신 여와를 공식 신으로 받들어 여러 잡신을 배제하고 이스라엘족의 단결을 호소했을 가능성이 높다고 할 수 있다.

이스라엘 민족을 이루게 한 율법과 계약을 그 들이 받은 곳은 바로 시나이 산이라고 죤 부라이트씨는 말했다. 그 들이 이스라엘에 정착하기 전에는 파레스티나와 그 밖의 어는 곳에서도 야훼(Yahweh) 신앙의 흔적을 찾아 볼 수 없고, 또한 그 이전의 문헌에서도 야훼라는 신명이 언급된 사례가 발견되지 않고 있다. 이 모든 사건들 위에 모세라는 인물이 탑처럼 우뚝 솟아 있다. 그가 이스라엘 신앙의 창시자라는 것은 이심할 수 없다.

〈초사풍속도(楚詞風俗道)〉에 "여와가 흙을 두드려 사람을 만들었다"고 했는데, 성경의 첫 사람도 흙으로 만들었다고 하는 내용이 같다.

야훼(Yahweh)라는 말이 모세가 그의 조상신에 적용한 예배상의 명창이었는데, 모세가 그의 조상신 여와(女媧)를 하느님의 공식 명창으로 채택할 수 있었을 것이라 생각한다.

B. C. 3500경 태호, 소호 부족들이 남부 메소포타미아의 수메르-아카드 지방에 다수의 도시국가를 세우고, B. C. 2000경에는 우르 제 1왕조는 수메르 청동기문화를 꽃 피웠다. B. C. 2500경에는 아라비아에서 북상한 셈계의 아카드 사람이 수메르 인을 정복하여 패권을 잡고, 사르곤(Sargon)왕조 시대에는 소아세아에서 이란까지의 지역을 지배하였다. 수메르왕조 몰락 후 시리아에서 이동한 셈계의 에람(Elam) 족이 바빌론에 도읍하고, B. C. 2000경에 바빌론 제일 왕조를 세웠으며, 함무라비(Hammurabi)왕 때에 전 메소포타미아를 통일하여 고바비론 왕국을 완성하였다. 세계 최고의 성문법인 하무라비 법전과 아울러 고바빌론의 황금시대를 가져왔으나 B. C. 1760 아리안계의 히타이트(Hittite) 인에 의하여 멸망하였다.

페르시아는 원래 메디아에 복속한 나라였으나 B. C. 6세기 경 키루스 왕 때 독립하고 차례로 네 나라를 공략하였다. 다리우스 1세 때는 동쪽은 인도에서 서쪽은 에게 해안에까지 이르는 대제국을 건설하였다. 그러나 마케도니아의 알렉

산더대왕에게 멸망당했다.

헤브류 인은 원래 유목민으로 B. C. 15000경 팔레스티나에 정착하였으나 그 일부는 이집트의 동북부에 이주하였다. 이집트의 박해에 견디지 못하여 B. C. 1,200경 모세가 인솔하여 다시 팔레스티나에 옮겼다. 모제는 여호와를 유일신으로 믿도록 했으며, 그 이후 예수가 나와 세계적 종교로 발전하게 되었다.

파미르고원의 궁희(穹姬) 씨족이 굴을 파고 생활하는 풍습과 소희(巢姬) 씨족이 새집처럼 높은 곳에 집을 짓고 사는 주거 문화가 이곳 수메르에 그 자취를 남기고 있다.

옥스퍼드 대학의 볼(Ball) 교수는 굴을 파고 주거생활을 하는 습속은 동방에서 수메르로 옮겨온 원시 전통이라고 말하고 있다. 오늘날 중국의 산동 성(山東省)과 한국에 있어서는 동굴 움집을 볼 수가 있다. 이 혈거생활은 미 대륙에까지 전파되어 북미 인디언들의 "Cliff dweller"족의 생활에서 볼 수 있다. 수메르어 /kur/과 한국어 /kur/이 서로 대응이 된다.

백소(白巢)씨와 흑소(黑巢)씨의 후예가 소를 만들어 풍속을 잊지 아니하여 높은 탑과 계단을 많이 만들었다고 〈부도지〉는 전하고 있다. 이 높은 탑이나 계단은 수메르의 지구라트나 이집트의 피라미드의 시원을 이루었다고 생각한다.

유호 씨가 서방으로 갔는데, 그 곳은 마고성에서 이동한 흑소씨와 백소씨의 땅이었으며, 그 후예들이 소(巢)를 만드는 풍습을 잊지 아니하여 높은 탑과 계단을 많이 만들었으나 천부의 본음을 잊어버리고 탑을 만드는 유래를 알지 못하여 서로 싸우므로, 유호 씨가 천부의 이치 즉, 천부경의 원리를 전하였다고 〈부도지〉에 기록하고 있다.

서양에서는 높은 탑이나 계단은 바벨탑이나 지구라드이며, 피라미드이다. 이것들은 마고성의 높은 새집과 같은 소를 만들던 풍속에서 연유했으며, 소를 만든 목적은 하늘의 소리 곧 천부의 본음을 듣기 위한 것이었다. 천부 음은 하느님이 내려준 소리이며, 탑은 하느님의 목소리를 더욱 가까운 곳에서 듣기 위해 만든 계단이었다고 할 수 있다. 계단 위의 나무는 하늘에 오를 수 있도록 도와주는 사다리이다. 하늘에 사는 천제들은 사다리를 타고 하늘과 땅을 오르내렸다는 신화가 아메리카 인디언에게도 전해졌다. 탑이나 계단, 나무와 사다리는 하늘나라와 땅의 세계를 연결하는 통로였으며, 하느님과 사람 사이의 의사소통의 장이기도 하다. 강화도의 참성단은 밑이 둥글고 위는 사각형인 지구라트이며, 고구려 시대의 고분도 소형 지구라트라고 할 수 있다.

금과 온갖 색의 보석으로 쌓여 있는 메소포타미아 수메르의 하늘 기둥, 중앙아세아의 수메르산과 곤륜산, 성경에 나오는 에덴은 생명의 나무가 있는 천산이다. 에덴에서 발원하여 동산을 적시고 거기서부터 갈라진 강을 밀톤은 실낙원(Paradise Lost)에서 다음과 같이 읊었다.

> "There was a place,
> now not, though sin, not time,
> First wrought the change.
> Where Tigris at the foot of Paradise
> into a gulf shot under ground, till part
> Rose up a fountain by the tree of life."
>
> "세월이 아니라, 죄의 탓으로
> 그 위치 바뀌어 지금은 없지만
> 그 때는 어떤 곳에 티그리스 강이
> 낙원의 기슭에서 땅 밑 심연으로
> 흘러들었고 그 일부는 생명나무
> 곁에서 샘이 되어 솟아올랐다."

여기에서 말하는 "생명의 나무"가 하늘 기둥을 뜻하고, 티그리스 강은 뎅그리 "天君"으로 해독된다. 천신이 계시는 천산에서 강으로 상징된 하느님의 말씀이 하늘에서 내려와 사방으로 퍼져 온 세상에 생명을 길러 준다는 깊은 뜻이 있다.

바비론의 천산인 아라루(Aralu) 산과 노아가 방주를 타고 피난 간 아라랏(Ararat)산이 있다. 이 /ara/는 "북산"즉 북녘의 천산을 뜻한다. 그러므로 천산, 금산, 백산은 다 같은 신산으로 해독되며, 하늘과 땅을 굳건히 지키는 하늘 기둥이다. 그 기둥 위에는 큰 까마귀가 있다. 이 까마귀를 가루다(garuda)라 한다. 천산, 천주 위에는 봉황, 대붕, 앵조가 있는데, 이 새를 산스크릿말로 garuda, 몽골말로 garudi, 만주말로 garuda라 하며, 한국말에 갈 새는 da 대신에 새를 붙여 갈 새라 한다. 그러므로 천산(天山), 북산(北山), 백산(白山), 곤륜산(崑崙山), 에덴동산은 다 구조가 같은 신산(神山)이다.

1,050 B. C.경 여호아 신과 이스라엘 족을 일으켜 세우는 새로운 공을 남긴 대 제사장 사무엘이 등장하였다. 사무엘은 수도를 기브아에 정하고 20년간 재위했으며, 그는 여호아 신의 부흥과 민족의 해방을 위하여 전력을 다 했다. 또한 〈구약〉은 "베나민지파에 기스라는 유력한 사람이 있었다. 기스가 아들 사울을 두었고, 사울이 준수하였다"고 했다. 사울을 왕으로 추대하고, 이스라엘에 처음 왕정이 실시되는 것이다. 이때에 블리셋의 골리앗이 이스라엘을 공격하였다. 다윗은 고리앗을 치고 승리했던 것이다. 그런 공로로 이스라엘의 총 왕이 된 다윗은 예루사렘으로 진격하여 시온(Zion) 산성을 정복하고, 이 성을 다윗 성이라 이름을 고쳤다. 다윗왕은 유다, 이스라엘, 암몬 세 왕을 겸하게 되었다. 아담과 이브의 49세손인 다윗은 지와 용을 겸비한 훌륭한 인물이요, 그의 업적은 수메르, 이스라엘 5,000년 사에 혜성과 같이 반짝인다. 그는 훌륭한 시인이며, 그가 남긴 네 편의 시는 구약을 빛나게 하고, 그가 읊은 여호아 신의 찬사는 격조가 높고, 리드미칼 하다. 그가 도읍한 시온성은 18세기 말엽에 전 세계에 흩어져 있는 2,000만 이스라엘 민족의 향수를 불러 일으켜, 시온운동으로 발전하여 다시 가나안에 이스라엘 공화국을 세우게 한 뿌리와 밑거름이 되었다.

그 뒤 솔로몬이 왕위를 계승한다. 그는 많은 부족들을 쳐 병합하였다. 그는 많은 신전을 세우고, 사상 최대의 여호아 신전을 건립하였다. 그러나 실정이 거듭되고, 사치와 향락에 빠져 들었다. 솔로몬 왕이 사망하자 그의 아들 르호보암이 왕위를 이었다. 그러나 나라는 큰 혼란에 빠졌다. 933 B. C.년 여로보암이 세운 이스라엘 왕국은 722 B. C.년 그 말 왕 호세아가 앗슈르왕 산해립에게 끌려 갈 때까지 총 열아홉 명의 왕이 등락했는데, 그 중 여덟 명이 불행하게 사망했다. 그간 유다와 이스라엘이 분열되고, 이들 왕국은 멸망의 나락으로 떨어지며, 이스라엘은 나라 없는 백성이 되었다.

수메르, 이스라엘 족장과 왕들의 세계는 다음과 같이 정리된다.

1) 아담- 아브람까지 20대

2) 아브람- 다윗까지 14대

3) 다윗- 예수 그리스도까지 27대

로마 제국의 예루살렘 통치가 시작된 지 58만 년 만에 메시아 예수 그리스도가 탄생하였다.

〈마태복음〉은 예수의 탄생에 대하여 다음과 같이 전한다.

> "헤롯왕 때에 예수께서 유대 베들레헴에서 나심에, 동방으로부터 박사들이 예루살렘에 이르러 말하되 유대인의 왕으로 나신이가 어디 계시뇨 우리가 동방에서 그의 별을 보고 그에게 경배하려 왔노라 하니, 헤롯왕과 온 예루살렘 사람이 듣고 큰 소동이 일어났다. 이에 헤롯이 가만히 박사들을 불러, 별이 나타난 상황을 자세히 묻고......주님의 사자가 요셉에게 현몽하여 가로되 헤롯이 아기를 찾아 죽이려고 하니, 일어나 아기와 그의 어머니를 데리고 애급으로 피하여 내가 네게 이르기까지 거기 있으라 하시니, 요셉이 일어나서 밤에 아기와 그의 생모를 데리고 애급으로 떠나가, 헤롯이 죽기까지 있었으니, 이는 주님께서 선지자로 말씀하신 바...."

해롯의 재위 기간이 74 B. C.년부터 4년간이니 예수의 탄생은 이 기간의 어느 해로 보아야 할 것이다.

해롯의 재위 기간 동안 중국에서는 길조의 별이 나타났다고 〈전한서(前漢書)〉에 다음과 같이 기록했다.

"6 B. C.년 9월 유성이 있었다. 빛이 있고 휘황하여 땅위에 밝게 비추었다. 길이는 40척 가량이요, 둘레는 6척 가량이 되었다. 움직이는 것이 용과 뱀이 구불구불하면서 기는 것 같았다. 조금 지나니 그것이 커져 길이는 약 18.18m, 두레는 7.28m 가량 되었다. 굽었다 피었다 하더니 마침내 자미성(紫微星) 서북쪽 자방(子方)과 해방(亥方) 사이에 머물렀다. 그 후 다시 굽어 원과 같이 되어 북방을 돌더니 자미성과 합하지 아니하고 일각(15분 정도)가량 머물러 있더라. 점쳐 가로되, 문창성(文昌星)은 상장의 귀한 상으로, 이때 왕이 외숙 왕봉을 대장군으로 삼다." 문창성은 북두칠성과 가장 가까운 별로, 귀한 것을 맡는 길성이라

한다. 중국의 문창성 출현이 6 B. C.년이니 예수의 탄생이 이해로 추정해야할 지 관심이 간다. 64 A. D.년 7월 로마 시에 대화재가 일어났다. 황제 네로는 그 방화의 책임을 유태인에게 돌려 관원을 동원하여 유태인을 학살하기 시작했다. 30 A. D.년 새로운 교리를 설교하는 예수를 로마 시리아 총독 몬디오 빌라도가 십자가에 못 박아 살해 했다.

메시아의 새로운 교리가 로마제국의 종교 기반을 흔들기 시작하였으므로 로마 사람들이 유태인을 경계하고, 살해하였다. 로마군과 유다군이 싸움을 계속하다가 70 A. D.년 로마 장수 티투스가 다시 진군하여 유다군을 섬멸하니, 이로써 유태인의 예루살렘성과 여호아 신전이 잿더미로 변하고 말았다. 그 후 로마 황제는 예루살렘 성내에는 유태인과 기독교 신자들은 일체 거주하지 못하게 하고, 여호아 신전의 빈터에는 로마의 쥬노(Juno) 신과 비너스 남녀 신전을 세웠다. 예루살렘은 이때부터 500년 후 다시 아랍 족이 점령하여, 여호아 전의 옛터에는 모스크 회교사원을 세워 오늘에 이르고 있다.

한민족-수메르-이스라엘 족으로 이어지는 귀한 문화 민족은 일찍이 설형문자를 전파하여 서방사회를 계몽하고 서방문명이 싹트게 하였으며, 기독교화 된 종교와 문화가 형성되어 오늘 날 이 지구상에 약 7억 이상의 교인을 갖게 되어, 인류사에 크게 이바지 했다고 볼 수 있다.

2.5 흑소(黑巢) 씨족의 이동과 동남아문화

박제상(朴堤相)의 부도지(符都誌)를 따르면, 약 7만 년 전 파미르고원에 인류사의 시원지(始源地)이라고 볼 수 있는 마고성(麻姑城) 여권씨족 사회가 있었고, 이 씨족들이 넷 파로 나누어 사방으로 이동을 시작했다. 황궁(黃穹) 씨족은 권속을 이끌고 북쪽 사이의 문을 나가 천산주(天山州)로 가고, 청궁(青穹) 씨족은 권속을 이끌고 동쪽 사이의 문을 나가 운해주(雲海州)로 가고, 백소(白巢) 씨족은 권속을 이끌고 서쪽 사이의 문을 나가 월식주(月息州)로 가고, 흑소

(黑巢) 씨족은 권속을 이끌고 남쪽 사이의 문을 나가 성생주(星生州)로 이동하였다고 했다. 이 흑소 씨족이 동남아로 이동하여 나가(Naga), 마야(Maya) 및 타밀문화를 이룩한 주역들이라 생각한다.

1) 아리안 족의 베다(Veda) 문화

인더스 강은 다른 문명의 발상지와 같이 기름진 농경지대를 형성하고 있었을 뿐만 아니라 바다와 육지 양면으로 중동 지방과의 통상의 길이 열려져 있었다. 이 강의 오른쪽 변에 있는 모헨조다로(Mohenjo Daro)는 1920년 영국의 고고학자들에 의하여 발굴되어 동기문화(銅器文化)의 발달을 알려주고 있다. 시가는 장방형으로 되어 있고, 도로는 포장되고, 하수도, 목욕장의 설비가 상당히 좋은 일반 주택이 있었던 것이 특색이다. 또한 동으로 만든 그릇, 왕후(王后)의 상, 설형 문자 등이 발굴되었다. B. C. 1,500경 북쪽의 아리안계 인종이 침입하여 왕국을 세우고 인도문명을 형성하게 되었다. 이 아리안계는 지금의 고비사막에서 왕국을 세운 위굴 족으로 그들의 수도가 칼라 코토(Khara Khoto)였다. 유목을 주로 하던 그들은 농경을 주로 하던 원주민을 정복하여 베다(Veda)라는 종교문학을 이루었다. 그러므로 이때를 베다 시대라고 한다.

2) 나가(Naga)와 마야(Maya) 족

아리안계와 드라비다 계 이외에 인도에 먼저 들어 온 종족이 나아가 혹은 마야 족이다.

히포리트 파우춰(Hippolyte Fauche)는 라마야나(Ramayana)를 번역하고, 「인도에 처음 들어와 정착한 사람들은 마야(Mayas)족이라고 하고, 그들은 "어머니 나라"를 떠나 미얀마로 이동했는데. 그곳에서는 그들을 나가(Nagas)족이라고 불렀다. 그 후 다시 인도로 이동하고 인도에서는 그들을 다나바스(Danavas)족이라 했다. 마야족은 대양을 종횡 누비는 항해사들 이였다. 그들은 큰 도시와 궁전을 짓고, 먼 옛날에 고도의 문명을 누렸다. 그들은 용감한 병사였다.」는 기록이 있다.

위러(Wheeler)는 그의 저서 〈인도의 역사(History of India)〉에서 “마야족은 35,000 년 전에 인도에 이동하여 힌두 제국을 세운 나가 제국의 마야 왕자 에서 이어 온 세계의 종족들이다”고 했다. 불교 석가의 어머니가 마야 부인이며, 미 대륙에 이주하여 마야 문명을 건설한 종족들도 같은 세계로 생각한다. 마야 종족들은 우수한 과학자들이며, 건축가로 알려져 있다.

나아가 족은 파타라(Patala)에서 왔으며, 이 파타라는 나아가 말로 “태양의 나라”를 뜻한다고 한다.

나아가족은 첫 힌두 제국을 건설했으며, 그들의 첫 왕을 태양신 라마(Ra Ma)라고 했다고 한다. 나가(Naga) 제국은 35,000년 전에 건설되었다고 하지만 정확한 연대는 알 수가 없다.

3) 타밀(Tamil) 족

그러나 아리안계가 인도에 이주해오기 오래 전에 인도반도에 타밀(Tamils)라고 불려 진 흑인종이 토착민이었다. 또한 인류학자들은 그들을 힌두 반도 남부의 이름을 따서 드라비디언(Dravidians)라고 불렀다. 이 인종들이 언제 어디에서 왔는지 또는 나가(Naga)족들 보다 인도에 먼저 왔는지 혹은 뒤에 왔는지 이 문제에 관한 아무런 기록들도

[예시 물 2-18] 현대 인도의 언어 분포 지도

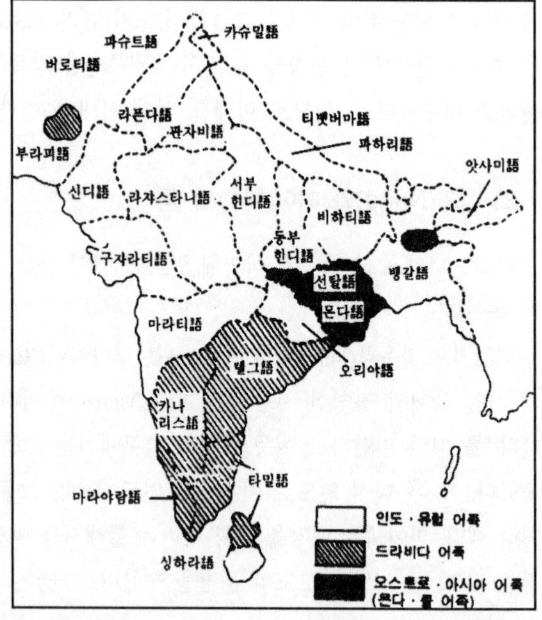

없다. 막연히 그들은 중앙 아세아의 어느 곳에서 왔다고 사학자들은 가정할 뿐이다. 그러나 저자는 파미르고원의 흑소(黑巢) 씨족으로 생각한다. 드라비다 언어는 타밀어(Tamil), 델그어(Telague), 카나라스어(Canarasse), 말라야람어(Malayalam)로 구성되어 있다. 인도에 산재하고 있는 어족의 분포 상황은 다음과 같다.

2.6 북, 중, 남미로 이동한 씨족

황색(黃色) 인종(人種), 인류학적으로 몽고로이드라고 하는 이동무리들이 북, 중, 남미로 언제 또는 어느 길로 옮겨갔는지 우리들의 많은 관심과 호기심을 끌어온 것이 사실이다. 오늘날까지 연구 보고된 여러 설들을 종합해서 검토해 보면, 두 가지 이동한 길이 밝혀졌다고 할 수 있다.

천산산맥 콜리마산맥을 거쳐 베링 해협이 육교로 이어져 있을 때, 알래스카로 이동해서 그 기로부터 북 아메리카, 중, 남아메리카로 이주했다고 하는 설이다. 에스키모-아루우트(Eskimo-Aleut) 언어와 축취(Chukchee), 야카기이르(Yakaghir), 길약(Kilyak), 예니세이(Yenissei), 오스티약(Ostyak) 언어들이 자매 언어 군을 만들고 있는 시베리아의 추코탄(Chukotan) 어족의 분포가 이들의 이동 사를 잘 설명하고 있다. 이 북쪽의 유목민들이 북, 중미의 서부 해안과 아라스카의 북방 지역에 정착했다는 사실이 밝혀지고 있다. 매우 오래된 고대인들의 유적들이 아라스카로부터 케이프 혼(Cape Horn)에 이르기 까지 즉 유타, 네바다, 뉴멕시코, 아리조나, 코로라도, 멕시코 및 중앙아메리카에서 발견되어 왔다.

둘째로는 옥스포드 대학의 교수이며, 저명한 고고학자 제임스 처치워드가 50년간 인도, 이집트, 미얀마, 위글 등의 나아칼(Naacal)의 점토판을 발굴 해독하고, 콜로라도, 아리조나, 네바다 등지의 암벽에 새겨진 암굴(岩窟)에 사는 사람들(Cliff Dwellers)의 글자를 해독해서 이들 인디언들이 콜로라도 강 하구를 통하여, 북미에 들어와서 산재해서 살았으며, 그들은 고도의 문명을 누리던 민족이였다고 하는 사실을 발표함으로써 학계의 큰 관심을 집중시키고 있다. 그리고 남미의 잉카문명과 니이벤 씨에 의한 멕시코의 유카탄 반도에서 발굴 조사한 마야 문명의 유적지 발굴이 학계의 관심을 모우고 있다.

현재 남아메리카 대륙에 윷놀이를 하는 부족이 있으며, 이 놀이는 복희(伏羲)씨의 역(易)을 반영하는 놀이라는 것을 알 수 있다. 캐나다의 배핀 섬(Paffin Island, 북위 68도) 지역에 살고 있는 에스키모족의 생김새와 풍습이 너무나도 우리와 비슷한 점이 많고, 특히 여자들이 머리에 비녀를 꽂은 모습은 옛 우리 할머니들의 머리 스타일을 잘 보존하고 있다고 생각한다.

1964년 크레스맨(Cresman)은 북미 오리곤주에서 발굴된 집신 75족이 약 9,000년 전의 것이며, 이 집 신을 신었던 인종은 몽고로이드라고 주장한 바 있다. 이 짚신을 신는 습속은 우리 한겨레의 유일한 습속이다.

청동(青銅)으로 만든 제기(祭器)는 새 짐승의 모양으로 만든 것이 많은데, 같은 모양의 토기(土器)가 중앙 아세아에서 멀리 미 대륙까지 분포되어 있다. 그 중 새 모양으로 만든 토기를 예로 들면, 이라크 북서부 지비에(Zivieh)에서 출토된 조형토기(鳥形土器)는 기원전 8~7세기경의 산물이며, 한국에서 출토된 조형토기, 일본 關東地方에서 출토된 소위 加曾利 B식 조형토기, 미 대륙의 플로리다(Florida)의 위든(Weeden) 섬에서 출토된 조형토기들은 같은 수렵(狩獵) 민족의 이주한 사실을 잘 증언하고 있다. 이러한 토기는 진흙으로 만든 수공예품(手工藝品)인데, 아리조나(Arizona)의 호피(Hopi) 인디언 여자들은 진흙의 긴 오락이를 가지고 토기를 만든다고 한다. 이라크에서 출토된 채도(採陶)의 기하학적 무늬와 캘리포니아 인디언들의 채문토기(採文土器)의 무늬가 아주 같다는 것은 인류의 이동사실을 알려주고 있다.

미국 인디언들의 토템 폴(totem-pole)과 한국의 솟대가 서 있는 것을 보면, 우리 겨레의 샤머니즘이 그들에게 전파된 사실을 알 수 있다.

미국의 여러 곳에 14세 환웅 치우(蚩尤), 5세 태우의(太虞儀) 환웅의 아드님 이신, 복희(伏羲) 그리고 그의 후인 여와(女媧)의 상이 새겨진 조개껍질이 발견되고 있다. 이러한 유물들이 미조리 주, 오크라호마 주, 테네시 주의 박물관에 아직 보관되어 있다. 오대 호 가까이에 살고 있는 오수퉁고(Otstungo) 인디언들은 아직 치우 제(祭)를 올린다고 한다. 이러한 사실들은 우리 겨레와 미국 인디언들의 혈연관계를 증명하고 있다고 하겠다.

1) 북미 암굴(岩窟)에 거주하는 수렵인족의 발자취

인간이 이 지구상의 어디에 처음 나타났으며, 아득한 옛날 어느 시기에 그곳에 출현하였는지 하는 문제는 학문의 세계에 있어서 지대한 관심사가 되어왔다. 이러한 인류사의 수수께끼를 처치워드는 나아칼 판의 해독으로 풀어 주었다. 그는 힌두 리쉬(Rishi)시에 있는 사원에서 "무의 일곱 성스러운 영감의 책"을 완전히 모두 해독하면 많은 인류사의 문제들이 풀일 것이라고 말했다. 그는 성서에서 말하는 에덴동산은 서부의 이집트, 쿠이(Kui), 마야의 땅, 힌두의 어머니 나라라고 했으며, 이곳을 무의 나라라고 했다. 저자의 생각으로는 무의 나라는 파미르고원의 마고 성(麻姑城)이라고 주장하는 바이다. 무라는 나라의 "성스러운 영감의 책"은 인간의 생명이 무엇이며, 그 생명은 언제부터 생동했으며, 그 생명을 지배하는 자연의 힘이 무엇이냐 하는 철학을 우리에게 가르쳐준다. 이 경전이 약 50,000년 전에 오늘날의 과학자들의 전자 원리, 그 작용에 관한 지식을 우리에게 알려주었다. 이 경전에서 말하는 우주의 힘(cosmic force)은 천부경(天符經)의 명(命) 즉 생명의 이치로서 그 생명의 원천은 음양(陰陽)의 기(氣)에서 나온다고 말한다. 그러므로 "성스러운 영감의 책"은 천부경을 말하는 것 같다.

마고성의 /ma/, Mu의 /mu/, 마야의 /ma/, Naga의 /na/는 "어머니"의 뜻으로 만주어/eme/, 몽골어 /eme/, 일본어 /omo/, 한국어 /əmi/ 등이 대응된다.

북미의 혈거인(穴居人)들이 남겨놓은 석벽의 기호, 신성 문자, 삽화 등이 오레곤 주, 네바다 주, 콜로라도 주, 아리조나 주, 뉴멕시코 주, 유타 주 등에서 발견되고 있는데, 네바다 주에서 발견된 많은 기호, 신성 문자, 삽화를 무의 것들과 비교하여 살펴보겠다.

[예시 물 2-19] 북미 혈거인 들이 남긴 석벽의 상형 문자

a. 이 기호는 태양의 제국, 무를 상징하는 것이며, 중천의 태양이 햇살에 쌓여 있다.
b. 이 기호는 떠오르는 해를 상징하며, 모든 고대인들에게는 매우 익숙한 기호이다.
c. 이 기호는 고대인들이 친숙하게 생각하는 자오선(子午線)상에 있는 해를 상징한다.
d. 이 기호는 지평선을 넘어서 저물어 가는 해를 상징한다.
e. 이 기호는 어두움 속에 쌓인 무를 상징하며, 검은 원판 위에 있는 세 돌출부는

삼 즉 무의 수를 표시한 것이다.

f. 이 기호는 지는 해의 방향으로 대양을 가로질러 무가 위치하고 있다는 삽화이다. 뱀은 대양을 나타내는 캔(Can)이다. 뱀 위에 있는 반원은 서쪽 지평선의 그림이며, 수평선 위에 세 개의 깃은 무를 나타내는 수 3이다.

g1. 이 기호는 무 제국의 궁전에서 쓰는 팻말이며, 이 상형은 제국을 상징하는 우-룸밀(U-lummil)라고 하는 신성 문자이다.

h1. 이것은 어머니 나라를 상징하는 왕궁의 신성한 연꽃 싹이다.

g2. 머리가 하나이고, 장식물이 없는 뱀은 고대인들 사이에 물을 상징한다.

h2. 물을 상징하는 기호로 뱀을 상징한다.

i. 보편적인 기호 대신에 고대인들은 네모진 정 방형의 표시로 십자를 이용했다.

k. ah로 발음되며, 어머니 나라의 신성 문자 알파벳의 첫 글자이다. hun이라고 발음되며, 왕 중의 왕 즉 왕 Ahau를 뜻하기도 한다.

l. 신성 문자 알파벳의 n자이다.

m. 나락(奈落)을 나타내는 상징이다.

n. 신성 문자 알파벳의 x자이다.

o. 신성 문자 알파벳의 u자를 뒤집은 꼴이다.

p. 이 상 형 나무와 뱀은 무가 침몰하고 난 후에 생긴 것이며, 설명이 길어 생략한다.

q. 이 기호는 창조를 상징하며, 숫자 9를 나타내기도 한다.

r. 이것은 위글-마야의 종교적 상징의 기호이다.

s. 이것은 위글의 신성 문자 알파벳 h이다.

t. 깃털인지 관목인지 불확실하다고 했다.

u. 100을 표시하는 옛 기호이다.

v. 이것은 산을 표시하는 기호이다.

w. 이것은 북, 중, 남미의 서부 해안선을 나타내는 기호이다.

x. 손 그림인데. 별 뜻이 없다.

y. 이 십 자는 자연 속에 존재하는 양(陽)과 음(陰)의 기운 요소이다.

z. 예술적 효과 외에는 아무 뜻이 없다.

aa. 이것은 동물 가죽이다.

bb. 유사한 동물의 머리가 이집트와 몇 지역에서 발견된다. 고사 지낼 때 되지 머리로 생각 한다.

cc. 세 갈래의 모습은 대다수의 군중을 뜻한다.

dd. 길 안내용 기둥이다. 여행의 방향 또는 걸리는 시간을 표시한 것이다.

이 절벽에 쓰인 글은 쓴 사람이 어머니 나라에서 왔으며, 더욱 그 글들은 멕시코와 중앙아메리카의 마야족의 글과 밀접한 관련이 있다.

연꽃은 무의 국화라고 하는데. 오늘날에도 불가에서는 연꽃을 사랑하여 사원의 뜰에는 연이 심어져 있는 것을 볼 수 있다.

네바다 주의 그러페빈 케뇬(Grapevine Canyon)의 사원의 평면도를 보면, 어머니 나라 무가 다수의 희생자와 침몰되고 이 절은 어머니 나라에 헌납하기 위하여 세워진 것으로 해독된다. 그 그림 속에는 제물로 바친 동물이 그려져 있고, 무의 고유번호인 3을 나타내는 표식이 여러 개가 있는데, 천부경의 천, 지, 인 삼재 또는 삼신(天, 地, 人 三才 또는 三神)을 상징한다. 네바다 주의 비이티(Beatty) 골드 갈취(Gold Gulch)에서 발견된 석상(石像)은 무를 향하는 이정표(里程標)로서 사람들의 길을 안내한다. 이 상의 모습은 두터운 외투를 입고 무릎을 포개고 앉아 있는 겨울철의 만주 사람의 모습과 같다고 처치워드는 말하고 있다.

그 돌 이정표 상에 새겨진 표는 다음과 같다.

[예시 물 2-20] 네바다 주에서 발견된 석상

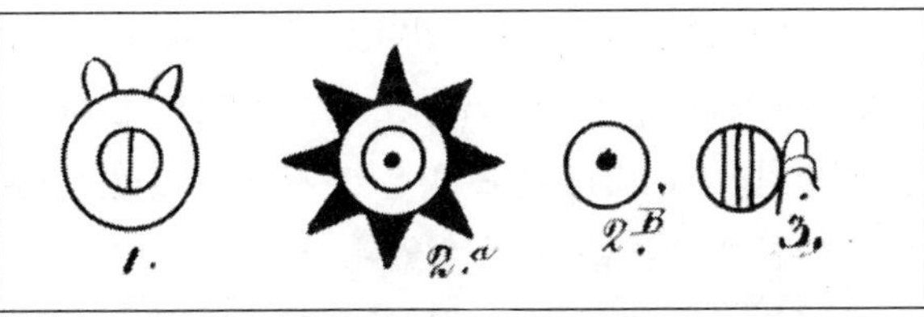

1. 인디언들의 말로는 chi-pe-zif라고 읽으며, 뜻은 "입은 벌려있고, 수증기를 내 뿜으며, 화산의 불이 타들어 간다. 땅은 침몰한다."
2. 태양의 제국, 위대한 통치자 무가 불의 나락(奈落)으로 침몰하고 있다는 것을 나타내고 있다.
3. 이 표는 인디언 말로 the-a라고 읽으며, 뜻은 "물의 방향으로"하는 말이다.

이 돌상에 쓰인 문자는 위글-마야의 글자이며, 모습은 몽골 인종의 상이라고 처치워드는 말하고 있다. 그러므로 세계 문명의 시원 지는 중앙아세아의 파미르 고원이며, 인종적으로는 몽고로이드의 거주 지역이며, 언어학적으로 그린버그 교수가 주장하는 유라시아 공통 조어족의 발상지라고 보는 데에는 이견이 없다.

제임스 처치워드의 저서에 따르면, 북미의 "암굴 거주자"들은 처음 이동해 올 때에 콜로라도강 포구로 들어와서 애리조나를 거쳐 유타 주로, 네바다 주로, 뉴멕시코 주로 이동한 사실이 유적에 의하여 밝혀졌다고 한다. 이들이 북미에 이동해간 연대가 12,000년 전으로 추산되고 있다.

뉴멕시코 주의 역사는 푸에블로(Pueblo) 인디언들의 역사라고 말할 수 있다. 푸에블로 인디언들은 처음 그들이 북미에 들어올 때 "어머니 나라"에서 배워 온 고도의 문명을 유지하고 있었다고 한다. 그들의 조상들은 배를 타고 해가 지는 서쪽으로 항해하여 미 대륙에 이동하게 되고, 천문학. 지질학 등에 관한 높은 지식을 갖고 있었으며, "어머니 나라"의 언어도 자유롭게 구사하였다는 사실이 유적에 의하여 밝혀졌다.

주니(Zuñ is)와 호피(Hopis) 푸에블로 인디언들은 두 신 Ahaiintad와 Matsailema를 믿었다고 한다. 이 들은 태양신의 첫째 아들이며, 인류의 조상이라고 말한다. 이 두 신의 뜻은 신은 이 지상을 지배할 첫 남자와 첫 여자를 청조하셨다. 이 신의 첫 아이들이 인류의 시조라고 한다.

푸에블로 인디언들에 관하여 발견한 흥미로운 것은 치보라(Cibola)에 "일곱 성스러운 시(Seven Sacred Cities)"가 있었다고 하는 것이다. "어머니 나라"에도 학문과 종교를 가르치는 "일곱 성스러운 도시"가 있었으며, 대서양에서 침몰되었다고 하는 아틀란티스(Atlantis)도 같은 도시가 있으며, 인도에도 리쉬(Rishi)라고 하는 일곱 "성시(聖市)"가 있었다.

다양한 푸에블로 인디언들의 전통, 그네들의 언어, 그네들의 성스러운 기호와 제의 의식들이 그들이 무에서 쪽 바로 미 대륙으로 왔으며, 무가 12,000년 전에 침몰했으니 그들이 이동한 연대도 12,000년 전으로 보아야 할 것이다.

이 외의 다른 몇 주의 유적들의 증거를 종합해보면, 빙하기 때에 어머니 나라 무에서 고도의 문명을 지닌 동양 사람들이 북미에 이동해 왔다. 그리고 무는 태평양 넘어 수평선 저 멀리 서쪽에 있었다고 하는 사실이다. 과연 무는 어느 곳에 있었을까? 태평양에, 인도양에, 그리고 파미르고원에 있었을까? 12,000년 전에 무가 태평양에서 침몰했다고 하는 사실이 정확하다면 나아칼의 점토판이 전하는 「나는 티벳의 사원에서 추정의 실마리가 되는 나아칼의 점토판을 발견했다, 그것에 따르면, 약 7만 년 전, 나아칼이 어머니 나라의 신성한 영감의 책의 사본을 위글의 수도로 가져왔다.」고 처치워드는 말했다. 그렇다면, 7만 년 전에 태평양에 있는 무에서 위글의 수도까지 나아칼이 그 책을 가지고 갔느냐 또는 중앙아세아의 어느 곳에서 가지고 갔느냐 하는 문제는 두고 연구를 해야 한다고 생각한다.

2) 니이벤 씨가 발굴한 멕시코 마야문명의 유적

인도에 처음 들어와 정착한 사람들은 마야(Mayas)족이라고 하고, 그들은 "어머니 나라"를 떠나 미얀마로 이동했는데. 그곳에서는 그들을 나가(Nagas)족이라고 불렀다. 그 후 다시 인도로 이동하고 인도에서는 그들을 다나바스(Danavas)족이라 했다. 마야족은 대양을 종횡 누비는 항해사들 이였다. "어머니 나라"는 약 70,000 년 전 파미르고원의 마고 여권 씨족 사화를 지칭한다. 그들은 큰 도시와 궁전을 짓고, 먼 옛날에 고도의 문명을 누렸으며, 그들은 용감한 병사였다. 마야 제국은 35,000 년 전에 세운 제국 이였으며, 나아가(Naga) 제국

왕자들 중의 한 사람인 마야의 후예들이 태평양을 건너 미 대륙으로 진출하여 마야문명을 이룩했다. 부처님의 어머니 마야 부인도 같은 종족이라 생각 한다.

멕시코의 광물학자 윌리엄 니이벤에 의한 매몰된 도시의 발굴은 고고학 상으로는 말할 것도 없고 지질학상으로나 인류학에 있어서나 아주 중대한 발견이었다. 그것은 단절된 채로 버려져 있던 과거와 현재 그리고 미래를 맺는 고리를 발견한 것과 같은 것이었다. 발굴 작업이 이루어졌던 곳은 텍스코코(Texcoco)에서부터 하루에판드라(Haluepantla)에 이르는 광대한 분지의 북서부, 길이 40km, 폭 20km 되는 곳에 수백 수천의 점토가 덮인 괭이였다. 여기에서 그는 3층으로 겹쳐 쌓인 고대 도시의 유적을 발견했던 것이다. 그곳을 3m 가량 파 내려가자, 그는 최초의 유적을 발견하게 되었다. 콘크리트의 바닥, 돌이 깔린 바닥 등의 파편이 있었다. 항아리의 파편, 작은 점토의 인형, 섬록암(閃綠岩)으로 만든 장식 구슬, 화살촉, 창날, 실패 등이 나왔는데, 모두가 많이 파손되어 있었다.

제 2층을 발굴해 나가자, 그는 목재로 된 문짝을 발견했는데, 반월형의 가로대가 붙어 있고, 이것은 지름이 15cm 정도의 통나무를 꾸부린 것이었다. 이 집의 벽이 돌을 시멘트로 단단히 고정시키고 있는 것을 보면, 이것은 고도로 발달한 문화가 있었다고 전해주고 있다고 하겠다. 약 2m의 통로 안쪽에 다음 방이 나타났다. 입구로부터 4m쯤 들어간 곳에 지름이 40cm 정도의 붉은 진흙으로 굳힌 작은 아궁이가 있고, 굴뚝이 위로 서 있었다. 아궁이 주위의 바닥에는 작은 순금으로 된 파편들이 엉겨 붙어 있었다. 그리고 점토로 구워서 만든 2백여 개나 되는 주형(鑄型, mold)이 있었다. 이 주형은 두께가 1mm의 반에도 미치지 않는 참으로 정교한 것들이었다. 이 집안에서 그는 얇은 금 장식품을 발견했는데, 이것은 그가 파렌케나나 미트라의 유적 등에서 보았던 금 세공품과 비교하면, 그 정교함과 그 아름다움은 스페인의 정복자 에르난도 코르테스가 멕시코에 첫 발을 들여놓았을 때 깜짝 놀라게 했다는 아즈테가 제국의 문명보다 훌륭한 문명이 그곳에 존재했다는 사실을 말해 주었다고 했다. 그 방의 안쪽에 또 하나의 방이 있었는데, 이 방의 벽에는 청색, 황색, 녹색, 흑색 등의 색채를 이용한 벽화가 있었는데, 다른 여러 나라의 그림과 비교하여 최고의 예술품이라고 했다.

이 방의 지하에는 무덤이 있었다. 75개의 뼈가 인체의 형태 그대로 남아 있었는데, 아마 벽에 그려진 인물의 뼈일 것이 다고 했다. 무덤의 바닥에는 120개에 달하는 붉은 흙으로 구워 만든 인형과 질 그릇 등이 놓여 있었다. 그 가운데서도 가장 주의를 끈 것은, 일본식으로 책상다리를 한 인형이었다. 이것은 동양 사람들 사이에 흔히 볼 수 있는 자세이다. 이 인형의 생김새는 소아시아 지방의 페니키아 사람, 또는 셈족을 연상케 한다고 했다. 또 어떤 인형들은 남아시아 지방의 사람들을 연상하게 하는 생김새를 하고 있었다고 했다.

그의 제 2보는 더욱 놀라운 사실을 밝히고 있다. 제 3층의 방밑이 무덤으로 되어 있는데, 그 위에 인 골이 눕혀져 있었다. 신장은 별로 크지 않지만 두개골이 넓은 얼굴, 넓적한 코, 짧은 머리는 몽고로이드 인종의 특징을 가지고 있었다고 했다. 목에는 비취 목걸이가 걸려 있었고, 이 녹색의 보석은 동양에서 아주 귀하게 여기는 것으로 멕시코에서는 생산되지 않는다고 했다. 인골의 곁에는 조개로 만든 세공품이 있었고, 가죽 끈으로 묶은 화폐가 있었다고 했다. 이 화폐와 함께 "자그만 한 중국인" 인형이 있었던 것이다.

[예시 물 2-21] 나이벤이 발굴한 자그마한 동양인 인형

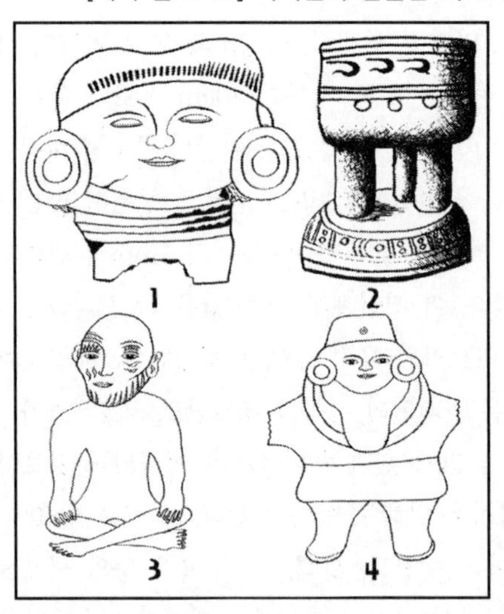

1. Egyptian Head
2. Ancient Grecian vase
3. A toy
4. Little Chinaman

북 남미 인디언들의 조상이 아시아에서 이동해간 몽골 인종이라고 하는 사실이 확실하게 입증된 것이다. 이 오래된 흙 인형이 아즈테가 문명의 산물이 아닌 것만은 확실하다. 아즈테가 멕시코고원에 터전을 잡기 오래 전부터 땅 속 깊이 묻혀 있던 것임에 틀림이 없다. 멕시코의 역사에서 아즈테가 사람은 뒤에 온 사람들이다. 토르테카 사람이나 오르메카 사람들이 쌓아 놓은 문화를 가로 챈 것에 지나지 않는다. 북, 중남미 인디언들의 조상은 파미르고원의 마고씨족일 것이다. 약 20,000년 전 유라시아의 대 이동 군들이 햇살처럼 동서남북으로 진군한 유적들이 묻혀 있다가 니이벤 씨나 그린버그 같은 학자들에 의하여 속속 밝혀지고 있다.

멕시코의 광물학자(鑛物學者), 니이벤씨도 미 대륙에 처음으로 옮겨 온 종족은 아세아 사람들이라고 했고, 멕시코의 상고대의 종족은 대부분이 몽고로이드라고 말한 바 있다. 가리비아(Caribbean) 해안을 따라 여러 종족이 혼합되어 있으나, 대부분은 몽고로이드(Mongoloid)이라고 니이벤씨는 주장했다. 또한 그는 유카탄(Yucatan)반도와 중미의 내륙 지방에 백인종이 다수를 형성하고 있으나 그들은 마야(Mayas)라고 불려 졌으며, 유럽, 소아시아, 북아프리카 백인종과 친연이 있어 보인다고 말하였다. 그러나 유카탄의 북쪽 반도는 대부분의 정착민들이 몽고로이드라고 했으며, 결국 전 멕시코와 중미를 정복한 자들은 북 몽골의 유목 군단이었다고 했다. 그들은 남자들에게 칼을 겨누고, 그들을 여자의 노예로 삼았으며, 멕시코 인디언들은 모든 종족들이 몽고로이드의 피가 흐르고 있다고 주장했다. 니이벤 씨는 이 소중한 발굴 작업을 계속하던 중 35,000~40,000년 전에 새긴 것으로 추정되는 무와 친연이 있는 명판을 발견하게 되었다. 이 명판들은 두 가지 형태로 쓰여 있었다고 처치워드는 분석했다, 즉 보편적인 기호와 위글-마야(Uighur-Maya)의 신성문(神聖文)으로 구성되어 있다고 했다.

[예시 물 2-22] 니이벤이 멕시코의 매몰된 도시에서 발굴한 명판

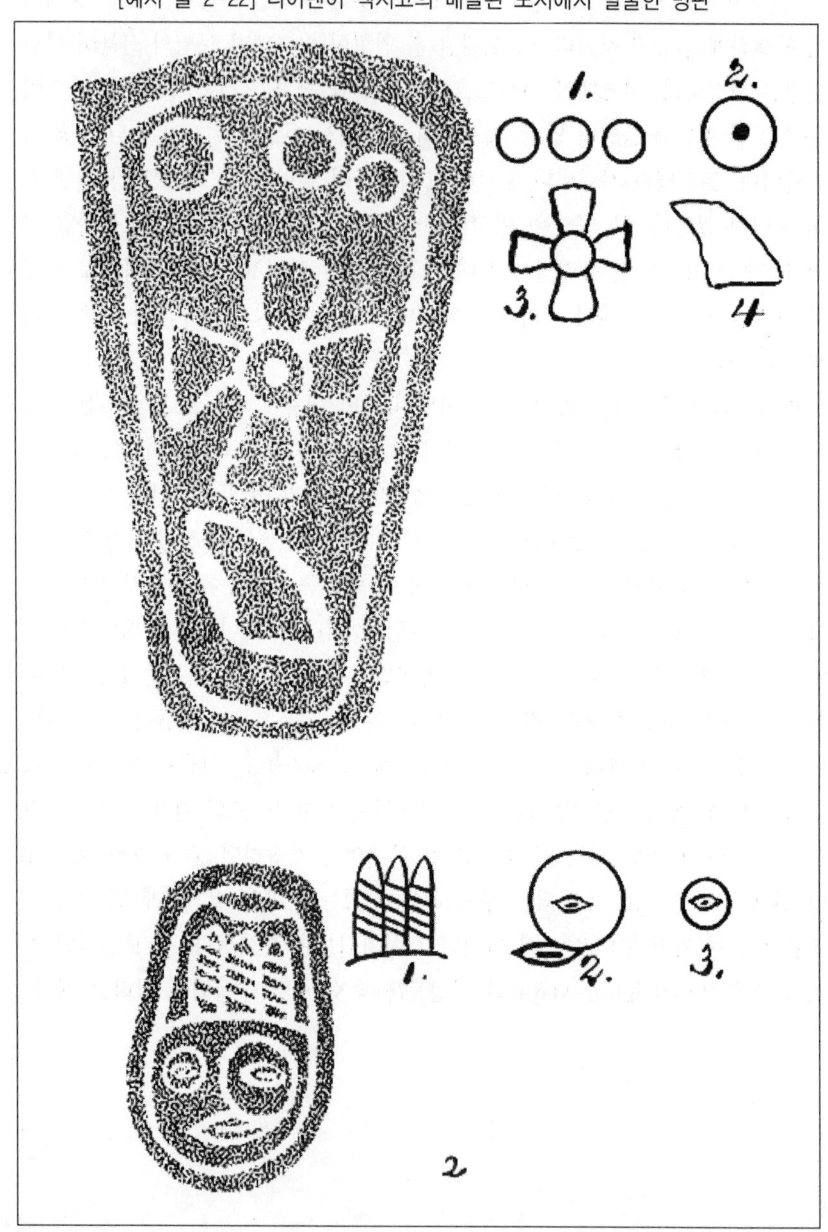

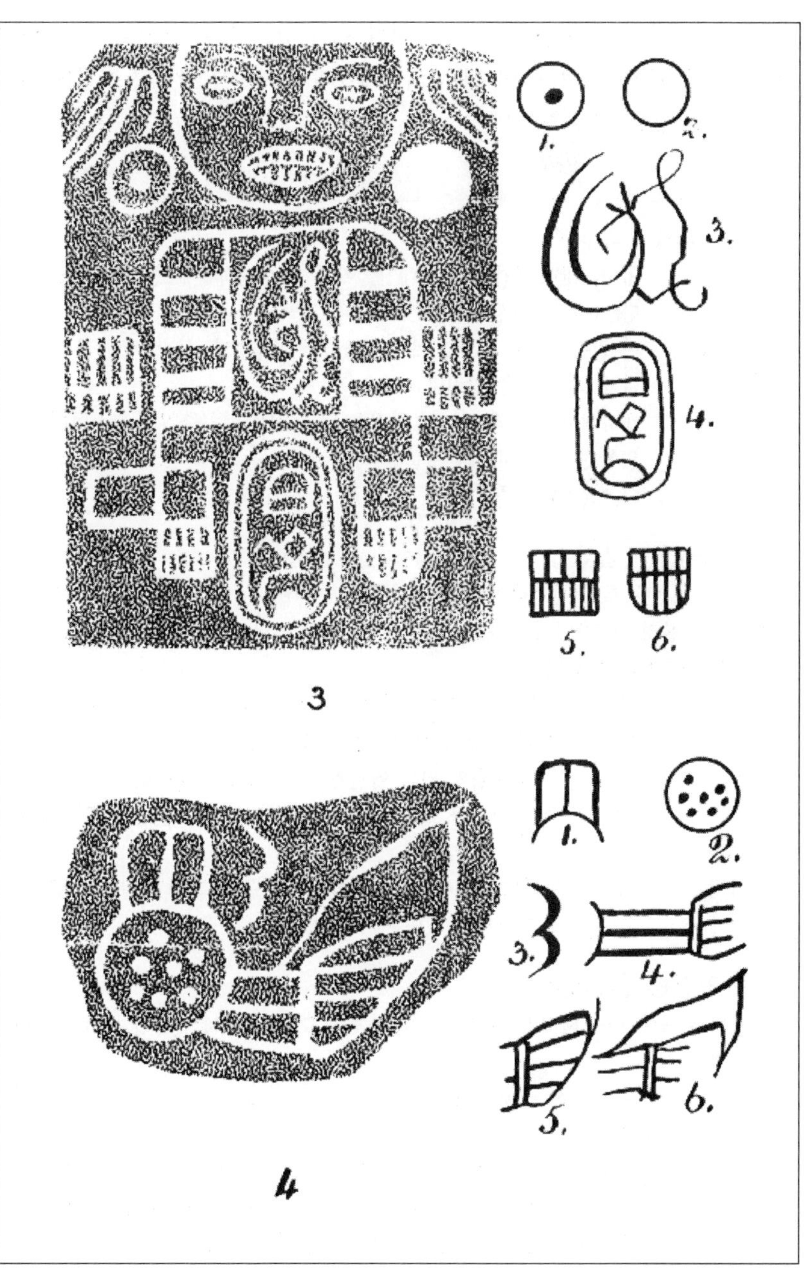
1.
2.
3.
4.
5.
6.
3
1.
2.
3.
4.
5.
6.
4

위글-마야의 신성 문자는 "어머니 나라"에서 왔으며, 이 문자들은 변경되지 않고 잘 보존되어 있었다, 이 명판들은 제 2의 도시에서 발굴된 것이며, 붉은 화산의 암석으로 변해 있었다.

<u>명판 1. 도형 1, 2, 3, 4.</u>

도형 1. 이 세 개의 원(圓)은 고대인들이 무를 상징하는 도형으로 사용하였다. 3은 무를 상징하는 숫자이다.

도형 2. 이 원은 왕 중 왕 아흐아우(Ahau)를 상징한다. 무가 여성 군주국가라고 하는 것을 알린다.

도형 3. 태양에서 발산되는 여덟 극점을 나타내는 여덟 줄기의 광선이다. 이 도형은 왕은 지상의 모든 나라의 왕이라는 것을 표현하고 있다.

도형 4. 이 방(方)은 무의 땅을 상징한다.

<u>명판 2. 도형 1, 2, 3.</u>

이 작은 명판은 무의 신성한 머리의 그림이다. 그 사원은 태양에게 바치는 진리의 사원으로 불려 지 고 있다. 그는 최고의 신관이라는 것을 알리기 위하여 머리에 왕 중 왕의 왕관을 쓰고 있다.

도형 1. 깃털은 진리의 상징이며, 무를 상징하는 3자가 표시되어 있다. 이것은 그가 무의 최고 신관이라는 것을 알리고 있다.

도형 2. 그의 왼쪽 눈 주위와 입과 연결된 원은 해의 그림이며, 우주를 창조한 신의 눈은 진리를 보고, 입은 진리를 말한다는 것을 상징하고 있다.

도형 3. 오른 쪽 눈가에도 원이 있는데, 이것은 달을 상징한다. 밤 낮 신의 눈은 우리를 지켜보고 있다는 것이다.

<u>명판 3. 도형 1, 2, 3, 4, 5, 6</u>

명판의 위쪽에 복을 내리기 위하여 두 손을 내밀고 있는 무의 신성한 머리의 상이 그려져 있다.

도형 1. 오른쪽 손 밑에는 왕 중 왕, 아흐아우(Ahau)를 상징하는 도형이 있다.

도형 2. 왼쪽 손 밑에는 태양의 상징 즉 태양 제국의 왕 중 왕의 표상이 있다. 명판의 머리 위에는 태양의 왕, 가장 높은 신관이 라 무(Ra Mu)의 백성과 사원에 내려주는 축복과 은총을 알리고 있다.

도형 3.	이것은 복합된 위글의 상징물이며, 사원의 성소에 자주 보인다. "어머니 나라"의 심판 아래 태양신에게 헌납하는 진리의 사원을 뜻한다.
도형 4.	이 타원형의 윤곽 속에 무의 식민지가 그려져 있다.
도형 5.	"힘차게"하고 표현하는 기둥의 상징물이다.
도형 6.	"건설하자"하고 표현하는 다른 하나의 상징물이다.

<u>명판 4. 도형 1, 2, 3, 4, 5, 6</u>

도형 1.	이것은 무를 상징하는 신성 문자 알파벳 m의 표상이다.
도형 2.	그 위에 그녀가 조용히 쉬고 있는 무의 밑에는 일곱 점이 있는 원이 있다. 이것은 인간의 창조와 출현을 표상 한다.
도형 3.	이것은 어머니 나라 무를 떠나는 두 상징물 즉 동쪽으로 날라 가는 새와 뛰는 물고기를 그린 것이다.
도형 4.	무의 세 나라에서 세 길로 진출하는 개척자들을 상징한다.
도형 5.	벌써 개척한 식민지의 상징물이다. 개척자들은 세 방향으로 왔다는 것을 뜻한다.
도형 6.	이것은 개척자들이 정착하려고 하는 곳을 나타낸다.

처치워드의 지질학적 추산에 따르면, 이 멕시코의 고대 도시들이 화산의 폭발에 의하여 산이 솟아오르기 전에 존재하고 있던 고대 도시들이라 했다. 그렇다면 이 도시들은 홍적세 기 이전 즉 지질학상으로 제 3기전에 세워진 것이라는 계산이 나오게 된다. 그러므로 지질학상의 계산에 따르면, 아래층에 있었던 도시는 20,000년 전에 세워진 것이고, 위층에 있었던 도시는 50,000년 전에 세워진 것으로 추산이 된다.

니이벤 씨가 발굴한 멕시코의 고대도시가 2만 년 전부터 5만 년 전에 세워진 것이라고 하니 아직도 베일에 가려져 있는 선사시대의 역사가 규명되기에는 요원한 시간이 요한다는 것을 실감나게 한다.

유카탄은 멕시코의 남동쪽에 위치하고 있으며, 본토의 동쪽으로 뻗은 반도이다. 북쪽으로는 멕시코만과 접하고, 동쪽과 남동쪽은 카리브해(Caribbean Sea)와 접하고 있다.

유카탄은 니이벤씨가 발굴한 멕시코시의 유물만큼 오래된 것은 아니지만, 고대문명의 유적이 많다. 북미와 유카탄은 "어머니 나라"에서 온 이동군의 정착지이며, 그곳에 마야(Mayas)라고 하는 제국이 있었다. 마야 제국에는 사원, 무덤, 돌로 지어진 정부 건물이 서 있었던 유적을 발견하게 되고, 돌에 새겨진 글들을 조사한 결과 마야문명의 건설은 15,000년 전으로 추정되고 있다. 모든 건물에는 15,000년 전에 조각된 쿠쿨 칸(Kukul Khan)이라고 하는 날개를 단 뱀이 조각되어 있다.

고고학자인 러 프론죤(Le Plongeon) 박사와 그의 아내인 에리스 박사가 유카탄 유적지를 12년간 발굴 조사를 했다. 우흐말(Uxmal)에서 그들이 "신성한 신비"라고 불렀던 고대 마야 사원을 발견하게 되고, 벽에 새긴 글, 그리고 그 위에 조각된 성스러운 상징물들은 선사시대 역사를 우리에게 전한다. 그 역사는 바빌로니아와 이집트 역사와 관계가 있다고 했다. 이 사원의 중앙에 있는 방은 그네들의 "어머니 나라"가 있는 서쪽 방향을 보고 있다. 이 장엄한 건물은 감보디아의 앙콜(Angkor) 사원의 건물과 비교가 되는데, 이 앙콜 사원은 반대로, 침몰한 무가 있던 방향인 동쪽 방향을 향하고 있다고 하니, 우연한 현상인지 심히 호기심을 가지게 한다.

러 프론죤은 한 건물에 새겨져 있는 글을 발견하고, 우흐말이 지진에 의하여 세 번 파괴되고, 또 세 번 세웠다는 사실을 알게 되었다.

마야에는 세 종류의 문자가 있었다고 하였으며, 천문학이나 수학에 대한 지식은 유럽을 능가할 정도였다.

오늘 날 중앙아메리카의 갈색 인종이 세 종족의 혼혈 자손들이라고 하고 있다. 세 종족 중 그 비율의 대부분은 황색계통의 몽고로이드라고 한다. 이 종족은 무에서 이동해 간 인종이라는 것은 여러 기록을 통하여 확인 할 수 있다. 날개를 단 뱀이 그려지기나, 새겨져 있는 연유는 칸(Can) 왕조의 친족에서 나왔다는 것을 알 수 있다. 칸 왕조들은 마야 군주국의 마지막 왕조였다. 마지막 왕은 무(Moo)라고 하는 여왕이었는데, 트로아노(Troano)의 기록에 따르면, 그 여왕이 약 16,000년 전에 이집트에 있는 마야 나일 식민지를 방문한 사실이 있다고 했다.

유카탄의 오늘날의 주민들은 단일 혈통이 아니고, 혼혈된 종족이며, 큰 지진이 일어난 후 살아남은 마야 종족들은 몽골족에 의하여 정복되었다고 한다. 마야 제국은 일곱 다른 종족으로 구성되었으며, 모두가 마야 말을 사용하고, "어머니 나라"에서 이동해 왔다고 한다.

마야의 모든 왕과 여왕은 12왕조가 이어지는 동안 백인종이었다고 하는데, 어머니 나라, 무에서는 여러 종족이 살았던 것으로 추정된다. 한국의 책 <신사기(神事記)>에는 다음과 같은 기록들이 있다. 「……다섯 물건들 중에서 빼어난 것이 사람인데, 맨 처음에 한 남자와 여자가 있었으니, 나반(那般)과 아만(阿曼)이라, 천하(天河)의 동서로 나누어져 있어 처음에는 서로 오가지 못하더니, 오래 뒤에 만나 서로 짝이 되니라, 그 자손이 나뉘어 다섯 빛깔의 종족이 되니, 황인종(黃人種), 백인종(白人種), 흑인종(黑人種), 남색인종(藍色人種), 적인종(赤人種) 이다.」라고 했다. 무에 거주하는 각색의 인종에 관한 기록으로 유일한 것이다.

개리 위즈스푼(Gary Witherspoon)은 그의 책 〈나바호 인디언 세계의 언어와 예술(Language and Art in the Navaho Universe)〉에서 다음과 같이 복희의 역(易) 철학을 나타내는 도표를 제시했다.

[예시 물 2-23] 나바호 인디언의 역 원리

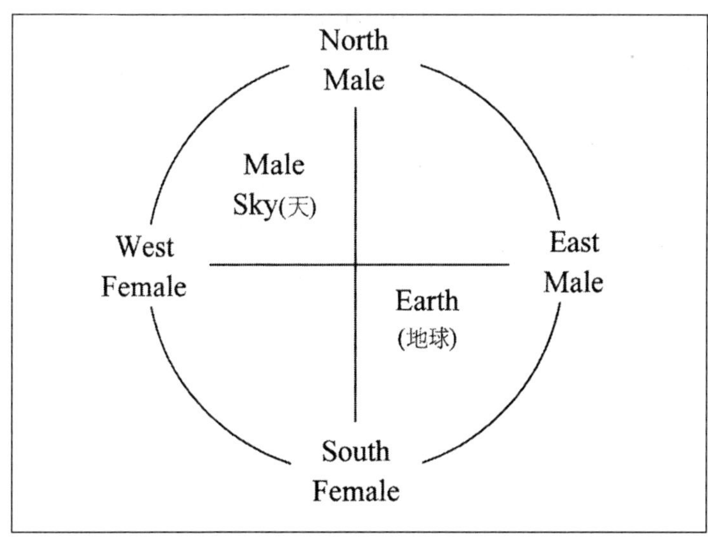

H. T. Colebrook는 그 의 저서 〈Asiatic Research〉에서 "마야족은 옛 인도의 나가(Naga) 제국의 왕자 이름이다."라고 했다. 이 마야족이 뛰어난 항해 족으로 태평양을 횡단, 미 대륙으로 진출하여 마야문명을 건설한 것이다. 또한 석가의 어머니 마야 부인도 이 종족인 것으로 생각된다.

〈라마야나(Ramayana)〉의 기록에 따르면, 인도에 처음 정착한 사람들이 어머니 나라를 떠난 마야 족이며, 그네들은 먼저 미얀마에 갔고, 거기에서는 그들을 나가 족이라 불렀고, 미얀마에서부터 그 들은 다시 인도로 이동했는데, 인도에서는 그들을 다나바스(Danavas)라고 불렀다. 마야 족은 위대한 항해 족이며, 그들은 태평양을 건너 미 대륙에 종교, 철학, 천문학, 과학, 음악, 예술, 의학, 건축 등 높은 문하를 전파했다. 아카디아, 수메르, 바비로니어, 에집트 사람들도 35,000 년 전 이주한 마야의 후예들이었다.

미 대륙의 마야 어족(語族)에는 맘(Mam), 퀴체(Quiche), 트젤탈(Tzeltal), 트조칠(Tzotzil) 및 유카테크(Yucatec) 자매 언어들이 있다. 특히 트젤탈 언어에는 촐라(Chola) 방언이 있는데, 타밀 족이 세운 옛 인도의 촐라 왕국의 이름과 같다. 이 왕국은 우수한 우츠 철강을 세계의 여러 곳으로 수출하는 인도의 남쪽 드라비다 반도의 타밀족이 세운 왕국이었다.

다음은 카우프만(Kaufman)이 분류한 마야 언어와 그 다음 수정안이 나온 분류 언어 도를 참고하기 바란다.

[예시 물 2-24] 카우프만의 마야 어족도

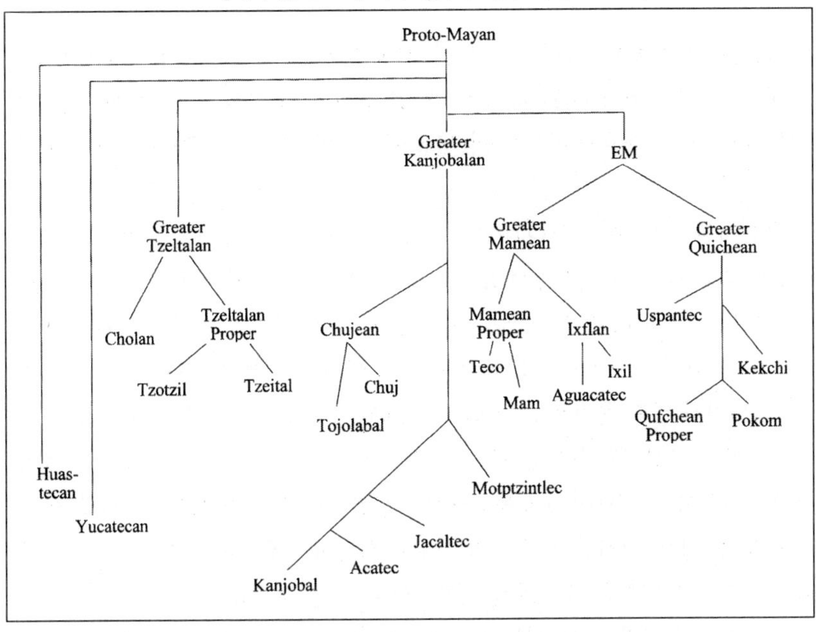

[예시 물 2-25] 수정된 마야 어족도(Ancient Korea P. 179-180)

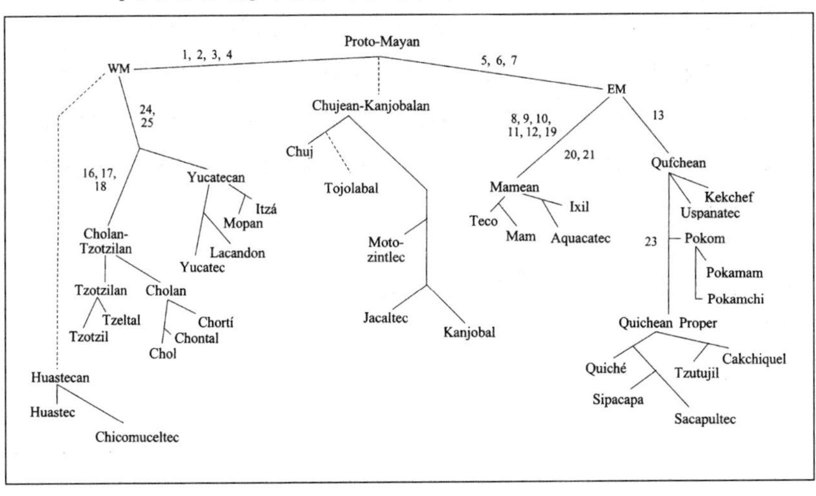

3) 페루를 중심으로 발달한 잉카문명

잉카문명에 대하여 살펴보면, 잉카 제국을 세운 사람인 만코 카막(Manco Camac)은 퀴차스(Quiches)족으로 그들은 중앙아메리카에서 온 것으로 알려져 있다. 오늘 날 페루의 언어는 마야(Maya) 언어의 방언인 퀴추아(Quichua) 말이다.

남미 서부에 있는 페루(Peru)를 중심으로 하여 강력한 왕국을 세우고 농경생활과 석조(石造)의 신전(神殿), 궁전(宮殿)을 세우고, 청동기(靑銅期) 문화를 성립시켰던 잉카(Inca) 문명국이 있었다. 이 잉카 문명은 아메리카 여러 곳에 남아 있는 거석문화(巨石文化)에서 그들의 발전상을 볼 수 있다.

볼리비아의 잉카 문명은 그 기원을 16,000년 전으로 추정하고 있으며, 그 당시 티아와나코인들은 이미 청동을 사용하고 있었다. 그들은 놀라운 솜씨로 청동을 가공했는데, 그곳에서 출토된 유물은 그 당시 금속의 융해, 주조, 단조, 금속 조각, 도금, 상감, 그리고 용접 등의 기술이 상당히 발달되어 있었음을 보여준다. 이러한 기술의 일부는 오늘날에도 터득하지 못할 정도였다.

국토는 국왕 잉카의 것, 태양신의 것, 평민의 것으로 3분되어 있었고, 평민은 대부분 농민으로서 산비탈에 큰 돌로 운하를 만들어 농사를 지었다. 관개치수(灌漑治水)의 필요상 이곳에도 중동과 같은 아세아적 사회가 형성되었다. 청동기, 금 은기를 사용하였으나 철기는 알지 못하였다. 그들은 결승 문자(結繩文字, Quipu)를 사용했다. 새끼의 종류, 매듭, 빛깔 따위의 배열 상태로 의미를 전달하는 문자였는데, 부여, 진(辰), 오기나와(沖繩), 예(濊) 등에서 이 결승 문자를 사용하였다.

[예시 물 2-26] 청동으로 만든 결승문자와 물고기(Ancient Korea P 186)

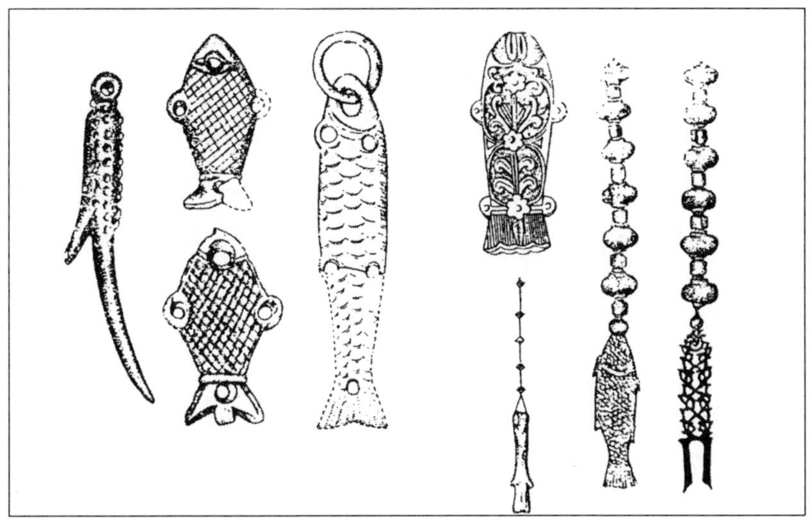

극동의 북부 지역에, 무역과 산업으로 이름난 여진 국이 있었다. 이 지역의 유적지에서 고고학자들은 잉카의 것과 비슷한 위 그림과 같은 귀프, 물고기, 청동으로 만든 사슴의 뿔을 발굴했다.

잉카 사원에는 인도의 마야 족의 모양과 같은 12개의 머리를 가진 뱀이 돌 위에 새겨져 있는데, 이 상은 마야의 12 왕국을 상징하는 것이었다. 잉카 제국은 900-1,000 A. D. 에 세워졌으며, 13명의 황제가 세계를 이었다. 잉카 제국은 15세기 이전, 1,532년에 스페인에게 정복당했다.

03 한일 고대 관계사고(韓日古代關係史考)

3.1 신대시대(神代時代)의 역사와 문화

3.1.1 이사나기노미코도(伊奘諾尊)와 이사나미노미꼬도(伊奘册尊)는 이서국(伊西國) 출신이다.

일본 열도가 대륙으로부터 떨어져 나가 고립 상태가 된 것은 지금으로부터 약 1만 5천년~2만 년 전인 충적세(沖積世)에 들어와서 이었다고 추정하고 있다. 그러나 당시의 여러 상황을 추적하기는 어렵다.

고고학적 유물이 발굴된 흔적의 고증으로 밝혀진 바에 의하면, 기원전 8,000~7,000년부터 시작된 죠몽문화(繩文文化)시기는 기원전 3~4세기에 와서 야요이 문화(彌生文化)시기와 교체가 된다고 한다. 야요이 문화의 성립은 일본사상 획기적인 변화이며 특히 한반도 이주민들이 가져간 벼농사를 기반으로 하여 본격적인 농업사회의 전환이 북 규슈에서부터 일어나게 된다. 채집과 수렵 등의 떠돌이 생활에서 논벼생산을 위주로 하는 농경생활의 변화, 거주지가 비교적 높은 대지 또한 대지의 건조한 곳을 택하다가 저습한 지대 및 약간 높은 구릉지대의 선택 변화, 생산도구로는 타제석기와 마제석기의 공용에서 청동기와 철기 및 마제석기 병용의 변화, 질그릇의 모양과 형식이 복잡하며 주술적 무늬가 많은 것에서 비교적 단순하며 무늬가 없는 토기에로의 변화, 식량으로 나무열매와 조개, 물고기와 사슴, 멧돼지, 개, 여우, 승냥이, 고기 등에서 벼, 조, 수수 등의 오곡을 기본으로 하면서 물고기와 집짐승을 부식으로 하는 변화, 의복은 입지 않으며 짐승가죽으로 몸을 가리는 풍습에서 길쌈을 하여 실을 뽑아서 옷을 만드는 변화 등 죠몽 문화에서 야요이 문화로의 변화는 일본 역사에 매우 중요하고 획기적인 일이며 기원전 3~4세기에 한반도 이주 집단들의 진출이 직접적인 영향을 미쳤다고 생각된다.

야요이문화 시기 이전의 원주민들은 수렵과 어로와 열매 등의 채집에 의존하였다. 먹을 것을 구하기 위하여 항상 이동해야 함으로 생활이 안정되지 못하고 또 궁핍하였다. 기원전 2~3세기 한반도에서 농경문화와 동·철기 문화가 북 규슈에 상륙하여 동진하였는데, 대거 이주한 고대의 한국인은 각 지방에 읍락국을 형성하였다.

《日本書紀》의 기사에 신화의 시조신인 이사나기노미꼬도(伊奘諾尊)와 이사나미노미꼬도(伊奘册尊), 두 남녀신이 아들로 낳았다는 지명이 적혀 있다. 즉 아와지섬, 쯔구시섬, 오끼섬, 사도섬, 고시섬, 오섬, 기미고지마섬 등 8개의 섬을 낳았는데 쯔시마와 이끼섬은 바다물의 거품이 응결해서 만들어진 것이라고 한다. 이 8개의 섬의 순서는 두 신이 그것들을 낳은 순서라고 하지만 쯔시마섬, 이끼섬을 포함시켜 거리의 순으로 보면 한국과 가까운 지리적 위치에 있으면서 한국에서 일본으로 건너가는 뱃길 위에 널려져 있는 섬이라는 사실이다. 이 10개 섬은 그 시기의 동검, 동경, 동창의 분포지역으로 야요이 문화시기에 한국문화가 집중적으로 전파되어 있던 한국 이주민 집단의 정착지임을 알 수 있는 것이다.

그러므로 일본 원주민들은 바다를 건너 온 한국 이주민들을 하늘에서 내려온 고마운 사람으로 여겼다. 그들은 하늘에서 내려온 이주민을 아마히도(天人)라고 불렀다. 바다 역시 우미, 비를 아메라고 하는 것은 하늘에서 내려오는 비,

바다에서 건너오는 사람, 하늘에서 내려오는 사람을 같은 말로 불렀던 것이다.

현재 일본에 남아 있는 지명으로 이도(怡土), 가라(伽倻), 구다라(百濟), 시라기(新羅), 고마(高句麗) 등은 이주민 정착촌의 흔적이라고 볼 수 있는 것이다.

고대 신화에 나타나는 지명과 신인 명, 국가건설에 참여한 인물들을 살펴보면, 경북 청도군에 소재했던 이서국은 비교적 연구가 되지 못한 실정이지만 여기 백성들이 일본에 진출해서 이도국을 세우고 많은 영향을 주었다는 사실을 추정할 수 있다. 《古事記》(712)와 《日本書紀》(720), 기타의 여러 사서들을 종합해 볼 때, 일본의 창조신 이사나기노미꼬도, 이사나미노미꼬도의 '이사'가 이서국(伊西國)으로 비정되고, 야마도(大和) 민족이 아시하라노 나카쓰구니(葦原中國) 즉 오늘의 일본에 이주하기 이전의 다가마하라(高天原)도 이서국과 그 부근으로 추정된다. 다시 말하면 아마데라스오미가미(天照大神)의 손자인 니니기노미꼬도(瓊瓊杵尊)가 규슈의 히무가(日向)에 내려오기 이전의 천손종족의 조국도 이서국으로 비정된다. 또한 나라 끌기(國引)의 신화, 지명, 신사명, 출토품 등에서 고대한국과 깊은 관계가 있다고 추정되는 이즈모국(出雲國)의 '이즈'와 북규슈의 이도(怡土), 이서국의 '이서'가 같은 뜻을 가지는 말이다. 필자는 이서국과 이도국과의 관계를 신화, 고고학, 언어학적 측면에서 규명하여 한일 고대사를 재조명함으로서 한일 간의 역사인식을 바로잡는 데 도움이 되고자 한다.

이서국(伊西國)의 역사와 언어를 살펴보면,

《日本古典文學大系》(p.503, 1958, 岩波書店)의 〈지구젠 풍토기(筑前風土記) 이도군(怡土郡)〉에 다음과 같은 기록이 있다.

> 怡土國
> 筑前の國の風土記に曰はく, 怡土の郡. 昔者, 穴戶の豊浦の宮に御宇しめしし足仲彦の天皇, 球磨噌唹を討たむとして筑紫に幸しし時, 怡土の縣主等が祖, 五十跡手, 天皇幸しぬと聞きて, 五百枝の賢木を拔取りて船の舳艫に立て, 上枝に八尺瓊を挂け, 中枝に白銅鏡を挂け, 下枝に十握劒を挂けし, 穴門の引嶋に參迎へて獻りき. 天皇, 勅して,「阿誰人ぞ」と問ひたまへば, 五十跡手奏ししく,「高麗の國の意呂山に, 天より降り來し日鉾の苗裔, 五十跡手是なり」とまをしき. 天皇, ここに五十跡手

を譽ぬて曰りたまひしく,「恪しきかも伊蘇志と謂ふ. 五十跡手が本土は恪動の國と謂ふべし」とのりたまひき. 今, 怡土の郡と謂ふは訛れるなり.

즉 “일본의 14代 천황인 주아이 천황(仲哀天皇)이 규슈에 살고 있는 구마소족을 정벌하기 위하여 규슈에 갔을 때 쯔구시(筑)의 아가다누시(縣主)의 조상인 이도데(五十跡午)가 천황이 온다는 소식을 듣고 500 가지의 나무를 뱃머리에 세웠다. 그리고 윗가지에는 8척의 붉은 옥(瓊)을 걸고 가운데 가지에는 흰 거울을 걸고 밑가지에는 도스가메(十屋) 검(劍)을 걸고 아나도(穴門)의 히기시마(引島)까지 마중을 나갔다.

천황이 묻기를 “그대는 누구인가”하니 이도데(五十跡午)가 나서서 말하기를 “나는 고려국(高麗國)의 오로산(意呂山)에서 온 천강손(天降孫) 히보고(日鉾)의 후손인 이도데 입니다”라 답했다.

〈와메이쇼(利名抄)〉에 의하면 이도의 고을이란 지구젠국기(筑前國記)에 밝혀진 이도군(怡土郡)이다. 현재는 시마(志摩)군과 합쳐져 이도지마군(糸島郡)이 되었는데, 이도지마 남부에 위치한 고을이 바로 이서국 백성이 건너가 세운 이도국 이다.

위의 고려국이란 한국을 총칭한 말이고 오로산에서 온 것으로 이해하는 것이 좋을 것이다.

그러면 한국의 오로산이란 어디에 있겠는가 하는 것이 문제의 키가 된다. 아키모토 요시로오(秋本吉郎), 요시노유(吉野裕)와 같은 학자들은 [오로산]과 [울산]이 발음이 유사하다 하여 〈지구젠풍토기〉주석 등에 동남 해안의 울산으로 비정하고, 고구려와 신라의 경계지역으로 고려라고 했다는 것이다. 그러나 울산의 어느 산도 비정될 수 있는 산이 없다.

오히려 경상북도 청도군 매전면에 현존하는 오례산(烏禮山)과 거기에 있는 오례산성으로 추정된다. 현 매전면은 경주와 가까운 거리에 있기 때문에 옛 서라벌의 6부촌의 하나일 것이다.

이도데는 고려의 오례산(오로산)에서 온 신라의 아마노히보고(천일창)의 후손이라고 하였는데 오로산, 오례산은 신라의 판도가 되기 전에 이서국이 있던 청도군이라는 것이 명백하다. 같은 풍토기에 천황이 이도데를 칭찬하며 이소시(伊蘇志)라고 했다는 기록을 볼 때 '이소'와 '이서'는 음이 통한다. 이도국이란 신라 유리왕에게 나라를 빼앗기고 이서국의 유민들이 건너가 세운 나라였다. 또한 이도데는 붉은 구슬과 구리거울 그리고 검을 내걸고 천황을 마중한다. 구슬, 거울, 검은 하늘, 즉 한국에서 일본에 사람을 보낼 때 갖추어 보내던 세 종류의 신기이다. 야요이 문화시기에 나라를 다스릴 도구인 삼종의 신기에 관한 사상은 고대 한국의 통치사상에서 유래하였다. 이도국왕의 무덤인 미구모(三雲) 유적이 후구오가현(福岡) 이도(糸島)지마군의 마에부루정(前原町)에 있는데 거기에도 이 삼종의 신기가 많이 발굴되었다.

8세기 문헌인 《古事記》와 《日本書紀》에는 다음과 같은 아마노히보고(天日槍)에 대한 기사를 신화적 표현으로 서술하고 있다.

> 「옛날 신라에 「아구누마」라는 늪 하나가 있었는데, 그 늪 근처에 어떤 여인이 낮잠을 자고 있었다. 그 때 무지개와 같은 햇빛이 그녀의 음부를 비추는 것을 어떤 남자 한 명이 보고 이상히 여겨 그 여자의 동태를 유심히 살펴보았더니 그 여인은 낮잠을 자던 때부터 태기가 있어 드디어 출산하였는데 붉은 구슬을 하나 낳았다. 이에 그 남자가 여인에게 졸라 그 구슬을 받아 낸 후 항상 그것을 싸 가지고 허리에 차고 다녔다. 이 남자는 산골짜기에서 밭을 일구며 살고 있었으므로 밭을 가는 인부들의 음식을 한 마리 소에다 싣고 산골짜기로 들어가다가 그 나라 왕자인 아마노히보코(天日槍)를 우연히 만났다. 이에 아마노히보코가 그 남자에게 묻기를 '어찌하여 너는 음식을 소에다가 싣고 산골짜기로 들어가느냐? 필시 이 소를 잡아먹으려는 것이지!' 하며 그 남자를 즉시 옥에 가두어 두려고 했다. 이에 그 남자가 '저는 소를 죽이려는 것이 아닙니다. 다만 밭을 가는 사람들의 음식을 실어 나를 뿐입니다'라고 대답하였다. 그러나 아마노히보코는 그를 용서하지 않았다. 그리하여 그 남자는 허리에 차고 있던 구슬을 풀어 왕자에게 바쳤다. 그러자 아마노히보코는 그를 방면하고 그 구슬을 가지고 와서 마루 곁에다 두었다. 그런데 그 구슬이 아름다운 여인으로 변하는 것이었다. 그리하여 그는 그녀와 혼인하고 적실의 아내로 맞아 들였다. 그 후 그녀는 항상 여러 가지 맛있는 음식을 장만하여 남편으로 하여금 먹게 하였다. 그

> 러나 왕자는 거만한 마음이 들어 아내를 항상 나무랐기 때문에 '나는 당신의 아내가 될 여자가 아닙니다. 나의 조국으로 가겠습니다'라고 말하고 재빨리 남몰래 작은 배를 타고 도망쳐 일본의 나니와(難波)에 머물렀다. 아마노히보코는 아내가 도망쳤다는 소식을 듣고 곧 그 뒤를 따라 일본으로 건너왔다」
>
> (노성환 《일본의 고사기》 예전사, 1,990년).

《新增東國與地勝覽》(노사신 외 편저, p.452)에 보면,

> 「巨淵在郡東三十里
> 有龍壇遇旱則祈」

라는 기록이 있다. 아마노히보코의 고향인 아구누마는 이서국의 고지인 청도군에 있는 이 [巨淵]인데, [淵]은 늪 즉 일본어의 [누마]의 표기이고 [keo] '巨'는 [aku]와 음이 통한다. 그렇기 때문에 위의 아구누마는 巨淵으로 비정될 수 있을까? 사뭇 관심이 가는 늪 또는 못이다.

일본으로 건너간 신라의 왕자 아메노히보고(天日槍)는 도망간 아내를 찾아 이서국에서 일본으로 건너가 이도(怡土)지역에 머물다가 일본 여러 곳을 방황한 후, 현재 효오고현(兵庫縣)의 북부지역인 타지마(但馬)라는 곳에 정착했다고 전한다. 지금도 그를 신으로 모시고 있는 이즈시신사(出石神社)가 있다. [이즈시](出石)는 [이소시](伊蘇志)와 같이 이서국의 [이서]와 같은 어사로 보는 것이 타당할 것이다.

《三國志》 東夷傳 및 《史記》 朝鮮傳을 참고하면 한반도 중남부 지역에 적어도 기원전 3~2세기경 삼한(三韓)의 소국들이 성립되어 상당히 강력한 부족국가로 성장하였음을 알 수 있다. 그러나 진한소국 가운데 사로국(斯盧國) 연맹체가 맹주 국으로 등장하여 주변의 소국들을 병합하였다.

즉 이서국과 더불어 비교적 사로국의 인접지역에 위치하였던 압독국(押督國), 음즙벌국(音汁伐國), 실직국(悉直國)들이 2세기경에 사로국에 병합되었다. 《三國史記》 卷第一 新羅本紀 儒禮尼師今 14年條에 "伊西古國來攻金城"이

라는 기록을 볼 때 이서국은 멸망했지만 매우 강한 집단으로 남아서 신라의 금성을 공격했다는 사실로 이해할 수 있다. 《新增東國與地勝覽》 淸道에 보면 다음과 같다.

> <建置沿革>本伊西小國 新羅儒理王伐取之後 合仇刀城境內率伊山(伊或作已) 驚山(一作茄山) 烏刀山等三城 置大城郡(仇刀一云仇道一云烏也山一云烏禮山疑烏刀山是其地) 景德王時 仇刀 改稱烏岳縣 驚山改荊山縣 率伊山改蘇山縣 俱爲密城郡領縣 高麗初複合三城 爲郡改今名(一云道州) 仍屬密城睿宗四年 置監務忠惠王時 以郡人金善莊有功陞知郡事 未幾還爲監務 恭愍王十五年復爲郡 本朝因之<官員>郡守 訓導(各一人) <郡名> 道州 驚山 伊山 伊西 大城

이서소국은 신라 유리왕에게 패하여 합병되었고 이서국의 중심세력은 솔이산성(率伊山城)(소산현(蘇山縣)), 가산현(茄山縣)(형산현(荊山縣), 경산성(驚山城)), 오도산성(烏刀山城)(오악(烏岳), 오구(烏丘), 오례(烏禮), 오혜(烏惠)으로 현재의 청도군 일대에 있었던 성들이다.

산성에 대한 다음의 기록을 보면,

> 吠城 : 在郡東七里 東西皆石壁 世傳高麗太祖東征 至郡境 有山賊 嘯聚據此城不服 太祖問於奉聖寺僧壤壤曰 犬之爲物司夜而不司盡前而忘 其後宜以晝擊其北 太祖從之 賊果敗
>
> 烏惠山城 : 石築周九千九百八十尺 高七尺 今廢 中有三溪五池三泉. 今按仇刀 一云烏禮山 禮與惠聲相近 疑卽此城.

즉 《新東國與地勝覽》에 고적으로서 폐성(吠城)과 오혜산성(烏惠山城)이 청도군 매전면에 있다. "오혜산성은 돌로 지은 성으로 둘레 9천 9백 80척이 되고 높이가 7척, 그 성안에는 시내가 3개, 못이 다섯 개, 샘이 3개라고 하고 구도(仇刀), 오례산(烏禮山)이라고 했다"는 기록이 보인다.

또한 폐성은 군의 동쪽 7 리에 있으며 모두 벽으로 둘러 있고 고려 태조가 이곳에 이르렀을 때 산적들이 이곳에 웅거하여 불복함으로 봉성사의 승려인 보양에게 계책을 물었다는 기록이 있으며, 오산지(鰲山誌)에도 폐성은 이서산성이며 그 형상이 달리는 개의 모양과 흡사하다고 하였다.

신라의 유리왕이 이서국을 침공하였을 때 성이 험하고 단단하며 병사가 강인하여 승려 보양(寶壤)에게 계책을 물었다는 기록이 보인다.

산성의 구조를 보면, 평탄한 평지에 흙 담을 쌓고 수문과 성문을 설치하여 정면으로부터 방위 벽을 구축하였고 경사면을 잘 이용하여 절벽을 성벽으로 삼았는데, 이것은 일본 규슈에 있는 한국식 산성구축방법과 공통됨을 보여준다.

이도지마반도(糸島半島)는 고대로부터 한국과 북 규슈를 연결하는 요충지였다. 한국-쯔시마(對馬島)-이끼(壹岐)-이도지마반도(糸島半島)로 표시되는 길이 한국과 일본을 연결하는 직통길이라고 하는 것을 알 수 있다. 《萬葉集》에도 이도지마반도 최북단 일단을 '가라 도마리'라고 노래한 것은 빈번한 왕래가 있었다는 것을 역사적 사실을 전한다.

또한 이도지마반도의 남쪽에는 이서소국 유민이 건너가 세운 이도국(怡土國)이 있었다는 것은 고문헌과 고고학적 유물, 지명, 신인명의 고증을 통해서 알 수 있는 것이다.

《和名類聚抄》에 의하면 지구전(筑前) 이도(怡土)의 고을이 아이다(飽田), 다구고소(託社), 오노(大野), 나가노(長野), 구모소(雲須), 아라히도(良人), 이시다(石田), 아마베(海部)의 8개 향을 관할한다고 하였다. 이 8개 향 가운데 다구고소, 아라히도(아야사람), 아마베 등은 한국과 관계가 되는 지명이다.

아마베의 '아마'는 '하늘', '바다', '비'의 뜻으로 다가마하라(高天原)와 같은 하늘나라에서 아사하라노 나카쓰구니(葦原中國)인 지상으로 내려온다는 뜻이다. 《三國志》 魏誌 倭人傳에 怡土國에 대하여 다음과 같이 전하고 있다.

> 「……(한국에서) 또 하나의 바다를 건너 천 여리를 가면 말로국에 이르는데 거기에 4천여 호가 있다. 동남쪽을 향해 육지로 5백리 가면 이도국에 이른다. 벼슬로는 이지, 세모고, 병거고가 있으며 호수는 천여 호나 된다. 대대로 왕이 있어 모두 여 왕국에 종속되어 있다」고 했다.

일본의 창조신인 이사나기노미코도(伊奘諾尊)와 이사나미노미코도 두 남녀

신이 화합하여 돌(石), 나무(木), 바람(風), 바다(海), 불(火)의 신을 낳았다고 한다.

다음은 [이사]의 어원에 대하여 여러 설이 제의되어 있는바 여기에 간단하게 정리해 보면 다음과 같다.

서정범(1994) 교수에 의하면, [이사나기]의 [이사]는 '부르다, 청하다, 꾀다' 등의 뜻이 있고 [나]는 [노]에 해당하는 조사이며 [기]는 남성을 나타낸다고 했다. 또는 그 [이사]가 말의 의미를 지닐 개연성이 높다는 것이다. 金澤庄三郞 씨는 위의 두 신인에 대하여 isa(伊奘)는 지명이라 하고 [isanagi]는 'isa의 아기(男)' 즉 isa국의 남신이고, [isanami]는 [isa]의 어미 즉 isa국의 여신이라 하였으나 지명 고증을 하지 않고 /isa/는 아세아 대륙을 포함한 넓은 의미로 막연하게 제의했다.

지금 경상북도 청도군에 이서면이 있으며 청도가 옛 이서소국의 고지임이 밝혀져 /isa/(伊奘)와 /is대/(伊西)는 같은 지명임이 분명하다.

앞에서 논한 바와 같이 이즈모(出雲)의 /izu/, 북 규슈의 이도국(怡土國)의 /ito/ 또는 그의 이칭인인 이소(伊蘇)의 /iso/는 이서국의 /iso/ 같은 어사이다. 《지구젠풍토기》에 천황이 이도의 아가다누시(縣主)인 이도데(五十迹午)를 칭찬하여 이소시(伊蘇志)라고 했으며 또한 이도데가 말하기를 고려국 오로산(意呂山)에서 하늘로부터 내려온 신라의 왕자 아마노히보코의 후손인 이도데라고 기록하고 있다.

지금의 와카야마(和歌山)縣과 미에(三重)縣 남부에 위치한 기이국(紀伊國)의 이도군(伊都郡)은 《和名抄》에서 기이국 이도군(紀伊國 伊都郡)으로 나타난다. 이곳에 이사나기노미꼬도의 딸인 니부쓰히메(丹生津媛)를 모신 신사가 있다. 또한 이세국(伊勢國)의 /이세/도 같은 어사이며, 이곳에 아마데라스오미가미를 모신 이세신궁(伊勢神宮)이 있다.

다가아마하라(高天原)는 야마도(大和)민족이 아시하라노나카쓰구니(葦原中國) 즉 오늘의 일본에 이주하기 이전의 장소를 말한다. 아마데라스오미가미(天照大神)의 손자인 니니기노미코도(瓊瓊杵尊)가 규슈의 히무가 국(日向國)에 강임하기 이전의 천손종족의 조국을 말한다. /taka/는 '高'의 뜻이고 /ama/는 '天'

의 뜻이고 /hara/ '原'의 뜻이다. 특히 이 /ama/는 만주 · 퉁구스 언어와 다음과 같이 대응이 된다.

Manchu : abka, əldən(光) Jurchen : abka[阿卜哈] Nanay : apka

또한 위그르어에 aptap(陽), 몽골어에 odor(晝)도 같은 자매 언어로 대응이 된다. 그러면 다가아마하라(高天原)는 어디에 비정될 수 있을까? [이자나기노미코도]와 [아자나미노미코도]의 [이사]가 이서국의 지명에 유래되었다는 점, 또한 아마데라스오미가미의 이명인 세오리즈히메(瀨織津比咩)의 /seori/는 /sə-bərə/에서 유래된 점, 이즈모국(出雲國)의 [이즈]가 이서국에서 유래된 점, 아마데라스오미가미의 남동생 스사노오노미코도(素盞鳴尊)는 그의 아들인 이다케루노가미(五十猛神)와 함께 신라의 소시모리(曾尸茂梨)에 있다가 동으로 건너가 이즈모국의 히노가와(簸川) 상류에 있는 오상봉(烏上峰)에 이르렀다고 하는 점 등을 고려할 때 다가아마하라는 이서국으로 추정할 수 있다.

또한 다가아마하라는 신라의 수도인 서라벌로 볼 수 있을 듯 하 나 그곳은 박씨, 석씨, 김씨 등 토호들이 세력을 펴고 살았을 것이니 그곳을 맡아 다스리게 할 수는 없었을 것이다. 따라서 다가아마하라는 오레산성이 있고 이서국의 고지이며 경주와 가까운 청도군 매전면 일대로 비정함이 옳은 판단인 것 같다.

이즈모(出雲)국은 현재의 시마네현(島根縣)의 동반부에 위치하고 있었다. 『出雲風土記』에 의하면 오우, 시마네, 아이까, 다떼누히, 이즈모, 가무도, 이히시, 니다, 오하라 등 9개의 고을로 이루어져 있었다고 한다. 이즈모국의 건국신화는 스사노오노미꼬도(素盞鳴尊)의 강임신화(降臨神話)와 국인신화(國引神話)가 중심이 되어 있다.

《出雲風土記》에 의하면 스사노오노미꼬도의 4세손이라고 하는 야쯔까미즈오미쯔노미꼬도(入東水臣津野命)가 말하기를「이즈모국은 좁고 어린 나라이다 …… 다쿠후스마노시라기(栲衾志羅紀)의 곶에 여유가 있는가 하고 바라다본즉

나라의 여유가 있었다. 이를 큰 삽으로 떠서 셋으로 얽힌 그물에 걸어서 배와 같이 만들어 '나라여 오느라' 하고 끌고 와서 이즈모국에 기워서 붙였다」고 기록하고 있다.

다쿠후스마노시라기는 쓰시마(對馬島)에 있었던 신라 즉 쓰시마상도의 북 해안에 있는 사고(佐護)에 비정된다. 그러나 탁순국(卓淳國)은 가야에 있었던 작은 나라의 하나로 신라에 멸망한 나라인데 탁순국의 백성들이 쓰시마에 건너가 세운 나라가 다쿠후스마노시라기로 추정된다.

이즈모의 어원에 대하여 여러 설이 있다. 영국의 학자 베실 홀 쳄바렌은 izumo를 곶(岬)을 뜻하는 아이누어 etu-moi에서 온 것이라 하였다.

또한 中島一郎 씨는 izumo를 '샘물'을 뜻하는 idzumi(泉)와 같다고 했다.

李炳銑 님은 이즈모의 [izu]는 신라의 왕명 유라니사금(儒理尼師今), 탈해니사금(脫解尼師今), 파사니사금(婆娑尼師今) 등에서 보는 [尼師]와 같은 어사로 생각했다. /nisa-kəm/의 /nisa/와 /iza/ 어두음 [n]음의 탈락으로 대응이 된다. 뜻은 '최상', '최고'로 판독이 된다. 또한 /isz-mo/의 /mo/는 /higasi-me/, /nisi-me/ 등의 /me/와 /mo/는 '장소'를 뜻하고, [izu-mo]는 최상자인 왕이 있는 '왕읍' 또는 '왕도'로 풀이된다.

/izu-mo(出雲)/의 /izu/는 북 규슈 이도국의 /ito 및 그의 이칭인 /iso(伊蘇)/, 이도국의 현주인 이도데(五十跡午)의 /ito, 청도가 고지인 /iseo(伊西)/와 같은 어사로 보아야 할 것이다.

또한《出雲風土記》의 出雲郡條에 가라가마사(韓銍社)에 이다대(伊太氐) 신사가 있다. 여기에는 스사노오노미코도의 아들인 이소다케루노미코도(五十猛命)를 모시고 있다.

여기 /ita-te의 /ita/와 이소다케루노미코도의 /iso/도 이서국에서 유래된 말로 추정이 된다.

이사나기노미코도(伊奘諾尊)가 가지고 있던 도즈가노즈루기(十掌劍)의 다른 이름이 이즈노하바리노가미(伊都之尾羽張神)이다. 여기에 /itsu/는 검이 나온 장소라는 개연성이 높다.《日本書紀》에 이즈모국에 내려온 스사노오노미코도(素盞嗚尊)가 그곳의 야마다노오로치(八岐大蛇)를 퇴치하고 구시이나다히메

(奇稻田姬)와 결혼하게 된다는 이야기가 있다. 스사노오노미코도가 고시(高志)의 야마다노오로치를 그것을 가지고 퇴치한 칼인 가라사히노쯔루기(韓鋤之劍)가 가라구니(韓國) 산인 것처럼 /itsu/는 한국의 이서국의 옛 이름 /itə/국산의 칼로 생각할 수 있다.

음운변화의 자연법칙을 볼 때 ita>ida>isa>iza의 음운 변화과정을 알 수 있다. 그러므로 izagi no miko의 [iza]는 isə(伊西國)의 남자로 판독이 되는 것이다. 더욱 스사노오노미코도(素盞鳴尊)가 결혼한 구시이나다히메(奇稻田姬)의 아버지는 국신인 아시나쓰치(脚摩乳)인데, 이 [아시]도 [이서]의 이형태로 추정되며, 이나다(稻田)는 지명이라고 하지만 기원전 3~4세기 죠몽문화에서 야요이문화로 변혁을 가져온 일본에 전파된 한국 벼농사와 일본의 농경생활의 시작을 상징하는 것이라 생각해 볼 수 있다.

이도국왕의 무덤인 미구모(三雲) 유적에서 나온 구슬, 거울, 검 등은 고대 한국의 국가 통치사상에서 유래하였다. 이도국의 방어시설인 한국식 산성은 이도군(糸島郡) 이도촌(糸島村) 다가스산(高祖山, 415.5M)을 중심으로 하여 서쪽에 전개되는 것으로 절벽을 성벽으로 삼고 흙 담과 수문축조 등의 구조가 청도군 이서국의 고지에 있는 폐성(吠城, 一名 伊西山城)이나 오혜산성(烏惠山城)과 매우 공통된 특징을 보여주고 있다.

또한 이도산성(怡土山城) 안에는 다가스 신사가 있는데, 히보고(천일창)의 처인 다까스히메를 고래로 산성의 수호신으로 받들어 왔다고 한다. 즉 아가다누시의 조상은 신라왕자 히보고이며 그의 처가 이도산성의 수호신인 다까스히메(히메고소)이다. 비록 신라왕자라 하지만 신라에 합병된 가야소국인 이서국의 왕자 명으로 간주할 수 있을 것이다.

이도지역은 의외로 한반도와 관련이 있는 유적지가 많다. 가야산(可也山)이 있고, 이도성의 유적지에는 시라기신사(白木神社)가 있으며, 우미하찌만구(宇美入幡宮)라는 신사에는 아마노히보코를 모시고 있다. 그리고 이도산성의 해안쪽 후카에(深江)라는 지역의 부근에는 아마노히보코의 후손으로 알려진 신공왕후(神功王后)가 모셔져 있다.

생업을 전적으로 채집경제에 의거하였던 죠몽문화 시기에 비하면 논벼생산을 위주로 하는 야요이문화 시기는 사람들이 자연을 개척, 정복하고 자기 손으로 물질적 부를 생산하는 보다 발전된 시기였다. 가라 사람(駕洛人), 시라기 사람(新羅人), 구다라 사람(百濟人), 고마 사람(高句麗人)들이 일본으로 대거 진출하였다. 그러나 청도에 소재했던 이서소국은 비교적 연구가 되지 못한 고대의 작은 부족국가였지만 《古事記》(712), 《日本書紀》(720), 각 지방의 풍토기에 가장 많은 흔적을 남기고 있다. 《三國遺事》에는 이서국의 위치, 이서국의 멸망, 죽엽군(竹葉軍)의 설화 등 3조에 걸쳐 상세히 기술하고 있다.

A. D. 42에 이서국은 멸망하였다는 기사가 《三國遺事》의 기록에 보인다. 이서국은 진한 여러 나라중 하나이며, 사로국(斯盧國)과 같이 힘이 있는 나라가 등장하면서 정복된 것이다.

《東國與地勝覽》 卷二十六 청도군에 따르면, 청도는 본래 이서소국이었는데 신라 유리왕(24~57)이 쳐서 신라 땅으로 만들었다고 한다. 구도산, 오야산, 오례산 등으로 부르다가 지금은 오례산이라고 부른다는 기록도 있다.

日本의 이도국(怡土國)은 신라 유리왕에게 나라를 빼앗긴 유민들이 건너가 세운 나라로 추정된다. 이도데가 〈이소국〉을 본래의 나라라고 한 데는 이와 같은 역사적 사실이 있었기 때문이라고 본다.

이도국이 신라계통 즉 진한소국인 이서국 이었다는 것은 아마노히보고(天日槍)의 후손이라는 이도데가 이른바 천황을 마중한 의식에서도 잘 알 수 있다.

일본을 창조했다는 이사나기노미코도(伊奘諾尊)와 이사나미노미코도(伊奘册尊)의 형태소를 분석해보면,

isa + no + agi + mikoto
isa + no + ami + mikoto

의 합성으로 구성되어 있다. 위 /mikoto/는 존칭사이며, /isa/는 신인의 출신지 이서국이고 /no/는 속격의 조사이고 '의'의 뜻이며, /agi/는 현재 '어린 아이'의 뜻이나 고대에서는 '남자'의 뜻으로 쓰였다.

《日本書紀》를 보면, 스사노오노미고도(素盞鳴尊)의 비(妃) 구시이나다히메(奇稻田姬)의 부모인 영감과 할멈을 /oki-na/, /omi-na/로 읽는다.

《三國史記》 地理誌 高麗條에 「대가야의 시조(大加耶始祖)는 아진아고(伊珍阿鼓)」라고 기록되어 있는데, 이 /ago(阿鼓)/는 '남자'의 뜻으로 해독이 된다. 그러므로 /isa-no-agi-mikoto/는 '이서국 출신의 남신'으로 해독이 되는 것이다.

다음 /isa-no-ami/의 /ami/는 여자의 뜻이다. /ama/ '하늘', /umi/ '바다', /ame/ '왕비', /ami/ '어머니'는 같은 어원에서 파생된 어사이다.

《古事記》(712) 진무천황(神武天皇)의 노래에도 고나미(古那美)는 '큰 어미'의 뜻으로 나타난다. 그러므로 '이서국 출신의 여신'으로 해독이 된다.

아메데라스오오미카미(天照大神)는 위 두 창조신의 딸(女神)이다.

《日本書紀》에 의하면 위 여신은 태양신으로서 일본의 조상신으로 모시고 있다. 위 두 신인은 아마데라스오미가미와 함께 쓰키요미노미코도(月讀尊)와 스사노오노미코도(素盞鳴尊)를 낳았다. 아마데라스오미가미는 현재 이세신궁(伊勢神宮)에 조상신으로 모시고 있는데, 이 이세신궁의 [이세]도 이서국의 [이서]와 같은 어사이다.

이와 같이 신인명, 국명, 검명, 신사명 등의 기록이 《古事記》, 《日本書紀》, 《風土記》 등에 나타나는 것을 볼 때 진한 소국인 이서국의 유민은 일본에 이도국(怡土國)을 건설하고 매우 강력한 집단으로 일본의 야요이문화(彌生文化) 변혁에 많은 영향을 끼친 것으로 생각한다.

3.1.2 아메데라스오미가미(天照大神)와 스사노오노미코도(素盞鳴尊)

이사나기도미코도(伊奘諾尊)와 이사나미노미코도(伊奘冊尊)가 교합하여 일본의 국토를 낳고, 세 자녀, 아메데리스오미가미(天照大神), 스사노오노미코도(素盞鳴尊), 쓰기요미노미코도(月讀尊) 셋을 두었다.

신인들의 세계를 보면 다음과 같다.

이사나기노미코도 伊奘諾尊 ┐ 　　　　├── 天照大神 / 아메데라스오미가미 伊奘册尊 ┘ 이사나미노미코도	天照大神 아메데라스오미가미	아마노오시호미미꼬도 天忍愁耳尊 栲幡千千姬 다구하다치지히메
瓊瓊杵尊 니니기노미코도	彦火火出見尊 히코호호데미노미코도	鸕鷀草葺不合尊 우가야후키아데즈노미꼬도
鹿葺津姬 가아시쓰히메	豊玉姬 도요다마히메	玉依姬 다마요리히메
新日本盤余彦尊 (神武王) 가무야마토이와레히코노미코도		

《고지기(古事記, 712)》와 《닛본쇼기(日本書紀, 720)》에서 기록한 신화로 구성된 천손의 세계인 것이다.

스사노오노미코도(素盞鳴尊)는 가라구니노시마(韓鄕之島)에 많은 나무를 심고, 이즈모(出雲)국에 건너가서, 머리가 여덟 개, 꼬리가 여덟 개 달린 큰 뱀 즉 야마다노오로치(八岐大蛇)를 퇴치한 이야기가 있다.

아메데라스오미가미(天照大神)의 손자인 니니기노미코도(瓊瓊杵尊)가 다가마노하라(高天原)로부터 규슈(九州)의 구시후루(槵觸)봉에 내려갔다는 신화가 기록되어 있다.

다가마노하라(高天原)은 야마토(大和)민족이 아시하라노나카쓰구니(葦原中國) 즉 오늘의 일본에 이주하기 이전의 곳을 말한다. 즉 아메데라스오미가미(天照大神)의 손자인 니니기노미코도(瓊瓊杵尊)가 규슈(九州)의 히무카(日向)에 강림(降臨)하기 이전의 천손종족의 조국을 말한다. 이 다가마하라(高天原)가 어디이냐 하는 문제에 대하여 大和 · 日何 · 商陸 한국의 대가야가 있던 고령 등으로 비정하고 있으나 필자는 이사나기노미코도, 이사나미노미코도 두 신인의 [이사]를 이서국(伊西國)에 비정했다.

스사노오노미코도(素盞鳴尊)는 용감하기는 하나 잔인했다고 전한다.

스사노오노미코도의 무례한 행동에 화가 난 아메데라스오미가미는 천석굴

(天石窟)에 들어가서 돌문을 닫으니 그녀가 태양신이라, 세상이 어두워졌다. 제신들이 모여서 의논하여, 스사오노미코도를 네노구니(根國)로 내쫓았다. 어떤 책에는 그는 네노구니에 가지 않고, 그의 아들인 이다케루노가미(五十猛信)를 데리고 신라의 소시모리(會尸茂梨)에 있었다고 했다. 그 후 그는 점토로써 배를 만들어 타고, 동으로 건너서, 이즈모(出雲)국의 히노가와(簸川)상류에 있는 오상봉(烏上峯)에 이르렀다고 한다.

《日本書紀》〈神代紀下卷〉에 天照大神의 손자인 니니기노미코도(瓊瓊杵尊)가 다카마노하라(高天原)에서 아시하라노나카쓰구니, 즉 일본에 강임했다는 신화가 있다. 그 신이 내려간 곳이 히무가(日向)의 소(襲)의 다카치호노다케(高千穗峯)라는 곳이다. 그가 강임한 다가지호의 구시후루다케(久士布流多氣)의 [구시]는 가라국(駕洛國)의 시조 수로왕(首露王)이 구지봉(龜旨峰)에 하강했다는 [구지]와 같은 어사이다.

또 다가치호노다케의 동쪽 산기슭에는 사노노미코도(狹野尊) 즉 진무왕(神武王)이 탄생한 곳으로서 이곳에는 그를 모신 사노노미 신사가 있다. 이와 같이 하늘에서 강임하는 신화 또는 지명을 풀이해보면, 일본의 고대사는 한국인의 이주에서 시작되었음을 알 수 있다.

A. 아메데라스 오미가미(天照大神)의 어원

일본의 학자 中田薰의 〈古代日韓交涉斷片考〉(東京創文社刊, 1956: 3)에서 「아마 '天'라고 하는 말은 일반적으로 우리들 천손민족(天孫民族)의 고향을 가리키며, 사실은 조선반도 즉 韓鄕 특히 신라를 지칭하는 것이 틀림없다」고 했다.

아마데라스오오미가미는 /ama+tera+su/의 삼 형태로 분석된다.

알타이 자매언어에 '하늘'을 뜻하는 말로 세 어군으로 나누어 생각할 수 있다.

첫째 Mongol-Turkish 어군으로 /다나구루/, '檀君', /teŋere/ 등이 있으며, Manchu-Tungus 어군에 만주어: /abka/, Jurchen(女眞語): /abka(阿卜哈)/, Nanay: /apka/ 등이 있다.

한국어에 [하늘]은 별개의 단어로 생겨난 것이다. 천부사상(天父思想)의 天=父같은 뜻으로 abi '父'가 파생된 것으로 생각된다.

또한 한국의 시조 신화인 난생(卵生) 신화도 원래는 태양의 아들 즉 日子의 신화였다고 생각한다. 고대어에는 [알]이 태양의 뜻을 갖고 있었다. 태양의 뜻을 갖고 있었던 [알]이 다른 태양의 뜻을 지니는 말의 세력에 밀려, 같은 음인 /al/ '卵'이 뜻으로 인식되어 난생설화가 생겼다고 생각한다. 일본어 /ama/ '하늘'은 한국어 /al/ '태양'의 변화형이다.

1704년에 편찬된 만주어-한문해설서인 15권으로 된 한청문감(漢淸文鑑) 및 1948년 현문항(玄文恒)이 편찬한 동문류해(同文類解)에 하늘을 /abka/로 기록하고 있다.

그리고 신라의 朴·昔·金 삼성의 왕과 가라국 김수로왕 등 출생하기 전의 형태인 많은 /al/ '卵'도 같은 것이다. 알타이 이동민족에게 분포된 일구(日球) 즉 알이 상징하는 일자(日子)의 이념은 일본에까지 전파되었다.

일본어의 아마 '天'는 알타이 계 어의 ama '父'인데, 일본인이 그들의 선조의 나라를 omo(母國)라 하고, 그 사이의 바다를 ama '天海', kara '玄海'라 했다.

만주어에 북을 amargi 라고 하는데, 이것은 ama '父' + ergi '方' 또는 amala '後'+ergi '方'라고 하는데, 그들의 조상이 만주의 북쪽 한반도 다가마하라(高天原)에서 ama '天海'를 건너 이동해 왔음을 시사하고 있다.

다음은 [tera]의 형태소를 살펴보자.

서정범 님은 오끼나와(沖繩)어 /tera/가 '태양'을 뜻한다고 하여 /tera/를 '태양'을 뜻하는 말이라고 해독했다. 이 /tera/의 전 차형 /tetra/의 /tet/는 한국어의 '해가 돋다'의 어근이 [돋]이며, '태양'의 의미를 갖는다고 하여, 한국어의 /tol/ '年' /ttai/ '時', 일본어의 /tosi/ '年' /toki/ '時'도 같은 뿌리의 말이라 했다.

이병선 님은 /tera/는 옛 한국어에 귀한 사람을 이르는 말로서, 진한(辰韓) 여섯 촌중의 '突山高墟村長曰 蘇伐都利'의 [都利]에 비교했다. 현재 사람의 이름에 [돌]은 그 자취라고 한다.

/su/는 /ama-tera/와 /oo-mikami/를 연결하는 접사이다. 이러한 접사는 /ama-tsu-kami(天津神)/, /Kuni-tsu-Kami(國津神)/ 등에서도 볼 수 있다.

/oo-mikami/에 있어서 /oo/ '큰'은 《日本書紀》 垂仁 2年紀에 임나국(任那國)에서 온 사신에게 '어느 나라사람이냐'고 물으니, '의부가라국왕(意富加羅國王

의 아들'이라고 하였는데, 이 [의부(意富)]'큰'를 뜻하는 /oho/의 전 형태소 /obo/의 표기이다. 고로 일본어 Obo>-oho>-oo> '큰'의 변화과정을 이해할 수 있다.

다음 /kami/를 해독해 보도록 하겠다.

〈三聖紀〉上에 기록을 보면,

「환웅은 웅녀 씨(熊女氏)를 맞아 후로 삼고 혼가의 예를 정하여 짐승의 가죽으로 폐백을 하며 종자를 심고 가축을 기르며 시장을 설치하여 교역을 하였다」고 했다.

웅녀라 하는 것은 웅씨 씨족공동체의 여인이다. 사기의 기록에 보이는 고마(固麻), 금마(金馬), 고마(古馬), 금마(金磨), 고미(古彌), 개마(蓋馬), 또한 일본사기에 나타나는 고마(高句麗), 기미 '君' 가마'神' 등은 곰에서 파생되어, 검(은색), (머리를) 감다 의 [감], (눈을) 감다 의 [감], 가마(솥)과 같은 말로 파생이 되었다.

《日本書紀》에, 「元正天皇의 御宇靈龜 2년에 고려왕을 비롯하여 1,799명을 그 고을에 와 정착하게 하고, 토지를 개간하고 경작하는 농업을 하게 했다」 즉, 고마(高句麗)가 A. D. 668년 신라와 당의 연합군에게 패하게 되자, 왕자와 유신들이 작고(若光)의 영도 아래 무사시구니(武藏國) 사이타마현(埼玉縣) 이리마(入間)의 중부 니이보리(新掘)와 아오기(靑木)에 고마고오리(高麗郡)을 만들고 정착하게 되었다. 그곳의 성천원(聖天院)에 작고왕(若光王)의 무덤이 다중탑으로 되어 있다. 그들은 지금 〈고마고오리의 역사〉라는 책을 만들고 있고, 작고왕의 59세손인 고마우찌(高麗氏)가 궁사(宮詞)가 되어 있다.

B. 스사노오노미코도(素盞鳴尊)의 어의

ⓐ [素盞鳴尊]의 형태소 해독

/susa +-no +-ono +-mikoto/의 형태소로 분석된다. 《日本書紀》에는 소잔명존(素盞鳴尊)으로 기록되어 있고, 〈古事記〉에서는 속수좌지남명(速須佐之男命)으로 표기하였다. [須佐]와 [素盞]는 '성'을 뜻하는 /sasu/의 표기로 생각된다. 또한 쓰쓰노오노미꼬도(筒之男命)라고 기록되어 있다. 이 말들은 한국말 잣

'성'과 대응이 된다.

즉,	한국어	일본어
	jat(잣)	sasi
		sasu
		susa
		tsutsa

등의 일본어 이형태가 있다.

이와 같이 '성'을 뜻하는 /sasi/계의 말이 일본에 아래와 같이 많이 분포되어 있다.

sasi, sasu	sasi-ki, sasa-ki
刺 sasi(奈良)	sasu-ka, sisi-ki
指 sasi(東京埼玉縣)	佐佐木 sasa-ki(石川縣)
佐須 sasu(東京)	佐佐木 sasa-ki(日本書紀)
cf. 佐須奈 sasu na(對馬島)	佐須賀 sasu-ga(對馬島)
武藏 mu sasi(東京)	志志崎 sisi-ki(對馬島)
tsutsu	
豆酸 tsutsu(對馬島)	tsutsu-ki
都都 tsutsu(出雲國引神話)	筒城 tsutsu-ki(壹岐)
	綴喜 tsutsu-ki(京都)
	都都城 tsutsu-ki(同)
	筒城 tsutsu-ki(同)
	豆豆岐 tsutsu-ki(武藏)

고대 한국어에도 다음과 같은 '城'을 뜻하는 이형태의 기록을 볼 수 있다.

잣(城)(jas) :	외로왼 자센(孤城)(杜解初七10) 잣셩(城) (字會 중8)
재(城)(jai) :	在城曰재 (行使)
	城 재성(慶尙道)
자(城)(ja) :	우리둘히 자안히가셔(我兩箇到城裏去) (老乞 上64)
	자안해드러올것시니(入城來同 54)

다음 [之男命](노오노미꼬도)는 '의 남신'으로 해독되며, [命], [尊]은 존칭사로 해독된다. 이는 /mi-koto/로 분석되니, /mi/는 /mi-tama(御靈)/, /mi-ko(御子)/, /mi-kuni(御國)/에서 보는 존칭의 접사이고, /koto/가 존칭사이다. 이 /koto/는 한국어의 '長'을 뜻하는 /kəti/(< /kətə/)와 비교된다.

> 安波縣 本百濟 居知山縣 景德王改名 今長山縣 (史紀 地理 3)
> 巘陽縣本居知火縣 景德王改名 今 因之 (史紀 地理 1)

위 거지산(居知山)=장산(長山)의 관계에서 [長]과 대응되는 [居知]는 /kəti/의 소리 옮김이다. /kəti/는 /kətə/에서 변이한 것으로 일본말의 /koto(尊命)/와 비교된다.

[헌양(巘陽)]과 대응하는 [거지화(居知火)]는 '장봉(長峯)'을 뜻하는 /kəti-buri/의 표기이다.

ⓑ 出雲(이즈모)의 해독

이즈모(出雲)에 대한 어원에 대한 여러 설이 있다.

아이누어 /etu-moi/ '岬'에서 온 말이라 주장했고, 희랍어설, 아라비아어설, 지나(支那)어설, 남양어설 등이 있으며, 특히 中島利一郞 씨는 /izumo(出雲)/를 '泉水'의 뜻을 가진 일본말 /idzumi/ '泉'에서 찾았다.

이병선님은 이즈모는 '王都'의 뜻으로 해독했다. 그는 /izu +-mo/의 두 형태소로 분석하고, /izu/를 고대한국어의 '최상', 최고'의 뜻으로 해독했다. 이서국

(伊西國)의 /isə/도 같은 어사로 생각할 수 있다.

이 /izu/는 신라의 왕명 유리니사금(儒理尼師今), 탈해니사금(脫解尼師今), 파사니사금(婆娑尼師今) 등에서 보는 /니사/같은 어사로 생각된다. /nisa/는 /isa/로 [n]가 생략되어 '최상'을 뜻하며, /kəm/은 '神人'을 뜻한다. 고로 [尼師今]은 많은 神人 중에서 최상의 神人이니 곧 왕을 뜻한다. 다음 /izu-mo/의 /mo/는 '장소'를 뜻한다. 이기(壹岐), 쓰시마(對馬島) 등지의 방언에서 볼 수 있는 /higasi-me(東)/, nisime(西)의 /me/는 /mo/의 이형태(異形態)로 생각된다. 오늘날 한국어에 '어디 메냐' 할 때의 /메/는 '곳'의 뜻이다. 그러므로 /izu-mo/는 王이 웅거한 곳 '王邑' 또는 '王都'를 뜻한다.

ⓒ 고시(高志), 야마다노오로치(八岐大蛇) 가라사비(韓鋤), 구사나기(草薙), 구시이나다히메(奇稻田姬)의 해독

〈古事記〉에서 이즈모국에 온 스사노오노미꼬도는 고시(高志)의 야마다노오로치(八岐大蛇)를 오로치노가라사비노쓰루기(蛇韓鋤之劍)로 베었는데, 그것에서 구사나기노 쓰루기(草薙劍)라는 영검(靈劍)이 나왔다고 기록되어 있다.

또한 이즈모의 맑은 못에 도착하여 궁을 짓고 구시이나다히메(奇稻田姬)와 결혼하였으며, 자손은 대대로 이즈모에서 번성하고, 그 일부는 야마도(大和)지방으로 동진(東進)한 것으로 보인다.

ⓓ 고시(高志, 古志), 구시이나다히메(奇稻田姬)의 해독

고시(高志, 古志)는 이즈모국의 지명인데, 이 /kosi/, /kusi/는 고대 한국에서 읍락을 통치한 거사(渠師)와 비교된다.

/kasa, kasi, kusi/의 표기를 보기로 한다.

王岐縣(一云 皆次)	(史記)
貴且縣 本仇斯珍兮	(同)

[왕기(王岐)]=[개차(皆次)], [귀차(貴且)]=[구사(仇斯)] 관계에 있어서, 왕을 뜻하는 [개차], [구사], [귀차] 등은 〈三國志魏志〉에 「弁辰十二國又有小別邑各有渠師」에 있어서 '왕', 또는 '수장'을 뜻하는 /kəsi/의 표기이다.

《日本書紀》에 백제왕을 /koni-kisi/라고 했는데, '큰 거시' 즉 '대거사(大渠師)'로 해독된다. 구시이나다히메(奇稻田姬)의 /kusi(奇)/도 같은 어사이다.

ⓔ 야마다노오로치(八岐大蛇)의 해독

/jamata-no-orotsi/의 /ja/는 8을 뜻하며, /mata/는 몸에서 가닥 난 것을 말하며, /orotsi/는 신어에서 '큼 뱀'을 뜻한다고 하나, 이는 '왕', '존자(尊者)'를 뜻하는 /ara-ti/와 같은 어사로 생각된다.

고구려의 /ərə-ti(乙支)/, 김알지의 /ara-ti/와 같은 어사이다.

일본어에 /kuni-tsu aru-dzi/ '국주'의 /aru-dzi/도 같은 어사이며, 오늘날 일본어의 [오야지] '主'로 남아 있다.

그러므로 /jamata-no-oro-tsi/는 "8명의 수장"으로 해석이 되며, 스사노오노미코도가 이즈모에 가서, 그곳에 선주했던 거사국(渠師國,高志國)의 여덟 수장을 토벌한 것을 각색한 것이다. 모든 고유명사는 고대한국어로 풀이되며, 일본의 황족은 한반도의 이주민 집단의 이동선상에서 해석해야 할 것이다.

3.1.3 니니기노미꼬도(瓊瓊杵尊)와 구시후루(槵觸峯)

《日本書紀》에 아메데라스오미가미(天照大神)의 손자인 니니기노미코도가 다가마노하라(高天原)에서 아시하라노나가쓰구니(葦原中國) 즉 일본에 강림(降臨)했다는 신화가 있다.

[니니기]는 구슬옥 瓊자이니 [알알]로 해독된다. [al]은 고대한국어에 '태양', '天'을 말하며, 일본어에 /ama/ '天'으로 해독된다. 그리고 그가 강림한 지명이 여러 사기에 조금씩 다르게 표기되어 있으나, 종합해보면 다음과 같다.

허무가(日向)+소(襲)+다가치호(高千穗)+구시(槵觸, 久土布流, 槵生, 槵日)+峯(多氣)으로 기록되어 있다.

히무가(日向)는 현재 [휴가]로 읽으며, 남 규슈의 미야기현(宮崎縣)에 속한다. 히무가는 경북의 영일(迎日)과 같은 어형으로 "해맞이"의 뜻이다.

소(襲)는 소오의 축약형이며, sobo>soho>soo가 변화한 어형이다. /so'首' + hori '峰'/의 합성어이다.

/kusi-huru(久志布流)/는 '수봉(首峯)', '장봉(長峯)'의 뜻이다. 앞에서 논한 /kusi/는 [개차(皆次)], [거사(渠師)], [고지(高志)], [고지(古志)]와 같이 '왕', '수장'을 뜻하며, /huru/는 /hori/의 이형태이며, 한국어 「묏부리」의 /부리/와 같은 어사이다.

금관가락국의 김수로왕(金首露王)이 탄강한 김해의 /kudʒi-buri(龜旨峰)/는 남 규슈의 /kusi-hura(槵觸)/는 같은 어사로 해독되니, 한·일 고대관계는 언어로 풀어 볼 때 많은 성과를 기대할 수 있다.

즉 일본의 고대사, 특히 신대의 역사는 한국인의 이주에서 시작되었음을 알 수 있고, 고대 한국사의 연장, 알타이 어족의 이동선상에서 고찰되어야 할 것이다.

3.2 고대의 역사와 언어

3.2.1 진무왕(神武王)의 가시하라(橿原)왕조

〈日本書紀〉에 따르면, 진무왕은 일본의 제 일대 왕이다. 이에 니니기노미코도(瓊瓊杵尊)의 증손(曾孫)이다. 즉 천손 니니기노미코도가 히무가(日向)에 강림하여 그곳의 가아시쓰히메(鹿葦津姬)와의 사이에 세 아들을 낳으니, 장남이 호노스소라노미꼬도(火闌降命)인데, 그는 하야히도(隼人) 오오스미(大隅)·사쓰마(薩摩)의 사람들로 알려져 있다. 현재 가고시마현(鹿兒島縣) 북부 시료군(始良郡)에 하야히도죠(隼人町, 인구 26,644명)가 있다.

[하야]는 [가야]의 이형태이며, 하야히도는 '가야사람'으로 해독된다. 차남이 히코호호데미노미꼬도(彥火火出見尊)이다. [히코-호호-데미노 미꼬도]로 분석

된다. 일본 신대의 인명에서 /hiko(彦)/와 /hime(姬)/를 많이 볼 수 있다. /hi-ko/의 /hi/는 '태양'의 뜻이고 /ko/는 '남자'의 뜻으로 해독된다. 또한 /hi-me/의 /hi/는 '태양'의 뜻이고, /me/는 '여자'의 뜻이 된다.

호호(火火)는 /perə/의 2중 표기 이다.

신라의 지명에 /火, 伐, 弗/, 백제지명의 /夫里, 富利/도 같은 말이다. 일본의 이기(壹岐)에서 북 규슈 연안지역에 /후레, 후루/가 붙은 지명이 많고, 뜻은 '벌판', '붉', '광명', '성', '국명' 등의 의미가 있다.

갑화량(甲火良)은 경상남도 기장(機張)의 옛 신라지명인데 /火良/과 /張/이 대응되며, /張/은 /하루, 바루/의 뜻 옮김이며, /甲, 機/는 '王, 大'의 이형태로 '大邑'으로 해독된다.

경상남도 합천군 야로면을 옛날 적화량(赤火縣)이라 했다. /적/과 /화/는 /바라/의 2중 표기다.

삼남(三男)은 호아카리노미꼬도(火明命)라 한다. /火明/도 /pərə/ 이중 표기이다.

차남인 히코호호데미노미코도(彦火火出見尊)는 해궁(海宮)에 가서 바다 신의 딸인 도마요리히메(豊玉姬)에 장가들어 아들을 낳으니, 그가 진무왕의 아버지인 우가야후키아헤즈노미꼬도(鸕鷀葺不合尊)이다. 그는 다마요리헤메(玉依姬)를 비(妃)로 맞아 넷째 아들인 가무야마도 이와레히코노미코도(新日本 盤余彦尊), 즉 진무왕을 낳았다.

진무왕은 이스케요리히메(伊須氣余理比賣), 이명으로 이스즈(五十鈴)를 왕비로 맞았다. /이스, 이스/는 [尼師今]의 [尼師]는 '최상'을 뜻하며, 이서국(伊西國) 출신임을 암시하고 있다. 그러나 〈新撰姓氏錄〉에 보면, 이들의 성을 시라기(新良貴)라 했고, 경주의 신라에서 도해한 사람들이 세운 읍락국의 신라임을 알 수 있다. 이서국(伊西國)이 신라에게 패망하였으므로 뒤의 사가들은 이들을 신라 계로 간주하게 되었다고 생각한다. 진무왕의 비 이스즈(五十鈴)가 비미호(卑彌呼)의 딸인 일여(壹與)라고 했다. 비미호에 대한 역사를 가지마 노보루(鹿島昇)의 주장을 살펴보면 다음과 같다.

가지마 노보루(鹿島昇)는 그의 논문 〈호스마스다에(秀眞傳) 時代〉에서,

「요동(遼東)의 공손도(公孫度)가 그의 딸을 부여 왕(夫餘王) 위구태(尉仇台)에게 시집보내고, 요서(遼西)의 땅을 할애 받았으며, 이 위구태(尉仇台)가 남하(南下)하여 이도국(伊都國)을 세웠다. 뒤에 백제사(百濟史)에 있어서 그 왕을 구수(仇首)라고 쓰고 <일본서기(日本書紀)>에 있어서는 진무(神武)라고 했다」

고 주장했다.

옛날 왜인(倭人)이라고 하는 일본민족은 고대 아세아 대륙에 존재하고 있었다는 사실을 알게 되며, 고로 일본민족은 하늘에서 내려온 것이 아니고 알타이어를 사용하는 터어키, 몽골, 수메르, 만주, 퉁구스, 한국의 여러 민족들의 이동선상에서 해석함이 마땅할 것이다. 또한 협야후 배폐명(陜野候裵幣命)은 예군(濊君) 남녀사(南閭寺)의 조상이며, 예국(濊國)과 부여(夫餘)의 조상이 된다고 했다. 뒤에 부여의 협부(陜父)는 구마모도(熊本)로 도망쳐 다라국(多羅國)을 세우고, 히무가(日向)의 안라국(安羅國)과 합하여 규슈(九州)에 야마다이국(耶馬臺國)을 건국하였다고 했다.

《後漢書》, 〈魏志東夷傳〉, 《梁書》, 《北史》 등에 왜의 여왕 비미호(卑彌呼)가 야마다이국을 통치하였다고 기록되어 있다. 공손도(公孫度)는 후한시대(後漢時代)에 양평인(襄平人)으로 요동(遼東)의 태수(太守), 뒤에는 요동후, 평주목(遼東候 · 平州牧)이 되었다. 그의 딸을 부여의 위구태(尉仇台)에게 결혼 시켰다. 그가 바로 비미호(卑彌呼)라고 한다.

《日本書紀》에 의하면, 진무왕은 남 규슈에 동정(東征)의 길에 올랐다. 그는 풍후해협(豊後海峽)과 세도나이가이(瀨內海)를 거쳐 나라(奈良)지방에 들어가 쓰치구모(土蜘蛛)족을 토벌하여, 우네비(畝傍)의 동남쪽 가시하라(橿原)에 궁을 짓고 일본의 제1대 왕으로 즉위하게 되었다. 현재 이곳에 진무왕을 모시는 가시하라 신궁이 있으며, 소위 야마도 다마시이(大和魂)를 기르는 본산이기도 하였다.

A. 가시하라(橿原)의 어원

나가시마(中島一郞) 씨는 이 지명을 /Kasi-hara/로 보고 /kasi]/ '上', 한국어

/koisu/ '首魁'와 같은 말이고, /hara/는 Oroki어에 /hara/ '국', '부락' 몽골어에 /heer/ '벌', 한국어에 /beor/ '벌'과 같은 말이며, '수읍', '수도'의 뜻이 있다고 했다.

즉, /kasi(橿)/는 한국어의 '王', '大', '首', '長'을 뜻하는 [개차(皆次)], [거사(渠師)], [구사(仇斯)], [고취(古雛)] 등도 같은 어사이다.

/kasi hara(橿原)/는 동부여의 왕도인 가섭원(迦葉原), /kasə-bərə/, 고사부리(古沙夫里), /kosa-puri/ 등의 이름이 일본으로 이동한 것이다. 일본에서도 가시하라 외에 다른 곳에서도 이와 같은 지명을 볼 수 있다.

雞知原(ketsi-baru)(對馬島) 樫原(kasi-wara)(奈良縣) 柏原(kasi-wara)(大阪府) 笠原(kasa-hara)(武藏國埼玉)

위 지명에 /baru,wara, hara/ 등의 이형태가 있다.

3.2.2 슈신왕(崇神王)의 미마키(御間城)

슈신왕은 10대 왕이며, 일명 미마기왕(御間城王)이라 한다. /mima-ki(御間城)/는 /mima-na(任那)/ 국명과 관련되고, 임나(任那)는 쓰시마(對馬島)에 있었던 백제계의 국명이니, 슈신왕은 백제계로 생각된다.

/nima-na>mima-na/는 '주읍(主邑)'의 뜻으로 해독되며, 다음 장에서 상론하겠다.

〈魏志東夷傳〉마한 54 국 중에 보이는 염로(冉魯: jəmə-ro), 백제의 읍명 담로(檐魯)도 같은 어사이다.

나라현 덴리시(奈良縣 天理市)에 있는 미마키 왕(御間城)의 무덤이 앞으로 모가 나고 뒤쪽은 둥근(前方後圓墓) 이 묘제는 백제가 소재했던 전남 해남의 무덤과 같은 묘제이다.

1948년 에가미(江上波夫) 교수가 주장한 기마민족(騎馬民族) 정복 왕조 설에 의하면, 미마기 왕은 기마민족의 초대 왕이라 했고, 부여 계통이라 주장하였다. 그 민족이 남하하여 3세기 초에 진한 12국의 진왕이 되었는데, 진왕은 한반도 남부의 mima-ki에 있었으므로 이 왕을 mima-ki왕이라 했다고 한다. 이와 같이 에가미 교수의 북방계 이동민족의 선상에서 mima-ki를 본 것은 고견이라 생각한다.

3.2.3 추고왕(推古王) 이후의 아스가(飛鳥, 明日香)왕조

일본열도의 중심부에 자리 잡고 있는 깅끼(近畿)지방(교또부, 京都府), 오사까부(大阪府), 나라현(奈良縣), 효고현(兵庫縣)은 고대 일본의 중심지였다. 특히 나라(奈良)와 아스카(飛鳥)는 고대 일본 문화의 발상지다. 아즈카(飛鳥), 나라(奈良), 소후(層富)는 고대 일본을 대표하는 지명들이다.

나라지역은 일본고대문화의 중심지로서, 헤이소궁(平城宮) 천도이후 소후(層富) 또는 소에(添)라 불렀다.

A. D. 784(日本和銅 3)에 이곳에 천도한 이래에 헤이소궁은 7대 70여 년간 나라조정의 궁성 이었다. 나라의 남쪽에 위치한 아스카(飛鳥)에서는 6세기 중반부터 백제의 불교문화의 유입에 의하여 높은 아스카문화(飛鳥文化)를 이룩하였다.

《日本書紀》에 백제에서 사공(寺工) · 조불공(造佛工) · 불상(佛像) · 불경(佛經) · 역박사(曆博士) 등을 보낸 기록이 있다.

특히 고구려의 승려 담징(曇徵)에 의하여 효류지(法隆寺)의 금당벽화(金堂壁畵)가 그려진 것은 잘 알려진 사실이다. 도다이지(東大寺)의 동제 대불상의 공사는 백제인 국중공마여(國中公麻呂)의 책임 하에 이루어졌으며, 〈古事記(712)〉와 〈日本書紀(720)〉는 백제인 태안만여(太安万侶)가 찬록한 것으로 알려져 있다. 4510여수의 노래가 남아 전하는 만요슈(萬葉集) 20권이 집필된 배경도 이곳이며, 가인(歌人) 중에는 백제 인이 많다고 전한다.

아스카는 나라현(奈良縣), 고시군(高市郡), 아즈카 촌(明日香村) 일대는 6세기 말부터 7세기 말에 걸친 일본정치의 중심지였다. 592년(崇峻 5)에 아즈카(飛鳥)의 豊浦宮에서 즉위한 推古王(33대)부터 694년(持統 8)까지 102간 또는 592년(崇峻 5)에 즉위천도하기까지 118년간을 아스카시대(飛鳥時代)라 하는데 이곳은 사적이 많은 곳이다.

이곳은 백제의 문화를 꽃 피운 곳이며, 그곳 주된 인물은 왕인(王人) · 아직기(阿直岐) · 아지사주(阿知使主) · 인월군(弓月君) 등이다.

이곳 아지사주의 자손으로 알려진 東漢氏, 河內(大阪)에 대대로 살아온 西漢氏와 함께 귀화인 명문가이다.

현재 오사카부의 동부 일대를 점하고 있는 가와찌(河內)도 아즈카(飛鳥)라고 하는데, 4세기 말부터 5세기 경, 왕조의 중심지로 보인다. 오신 왕능(應神 王陵)이 있으며, 〈和名抄〉에 「河內國 飛鳥戶郡安須加」이 보이는데 [安宿]도 /asu-ka/의 표기이며, 이곳 飛鳥戶神社의 제신인 곤지왕(琨伎王)은 소가우마코(蘇我馬子)의 조상이라 한다.

A. **아스가(飛鳥, 明日香)의 어원**

아스가는 /飛鳥, 明日香, 安宿, 阿須箇, 阿須迦, 또는 阿須可/ 등으로 표기되어 있다.

ⓐ asu(明日)의 어원

/asu/의 어원에 대하여 西宮一民 씨는 /asuka/를 '모래 벌'로 해독했다. 또한 일본으로 귀화한 사람들이 '安宿地'로 해독한 사람이 있다.

이병선 교수님은 /asu-ka/는 '大人' 즉 王이 있는 '大邑', '王邑'의 뜻으로 해독했다. 즉 /asu/는 일본어 '大人', '귀인'을 뜻하는 /usi/ 또는 '長'을 뜻하는 /osa/와 같은 말이며, 한국어의 '모', '친', '대'를 뜻하는 /엇/, /어시/와 같은 어사라 했다.

이 /ka/는 고대 한국 지명에서도 볼 수 있다.

비조(飛鳥)를 /nara-dori/로 해독하기도 한다.

/nara-dori(飛鳥)/의 /nara(飛)/는 /nara-bara/ '主城', /nara-na/ '主邑', /nara-ki/ '主城'에서 보는 바와 같이 '主'의 뜻이다. 그리고 /dori(鳥)/는 '城'을 뜻하는 한국어의 예로는 /soi-duru(鐵圓)/, /kasa-duru(丘斯珍)/ 등이 있으며, 일본어에는 /ka-tsura(對馬島)/, /oo-tsuna(大網)/, /nara-dori(飛鳥)/ 등이 있다. 그러나 /nara-dori/는 사어화(死語化)되고 언중들이 /asuka(飛鳥)/로 통용하게 된 것 같다.

3.2.4 오신왕(應神王)의 가와치 왕조(河内王朝)

가와치국(河內國)은 다섯 기내국(畿內國)의 한나라로 河州라고도 한다. 이는 현재 오사가부 동부 일대를 점하였다. 〈和名抄〉에 의하면, 국부(國府)는 시키군(志紀郡)에 있었다고 한다. 이곳은 현재 후지이데라시(藤井寺市) 이다. 후지이데라시 부근에 오신왕을 대표로 하는 큰 고분이 집중하고 있다. 이곳은 4세기 말부터 5세기경 왕조의 중심지 이었다.

가와치국(河內國)의 14郡 중에는 아스카(安宿), 시기(志紀), 사라라(讚良) 등이 있는데, /asu-ka(安宿)/는 '大邑', '王邑'을 뜻하는 것으로 해독했고, 이곳의 아스가(安宿)는 나라현의 아스가(飛鳥)보다 앞서 있었던 왕도명으로 생각된다.

A. 시기(志紀)의 어의

시라기(新羅)의 표기인데 [지라기(志羅紀)]에서 [나]가 생략된 것으로 생각된다.

일본 쪽의 기록에는 [眞良・新良貴, 信羅, 志樂, 白城, 信露貴, 白比, 志良岐] 등으로 표기되어 있다. /sira-ki/는 두 형태소로 분석되는데 /sira/ '金', '東', '新', '朝', '小' 등의 뜻이 있다. 또한 [紀]는 '城'을 뜻하는 말로 [支, 只, 貴, 岐, 紀] 등으로 표기되었다.

B. 사라라(sara-ra, 讚良)의 어의

가와치국(河內國) 14국 중의 하나인 사라라(讚良)는 일본 음이 /san-ra/이나 /sana-ra/로 변하고, 또한 [sara-na]로 변한 것 같다.

/sara +-ra/는 두 형태소의 합성이며, /sara/는 신라의 왕도 서라벌의 /sərə/와 같이 '金', '新', '東'을 뜻한다. 백제의 수도 /so-buri(所夫里)/의 /so/, /sa-bi(泗沘)/의 /sa/, 일본 奈良의 /so-hu(層富)/의 /so/, /sa-ho(佐保)/의 /sa/도 다 같은 어사로 생각된다.

/ra/는 /na/와 같이 "땅"을 뜻하며, 고구려의 지명에 [內, 惱, 奴], 백제의 지명에 [乃, 奈, 那] 등도 같은 말이다. 일본의 지명에 /aka-ni/ '붉은 토양', /ao-ni/ '푸른 토양', /siro-ni/ '흰 토양' 외 /ni/도 /na/의 이형태로 생각된다.

고로 /sara-na/는 북 규슈에서 동진한 오신왕조(應神王朝)의 '동성(東城)'이다.

3.2.5 나라(奈良)의 야마도 왕조(大和王朝)

나라 시는 나라 현의 북에 위치하니, 동은 가스카(春日), 서는 서경(西京), 북은 나라야마로 야마도 고원(大和高原)의 서북부를 점하고 있다. 이곳은 일본 고대 문화의 요람지로서, 혜이조 궁(平城宮)으로 천도한 이후 소후(層富) 또는 소에(添)라 불렀다. A. D. 710년(日本和銅 3) 후지하라(藤原) 궁으로부터 나라의 혜이조 궁으로 천도한 이래 A. D. 784년(延歷 3) 나가오가(長岡京)으로 천도하기까지, 혜이조궁은 7대 70여 년간 나라조(奈良朝)의 궁성이었다.

〈和名抄〉에 「大和國 城下郡 大和鄕」이 나타난다. 야마도고오리(大和鄕)는 나라의 미와야마(三輪山) 일대를 말하며, 야마도 조정의 발상지로서 고대일본 정치문화의 중심지였다.

야마도국은 향명에서 시작되어, 차츰 그 이름이 확대되어 나라현 전체의 국명이 되고, 마침내 전 일본을 대표하는 국명으로까지 되었다.

〈萬葉集〉에 시키시마(磯城島)의 야마도국(大和國)이라는 침사(枕詞)로 쓰였다. 또한 「磯城島 · 式島 · 志貴島 · 之奇知麻」로 표기되어 있는데, 모두 /siki sima/로 읽는다.

《日本書紀》의 欽明紀에도 「磯城島 金刺宮」으로, 崇神紀에는 「磯城瑞籬」로 皇極紀에는 「志紀」로 나타나며, 〈古事記〉의 欽明王段에는 「師木島大宮」으로, 崇神王段에는 「師木水垣宮」으로 나타나는데, 「지기(志紀)」, 「사기(師木)」도 역시

/siki/의 표기이다. 〈和名抄〉에는 「城上之岐乃加美(siki no kami)로 기록되어 있다. 이 지명은 나라의 미와(三輪) 산기슭에 있었던 지명이다. 이 지명은 일본을 총칭하기도 하니, 그 이유는 수신왕(崇神王)(10代)이 이곳 서리궁(瑞籬宮)에서 통치하였고, 현명왕(欽明王)(29代)이 이곳의 금자궁(金刺宮)에서 통치한 까닭이다.

또한 오시미(忍海)는 나라의 北葛城郡(가쓰라기) 新庄町의 남쪽 고세시(御所市)의 일부를 점하는 곳이다.

오시미는 飯豊青尊이 있었던 쓰누사시미야(角刺宮)의 소재지로서 〈古事記〉의 淸寧王(22代)段에 「萬城忍海之 高木角刺宮」의 기록이 보이고 〈大和志〉에도 「쓰누사시미야는 오시미에 있는데 淸寧天皇이 붕어(崩御)한 뒤에 황자 億計・弘計가 왕위를 서로 사양하여, 10일 동안 누님인 飯豊尊이 섭정한 곳으로, 이곳 사람들이 그녀의 제를 모신다」고 하였다.

가루(輕)・가루고(輕古)는 나라현의 가시하라시(橿原市)에 있다. 이 /가루(輕)/는 역사가 오래된 지명으로, 輕曲峽宮은 4대 의덕왕(懿德王)의 궁이고, 輕境原宮은 8대 孝元王의 궁이며, 輕島의 明宮은 應神王(15代)의 궁이며, 〈古事記〉에도 崇神王段에 「輕酒折池」가 보이고, 〈大和志〉에도 「輕寺」가 기록되어 있는데, 大輕町의 法輪寺의 寺跡으로 보고 있다. 이 가루(輕) 지역은 43代 元明王이 나라의 헤이조궁(平壤宮으로 710년 천도하기 이전 역대왕의 정치의 중심지였음을 알 수 있다.

A. 야마토(大和)의 어의

야마도는 /jama-to/의 표기이다. 규슈 등 각지에 볼 수 있는 [山問・山都・山戶]는 그 대표적인 지명이다.

왜(倭)도 야마도와 한 가지로 /jama-to/로 읽는다. [倭]와 [和]는 같은 일본음으로 [wa]이기 때문에 [倭]대신 좋은 글자 [和]를 쓰고 [大]를 붙여서 /jama-to/로 읽게 된 것 같다.

〈魏志東夷傳〉등 중국 사료에 보이는 비미호(卑彌呼) 여왕이 통치한 것으로 기록되어 있는 야마다이(邪馬臺)도 같은 어사이다.

/jama/'주읍' + /to/'장소'의 두 형태소로 분석이 되는데, 고대 성읍 국 시대에

'주읍(主邑)', '장읍(長邑)'의 뜻이다.

/nama/도 '주', '장'의 뜻이 있으며,

nama>njama>ɲama>jama로 음이 변했다.

다음에 /jama-to/의 /to/는 일본어 '장소'를 뜻하는 말이니, /komori-to/ '은신처', /sumi-to/ '사는 곳', /nemuri-ja-to/ '침실'의 /to/에서 볼 수 있다. 15세기 국어에서도 '어듸', '何處' 등도 같은 말이다. 그러므로 /jama-to(大和)/는 성읍국의 수장이 있는 '주읍'에서 유래된 말이다.

B. 헤이소궁(平城宮)의 어의

[平城]은 [부루기]의 이두식 표기이다. [平]은 벌의 옛 형태인 [부루/바라/버러/비리]에 대한 표기이다. 城은 [支·只] 등의 뜻 옮김의 표기이다.

C. 소후(層富)·소에(添)의 어의

소후와 소에는 같은 장소에 대한 다른 표기이다. /soe/도 /sohu/ 혹은 /sohori/로 읽는다. A. D. 710년 이후의 平城宮을 말한다.

소후의 다른 표기로 [曾布·曾不·所布·添]가 보이며, 《日本書紀》에 [匝布], 養老5年紀의 大和國 添上郡 藏寶山의 [藏寶], 〈萬葉集〉의 [佐保]가 기록되어 있다.

/so-hu/, /so-e/의 /so/는 신라의 수도 /sera-bərə(徐羅伐)/의 /ra/가 탈락한 /sə-bərə/의 /sə/와 비교된다. 또한 백제의 수도 /so-buri(所夫里)/의 /so/와도 비교가 된다.

/sohu/와 /soe/는 다음과 같이 어형이 변화되었다.

sora-buru>so-buru>so-bu>so-hu(層富)
sora-boro>so-bori>so-boi>so-be>so-e(添)

앞의 /so/는 /sela/와 같이 '金, 東, 新, 子'의 뜻이 있으며, /buru/는 '벌', '城邑' 등의 뜻이 있다.

D. 시키시마(敷島, 磯城島)의 어의

/siki/는 /si'金'+ ki'城'의 뜻이니, 신라의 금성(金城)과 같은 말이다. /siki, suko, siko/ 등의 이형태가 있다. 《日本書紀》의 神功49年紀의 「意流村今云州流須祇」에서 [suki(須祇)]도 같은 말이다. 琉球의 방언에 '城'을 /siko/라 한다.

/siki(磯城)/, /saki(須祇)/, /siko(斯古)/는 /si, su/ + /ki, ko/로 분석이 되는데, /si,su/는 '金'을 뜻하고 /ki,ko/는 [支, 只]와 같이 '城'을 뜻한다.

E. 오시미(忍海)·쓰누사시(角刺)의 어의

[忍海]는 /osi-mi/로 읽고 있으나, 《日本書紀》에는 「어시노미(於尸農瀰)」로 기록되어 있고 〈倭名類聚抄〉에는 「어지노미(於之乃美)」로 기록되어 있다. /osi-no-mi/의 표기이다.

/osi/는 /asa-tar(阿斯達)/의 /asa/의 이형태이며, /no/는 소유격 조사이고 /mi/는 [어디메]할 때의 /me/와 같이 '장소'를 뜻한다.

다음에는 쓰누시시(角刺)를 보도록 하겠다.

[刺]는 일본말 /sasi/의 표기로 '城'을 뜻하는 한국어 잣 '城'과 대응됨을 이미 보았다.

[角]은 고대어 형은 /tsunu/이다. '시읍(市邑)'을 뜻하는 /turu, tara, dori/의 표기이며, /tsunu-sasi/는 '시읍'의 뜻이나 '城'의 2중 표기이다.

F. 가루(輕)·가루코(輕古)의 어원

이 /karu/는 '城'을 뜻하는 /kara(輕)/와 /kuru(溝瀴)/와 같은 말이다. 일본의 사서들은 [賀良, 介良, 柯羅]로 표기하고, 우가라 '친족', 이에가라 '가통' 등으로 쓰인다.

'성'이나 '나라'의 뜻 이전에 본래의 뜻은 배(腹)였다.

몽골어	gedes	'배'
터어키어	karin	'배'
한국어	옆구리	

	갈비	
	멍턴구리	
	겨레	'族'
일본어	하라가라	'동포'
	가라	'族'

등으로 대응이 된다.

3.2.6 북 규슈의 여리노 왕조(倭奴王朝)

3세기 말에 완성된 〈三國志, 魏志東夷傳〉에 기록된 「노국(奴國)은 북 규슈에 있었던 이도국(伊都國)의 동남에 위치하고 있었는데, 당시에 2만여호가 되었다」고 하였다. 이 노국(奴國)은 여리노국(倭奴國)의 약칭으로, 그 위치는 북 규슈의 하카다(博多)의 나가가와(那珂川)의 하류에 있는 나노쓰(娜津)와 소우라(早良)일대이다. 〈日本書紀, 仲哀紀〉에 나노아가다(儺縣)로, 〈宣化紀〉에는 나노쓰(娜津)로 기록되어 있다.

이곳은 광무제(光武帝)로부터 받은 인수(印綬) 즉 「한여리노국왕(漢委奴國王)」의 인수가 발견된 지하도(志賀島)에서 가깝다.

이 인수에 새겨진 「委奴國」은 여리노국(倭奴國)의 다른 표기이다. 그러므로 그 위치는 후꾸오까시(福岡市) 중심부에서 가스가시(春日市) 일대이다. 그 나라는 나가가와(那珂川)의 상류와 무로미가와(室見川)의 상류인 소우라고오리(早良郡) 일대의 넓은 지역까지 점했다. 또한 〈三國志〉에서 「여리노국(奴國)은 이도국의 동남쪽백리에 위치하였다」고 했다.

『魏志東夷傳』 倭人傳에서는, 낙낭군(樂浪郡)에서 야마타이에 가는 길을 다음과 같이 설명하였다.

> 「낙낭군 으로부터 왜에 이르려면 해안을 따라서 물길로 가니, 한국을 지나서 조금 남으로 조금 동으로 가서 그 북쪽 해안의 구야한국(狗邪韓國)에 도달하게 되니, 여기까지가 7천 여리이다. 또한 바다를 건너 천 여리를 가면 일대

(지)국(一大(支)國)에 이른다. 또 하나의 바다 천 여리를 건너면 말로국(末盧國)에 이른다. 그 곳에는 사천 여 호가 있다. 산을 의지하여 바다를 끼고 산다. 초목이 무성하여 길을 가도 앞에 가는 사람을 볼 수가 없다. 동남으로 육지 오 백리를 가면 이도국(伊都國)이 있다. 그 곳에도 천여호가 있다. 대대로 왕이 있으며, 모두 여 왕국에 통속되었다. (중국의) 군사(郡使)가 내왕할 때에 항상 머무는 곳이다. 동남으로 여리노국에 이르니 거리가 백리이다. 그 기에는 이만여 호 가 있다. 동쪽으로 가면 불미국(不彌國)에 이르니 거리가 백 리이다. 그 기에 천여 호가 있다. 남으로 가면 투마국(投馬國)에 이르니, 거기까지 물길로 이십 일이 걸린다. 그 기도 오만 호가 된다. 남으로 야마타이에 이르는데, 그곳은 여왕이 도읍한 곳이다. 그곳을 물길로 가면 십 일이 걸리고 육로 가면 하루가 걸린다. 그 기에 칠만 호가 있다. 낙랑군으로부터 여 왕국에 이르기까지 일만 이천여 리 이다.」

일본의 학자 이노키(榎一雄) 씨가 제시한 코오스는 아래와 같다.

[이노키(榎)說에 의한 放射코오스]

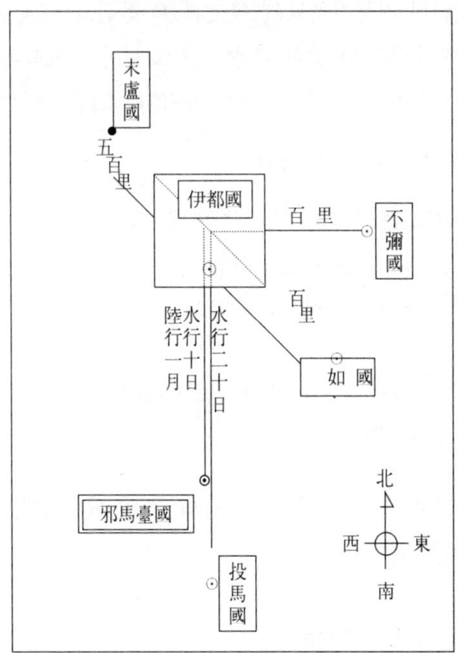

여리노국의 수읍(首邑)은 원래 후꾸오카(福岡) 평야의 나노쓰(娜津)이며, 그 부근의 /soura(早良)/, /sohara(祖原)/는 이곳의 수읍 명(首邑名)이다. /sohara/는 福岡市 早良區의

북부에 위치하는데, 이는 하가다만(博多灣)에서 가깝다.

후구오가 현(福岡縣) 가스카시(春日市)의 가스카바루(春日原)에 소오리(忽利)가 있다. 이곳은 세우리야마(背振山)가 바라다 보이는 평야로서, 고대 수읍이 있었다.

B. C. 3, 2세기 경 농경문화를 가지고 바다를 건너간 가야 사람들이 여리노국을 세운 것으로 생각된다. 이곳은 김해에서 지리적으로 가깝고, 벼농사, 청동기, 철기의 기술을 가지고 건너가서 읍락 국을 세운 것 같다. [여리노(倭奴)]국명이 고대한국어로 풀이되고, 그곳의 수읍명인 /so-ura(早良)/, /so-hara(祖原)/, /so-ori(忽利)/는 [서울]과 같은 어사이며, 구야국(狗邪國, 김해)의 왕도명 /sə-buri(酒村)/도 같은 말이다.

북 규슈에서 발굴된 지등지석묘(志登支石墓) 옹관묘(甕棺墓), 토기(土器) 등도 김해 양동 리 에서 출토된 것과 같은 것으로 보아 고고학적 측면으로 보아서도 가야 사람이 일본으로 진출하여 여리노(倭奴國)을 건국한 것이 명백하다.

A. [여리노(倭奴)]의 표기와 어의

여리노국의 /여리노/는 /여리/와 /노/ 두형태소로 분석되니, 이 [倭]의 현행 일본 음이 [wa]이고 한국 음은 [wae]이다.

왜의 15세기 국어의 음은 [예]라 하였다.

> 請으로 온 예와 싸호샤(見請之倭與之戰鬪)(龍歌)
> 예돌히 싸홈겨워(三綱)

위 /예, jəj/는 일본음 /wa/, 한국음 /왜/와 같은 어사이다.

신라 향가의 예를 보자.

> 倭理 叱軍置 來叱多(彗星歌)

이 [倭理]는 /jəri/ 또는 /juri/의 표기로 보아야 할 것이다. 고로 [倭] · [倭理]로 표기된 /jəri/ · /juri/는'군주(君主) 즉 왕을 뜻하며, 다음과 같이 어형의 변화가 있었다.

> nuru>nuri>ɲuri>juri>jui>jəj(예)
> nərə>nəri>ɲəri>jəri>jəi>jəj(예)

위 /nuri/ '主'는 일본 현행 어 /nusi/가 비교된다.

신라의 儒理/弩禮/儒禮 尼師金 · 世里智王 · 訥祗痲立干, 고구려 琉璃/類利/孺留/累利王, 백제의 類利 같은 말이며, /jəri, juri/의 표기이다.

다음 /no(奴)/는 /na/의 이형태이며 '주성(主城)'이 있는 곳이란 뜻이다. 그러므로 /jəri-na/, /juri-na/는 '주성'으로 해독된다.

B. **소하라(祖原) · 소와라(早良) · 소오리(忽利)sə-buri(酒村)의 어의**

/so-hara(祖原)/, /so-ura(早良)/, /so-ori(忽利)/, /sə-buri(酒村)/는 두 개의 형태소로 분석되며, 신라의 /sərа-bərə(徐羅伐)/도 같은 말이다.

/소, 사, 시, 서/는 '金', '新', '東' 뜻하는 말이다. 정인보님은 신라를[새벌]로 읽고 /새/는 동쪽을 뜻한다고 했다. 서라벌은 /사라부루/의 표기이며, /사라/는 新, 東, 金의 뜻이고, /부루/는 '벌', '광명', '성읍'의 뜻이다. 서울은 /서버러/ > /서벌/ > /서뵐/ > /서울/로 음이 변한 것이다.

어형의 변화를 보면 다음과 같다.

> sara-bərə>sərа-bərə(徐羅伐)>sə bərə(徐伐)
> sara-bərə>sə-bərə>sə-burə>sə buri(酒村)
> sara-bara>so-bara>so-wara>so ura(早良)
> sara-bara>so-bara>so-hara(祖原)
> sara-bara>so-bori>so-hori>so ri(忽利)

이것들은 '수읍(首邑)', '장읍(長邑)', '동성(東城)', '금성(金城)', '신성(新城)' 등으로 해독된다.

C. 가스가(春日)

/kasu-ka/는'왕읍'의 뜻으로 해독된다. /kasu/는 신라왕 朴赫居西의 [거서], 동부여가 도읍한 가섭원(迦葉原)은 /가서버러/와 같은 말이다. 이 [가서]가 백제어에서 '대왕'을 뜻하는 건길지(鞬吉支)의 길지(kisi/kitsi)와 같은 말이다. 〈삼국사기, 지리지〉에, 왕기현(王岐縣) 일운 개차정(一云 皆次丁)에 있어서 [왕]과 [rock]와 대응이 되는데, [길지], [rock], [거서], [가서], [기시], [가수]는 이형태들이다. 앞에서 논한 /kasihara(橿原)/의 /kasi/도 같은 어사이다.

[ka]는 '장소'를 뜻하는 말이며, asu-ka(明日香, 飛鳥)에서 설명하였기에 재론하지 않는다.

3.2.7 북 규슈의 야마타이(邪馬台)왕조

〈後漢書, 倭傳〉에 다음과 같이 기록하였다.

「왜(倭)는 한(韓)의 동남쪽 바다 가운데 있어, 백성들은 우뚝 솟아 있는 섬의 산속에 살고 있다. 그 섬 속에 무릇 100여국이 있다. 한무제(漢武帝)가 조선을 멸한 이후로, 통역관이 있어서 한(漢)과 통하는 나라가 30 가량 된다. 나라는 다 왕이 있어 세세로 왕통을 이어간다. 큰 왜왕은 야마타이국에 있다」고 했다.

또한 〈後漢書〉에 야마타이국의 위치를 다음과 같이 기록하였다.

「야마타이국은 낙낭군(樂浪郡)에서 만2천리이고, 서북쪽의 구야국(狗邪國)까지 7천 여리이다」고 하였다. 이와 같이 야마타이의 서북쪽에 구야한국(狗邪韓國)이 있다고 하였으니, 그왜의 위치는 규슈로 보아야 할 것이다. 김해의 구야한국에서 북 규슈의 말로국(末盧國)(지금이 松浦)까지 3천 여리이고, 말로국에서 야마타이까지가 2천 여리라고 하니 야마타이국은 후구오가현(福岡縣)의 남부 야마토(山門)로 추정된다.

〈後漢書〉, 〈魏志東夷傳〉, 〈梁書〉, 〈北史〉등 왜의 여왕 비미호(卑彌呼)가 야

마타이국을 통치한 것으로 되어 있다.

〈三國志〉에 「A. D. 239년(景初3년) 왜의 여왕 비미호가 대방국(帶方國)을 지나서 난승미(難升米) 등에 사신을 보내어 조공하다. '친위왜왕(親魏倭王)'의 이름과 함께 인수(印綬)를 주다」라고 기록되어 있다.

A. D. 266(泰始 2년) 비미호의 종여 일여(壹與)가 조공하다라는 〈三國志〉의 기록을 볼 때 비미호 다음 일여가 대통을 이어간 것으로 생각된다.

A. 비미호(卑彌呼)의 어의

/pi-mi-ho/ 3개의 형태소로 되어 있다.

일본어 /pi/는 /hi/로 변하여 '태양'을 뜻한다. 아마데라스오미가미(天照大神)의 별명이 /hiru-me/인데 '태양의 딸'의 뜻이다. /hiru/는 /piru/로 거슬러 올라가 /pir/의 조어 형은 /pit/이다. /hi/는 /hiru/의 /ru/가 생략된 것이다.

/hare/ '晴'은 /pare/이고 어근은 /par/, 조어형은 /pat/이다. /pat/은 '태양'의 뜻이 있으며, 한국어의 [볕]과 대응된다.

둘째의 형태소 [미]는 /me/의 이형태이다. hime(姬)하면, /hi/는 태양의 뜻이고, /me/는 '여자'의 뜻이다. /ho/는 /ko/의 이형태이며, [hiko(彦)]하면, /hi/ '태양', /ko/ '남자'의 뜻으로 쓰였다. 어떤 사람은 비미호를 아마데라스오미가미라 한다. 왜냐하면 그녀는 여자이면서 「태양의 신」'태양의 딸'이기 때문이다.

B. jamatai(邪馬臺)의 어원

/jamatai/는 /jama+tai/ 두 형태소로 분석되니, [山門], [山戶], [大和] 등으로 표기되고, /jama/는 '주(主)', '장(長)'을 뜻하며, /nama/의 어두음 [n]가 구개음화에 의하여, /nama>ɲama>jama/로 변음이 되었다. /tai/는 /to/의 이형태이며, '장소'를 뜻한다. 그러므로 야마타이는 '군주(君主)'가 나라를 다스리는 곳 즉'왕성(王城)'을 뜻한다.

3.2.8 남 규슈의 구노국(狗奴國)과 구마소(熊襲)왕조

〈後漢書〉에 구노국에 대하여,

「여왕국인 야마타이(邪馬臺)로부터 바다를 건너 천 여리에 구노국이 있다. 비록 왜(倭)의 종족이나 여왕에 속하지 않는다」고 기록하고 있다.

〈魏志東夷傳, 倭傳〉에도,

> 「그 여왕국의 남쪽에 구노국이 있다. 이곳은 남자를 왕으로 삼는다. 그 관의 이름에 구고지비구(狗古智卑狗)가 있다」

고 기록되어 있다.

또한 구노국은 구마 족(熊族)이 살았던 구마가와(球磨川) 부근에 있었다. 구마가와 부근에는 야마타이국이 치쿠고(筑後)의 동남방에 있다. 야마도(山門)에서 천여 리의 지점이 구마가와 부근이다. 구마가와 지역에 있었던 구노족(狗奴族)은 그 남쪽에 소오(曾於) 지역에 있었던 종족과 같은 족으로서 하나의 세력권을 형성하여, 야마타이국과 대항했던 신라의 별종이었다. 소오(曾於)는 현재 가고시마현(鹿兒島縣)의 군명(郡名)이다. 이 지역은 현재 오오스미(大隅) 반도의 북부에 위치한다. 그러나 고대의 소오(曾於)는 구마소국(熊襲國)의 도읍지로서, 현재의 고쿠후시(國分市)역을 중심으로 한 주변일대의 지역으로 생각된다.

그런데 소오(曾於(襲))는 천손강임(天孫降臨) 이전부터 구마소족(熊襲族)이 살았으며, 니니기노미꼬도(瓊瓊杵尊)가 이곳의 다카치호노미네(高千穗峯)에 강임한 것은 구마소국에 먼저 이주해가서 살고 있었던 동족을 찾아간 것으로 추정된다. 북구주의 구노국, 야마타이국 등에는 이미 가야계의 도해 인들이 세력을 펴고 살았다.

이곳의 아이라고오리(始良郡)에 하야토 마치(隼人町)가 있는데, 이들 구마소족(熊襲族)과 동족이 살고 있었다.

A. 구노(狗奴)의 어의

/kuno(狗奴)/는 /kara(韓)/의 다른 형태인 /kuro/에서 변한 것이다. 「koro hito no saku(黑人乃作)」는 'kara hito(韓人)의 作'의 뜻이다. kuro-kami(黑神)는 '한신(韓神)'이란 말이다. 규슈의 [구노(狗奴)]는 '성읍(城邑)'에서 유래한 것이다. 삼한의 /kara 韓/, 변한 지역의 /kara(加羅)/, 고구려의 /구려(句麗)/, /koro(홀(忽))/, /kuru(溝漊)/도 같은 말이며, '성(城)'을 뜻한다.

B. 구마소(熊襲)의 어의

/구마+소/의 2형태소로 분석된다.

/구마/는 환웅의 후가된 고마 족 출신의 여인에서 유래된 어사이며, 고구려어에는 [공목(功木), 웅문(熊問), 공무(功戊)] 백제어에는 [功戊]로 기록하고, /고마,고모,구머,구무/로 읽었다. <삼국사기>에도 [금마(金馬), 고마(古馬)]의 표기가 있고, [현토(玄菟)]는 [가마다라/거머다로], [개마(蓋馬)]는 /개마/ 알타이 자매 언어 간에도 대응된다.

소오(會於 襲) '수읍(首邑)', '경(京)'을 뜻하는 so-bori>so-ori>so로 변이된 것이다.

3.2.9 무사시노(武藏野)의 고마(高句麗)·구다라(百濟)·시라기(新羅)·가라(甘良(唐子))

무사시노(武藏野) 현재 도교도 사이타마현(埼玉縣)의 전 지역과 가나가와(神奈川)현의 동북부를 점한다. 이 지방에는 7세기 후반기에 고마(高句麗) · 구다라(百濟) · 시라기(新羅) · 가라(加良)의 유민들이 와서 읍락 국을 개척하였고, 그들이 한반도에서 가져온 지명들이 많이 남아 있다.

《日本書紀》에 의하면,

「靈龜2년(A. D. 716) 고마인(高麗人) 1,799명을 무사시(武藏)에 이주케 했다」는 기사가 있다. 고구려가 A. D. 668년 신라와 당의 연합군에게 패망하자 작고왕(若光王)이 백성을 데리고 사가미만(相模灣)의 오오이소(大磯)에 상륙하여, 정착했는데, 716년 무사시노(武藏野)의 군령(郡令)으로 임명받아서 고마고오리(高麗郡)에 부임하게 되었다. 그들은 이 지방의 농업 · 잠업 · 건축 · 공예 등 산업을 일으킨 흔적이 남아 전한다. 고마고오리(高麗郡)는 지금의 사이타마현(埼玉縣) 이리마(八間)의 중부 즉 니이보리촌(新堀村)과 아오키촌(靑木村) 부근에 있었던 것으로 보고 있다.

니보리촌(新堀村)의 성천원(聖天院) 경내에는 작고왕(若光王)의 묘인 다중탑(多重塔)이 지금도 서 있다.

또한 사이다마겐(埼玉縣) 이라마고오리(八間郡) 고마무라(高麗村)에는 작고왕(若光王)을 모시는 고마신사(高麗神社)가 있으며, 이 신사의 사직은 高麗氏家가 맡고 있다. 그들의 59대로 알려진 高麗澄雄(現宮司) 씨가 현재 宮司를 맡고 있다. 그들은 아직 〈高麗郡の歷史〉라는 책을 발간하고 있다.

고마우찌(高麗家)씨족 계보를 보면, 오늘날의 高麗 · 高麗井 · 加藤 · 福泉 · 小谷野 · 阿部 · 金子 · 中山 · 武藝 · 芝木 · 新井 등 20여 개 성은 작고왕(若光王) 이후의 고마씨(高麗氏)에서 분파된 성이라고 한다.

남 야마시로에도 고마사(高麗寺)가 있고, 그 일대에 우에고마(上貊) · 시다고마(下貊) · 고마(高麗) 등의 지명이 남아 있으며, 이곳 사가라미(相樂)에는 고구려 사신을 접대하는 고마관(高麗館)이 있었다고 했다.

또한 도교도(東京都)의 서쪽에 고마에고오리(狛江鄕)가 있었고, 지금도 고마에무라(狛江村)의 지명이 남아 있다. 東京都 八王子市 남서부에는 고마노키노(駒木野) 지명이 남아 있는데, 이곳도 /koma/계 지명의 흔적이다.

〈續日本記, 天平寶字2년(758) 8月條〉에 「귀화한 신라 승 32인, 니(尼) 2인, 남 19인, 여 21인을 무사시국의 한지(閑地)에 이주케 하여 시라기고오리(新羅郡)를 두었다」고 기록하고 있다.

시라고오리(新羅郡)은 무사시국(武藏國)의 이리마고오리(八間郡)에 있었다.

〈和名抄〉에 시라고오리(新座郡)의 2 고오리에 지라기(志木)가 있었다고 하는데, 오늘날의 시라코촌(白子村)을 말한다. 이 지방 사람들은 이곳을 시라쿠(志樂)로도 표기하였다.

〈日本書紀 天智 5年紀(666)〉에 「구다라인(百濟人) 남여 2천여 인을 히가식

니(東國)에 살게 하다」고 하고, 〈天武 13年紀(685) 5月條〉에는, 「구다라(百濟)의 승니(僧尼) 및 속인(俗人) 남여 23인을 무사시구니(武藏國)에 살게 하다」라는 기사가 보인다.

東京都 史蹟 調査課에 펴낸 〈東京の史蹟と文化財〉에 「무사시(武藏)에 많은 조선인이 집단적으로 이주하여 고마고오리(高麗郡)·시라고오리(新羅郡)의 군명과 구다라기(百濟木)의 지명이 생기게 되었다」고 했다.

무사시노(武藏野)의 우에노(上野)(郡馬縣)에 가라(甘良)라는 지명이 있다. 이는 가라(韓)의 이표기로 생각된다. 지금의 신호(新戶)·석교(石橋)·갈대(葛袋)를 병합한 곳에 가라코(唐子)라는 지명이 있다.

시다가라코(下唐子)에는 시리히게신사(白鬚神社)가 있다. 이곳에는 고구려왕 작고(若光)을 모시고 있다. /kara/ 하면 한지(韓地)의 가라를 생각하기 쉬우나, 이 지명은 고구려인에 의하여 명명된 것으로 생각된다.

A. 무사시(武藏) 사네사시, 사가미(相模)의 어원

/mu-sasi/는 /mu/와 /sasi/ 두 형태소로 구성되어 있다. 이 말의 어원에 대하여도 여러 설이 있다. 도리이(鳥井籠藏) 씨의 /musasi/와 [모시씨(苧種子)]의 관련설이 있고, 쓰지무라(逵邑容吉)는 아이누어에 관련지워, /muni]/ '草'와 /sasi/ '乾'에서 성립된 말이라고 했다.

나가시마(中島一郎) 씨는 /mu-sasi/의 /mu/>/muna]/>/mura/로 변한 것으로 보고, /mura/는 한국어 '宗'을 뜻하는 [ᄆᆞᄅᆞ]와 동원의 말이며, /sasi/는 앞에서 설명한 [잣]과 같은 어사인 '城'을 뜻하는 말이라고 분석했다.

나가시마 씨는 〈國造本紀〉에 나타나는 武藏 國造와 무나사시(胸刺) 國造를 다 같이 도해인의 조상에서 분파된 國造로 보고, /musasi/는 /muna-sasi(胸刺)/에서 바뀐 것이라 보았다.

머리 '頭'·뫼 '山'·ᄆᆞᄅᆞ '宗'은 같은 뿌리의 말이다.

```
           ┌ 모리ㅎ
모리 '山' ├ 모로ㅎ - 모로 - 모루
           └ 뫼ㅎ ┬ 뫼ㅎ ┬ 뫼
                  │      ├ 메
                  │      └ 미
                  └ 모흐 -모
           ┌ 마라 — (산) 마루
ᄆᆞᄅᆞ(宗昌) ├ 마리 — 머리
           └ 말   — 말
```

《韓國古語(morih) からみた 韓國地名語》李喆洙

《先史・古代の韓國と日本》齊藤忠, 江坂輝彌

[모리], [머리], [뫼]는 아이누(Ainu)어에 /mori/ '언덕' 또한 류구어(琉球語)에 /mure/, /muru/, /mori/ '언덕', 만주어에 /muru/ '기둥', Samoyed에 /mori/ '산' 핀랜드어(Finnish)에 /muor/, /mur/ '산' 등 우랄・알타이어와 대응이 된다. 이와 같이 수밀이(須密爾), 소밀성(蘇密城), 속말강(涑沫江), 수메르족은 동계의 어사이다. 오늘날 여러 곳에 소머리산(牛頭山) 해서 산명, 동명 등으로 남아 있다.

B. **고마에(狛江), 고마(高句麗), 가마구라(鎌倉), 구마가와(熊川)의 어원**

고마에(狛江, 駒江) '곰'의 어원을 살펴보자. 〈後漢書〉에 「구려일면맥이(句麗一名 貊耳)」의 기록을 볼 수 있다. 고구려도 일면 맥이(貊耳)라 표기하는데, 이는 /koma-ki/의 옮김이다. 맥(貊)은 웅(熊)과 생김새가 비슷함으로 웅과 같은 /koma/의 표기이다.

이는 '君'을 뜻하니, 한국어 kəm '神', 일본어 /kimi/ '君', /kami/ '神'과 같은 어원의 말이고, 한국어의 「검다」 '黑'의 '검', 「머리를 감다」의 [감]다도 동원의 말이다. /koma-ki(貊耳)/의 /ki/는 '城'을 뜻하는 /ki/로 해독된다. koma-e(狛江), /koma-wi(駒井)의 /e/와 /wi/는 /pərə, purə/ '城'의 잔형이다.

pori>poi>pe>e(江)

puri>pui>pi>wi(井)과 같은 어형이 변이한 것으로 추정된다.

이 [koma(高句麗)]의 표기에는 [거마(巨摩)·거마(巨麻)·거만(巨万)·고마(胡麻)고문(小間] 등이 차용되었다. 어떤 책에 고구려를 Kokura(高倉), Kookuri(高句麗)는 같은 어사이다. 가마쿠라(鎌倉)와 구마가와(熊川)에 대하여 살펴보자. 가마쿠라의 남쪽은 사가미만(相模灣)으로 열려 있고, 구마가와는 도쿄부 니시다마군 구마무라(東京府 西多摩郡 熊川村)을 말한다. /kama/와 /kuma/ '熊' 동아사이고, /kura/는 /kol/ '곡(谷)'과 같은 어사로 생각된다. 또한 구마소족(熊襲族)의 /kuma/도 같은 어원의 말이다.

C. **시라기고오리(新羅郡)·시라쿠(志樂)·시라코(白子)·same sasi(相模)의 어원**

/sira-ki/, /sira-ku/, /sira-ko/의 /sira/는 '金', '東', '新'을 뜻하는 말이며 /ki, ko, ku/는 [支/只]와 같이 '성'을 뜻하는 말이다. /sira/는 단군이 도읍한 아사달의 [아사]와 같은 말이다. 무사시노(武藏野)에 사가미(相模)라는 지명이 있고, 이곳도 도해인(渡海人)이 집단적으로 거주한 흔적이 있다. 는 일명 /sane-sasi/라고 한다. 이 /sane-sasi/는 '금성(金城)', '동성(東城)' 등에서 유래된 것으로 생각한다. /sane-sasi/는 /sara-sasi/에서 변이한 것인데, /sara/는 '金', '東', '新' 뜻하며, /sasi/는 '잣'즉 '城'을 뜻한다.

D. **구다라기(百濟木)의 어원**

/ku-tara-ki/의 세 형태소로 되어 있다. /ku/는 '큰'의 뜻이며, /tara/'성읍'으로 해독되고, /ki/는 역시 '성'으로 해독된다.

E. **후지산(富士山)과 후지미(富士見)**

후지산(富士山)은 일본제일의 고봉으로 높이 3,776M이다. 이 산은 시즈오카현(靜岡縣)과 야마나시현(山梨縣) 사이에 걸쳐 있는 산이다. 〈萬葉集〉에서는 [부진(不盡), 부토(布土)]로, 〈常陸國風土記〉에는 [복자(福慈), 불이(不二)]로 기록되어 있다. 이들은 모두 /fudʒi/ 또는 /hudʒi/의 표기로 생각된다.

일본말 fudʒi-mi, fudʒi-san은 한국어 puri '봉(峯)'과 대응된다.

어두음 한국어의 [p]는 일본어 [f/h]에 대응된다.

한국어	일본어
별	hosi
벌	hatsi
벌	hara

에 보는 것처럼 [b], [h]가 대응된다.

다음 puri의 [pul], [r], [l]는 fudʒi의 [ʤ<ʦ]와 대응된다.

한국어	일본어
벌	hatsi
물	midʒu
달(達)	tatsu(達)
을(乙)	otsu(乙)

와 같이 2음절의 [ʤ/ʦ]는 [l/r]과 대응이 된다.

/fudʒi-mi/의 /mi/는 '山'을 뜻하는 말로 /머리/, /마루/, /뫼/ 등과 같은 어사이다. 고로 /fuʤi/는 /puri/와 대응되어 '봉(峯)'을 뜻한다.

3.2.10 신공황후(神功皇后)의 신라정벌설과 임나일본부(任那日本府)설에 관한 논거(論據)

일본학자들의 날조된 사관을 검토해보면,

일제의 한반도 침략의 구실로 역사이론의 뒷받침을 한 것이 신공황후의 신라정벌설과 -임나일본부 설치설이다.

《日本書紀》에 의하면 「주아이(仲哀) 9년 2월에 주아이왕이 규슈(九州)의 구마소족(熊襲)과 싸우다가 전사하고, 그의 비(妃)인 신공황후는 같은 해 9월에 제국에 영을 내려 선박을 모으고 10월에 친히 신라를 정벌했다」로 되어 있다.

일본인은 이 신라를 경주의 신라라 하고, 이 글은 다음과 같이 교과서에 실어서 일본인의 영웅 심리를 고취하였다.

19세기 말엽부터 시작된 군국주의 일본은 이 기사내용을 「신공황후의 삼한정벌」(일본에서 삼한은 신라·백제·고구려를 말함)이라 하여 국민의 사기를 높이고, 임나일본부(任那日本府)가 대가야에 소재했던 고령에 비정함으로서 그들이 한국을 강점하는 것은 옛 그들의 영토를 수복하는 것이라고 강변하는 것이었다.

오늘날까지 그 날조된 역사를 시정하지 않고 있는 내용은 1932년 朝鮮總督府 發行 普通學校 國史卷一第六 神功皇后 pp.23-25과 普通學校 國史 〈옛날의 朝鮮〉p.22에 실려 있다.

정유재란 때 노량해전에서 조선의 수군이 왜의 수군을 거의 섬멸한 사실은 기록하지 아니하고, 오히려 왜의 수군이 우리 수군을 대파한 것처럼 왜곡 서술한 부분을 《初等國史》 卷二, pp.27~28)에 실었다. 이들 교과서의 내용을 간추려 보면 다음과 같다.

> 「이 무렵, 조선에서는 신라의 세력이 점점 강성하여졌을 뿐만 아니라, 일본과도 가까웠기 때문에 구마소족(熊襲族)은 그 힘을 믿고 일본을 배반하게 되었다. 그리하여 신공황후는 먼저 신라를 복종시키면 구마소족은 자연히 평정되리라 생각하고 다께노우찌 수쿠네(武内宿禰)와 상의하여 친히 군사를 이끌고 신라를 토벌하게 되었던 것이다. 황후는 남자의 모습으로 분장하시고 많은 군선을 거느리고 쓰시마에 건너가서, 바로 신라의 해안에 도착하였습니다. 신라왕은 황후의 위세가 왕성한 것을 보고 크게 겁을 먹고 바로 항복하고, 매년 일본에 공물을 바치고 영원히 변치 않겠다고 맹세하므로, 황후는 이를 허용하시고 개선했습니다. 때는 기원 860년(A. D. 200년)의 일이었다.」

3.2.11 신공황후(神功皇后)와 임나국(任那國)의 실상

1) 왜곡된 임나일본부(任那日本府) 설

다음은 임나일본부 설치설의 기사를 요약하면 다음과 같다.

「신라도 또 그 세력이 점점 강성하여졌으므로, 변한의 여러 나라들은 신라에게 고통을 당하게 되었습니다. 그리하여 그들 가운데 임나라고 하는 나라가 사신을 수신천황(崇信天皇)에게 보내어 구원을 청하였으므로, 천황은 장군을 보내어 그 들을 진압하였다. 임나는 대가라라고 하였습니다. 그 후 조정에서는 임나에 일본부를 설치하고, 그 지방을 통치하게 하였다」고 했다.

임나(任那) 기사는 삼국사기(三國史記) 광개토대왕왕능비(廣開土大王王陵碑) 신묘년(辛卯年) 기사, 진경대사비문(眞鏡大師碑文)에 기록되어 있고, 특히 일본 측의 닛본쇼기(日本書紀)에는 [임나]와 그 이표기(異表記)인 [임례]가 무려 210여회 나타난다. 일제의 어용학자들은 야마도(大和)정권이 한반도에 가야국이 있었던 남부 일대를 식민지로 지배하고, 미야께(御家)를 두어 통치했다고 했다.

그러나 [임나가라]는 '주읍(主邑)'의 뜻으로서 삼국시대에는 [가야] 또는 [가라]로 부르기도 하고 [임나]라고도 불렀다.

가야를 임나라고 부른 사료를 보면 다음과 같다.

- 고구려 광개토왕능비 : 임나가라
- <삼국사기>권46 열전 강수 : 저는 본래 임나가라 사람이다.
- 신라 진경대사탑비(924년 건립) : 대사의 이름은 심회이며 속세의 성은 김 씨이고 그 선조는 임나의 왕족이다.
- <한원>(7세기편찬) : 지총 임나 신라에는 진한, 변진, 24국이 있었는데 임나가라, 모한의 땅이 바로 그것이다.

닛본쇼기(日本書紀)에 임나일본부(任那日本府)가 나타나며, 임나(任那)를 천왕부용(天皇附庸), 즉 천황(天皇)의 속국(屬國)이라고 했다. 고마(高句麗), 구다라(百濟), 미마나(任那), 시라기(新羅)에 미마나노미야께(任那之屯倉 / 御家三宅 / 屯家 / 官家)를 두었다고 했으며, 고대 일본의 야마도국가(大和國家)가 한반도 내에 마야께를 설치하여 공물을 바치게 하고, 미야께를 관할하고 통치한 것이 미마나노미야께노 또는 야마또노미꼬도모찌(任那日本府)라고 했다.

일본 사가들은 임나(任那)가 A. D.400~A. D.600년까지 약 200년간, 육가야(六加耶)를 중심으로 남한(南韓)지역에 있었던 그들의 식민지영역(植民地領域)이며, 지난 36년간의 강점(强占)도 약 1400년 전에 신라에 멸망되었다고 하는 임나(任那)를 되찾자는 것이 그들의 표방(標榜)이었다.

임나(任那)가 남한(南韓)에 있는 그들의 속령이기 때문에 임나(任那)를 가야지방에 비정(比定)함으로서 한국 강점에 대한 그들의 합리성(合理性)을 찾으려는 속셈이었다.

〈닛본쇼기(日本書紀) 계체기(繼體紀)〉23年 3月조로부터 24年 9月 조까지에는 임나가라의 소국인 가라, 신라, 백제 그리고 야마도(大和)의 군사들 사이에 벌어진 복잡한 전쟁과정이 기록되어 있다.

임나일본부(任那日本府)설의 유일한 근거자료인 〈닛본쇼기(日本書紀)〉도 그 허위성이 드러난다. 즉 한반도에서는 532년 금관가락국(金官駕洛國)이 망하고 다음 562년에 대가야국(大駕耶國)이 망하였다. 그럼에도 불구하고 〈닛본쇼기(日本書紀)〉의 기록에는 610년에 신라와 임나가야의 사신이 일본에 갔고, 이듬해에는 임나에서 야마또(大和)에 조공을 바친 것으로 되어 있다. 그리고 7세기에도 신라와 임나가 싸움을 했다 라는 기록이 있다. 그것은 한반도에 소재한 임나나 신라가 아니라 일본열도에 있던 한국계통의 읍락국인 임나나 신라에 대한 기록으로 보아야 할 것이다.

이마니시(今西龍)는 1906년부터 30년간 김해의 패총(貝塚)을 조사하고, 사이도(齊藤忠)도 고령의 고분을 조사하여 임나의 흔적을 찾으려고 했으나 얻은 것이 아무것도 없었다.

많은 일본학자들은 김해, 고령, 함안, 합천, 하동의 고 지명을 임나지명으로 비정하였으나 그들의 허위성이 드러난다. 일본교과서에도 임나는 남한의 가야지방에 있었고, 일본의 속령이라 하고 한국을 강점하는 것은 그들의 영토를 되찾는 것이라고 가르치고 있다고 하니 한심스러운 일이며, 역사를 바로잡는 것이 한일외교관계에 좋은 영향을 미칠 것이다.

임나를 연구하여 왜곡시킨 일본학자들은 다음과 같다.

수가(管政友) :	<任那考>(1893)
나가(那加通世) :	<加羅考>(1894~1896)
쓰다(津田左右) :	<任那疆域考>(1913)
이마니시(令西龍) :	<加羅疆域考>(1919)
아유가이(點貝之道) :	<雜考>(1937)
이께우찌(池內宏) :	<日本上古の硏究>(1947)
스에미스(赤松保和) :	<任那興亡史>(1947)
이노우에(井上秀雄) :	<任那日本府と 倭>(1978)
이마니시(令西龍) :	<金海貝塚調査>(1906)

또한 나라현(奈良縣) 덴리시(天理市) 이소노가미신궁(石上神宮)에 백제의 칠지도(七支刀)라는 칼이 전해져 오고 있다.

칼은 길이 74.9cm, 칼 몸의 길이 65cm로서 단철로 되어 있다. 칼 몸은 좌우로 세 개씩 가지가 있으며, 칼 몸의 앞뒤에는 금 상감으로 된 60여자의 글이 새겨져 있다. 칼은 실용적인 것은 못되고, 주술적인 이념으로 삼기 위하여 제작되었다고 볼 수 있다.

지난날 일본의 학자들은 이 칼의 명문을 아전인수 격으로 해석하여 백제가 왜의 왕에게 진상하는 복속의 증거로 보낸 것이라고 하면서 임나일본부(任那日本府)설의 증거품의 하나로 들었다.

그러나 그 칠지도(七支刀)에 새겨진 글을 보면,

「泰和 四年 ○月 十六日 丙午 正陽造 百錬(鋼)七支刀
(下) 僻百兵 宣供供 侯王 [奇○] ○○○
先世以來 未有此刀 百慈[王] 世[○]奇生聖音
故爲倭王 旨造 傳世後世」

즉 "태화 4년 ○월 16일 병오 일 한낮에 강철을 백 번 담금질하여 칠지도를 만들다.

능히 백병을 물리친다. 마땅히 후왕 [기?]께 받치기 ○○○이 만들었다.

선세 이래 이런 칼은 없었다. 백자왕의 세자 기(奇)가 태어나니 성상은 말씀

하시어

(기 왕자를) 왜 왕으로 봉하고, 성지를 내려 칠지도를 만들어 주셨으니 후세에게 전하라"로 해독되니 그들의 주장과는 정 반대로 백제 왕자를 왜 왕으로 봉하고, 칠지도를 하사한 것으로 해석해야 할 것이다.

2) 신공황후(神功王后)의 신라정벌설에 관한 왜곡된 설

《日本書紀》에 의하면, 신공황후는 제14대 쥬아이천황(仲哀天皇) 2년 1월 11일에 황후가 되었다. 그때의 나이가 그는 24, 천황은 45세이며, 이미 그녀의 앞에 두 사람의 비와 세 왕자가 있었다. 그러나 21년 아래인 미인은 황후가 된지 24일 만에 천황을 완전히 독점하였다. 즉 황후가 된지 두 달 만에 나라의 실권을 수중에 넣고 사실상 나라의 주인이 되었다. 그녀는 천황의 뜻을 거역하고 나라를 독점하고 왕자를 낳아 왕위를 계승하는 일이었다.

천황은 구마소족(熊襲族)을 습격하였다가 활에 맞아 졸하였다고 한다.

일본의 14대 천황인 쥬아이천황(仲哀天皇)이 구슈에 살고 있는 구마소족을 정벌하기 위하여 규슈에 갔을 때 쯔구시(筑)의 아가다누(縣主)의 조상인 이도떼(五十跡年)가 천황이 온다는 것을 듣고 오백 지(五百枝)의 현목(賢木)을 뱃머리에 세웠다. 그리고 윗가지에는 8尺의 붉은 옥(瓊)을 걸고 가운데 가지에는 백동경(白銅鏡)을 걸고 밑가지에는 도스가메(十屋) 검(劍)을 걸고 아나도(穴門)의 히기시마(引島)까지 마중을 나갔다.

천황이 묻기를 "그대는 누구인가" 하니 이도데(五十跡年)가 나서서 말하기를 "나는 고려국(高麗國)의 오로산(意呂山)에서 온 천강손(天降孫) 히보고(日鉾)의 후손인 이도데입니다"라 답했다.

〈와메이쇼(利名抄)〉에 의하면, 이도의 고을이란 지구젠국기(筑前國記)에 밝혀진 이도군(怡土郡)이다. 현재는 시마(志摩)군과 합쳐져 이도지마군(系島郡)이 되었는데 이도지마 남부에 위치한 고을이 바로 이서국 백성이 건너가 세운 이도국으로 추정된다.

놀라운 사실은 황후는 비밀리에 유해를 멀리 이송하고, 천황이 세상을 떠난 것은 신교(神教, Shamanism)를 따르지 않음이요, 죄를 비는 뜻으로 제를 올렸다.

그녀는 삼한을 정복하고 12월 14일 축자(筑紫) 우미(宇瀰)라는 곳에서 생남하였다는 것이다. 그는 자기 소생의 왕자를 얻자, 소생이 아닌 왕자를 모두 죽이고 축가를 불렀다고 했다. 이어서 어린 아기를 대신하여 69년간 수렴청정(垂簾聽政)을 하다가 백세로 세상을 떠날 때, 소생의 왕자에게 왕위를 물려주었다는 것이다.

더욱 이상한 것은 황후의 임신기간이 열다섯 달도 넘었다는 사실이다.

21년 년 상인 天皇과 결혼하자, 두 사람의 전 비를 제쳐놓고 황후가 되고, 정치 군사의 전권을 수중에 넣고, 천황의 서거를 예언하고, 유해를 비밀리에 이송하고, 오랫동안 군대와 함께 생활하고, 사생아를 낳지 않았나 의심을 받고, 마침내 자신의 소생이 아닌 세 왕자를 죽였다고 하는 파란만장한 일대가가 고기에 실려 있다.

쥬아이천황은 쓰시마의 신라를 정벌한 일이 있으며, 신라 정벌로 알려진 신공황후의 남편이다. 그는 규슈의 구마소족(熊襲族)과 싸우다가 전사하였다.

《日本書紀》에 의하면, 쥬아이왕의 아들인 오신왕(應神王)이 북 규슈의 쓰쿠시(筑紫)에서 출생하였다고 한다.

《日本書紀》와 〈古事記〉에 신공황후의 신라 정벌 설은 그 연대가 서로 맞지 않는다. 《日本書紀》에는 그 연대가 서기 200년으로 되어 있으나 이때는 아직 일본이 통일국가의 모습을 갖추기 3, 4세기 전이다. 역사상 일본이라는 국호와 천황의 칭호가 생긴 것이 6세기 말 내지 7세기경이었을 뿐만 아니라, 〈三國史記〉에 일본국호가 생긴 것이 신라 문무왕(文武王) 10년 경오(庚午), 즉 A. D. 670년으로 되어있다. 서기 200년은 나해왕(奈解王) 5년 경진(庚辰), 단기 2,533년에 해당되는데, 그 해 신라에서는 7월 한낮에 서리가 내려 풀이 말랐고, 9월에 일식이 있었고, 왕이 친히 알천 변(閼川邊)에 열병을 하였다는 사실의 기사 외에는 아무 것도 없다.

《日本書紀》 仲哀9年紀의 몇 개의 지명이 나타난다. 그 일부를 보도록 하겠다.

「황후가 가사히우라(橿日浦)에 돌아와서 머리를 풀고 바다에 들어가서 말하기를 … 이때가 마침 황후의 산월이었다. 황후가 허리에 돌을 끼고 신에게 빌어 말하기를 "나의 정벌이 끝난 후에 돌아와서 아이를 낳게 하여 주소서" 하였다. 그 돌이 지금의 이도현(伊都縣)의 도로변에 있다. 황혼(荒魂)으로 하여금 군의 선봉에 서게 하고, 화혼(和魂)으로 하여금 배를 흔들지 않게 하였다. 겨울 10월 3일에 와니쓰(和珥津)를 출발하였다. 그때에 풍신(風神)은 바람을 일으키고, 해신(海神)은 파도를 일으키고, 바다의 큰 고기들은 모두 떠올라서 배를 밀어주고, 순풍이 알맞게 불어서, 삿대를 사용하지 않고도 신라에 도착하였다.」

위 글에 이어,

「신라왕은 백기를 들고 나와서 왕선 앞에 엎드려 "지금으로부터 춘추로 조공하겠습니다"하고 약속하며 구다라(百濟)와 고마(高句麗)의 국왕도 군세를 보고 놀라 항복하고 조공할 것을 약속하였다.」

일본 사가들은 이 신라를 경주의 신라로 보았으나 이는 쓰시마(對馬島)의 사고(佐護)에 있었던 신라로 보아야 한다. 이는 위에서 말한 바 쥬아이왕이 정벌한 신라는 〈對州編年略〉에 나타난 쓰시마의 신라이다.

對馬島에서 편찬된 〈對州編年略〉(對馬島人 藤定房)의 撰, 1732年에 죽음)에 다음과 같은 기록이 있다.

「山家要略記(後鳥羽院 天台僧 顯眞撰之書) 云 對馬島者 高麗國之牧野新羅住之 開化天皇代 從此島 襲來 仲哀天皇 豊浦宮 幸行 對馬島 征伐新羅 竟取此島」

위 기사의 가사히우라(橿日浦)는 〈古事紀〉에 가시히(訶志比) 〈續日本紀〉에서 가시히(香椎), 〈筑前國風土記〉에 가시후(哿襲) 〈萬業集〉에 가시히(香椎), 가시후(加之布)로 표기되었다. [Kasi-hi]는 [Kasi] '王'과 [hi] '城邑'의 합성이다. 이 가사히우라(橿日浦)는 쥬아이왕의 궁이 있는 북 규슈의 지명이다.

다음 와니쓰(和珥津)가 문제가 된다. 일본 사가들은 쓰시마의 와니우라(鰐浦)에 비정했다. 그러나 이 글의 배경으로 보아서 쓰시마의 북단에 있는 2,000

여 리 떨어진 곳으로 비정함은 옳지 않다.

일본 고대어에 '큰 배' 곧 [Wani]라 하는데 위의 [Wani-tsu]는 '큰 배를 정박하는 나루'이기 때문에 같은 지명이 여러 곳에 분포하였다. 고로 신공황후가 발선한 Wani tsu(和珥津)는 북 규슈에 있었던 지명이다. 仲哀9年紀의 기사에 나오는 신라를 경주의 신라라 함은 말이 되지 않는다. 신공황후가 경주의 신라를 정벌했다는 기록을 교과서에 수록함으로서 그들이 한국을 정벌했다는 승리감을 심으려는 의도는 양국 외교관계에 악영향을 줄뿐이다. 신공황후는 삼한을 정벌하기까지 약 18회의 많은 제사와 비식(秘式)을 행하며, 모든 일을 천신지지(天神地祇)의 가호로서 뜻대로 이룩하였으니, 그야말로 신공황후라는 별명을 얻었다. 그러나 그녀의 본명은 오기나가다라쓰히메미꼬도(息長帶比賣命/ 氣長足姬尊)이며, 그 형태소는 [오]+[기]+[나가]+[다라-쓰]+[히메]+[미꼬도]이다.

이 [미꼬도]는 상대(上代)에 신인 명에 붙이는 존칭사로서, 이는 《日本書紀》 신대기에 많이 기록되어 있다. 이는 /mi + koto/로 분석되니, /mi/는 /mi-tama(御靈), /mi-ko(御子)/, /mi-Kuni(御國)/에서 보는 존칭의 접두사이고, /koto/가 원래의 존칭사이다. 이 /koto/는 한국말에 '장(長)'을 뜻하는 /kəti(<kətə)/와 비교된다. 이를 고대 지명에서 보기로 한다.

> 安波縣本百濟居知山縣景德王改名 今長山縣(〈史記〉)

위 거지산(居知山) = 장산(長山)의 관계에서 [잔(長)]에 대응하는 [거지(居知)]는 /kəti/의 표기로서, /kəti/, /kətə/, /koto/는 이형태이다.

다음 /hime/를 보도록 하겠다. 일본 신대 인명에서 hiko(彥)와 hime(姬)를 많이 볼 수 있다. 아마쓰히꼬(天津彥), 하야키쓰히코(速秋津彥), 스쿠나히꼬(順久奈比古) 등에서, [히꼬]는 남자에 대한 미칭이고, 세오리쓰히메(瀨織津比咩, 天照大神 異名), 다코리히메(田心姬), 이치키시마히메(市杵島嬉) 등에서 hime는 여자에 대한 미칭이다. [다라쓰]를 해독해 보면, 신라 건국시의 소벌도리(蘇伐都利)의 [도리]와 같은 어사로서, [다라쓰-다리ᄉ-다리-도리]는 같은 것이며, [쓰] [ᄉ]는 어말에 있다 없다 한다. [다리]는 일본의 왕이나 그의 대정관(大政

官)의 이름에도 쓰인다.

한국어 dora '순시(巡視)', Manchu 어 : doro (政. 道), Mongol 어 : tore '도리(道理)'는 서로 대응이 된다. /다라(쓰)/는 '다스리다'의 뜻으로 생각된다.

다음 /나가/는 일본어 '中'을 뜻하는 /나가/의 표기이며, 국왕은 항상 중토(中土)에서 정사를 보는 사상이다.

/기/는 '성(城)'을 뜻하며, [支·己·只] 등의 표기가 같은 어사이다.

/오/는 현행일본어 '큰'를 뜻하는 /oo/의 표기이다. obo>oho>oo로 변음한 것으로, oho-ana-motsi(대기귀(大己貴))의 /oho/도 '큰'의 뜻으로 쓰였다. [오기나가다리쓰히메이꼬도]는 '큰 성의 중토(中土)에서 정무를 보는 여자 미꼬도'로 풀이된다.

A. [임나(任那)]의 형태소 해독

《日本書紀》 권10 應神7년 : 「가을 9월 고려인, 백제인, 임나인, 신라인이 다 내조하였다」로 기록되어 있다. 임나를 일본에서 /mima-na/라 한다. 즉 /nima-na/>/mima-na/로 역행동화(逆行同化)된 것 같다.

이 임나 국명은 고대 읍락 국 시대에 수장(王)이 있었던 '주읍(主邑)'에서 유래한다. 즉 /nima/는 /nama/ '주(主)', '장(長)'의 뜻이고, /na/는 '양(壤)' '지(地)'의 뜻이니, /nima-na/는 '주양', '주지'의 뜻이다. 《梁書》 <百濟條>에 郡縣을 뜻하는 /담로(擔魯)(jəmu-ro/도 같은 어사로 생각되며, 《三國史記》 〈地理志1〉에 기록된 [南內] /nama-na/(경남 안의면)도 같은 어사이다. 그리고 《三國史記》 〈脫解王17年紀〉의 기록으로 「왜인침목출도(倭人侵木出島)」라는 [木出], 신라의 충신 박제상(朴堤上)이 왜(倭)에 볼모로 잡혀간 미사헌(未斯欣)을 구출하여 본국으로 보내고 자신은 처형이 되었는데, 그 처형된 장소를 《日本書紀》에는 쓰시마라 기록하고, 〈三國史記〉에는 목출도(木出島)라 기록하였다.

木出(nama-na)은 쓰시마를 가리키는 것으로 木出(nama-na), 任那(nima-na), 임례(稔禮)(nimu-ro)는 쓰시마의 수읍(首邑)이었던 계찌(雞知)와 이곳에서 가까운 나무로(南室)(namu-ro)에 비정된다.

崇神王을 일명 미마키(御間城)왕이라 한다. [미마키]는 미마(任那] + 키 '城'

으로 구성되어 있다. 〈崇神65年紀〉에 任那國이 소나갈즐지(蘇那曷叱知)를 보내어 조공했다는 기사가 있고, 11代인 〈垂仁王2年紀〉에 임나 사신인 소나갈즐지의 귀국에 대한 기사가 있는데, 그 의 기사에 다음과 같은 것이 있다.

(수인천황(垂仁天皇)이 임나사자에게) "너가 길을 헤매지 않고 더 빨리 왔더라면 선황(御間城天皇)에게 벼슬을 했을 것이다(그렇지 못하여 애석하므로). 너의 나라 이름을 고쳐서 미마기천황(御間城天皇)의 이름을 따서, 너의 나라 이름으로 하라"고 하였다. 이에 붉은 비단을 그에게 주어서 본국에 돌려보내었다. 그 나라 이름을 미마나국(彌摩那國)이라 일컫는 것은 이러한 연고가 있기 때문이다.

위 [미마나(彌摩那)]도 mama-ki(御間城)와 mima-na(任那) 모두 동일 어사으로 생각된다. 고로 니마나(任那) · 니무로(稔禮) · 나무나(本出) · 나무로(南室) · 미마나(彌摩那) · 미마기(御間城) 등의 니마/미마/니무/나무는 동어원으로 표기된 같은 어사이다.

B. 임나의 위치 고증

일본의 학자들은 가라(加羅)를 임나로 생각하여 김해 지방의 금관가락(金官駕洛) 또는 고령의 대가야(大加耶)가 곧 임나라 하였다. 그들이 가라가 곧 임나 또는 임나가 곧 가라라고 주장하게 된 것은 광개토대왕(廣開土王)의 비문에 「임나가라(任那加羅)」가 기록되어 있기 때문이다.

《日本書紀》 임나 기사에 나타나는 많은 국명과 지명을 남한의 지역에 비정함으로서 침략의 사필을 멋대로 휘둘렀다. 나가(那珂通世) 씨의 〈가라고(加羅考)〉에서도 임나가 곧 가라라 하였고, 쓰다(通田左右吉) 씨의 〈가라강역고(加羅疆域考)〉에서는 「옛적 우리나라가 남한에 속령을 가졌을 때 그 통치기관을 임나일본부(任那日本府)라 하였으며, 임나는 일본부의 소재지였던 가락국의 별명으로 사용되었다」고 하였다.

《日本書紀》 〈欽明2年紀〉에 다음과 같은 기사가 있다.

「4월에 안라(安羅)의 차한기이탄해(次旱岐夷呑奚) · 대불손(大不孫) · 구취유리(久取柔利), 가라의 상수위고전해(上首位古殿奚), 졸마(卒麻)의 한기(旱

岐), 사반해(散半奚)의 한기(旱岐)의 아(兒), 다라(多羅)의 하한기이다(下旱岐夷多), 사이기(斯二岐)의 한기(旱岐)의 아(兒), 자타(子他)의 한기(旱岐) 등이, 임나일본부 기비신(吉備臣)과 함께 백제에 가서 조서를 들었다. 백제의 성명왕이 임나의 한기(旱岐) 등에 알려서 말하기를 일본의 천황이 조(詔)하는 바는 임나를 다시 세우라는 것이다. 이에 어떠한 계책으로써 임나를 일으키겠는 가」라고 했다.

위 글은 백제의 성명왕(聖明王)이 안라(安羅)·가라(加羅)·졸마(卒麻)·산반혜(散半奚)·다라(多羅)·사이기(斯二岐)·자타(子他) 등이 임나한기(任那旱岐) 등과 임나일본부의 기비신(吉備臣)(가미쯔미찌노오미다사(上道屋臣田俠)로 추정됨)을 모아서, 그들에게 왜왕으로부터 보내온 글 내용을 말하여, 임나 재건을 의논하는 장면의 일부이다.

위에 보인 7 읍락은《日本書紀》〈欽明23年紀〉(562)에 보이는 임나 10국 중의 7 국명이다. 임나 10 국 중에서 古嵯·乙湌·稔禮가 빠져 있다. 위에서 말한 바와 같이 일본 학자들은 의도적으로 대륙침략의 역사 이론적 뒷받침을 하기 위하여 任那의 위치를 한반도에 있는 가야에 비정했으나 이 임나가라, 백제, 신라, 고구려 등의 위치를 쓰시마, 규슈, 기비(吉備) 지방에서 찾아야 할 것이다.

ⓐ 다다라(多多良)와 다사(帶沙)

《닛본쇼기(日本書紀)》〈계체기(繼體紀)〉에 보면, 다사쯔(多沙津) 나루는 백제가 야마도(大和)에 조공할 때 항구로 이용하였다고 했다. 고로 이 두 곳의 위치를 밝히는 것이 아주 중요하다. 왜냐하면 [가라 다다라]와 [가라 다사쯔]가 한반도 남부에 있었다고 하는 전제 밑에서 조작된 학설이기 때문이다. 이마니시(今西龍), 쯔다(津田左右吉), 수에마쯔(末松和保), 이께우찌(池內宏) 등은 경남 합천의 고대지명이 [다라(大良)]임으로 [다다라(多多良)]은 합천으로 비정했으며, 또한 경남 하동의 고대지명이 [한다사(韓多沙)]임으로 다사[帶沙]를 하동으로 비정해서 그들이 한국의 강점을 합리화시키려는 의도가 밑바닥에 깔려 있었다.

a. 다다라(多多良)의 위치

이병선 님은 다라(多良)을 쓰시마의 쑤나(綱)에 비정했다. 이 지명은 다라>두라>쑤나로 변한 것이라 주장한다. 그러나 임나가라를 쓰시마에 한정하려는 것은 무리가 아닌가 의심의 여지가 있다.

또한 일본학자들은 합천 외에 부산 남쪽 20km 지점에 있는 다대포로 단정하였으나, 우선 다다라와 다대포는 음이 다르다. 〈계체기(繼體紀)〉에 기록된 다다라는 해변 가의 마을로서 그것은 다다라벌(多多羅原)이었다. 그러나 부산 남쪽에 있는 다대포는 도저히 벌이라고는 볼 수 없는 매우 좁은 포구이다.

조희승님은 백과사전출판사간의 〈일본에서 조선소국의 형성과 발전〉에서 다다라의 위치를 기비(吉備)지방의 죠도(長島)군에 있는 다다라로 비정하였다. 즉 다다라(多多羅)는 오늘의 죠도군(長島郡)의 중부, 오까야마시(岡山市)와 사이다이지(西大寺)와의 중간에 있는 다다라(大多羅)에 비정했다. 다다라는 〈和名抄〉에 의하면 죠도군 가지향(勝鄕, 수구리라고도 읽는다)으로서 지금은 고지마(高志馬)만에서 4-5km 정도 떨어져 있지만 고대에는 그 일대가 바닷가였다.

고대의 다다라아시하라(多多羅葦原)는 북쪽은 게시고산(芥子山)을 등지고 남쪽은 바다에 면하고 동서에 훌륭한 강 어구를 갖고 있다. 또한 아시하라는 현재의 요시하라(吉原)이다. 다다라가 있는 마을은 가찌향(勝鄕)인데 하다노(秦)스구리베(勝部)에서 유래된 지명이다.

《日本書紀》 권9 〈신공황후 섭정 5년 3월〉에 의하면, 다다라쯔(蹈鞴津)에서 4개 읍의 아야히도(良人)의 조상이 되는 포로들을 잡아왔다고 하는데, 그것은 바로 기비(吉備) 죠도(長島)의 다다라쯔(나루)에 비정되며, 다라쯔(蹈鞴津)는 다다라쯔(多多羅津)이고 죠도고을의 대다라(大多羅)이다. 신공황후가 잡아왔다는 사비 오시노미(忍海) 등의 아야히도에 대한 이야기가 야마도(大和)에서 널리 알려져 있었다.

죠도군 가찌향에 있는 다다라가 《日本書紀》에 나오는 신라가 점유한 다다라였음은 거기에 작은 규모의 한국형 산성이 있는 사실을 통해서도 알 수 있다.

이 일대의 구릉지대에는 기비쯔오까가라기(吉備津岡辛木)라는 神社가 있다. 〈가라기〉는 '가라기(韓城)'로 풀이되며, 산성이 있는 구릉지대를 가라오(韓尾)

라고 부르며, 거기에는 돌담과 흙 담 자리가 남아있고 큰 돌을 쓴 횡혈식 돌 간 무덤도 있다.

〈桓檀古記〉에서는「임나는 서북 계에 있었는데, 북에는 바다로 막혀있다. 구니오기(國尾城)에서 통치했다」고 했다.

여기 [國尾]는 [구니오]의 표기이며, 이 지명은 현재 쓰시마 서북쪽의 가리오(狩尾)에 비정된다고, 이병선님은 주장하고 있다. 다시 말하자면 [가리오]라는 지명이 쓰시마, 또는 기비(吉備)의 죠도(長島)에도 있는 것을 볼 때 가라 사람들의 이동과 동시에 지명도 이동한 예로 볼 수 있다.

다다라벌의 뒤에 솟은 게시꼬산(芥子山, 2,328M)을 지금은 게시꼬산이라고 읽지만 고대에는 가라고산(韓子山)이라고 불렀다. 겨자 개(芥)의 일본 뜻이 [가라시]인데, 이 [가라]는 매울 신(辛)자를 쓰기도 한다.

야마도 정권(大和政權)이 파견한 게누노오미가 이끄는 병사들이 2~3년이나 임나에 머물러 있으면서 임나의 여자들에게 장가들어 아이를 낳았다. 이렇게 야마도의 남자와 임나의 여자 사이에 생긴 아이를 가라꼬(韓子)라고 하였다.

이상에서 본 바와 같이 죠도(長島) 가찌향(勝鄕에 있는 다다라벌이라는 지명과 그 지역에서 가장 높은 산을 가라꼬산이라고 부른 사실, 가리오(韓尾)에 있는 가라기(辛木)산성,《日本書紀》〈繼體紀〉의 기사내용을 참고하면, 죠도가 바로 임나가라가 있었던 곳이라 추정된다.

b. 다사쯔(多沙津)의 위치

《日本書紀》에 의하면, 가라국에는 후에 백제에 양도한 다사(多沙)의 나루 다사쯔(多沙津)가 있었다고 한다. 일본학자들은 다사의 나루를 섬진강하류 부근으로 비정하지만, 가락국이 있었든 기비지방의 조도에 비정하는 것이 옳다고 생각한다.

《日本書紀》 雄略7(463)년 조에 실린 기사는 다음과 같다.

> 「야마또(大和)의 왕은 미인인 처를 가진 자기 신하를 미마나노 미꼬또모찌(任那國司)로 임명 파견하고, 미꼬도모찌의 아내 와까히메(稚姬)를 왕이 취하게 되었다」

는 기록이다.

구니노미꼬도모찌(國司)란 6세기 말 이후 야마도 정권(大和政權)이 구니노미야쯔고(國造)들이 지배하던 소국에 파견한 지방관이다. 고로 야마또 정권이 기비지방의 미마나(任那)에 그곳과 인연이 있는 다사(多沙)를 파견하였다고 볼 수 있다.

지명과 인명이 같은 다사는 기비지방의 가미쯔미찌(上道) 사람이며, 그의 아내 와까히메(稚姬)도 같은 지방출신이다.

다사가 갔다는 임나가야는 한반도의 임나가 아니라 기비지방의 미마나 였음을 〈日本書紀〉의 기사를 통하여 확인할 수 있다.

다사(多沙)는 곧 다사(帶沙)로서 일본학자들은 《三國史記》〈地理誌〉에 있는 하동의 옛 고을명이 한다사(韓多沙)라고 하고 다사쯔를 섬진강으로 비정한 것은 의도적인 날조를 시도한 것으로 볼 수밖에 없다.

《日本書紀》〈繼體紀〉에 나오는 다사와 다사쯔는 다다라벌이 있는 가라 죠도에 있었다고 생각한다. 죠도의 세력가인 기비노오미다사(吉備臣田狹)의 정식 이름은 기비노가미쯔미찌노오미다사(吉備上道臣田狹)이다. 가미쯔미찌는 죠도를 가리키며, 기비가야국의 위쪽 나루길이다는 뜻이다.

죠도의 다사는 여러 가지 한자로 표기되었다. 〈雄略紀〉에는 〈다사(田狹)〉, 〈國造本紀〉에는 〈다사(多佐)〉로 되어 있다.

죠도에 다사라는 지명, 인명이 있었다는 사실, 작은 강과 좋은 나루가 집중된 고장이라는 사실, 다다라벌이 있는 사실, 가라(韓), 가라우도(韓人, 唐人) 등 가라 한국과 관계되는 지명이 많은 사실, 한국적-유적과 유물이 밀집되었다는 사실 등을 미루어볼 때 죠도가 바로 기비 임나가야국의 중심지라고 추정할 수 있다.

그러면 죠도의 어느 강이 《日本書紀》에 기록된 다시강이냐 하는 것이 문제가 된다. 그것은 현재의 오까야마시(岡山市) 죠도(長島)군에 흐르는 스나강(砂川)이라고 생각된다. 모래 사(砂, 沙) 내(川)자를 써서 쓰나가와라고 부르는 그 강이 많을(多) 또는 띠 대(帶)와 모래 사를 써서 다사강이라고 부른 것이 《日本書紀》에 기록된 다사강 이었다. 죠도의 그 강은 본시 다사(多沙, 帶沙) 강이던 것이 세월이 지나면서 多, 帶가 떨어져 나가고 모래 [사]자만 남아서 쓰나가와라고 읽게 되었던 것으로 추정한다. 다사는 多沙·帶沙·多佐·田狹 등으로 기록되어 있다.

《日本書紀》〈雄略〉7년부터 9년 사이에는 기비(吉備) 가미쯔미찌오미다사(上道臣多沙)를 임나가야(任那加耶)에 파견하는 기사로부터 시작하여 가야와 신라, 고마, 그리고 야마또(大和)의 장수들이 서로 복잡하게 싸우는 모습을 기록하고 있다. 그 기사는 가야와 신라 사이에 그리고 가야와 고마(高句麗) 구다라(百濟) 사이에 싸우는 전쟁에 야마도 군사가 가야를 도우는 내용에 관하여 서술한 것이다. 그 전쟁이 한반도에서 일어난 것이 아니고 기비지방(吉備地方)에서 일어났음을 웅략기(雄略紀)에 나오는 기사를 통하여 잘 알 수 있다.

c. 김해·고령·함안을 임나가 소재한 위치로 고증한 오류

일본의 학자들이 임나를 한반도 남부의 여섯 가야(加耶) 일대로 비정한 것은 그들이 남한 일대를 식민지로 지배하고 있었으며, 그들이 한국을 강점하는 것은 그들의 옛 강토를 수복하는 것이라는 구실을 얻기 위한 계획된 음모임이 분명하다.

《日本書紀》 임나관계 기사에 많이 나타나는 국명, 지명이 한반도에 있는 백제·신라·삼한·가야에 있는 지명·국명에 비정한 것이다.

그러나 국명·지명은 고유명사로 변하기 전에는 일반어사로 명명된 것이기 때문에 고대 한반도에서 일본으로 진출한 이주민들과 함께 그 국명·지명도 같이 이동했던 것이다. 고로 고대지명은 지역과 시대에 따라서 어형과 표기의 차이가 있기는 하나, 동계의 지명이 한반도와 일본열도의 여러 곳에 분포한다.

《日本書紀》에 기록된 임나 열 국명 중에 가라, 임나, 지명에 남가라(南加羅)가 보이는데 이 가라(加羅)·가량(加良)을 6 가야라 생각하고, 임나까지도 6 가야에 있었다고 본 것이다. 그러나 가라(加羅)·가량(加良)은 '성'이나 '읍락'을 뜻하는 일반 어사인 [가라]에 유래한 것으로, 이와 같은 국명·지명이 한반도뿐 아니라 쓰시마, 규슈 등 일본열도에 널리 분포한다.

일본열도에서 고대 한국과 관련된 가라(韓)(kara)를 [韓·加羅·加良·可

良·賀羅·賀良] 등으로 표기하였는데, 이와 같은 이름을 지명, 국명, 신사 명에서 볼 수 있다. 조선총독부 조선사편찬위원의 한 분이며, 한국 실사의 날조에 앞장 선 이마니시(今西龍)는 김해를 남가라라 하고 고령을 임라라 하여 이곳에 미마나노미꼬도모찌(任那日本府)가 있었다고 하였다.

《日本書紀》 推古31年紀에 「임나소국이나 천황의 부용(附庸)(천황의 속국(屬國))이다」하였다.

김해 금관가락국은 여섯 가야 중에서도 종주국이며,고령 가야는 대가야(大加耶)인데 「小國」이라 했을 리가 없다.

欽明2年紀에 「남가라(南加羅)는 최이협소(蕞爾狹小)한 곳」이라 하였는데 가라국을 가리킨 것이 아니고, 일본열도의 가라수(加羅愁)(kara-su), 가라(韓良)(kara)를 말한 것으로 해석된다.

아유가이(鮎具之進) 씨는 임나를 금관가락국이 있었던 김해라 하였는데, 그 논지는 다음과 같다. 즉 〈東國輿地勝覽〉에 기록된 김해의 옛 지명인 주포(主浦)·임해(臨海)의 [주(主)]·[임(臨)]이 임나(任那)의 [임(任)]과 같은 어사라고 하였다. 이러한 지명은 김해뿐만 아니라, 주포(主浦)(慶南 態川), 주산(主山)(慶南 巨濟), 주흘산(主屹山)(慶南 聞慶), 주곡(主谷)(慶北 寧海), 임하(臨河)(慶北 安東), 임천(臨川)(慶北 尙州), 임계(臨溪)(全南 靈光), 임진도(臨津渡)(京畿 坡州), 임계(臨溪)(江原 江陵) 등 지형을 나타내는 말로 넓게 분포되어 있다. 그러므로 이 주장은 고의적인 날조에 불과하다.

그리고 임나를 고령에 있었다고 하는 이유는 다음과 같다.

《日本書紀》〈垂仁2年紀〉에 임나국에서 온 사신에게 「어느 나라 사람이냐」고 물으니, 「의부가라국왕(意富加羅國王)의 아들」이라 하였는데, 이 [의부가라]를 대가야로 보는 것이다. 이 [의부(意富)]를 일본어 '큰'를 뜻하는 [오호]의 옛형 [오보]의 표기로 보고, 이 사신이 고령에 소재했던 대가야에서 왔다고 조작한 것이었다. 坂岡寺에 제사한

오아나모지 (大己貴(大穴牟遲)은 oho-ana-mutsi이며, 이 신인의 별명 오아나모지(大穴持)는 oho-ana-motsi의 표기이다. 현행 일본어 '큰'를 뜻하는 [oo]는 [obo]에서 변음한 (obo>oho>oo)이니, 그렇게 해독해서 그들의 한국 강점

을 합리화시키려는 음모가 도사리고 있었던 것이다. 그러나 그 사신이 대가야에서 왔다고 하면 [오보]가 섞인 [오보가라](意富加羅)라 하지 않고 [건가라(健加羅)] 또는 [건가라(近加羅)] '큰가야'라 하였을 것이다. 일본말에 [konikisi] '大王을 뜻한다. [意富加羅]는 [이부가라] 또는 [니무가라]에서 [ㅁ]음이 [ㅂ]음으로 바뀐 것이다. 고로 [의부가라]는 [임나가라]의 표기로 해독하는 것이 옳은 것이다. 대가야의 종주국인 금관가야(金官加耶)를 최이협소(蕞爾狹小)니, 소국이니 《日本書紀》에서 말 할 수 없을 것이다. 《日本書紀》 〈欽明23年紀〉에 임나 10국이 기록되어 있다.

> 「新羅打滅任那官家(一本云二十一年任那滅焉總言任那別言 加羅國 安羅國 斯二岐國 多羅國 卒麻國 吉嵯國 子他國 散半下國 乞湌國 稔禮國 合十國」

이라 하였다.

위에서 보인 10국은 쓰시마의 십향(十鄕)을 가리킨 것이다. 쓰시마는 고대에 십향(十鄕)으로 나누어 통치하였다. 《日本書紀》에서 [韓鄕]을 [kara-kuni]로 읽었다. 〈桓檀古記〉의 다음의 기록을 보자.

> 「任那者 本在對馬島西北界 阻海有治曰 國尾城 東西名有墟落或貢或叛後對馬二島遂爲任那所制故自是任那　乃三韓分治之地也本非倭人世居地任那又分爲三加羅所謂加羅者首邑　之稱也自是三汗相爭歲久不解佐護加羅屬　新羅仁位加羅屬高句麗雞知加羅屬百濟是也永樂十年三加羅盡歸我自是海陸諸倭悉統於任那分治十國號爲聯政然直轄於高句麗非烈席所命不得自專也」
>
> 《桓檀古記》 <高句麗國本紀第六>

「이로부터 임나는 쓰시마를 전칭하게 되었다. 고대부터 규슈(九州)와 쓰시마를 삼한(三韓)이 나누어 다스리던 곳이니 본래 왜인이 살던 곳이 아니다. 임나는 또 세 가라로 나뉘었으니, 이른 바 가라는 수읍을 칭하는 것이다. 이로부터 삼한(三汗)이 서로 다투어 세월이 오래가도록 화해하지 아니하여 사고가라(佐

護加羅)는 고구려에 속하게 되고, 게찌갈라(雞知加羅)는 백제에 속하게 되었다」고 했다.

그 곳의 신라 · 고구려 · 백제 삼국은 한반도 삼국의 분 국 격으로 보인다. 사고(佐護) · 니이(仁位) · 게찌(雞知)는 현재 쓰시마에서 쓰이고 있는 지명들이다. 사고는 상도의 북에 위치하고 니이는 상하도의 중간에 위치하고, 게찌(雞知)는 하도에 위치하고 있다.

신공황후의 신라정벌설의 이 신라도 쓰시마의 신라라고 하는 것을 앞에서 명백히 설명하였다. 이 가라를 한반도 남부에 소개한 가라이며, 임나일본부가 있어 통치하고, 4세기 중엽에서 6세기까지 약 200년간 그들의 식민지 영역이며, 한국을 강점하는 것은 그들의 옛 강토를 수복하는 것처럼 교과서에 실어, 교육하는 것은 심히 한일외교관계에 심대한 악영향을 미칠 것이다.

임나 10국 중 의 안라가 기록되어 있다. 이를 함안의 고대국명이 아라(阿羅)라 하여, 임나를 함안으로 비정하였다.

[안라]는 [아라]의 표기이며, [아라]는 '왕'을 뜻하고, [나]는 '壤'을 뜻하여 '수읍'을 나타낸다.《周書》〈百濟條〉에 백제에서 왕을 어라가(於羅瑕)라 했다고 한다. 여기 [어라]는 '王'의 뜻이다.

《日本書紀》〈安閑2年紀〉의 아라국(娥娜國), 또한 〈垂仁2年紀〉와 欽明2年紀 등에 보이는 아나토(穴門), 〈國造本紀〉의 기비(吉備)의 아나노구니(穴國) 등은 '주' 또는 '왕'을 뜻하는 [ara]의 이형태이다. 이 안라를 함안에 비정함은 잘못이다. 여기서 아라(安羅)는 쓰시마의 수읍인 아즈하라(嚴原)의 고대지명 야라(耶良)에 비정된다.

《日本書紀》〈崇神65年紀〉의 임나국의 사신이 처음으로 조공한 기사에, 임나국의 위치를 설명한「任那者 去筑紫國二年餘里 北沮海以在鷄林之西南」의 기사가 있다. 이는 '임나는 축자국(筑紫國)(北九州에 위치함)을 떠나서 2천여 리인데, 그 임나의 북에 바다로 막혀 있으며, 계림(慶州)의 서남에 있다'로 풀이된다.

그런데 일본 어용학자들은 북저해(北沮海)를 축자국(筑紫國)의 北이 바다로 막혀 있다고 지리적 해석을 하여, 임나가 남한의 6 가야에 있었다고 하였다. 북은 축자국(筑紫國)의 북이 아닌 임나의 북으로 해석해야 한다. 중국의 〈魏志東夷傳〉에 보면, 구야한국(狗耶韓國)(김해)에 북 규슈의 말로국(末盧國)까지 三천여 리라 하여, 한국-쓰시마-일지국(一支國)(壹岐島)-말로극(末盧國)(北九州)을 각 1천리라 하였으니, 북 규슈의 축자(筑紫)에서 2천 여리를 간 지점은 쓰시마라 볼 수 있다

임나가 쓰시마에 있었을 것이라는 것은 왜구의 침입과 격퇴 및 그 대비의 방향에서도 알 수 있다.

〈三國史記〉에 왜구의 침입기사가 나타나는 데 그들이 침입한 방향「동변·남변·해변·모출도(木出島)·풍도(風島)」등이 있으며, 또 배를 타고 침범하였다. 그들과 맞서 싸운 곳도 경주 동변의 토함산(吐含山)쪽 (斧峴)과 북쪽 해변인 영덕(沙道城)이었으며, 그들을 추격한 곳도 영일(獨山) 또는 해구였다. 만약 김해 또는 고령에 미마나노미꼬도모찌(任那日本府)가 있었다면, 육로로 침입하여 왔을 것이 분명하다.

《日本書紀》〈神功 49年紀〉에 목라근자(木羅近資)가 비자발(比自炑)·남가라(南加羅)·훼국(喙國)·안라(安羅)·다라(多羅)·탁순(卓淳)·가라(加羅)를 치고「군병을 서쪽으로 돌려서」남만침미다례(南蠻忱彌多禮) 즉 제주도를 쳤다는 기사가 있다. 이러한 지명들이 한반도에 있었다면「군병을 서쪽으로 돌려서」라 하지 않았을 것이다. 제주도는 쓰시마의 서쪽에 있으므로, 위 지명은 쓰시마에 있었던 고대 한반도에서 건너간 사람들이 세운 촌락국었으며, 목라근자(木羅斤資)는 규슈에서 원정을 떠나 쓰시마에 있는 촌락국을 치고, 제주도에도 침범하였음을 알 수 있다.

〈神功46年紀〉에 지금 나라덴리시(奈良天理市)에 보관되어 있는 칠지도(七支刀)를 왜왕에게 하사하였다는 구데이(久氐)가 탁순국(卓淳國)에 가서 왜에 가는 길을 물었는데, 그때 길을 알려준 사람의 말이 「바다가 멀고 풍랑이 심하니 큰 배를 타야만 갈 수 있다」고 한 기사가 있다.

이즈모(出雲)는 날라끌기(國引)의 신화·지명·출토품 등에서 古代韓國과 깊은 관계가 있음을 알 수 있다. 이곳은 다가마하라(高天原, 즉 필자는 경북 청도에 있었던 伊西國으로 비정했음)에서 쫓겨난 스사노오노미꼬도(素盞嗚尊)가

아들 이다게루노가미(五十猛命)와 함께 배를 타고 동도한 곳으로 알려져 있다.

이 신화는 이즈모국은 어리고 작아서 다쿠후스마노시라기(栲衾志羅紀)의 남은 부분을 끌고 와서 이즈모국에 기워서 붙였다는 이야기로 구성되어 있다. [다쿠후스마(栲衾)]은 [탁순(卓淳)]과 같은 어사이고, [지라기(志羅紀)]는 [신라]를 말한다. 이 탁순은 쓰시마의 좌고(佐濩)에 비정된다.

일본학자들이 이 탁순(卓淳)을 대구에 비정하였고, 김태식님은 함안으로 비정하였다. 구다라(百濟) 인 구데이(久氐)가 무엇 때문에 대구나 함안에 와서 왜에 가는 길을 물었을 것인가? 이 다쿠후스마는 쓰시마에 있었던 읍락국이며, 규슈의 왜에 가는 길을 물었던 것으로 해석하면 이치에 맞는다.

《日本書紀》 등에 임라 · 가라 또는 신라의 왕명이 보이는데, 이들 왕명이 한반도에 있었던 왕명이 아니다.

〈繼體25年紀〉에 任那王 己能末多干岐, 新撰姓氏錄에 임나출신의의 王名 「賀室王 · 佐利王 · 左利金 · 佐利己牟」 등이 보이는데, 이들 왕명은 가락국의 왕명에는 없다. 그 외의 많은 王名이 기록되어 있는데, 이들은 쓰시마 읍락국의 거사(渠師,首長)명으로 추정된다.

3.2.12 가라구니노시마(韓鄕之島)의 산물과 그 곳의 비정

일본학자들은 가라구니노시마를 한반도에 비정하고 있으나 잘못이다. 특히 가네자와(金澤庄三郞) 씨는 이 한반도로 보고, 「신대(神代)에 있어서 가라구니노시마와 대팔주국(大八州國)(고대일본)은 이와 같이 밀접한 관계에 있었다. 한 걸음 더 나아가서 말하자면, 대 팔주 안에 가라구니노시마가 포함되어 있었다고 하는 역사가의 설도 결코 부정할 수 없다」는 이 이야기는 일본 중심의 매우 위험한 오류이다. 첫째 한국은 섬이 아니며, 또 신화에 나오는 나무 등은 한국에서 자라지 않는다.

《日本書紀》에 가라구니노시마의 신화는 다음과 같다.

「스사노오노미쿄도(素盞嗚尊)가 가로되 "가라구니노시마에 금은이 많다. 나의 아들로 하여금 이 섬을 다스리게 한다면 배가 없어서는 안 될 일이다"고 하였다. 그리하여 얼굴에 있는 수염을 뽑아서 흩으니 삼나무가 되었다. 또 가슴의 털을 뽑아서 흩으니 전나무(檜)가 되었다. 꽁무니의 털은 비자나무(柀)가 되었다. 눈썹의 털은 여장나무가 되었다. 미리 이 나무들의 용도를 각각 정하여 다음과 같이 말하였다. "삼과 여장나무는 배를 만들 것이다. 전나무는 상서로운 관청을 지을 재료로 쓸 것이다. 비자나무는 백성들의 관목으로 하라"고 하고 또 식료로 할 과일나무를 많이 심었다.」고 기록하고 있다.

〈繼體6年紀〉에 「스미요시대신(住吉大神)이 바다 바깥 금은의 나라(海表金銀之國)인 고려 · 백제 · 신라 · 임나 등을 태중의 오신(應神)에게 수탁한 것」이라는 기사가 있다.

규슈지방의 왕도명을 말하자면, 쥬아이왕의 왕도명인 가시히(橿日) 지명을 말하지 않을 수 없다. 쥬아이왕은 쓰시마의 신라를 정벌한 일이 있으며, 또 신라정벌로 이름이 알려진 신공황후의 남편이다. 쥬아이왕의 아들인 오신왕(應神王)이 북 규슈의 쓰쿠시(筑紫)에서 출생하였다고 《日本書紀》는 기록하고 있다.

이 스미요시신사가 현재 쓰시마의 게찌(雞知) 등 4곳에 있다. 스미요시대신(住吉大神)이 고대한반도의 고구려(당시 首都 平壤), 백제(首都 公州), 신라(首都 慶州)를 태중에 있는 오신왕에게 수탁했다는 것은 날조된 주장에 불과하다. 오신왕이 북 규슈의 와니쓰(和珥津)에서 출항하여 쓰시마의 좌고에 있었던 신라를 정벌했다고 보는 것이 타당한 설이다.

오신왕은 현재 쓰시마의 기사까(木坂) 八幡官에 모시고 있다. 또 금은의 나라라 하니 한반도를 생각하기 쉬우나 왜에 나지 않았던 금은이 쓰시마에 많이 생산된 자취가 남아 있다. 임나관련 기사에 금은 · 산호 · 수목명이 보이는데, 이것들을 쓰시마에서 볼 수 있어, 임나가 쓰시마에 있었던 읍락국으로 생각된다.

위에서 본 바의 「해표금은지국(海表金銀之國)」에 임나가 들어있는데, 금은은 한반도뿐 아니라 쓰시마에도 생산되었다.

《日本書紀》에 스사노오노미꼬도(素盞嗚尊) 가로되 「韓鄕之島에 金銀이 많다」고 하는 이 kara(韓)는 임나하한지정(任那下韓之政)의 가라와 같으며, 위 신화에 나오는 삼나무(杉), 전나무(檜), 비자나무(柀) 등 현재 쓰시마에 자라는 나무이다.

또한 기준(箕準)의 마한시대에 임나가 마한에 산호(珊瑚)를 바쳤다고 기록하고 있는데, 이 산호는 쓰시마에서 생산되지만, 김해에서는 기후관계로 현재는 물론 고대에도 산호가 나지 않았다.

3.2.13 광개토대왕비문(廣開土大王碑文)에 기록된 임나와 왜(倭)

이 비문은 고구려 광개토왕의 공적 비이다. 비석은 그가 죽은 다음 아들인 장수왕(長壽王)대에 건립되었다.

비문은 "영토를 넓힌 왕"이라고 한 시호에서도 명백한 것처럼 광개토왕의 업적을 찬양하며, 후세에 전하기 위하여 쓴 것이다. 비문의 전투공적 부분은 고구려와 백제, 고구려와 왜, 고구려와 신라 및 가야 등 4세기 말에서 5세기 초 그 나라들 상호간에 일어난 중요한 역사적 사실을 기록한 것이다.

근대에 와서 이 능비가 발견된 이후 일본학자들은 이 비문에 기록된 「임나가라(任那加羅)」가 4세기 중엽에서 6세기 중엽까지 약 200년간 6 가야를 중심으로 한 한반도의 남부가 그들의 식민지영역이며, 임나일본부를 설치하여 통치한 것처럼 날조하였다.

그러나 이 비문에 나오는 왜는 북 규슈에 있던 한국계통 소국의 왜이며, 임나는 쓰시마에 있는 읍락국임이 분명하다. 비문의 일본정벌에 관한 기록을 보면 다음과 같다.

> 「九年己亥, 百殘違誓與倭和通, 王巡下平壤. 而新羅遣使白王云, 倭人滿國境, 潰破城　池, 以奴客爲民, 歸王請命.
> □□□□□□□ 其國忠誠 □ 遣使還告以□□.
> 十年庚子, 教遣步騎五萬 往救新羅 從男居城, 至新羅城, 倭滿其中. 官軍方至, 倭賊退. □□□□□□□□ 來背急追至任那加羅從拔城,
> 城卽歸服 安羅人戍兵 □新羅城農城, 倭寇 □潰 城 □
> □□□□□□□□□□□□□□□□□□
> 盡 □(=更) 隋來安羅人戍兵 □□□□□ 其 □□□□□□□ 言
> □□□□□□□□□□□□□□□□□□□□□ 辭 □□□□□□□□□□
> □□ 潰 □□□□ 安羅人戍兵」

즉 「영락10년, 400년에 태왕은 보 기병 5만 병사를 보내어 신라를 구원하도록 하였는데 종남 거성을 지나 신라도읍에 이르렀다. 왜구가 득실거렸으나 고구려 군대는 왜적을 패퇴시켰다. 도망가는 왜구를 따라서 급히 추격하여 임나가라국의 발성까지 쫓아가니 임나가라는 항복하였다. 이후 고구려 본토출신 안라인 사람으로 지키게 하고 돌아왔다.」

앞에서 말한 〈桓檀古記〉의 기록을 보면 양락 10년, 서기 400년 경자 년에 광개토왕은 일본정벌을 단행하였다.

다음은 〈환단고기〉에 임나에 대한 기록을 한 번 더 살펴보면 다음과 같다.

> 「임나는 쓰시마의 서북 계에 있다. 북으로 바다로 막혀있고, 수도는 國尾城이라고 한다. 동서에 각기 부락이 있어 혹은 조공하고, 혹은 반역하였다. 뒤에 쓰시마의 두 섬은 임나에 복속하였다. 이후로 임나는 쓰시마 전체를 이르는 말이 되었다.
>
> 옛날부터 규슈와 쓰시마는 삼한이 나누어 다스리던 곳으로 왜인들이 거주하지 않았다. 임아도 셋으로 나뉘어 3 가라라고 하였는데 가라는 수도를 말한다. 이후 세 가라의 우두머리들이 서로 싸우니 사고가라(佐護加羅)는 신라에 속하게 되고, 니이가라(仁位加羅)는 고구려에 속하게 되고, 게찌가라(雞知加羅)는 백제에 속하게 되었다」

고 했다.

이 기사에 보이는 사고・니이・게찌는 현재 쓰시마에서 쓰이고 있는 지명들이다.

사고는 상도의 북에 위치하고, 니이는 상하도의 중간에 위치하고, 게찌는 남도에 위치하고 있어 이 세 읍락은 고대에 쓰시마를 대표했을 수읍이었다.

위 비문에 「추지임나가라(追至任那加羅)」의 기록이 나타난다. 이는 고구려군이 왜군을 뒤쫓아서 임아가라에 이르렀다는 것이다. 이때의 임나는 게찌에서 백제장사인 목라근자(木羅斤資)가 일으킨 중기임나로 생각된다. 게찌에 있었던 백제읍락은 그 자리를 목라근자에 양도하고, 하도서안의 간다(金田)쪽으로 옮겨간 듯하다. 이때에 고구려군이 진격한 곳을 일본학자들은 한반도 남부의 가라로 해석하여 임나일본부설(任那日本府說)을 합리화하려고 위조하였으나 거짓으로 판명된다. 쓰시마에서 편찬된 〈對州編年略〉에 「對馬島者高麗國之牧也」라는 기록이 고구려군의 쓰시마 진출을 뒷받침하고 있다.

고로 임나는 쓰시마의 게찌에 있었던 읍락국이다.

그리고 다음의 기록을 검토해 보기로 하겠다.

> 「日本舊有伊國亦曰伊勢與倭國隣
> 伊都國在筑紫亦卽日向國也
> 自是以東屬於倭其南東屬於安羅本忽本
> 本人也 北有阿蘇山安羅後八任那
> 與高句麗早已定親」

즉 「일본에 이국 혹은 이세라는 나라가 있어 왜와 이웃하였다. 이도국은 축자에 있어서 일향국 이라고도 하였다. 이후로 축자 동쪽은 왜에 속했고 동남쪽은 안라에 속했는데 안라는 고구려 본토의 홀본 사람들이다. 북에는 아소산이 있다 안라는 뒤에 임나에 소속되었고 고구려에 조공하였다」라고 해독된다.

위 세 기록에서 광개토왕 때 경자 년의 일본정벌 기사를 확인할 수 있고, 또한 고구려 본토출신으로 일본에 건너가 살던 안라 인들이 임나를 통제하게 되었다는 것을 확인할 수 있다.

아소산을 경계로 북쪽에는 왜국(百濟侯國)이 남쪽에는 고구려의 도움으로 성장한 안라국이 임나 10국의 하나로서 자리하였던 것이다. 임나 10국 중의 일국이 쓰시마 임나가라(任那加羅)가 되며, 따라서 임나는 때때로 쓰시마를 가리키고 때로는 규슈, 기비(吉備)의 임나를 말한다.

광개토왕릉비문에 보이는 왜는 고구려와 싸우고 신라땅을 침범하는 왜였다. 왜의 성격이 백제-가야적이라는 것을 시사하며, 고구려와 신라에 대해서는 적대적인 존재였음을 알 수 있다.

이 비문 속의 왜는 크게는 북 규슈에 있던 한국의 백제-가야 계통의 소국이며, 능비에 나오는 신모년(391) 당시의 왜는 백제의 지시와 요구에 의하여 동원되었다 하더라도 그 정체는 일찍 왜 땅에 건너가 독자적인 소국을 형성한 가야 사람들의 나라로 추정된다.

북 규슈 이도지마(糸島) 반도는 고대로부터 한국과 북 규슈를 연결하는 요충지였다. 한국-쓰시마(對馬島) 이기도(壹岐島)-이도시마반도(糸島半島)로 표시되는 길이 한국에서 일본으로 가는 직통길이라는 것은 고대와 중세의 역사가 잘 보여준다. 이도지마반도의 기다자끼 촌 일대는 고대로부터 가라 도마리(韓泊)라고 불려진 곳으로 한국에서 일본으로 건너가는 직통 길에 있는 배의 정박지이다. 그 일대는 중세기까지만 해도 〈和名抄〉등에 시마군 가야(가라) 마을(加夜鄕, 韓良鄕)이라고 밝혀져 있는 고장이었다.

지금의 이도지마군 마에바루정(前原町) 일대에도 가야와 관계되는 지명이 많다. 〈和名抄〉에 있는 게에향(鷄永鄕), 가야산(可也山, 365M) 등이 그것이다. 가야산은 만요슈(萬葉集)와 같은 오랜 고대 노래책에도 나오는 옛 지명들이다. 즉 아도지마반도의 최북단일대를 가라도마리라고 노래한 것은 결코 우연한 것이 아니라고 생각한다.

이 비문에 나오는 왜는 이도지마반도 일대에 있던 가야소국의 왜였을 것이다. 그들은 한국 측에서 보면 왜이지만 야마도(大和)측에서 보면 가라 세력, 구다라(百濟)세력이었던 것이다.

신공황후는 규슈에 있었던 왜로서 쓰시마의 시라기(新羅)를 정벌한 것이지 경주의 신라를 정벌한 것이 아니라는 사실을 확신할 수 있고, 임나를 김해, 고령, 함안 일대의 가야지역에 일본학자들이 비정한 것은 한국강점에 대한 합리성을 찾는데 연구의 목적이 있었다. 임나는 쓰시마, 기비(吉備)에 있었던 읍락국 이었다는 사실도 확인할 수 있었다.

04 천부경(天符經)과 삼일신고(三一神誥)의 우주론

4.1 천부경의 유래 및 우주론적 의의

우리 겨레는 어느 민족보다도 환인 시대부터 긴 9,000여년의 역사를 전하여 오면서 우리 고유의 말과 글, 생활양식과 풍속습관, 요컨대 고유한 문화를 창조해 왔다. 이는 우리 겨레의 타고난 고유한 얼이 없고서는 될 수 없는 일이라 하겠다. 그러면 우리 겨레의 정신적 본바탕을 이루는 것은 무엇이었을까? 우리는 흔히 그것을 국선(國仙)의 道라 일컬어 왔다. 고운 최치원이 "國有玄妙之道"라고 표현한 그 정신 말이다. 태양의 빛처럼 밝고 대지의 기운처럼 윤택한 그 정신을 가리킨다. 천산산맥에서 백두영봉으로 이어지는 저 웅장하고 수려한 산하, 또한 그렇게도 조화로운 춘화추동 계절의 순환 속에서 살아 온 사람들에게 어찌 정신적 특징이 없을 것인가.

아주 먼 옛 날, 위, 아래, 사방이 아직 어둠에 싸여 보이지 않고 다만 하나의 밝은 빛이 있을 뿐이었다. 위 세상에서 내려온 셋 신이 있으니, 하늘 신, 땅 신, 사람신이니라. 이 하늘신은 만물을 지어내어 온 세상을 다스리는 한이 없는 지능을 지녀 형체를 나타내지 않으나 가장 높은 하늘 세상에 계셔, 항시 광명을 방사하여 크게 만물을 싸잡아 열을 내려 만물의 종자를 기루어내고, 세상을 다스리는 일을 주관하시 니라. 이는 아버지 태양으로 대표되는 하늘 신이 빛을 내려, 어머니, 땅 신이 그 빛을 받아 만물을 생성하고 그 중 사람이 가장 만물의 영장으로 이 세상에 태어났다는 대 우주의 자연적 이법으로 이해된다.

삼신 오제라고 하는데. 삼신은 하늘, 땅, 사람 신, 다섯 황제는 다섯 원소 물, 불, 나무, 쇠, 흙을 가리킨다. 여기서 신이니 제니 하는 말로 표현되고 있는 것은 결코 자연을 초월하여 자연의 밖으로부터 자연을 움직이는 주재자가 아니라 자연 스스로 자기를 다스리는 자율적 기능으로 이해되고 있다. 도법자연(道法自然) 즉 도는 자연의 법을 본받는다는 뜻으로, 신이니 제니 하는 표현은 순박한 원시인의 대자연을 향한 경외심에서 비롯된 것이라고 생각된다.

그러나 모든 것은 제각기 분수를 지녔으되 그 수를 다하는 것이 아니며, 또한 제 각기 理를 지녔으되 반드시 그 이를 다하는 것이 아니며, 무궁함을 지녔으되 반드시 그 무궁함을 다하는 것이 아니니, 세상에 있을 때 生이라 하고 하늘로 돌아가면 죽음이라 하니 죽음이란 영원한 생명의 근본이다. 그러므로 죽음이 있으면 반듯이 삶이 있고, 삶이 있으면 이름이 있고, 이름이 있으면 반듯이 말이 있고, 말이 있으면 반듯이 행동이 있느니라. 이 이치를 살아 있는 나무에 비유하면, 뿌리가 있으면 반듯이 싹이 있고, 싹이 있으면 반듯이 꽃이 피고, 꽃이 있으면 반듯이 열매가 있고, 열매가 있으면 반듯이 쓰임이 있음이니라. 이를 해의 운행에 비유하면, 어둠이 있으면 반듯이 밝음이 있고, 밝음이 있으면 반듯이 보임이 있고, 보임이 있으면 반듯이 지음이 있고, 지음이 있으면 반듯이 이름이 있음이니라. 노자는 이러한 이치를 무위자연(無爲自然)이라 했다. 만물의 자연적 원인이 있으면 필연적으로 결과가 있는 흐름을 천부경의 첫 구절 一始無始, 마지막 구절 一終無終이라는 말로 표현하고 있으며, 그 것은 바로 그리스의 철학자 헤라클레이토스의 이른바 만물이 흐르고 굴러서 가고 오는 변증법적(辯證法的) 道(logos)라 할 수 있다. 우주현상을 과학적으로 해석할 지식이 없는 우리의 조상들은 미신적 행위를 행한 것이 아니고 도리어 우주현상을 과학적으로 해석하는 데서 나온 신념이라고 봐야 할 것이다. 三神이란 무엇을 의미하는가? 그 것은 하늘, 땅, 사람의 신묘한 기능을 가리킨 것이다. 태양의 양기(天)와 지구의 음기(地), 이 양자의 상오작용에서 만물이 발생한다는 것, 그리고 천지간의 중화역을 대표하는 데서 인간의 정신력이 생겨난다는 것, 이것은 모든 과학이 밝히려고 하는 본질의 핵심이다. 그러기에 천-1, 지-1, 인-1이라 한다. 五帝란 무엇을 의미하는가? 水, 火, 木, 金, 土란 다섯 가지 원소를 말한다. 이 다섯 가지 원소의 화합작용으로 만물이 생겨나기에 그 다섯 가지 성질의 물질적 기능을 五帝라 한 것이다. 이러한 훌륭한 사고방식은 벌써 현대 과학이 발전할 수 있는 밑 걸음이 되었다는 것은 틀림없는 사실이다.

저 그리스의 철학에서 처음 원소라는 사상이 성립되었을 때도 엠페도클레스는 물, 공기, 불, 흙이란 4원소로써 만물의 생멸을 설명하지 않았던가. 天-陽, 地-陰, 人-中和이란 三神은 양전자, 음전자, 중성자란 물질의 세 가지 기능을 예상하고 있으며 五帝는 대표적 5원소의 성능을 예리한 통찰로써 이미 간파하고 있었다고 하는 우리 선조들의 인류를 위한 업적에 놀라지 않을 수 없다. 다만 우리는 신이니 제니 하는 글자에서 그 신비적 옷을 벗기고 그 글자가 지니고 있는 시원적 기능 또는 성능의 본질을 투시해야 할 것이며, 그 신묘한 작용을 인정하지 않으면 안 될 것이다.

가령 天 一 神이라 표현할 때 이 말은 태양계를 지배하는 원자핵과도 유사한 태양의 절묘한 기능을 이해하여야 할 것이며, 地 一 神이라 표현한 것도 또한 태양의 인력으로 인하여 그것에 끌려가며 타원 궤도를 그리며 회전하는 가운데서 태양의 에너지를 받아들여 지상의 만물을 생육하는 생산력을 뜻하며, 그리고 人 一 神이라 한 것은 이러한 모든 존재 법칙을 자기의 정신 속에 반영시키는 인간의 영명한 정신을 표현코자 하는 것 이상도 이하도 아닐 것이다. 현대의 모든 과학이 제아무리 정밀하게 분석하고 분화되었다 할지라도 결국 위에서 말한 원리와 원칙의 테두리를 벗어나는 것이 아닐 것이니, 이러한 대법한 우리 선현들이 제창한 진리 앞에 머리 숙여 경외심을 갖지 않을 수 없다. 그 당시 과학과 종교는 불가분의 관계에 있었을 것이니, 경천애인(敬天愛人)의 정신을 종교적 신앙이라 해도 좋을 것이고, 철학, 과학이라 불러도 무방할 것이다. 본래 종교적 신앙과 과학적 지식은 일체로 융합되어 있었을 것이다.

환국시대의 우리 선조들의 생활상을 보면, 無爲而自治無言而自化하여 풍속은 산천을 소중히 여기며 서로 간섭하거나 침범하지 않으며 서로 사양함을 귀하게 여겼으며, 목숨을 던져 남의 위급을 구하였다. 의식이 이미 균등하고 권리가 평등하여 다 같이 삼신에 귀의하여 서로 기쁘게 맹세하고 소원을 세웠다. 화백(和白)으로 공론하여 함께 책임지며 신의를 지켰다. 힘을 모아 일을 쉽게 하고 분업으로 서로 도왔고 남녀가 다 직분이 있어 노소가 다 같이 복리를 누리고 사람들끼리 서로 다투며 송사하는 일이 없고 나라들끼리 서로 찬탈하는 일이 없으니, 이러한 태평한 옛 선조들의 이상향으로 우리는 뒤 돌아가야 할 것이다.

이러한 우리 선조들의 철학, 종교, 과학적 지식이 천부경(天符經), 삼일신고(三一神誥), 참전계경(叅佺戒經)에 담겨져, 태호(太昊) 복희(伏羲)의 역(易)과 역(歷) 그리고 하도(河圖), 우 임금의 낙서(洛書), 노자의 무위자연의 원리로 이어져 그 초석 위에서 인류의 우주과학, 물질과학, 정신과학이 열매를 맺게 된 것이다.

일본의 사학자 가지마 노보루(鹿島 昇)가 번역 주석을 한 〈환단고기(桓檀古記)〉의 간행에 추천서를 쓴 기니와(木庭 次守)님은 다음과 같이 말 했다.

> "〈환단고기〉를 반복 숙독한 후 내가 통감한 것은 이 책 속에 귀중한 역사의 사료뿐만이 아니라 높은 영감에서 탄생된 신학서가 있다는 것을 알게 되었다. 〈천부경(天符經)〉과 〈삼일신고(三一神誥)〉는 참으로 신의 계시에 의하여 탄생된 훌륭한 경전(經典)이다. 〈환단고기〉는 역사서인 동시에 종교서이며 예언서라고 확신 한다. 이 경전을 숙독하면 전 인류가 화합하여 항구적 평화가 수립될 수 있는 열쇠가 숨어 있다고 하는 것을 알게 되었다."고 말 했다.

우주의 탄생과 구성에 대하여 살펴보면,

우리 인류가 그 위에서 살고 있는 지구는 태양계 내의 한 구성원이다. 태양계 내에서 지구가 처음 형태 지어진 45억 년 전에는 그 위에 생물은 물론이고 한 줌의 흙도 없는 용암 덩어리에 지나지 않았다. 이런 상태로 계속된 약 10억 년간을 지질학상 무생대암시대(無生代岩時代)라 한다. 그러다가 35억 년 전부터 이끼와 같은 하등조류(下等藻類)에서 인류에 이르기까지 생물진화의 긴 세월이 계속되었다.

[예시 물 4-1] 지질 시대구분

<table>
<tr><th colspan="2">지질시대구분</th><th>대표적 생물</th><th>절대연수</th></tr>
<tr><td rowspan="2">신생대
(新生代)</td><td>제4기</td><td>인류시대(人類時代)</td><td>250만 년 전</td></tr>
<tr><td>제3기</td><td>포유류시대(哺乳類時代)</td><td>6천 5백만 년 전</td></tr>
<tr><td rowspan="3">중생대
(中生代)</td><td>백아기(白亞紀)</td><td>현화식물(顯花植物)</td><td>1억 4천만 년 전</td></tr>
<tr><td>주라기</td><td>파충류시대(爬蟲類時代)</td><td>1억 9천만 년 전</td></tr>
<tr><td>트라이아스기</td><td>과자식물(顆子植物)</td><td>2억 3천만 년 전</td></tr>
<tr><td rowspan="6">고생대
(古生代)</td><td>페롬기</td><td rowspan="2">양서류시대(兩棲類時代)
(고사리식물)</td><td>2억 8천만 년 전</td></tr>
<tr><td>석탄기</td><td>3억 5천만 년 전</td></tr>
<tr><td>데본기</td><td>어류시대(魚類時代)</td><td>4억만년 전</td></tr>
<tr><td>사일류리아기</td><td rowspan="3">삼엽충시대(三葉虫時代)</td><td>4억 3천만 년 전</td></tr>
<tr><td>오도비스기</td><td>5억 년 전</td></tr>
<tr><td>캠브리아기</td><td>5억 7천만 년 전</td></tr>
<tr><td>원생대
(原生代)</td><td rowspan="2">전캠브리아시대</td><td rowspan="2">하등조류시대
(下等藻類時代)</td><td>23억 년 전</td></tr>
<tr><td>시생대
(始生代)</td><td>35억 년 전</td></tr>
<tr><td colspan="2">지구(地球)의 별시대</td><td>생물 없음</td><td>45억 년 전</td></tr>
</table>

신생대 4기로부터 지질학상의 홍적세(洪積世)가 시작되었다. 이것은 약 250만 년 전부터 홍수로 인하여 지층이 쌓인 시대를 가리킨다. 약 100만 년 간의 홍적세가 그 전기, 중기, 후기로 계속되는 동안 제 1, 제 2, 제 3, 제 4의 빙기가 차례로 등장하고, 빙기와 빙기 사이에 제 1, 제 2, 제 3의 간빙기가 삽입되며, 그런 다음에 약 1만 년 전부터 충적세(冲積世)가 시작되었다.

[예시 물 4-2] 홍적세(洪積世) 시대구분

<table>
<tr><th></th><th></th><th></th><th>유 럽</th><th>아프리카</th><th></th><th colspan="2">구석기문화</th><th>인류</th></tr>
<tr><td rowspan="9">제4기</td><td>충적세 沖積世</td><td></td><td>후빙기</td><td>후우기</td><td rowspan="9">1만 년 전
7만 5천 년 전
15만 년 전
20만 년 전
40만 년 전
50만 년 전
1백만 년 전
2백만 년 전</td><td rowspan="9">후기
중기
전기</td><td rowspan="9">석도계문화
박편석기계문화
악부계문화
역석기문화</td><td rowspan="9">신인
구인
원인(原人)
원인(猿人)</td></tr>
<tr><td rowspan="8">홍적세 洪積世</td><td rowspan="2">후기</td><td>뷔름빙기</td><td>감불우기</td></tr>
<tr><td>제3간빙기</td><td>간우기</td></tr>
<tr><td rowspan="3">중기</td><td>리스링빙기</td><td>카니예라우기</td></tr>
<tr><td>제2간빙기</td><td>간우기</td></tr>
<tr><td>민델빙기</td><td>카마시아우기</td></tr>
<tr><td rowspan="2">전기</td><td>제1간빙기</td><td>간우기</td></tr>
<tr><td>귄츠빙기</td><td rowspan="2">카게라우기</td></tr>
<tr><td>조기</td><td>빌라프랑카기</td></tr>
</table>

홍적세는 지구 전체가 대홍수의 시대였다.

충적세는 제 4기 최후의 후빙기, 즉 홍적세의 대 빙하가 녹은 다음의 후 빙하시대를 가리키며, 신석기 시대 이후 현재에 이르기까지 이 시기에 해당한다.

빙기와 간빙기가 바뀔 때에 육지의 확대 또는 축소라는 현상이 수반되었을 것이다. 간빙기에는 기온의 상승으로 얼음과 눈이 녹아 바다로 흘러들었으므로 바다의 수면이 높아짐으로써 낮은 육지가 바다 속으로 침몰하는 이른바 해진 현상을 일으켰을 것이고, 빙기에는 이와 반대로 지상의 수분이 눈으로 내려 육지에 쌓임으로써 바다의 수면이 낮아졌으므로 수심이 얕은 대륙붕이 물위로 부상하는 이른바 해퇴현상을 일으켰을 것이다. 그럴 적에 베링 해협이나 지부랄터 해협은 육교(陸橋)로 이어져 아시아와 아메리카, 아프리카와 유럽이 뭍으로 이어져 인류가 대륙 간을 이동하는 통로가 되었을 것이다.

인류의 발생과 진화에 대하여 살펴보면,

지질학에서는 지구의 연대를 크게 시생대(始生代), 고생대(古生代), 중생대(中生代), 신생대(新生代) 4기로 구분하는데, 그 마지막 신생대는 약 6천 5백만 년 전에 시작되었을 것으로 본다. 신생대는 다시 인류의 조상으로 보이는 신인이 등장한 제 3기와 인류의 시대라고 하는 제 4기는 약 2백 만 년 전부터 시작되었다.

인류는 포유류(哺乳類) 중의 영장목(靈長目)에 속하고, 영장목은 각종 원숭이들로 구성되며, 약 1억 년 전의 중생대 말부터 발생한 것으로 추정되고 있다. 3천만 년 전에는 꼬리가 달린 원숭이가 등장했고, 다시 꼬리가 없는 원숭이로 발전하여 고릴라, 침팬지, 오랑우탄 등으로 보이는 드리오피테쿠스(Dryopithecus)로부터 약 1천만 년 전에 인류의 선조라고 생각되는 라마피테쿠스(Ramapithecus)가 나왔다. 라마피테쿠스는 이미 두 다리로 똑바로 서서 걸어 다니는 원인으로 발달했고 치아의 형도 사람의 것과 비슷하게 되었다. 이 원인에서 다시 아우스트랄로피테쿠스가 생겨났고, 이것은 약 250~50만년 사이에 번식했던 것으로 추정된다. 약 백만 년 전부터 다시 인류의 사촌 격인 호모 에렉투스(Homo Erectus)가 갈라져 나왔다. 자바인, 중국의 북경인은 다 이에 속한다. 참다운 인류(Homo Sapiens)는 약 50만 년 전에 호모에렉투스에서 갈라져 나왔을 것으로 추정된다. 첫 인류의 발상지가 어디냐 하는 문제에 대하여 확실한 견해는 없다. 다윈의 아프리카 설, 메슈의 중앙아세아 설, 오스본의 몽고 티벳 설, 그라바우의 히마라야, 티벳 설, 스미스의 히마라야와 아프리카의 중간 지대 설이 주 이론이 되고 있으나 아직 많은 연구가 이루어져야 할 것이다.

만물과 함께 인류가 발생한 이 천지(天地)는 언제, 어떻게 생겨났을까?

우주 속에 삼라만상의 생성과 구성 그리고 진화는 하늘의 이치(天理)에 따라 이루어진다고 하겠다. 만들어진 것은 모양이 있고, 천지를 창조하신 참 임자는 모습이 없느니, 아무 것도 없는데서 만들고, 돌리고, 진화시키고, 기르는 이가 곧 하느님이요. 형상을 빌어 나고, 죽고, 즐기고, 괴로워하는 것들이 사람과 만물이라고 하였으니, 이는 우주를 창조하기 이전에는 우주는 아무 것도 없는 무극(無極)의 허허(虛), 공공(空)한 것으로 우리들은 순박하게 생각해 왔다.

〈구약성서〉에는 신이 혼돈(混沌, chaos) 속에서 빛과 어두움을, 그리고 하늘과 땅을 갈라놓고, 만물과 인간을 창조했다고 하는 지극히 소박하고 단순한 창세기 신화로 시작되고 있다. 무릇 존재하는 것이 있는 이상, 그것을 있게 한 자가 있어야 할 것이라는 인과법칙(因果法則)에서 추론된 발상인 것이다. 천지를 창조한 자가 그 배후에 따로 존재하는지, 우주가 자연의 법칙에 따라 스스로를 창조한 것인지, 누구도 확답을 줄 수 없는 신비에 쌓여 있다.

〈삼일신고(三一神誥)〉의 첫 머리에도 「너희 오가의 무리들아 파란 것이 하늘이 아니며 까만 것이 하늘이 아니라, 하늘은 형체도 실질도 없고 위도 아래도 사방도 없이 텅 비어 있으나 있지 않는 데가 없고 싸 넣지 않는 것이 없느니라. 신이 위없는 한 자리에 큰 덕과 큰 지혜와 큰 힘을 지녀 하늘을 내고 무수한 세계를 주관하고 만물을 지었으되 티끌만치도 빠뜨림이 없었으니 그 밝고도 신령함은 감히 이름 지어 헤아릴 길이 없느니라……」고 했다. 이 불가사의한 권능을 가리켜 신이라고 했다. 이 우주와 모든 것을 만들고, 돌리고, 진화시키고, 구성, 진화의 과정을 거쳐 빈틈없는 법칙과 이치에 맞도록 만들었다는 것이다. 이것이 천리(天理)요, 천도(天道)이며 물리(物理)이다. 그러므로 조선 철학자 화담(花潭) 서경덕(徐敬德)은 일찍이 말하기를, 태초의 우주를 가리켜 태허(太虛)라 하였고, 비어 있는 듯 하나 비어 있는 것이 아니라고 한 것은 우주는 비어 있는 것 같이 보이지만 실상은 가벼운 기(氣)로 빈틈없이 꽉 차 있다고 본 것이다. 그러면, 우주의 기원에 관한 견해는 다음과 같다.

현대과학은 우주의 기원을 자연의 밖에서 구하지 않고 오직 자연적인 자기원인의 결과로서 이해하려고 한다. 그러기에 노자(老子)는 만물의 원리는 도(道)라고 하였지만 「道法自然」 즉 도는 자연에서 나온다고 했다.

성경 〈창세기〉에는, 암흑과 혼돈에서 부터 천지의 분화, 천체의 운행, 계절의 분화, 수륙의 분화, 금수와 초목의 발생, 인간의 탄생 등을 전지전능하신 하느님이 만드신 것으로 되어있다. 「아득한 옛날에는 모두가 혼돈하고, 공허하여 위아래의 구별이 없었는데, 밝은 것과 어두운 것이 구분되어, 하늘과 바다, 땅이 생기고, 그 다음에 산, 내, 풀, 나무가 생기고, 하느님이 두 큰 빛을 만들고, 큰 빛으로 낮을 주관하게 하시고, 작은 빛으로 밤을 주관하게 하시며, 별들을 만드시고 하느님이 그것들을 하늘의 궁창에 두어 땅을 비추게 하시었다.」고 했다.

우주의 알(卵, cosmic egg) 또는 우주의 원소 같은 것이 있다고 보고 이들이 혼합되거나 단독으로 우주가 자연적인 법칙에 따라 발생한다는 것이다. 보기를 들면,

가. 불교의 연기설(緣起說)은 우주의 모든 물건은 원인과 인연에 따라서 만들어진다는 설이다.
나. 유교의 이기설(理氣說)은 우주에는 이(理)와 기(氣)라는 두 가지 원소가 있어 이것이 음(陰)과 양(陽)의 운동과 화합작용으로 만물이 생성된다는 것이다.
다. 태극설(太極說)은 우리 겨레의 전통적인 우주관으로 무극(無極)에서 태극이 나오고 태극은 양의(兩儀) 즉 음양의 양성이 나오고, 양성에서 사상(四像)이 나온다는 법칙으로 우주와 만물이 만들어진다는 설이다.

4괘(四卦)는 네 방에 배치되어, 태극 도형 속에서 음과 양의 질적 변화와 양적 성장의 선회 운동을 거치는 과정을 구체적으로 나타낸 것으로 천(天), 지(地), 일(日), 월(月), 사시(四時), 사방(四方), 인(仁), 의(義), 예(禮), 지(智), 오행(五行), 사덕(四德)을 담고 있다.

태극기의 태극은 하늘과 땅이 개벽하기 이전의 상태로서 우주 만물 구성의 가장 근원이 되는 본체를 말하는 것이요, 이 태극에서 음과 양이 생기고, 음양의 네 가지 현상으로 대양(大陽), 대음(大陰), 소양(小陽), 소음(小陰) 4상(象)으로 나뉘어 진다.

진화우주설(進化宇宙說)로써, 현대의 천문학은 전자 망원경과 광학의 발달을 이용하여 2천억 이상의 별들로 구성된 은하계와 수십억의 외부 은하계를 직접 볼 수 있게 되었다. 우주는 반지름 50억 광년(매초 30만 km의 광속도 50억 년의 거리)의 너비를 가진 무변광대한 세계이다. 그러나 그 밖으로 얼마나 더 멀리 우주가 연장되어 있는지 측량조차 할 수 없다. 10만 광년의 지름을 가진 수억으로 추산되는 외부 은하가 각각 수 천 억씩의 별들을 거느리고 50억 광년의 너비에 펼쳐진 우주 공간 내에 흩어져 있는데, 그 밀도는 지구를 둘러싼 대기권 밀도의 1조 분의 1에 불과하므로 우주 공간은 가히 비어 있는 거나 다를 바 없다. 게다가 우주는 계속 팽창하고 있다는 것이다. 1929년에 핫불은 우주팽창설(宇宙膨脹說)을 발표하였는데, 「최초에 우주는 어떤 한 덩어리 원소의 폭발로서 우주의 기본구조가 현재의 우주를 이룰 수 있도록 순간에 분산하여 이루어졌고, 이 원시 물질이 모여서 천체들을 만들면서 무한히 팽창해 가고 있다.」고 하였다.

〈부도지(符都誌)〉와 〈환단고기(桓檀古記)〉를 읽으니, 그 속에는 귀중한 우리 겨레의 역사뿐만이 아니라 세계사 즉 인류사의 잃어버린 사료와 더불어 높은 영감으로 탄생된 신학서가 있다는 것을 알게 되었다. 이 책에 실려 있는 천부경(天符經)과 삼일신고(三一神誥)는 우주의 신이 준 계시로 탄생된 경전이라고 생각된다. 참으로 이 두 책은 역사서, 종교서, 나아가 우리 인류가 나아갈 길을 밝혀주는 예언서라고 하겠다. 그리고 이 땅의 전 인류가 원하는 이상세계, 싸움과 갈등이 없이 화합하는 세상의 문을 여는 열쇠가 이 두 권의 책이라는 것도 확실하게 알게 되었다.

우주의 시작은 시작이 없는 아득한 옛날에 시작되었고, 우주의 끝은 끝이 없는 무한한 미래로 이어진다고, 우리의 선현들은 우주를 규정하였다. 즉 그 표현을 일시무시일(一始無始一), 일종무종일(一終無終一)이라고 하는 상호관계를 문학적 표현으로 설명하고 있다. 영국의 유명한 물리학자도 우주는 무한하다고 주장을 하며, 최근에 와서는 그는 블랙홀(Black hole)설을 펴내며, 우주의 무한설을 물리학적으로 입증하려고 연구 중이다. 그는 우리의 태양계가 속하는 은하계(銀河界)에도 약 1만개의 블랙홀이 있다고 주장하고 있다.

〈천부경〉에 『한』이란 우주의 근본이요, 모든 것이 비롯되는 수이며, 하늘의 근본인 『한』은 창조 과정에 있어서 첫째 번이 되고, 땅의 근본인 하나는 둘째 번이고, 사람의 근본인 하나는 그 셋째 번이라고 했다. 하느님으로부터 천, 지, 인이 나왔다는 뜻이므로 이것은 수리로서 풀이한 우주 창조설이다.

천부경 속에서 여러 철학 개념을 수리 화함으로써 서로 다른 철학개념 간의 유기적 관계를 역동적인 관계로 보고 있다는 것이 우리 민족 정통 철학의 독창성인 것이다.

우주관에서는 시간과 공간을 각각 절대적으로 보지 않고 이를 상호 상대적으로 봄으로서 이미 아인슈타인의 상대성 원리의 선구가 되었고, 물질관에 있어서도 물질을 음양(陰陽) 에너지의 운동체로 봄으로서 현대 물리학의 원자(原子), 분자(分子)론 즉 소립자(素粒子) 이론과 같은 개념을 가지고 있었으며, 끝으로 천부경의 세계관에서도 현대 물리학의 우주는 유기(有機)적이고 전일적(全一的)이며 상대적(相對的)이라는 세계관과 거의 동일한 개념을 우리의 선조들은 그 예리한 직관력과 깊은 통찰력으로 간파하였던 것이다.

이와 같이 〈삼일신고(三一神誥)〉에서는 우주 창조의 과정을 구체적으로 설명하였는데, 「한얼님이 하늘을 내시며(生天), 수없는 누리를 주관하시고 만물을 창조하시는 세 가지 과정으로 되어 있다. 이 중에서 조물(造物)이란 말은 창조의 뜻으로, 모든 종교에서 공통적으로 쓰는 말이나 생천(生天)이라는 과정은 특이한 말로써 우주물리학의 폭발하는 어떤 한 덩어리 원소를 내셨다는 것이다.」 그러므로 생천설(生天說)은 하늘과 물질이 폭발한다는 원리인 것이다.

영국의 고고학자 제임스 처치워드(James Churchward)는 인도, 미얀마, 이집트, 위굴, 중국, 멕시코 등의 나아칼(Naacal)의 점토판(粘土版)을 50년간이나 연구 해독하여 레무리아 대륙이 약 25,000년 전 태평양에 침몰되었으며, 이 대륙에 무(Mu) 제국이 있었다고 했다. 레무리아 대륙이 태평양에 있었느냐 혹은 인도양에 있었느냐 하는 문제는 아직 논쟁의 여지가 있지만 나아칼의 점토판 해독은 인류의 기원, 선사시대의 역사 연구에 매우 귀중한 사료(史料)를 전하고 있다. 나아칼의 판에서 해독된 우주의 탄생에 관한 역사를 전해주는 기호는 아래의 그림과 같다.

[예시 물 4-3] 나아칼의 점토판에서 발견된 우주 생성

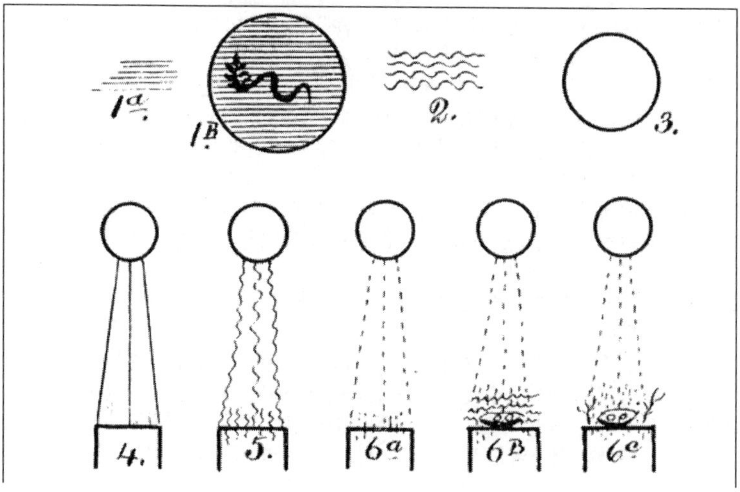

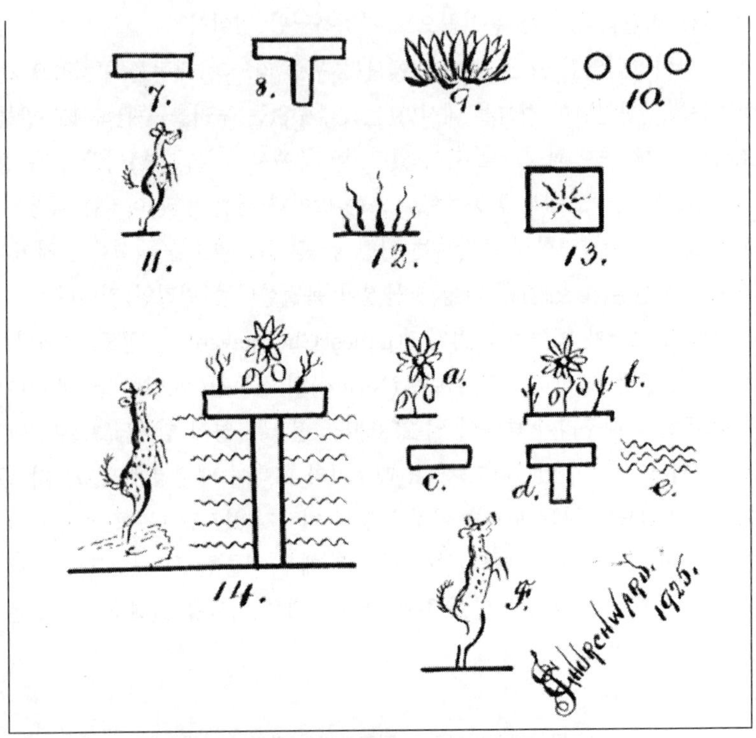

그림 1a.가늘고 곧은 가로 선은 우주의 공간을 나타내는 기호이다.

그림 1b. 원(圓)으로 표시된 우주 공간 속에 일곱의 머리를 한 뱀이 움직이고 있다.

그림 2. 파도치는 가로 선은 지구상의 물을 상징한다.

그림 3. 원은 해의 그림이다. 해는 신의 상징이며, 하늘의 상징이다.

그림 4. 원은 해의 그림이며, 가느다란 수직선은 땅에서 나오는 빛과 밀접한 관련이 있는 해의 힘을 나타낸다. 태양은 회전하면서 지구에 빛을 주고 있다는 뜻이다.

그림 5. 해에서 나오는 수직 파도의 선은 지구의 열과 밀접한 관련이 있는 태양의 힘을 상징한다. 이들이 서로 화합이 되었을 때, 지구 열의 힘이 활발하게 작동하게 된다.

그림 6a.해에서 나오는 점선은 지구의 생명력과 관련이 있는 태양의 생명력을 상징한다.

그림 6b. 우주란(宇宙卵) 속에 있는 지구의 생명력에 활력을 주는 상관된 태양력을 상징한다. 이 생명력은 물속에 있으며, 생명을 낳게 한다.

그림 6c. 우주란 속에 있는 지구의 생명력에 활력을 주는 상관된 태양력을 상징한다. 이 생명력은 땅 위에서 나오며, 알을 부화해서 생명을 탄생케 한다.

그림 7. 이 방(方)은 옛 사람들이 무를 나타내는 기하(幾何)의 기호로 사용했다. 이 기호는 "Moo, Ma, 어머니, 땅, 들판, 나라" 또는 "입"을 상징하는 신성 문자(神聖文字)이다.

그림 8. 이 다우(Tau)는 무에서 부활을 나타내는 기호였다. 그것은 또한 남십자성(南十字星)의 그림이다. 다우는 "탄생", 혹은 "출현"을 뜻한다.

그림 9. 연꽃은 무의 국화였다. 전통적으로 연꽃은 지상에 핀 첫 꽃이며, 어머니 나라의 상징적 꽃으로 지정되었다.

그림 10. 이 3개의 원은 좁은 지형으로 3개의 구역으로 나누어진 무를 뜻한다. 3은 무의 상징적 기호이다.

그림 11. 도약하는 사슴 케(Keh)는 나아칼의 판각에 종종 보이는 그림이다. 이 사슴은 첫 인간의 출현을 상징한다. 이 동물은 도약하는 힘 때문에 이 지상에 나타난 첫 인간의 상징성을 갖고 있다. 인간은 자연의 진화로 탄생된 것이 아니고, 도약의 힘을 가지고 이 세상에 나왔다는 것이다. 인간은 특수한 우주의 창조로 이 세상에 나왔다고 한다.

그림 12. 이 그림은 무에 있어서 불의 상징이다. 불꽃의 밑은 두텁고 끝으로 갈수록 가늘어진다.

그림 13. 이 그림은 산이 융기(隆起)되고, 가스 지대가 형성됨을 나타낸다. 우리들은 이집트 사람이 불의 상징물 또는 신성시되는 풍뎅이 모양으로 생긴 투구를 어디에서 인용하였는지 이해할 수 있다. 나아칼 족은 이 불의 상징물을 인도에서 이집트로 가져왔다. 이집트 사람은 나가(Naga) 위에 손잡이를 놓고 그것으로 칼을 만들었다. 그들은 그들의 상형 문자로 두 형태의 불 즉 지하의 불과 타오르는 불꽃을 표현한 것이다. 그들은 어머니 나라가 불에 타 지옥으로 침몰하는 처참한 모습과 불 속에 쌓여서 타는 두 종류의 어머니 나라를 표현한 것이다. 이 기호는 이집트의 〈죽음의 책〉이라는 성스러운 책의 한 장에 기록되어 있다.

그림 14. 이 그림은 무 제국의 땅에 첫 사람이 출현하는 것을 표현한 것이다. 부위별로 해독하면, 다음과 같다.
A는 무 제국의 국화인 연꽃이다. B는 무 제국의 숫자를 표시한 셋 잎이다. C는 신성 문자 M이며, 무 제국의 알파벳 기호이다. D는 다우 기호이며, 부활을 표현한 것이다. "나타나다, 앞으로 오다"의 뜻도 있다. E는 물의 기호이다. 나타나는 육지가 물에 쌓여있다는 뜻이다. F는 세상에 나타난 첫 사람을 상징 하는 사슴 케(Keh)이다.

위 점토판의 해독은 인류사의 기원을 추적하는데 매우 중요한 사료가 된다. 그러나 무 제국이 있었던 레무리아 대륙이 태평양에서 침몰했다고 하는 처치워드의 설에는 의문이 제기되고 있다.

1961년 여름, 소련의 해양 관측선 비타아즈 호는 인도양의 해저 5,000m에서 옅은 바다나 해안에서만 볼 수 있는 모래를 발견했다. 이 발견을 근거로 하여 영국의 동물학자 F. L. 스크레터는 인도양에서 살아진 대륙이 있었다고 발표하였다. 그러므로 레무리아 대륙은 인도양에 있었을 것이라고 주장하는 학자가 있다.

저자의 견해로는 박제상의 〈부도지(符都誌)〉의 내용에 따라, 파미르고원의 마고성이 무 제국이 있었던 곳으로 조심스럽게 제의 하고자 한다. 레무리아 대륙이 약 15,000년 전에 태평양에서 침몰했다고 처치워드는 밝히고 있지만 같은 그의 저서에서 「나는 티벳의 사원에서 추정의 실마리가 되는 나아칼의 점토판을 발견했다. 그것에 따르면, 약 7만 년 전 나아칼이 어머니 나라의 신성한 책 즉 영감의 책의 사본을 위글의 수도로 가져왔다.」고 했다.

원동중의 〈삼성기〉에 환인의 역년이 63,182년이라고 하는 기록을 볼 때 파미르고원의 마고성 시대부터 황궁, 유인 환인으로 이어지는 역사가 약 7만 년 전이라는 계산이 나온다. 미국의 스텐포드 대학의 그린버그 교수는 세계 어족의 연구에 많은 기여를 했으며, 그는 인도-유럽어족, 우랄-알타이어족 등의 조상어로서 유라시아 공통 조어 설을 제의한 바 있었다. 백인종, 황인종, 흑색인종의 조상들이 유라시아에 살았다는 것을 주장하는 것과 같다.

또한 〈부도지〉에 따르면, 마고(麻姑)의 두 딸이 궁희(穹姬), 소희(巢姬)이며, 이들 모두 남편이 없이 자녀를 가진 것으로 보아서 7만 년 전의 파미르고원의 마고성 원시사회는 난혼이 이루어져 모계 중심의 씨족 사회였던 것으로 생각한다. 무가 어머니를 뜻하고, 어머니 나라에서 신성한 영감의 책을 우글의 수도로 가져갔다고 하는 기록을 볼 때 무(Mu)가 파미르고원의 마고성에서 지진으로 침몰한 이야기가 아닌 가 앞으로의 연구 과제로 남겨두겠다. 하여간 위치는 어디인지 간에 레셔톱은 1966년 〈지구의 자연과 인간의 기원〉이라는 책에서 「해양학, 고생물학, 고인류학, 영장류학, 지질학의 분야에서 입수한 재료를 근거로 하여, 레무리아 대륙은 태고의 인류 생성에 있어서, 매우 중요한 역할을 하였다. 왜냐하면 그곳이 영장류의 발생지이기 때문이다.」고 했다.

4.2 천부경의 구성 및 해독

천부경은 천제(天帝) 환인(桓因) 때부터 말로서 전하여 오다가 환웅(桓雄) 대 성존(大聖尊)께서 신시(神市)로 내려오신 뒤에 신지(神誌) 혁덕(赫德)에게 명하여 녹도문(鹿圖文)으로 그것을 기록하게 하였는데, 고운(孤雲) 崔致遠이 신지의 옛 비문을 보시고 한문으로 기록하여 세상에 전하여진 것이라 한다. 천부경은 현제 몇 가지 책으로 유통되고 있는데, 묘향산의 돌 벽에 최 고운이 새긴 것을 계 연수가 발견했다는 묘향산 석벽 본, 최고운의 문집 본, 기정진의 비문 본, 태백일사(太白逸史)라는 책에 수록되어 있는 것 등이다.

천부경은 인류 문화의 근원과 우리 겨레의 정체를 밝혀주는 으뜸가는 경전이다. 이 경전은 고대 사회에서 천문(天文), 역법(曆法), 통치사상의 근간이 되었으며, 도상문화(圖像文化)에도 그 자취를 남기고 있을 뿐 아니라 후대의 음악 및 수학이론의 기초가 되기도 했다. 이 경은 당시 사회의 유일한 정치적, 종교적, 학술적, 지도이념이었으며, 천지창조 신화의 원천이 되기도 했다. 그 경이 담고 있는 허(虛), 실(實), 기(氣), 수(水), 토(土) 이론은 후대의 음양오행설 (陰陽五行說)을 낳고, 황도 12궁 등의 역법 이론 체계를 화립 했으며, 거석, 세석기, 빗살무늬 토기, 신화, 종교, 철학, 천문학, 음악, 수학 이론 등의 초석이 되었다.

삼신(三神) 즉 하늘, 땅, 사람 오제(五帝) 즉 물(水), 불(火), 나무(목), 쇠(金), 흙(土)의 설은 신(神)이니 제(帝)니 하는 말로 표현되고 있으나 그 내용은 우주와 만물의 생성과 진화에 관한 경험적인 사고방식으로 숫자 31자와 문자 50자로, 가로 9자 세로 9자 81자의 정방형으로 구성된 약 6,000년 전에 서술된 참으로 우수한 경전이라 할 수 있다. 좀 더 구체적으로 81자를 분석해 보면, 一이라는 글이 11개, 三 이라는 글이 8 개, 無, 天, 本, 二라는 글이 4 개, 地, 人이라는 글이 3 개, 始, 終, 萬, 七 이라는 글이 2개, 그 밖에 글은 모두 하나로 되어 있어서 한(一)이 많이 강조했음을 알 수 있다. 한은 "큰, 하나, 많은, 번영하는, 왕" 등 많은 뜻으로 해독된다. 이 진진님은 한은 우리 한겨레의 고유한 개념이며 모든 의미를 함축하고 있다고 하여, 다음과 같이 예시했다.

1) 한 = 크다 (한길, 한껏, 한가위, 한꺼번에)
2) 한 = 같다 (한결같이, 한 줄기, 한가지, 한배 타다)
3) 한 = 높다 (하늘)
4) 한 = 중앙 (한가운데, 한복판, 한밤중, 한겨울)
5) 한 = 오래 (한 참 만에, 한 동안)
6) 한 = 외부 (한데 가서 놀아라)
7) 한 = 제한 (한 정판, 한해서)
8) 한 = 대략 (한 이틀, 한 일 년 전)
9) 한 = 바램 (한이 맺히다, 한을 풀다)
10) 한 = 에게 (...한테서)
11) 한 = 조금 (한 풀 죽다, 한 물 가다, 한 구석)
12) 한 = 숫자 (한 개, 한 건, 한 번)
13) 한 = 많다 (한 량 없이, 한 없이)
14) 한 = 전부 (한 세상, 한 얼)
15) 한 = 밝다 (환한)

천부경은 하늘의 뜻에 부합되는 글을 모아 전하는 경전이다. 전문 81자는 다음과 같다.

一始無始一一析三極無
일시무시일일석삼극무
盡本天一一地一二人
진본천일일지일이인
一三一積十鉅無匱化
일삼일적십거무궤화
三天二三地二三人二
삼천이삼지이삼인이
三大三合六生七八九
삼대삼합육생칠팔구
運三四成環五七一妙
운삼사성환오칠일묘
衍萬往萬來用變不動

연만왕만래용변부동
本本心本太陽昻明人
본본심본태양앙명인
中天地一一終無終一
중천지일일종무종일

천부경은 사람에 따라 해석상 다소 차이가 있다. 예컨대 역학적(易學的)으로 혹은 수리적(數理的)으로 혹은 음양오행설(陰陽五行說)로 해석되고 있다.

"一始無始一"를 해독해 보면, 一은 창조주, 우주, 하늘을 가리키며, "1은 무에서 시작하며, 시작은 1에서 시작 한다"로 해석 된다. 우주의 무한성을 논한 것이라 볼 수 있다. 하늘의 존재를, 무(無), 허공 즉 태허(太虛, Great Absolute)로서 묘사하고 있다.

"析三極無盡本"에 있어서 삼 극은 천, 지, 인을 가리키며, "삼 극으로 나누어도 그 근본은 무궁무진한 것 이다"라는 뜻으로 해독된다.

"天一一地一二人一三"을 해독하면, "하늘의 근본인 태허(太虛)는 무한한 것이며, 땅의 근본인 음양은 두 기의 상생, 상극이며, 사람의 근본인 음 양이 상생, 상극하며, 충기(冲氣) 즉 2 기의 화합 작용을 한다는 뜻이다.

"一積十鉅無匱化三"을 해독하면, "일이 쌓여서 십이란 완전수가 되더라도 삼이란 화합수가 되는 데는 아무런 지장이 없다"는 것이다.

"天二三地二三人二三"을 해독하면, "하늘의 2와 3은 음양 2기와 음, 양 충 3기이며, 땅의 2와 3은 강(剛, 굳셀 땅), 유(柔, 부드러운 땅), 강, 유, 합(合) 셋 몸이고, 사람의 2와 3은 남, 여 두 성과 남, 여, 중성이란 3성"이다.

"大三合六生七八九"룰 해독하면, "3 4가 운행하여 5 7를 성환 한 다" 이 3 4는 日, 月, 星 셋 천체와 4 계절이라 볼 수 있고, 5 7은 이 땅의 5행과 7요 즉 일, 월, 화, 수, 목, 금, 토의 순환이라 볼 수 있다.

"一妙衍萬往萬來用變不動本"을 해독하면, "우주가 묘하게 넓어져 만물이 나고, 가고 오니, 그 작용과 변화의 법칙은 부동 불변이다."

"本心本太陽昻明人中天地一"을 해독하면, "사람의 마음은 태양을 본받아 밝은 것이니 사람에 있어서 천지 곧 우주가 합일한다."

"一終無一終"을 해독하면, "우주는 끝이 없다 즉 우주는 무한하다" 는 뜻으로 "일시무시일"에 대한 대구라 할 수 있다.

하늘의 道, 땅의 道, 사람의 道란 원리에서 천문 지리를 비롯한 우주론, 인성론, 도덕론을 가르쳐주는 경전이다. 그 가운데는 우주의 발생, 생명의 기원, 심리적 작용, 선악의 문제 등이 일관된 도 철학의 체계로서 이론이 전개되어 있다.

천부란 하늘의 이치(天理), 즉 천수지리(天數之理)에 부합한다는 뜻이다. 우주 속의 만물은 음과 양이 끌어당기고 반발하고 하는 에너지가 있다. 우주 만물은 생물이건 무생물이건 혼자서는 변화할 수 없기에 서로 결합하게 되는 것이다. 선현들은 음양오행의 원리로 우주의 생성, 힘, 법칙 및 질서를 수리 화하여 오묘한 진리를 전하고 있다.

4.3 천부경의 진리도(眞理圖)

고운 최치원 선생께서 천부경을 바탕으로 만드셨다고 하는 진리도(眞理圖)는 다음과 같다.

[예시 물 4-4] 진리도와 천부수의 구성원리

천 부 수(天 符 數)	진 리 도(眞 理 圖)
기 본 천 부 수	성(性) 명(命) 정(精) 1 2 3
구 성 천 부 수	심(心) 기(氣) 신(身) 4 5 6 (3 + 1) (3 + 2) (3 + 3) 정+성 정+명 정+정
구 성 천 부 수	감(感) 식(息) 촉(觸) 7 8 9 (6 + 1) (6 + 2) (6 + 3) 신+성 신+명 신+정

천부경에서 사람은 천(天)-1 즉 성(性)인 넋의 깨달음의 이치에서 마음을 얻고, 지(地)-1인 명(命) 즉 음양(陰陽)의 에너지에서 생명을 얻고, 인(人)인 정(精) 즉 운동의 이(理)에서 몸을 얻어 비로소 이 세상에 태어난다는 진리를 말씀하고 있다. 따라서 이렇게 태어난 사람은 하늘, 땅, 사람 즉 성(性), 명(命), 정(精)이 하나로 합쳐서 된 넋의 깨달음을 갖게 되어 있다.

[예시 물 4-5] 천부경의 3-1 철학

세작용 / 천부수	넋의 깨달음(靈覺) 이치	생명의 이치	운동의 이치	가로 천부수 합계	3-1 원리의 철학성(1)	철학성
기본 천부수	1 바탕(性)	2 목숨(命)	3 정력(精)	(1+2+3)=6 = ①×②×③	(1+2+3)=6 3 즉 1 원리	3 즉 1 의물심 합일의 세계관
구성 천부수	4 마음(心)	5 기(氣)	6 몸(身)	(4+5+6)=15 =1+5=6= ①×②×③	(“) 3 즉 1 원리	
구성 천부수	7 느낌(感)	8 숨쉼(息)	9 접촉(觸)	(7+8+9)=24 =2+4=6= ①×②×③	(“) 3 즉 1 원리	
세로 천부수 합계	(1+4+7)=12 =1+2=3 =①-성	(2+5+8)=15 =1+5=6 =②-명	(3+6+9)=18 =1+8= 9=③-정	1 즉 3, 3 즉 1의 원리		
3-1 원리의 철학성	性의 넋의 깨달음(靈覺)	목숨의 생명 작용	정(精)의 운동 작용		3-1원리의 (3)=①+②+③=6, (1)=①×②×③=6 3 즉 1, 1 즉 3	
철학성	2 즉 3의 만물 생성 원리					

즉 3-1철학은 3즉 1, 1즉 3을 말하는 것으로 이때의 /1/은 체수(體數)요, /3/은 용수(用數)를 말하는 것이다. 다시 말해서 /1/은 실재의 수인 체수요, 그 체수인

/1/이 운동 작용을 할 때는 반드시 세 가지 작용 즉 영각(靈覺)의 이(理) 작용으로서의 용수 /1/, 생명의 이(理) 작용으로서의 용수 /2/ 및 운동의 이(理) 작용으로서 용수 /3/의 세 가지 작용을 하며, 작용을 하지 않을 때는 세 가지 용수를 모두 합쳐 체수인 /1/로 뒤돌아간다는 것이다. 따라서 /1/에서 /9/까지의 수는 모두가 1즉 3에서 나오는 작용의 용수이며, 3즉 1의 /1/만이 체수인 것이다.

1) 성(性)-1의 뜻

성은 만물이 탄생되는 바탕과 기본이 됨으로 수의 시작과 끝이 순환되는 기점의 체수 1이다. 성은 영적인 깨달음의 이치라고도 하였고, 만물이 생성되고 조화롭게 생활하는 이치는 그 수를 따지면, 셈할 수 없을 정도로 무한함으로 최소수이자 최대 수인 1이 지정된 것이다. 그러므로 선현들은 성을 창조주, 우주 또는 일신(一神)이라 했다.

2) 명(命)-2의 뜻

명은 생명의 에너지인 음양(陰陽)의 기(氣)의 운동으로 보았던 것이다. 음양을 소립자(素立子)로 보고 두 입자를 상징하는 2가 지정되었다.

3) 정(精)-3의 뜻

정은 에너지의 운동 체라고 말할 수 있다. 정의 운동 체 속에 성-1과 명-2가 한데 뭉쳐서 회전 운동을 하고 있기 때문에 정의 천부 수는 3이다. 성, 명, 정은 원천적으로 존재하는 천부수인데 반하여, 심(心)-4, 기(氣)-5, 신(身)-6, 감(感)-7, 식(息)-8, 촉(觸)-9은 기본 천부 수와의 조합으로 이루어지기 때문에 구성천부수(構成天符數)라고 한다.

4) 심(心)-4의 뜻

마음은 에너지의 운동체인 정(精)-3에 우주 만물의 순리(順理)인 성(性)-1이 결합되어 구성되는 것이다. 마음은 선(善)과 악(惡)이 있어, 선하면 복이 오고, 악하면 화근이 된다고 했다.

5) 기(氣)-5의 뜻

기는 에너지의 운동체인 정(精)-3과 생명의 근원인 명(命)-2로 구성되어 있기 때문에 천부수는 5가 되는 것이다. 기는 맑음 과 탁(濁)함이 있어, 기가 맑으면, 장수하고, 기가 흐리면, 생명이 짧게 된다.

6) 신(身)-6의 뜻

신(身)은 에너지의 운동체인 정(精)-3과 그 운동의 물리(物理)인 정(精)-3으로 구성되어 있기 때문에 천부수는 6이다. 신은 정에 의존하기 때문에 두터움이 있으면 귀한 몸이 되고, 엷게 되면 천하게 된다고 했다. 기는 심을 떠나지 아니하고, 심은 기를 떠나지 아니하며, 신은 그 가운데 있다고 했다.

7) 감(感)-7의 뜻

감(感)-7은 신(身)-6과 성(性)-1의 합으로 구성되어 있다. 즉 인간의 생명체가 즐거움(喜), 두려움(懼), 애닯음(哀), 성냄(怒), 구차함(貪), 미움(厭)의 감정을 갖게 된다는 것이다. 감정을 억제하고, 참된 감정으로 다가가서 성(性)에 통하게 되면 공을 이룬다고 하였다.

8) 식(息)-8의 뜻

식은 인간 생명을 유지하는데 없어서는 안 될 호흡을 뜻한다. 인간의 몸인 신(身)-6과 생명의 근원인 명(命)-2의 합으로 구성된 식(息)-8이다. 식에는 향기(芬), 물커러짐(㶑), 차거움(寒), 열(熱), 습(濕), 진동(震動)의 지각 작용을 갖게 된다는 것이다.

9) 촉(觸)-9의 뜻

촉은 서로 닿는 행위를 말하며, 소리, 색, 냄새, 맛, 음란함, 미는 행위 등의 접촉 행동을 말한다. 촉은 신-6과 에너지의 운동체인 정(精)-3의 합의 구성체로서 천부수는 9이다. 남녀의 성 관계도 이에 속한다.

최치원 선생은 진리도를 만들어 다음과 같이 우주의 변화, 생성 및 힘을 수, 기하 와 문자로 체계화 하여 전하고 있다.

> 기본수는
> 성(性)-하늘(天)-아버지-1-○,
> 명(命)-땅(地)-어머니-2-□,
> 정(精)-사람(人) -아들-3-△ 이다.

성은 만물이 탄생하는 바탕과 기본이 됨으로 수의 시작과 끝이 순환되는 기점의 1이 천부수이다. 이 한은 창조주, 우주 또는 신이라 했다.

명은 생명의 에너지인 음양의 운동으로 천부 수는 2이다.

정은 에너지의 운동 체다. 정의 운동 체 속에 성-1과 명-2가 한데 뭉쳐서 회전운동을 하고 있기 때문에 정의 천부 수는 3이다.

우주 음양운동의 가장 큰 주체는 하늘과 땅, 하늘은 빛을 내려주고 땅은 생명을 낳고 길러낸다. 대자연의 거대한 품속을 한시도 떠날 수 없는 만물의 영장이라고 할 수 있는 인간을 더하여 天地人三才라고 한다. 음양조화의 기운을 내보내는 주체는 해와 달, 해는 빛을 통해 양기(陽氣)를 주도하며, 달은 음기(陰氣)를 주도한다. 이러한 일월의 음양변화로 낮과 밤이 순환하면서 만물이 탄생하고 소멸하는 것이다. 이 음양 기운에 의해 인간은 남자와 여자로 태어나며, 남녀가 조화됨으로써 생명창조의 역사가 이루어진다.

천부경은 수, 기하 및 문자로서 우주 만상의 오묘한 변화 이법을 계시하고 있다. 음(音)과 수(數)는 인간의 의사소통 기능으로서 언어 이전의 수단이었다. 파미르고원의 마고성(麻姑城)시대에는 음과 수가 신격화(神格化)되어 있었다.

하늘, 땅, 사람의 사이에는 수리(數理)의 연관성이 있다. 수는 우주의 진리이고, 진리는 곧 수와 관련되어 있다. 수는 하나, 둘과 같은 개체를 나타내는 것과 적다와 같은 결합적인 양을 나타내는 두 가지로 나누어 생각할 수 있다. 보이는 것들과 보이지 않는 것들을 포함해서 우주 만물은 소립자로부터 대우주에 이르기까지 모두가 수리에 의하여 창조되고 운행된다. 그러므로 자연과학은 수리로 자연현상을 표현하고 있다. 또 우리말에 [수]가 진리임을 내포하고 있는 것이 많다. 참을 [수] 없다, 실 [수]하다, 못할 [수], 할 [수], 허 [수], 분 [수], 횡재 [수] 등등 우리의 생활 내에서 사용되는 말의 의미를 보면 [수]가 진리를 나타내고 있음을 짐작할 수 있다. 이상의 여러 말에서처럼 물질과 색, 맛, 성, 곳, 마음, 시공 등 모두가 수와 더불어 존재하는 것이다.

천부경에 첫 시작이 一始無始一이라 하였고, 끝에는 一終無終一로 맺는다. 즉 1은 시작이 없는 무한한 과거에서 시작되고, 1은 끝이 없는 무한한 미래로 이어진다. 9+1=10=1, 99+1=100=1, 999+1=1000=1 이다. 아무리 불어나도 1로 회귀할 뿐이다. 그러므로 1은 최소수인 동시에 최대 수이다. 시작도 끝도 없는 선은 원(圓)이다. 또 삼극(三極)을 연결하면 삼각형이 된다. 그러므로 천부경은 구성 형태에서 나타난 방(方), □과, 시작도 끝도 없는 선에서 나타난 원(圓), ○과, 삼 극(三極)을 연결하여 얻어진 각(角), △의 깊은 뜻을 담고 있다. ○은 하늘을, □은 땅을, △은 사람을 상징한다.

천부경을 논리적으로 해독해 보면, 여섯 가지의 특성으로 구성되어 있다.

첫째, 우주관

우주의 시작은 시작이 없는 아득한 옛날에 시작되었고, 우주의 끝은 끝이 없는 무한한 미래로 이어진다고, 우리의 선현들은 우주를 규정하였다. 즉 그 표현을 일시무시일(一始無始一), 일종무종일(一終無終一)이라고 하는 상호관계를 문학적 표현으로 설명하고 있다. 영국의 유명한 물리학자도 우주는 무한하다고 주장을 하며, 최근에 와서는 그는 블랙홀(Black hole)설을 펴내며, 우주의 무한설을 물리학적으로 입증하려고 연구 중이다. 그는 우리의 태양계가 속하는 은하계(銀河界)에 약 1만개의 블랙홀이 있다고 주장하고 있다.

둘째, 우주의 뿌리인 실재(實在)와 기본 천부수

우주의 뿌리인 실체는 성(性), 명(命), 정(精)의 셋이며, 이 실체의 본질인 성(性)은 만물 생성의 바탕이므로 기본 천부 수의 1-성이요, 명(命)은 음양(陰陽) 에너지를 뜻하므로 기본 천부수의 2-명이 되고, 정(精)은 운동의 이치로서, 그 운동 속에 성(性)-1과 명(命)-2의 천부수가 포함하게 됨으로서 정의 천부 수는 3이 된다. 즉 1 즉 3, 3 즉 1의 철학적 논리를 뜻한다. 우주의 본질인 성(性)-1을 셋으로 쪼개면 성(性), 명(命), 정(精)이 되는데, 이 성, 명, 정이 합치면 우주의 본질인 1-성(性)으로 다시 되돌아간다는 뜻이다. 이것을 3-1 논리라 한다. 성(性)은 이(理)라고 하는데, 이 이는 진리, 물리, 윤리 등의 이로서 우주의 법칙, 우주의 길을 뜻하고, 이를 넋의 깨달음(靈覺)의 이(理)라고 말하는 것이다.

명(命)은 생명의 뿌리로서 모든 생명의 근원인 에너지인데, 오늘날 물리학에서 밝혀진 바와 같이 모든 물질은 분자(分子)로 구성되며, 분자는 원자(原子)로 구성되어, 다시 원자는 소립자(素粒子)로 구성되어 있다. 소립자는 에너지이며, 따라서 여기서 명(命)은 음양(陰陽)의 소립자로 보아야 할 것이다.

정(精)은 소립자 이론에서 보면 원자핵(原子核)의 핵에 해당한다. 즉 핵은 중성자(中性子)와 광속(光速) (1초 당 30만km)에 가까운 속도로 쉴 새 없이 원(圓) 운동을 하면서 형성되는 것으로, 그 핵은 결국 물질의 기본인 질량이 되는 것이다. 이 원리는 이미 1905년 아인슈타인이 발표한 일반 상대성 이론에서 유도한 유명한 에너지 공식으로 입증되었다.

셋째, 우주의 전일적(全一的) 실재관

성(性), 명(命), 정(精)의 세 가지 근원적 실재는 정의 운동 속에서 3 즉 1의 철학논리에 의거함으로 물심합일(物心合一)의 세계관을 뜻하는 것이다. 즉 성+명+정=성×명×정, 1+2+3=1×2×3 즉 6=6의 수리로 설명될 수 있다. 이 3 즉 1, 1 즉 3의 원리를 천부경에서는 석삼극(析三極), 천지일(天地一)로 표현하고 있다.

넷째, 만물생성 및 소멸의 원리

만물 일체의 생성 및 발전을 끝없는 역동적(力動的) 변화 작용과 동시에 소멸로 이어지는 순환(循環)의 이치로 설명하고 있다. 그리고 이런 현상을 일적십거무괴화삼(一積十鉅無匱化三)이라고 하고 있는데, 여기 1은 체수(體數)의 1인 것이다. 10은 물론 천부수가 아니고 여기서는 10진법(進法)의 뜻으로 수 백, 수천 등 많은 수를 뜻한다. 그러므로 일적십거는 체수인 1이 많이 쌓인다는 뜻이 될 것이다. 즉 1+9=10=1, 1+99=100=1, 1+999=1000=1이 되니, 아무리 쌓아도 결국 본 자리 1로 순환한다는 깊은 뜻이다.

다섯째, 만물의 지각 형성과 생의 순환 원리

사람을 포함한 동물의 지각 작용과 호흡 작용 및 생식 작용과 생의 순환 원리를 이에 대응되고 부합되는 각 현상과 같이 논하고 있다. 하늘에서 명(命) 즉 에너지가 운동하면 기(氣)가 생겨서 성(性)을 느낀다는 뜻으로 [天二三, 五七一]로 표현하고 있다. 하늘에 있는 수많은 음양(陰陽)의 에너지로서 그것은 우주에 충만한 우주선이라고 불리는 소립자 에너지인 양자(陽子)의 흐름으로 보아야 할 것이다.

여섯째, 사람의 완성

마음, 몸, 자각을 모두 구비한 사람의 완성을 뜻하며, 사람을 시공(時空)의 우주 속에 중심에 위치케 함으로써, 홍익인간(弘益人間)의 가치관, 경천숭조(敬天崇祖)의 윤리관, 이화세계(理化世界)의 정치관을 갖게 한다는 것이다.

 4.4 천부경의 수리

〈환단고기(桓檀古記)〉는 칠회제신(七回祭神)의 역(曆)과 역(易)이 천부의 유의(遺意)였다고 했다. 마고(麻姑) 시대에는 언어가 생겨나기 이전에 음(音)과 수(數)가 신격화(神格化)되어 있었다. 우선 수의 분류법부터 알아보기로 하자.

선천수(先天數) : 1, 2, 3, 4, 5, 6, 7, 8, 9 후천수(後天數) : 2, 3, 4, 5, 6, 7, 8, 9, 10

선천 수에서는 1, 2, 3, 4를 생수(生數)라고, 6, 7, 8, 9를 성수(成數)라고 한다. 선천 수에서는 5가 중심수가 되고, 후천 수에서는 6이 중심수가 된다. 선천 수의 중심 수 5는 좌우에 짝수인 4, 6을 동반하고, 후천 수의 중심수인 6은 좌우에 홀수인 5, 7을 동반한다. 수를 다시 양수(陽數)와 음수(陰數)로 나누어 보자.

양수 : 1, 3, 5, 7, 9
음수 : 2, 4, 6, 8, 10

양수의 가장 작은 수는 1이고, 음수의 가장 큰 수는 10이다. 음수는 불어나는 수이고, 양수는 줄어드는 수다. 큰삼(大三) 즉 천-1, 지-2, 인-3을 합해도 6이 되고, 이 수를 곱해도 6이 된다. 6은 불어나는 수로 7, 8, 9를 낳고, 9는 선천 수의 끝이므로 후천 수로 이어져 9+1=10이 되어, 다시 1로 회귀한다. 시간이 모여서 일(日)이 되고, 일이 모여서 월(月)이 되고, 월이 모여서 연(年)이 되며, 4년마다 한 주기로 윤년을 만든다. 시작도 끝도 없이 언제나 창조, 생성되는 생명은 진화하고, 순환하며, 존재한다는 것이다. 우리들의 이와 같은 삼신사상(三神思相)은 고대 한국 사회뿐만이 아니라 동서양 곳곳으로 퍼져나가 고대 인류 문화 발생의 원동력이 되었다고 본다. 도상(圖像)문화에서 그 흔적을 쉽게 찾을 수 있으며, 거석문화(巨石文化)와 세석문화(細石文化) 및 신화와 종교, 언어에도 그 숨결은 남아 있다.

파미르고원의 마고성문화는 동쪽으로 황하문화와 마야, 잉카문화를 낳았으며, 서쪽으로 건너가 수메르문화를, 그리고 수메르문화가 인도와 이집트 및 그리스의 고대문화를 낳았다. 피라미드나 영국의 스톤헨지 등 고대 거석문화의 유물이 역과 관계가 있으며, 경주의 석굴암은 동남방 15도, 동짓달 해 뜨는 방향을 정면으로 하고 있다.

〈부도지(符都誌)〉23장에는 「하늘 길이 돌고 돌아 시작과 끝이 있고, 시작과 끝이 또 돌아 4단씩 겹쳐 나가 다시 시작과 끝이 있다. 1 종시의 사이를 소력이라 하고, 종시의 종시를 중력이라 하고, 네 번 겹친 종시를 대력이라 한다. 소력의 1회를 년이라 하니, 년에는 13월이 있고, 한 달에는 28일이 있으며, 다시 4

요(曜)로 나뉜다.」고 했다.

이수는 성수, 법수, 체수로 나누어진다.

성수(性數) : 1, 4, 7은 하늘 수를 말한다. 우주의 바탕이 되는 생성(生成) 및 운동의 순리(順理)-1에 따라 무기물질인 기(氣), 화(火), 수(水), 토(土)-4가 생성되고, 7 행성 즉 금(金), 목(木), 수(水), 화(火), 토(土), 일(日), 월(月)의 별(星)이 밀고, 당기고 하면서 운동한다는 것은 칠요(七曜)의 회전을 뜻한다.

법수(法數) : 2, 5, 8의 땅 수를 말한다. 2-명(命)은 생명의 이치로서 생명의 원천을 음양(陰陽)의 기(氣) 운동 작용으로 보았던 것이다. 명의 천부수가 2가 된 것은 음양의 2 입자를 상징하는 것이다. 현대 물리학에서는 음(-), 양(+)의 소립자(素粒子)를 말한다. 5-행 즉 우주를 운행하는 원기로서 만물의 주성분이 된다는 5원소 즉 금, 목, 수, 화, 토를 말한다.

8은 5행과 에너지의 운동체-3의 합이다.

체수(體數) : 3, 6, 9, 사람의 수를 말한다. 정(精)-3은 운동의 이치라고 말할 수 있다. 이 정의 개념은 소립자(素粒子) 물리학의 견지에서 볼 때 소립자 즉 에너지의 운동체라고 할 수 있다. 성(性)의 1과 명(命)의 2가 한데 뭉쳐서 회전운동을 하고 있기 때문에 정의 천부 수는 성과 명의 화 즉 1+2=3이다. 1+2+3 또는 1곱하기2 3= 대 삼합(大三合) 6은 어머니 수라고 한다.

9는 5행+3-사람+1-성(性)의 화 즉 완성 수가된다. 이 완성 수-9에 1을 더하면 9+1=10=1이 되어 허수가 되며, 1의 본 자리로 뒤돌아간다는 것이다.

하늘, 땅, 사람의 연관성을 수의 개념으로 이해할 수 있다. 이를 위해서 천부경, 참성단, 태양계의 9개 행성의 본체를 이해하지 않으면 안 된다.

천부(天符)란 하늘의 이치와 부합한다는 뜻이다. 부도(符都)라고 하는 뜻은 이 하늘의 이치에 따라 세운 나라 또는 수도를 말한다. 파미르고원의 마고성, 부도는 다음과 같이 묘사되고 있다. 「하늘이 열리기 전에 실달성(實達城)과 허달성(虛達城)이 높게 나란히 서 있으니, 햇볕이 따뜻하게 감싸고, 하늘에서 팔여지음(八呂之音)이 들려온다. 그 음악과 함께 색(色)과 몸체(器)가 있는 실달성(實達城)과 공(空)과 성(性)의 허달성(虛達城)이 탄생되고, 마고성(麻姑城)과 마고 할머니도 세상에 오셔서 하늘나라를 열고 짐세(朕世)라 하였다.

하늘의 이치와 천수지리(天數之理)에 따라 실달지수(實達之數)와 일적백거도(一積百鉅圖)로 다음과 같이 부도가 풀이된다.

[예시 물 4-6] 실달지수(實達之數), 일적백거도(一積百鉅圖)

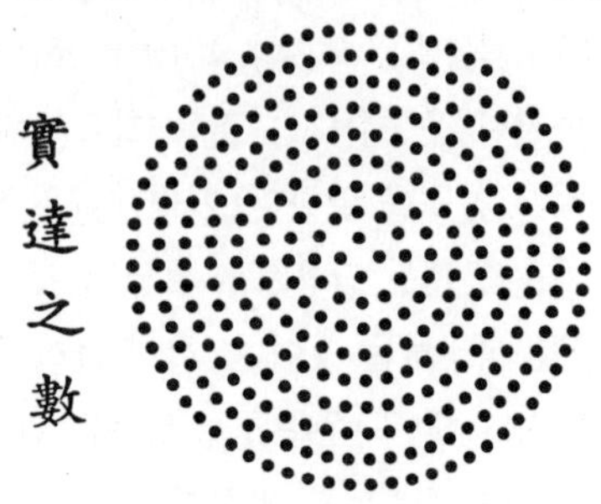

一積百鉅圖 實達數(色器)

1	4	4	10	1	16	7
2	12	3	78	6	144	9
3	20	2	210	3	400	4
4	28	1	406	1	784	1
64=1 10 704=2 11=2 1344=3 21=3						
5	36	9	666	9	1296	9
6	44	8	990	9	1936	1
7	52	7	1378	1	2704	4
8	60	6	1830	3	3600	9
9	68	5	2346	6	4624	7
260=8 35=8 7210=1 28=1 14160=3 30=3						

一積六十八鉅實達數　　704+7210=7914=3
一積百鉅　虛達數　　704+7210+18824=23738=5
　　합(合) 31652=8
一積六十八鉅實達數　　1344+14160=15504=6
一積百鉅　虛達數　　1344+14160+31296=466800=9

64=1, 10은 천부수 1(一, 天)이고, 704=2, 11=2는 천부수 2(二, 地)이고, 천부수 3(三, 人) 즉 天, 地, 人 삼재(三才), 혹은 성(性), 명(命), 정(精) 세 진(眞)을 말한다. 260=8, 35=8의 이 8은 태양을 중심으로 돌고 있는 8개의 행성, 수성, 금성, 지구, 화성, 목성, 토성, 천왕성, 해왕성을 상징하며, 8괘(卦)의 이치와 태양계의 이치를 수리학적으로 조합하면 무궁한 이수(理數)가 나온다. 그러면 우리 겨레의 이 얼과 역사의 교훈을 세계 가족에게 알리는 일이 중요하다. 다가올 인류의 이상 세계를 수리로 풀어 보자. 이 땅의 이상향(理想鄕)을 복숭아 꽃 동산(挑花園)으로 비유해 보도록 하겠다. 이 세상의 낙원 금강세계(金剛世界)를 설계하면, 크고 큰 하늘과 땅이 열리고, 삼신의 다살정신(多薩精神)이 충만한 세상이다. 그러므로 이치에 맞게 세상을 다스리고, 세상을 널리 이롭게 하며, 모두가 알맞은 자리에 앉아, 만물이 한 뿌리에서 탄생되었다는 것을 알고, 차별이 없는 세상을 만들고, 모든 것이 한길로 통하고, 사람이 곧 하늘이라는 사상을 가지며, 밝고 맑은 세상을 만들고, 복숭아 꽃 동산과 같은 아름답고 평화로운 세상을 건설해야 할 것이다. 이러한 우주관, 지구관, 인간관을 다음과 같이 천부구변도(天符九變圖)와 일적십거도(一積十鉅圖)의 원리로 풀어 볼 수 있다.

[예시 물 4-7] 일적십거도(一積十鉅圖)

36	23	64	123	76	39	8	123	40	80	3	123
13	57	53	123	29	25	69	123	20	33	70	123
74	43	6	123	18	59	46	123	63	10	50	123
123	123	123		123	123	123		123	123	123	

32	72	19	123	26	67	30	123	66	35	22	123
12	49	62	123	37	9	77	123	5	73	45	123
79	2	42	123	60	47	16	123	52	15	56	123
123	123	123		123	123	123		123	123	123	

27	58	38	123	75	4	44	123	51	61	11	123
28	17	78	123	34	65	24	123	1	41	81	123
68	48	7	123	14	54	55	123	71	21	31	123
123	123	123		123	123	123		123	123	123	

위의 배열은 9곱하기 9=81개의 숫자가 1에서 81까지 배열된 것이다. 그림과 같이 9개씩 묶었을 때 가로, 세로의 합이 모두 123이다. 天-1, 地-2, 人-3 즉 天地人 一體의 철학을 이 일적십거도가 담고 있다. 모두 9개의 숫자로 9개의 배열이 있으며, 어떤 배열에도 똑같이 가로, 세로의 합이 123이다.

구변도를 보면 한 숫자(1~81)가 9번 균등하게 들어간다. 무등 사상이란 구변도 속에 숫자 1~81자 중에 어느 숫자라도 9번 이상은 들어갈 수 없다는 것이다.

[예시 물 4-8] 구변도(九變圖)

虛數 10+35+46+91=91
實數 10+35=45
合 136=1

虛數 16+65+88=169
實數 16+65=81
合 250=7

虛數 20+145+290=455
實數 20+145=165
合 620=8

虛數 30+255+534=819
實數 30+255=285
合 1104=6

20 69 34│123 45 1 77│123 58 53 12│123 123 123 123	2 6 7│15 9 1 5│15 4 8 3│15 15 15 15	54 67 2│123 59 21 43│123 10 35 78│123 123 123 123	9 4 2│15 5 3 7│15 1 8 6│15 15 15 15	65 25 33│123 9 41 73│123 49 57 17│123 123 123 123	2 7 6│15 9 5 1│15 4 3 8│15 15 15 15	28 23 72│123 15 61 47│123 80 39 4│123 123 123 123	1 5 9│15 6 7 2│15 8 3 4│15 15 15 15
21 43 59│123 67 2 54│123 35 78 10│123 123 123 123	3 7 5│15 4 2 9│15 8 6 1│15 15 15 15	6 38 79│123 71 22 30│123 46 63 14│123 123 123 123	6 2 7│15 8 4 3│15 1 9 5│15 15 15 15	50 55 18│123 7 42 74│123 66 26 31│123 123 123 123	5 1 9│15 7 6 2│15 3 8 4│15 15 15 15	29 31 81│123 24 62 37│123 70 48 5│123 123 123 123	2 4 9│15 6 8 1│15 7 3 5│15 15 15 15
11 76 36│123 52 3 68│123 60 44 19│123 123 123 123	2 4 9│15 7 3 5│15 6 8 1│15 15 15 15	15 61 47│123 28 23 72│123 80 39 4│123 123 123 123	6 7 2│15 1 5 9│15 8 3 4│15 15 15 15	54 59 10│123 2 43 78│123 67 21 35│123 123 123 123	9 5 1│15 2 7 6│15 4 3 8│15 15 15 15	79 38 6│123 14 63 46│123 30 22 71│123 123 123 123	7 2 6│15 5 9 1│15 3 4 8│15 15 15 15
23 72 28│123 39 4 80│123 61 47 15│123 123 123 123	5 9 1│15 3 4 8│15 7 2 6│15 15 15 15	81 37 5│123 29 24 70│123 13 62 48│123 123 123 123	9 1 5│15 2 6 7│15 4 8 3│15 15 15 15	11 76 36│123 60 44 19│123 52 3 68│123 123 123 123	2 4 9│15 6 8 1│15 7 3 5│15 15 15 15	75 8 40│123 32 64 27│123 16 51 56│123 123 123 123	3 8 4│15 5 1 9│15 7 6 2│15 15 15 15
29 70 24│123 81 5 37│123 13 48 62│123 123 123 123	2 7 6│15 9 5 1│15 4 3 8│15 15 15 15	9 41 73│123 65 25 33│123 49 57 17│123 123 123 123	9 5 1│15 2 7 6│15 4 3 8│15 15 15 15	69 20 34│123 1 45 77│123 53 58 12│123 123 123 123	6 2 7│15 1 9 5│15 8 4 3│15 15 15 15	41 9 73│123 25 65 33│123 57 49 17│123 123 123 123	5 9 1│15 7 2 6│15 3 4 8│15 15 15 15
14 79 30│123 46 6 71│123 63 38 22│123 123 123 123	5 7 3│15 1 6 8│15 9 2 4│15 15 15 15	50 55 18│123 66 26 31│123 7 42 74│123 123 123 123	5 1 9│15 3 8 4│15 7 6 2│15 15 15 15	79 6 38│123 14 46 63│123 30 71 22│123 123 123 123	7 6 2│15 5 1 9│15 3 8 4│15 15 15 15	18 50 55│123 31 66 26│123 74 7 42│123 123 123 123	9 5 1│15 4 3 8│15 2 7 6│15 15 15 15
31 66 26│123 74 7 42│123 18 50 55│123 123 123 123	4 3 8│15 2 7 6│15 9 5 1│15 15 15 15	16 32 75│123 56 27 40│123 51 64 8│123 123 123 123	7 5 3│15 2 9 4│15 6 1 8│15 15 15 15	28 15 80│123 72 47 4│123 23 61 39│123 123 123 123	1 6 8│15 9 2 4│15 5 7 3│15 15 15 15	59 21 43│123 54 67 2│123 10 35 78│123 123 123 123	5 3 7│15 9 4 2│15 1 8 6│15 15 15 15
32 75 16│123 64 8 51│123 27 40 56│123 123 123 123	5 3 7│15 1 8 6│15 9 4 2│15 15 15 15	61 23 39│123 15 28 80│123 47 72 4│123 123 123 123	7 5 3│15 6 1 8│15 2 9 4│15 15 15 15	29 13 81│123 70 48 5│123 24 62 37│123 123 123 123	2 4 9│15 7 3 5│15 6 8 1│15 15 15 15	76 3 44│123 36 68 19│123 11 52 60│123 123 123 123	4 3 8│15 9 5 1│15 2 7 6│15 15 15 15
25 65 33│123 41 9 73│123 57 49 17│123 123 123 123	7 2 6│15 5 9 1│15 3 4 8│15 15 15 15	5 70 48│123 81 29 13│123 37 24 62│123 123 123 123	5 7 3│15 9 2 4│15 1 6 8│15 15 15 15	41 9 73│123 57 49 17│123 25 65 33│123 123 123 123	5 9 1│15 3 4 8│15 7 2 6│15 15 15 15	45 1 77│123 20 69 34│123 58 53 12│123 123 123 123	9 1 5│15 2 6 7│15 4 8 3│15 15 15 15
67 35 21│123 54 10 59│123 2 78 43│123 123 123 123	4 8 3│15 9 1 5│15 2 6 7│15 15 15 15	6 71 46│123 79 30 14│123 38 22 63│123 123 123 123	6 8 1│15 7 3 5│15 2 4 9│15 15 15 15	31 66 26│123 18 50 55│123 74 7 42│123 123 123 123	4 3 8│15 9 5 1│15 2 7 6│15 15 15 15	37 24 62│123 5 70 48│123 81 29 13│123 123 123 123	1 6 8│15 5 7 3│15 9 2 4│15 15 15 15
3 76 44│123 52 11 6│123 18 36 19│123 123 123 123	3 4 8│15 7 2 6│15 5 9 1│15 15 15 15	50 18 55│123 66 31 26│123 7 74 42│123 123 123 123	5 9 1│15 3 4 8│15 7 2 6│15 15 15 15	32 64 27│123 16 51 56│123 45 8 40│123 123 123 123	5 1 9│15 7 6 2│15 3 8 4│15 15 15 15	79 6 38│123 30 71 22│123 14 46 62│123 123 123 123	7 6 2│15 3 8 4│15 5 1 9│15 15 15 15
45 77 1│123 58 12 53│123 20 34 69│123 123 123 123	9 5 1│15 4 3 8│15 4 3 8│15 15 15 15	51 16 56│123 64 32 27│123 8 75 40│123 123 123 123	6 7 2│15 1 5 9│15 8 3 4│15 15 15 15	76 11 36│123 3 52 68│123 44 60 17│123 123 123 123	4 2 9│15 3 7 5│15 8 6 1│15 15 15 15	39 23 61│123 4 72 47│123 80 28 15│123 123 123 123	3 5 7│15 4 9 2│15 8 1 6│15 15 15 15
70 48 5│123 29 13 81│123 24 62 37│123 123 123 123	7 3 5│15 2 4 9│15 6 8 1│15 15 15 15	9 73 41│123 65 33 25│123 49 17 57│123 123 123 123	9 1 5│15 2 6 7│15 4 8 3│15 15 15 15	45 1 77│123 58 53 12│123 20 69 34│123 123 123 123	9 1 5│15 4 8 3│15 2 6 7│15 15 15 15	65 33 25│123 9 73 41│123 49 17 57│123 123 123 123	2 6 7│15 9 1 5│15 4 8 3│15 15 15 15
71 46 6│123 30 14 79│123 22 63 38│123 123 123 123	8 1 6│15 3 5 7│15 4 9 2│15 15 15 15	1 77 45│123 69 34 20│123 53 12 58│123 123 123 123	1 5 9│15 6 7 2│15 8 3 4│15 15 15 15	21 67 35│123 59 54 10│123 43 2 78│123 123 123 123	3 4 8│15 5 9 1│15 7 2 6│15 15 15 15	50 18 55│123 7 74 42│123 66 31 26│123 123 123 123	5 9 1│15 7 2 6│15 3 4 8│15 15 15 15
39 61 23│123 80 15 28│123 4 47 72│123 123 123 123	3 7 5│15 6 8 1│15 4 2 9│15 15 15 15	59 21 43│123 10 35 78│123 54 67 2│123 123 123 123	5 3 7│15 1 8 6│15 9 4 2│15 15 15 15	66 26 31│123 50 55 18│123 7 42 74│123 123 123 123	3 8 4│15 5 1 9│15 7 6 2│15 15 15 15	51 16 56│123 8 75 40│123 64 32 27│123 123 123 123	6 7 2│15 8 3 4│15 1 5 9│15 15 15 15
40 75 8│123 56 16 51│123 27 32 64│123 123 123 123	4 3 8│15 2 7 6│15 9 5 1│15 15 15 15	52 11 60│123 68 36 19│123 3 76 44│123 123 123 123	7 2 6│15 5 9 1│15 3 4 8│15 15 15 15	32 16 75│123 27 56 40│123 64 51 8│123 123 123 123	5 7 3│15 9 2 4│15 1 6 8│15 15 15 15	52 11 60│123 3 76 44│123 68 36 19│123 123 123 123	7 2 6│15 3 4 8│15 5 9 1│15 15 15 15
65 33 25│123 49 17 57│123 9 73 41│123 123 123 123	2 6 7│15 4 8 3│15 9 1 5│15 15 15 15	70 5 48│123 24 37 62│123 29 81 13│123 123 123 123	7 5 3│15 6 1 8│15 2 9 4│15 15 15 15	65 25 33│123 49 57 17│123 9 41 73│123 123 123 123	2 7 6│15 4 3 8│15 9 5 1│15 15 15 15	69 34 20│123 1 77 45│123 53 12 58│123 123 123 123	6 7 2│15 1 5 9│15 8 3 4│15 15 15 15
7 74 42│123 50 18 55│123 66 31 26│123 123 123 123	7 2 6│15 5 9 1│15 3 4 8│15 15 15 15	30 22 71│123 79 38 6│123 14 63 46│123 123 123 123	3 4 8│15 7 2 6│15 5 9 1│15 15 15 15	69 20 34│123 53 58 12│123 1 45 77│123 123 123 123	6 2 7│15 8 4 3│15 1 9 5│15 15 15 15	54 2 67│123 10 78 35│123 59 43 21│123 123 123 123	9 2 4│15 1 6 8│15 5 7 3│15 15 15 15
52 60 11│123 68 19 36│123 3 44 76│123 123 123 123	7 6 2│15 5 1 9│15 3 8 4│15 15 15 15	28 23 72│123 80 39 4│123 15 61 47│123 123 123 123	1 5 9│15 8 3 4│15 6 7 2│15 15 15 15	67 54 2│123 21 59 43│123 35 10 78│123 123 123 123	4 9 2│15 3 5 7│15 8 1 6│15 15 15 15	46 6 71│123 14 79 30│123 63 38 22│123 123 123 123	1 6 8│15 5 7 3│15 9 2 4│15 15 15 15
1 69 53│123 45 20 58│123 77 34 12│123 123 123 123	1 6 8│15 9 2 4│15 5 7 3│15 15 15 15	51 8 64│123 56 40 27│123 16 75 32│123 123 123 123	6 8 1│15 2 4 9│15 7 3 5│15 15 15 15	3 44 76│123 52 60 11│123 68 19 36│123 123 123 123	3 8 4│15 7 6 2│15 5 1 9│15 15 15 15	47 4 72│123 15 80 28│123 61 39 23│123 123 123 123	2 4 9│15 6 8 1│15 7 3 5│15 15 15 15
						70 5 48│123 29 81 13│123 24 37 62│123 123 123 123	7 5 3│15 2 9 4│15 6 1 8│15 15 15 15

20	69	34	123	2	6	7	15	6: 어머니수 9: 아버지수
45	1	77	123	9	1	5	15	15=6
58	53	12	123	4	8	3	15	6은 三大, 三合
123	123	123		15	15	15		대생명의 수이다.

어떤 수가 주재자가 되고 고유번호가 되었을 때 딴 수는 쓰임 수(用數)가 된다.

9번 만에 기회가 오고 빈틈없는 주재자 자리에 온다. 만약 고유 번호 3이 주인역할을 하면 딴 숫자는 용수가 된다.

이것은 우주의 원리로 어느 누구에게나 다 똑같이 우주의 주인임이 증명된다.

여기에서 6수는 어머니 수, 9수는 아버지 수이다. 아버지 수와 어머니 수를 합산하면 6+9=15=6이다. 음력 보름이 되면 바다에서 나는 꽃게, 물고기 이런 것들이 알이 꽉 찬다. 풍요의 수이다. 벌집(6각), 육각수, 눈 모양 이것들이 다 생명과 풍요가 넘치는 6수이다 첫 번째 하늘-1이 생기고, 두 번째 땅-2가 생기고, 사람-3이 3번째 생겼다. 이 삼태극(三太極)이 7을 축으로 해서, 오 원소(영양)를 바탕으로 삼아, 8괘로 돌아간다. 대우주가 북두칠성을 고리로 해서, 8궤로 벌어지면서 9 무한대로 간다.

사람이 태어나, 자라, 죽고 22번 순환하면, 다시 본 자리로 뒤 돌아간다.

허달수 13	실달수 9
13+9=22=4(죽는다)	

여기서 얻은 123이라는 십진법(十進法)의 숫자는 천부경(天符經)의 표기법으로 1=천(天), 2=지(地), 3=인(人)을 나타낸 것이다. 이와 같은 배열의 세계 최초의 것은 구서(龜書)이며, 그 배열은 가로, 세로 3개씩의 숫자로 총 9개의 숫자로서, 가로, 세로의 합이 15로 구성되어 있다. 이러한 배열 방식이 서양으로 건너가 마방진(魔方陣)이라 불리면서 그리스, 라틴의 마방진 등으로 사용되었다. 자연 수를 네 모 형으로 배열하여, 세로, 가로, 대각선의 합이 같게 만드는 수리를 마방진이라 한다.

해인금척(海印金尺)은 바다와 같이 넓고 깊은 기준이 되는 자로서 우주 진리의 옳고 그릇됨을 판단하는 금과옥조(金科玉條)와 같은 것이다. 첫째, 사람의 어진 윤리로, 사람의 본바탕에 이르고, 모든 사람을 밝게 선도하는 일 둘째, 이 세상을 이치에 맞게 다스리는 일. 셋째, 대우주를 유익하게 만드는 세계화 정신을 이 금자(金尺)는 담고 있다. 이 자가 유래된 뿌리가 멀고, 그 이치가 심원(深遠)하다.

〈부도지(符都誌)〉에 따르면, 「종족들이 방장산(方丈山) 방호의 굴에서 칠보의 옥을 채굴하여 천부를 새기고, 그것을 방장해인(方丈海印)이라 하여 칠난(七難)을 없애고 돌아갔다.」고 했다. 이 해인이 이어져 지금의 해인사 이름이 생긴 것 같다.

해인사는 신라시대에 화엄종(華嚴宗)의 정신적인 기반을 확충하고 선양한다는 정신 아래, 이른바 화엄십찰(華嚴十刹)의 하나로 세워진 가람이다. 이 종의 경전은 대방광불화엄경(大方廣佛華嚴經)이며, 동양문화의 정수라고 일컬어진다. 이 경전에 해인삼매(海印三昧)라는 말이 나오는데, 해인사의 이름은 /방장해인/, 그 뒤에 /해인 삼매/에서 비롯되었다. 해인삼매는 세계를 한없이 깊고 넓은 큰 바다에 비유하여, 거친 파도 곧 중생의 번뇌 망상이 비로소 멈출 때, 우주의 갖가지 참된 모습이 그대로 물 속(海)에 비치는(印) 경지를 뜻한다고 한다. 이것이 부처님의 깨달음의 모습이요, 중생들의 본 모습이라고 한다. 이 말의 언어와 정신이 해인금척(海印金尺)에서 유래된 것이다. 이 해인금척은 머리에 삼태성(三台星)을 달고 있으며, 이 삼태성(三台星)은 天, 地, 人 삼재(三才)를 상징한다.

해인금척은 네 마디로 된 다섯 치이다. 네 마디는 5등분한 가운데 4개의 선, 그 네 개는 실체를 갖지 않으므로 허수가 되고, 다섯 치라고 하는 5는 실수가 되어 4허 5실은 9를 이룬다. 9는 선천수의 마지막 수요, 10은 후천수의 마지막 수이다. 선천이 끝나면 후천으로 넘어감으로 10을 이룬다. 또 10은 9 다음이며, 완성수이다.

해인금척이 달고 있는 칠두함화주(七頭含火珠)를 보면, 아래의 천부수리로 이해된다.

[예시 물 4-9] 칠두함화주(七頭含火珠)

虛達數(性空)				
	1	7	7	7
	2	49	13	4
	3	343	10	1
	4	2401	7	7
		合 2800+10	37=10	19=10
	5	16807	22	4
	6	117649	28	1
	7	823543	25	7
	8	5764801	31	4
	9	40353607	28	1
		合 47076407=35=8	134=8	17=8
	10	282475249	43	7
	11	1977326743	49	4
	12	12841287201	37	1
	13	96889010407	52	7
		合 112990099600=46=10	181=10	19=10

實達數(色器)				
	1	7	7	7
	2	49	13	4
	3	343	10	1
	4	2401	7	7
		合 2800=10	37=10	19=10
	5	16807	22	4
	6	117649	28	1
	7	823543	25	7
	8	5764801	31	4
	9	40353607	28	1
		合 47076407=35=8	134=8	17=8

虛 2800
達 14076407
數 112990099600
合 11337178807=46=10

實 2800
達 47076407
數 合 47079207=36=9

九中成十天符之數
(虛數10 實數9)
113037178807=10
47079207= 9
합 113084258014=37=10

性數 1 4 7 No 1 2 3
法數 2 5 8 No 1 ~ 6
休數 7 4 1 No 1 ~ 9
5行 7 4 1 5 行生

허수는 10이며, 실달수는 9이다. 10+9=19=10이다. 위 표의 허달수의 합은 113037178807=46=10이다, 또한 실달수의 합은 47079207=36=9가 되는 묘한 마방진 원리를 우리에게 전하고 있다.

실수 9가 허수 10을 이루니 이 이치가 천부수라고 한다.

두함화주가 4마디에 5치라고 하는 것은 삼태극을 평면으로 펼친 것이고, 운행으로 보면, 축-1, 4, 7을 중심으로 하늘, 땅, 사람이 오 원소를 가지고 8괘로 돌아 9 무한대로 간다는 뜻이다.

성수 : 본바탕-1, 죽음-4, 축-7의 하늘 수이다.
법수 : 음양-2, 오행-5, 괘-8의 땅 수이다.
체수 : 천 지 인-3, 어머니 수-6, 아버지 수-9의 사람 수로 풀이된다.

1에서 음양 2가 나오니 1+2=3이다 이 1은 하늘, 2는 땅, 3은 사람이다. 대우주의 기본요소를 지, 수 화, 풍으로 보고 이 네 가지 요소가 회전하여, 대우주의 만물과 모든 현상들이 생성된다고 한다. 4 갈래로 갈라지기는 하나 작용을 하면 본래의 자리 1로 되돌아온다는 오묘한 진리를 말하고 있다.

매월당(梅月堂) 김시습(金時習)의 〈징심록(澄心錄)〉에, 「이 금자의 모양이 삼태성(三台星)이라는 별이 줄지어 늘어선 것 같고, 머리에는 불 같이 휘황한 구슬을 달고, 네 마디가 졌고, 다섯 치로 되어 있으며, 그 허실(虛實)의 수가 9가 되어 10을 이루나니 이는 하늘의 이치에 맞는 수다.」고 했다. 마야, 잉카문명이 우리 직계 조상들인 유라시아 어족들이 남미에 옮겨가서 꽃 피운 것이라는 여러 사적들이 나오고 있다는 것은 우리가 잘 알고 있다. 수 천여 년 전부터 이루어진 마야문명은 세계를 네 방향으로, 푸른 하늘에 13층과 땅 밑에 9층 세계를 세웠다. 그들은 대우주의 기본 요소를 흙(土), 물(水), 불(火), 바람(風)으로 보고, 이 네 가지 요소가 돌아, 이 우주의 만물과 인간의 모든 현상들이 나고, 늙고, 병들고, 죽는다는 순박한 철학으로 빛나는 문화를 유지하였다.」고 했다.

〈동경잡기(東京雜記), 이문(異聞)〉에 따르면, 「금척원(金尺院)은 부(府)의 서쪽 25리 떨어진 곳에 있다. 전설에, 신라의 왕이 황금으로 된 자를 하나 얻었는데, 사람이 죽거나 병들었을 때 이 자로 몸을 재면, 죽은 사람은 살아나고, 병든 사람은 일어났으므로 나라의 보배가 되었다. 중국에서 이 소문을 듣고 사신을 보내어 그것을 요구했으나, 신라의 왕은 주지 않으려고 이곳에 숨기고 산을

30여 개나 만들어, 숨겨 그것을 비밀로 하였다. 그리고 금척원 건물을 세웠기 때문에 이름이 붙었다.」고 한다. 또는 신라의 시조가 미천할 때 꿈에 하늘에서 신인(神人)이 내려와 금척을 주며 말하기를, 너는 문무에 뛰어나고 신성하여 백성이 바라 본 지가 오래되었으니 이 금척을 가지고 나라를 바로 잡으라고 하였는데, 꿈을 깨어보니 금척이 손에 들려 있었다.」고 하였다.

최상수 저 〈경주의 고적과 전설〉에 따르면, 「신라 시조 박혁거세왕의 어느 날 밤 꿈에 한 신인이 나타나 손에 쥐고 있던 금척을 왕에게 주면서, 이것을 왕위의 표로 드리니 자손 대대로 길이 전하소서. 그리고 만일 백성들 중에 병들어 앓는 사람이 있거든 이것으로 몸을 재면 즉시 나을 것이옵니다.」라고 하였다. 왕이 기쁘게 생각하고 놀라 눈을 떠보니, 그 신인은 간 데 없고 머리맡에는 과연 금 척 하나가 번쩍이고 있었다. 왕은 이것을 나라의 보물로 삼고 귀중히 보관하여 전하게 되었는데, 어느새 그런 보물이 있다는 것이 당나라 황제에게 알려졌다. 당나라 황제는 일부러 사신을 보내어 금척을 보게 해 달라고 청했다. 그러나 신라왕은 왕위의 표로 계승하는 나라의 보물을 내어 줄 수 없으므로, 생각 끝에 크고 작은 30여 기의 무덤을 만들어 아무도 모르게 어느 한 곳에 파묻어 버렸다. 당나라 사신에게는 묻혀버렸다는 답변으로 요구는 면했으나 그 이후 어느 무덤에 묻었는지 모르게 되었다고 한다.

북애(北厓) 저 〈규원사화(揆園史話)〉에 따르면, 「북으로 상경하여 홀한 성(忽汗城)을 가자면 육백리라하고, 또 고(高)왕의 꿈에 신인이 금부(金斧, 도끼)를 주며 말하기를, '천명이 내게 있으니 우리 진 역을 다스리라'고 했기 때문에 나라 이름을 진(震)이라고 하고 건원(建元)을 천통(天統)이라 하며 항상 공경하여 하늘에 제사 지내더니……」

여기에는 금도끼가 기록되어 있다.

김시습의 〈금계어약(金溪魚躍)〉에도, 「有時聚藻飜金尺, "가끔 뭉친 마음속에 금척이 번득이고"」 하고 금척이 등장한다.

단재 신채호 선생님의 〈조선 상고사 상〉도, 「압록강 위의 집안현(輯安縣)에서…… 마을 사람이 주는 대나무 잎이 그려진 금척과 ……」에도 금척이 기록되어 있다.

태호(太昊), 소호(小昊)의 후예인 휴도왕(休屠王)은 금으로 사람을 만들어 제(祭)를 올렸다. 휴도왕은 5세 태우의 환웅의 아드님인 태호 복희(伏羲), 소호 김천 씨(金天氏)의 후손으로 알려져 있다. 휴도왕의 아들 김 일제(日磾)는 한나라 무제(武帝)에게 사로잡혀 무제의 말먹이 노릇을 하며, 충실히 일을 하여 투후라는 벼슬을 하게 되고, 일족이 영화를 누렸다. 그러나 왕망(王莽)이 한나라를 쿠데타로 타도하였다. 그러나 유수(有燧)에게 타도되어 다시 권력이 한으로 넘어 갔다. 김 일제의 일족들이 모조리 죽음을 당하게 되어서 남으로 도망쳐 와 가야와 신라가 건국되는 것이다. 신라 문무대왕 법민이 투후 김일제의 후손이라 했고, 김유신은 김수로왕의 13세 손이라 했으니, 휴도왕의 후손이다.

B. C. 240경 진나라 재상 여불위(呂不韋)가 남긴 〈여씨 춘추(呂氏春秋)〉에, 「그 날은 경신일(庚申日)이요, 소호 씨는 서방을 덕으로 하여 김천 씨라고 한다.」고 했다. 대만대학 교수인 서량지(徐亮之)도 「경신은 금의 날로, 소호 씨는 금덕으로 천하에 군림하였다. 그러므로 김천 씨라 하는 것이다.」고 했다. 가야와 신라의 왕들의 머리 위에 금관을 쓰게 하는 것은 이 금이 무엇을 상징하는가를 이해할 수 있다.

이스라엘 왕 여로보암의 금송아지 신 또한 수메르의 국명도 음양오행의 금과 관계가 있다고 생각한다.

이 천부금척(天符金尺)은 단군왕검께서 천부경(天符經)의 묘한 이치를 체득하여 만드신 황금의 자로서 그 모양은 삼태성(三台星)이 늘어선 것 같고 머리에는 불구슬을 달았으며, 네 마디로 된 다섯 치가 되는 신기(神器)였다고 한다. 신라의 시조 박혁거세는 이 금척의 이치에 따라 천지가 창조된 근본을 백성에게 가르쳤다고 한다.

김시습 님은 「금척의 근본은 천부의 법이요, 그것을 금으로 만든 것은 변하지 않게 하기 위함이요, 자로 만든 것은 오류를 없게 하기 위함이요, 변하지 않고 오류가 없으면 천지의 이치가 옳은 길로 구현된다는 것이다.」고 하였다.

신라의 금관은 금척의 이치에 따라 제작되었으며, 임금은 금관을 쓰고 정사를 행하였다고 한다. 조선의 태조 이성계는 꿈에서 금척을 신인에게 받아 왕이 되었으나, 금척이 없기 때문에 고구려 때부터 전해오던 천문도인 천상열차분야지도(天象列次分野地圖, 국립박물관 소장 보물 제288호)를 돌에 새겨 조선왕조의 표상으로 삼았으며, 금척무(金尺舞)를 만들어 대궐 잔치 때 공연을 하였고, 용상의 뒤 배경 그림에는 일월곤윤도(日月昆崙圖)의 병풍을 쳐 놓고 천지 음양의 조화와 이치에 따라 나라를 다스렸던 것이다. 금척은 천부경의 근본이며, 우리나라 왕권의 징표라고 할 수 있다.

약 6,000년 전 환웅시대의 혁덕(赫德) 선현은 인류 문명의 첫 우주 과학이론을 정립하여 만물 생명의 근원이자 진리의 원형인 하늘과 땅, 그 변화의 신비 속에 깃든 인간의 삶의 목적과 구원에 대한 해답을 주고 있다.

어떤 문명권이든지 그 중심과 뿌리에는 반드시 본 문명의 정신세계를 선도하고 이끄는 동력으로서 인정되는 것들이 있다. 바로 고전(古典), 혹은 경서(經書), 경전(經典)이라고 명명되는 것이다.

서양문명의 초석(礎石)이며 서양문화의 동력이 되었던 최고의 고전이 성경이라면 동방문명을 이끄는 동력을 중국의 사가(史家)들은 역경(易經)과 도덕경(道德經), 그리고 유가의 논어(論語)를 들고 있다.

우리 한민족에는 한민족과 한국문명의 정신적, 문화적 뿌리이자 전 인류의 보경(寶經)인 천부경이 있다. 이 경전에는 높은 이상과 비전을 제시하며 한국문명을 이끌고 인류를 구원할 그런 정신사적, 문화사적 패러다임을 가능케 할 심대한 지도사상이 담겨 있다.

중국학자 국희(鞠曦)는 천부경이 한국철학 원류이며, 중국의 삼교(道, 佛, 儒) 이론과 그 원리가 통일돼 있다고 그의 천부경론에서 주장하고 있다. 천부경은 중국의 주역, 도덕경 등과도 견줄 몇 안 되는 인류의 소중한 정신적, 사상적, 문화적 보문(寶文)이라고 그는 평가한다.

특히, 천부경을 해석하면서 천부경의 종교적, 세계적, 문화적, 인문적, 과학적 성질 등을 포함한 사상문화의 현대성과 그 문화적 특징에 주목하고 있다. 현대사회에 만연한 여러 병리적 현상들과 문제들을 해결할 인류사회의 귀중한 문화적 가치로 재해석돼야 함을 그는 강조한다.

그는 천부경의 역사가 곧 신라의 최치원이 말하는 '현묘지도(玄妙之道)'의 역사라고 보며, 천부경을 곧 삼교(三敎)를 포함한 고대선사(仙史)의 이론적 본원으로서 소위 '접화군생(接化群生)'의 교화를 위해 만들어진 최고의 경전이라 주장한다. 접화군생이란 인간뿐만 아니라 동식물 · 무기물 등 우주 만물을 사랑하고 가깝게 사귀고 소통하여 감화, 변화, 진화시켜서 완성 해방하는 활동을 의미한다. 그는 천부경이 미래 인류사회를 위한 21세기 세계생명윤리(世界生命論理)의 위대한 사상으로 재탄생할 것을 기대하고 있다.

국희 교수는 우리의 천부경이 사상적, 문화적 가치를 충분히 가진 위대한 경전임에도 그 동안 우리 역사에서 홀대 받고 연구되지 못한 점을 지적하며 각성을 주문하고 있다.

천부경과 역경의 사상적, 문화적 가치와 의의는 같다. 천부경은 매우 풍부한 철학과 그 문화적 가치를 지니고 있다. '홍익인간 이화세계'의 사상적 원리와 그 문화적 정수를 함축하고 있다. 역경은 복희씨(伏羲氏)가 하늘과 땅의 철리(哲理)를 깨우친 후, 주(周) 문왕(文王)과 공자의 손을 거쳐 정결하게 정리되어 후세로 전해지고 끊임없이 연구돼 철학 성과 과학성을 겸비한 고금의 경전으로 형성됐다. 반면 한국의 천부경은 우 임금의 낙서(洛書), 복희의 하도(河圖), 노자의 무위자연(無爲自然), 중국 역경의 뿌리가 되는 훌륭한 경전임이 틀림이 없어나 지금까지 그 가치를 발굴하지 못하고 버린 후손들의 많은 각성이 있어야 하겠다. 더욱 중국의 국희 교수가 천부경의 우수성을 논하는 것을 볼 때, 내 마음에도 못내 큰 아쉬움과 애석함으로 다가오며 많은 상념과 또 다른 각성을 하게 만든다.

4.5 삼일신고(三一神誥)

일본의 저명한 사학자 기니와(木庭次守)는 다음과 같이 말하였다.

「잃어버린 한반도의 역사를 전하여 주는 환단고기(桓檀古記)를 해석하여, 세상에 빛을 보게 한 가지마(鹿島昇)님의 책은 한국사, 일본사, 동양사, 세계사의 매우 소중한 역사적인 재료를 우리에게 전한다. 단군(檀君)은 한 국민, 한민족의 신(神)이 아니고 세계의 주신(主神)이며, 지구상의 모든 종교(宗敎)는 단군이 탄생시킨 것이다. 〈환단고기〉를 반복 숙독 하면 그 책은 중요한 역사적 사료를 우리에게 알려줄 뿐만이 아니라, 높은 영감(靈感)을 우리에게 깨우치게 하고, 세계의 신들의 게시를 총 망라한 천부경(天符經)과 삼일신고(三一神誥)는 인류의 소중한 경전(經典)이다.」라고 하였다. 삼일신고는 백성을 가르치는 단군교의 근본 경전(經典)이다. 이 경전은 단군 시대에 사관인 신지(神誌)어른께서 문자를 창제하여 그 글로 돌에 새긴 것으로 알려져 있다. 왕수긍(王受兢)이 나무에 새긴 것이 있다고 하나, 불에 타 버렸다는 것이다. 고구려 동명왕(東明王)이 한문으로 번역한 것과 발해(渤海)의 국왕이 쓴 진본이 태백산 보본단(報本壇)의 석실에서 발견되어 오늘날까지 전하고 있다.

1) 오훈(五訓)-다섯 가지 가르침

단군왕검이 백성을 가르치신 교훈이 삼일신고에 수록되어 있다. 천훈(天訓), 천신훈(天神訓), 천궁훈(天宮訓), 세계훈(世界訓), 진리훈(眞理訓)을 오훈이라 한다.

이 오훈은 우주의 원리, 인간의 규범, 철학, 과학의 유일한 진리임이 명백하다.

(가) 천훈(天訓)-하늘의 가르침

[帝曰 爾五加衆 蒼蒼非天 玄玄非天 天無形質 無端倪 無上下四方 虛虛空空 無不在 無不容]
"제 가로 데 너 오가의 무리들아 저 푸르게 보이는 하늘도 하늘이 아니며, 검게 보이는 것도 하늘이 아니다. 그러나 하늘은 형질도 없고, 시작도 끝도 없다. 위, 아래, 사방도 없다. 오직 텅 빈 공백일 뿐이다. 그러나 하늘은 있지 않는 데가 없고, 또한 어느 것이나 담지 않는 것이 없다."

(나) 천신훈(天神訓)-하늘 신의 가르침

[神在無上一位 有大德大慧大力 生天 主無數世界造生生物 纖盡無漏 昭昭靈靈不敢量聲氣願禱絶親 自省求子降在爾腦]

"하늘 신은 가장 높은 곳에 계시고, 큰 덕과 큰 힘과 큰 지혜를 가지고 하늘을 창조하시고 한없는 우주를 주관하시며, 삼라만상의 만물을 창조 하셨다. 미세한 것도 틀리게 다루는 일이 없으며, 빠트리는 일도 없다. 밝고 밝은 영묘함은 감히 분별하여 부를 수 없다. 소리와 몸짓으로 기도해도 맞이하는 일이 없다. 그러나 너희들아, 진실한 마음으로 성자(聖子)를 구하면, 반드시 너의 머릿속에 내려와 계실 것이다."

(다) 천궁훈(天宮訓)–천당에 관한 말씀

[天神國 有天宮 階萬善 門萬德 一神惟居 群靈諸哲 護侍大吉祥大光明處 惟性通功完者 朝永得快樂]

"하늘은 신의 나라이다. 그곳에는 천당이 있다. 만선의 계단과 만덕의 문이 있어 오직 한얼님이 계시는 곳이다. 옆에는 영명한 신과 현명한 철인(哲人)이 보좌하고 있다. 고로 그곳은 경사스러운 일이 많을 뿐이다. 그리고 큰 빛이 비추는 곳이며, 성령과 통하고, 한얼님의 공과 성덕이 있어, 오르면 영원히 쾌락을 누리게 된다."

라. 세계훈(世界訓)–세상에 전하는 말씀

[爾觀森列星辰 數無盡 大小 明暗 苦樂不同 一神造群世界神勅日世界使者 牽七百世界爾地自大 一丸世界 中火震乃成見像 神呵氣包底 照日色熱 行飛化浮栽物繁殖]

"너희들아, 저 하늘에 점점으로 흩어져 있는 무수한 별들을 바라보라. 크고 작은 것, 밝고 어두운 것, 즐겁고 괴로운 것, 이 모든 것이 같지 않다. 한얼님은 무한한 세계를 만드시고, 해의 세계를 주관하는 사자에게 명하여 700 세계를 통치하게 하였다. 고로 너희가 살고 있는 지구는 크게 보이지만 작은 하나의 별 즉 둥근 세계의 일부분에 불과하다. 그 속에는 불이 타고, 끓고 있는 것이다. 바다가 변해서 육지가 되고 형상이 나타난다. 여기에 대기를 불어넣어 밑바닥까지 감싸게 된다. 일광과 열을 비추어, 걸어가는 것, 변하는 것, 날아가는 것, 물에 떠는 것, 심어 기르는 것, 이 모든 동식물이 번식하게 된다."

마. 진리훈(眞理訓)–진리에 관한 말씀

[人物同受三眞 曰 性 命 精 人全之物偏之眞性無善惡 上哲通眞命無淸濁

中哲知眞精無厚薄 下哲保返眞一神]
"인간과 착한 물건은 다 같이 삼진(三眞)을 받았다. 그것이 성(性), 명(命), 정(精)이다. 사람들은 삼진을 완전하게 받았고, 물건들은 불안전하게 받았다. 참된 성은 선악이 없다. 상철은 이것에 통하고, 참된 명은 맑고 탁한 것이 아니다. 고로 중철은 이 모든 것을 알고 깨닫기 때문에 길을 잃고 당황하는 일이 없는 것이다. 참된 정(精)은 엷고 두터움이 없다. 그러므로 하철은 이것들을 잘 보존하여 진으로 돌아가 일신(一神)에 이르게 된다."

[惟衆迷地三妄着根日心氣身 心依性有善惡善福惡禍 氣依命淸濁 淸壽濁妖 身依精有厚薄厚貴 薄賤]
"모든 중생들은 갈피를 잡을 수 없는 곳에서 태어나서 삼망(三妄)의 뿌리를 갖게 된다. 삼망은 심(心), 기(氣), 신(身)이다. 심은 성에 의존하기 때문에 선과 악이 있고, 선하면 복이 있고 악하면 화를 입게 된다. 기는 명에 의존하기 때문에 맑음과 탁함이 있다. 맑으면 장수하고, 탁하면 일찍 죽게 된다. 신은 정에 의존하기 때문에 두터움과 엷음이 있다. 그러므로 두터우면 귀하게 되고, 엷으면 천하게 된다."

[眞妄對作三途曰感息觸轉成十八境 感, 喜, 懼, 哀, 怒, 貪, 厭, 息, 芳, 濁, 寒, 熱, 震, 濕 觸, 聲, 色, 臭, 味, 淫, 抵]
"참됨과 어리석음(眞妄)은 서로 대립되어 세 길을 만든다. 감(感), 식(息), 촉(觸)이 그것이다. 그 세 길이 다시 열여덟 경지를 만든다. 감은 즐거움(喜), 두려움(懼), 애달픔(哀), 노여움(怒), 구차함(貪), 미움(厭)의 감정들이 있다. 식(息)은 향기로움(芬), 흐림(濁), 추위(寒)와 더위(熱), 진동(震)과 습기(濕)가 있다. 촉(觸)은 소리(聲), 색(色), 냄새(臭), 맛(味), 음탕(淫), 저항(抵)이 있다."

[衆善惡 淸濁 厚薄 相雜 征境途走隨生長肖病沒苦哲止感 調息 禁觸 一意化行 返妄卽眞 大神機性通功完是]
"모든 범인들은 선과 악, 청과 탁, 후와 박이 뒤 섞여서 어리석은 길로 무질서하게 쫓아 돌고, 태어나서 자라나고 병들고 늙어, 다섯 가지 괴로움에 빠지게 된다. 슬기로운 사람은 감정을 억제하고, 숨을 고르고, 접촉을 금하고, 마음을 수행하여, 어리석은 행동을 삼가하고. 진실 된 삶에 이르게 된다. 큰 조화력을 발휘하여, 참된 본성에 통달하고, 모든 공덕을 완성하게 된다."

삼일신고를 실천하려면 반드시 천신에게 제사를 올려 그 근원에 보답하는 것이 큰 의의를 갖는다. 단군왕검은 스스로 혈구(穴口)에 참성단(塹城壇)이라는 제천 당을 짓고 천신에게 제사를 올린 것은 고래로 유명하다. 천산(天山), 천평(天坪), 천지(天池), 천하(天河) 등에는 단군왕검의 신 공, 성덕을 추모할 충분한 유적이 오늘까지도 남아 있다. 그 가운데 단군왕검이 수행을 했다고 하는 곳인 연변의 묘향산 단군굴과 하늘로 승천했다고 하는 곳인 문화현 구월산(九月山)의 어천대(御天臺)는 오늘날 성적지로 남아 있다. 옛날부터 동방의 여러 나라에서는 매년 10월 전 백성들이 모여 노래와 춤 등 여러 가지 예능을 보이며, 천신에게 제전을 올리는 습관이 있었다. 그 식전의 명칭이 부여에서는 영고(迎鼓), 예, 맥에서는 무천(舞天), 진한·변한에서는 계음(禊飮), 고구려에서는 동맹(東盟), 백제에서는 효천(效天), 고려에서는 팔관제(八關齊)라고 각각 불렀다. 그 외에 신라에서는 영일의 일월지(日月池), 발해에서는 태백산의 보본대(報本臺), 요(遼)나라에서는 영주의 목엽산묘(木葉山廟), 금나라에서는 상무전(常武殿)의 배천대(拜天臺), 청나라에서는 내 궁의 당자전(堂子殿) 등에서 천신에게 제를 올렸다. 또한 조선왕조에서는 평양의 숭령전(崇靈殿)과 구월산의 삼성사(三聖祠)에서 매년 국가적으로 봄·가을 두 번 제사를 지냈다. 각 관청에서는 부군당(府君堂), 각 지방에서는 성황당(城隍堂)이 있어서, 관리들은 그곳에서 제사를 지냈다. 특히 함경도의 산상(山上), 경기도의 고사(告祀), 경상도의 성조(成造) 그밖에 각 지방의 당산제(堂山祭)는 민족적 행사로서 오늘날까지 전해오고 있다. 아득한 옛날부터 오늘에 이르기까지 민속 가운데 하나가 아이를 낳으면 셋째 날에 삼신에게 제를 올리고 붉은 실을 머리에 묶어 명복을 빌었다. 이 붉은 실을 댕기(檀祈)라고 한다. 또한 남녀노소 할 것 없이 위 옷의 깃에 반드시 백색의 천을 단다. 이것을 동전(東旋)이라고 한다. 이것은 백두산을 표상한다고 한다. 북한에서는 산상제(山上祭), 만주에서는 삼월에 태백제(太白祭)를 올린다. 이 모든 제사는 근원에 보답하는 의전이며, 높은 고개의 국사당(國師堂)이나 전답의 모퉁이에서 행하는 고시례(高失禮)는 단군조선의 농사 관이었던 고실 대신이 농사짓는 법을 가르치고 농업의 진흥을 장려한 공에 감사하는 의식이다. 세 가지 진(眞)이 하나로 뒤돌아 가려면(三眞歸一) 반드시 이 교리를 실행해야 한다. 반드시 감정을 억누르고, 호흡을 조절하고, 접촉을 금하는 이 세 가지 법칙을 수행하지 않으면 안 된다.

감정을 억누르면 마음이 평온해지고, 성령에 다가갈 수가 있다. 불교에서는 마음을 밝게 하여 영성에 다가가는 참선의 수행을 말한다(明心見性).

접촉을 금하면 신체가 편하게 되고 정기를 보존할 수가 있다. 이것은 유교에 있어서는 수신율성(修身率性)하는 극기의 수행이다. 호흡을 조절하면 기가 정돈되고 화기를 얻어 명(命)을 깨닫게 된다. 이것은 선교(仙敎)에서는 양기연성(養氣煉性)하는 수행이다, 신라말기의 유명한 석학 최치원 선생은 우리들의 풍류도(風流道) 즉 천신교는 세 가지 가르침 즉 불교, 선교를 다 포괄 한 다고 갈파하였다. 우리들은 이 세 가지 법칙을 완전히 수행하면 양기연성(養氣煉性)하는 수행이 된다. 우리들은 이 세 가지 법칙을 완전히 수행하면 곧 불, 신선, 성인의 경지에 도달할 수가 있다. 그러므로 개인적으로는 범인의 경지에서 철인의 혜안에 이르게 되고, 부조리한 사회를 정화하여 이 세상을 천국으로 만든다는 것이다. 이 교리는 옛날부터 세계 인류의 근본이 되는 믿음으로, 아득한 옛날부터 면면히 이어져 온 것이며, 우리들의 역사와 문화, 생활 원리, 철학, 사상, 윤리 등 모든 정신문화는 이 교리에서 비롯되었다.

이 교리는 언제 어디에서 비롯되었는지, 또한 어떠한 역사적 배경을 갖고 오늘에 이르렀는지 살펴보겠다. 교리의 기원에 관한 것은 〈삼국유사(三國遺事)〉, 〈환단고기(桓檀古記)〉등 옛 책에 분명하게 기술되어 있는 것처럼 만물을 창조하는 조화력(造化力)과 인간을 가르치고 선도하는 교화력(敎化力)과 모든 것을 육성(育成)하고 통치하는 활화력(活化力)의 권능을 가진 삼신일체(三神一體)의 천신(天神)이 세상이 깨어나지 못한 암흑시대(暗黑時代)에 모든 사람을 이롭게 하는 홍익인간(弘益人間))의 일을 행하고, 인간사회를 하늘나라와 같이 하늘의 이치에 따라 다스리고, 가르쳐서 자유, 평등의 평화로운 세상을 만들려고 하는 거룩한 일을 주관하셨다. 천신은 바람을 주관하는 풍백(風伯)과 비를 주관하는 우사(雨師)와 구름을 주관하는 운사(雲師)등 많은 신관(神官)과 신장(神將)을 거느리고 사람으로 화해서 제일 먼저 해가 솟아 비추는 태백산(太白山)에 내려 와서 우리 인간을 가르치고 선도하여 왔다.

단군왕검은 구족(九族) 즉 황(黃), 백(白), 현(玄), 적(赤), 남(藍), 양(陽), 간(干), 방(方), 견 족(畎族)들을 3,000명의 족 단으로 조직하였다. 곡식, 생명, 병, 형벌, 선악 등을 주관하고, 360여 가지 사람의 중요한 일들을 가르쳤다. 백성들의 삶을 향상시키고 음식, 의복, 거주의 제도가 확립되어 남녀, 군신, 부자 사이에 윤리가 명백하게 되었다. 이와 같이 단군왕검의 가르침이 넓게 행하여지는 120년간을 신시 시대(神市時代)라 한다. 신인의 덕망과 가르침의 혜택을 받은 백성들은 B. C. 2,333 즉 무진(戊辰) 10월 3일 그를 국왕으로 추대했다. 이 어른이 한민족의 제 1세 임금이며, 선조이며, 나아가 세계 인류와 종교의 조상이다. 이와 같이 단군왕검은 나라를 세우고 백성들을 넓게 유익한 생활을 하게 하였다(홍익인간(弘益人間)).

하늘의 이치에 따라 백성을 다스리고 자유, 평등 평화 세계 즉 지상 천국을 건설한지 93년이 지나 B. C. 1,889, 경자(庚子)년에 아사달(阿斯達)에 돌아가서 하늘로 올라가셨다. 아득한 옛날에는 교당을 소도(蘇塗)라 했다. 우리가 믿는 대상은 삼신일체(三神一體)의 천신이다. 하늘나라에 계신 조화주(造化主)인 환인(桓因)과 인간사회의 교화주(敎化主)이신 환웅(桓雄), 그리고 치화주(治化主)이신 환검(桓儉), 즉 단군이시다. 단군은 우리의 부모이며, 스승이며 군주이시다.

환단고기(桓檀古記)에 따르면, 천하(天河)의 동서에 인류의 시조인 나반(那般)과 아만(阿曼) 두 남녀가 나타났다. 두 분은 결혼하여 아이를 낳고 자손들이 번창하여 황, 백, 현, 남, 양, 간, 방, 견, 적 종족이 되었다. 이들이 여러 곳으로 흩어져 살며 많은 종족이 되고, 고조선의 역사에서 볼 수 있는 부여(夫餘), 숙신(肅愼), 옥저(沃沮), 예(濊), 맥(貊), 한(韓)들이다. 단군왕검을 보필한 신하를 선궁과 신장이라고 한다. 수상(首相)이었던 원보(元輔) 팽우(彭虞)는 산과 내를 개척했고, 신지(神誌)는 문자를 창제했고, 역사관인 고실(高失)은 농사짓는 법과 음식을 익혀 먹는 법을 가르쳤다. 이 세 사람을 삼선관이라 한다. 그리고 바람 귀신(風伯) 지제(持提)는 명령을 내리고, 뇌공(雷公)인 숙신(肅愼)은 형벌을 다스리고, 비 귀신(雨師)인 옥저(沃沮)는 질병을 다스렸다 신모(神母)는 누에치는 법과 길쌈하는 일을 백성에게 가르쳤다. 태자 부루(扶婁)는 도자기 굽는 기술을 가르치고, 부소(夫蘇)는 의약을, 부우(夫虞)는 수렵하는 일을 각각 가르쳤다. 넷째 황자 부여(夫餘)는 정치와 풍속을 감독하여 생활이 향상되고 미풍양속이 널리 보급되었다. 이 황자들은 혈구(穴口)에 성을 쌓아 외적을 방어했다고 한다.

이 교리의 근본이념은 홍익인간이다. 널리 실익을 보장하는 인류애이다. 이화세계(理化世界)의 이화는 하늘의 뜻에 따라 세상을 다스리는 정치이념이다. 하늘의 이치에 어긋나는 침략행위는 절대로 허용되지 않았다. 항일투쟁에 있어서도 만주로 망명한 대종교 교도가 핵심체였다. 이 교리는 앞으로의 국토통일과 민족중흥의 성업 나아가 세계평화의 원동력이 될 것이다.

천부경의 이러한 철학 사상이 하도와 낙서로 이어져 인류의 과학과 종교의 초석이 된다.

05 복희(伏羲)의 역(易), 역(歷), 하도(河圖)와 우 임금의 낙서(洛書)

5.1 복희의 역, 역, 하도

하도와 낙서는 하늘의 계시를 받아 우리의 논리나 감각으로는 헤아릴 수 없는 대자연 속에 깃든 오묘한 변화 이법을 읽어내고 이를 천지의 기본수(1-9)로 체계화 하여 인류 역사에 바친 성스러운 원리이다. 음양의 원리로 영원히 변화하는 하늘과 땅과 만물들의 움직임을 수로서 풀고 있다.

환웅 5세 태우의(太虞儀)의 막내 아드님인 태호(太昊) 복희(伏羲 3,528-3,413 B. C.)는 이러한 우주의 법칙(cosmic law)을 정립하기 위하여 역(歷)과 역(易)을 창제했다. 복희는 신용(神龍)이 해의 주위를 돌아 해가 12번 변색하는 것을 보고 환역(桓歷)을 창제하고, 우주의 힘(cosmic force)을 양 효(陽爻)와 음 효(陰爻)로 규정하고, 양호는 하늘이 주관하고, 음 효는 땅이 주관한다고 했다.

복희는 하늘과 땅이 움 지기는 이치와 법을 연구하여 易의 원리를 제정하고, 괘(卦)를 그려서 미래의 일을 판단하였다.

역(易)과 역(歷)은 관계가 밀접하여 易이 천제의 관측과 관계를 맺고 있다. 복희가 신용(神龍)이 해를 좇아 해가 12번 변색하는 것을 보고 곧 歷을 만들었다. 신용은 곧 지구를 뜻하며, "신용이 해를 좇는다."는 것은 지구의 공전을 뜻하며, "해가 12번 변색한다."는 것은 지구의 자전으로 계절이 변한다는 것을 설명한 것이다.

태양계라고 말하지만 실은 그 전 질량의 99% 이상이 태양에 속하여 있고 나머지 1% 미만이 이 체계 내의 모든 행성(行星)과 기타의 물질에 속하여 있다. 해의 우리를 이루고 있는 별들은 해에서 가까운 것부터 수성(水星), 금성(金星), 화성(火星), 목성(木星), 토성(土星), 천왕성(天王星), 해왕성(海王星), 명왕성(明王星)이다.

이 별들은 다음과 같이 자리 잡고 동서로 움직인다. 그러므로 행성(planet)이라 한다.

[예시 물 5-1] 태양계의 행성

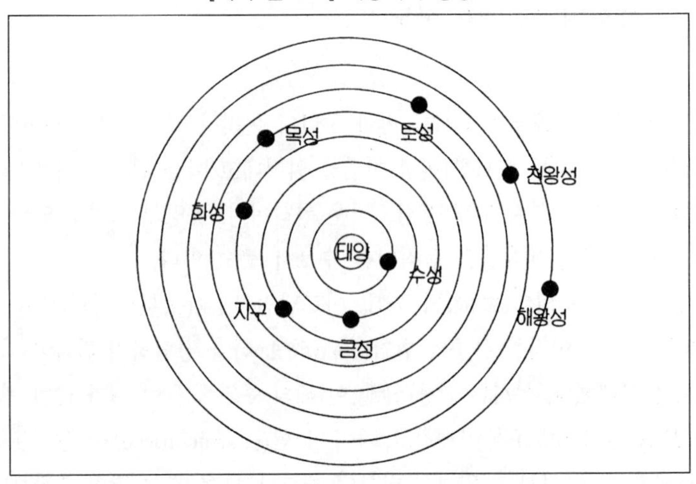

우주 내에서 행성, 태양계, 은하계, 성운(星雲)의 순서로 작은 조직체는 큰 조직체 속에 포섭되어 있듯이 우주의 영역 내에서는 전자, 원자, 분자의 순서로 작은 것이 큰 것 속에 포섭되는 계층구조를 이루고 있다. 이러한 구조는 물질세계

의 신비스러운 원리이다. 태양계 내에서는 태양이 모든 것을 지배하는 중심적 왕좌에 자리 잡고 있다. 그 권능은 가히 신적이라고 할 수 있다.

지구의 모든 에너지는 해에서 나온다. 해가 없으면 어떤 생물도 자랄 수 없다. 해에서 1초에 4백만 톤의 물질이 에너지로 변한다. 아인슈타인의 기본공식 E=MC2 즉 방출되는 에너지 양 E는 변화되는 물질의 질량 M×광속 C(1초당 30만 km)의 제곱과 같다는 말이다.

지구 직경의 1/4밖에 되지 않는 달은 밤하늘에서 가장 큰 것처럼 보이지만, 다른 별들에 비하면 가장 작다. 지구는 해의 주위를 돌고 있는 동안, 달은 지구의 주위를 돌고 있다. 지구와 달의 궤도는 다음과 같다.

[예시 물 5-2] 지구와 달의 궤도

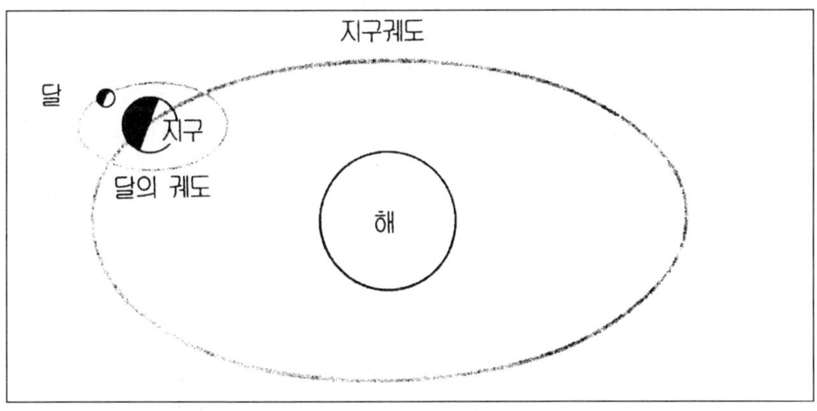

달이 지구의 주위를 도는데 29.53058일이 걸린다. 밤하늘에 영롱하게 비치는 달은 스스로 빛을 발하지 못하고, 달은 단지 햇빛을 반사하는 거울과 같은 역할을 한다.

자(子), 축(丑), 인(寅), 묘(卯), 진(辰), 사(巳), 오(午), 미(未), 신(申), 유(酉), 술(戌), 해(亥)의 12지에 따라 해의 변화를 관측하여, 일상생활에 적용시킨 선현들의 지혜를 볼 수 있다. 우사(雨師)라는 직책을 가진 복희씨가 6,000여 년 전에 세계 최초로 천문학의 기초를 놓았다고 하는 사실에 감탄하지 않을 수 없다. 둥근 하늘과 모난 땅이 정하여 지고, 별들이 다니고, 해가 경도와 위도에 따라 운행하는 동안에 밤과 낮과 춘분, 추분, 하지, 동지가 구분된다.

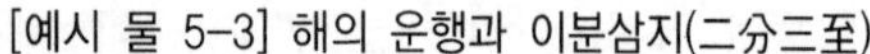
[예시 물 5-3] 해의 운행과 이분삼지(二分三至)

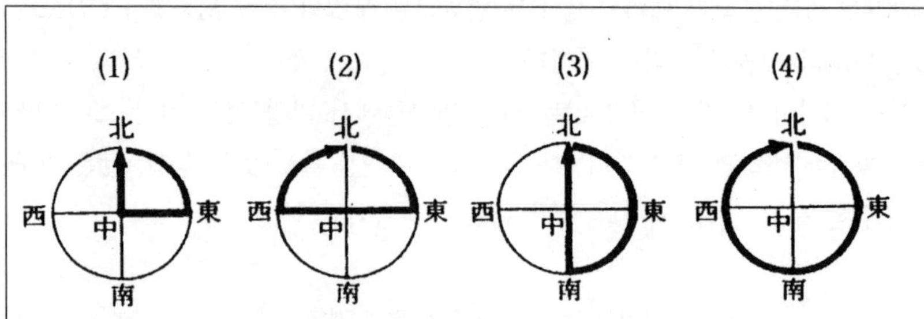

1) 북(北)에서 시작하여 동을 둘러 중으로 가서 북으로 나가는 짧은 길은 동지이고,
2) 북에서 동을 둘러 바로 서로 가서 북으로 나가는 중간 길은 한 낮에 이루어지는 춘분이고,
3) 북에서 동으로 돌고, 남을 둘러 중을 지나서 북으로 나가는 중간 길은 한밤에 이루어지는 추분이고,
4) 북에서 동으로, 남으로, 서로 한 바퀴 돌아서 북으로 나가는 긴 길은 하지라고 하였다.

음양오행(陰陽五行) 설은 환웅시대부터 정립된 동양의 핵심 우주론이다. 우주의 모든 것은 기(氣)의 쉬지 않고 움직이는 운동에 의하여 생성된다. 기는 형체가 없는 것이니 쉬지 않고 움직인다. 움직임의 상태를 양이라 하고, 고요함의 상태를 음이라고 한다. 이러한 기의 음양 변화 운동이 다시 쇠(金), 나무(木), 물(水), 불(火), 흙(土) 다섯 물질, 즉 5행을 낳고, 아 오행이 다시 상생, 상극하여 만물을 낳는다. 음양의 운동으로 만물이 생성될 때 오행 중 무엇이 우월하게 결합되는가에 따라서 성질이 결정된다는 것이다. 나무의 기가 성한 사람은 애정이 깊어 어질고, 불의 기가 성한 사람은 예의 바른 성격이다. 그리고 계절에 있어서도 양의 기가 성한 것이 봄과 여름이고, 음의 기가 성한 것이 가을과 겨울이다. 봄은 나무, 여름은 불, 가을은 쇠, 겨울은 물의 성질을 가진다.

기를 불어서 만물을 감싸주고, 열을 쏟아내며, 씨앗을 기르고, 기가 없어 면서 물을 낳아 물 임자로 하여금 북방에 살면서 생명을 맡게 하여, 흑색을 숭상하게 하고, 기가 없으면서 불을 낳아, 불 임자로 하여금 남방에 살면서 붉은 색을 숭상하게 하고, 바탕이 없으면서 나무를 낳아 나무 임자로 하여금 동방에 살면서 생명을 맡게 하여 청색을 숭상하게 하고, 모양이 없으면서 쇠를 낳아 쇠 임자로 하여금 서방에 살면서 생명을 맡게 하여, 백색을 숭상하게 하고, 몸이 없으면서 흙을 낳아 흙 임자로 하여금 중방에 살면서 생명을 맡게 하여, 황색을 숭상하게 하였다. 우주의 자연 현상을 정확하게 통찰하여, 이들을 신격화하여, 다음의 천부종합도에 체계화 시켰다.

[예시 물 5-4] 천부종합도(天符綜合圖)

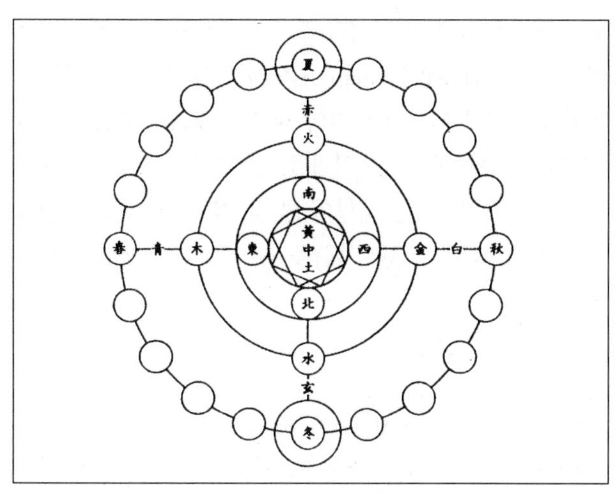

태호 씨는 일찍이 천하(天河)에서 나온 용마(龍馬)의 등에 그려진 무늬에서 하늘과 땅의 생명의 율동 상을 깨닫고 이를 그림으로 그렸다. 그 것이 하도(河圖)이다. 하늘의 계시로 자연 속에 숨겨진 질서(象)를 읽고, 이것을 천지의 기본수인 1에서 10까지의 수로 체계화하여 인류역사에 바쳤다.

약 4,300년 전 고 조선 초기에 단군조의 제후였던 요 임금과 순임금은 즉위 후 태산에서 상제님(上帝)님께 천제를 올렸다. 그 들은 중국의 한족이 아닌 배달족 계열로 단군왕검의 신교문화를 계승한 주인공들이었다. 훗날 공자는 세상이 어지러워지자 "차라리 뗏목을 타고 바다 건너 구이(九夷)에서 살고 싶다"고 하며, 군자문화, 상제문화를 그리워하기도 했다. 우주이법의 주재자로서 상제님의 존재를 천부경에 있어서는 한-1-원, ○으로 상징했다. 상제님이란 天地人 神 밖에서 그 것들을 조화하고 만물의 생명과 탄생을 주관하는 전지전능하시고, 일음일양으로 운동하는 위에 이를 주재하는 조화의 근본이 시다.

[예시 물 5-5] 태극기

자연의 도는 태극기 속에 잘 담겨져 있다. 즉 팔괘(八卦, The Eight Trigrams for Divination)와 易 (Dual Principle)은 아래 태극기가 그 철학을 표현한다.

○은 양기와 음기가 분리되기 이전의 태극(太極, the Great Absolute)을 상징한다. 위의 붉은 색의 용(龍)은 양기를, 밑 푸른색의 용은 음기를 나타낸다.

그리고 위 왼편의 건(乾)은 태양(太陽)을, 밑 오른 편의 곤(坤)은 태음(太陰)을, 밑 왼편의 리(離)는 소양(小陽)을, 밑 오른편의 감(坎)은 소음(小陰)을 각각 상징한다.

주역의 창제에 관해서는,

1) 8 괘(卦) 와 64 괘를 다 복희씨가 지었다고 보는 왕필(王弼)의 설
2) 복희씨가 8 괘를 그렸고, 周 나라의 文王이 64 괘와 괘사(卦辭)와 효사(爻辭)를 완성했다고 보는 사마천(司馬遷)의 설
3) 괘사는 문왕이 짓고, 효사는 주공(周公)이 짓고, 십익(十翼)은 공자가 지었다고 하는 마융(馬融)의 설이 있다.

그러나 정설이 없다. 8괘와 64괘가 다 같이 복희씨의 창안이라고 보는 왕필의 설을 따르는 것이 옳다고 생각한다. 왜냐하면 복희는 지금으로부터 약 5, 500년 전의 5세 태우의 환웅대의 인물이고, 주공은 그 시기부터 약 1, 000여 년 후

의 인물이니, 주공이나 공자는 복희의 학설을 이어 받은 것으로 생각한다.

단제(丹齊) 신채호(申采浩)님은 5행과 8괘는 다 조선으로부터 받아들여 두 가지를 서로 조화시킨 하(夏) 나라 우(禹) 왕의 연산역(連山易)과 은(殷) 나라 탕(湯) 왕의 귀장역(歸藏易)이 있거늘, 다 그 뿌리는 복희의 역에서 나온 것이라 하였다. 단제는 복희가 8괘를 그리고, 신농(神農)이 전곡을 지어, 그 들이 처음 중원에 이주한 선인이라 했다. 또한 우 임금은 단군의 태자 부루(夫婁)로부터 경을 받아 오행을 알고 치수에 성공했다고 전한다. 〈단군세기〉는 "단군께서는 태자 부루를 보내 우(虞)나라 사공(司空)과 도산(塗山)에서에서 만나 오행치수(五行治水)의 법을 전하게 하였다"는 기록이 있다.

공자가 지었다고 전하는 계사전(繫辭傳)에는 "易有太極 是生兩儀 兩儀生四象 四象生八卦 八卦定吉凶 吉凶生大業" 즉 "역에는 태극이 있으니 태극이 음양 양의로 나누어지고, 음 양 양의에서 태양, 태음. 소양, 소음이 나누어지고, 사상에서 팔괘가 나오고, 팔괘로 길하고 흉함을 점차고, 길함과 흉함이 큰 업을 낳는다." 고 해독 된다. 이러한 기록을 볼 때 음양오행설은 천부경과 태호 복희의 역에 그 연원을 두고 있음이 분명하다.

5.2 우 임금의 낙서

천부경, 태호 복희씨의 河圖와 夏나라 禹임금의 洛書는 인류문화 발전의 초석이 되었다. 하도와 낙서는 자연 속의 천지의 수(1-10), 순환(循環, circulating)를 바탕으로 만물이 음양 氣의 힘을 받아 생성, 변화하는 상극, 상생의 대자연의 섭리를 밝혔으며, 이는 훗날 세계문명의 진수가 되고 기초 동력원이 되었다.

An American mathematician, F. Swetz says in his 〈Legacy of the Luoshu(洛書)〉that "this Luoshu, a hieratic numeral writing was transmitted to the Western worlds and became the foundation by which the Western science prospered." The Naga, the Maya and other seats of civilizations, all inherited this hieratic numerals from this Luoshu(정연규 저, Ancient Korea and the dawn of human history on the Pamirs에서). "미국의 수학자 수웨쯔는 그의 저서 〈락서의 유산〉이란 책에서 락서는 성스러운 의식에 쓰이는 수 문자이며, 이 문자가 서구 세계에 전파되어 서구의 과학이 번영할 수 있는 기반이 되었다. 인도의 나아가(Naga) 족과 마야족 그리고 모든 다른 문명을 성취한 국가들도 락서의 이 성용(聖用) 수(數) 문자를 수용했다."

음 양 짝을 이루는 것으로 천지 변화의 모습을 그려낸 또 하나의 계시 문서가 낙서(洛書)이다. 낙서는 4,200여 년 전에 하(夏)나라 우(禹) 임금이 9년의 홍수를 다스리던 중, 낙수에서 나온 커다란 거북의 등에 드리워진 여러 개의 점에서 천지 변화의 기틀을 깨닫고 이를 수상으로 그려낸 것이다. 이 두 그림은 천지의 조화세계, 그 오묘한 이법을 수의 원리로 밝힌 진리의 원 뿌리요, 원형으로써, 인간은 자연계의 음 양 운동을 합리적으로 이해하게 되었다.

1은 수의 전체이자 모든 수를 창조하는 수이다. 만물이 태어나는 근원으로서 태극(太極, Great Absolute)을 상징하며, 씨앗, 본질, 불변의 진리 등의 의미를 가진다. 우주의 모든 것은 물에서 생성되었으므로 수(水)를 1로 나타낸다. 방위로는 모든 변화의 근본 자리인 북방이 되고, 계절로는 다음 1년의 새봄을 잉태하는 겨울이다. 즉 1-태극-근본-물-북방의 원리 구조이다.

천부경에 있어서 성(性)은 영적인 깨달음의 이치라고도 하였고, 만물이 생성되고 조화롭게 생활하는 이치는 그 수를 따지면, 셈할 수 없을 정도로 무한함으로 최소수이자 최대 수인 1이 지정된 것이다. 그러므로 선현들은 성을 창조주, 우주 또는 일신(一神)이라 했다.

2는 1에서 태어나 1과 함께 부모가 되어 모든 수를 낳는다. 2는 하나가 둘로 쪼개진 분열을 의미하며 태극이 음과 양으로 분열되는 것을 뜻한다. 나무, 불, 금, 물중에 분열, 성장을 잘 나타내는 것은 불이다. 그래서 2火 라고 한다. 헤라클레이토스는 만물을 움직이게 하는 본체를 불이라고 했다. 2는 방위로는 해가 하늘 높이 치솟아 있는 남방이고, 계절은 여름을 상징한다. 음과 양이 상극하고 조화하는 운동 에너지로 만물의 탄생과 창조가 이루어진다. 광대무변한 대 우주에서 인간을 비롯한 만물은 천지의 중심축인 물과 불의 두 조화 기운으로 살아

움직이며 끊임없이 생명활동을 지속 한다. 즉 2-음양으로 분열-불-남방-여름의 구조이다.

천부경에 있어서 명(命)은 생명의 에너지인 음양(陰陽)의 기(氣)의 운동으로 보았던 것이다. 음양을 소립자(素立子)로 보고 두 입자를 상징하는 2가 지정되었다.

3은 만물의 변화를 일으켜 전체를 완성하는 데 필요한 최소한의 수이다. 모든 변화는 생장성(生長成)으로 이루어지며, 생각의 논리도 정, 반, 합으로 전개된다. 우주의 시간과 공간은 하늘, 땅, 사람의 삼계와 과거, 현재, 미래 삼세로 벌어져 있고, 물질의 기본 단위인 원자는 양자, 전자, 중성자라는 셋 입자로 이루어진다. 또한 3은 양과 음(1 + 2)의 결합으로 이루어져 만물의 회생을 상징한다. 그리하여 진정한 수의 시작은 3부터라고 한다. 3의 특징은 뿌리에 응축된 물기를 끌어올려 땅을 뚫고 잘아나는 나무에 잘 나타나 있어 3-나무라 한다. 방위로는 해가 떠오르는 동방이고, 계절로는 새싹이 돋아나는 봄을 상징 한다. 즉 3-음양의 합-나무-동방-봄의 구조이다.

천부경에 있어서 정(精)은 에너지의 운동 체라고 말할 수 있다. 정의 운동 체 속에 성-1과 명-2가 한데 뭉쳐서 회전 운동을 하고 있기 때문에 정의 천부 수는 3이다. 성, 명, 정은 원천적으로 존재하는 천부수인데 반하여, 심(心)-4, 기(氣)-5, 신(身)-6, 감(感)-7, 식(息)-8, 촉(觸)-9은 기본 천부 수와의 조합으로 이루어지기 때문에 구성천부수(構成天符數)라고 한다.

4는 천지자연과 인간을 형성하는 바탕 수로서 동서남북 사방위, 인간의 사지 등으로 나타난다. 식물을 보면 뿌리, 줄기, 잎을 내기까지는 계속 자라다가 꽃이 피는 넷째 단계에서 성장을 멈춘다. 여기서 열매를 맺고 폐장(閉藏)함으로써 생명의 완전한 1주가 완성되는 것이다. 천지도 우주변화의 제 1 법칙, 생장염장(生長鹽藏)의 네 마디로 순환한다. 한편 네 방위를 둘러싸고 있는 모습을 뜻하는 글자인 四는 생명 에너지가 더 이상 발산되지 않게 외부의 껍질로 생명을 감싸고 있는 金과 상통하기에 4-金이라 한다. 방위로는 서방이고 계절로는 가을이다. 즉 4-열매-쇠-서방-가을의 구조이다.

그런데 생수(生數) 1 물, 2 불, 3 나무, 4 금은 만물을 탄생시키는 잠재적인 힘만 갖고 있다. 반면에 6 물, 7 불, 8 남무, 9 금은 만물의 형체를 만들어 주고 성숙하게 수로서 아를 성수(成數)라 한다. 성수가 만들어지는 것은 하도와 낙서의 중심에 자리 잡은 조화 수 5-흙에 담겨 있다.

5는 만물의 탄생과 성장을 주재하는 수이다. 하도를 보면 양 운동의 때인 봄, 여름을 나타내는 생수가 동방의 3과 남방의 2다. 이를 합하면 5가 된다. 또 만물을 거두어 성숙시키는 음의 계절인 가을을 나타내는 생수는 서방의 4이고, 만물이 근원으로 돌아가 쉬는 겨울의 생수는 북방의 1이다. 이를 합해도 역시 5다. 고로 자연의 네 기본수에서 5가 저절로 태어난다는 것을 알 수 있다. 이러하듯 5는 양수와 음수의 합에 의해 태어난 수로서 음양 기운을 다 지니고 있어 중수(中數)라 한다. 또한 5는 1과 9의 중간에 위치한 수로서 중심과 조화, 및 균형을 의미하고 생명과 우주의 질서에서 비롯되는 역동적인 자연의 리듬을 나타낸다. 5는 사상(물, 불, 금, 나무)의 만물 창조 운동을 주재하고 조화시키는 흙의 역할을 한다. 그래서 5토라고 한다. 4상의 생수 1, 2, 3, 4는 각기 5 흙의 조화와 중매 작용을 통해 짝을 만나야 비로소 만물을 생성할 수 있는 변화의 바탕이 완성된다. 즉 5의 중매로 양수인 북방의 1은 음수인 6을 만나면 (1+5)=6이 된다. 음화인 남방의 2 또한 양화인 7을 만나 각기 음양 짝을 이룬다. 양목인 3은 음목인 8을, 음목인 4는 양금인 9를 만난다. 이렇듯 생수와 성수가 음양 짝을 이루어야 현제 세계에서 동(動)하고 정(靜)할 수 있는 음양의 기본 리듬이 완벽하게 갖춰진다. 5 흙은 한마디로 생수를 성수로 전환시켜 주는 조화의 핵이다. 대자연에는 4상이 있어 중앙의 한 지극한 조화기운을 품고 있고 온 세상은 운수의 근원은 낙서 속에 들어 있다고 하겠다. 이것은 바로 5 흙을 말한다. 이 5 토는 만물을 낳고 기르는 역할을 하기 때문에 5 황극(皇極)이라고도 한다. 즉 5-음양의 합-조하와 중매의 흙-중방-황색의 구조이다.

6,7,8,9 성수에 대해서 살펴보자. 성수는 만물 생명의 형체를 만들고 성숙시키는 일을 맡아 한다.

6은 모든 수의 부모(1+2)와 그들 사이에서 태어난 최초의 자식 3을 나타내며, 이로써 완전한 전체를 이룬다고 할 수 있다. 피다고라스는 6은 생식, 출산을 상징한다고 했다. 6은 2 와 3에 의해 구성되는데, 남자의 수를 상징하는 3과 여자의 수를 상징하는 2를 합하면 5가 되는 데 5는 결혼을 상징하고, 2와 3을 곱한 6은 생식, 출산을 의미한다. 즉 6-부모+자식-생식과 출산으로 완성의 구조이다.

7개로 엮어진 북두칠성과 태양계에는 해, 달, 금성, 화성, 목성, 수성, 토성의 일곱별이 있다.

하늘의 울은 해를 중심으로 한 8개의 행성이 있다. 하늘의 울인 행성의 이치에 따라 변화 하는 우주 운동의 이치를 근거로 하여 8괘를 만들어 땅과 사람에게 적용하고 있다. 8괘의 이치는 간단하지만 조합하면 무궁한 이수가 나온다. 이 8괘의 발단은 핵에서 음양으로 또 음에서 소음, 태음, 양에서 소양. 태양으로 되고 여기서 8괘의 숫자가 나온다. 8을 서로 곱하면 64괘가 나옴으로 이 수리를 인간 생활에 적용하고 있는 것이다. 계절에 있어서는 음의 성질을 가지는 가을과 겨울에 입추, 추분, 입동, 동지가 있고, 양의 성질을 가지는 봄과 여름에는 입춘, 춘분, 입하, 하지 가 있어 8 계절로 나누어진다.

9는 우주의 마지막 수 즉 최대 수이다. 하늘은 최대의 수인 9개의 행성 체를 거느리고 우주의 세계를 통괄하고 있다.

10은 왕성수이나 현실 세계의 실수가 아니고, 허수이며, 9+1=10 즉 1의 본자리로 뒤돌아 간다는 뜻이 담겨져 있다.

하늘과 땅 사이에 사람이 산다. 하늘이 땅을 낳고, 땅이 사람을 낳았다. 하늘의 근본을 땅에 옮겨 놓았고, 땅의 근본을 사람에게 옮겨 놓았다. 이 모든 우주의 이치를 수리로 풀어 놓았다.

그 뒤를 이어 공자의 주역계사(周易繫辭)에 일찍이 동양에서는 대자연의 움직임을 들여다보고 그 결론을 "一陰一陽之謂道" 라 했다. 즉 한번은 음 운동을 하고 한번은 양 운동을 하면서 생성, 변화하는 것이 자연의 근본 질서 즉 道라는 것이다.

공자(孔子)는 네 계절의 순환을 보면서 대자연의 질서에 감탄하여, "저 오묘한 진리 즉 道를 신은 말하지 않고 수행 한다"고 했다.

회남자(淮南子)는 "역(歷)의 수는 하늘과 땅의 道"라 했고, 한서(漢書)의 기록에도 "수는 자연의 법칙과 기능의 道"라고 했다.

희랍의 철학자 피타코라스(Pythagoras)는 "There is harmony and

uniformity in nature which is governed by the Number." 즉 "자연 속에는 수가 지배하는 조화와 일관성이 있다" 고 했다.

대자연의 질서로서 만물의 바탕이 되는 道와 그 음양이 짝이 되는 도의 주재자요 통치자인 최고신 제(帝, 하나님, 창조주)는 우주의 도를 실현하는 구심점이다. 만약 우주에 주권자 하나님인 제가 안 계신다면 헤아릴 수 없이 복잡한 인간계와 신들의 세계를 바로잡아 대자연과 조화시킬 수 없다. 우주에는 사계절의 생장염장의 이법으로써 자연계와 인간계를 다스리는 통치자가 도와 함께 주와 객, 음양의 관계로 존재해야 하는 것이다.

06...

노자(老子)의 무위자연(無爲自然) : 도덕경(道德經, Tao The Ching)

道教의 도조(道祖)로 알려진 노자는 성이 李며, 이름은 이(耳)다. 자는 백양(伯陽)이며, 周 楚 때에 고현(苦縣) 뢰향곡인리(瀨鄕曲仁里) 출신이다.

노자의 가르침은 그의 도덕경(道德經, Tao Teh Ching)에 수록되어 있다. 이 경전(Sutra)은 5,000 자에 불과하나 하늘과 사람의 합일(合一) 사상을 담고 있는 우수한 경전이다.

노자(老子)는 地法天, 人法地, 天法道, 道法自然 "사람은 땅의 법칙을 본받고, 땅은 하늘의 법칙을, 하늘은 도의 법칙을, 도는 자연의 법칙을 본받아야 한다고 하였고, 만물의 원리는 도(道)"라고 하였다.

무위자연이란 꾸밈이 없이 자연의 순리에 따라 삶을 산다는 말로 이해되고 있다. 여기서 무위(無爲)는 인위(人爲)의 반대 개념이며, 인위란 의도적으로 만들고 강요하고 그것을 지키면 선이고 그렇지 않으면 악으로 간주하는 것이다. 여기서 무위의 반대 개념인 인위는 공자의 유가 사상을 말하며, 노자가 말한 무위자연은 개인적인 삶의 기준이 아니라 유가의 인위적인 통치에 반대하는 말이기에 국가적 통치방법을 말한다고 생각한다. 무위자연은, 박학다식한 유학자들이 천하를 통치하고 예절에 의한 제도를 완비하여 백성들 위에 군림하여 천하에 평화를 유지하자는 공자, 맹자의 유교사상과는 반대로 도가에서는 모든 백성으로 하여금 천지만물의 생성자인 도의 뜻을 체득하여 유약하고 겸손하면서도 또한편 강인하고 미치지 않는 곳이 없는 도의 능력으로써 이 세계를 스스로 다스려 나가자는 사상이다. 따라서 도가사상은 일체의 인위적인 것을 배제하고 무위자연 하는 속에서 자유스러운 삶을 추구하자는 것이다. 이러한 노자의 사상은 오랜 세월이 지난 오늘날 모든 것을 인간이 이룩한 기계문명에 얽매어 살고 인위적인 제도 속에서 허덕이는 현대인들에게 신선한 녹색 공간이 되리라 믿는다. 총명과 지혜를 끊어 버리면 백성의 이익이 백배로 늘어날 것이다. 인(仁)과 의(義) 같은 도덕을 끊어 버리면 백성들이 옛말처럼 효성스럽고 자애롭게 될 것이다. 정교하고 편리한 물건들을 없애 버리면 도적이 없어질 것이다. 이 세 가지 소극적 방법만으로는 불충분하다. 그럼으로 적극적으로 외모는 수수하고 마음은 소박하게 하며, 이기심과 욕망을 줄이게 한다. 똑똑한 사람을 높이지 않음으로써 백성들이 다투지 않게 만든다. 얻기 힘든 물건을 귀하게 여기지 않음으로써 백성들이 도적질하지 않게 한다. 욕망을 일으킬 만한 것을 보여 주지 않음으로써 백성들의 마음을 혼란시키지 않는다. 그러므로 성인의 다스림은 마음을 비우고 배를 채우며, 의욕을 줄이고 뼈를 튼튼히 하여 늘 백성들이 무지하고 욕심이 없게 만들며, 지식인들이 제멋대로 주장할 수 없게 만든다. 무위로 다스리면 다스려지지 않는 것이 없다. 천하는 불가사의한 그릇이어서 인위적으로 어찌할 수 없다. 잘하려고 애쓰면 실패하고, 꽉 잡고 장악하려 하면 천하를 잃고 만다.

노자는 언 듯 보면 원시적 자연 부락의 생활로 되돌아가자는 주장을 하고, 백성들을 아무 생각이 없고 그저 배부르면 좋은 '행복한 돼지'로 만들려 한 것처럼 보인다. 그러나 노자의 '도'에 대한 이해를 가지고 이 말들을 새기면 , 단순히 원시 사회로 돌아 가자거나 우민 정치를 해야 한다는 주장만은 아니다. 이 말들을 겨누고 있는 현실 상황은, 생산력의 발달로 주나라의 종법 제도가 무너지면서 옛 귀족과 새롭게 신분 상승을 꾀하던 신흥 지주 사이에 이익 다툼이 일어나고, 그 과정에서 나온 여러 가지 정치적 이론들이 서로 논쟁하면서 직접 일하지 않고 지식을 밑천으로 살아가는 계층이 인기를 얻고 확대되어 간 상황 이였다. 노자는 유학자라는 자들이 학파를 만들고 서로 논쟁하는 것이 천하를 위하여 도움이 되지 않을 뿐 아니라, 옳고 그름도 각기 달라 혼란만 더 한다고 본 것이다. 우리가 길을 잃고 헤맬 때 길을 찾는 가장 좋은 방법은 우선 잘못 들어섰다고 생각되는 지점으로 되돌아가는 것이다. 마찬가지로 천하를 평안하게 할 방도를 놓고 이론이 분분하여 어느 도가 올바른 도인지 모르는 상황에서, 노자는 이미 잘못 들어선 길을 포기하고 원점으로 돌아와서 생각하자고 주장하였다 그 원점이 바로 도 즉, 자연이며, 자연의 순리에 따른 정치, 무위자연을 주장하게 된다.

노자는 만물의 근원인 도의 성질이 '저절로 그러함(자연)'이듯이 인간을 다스리는 정치의 도는 '무위', 즉 억지로 하지 않는 것이라고 했다. 인위적으로 계획하고 조장하고 간섭하지 않는 것이다. 유가에서도 가장 이상적인 정치를 한 요, 순 임금은 '남쪽을 향하여 앉아 있는 것'으로 천하를 평안히 하였다고 한다. 이것을 '남면의 통치술'이라고 하는데, 임금이 자기 자리에 앉아 완전한 인격의 모범을 보임으로써 들에서 일하는 백성들까지도 착하게 만든다는 것이다. 그러나 노자가 말하는 '무위'는 유가의 도덕적 모범과 다른 뜻이다. '무위'의 통치술을 좀 더 설명하면, '요점을 지키다'는 방법과 '공평 무사하다'는 성격으로 표현 된다. '요점'이란 곧 노자의 '도'이며, 그 것은 저절로 그러한 것이기 때문에 인위적으로 할 필요가 없다. 그래서 천하를 천하에 맡기는 방법이 되는 것이다. 저절로 그러한 것을 따르지 않고 사사건건 간섭하여 바로잡아 주는 것은 도를 잃었다는 증거이다. 노자는 정치를 생선 굽는 일에 비유하여, 자꾸 이리저리 뒤적이면 생선이 다 부러지고 타 버리는 것과 같이 정치가 백성들에게 끼어들수록 천하는 뒤죽박죽이 된다고 했다.

도가 천지 만물에 대하여 인정사정없는 것처럼 '무위'의 정치도 백성들에 대하여 인정사정이 없다. 무위의 이 '공평무사'라는 관념은 나중에 법가 사상의 법 개념에 영향을 미쳤다. 법가는 지위와 신분을 따지지 않고 인정사정없이 법을 적용하려 하였다. 그러나 법가의 법이 국가의 이익을 가치 기준으로 삼은 반면, 노자의 무위는 백성들의 본래 그러한 삶을 기준으로 삼았다. 백성의 본래 그러한 상태를 회복하는 것이 노자의 정치이다. 그것이 바로 무위자연이다.

상선약수(上善若水)란,

> 최상의 선(善)은 물(水)과 같다. 물은 만물을 이롭게 하면서도 다투지 않고 사람들이 싫어하는 낮은 곳에 머문다. 그러므로 물은 도에 가깝다.
> -노자-

도덕을 갖춘 사람은 물(水)과 같습니다. 물은 세 가지 성질을 지니고 있는데, 첫째는 만물을 먹여 기른다는 것이다.

둘째는 유약한 본성을 지니고 있기 때문에 자연에 따르며 다투지 않는 것이다.

셋째는 사람들이 싫어하는 낮은 곳으로 몰려드는 것이다.

물이 낮은 곳에 모여드는 것처럼 도덕을 갖춘 사람은 겸손하며, 물이 맑듯이 도덕을 갖춘 사람은 모든 것이 비어 고요하다. 물이 만물에게 이익을 베풀 듯이 도덕을 갖춘 사람은 사람들에게 널리 베풀지만 보답은 바라지 않는다. 물에 모습을 비춰보면 그 모습 그대로 비추듯이 도덕을 갖춘 사람의 말은 진실 되고 거짓이 없다. 물의 성질은 유약하여 상황에 따라 그 모습을 변화시키니, 사람들도 이를 본받아 다투지 않는 다면 만물을 이롭게 하고 겸손해 할 줄 아는 효과를 거두므로 도에 가까워 질 수 있다는 것이다. 무위이화 (無爲而化)란 아무것도 하지 않음으로써 교화한다는 뜻으로, 억지로 꾸밈이 없어야 백성들이 진심으로 따르게 된다는 말이다. 도(道)는 스스로 순박한 자연을 따른다는 무위자연(無爲自然)을 주장한 노자의 말로, 백성을 교화함에 있어서 잔꾀를 부리면 안 된다는 뜻이다. 《노자(老子)》 제57장 순풍(淳風)을 보면 다음과 같은 내용이 있다. 나라는 바른 도리로써 다스리고, 용병은 기발한 전술로 해야 하지만, 천하를 다스림에 있어서는 무위로써 해야 한다. 그러므로 성인은 다음과 같이 말했다.

"내가 아무것도 하지 않으니 백성들이 스스로 감화되고(我無爲 而民自化), 내가 고요하니 백성들이 스스로 바르게 되며(我好靜 而民自正), 내가 일을 만들지 않으니 백성들이 스스로 부유해지고(我無事 而民自富), 내가 욕심 부리지 않으니 백성들이 스스로 소박해진다(我無欲 而民自樸)." 노자는 문화를 인류의 욕심이 낳은 산물로 보고, 문화가 인류의 생활을 편하게는 하였지만 또한 인간의 본심을 잃게 만들었다고 하여, 학문과 지식을 버리라고까지 하였다. 무위 또는 무위이민자화(無爲而民自化)라고도 하는데, 이것은 윗글을 그대로 인용한 것이다. 한편 《논어》의 위령공(衛靈公)편에도 다음과 같이 무위에 관한 내용이 보인다. 이곳에서는 무위를 덕치(德治)로 해석하여, 덕으로 다스리면 백성들이 마음으로 따른다고 하였다. '무위이화'란 이와 같이 법과 제도로써 다스리려 하는 법가 사상과 대치되는 생각이지만, 유가에서는 덕을 중시하고, 도가에서는 인이나 예마저도 인위적인 것이라고 하여 배척한다. 자연 상태 그대로의 인간 심성과 자연의 큰 법칙에 따르는 통치가 바로 무위이화이다 도는 만물의 근원이며, 이름을 붙일 수 없고 파악할 수 없는 것이라고 했다. 노자는 유교에서 말하는 도와 구별하여 상도(常道)라는 말로 인위적인 유교의 도와는 다르다고 말했다. 그의 궁극적인 목표가 자연의 무위와 일체가 되는 데 있었으므로 유가의 규범조차 초월되는 곳에 완전한 도덕적 이상인 무위자연의 세계가 열린다고 주장한다. 무위(無爲)란 작위성(作爲性), 고의성(故義性)이 없다는 말이다. 이 우주의 광대무변함, 생명들의 신비스러운 생성과 괴멸, 요컨대 일체의 존재들은 왜, 또는 어떻게 생겨나는 가, 노자에 의하면 그것에 대답하는 것이 무위자연이라는 것이다. 유교가 인위적인 정치제도와 도덕을 받아들일 것을 요구한 데 대해, 노자가 그런 것을 버리라고 강조하는 이유도 여기에 있었다. 노자는 인위적인 덕목이 아닌 무위를 본받으라고 요구했다. 즉 자연의 법칙이 도덕 율이라는 것이다. 그러면 무위자연으로 돌아가기 위해, 또는 그것을 본받기 위해, 무엇을 하여야 하는 가. 그는 소극적인 덕목들, 이를 테면, 동(動)에 대하여 정(靜), 지(知)에 대하여 우(愚), 명(明)에 대하여 암(暗), 강(剛)에 대하여 유(柔), 남성적인 것(雄)에 대하여 여성적인 것(雌)을 지켜가라고 요구했다. 그것은 처음부터 유, 정이 되라는 말은 아니다. 동을 알고 난 다음의 정, 강을 알고 난 다음의 유가 요구된 것으로 해석해야 할 것이다. 노자의 궁극적 목표가 자연의 무위와 일체가 되는 데 있었으므로 그런 정이니 유니 하는 규범도 결국에 가서는 초극되어야 할 것임이 분명하다. 노자의 가르침이란 무위자연을 말하는 것이니까 아주 쉽다고 할 수 있다. 그러나 세상에서 그것을 이해하고 실천하는 사람이 적은 것은 무엇 때문인가 세상 사람들은 모두 유위(有爲), 인위적인 그리하여 우리를 포함한 만물의 근원인 도를 이해하지 못한다. 그것이 노자를 이해하지 못하게 만들고 있는 것이다. 도를 이해할 수 있는 길은 논리가 아니라 논리의 근원이라고 했다. 천도(天道)는 남에게 이익을 주고 해를 안 주는 일이다. 만물을 이해하는 지혜의 빛을 사용하여 도를 인식하는 명(明)으로 돌아오면 몸에 재앙이 생기지 않는다고 했다.

도는 상대적 개념을 초월한 것 이었다. 따라서 진실로 도를 체득했을 때는 어느 한 쪽에 치우친 인간이 되지 않는다. 착하기만 해 보인다든가, 현명하게 보이는 일은 있을 수 없다. 위대한 완성이 결여된 인상을 주고 큰 충만이 공허하게 보이는 것은 그 때문이다. 위대하게 완성된 것은 마치 천지와 같이 얼른 보기에는 모자라는 데가 있는 것처럼 보이나 아무리 써도 피폐해지지 않으며, 위대하게 충만한 것은 마치 공기와 같이 텅 비어 있는 것 같으나 아무리 써도 다하는 법이 없다.

긴 직선은 굽은 듯 보이며 큰 기교는 치졸한 듯 보이며 큰 웅변은 눌변(訥辯) 같은 인상을 준다. 시끄럽게 굴면 추위를 이기고, 고요히 있으면 더위를 이긴다. 깨끗하고 고요함이야말로 천하의 정도(正道)다. 모든 상대적 개념을 초월한 것 이었다. 따라서 진실로 도를 체득했을 때는 어느 한쪽에 치우친 인간이 되지 않는다. 착하기만 해 보인다든가 현명하기만 해 보이는 일은 있을 수 없다. 항상 상반되는 개념을 자기 안에 포용하고 이것을 지양하는 것이라고 생각할 수 있다. 위대한 완성이 결여된 인상을 주고 큰 충만이 공허한 듯 보이는 것은 그 때문이다.

도를 가지고 살아간다는 것은 모든 인위적인 것을 떨어 버리고 자연그대로의 모습으로 돌아가는 일이다. 道가 하나의 근원이 되어 그 하나가 음양의 둘로 나누어지고 이 두 기운이 충기(沖氣)에 의해 화합하게 되어 마침내 만물이 생겨난다고 했다. 만물은 모두 음을 업고 양을 안으며, 충기라는 매개체가 끼어들어 그것을 조화시킨다. 즉 "道生一, 一生二, 二生三, 三生萬物, 萬物負陰而抱陽, 沖氣以爲和, 天下之物生於有, 有生於無, 萬物作焉而不辭, 生而不有, 爲而不恃, 功成而不居, 夫唯不居, 是以不去"라 했다.

원래 "1"을 체득했다는 것은 무엇인가? 하늘은 1을 얻음으로써 맑으며, 땅은 1을 얻음으로써 안정되었으며, 신은 1을 얻음으로써 영묘(靈妙)하며, 골짜기는 1을 얻음으로써 물로 차며, 만물은 1을 얻음으로써 생겨나며, 후왕(侯王)은 1을 얻음으로써 천하의 본보기가 된다.

유교는 어디까지나 인간과 이 현실 세계를 문제 삼으며 그 도덕관이나 정치관도 다 현실 사회에서 축출된 것이었다. 이런 점에서 그 것은 철두철미 인위적이라고 할 수 있다. 그러나 노자는 자연의 이법을 응시함으로써 거기로부터 인간사회의 당위를 얻고자 하였다. 자연은 어디까지나 사심이 없으며 작위(作爲)가 없다. 그러면서도 만물을 창조해 낸다. 천하에는 그 근원인 道가 있는바 이것이 만물을 만들어 내는 것이니, 천하의 "어머니 구실"을 하는 것이다. 그 어머니인 도를 안 다음에 그 아들인 만물을 알고, 그 아들인 만물을 안 다음에 다시 근원으로 돌아가 그 어머니인 도를 지킨다면, 죽을 때까지 위태로움이 없을 것이다. 도는 어떤 표현도 불가능한 점에서 무(無)라고 밖에는 말할 수 없는 것이나 이로부터 만물이 생성(生成)한다는 견지에서 노자는 "만물의 어머니"라고 부르기도 했다. 진실한 덕이란 도와 일체를 이루는 것이라고 할 수 있다.

덕을 두텁게 체득하고 있는 사람은 갓 난 애와 같다. 갓 난 애는 독충도 물지 않으며 맹수도 덤비지 않으며 사나운 새도 채가지 않는다. 뼈는 약하고 근육은 부드러우나 굳게 쥘 수 있으며, 종일 울어도 목소리가 쉬지 않은 것은 조절작용(和)의 극치임을 말해 준다. 이렇게 조절작용을 아는 것을 도의 본체(常)라 하고 도의 본체를 아는 것을 진정한 지혜(明)라 하고 무리하게 살려는 것은 불길(祥)이라 하고 마음이 의식을 부리는 것을 무리(强)라고 한다. 대저 사물이란 왕성하면 쇠하는 것이니 도에 어긋나면 결국 망하게 마련이다.

노자에 의하면 도는 자연, 무위의 것인바 이것을 그대로 체득할 때 최고 선(善) 즉 상덕(上德)이 나타난다. 이러한 최고선이 깨지는 과정에서 차츰 낮은 덕목인 인(仁), 의(義), 예(禮), 지(智)가 나타난다. 노자가 최고의 가치를 부여하는 도 자체와 합치한 덕 즉 현덕(玄德)이거니와 이런 현덕이 지배하는 세상이라면 새삼 인의가 강조될 까닭이 없을 것이다. 그는 최고의 선은 물과 같다고 했다. 물은 만물에 혜택을 주지만 남과 지위를 다투는 일이 없어서 모두가 싫어하는 낮은 지대에 고여 있다. 그러므로 도에 가깝다 할 수 있다.

보옥이 집에 가득한대도 지킬 수 없고 부귀가 대단하다해도 교만해지면 스스로 불행을 초래할 것이다. 그러므로 공을 이루어 이름이 나면 물러나는 것이 하늘의 도리에 맞는 처신이다. 천도(天道)는 무위, 자연한 덕으로 만물을 생성하는 이 우주의 본체이거니와 만물의 근본이니 착한 사람은 이를 얻어 보배처럼 소중히 하고 착하지 않은 사람도 도에 의하여 몸을 보존할 수 있다. 도는 악인까지도 착한 길로 돌아오게 하고 그 안전을 보장하는 힘을 가지고 있다.

아주 높은 덕을 지닌 이는 텅 빈 골짜기 같고 아주 결백한 이는 더러운 것 같고 아주 넓은 덕을 지닌 이는 모자라는 것같이 보인다. 도는 안에 숨어 드러나지 않으므로 이름 지을 수가 없다. 훌륭한 사람은 남을 앞지르지 않으며, 잘 싸우는 사람은 노여움에 사로잡히지 않으며, 적을 잘 이기는 사람은 남과 다투지 않으며, 부하를 잘 부리는 사람은 자기 몸을 낮춘 다. 이것이 하늘의 도에 합치한다.

음과 양의 활기찬 힘의 합일을 통하여 자연의 조화가 생성 된다. 노자는 "도는 한을 낳고, 한은 둘을 낳고, 둘은 셋을 낳고, 셋은 만물을 낳는 다" 고 했다.

도를 실은 일윤(日輪)은 우주를 돌게 하고, 월윤(月輪)은 땅을 돌게 한다. 그러면 자연의 순리대로 시간이 지나고 세월이 지나고 인간도 역사도 모두 지나간다.

07 한 겨레 문자의 시원 및 발달사

7.1 문자 발달의 일반적 원리

사람은 무리를 이루고 서로 접촉하면서, 서로의 뜻을 전달하려는 통신의 수단으로 말과 글을 이용한다. 언어는 말과 글로 나누어 생각할 수 있는데, 3,000~5,000에 달하는 인간의 언어 중에서 자기 고유의 문자를 가진 어족은 고작 100이 넘을 정도이다. 문자는 어떤 과정을 통해서 창제되는가 하는 것은 대체로 다음의 세 유형으로 이루어진다.

첫째, 아이콘(Icon, 象形)이다. 아이콘이란 뜻과 뜻을 전달하는 실질적, 형식적 유사성을 나타내는 것을 말한다. 지시물을 그대로 나타내는 사진이나 그림 또는 감정을 표현하는 의성음(擬聲音)을 말한다.

통신수단으로 그림을 이용하는 것을 상형 문자(pictogram)라고 한다. 다음과 같은 남해의 바위 위에 새겨진 글이 바로 상형 문자이다.

[예시 물 7-1] 남해의 바위에 새겨진 그림 문자

멕시코의 광물학자인 니이벤(Niven) 씨가 발굴 조사한 다음의 새 그림은 창조주가 발휘하는 힘을 상징하는 새의 그림이다. 미국 인디언들은 이런 새를 천둥의 새(thunder bird)라고 하며, 무(Mu)와 인도의 전설에는 이런 종류의 새가 전하여진다. 아래의 그림을 살펴보자.

새의 눈은 두 원이다. 이것은 위글의 창조주, 태양을 상징한다. 신성 문자 H는 우주에서 발생하는 네 가지의 힘(cosmic forces)을 나타낸다.

[예시 물 7-2] 천둥 새

다음의 이집트의 상형 문자는 신성 문자(神聖文字)라고 한다. 이 문자는 약간 발달한 것으로 원래는 사물의 그림이지만 그림을 지시하는 기호로 쓰이고, 나아가 사물에 대응되는 일정한 소리의 기호로도 사용되었다.

[예시 물 7-3] 이집트 상형 문자

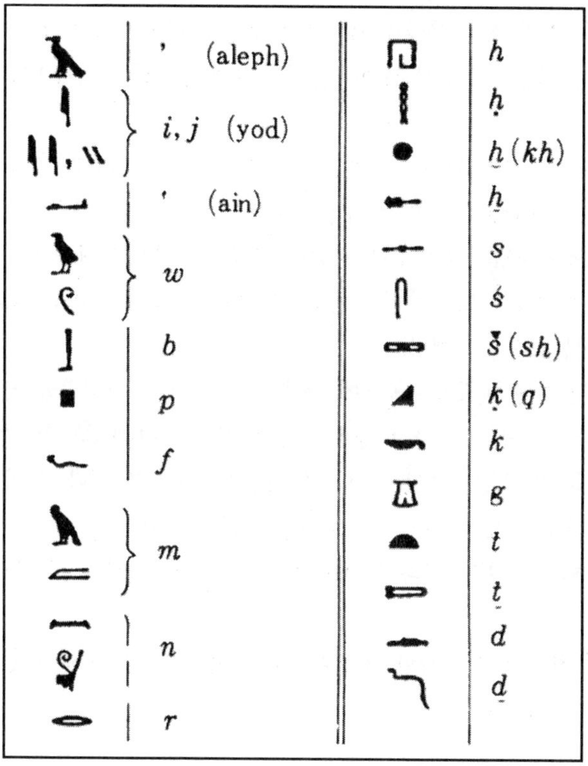

' (aleph)	*h*
i, j (yod)	*ḥ*
' (ain)	*ḫ* (*kh*)
w	*ẖ*
b	*s*
p	*ś*
f	*š* (*sh*)
m	*ḳ* (*q*)
n	*k*
r	*g*
	t
	ṯ
	d
	ḏ

둘째는 지시(指示, Index)이며, 그림의 모양이 더욱 간략해지면서 사물만을 표시하는 것이 아니고, 그 사물에 대한 개념도 표시하게 된다. 즉 뜻과 기호사이의 심리적 연관성을 갖는 통신 수단이다. 연기는 불의 기호가 되고, 눈 위에 발자국은 사람이 걸어갔다고 하는 신호가 된다.

천부경(天符經)의 첫 구절과 마지막 구절은 「一始無始一, 一終無終一」로 표현되어 있다. 즉 이 우주는 우리가 알 수 없는 아득한 옛날부터 시작되고, 또한 한이 없는 미래로 이어진다는 우주의 무한 론을 말한다. 시작도 끝도 없이 선회하는 것은 원이다. 또 삼 극을 연결하면 삼각형이 되고, 또 네 방향을 연결하면 방(方)이 된다. 그러므로 천부경은 그 구성 형태에서 나타난 □과 시작도 끝도 없는 ○과 삼극을 연결하여 얻어진 △의 깊은 뜻을 담고 있다. 원 ○은 하늘을, 방 □은 땅을, 삼각 △은 사람을 지시하는 것이다. 이러한 종교적, 철학적 생각들을 표상하는 기호들이 고대 사회에 있어서 문자 창제의 기초가 되었을 것으로 추정된다.

〈규원사화 태시기(揆園史話 太始記)〉에 다음과 같은 일화가 기록되어 있다. 「아득한 옛날 신지(神誌) 씨께서 사냥을 갔다가 암 사슴을 발견하고 활을 당겨 쏘려고 하였으나 도망치고 말았다. 사슴을 찾아 헤매다가 모래사장에 이르러 사슴이 도망간 발자국을 보고 세상 만물의 원리를 살펴 태고 문자인 녹도 문자(鹿圖文字)를 만들었다.」고 했다.

〈소도경전본훈(蘇塗經典本訓)〉에 「천부경(天符經)은 천제환국(天帝桓國)의 구전(口傳)의 서(書)다. 환웅 대성존(大聖尊)께서 신지(神誌) 혁덕(赫德)에게 명하여 녹도문(鹿圖文)으로써 그것을 썼다.」고 기록하고 있다. 이러한 귀중한 유산들이 전래되지 못한 것이 참으로 유감스러운 일이다.

사슴의 그림은 어머니 나라 무(Mu)에서는 인간의 출현을 뜻하는 그림으로 나타났다.

무 제국의 천지 창조에 관한 다음의 그림도 문자 창제의 기원에 관련되는 인덱스 단계의 문자이다.

[예시 물 7-4] 천지 창조에 관한 무의 성스러운 글

그림 1. 연꽃은 무 제국의 국화이며, 가장 성스러운 꽃으로 사랑을 받아 왔다. 더욱 이 꽃은 무 땅에 인간과 더불어 처음 핀 것으로 알려져 있다. 사랑과 애도의 상징으로 피고 지는 꽃과 같이 파괴되어 침몰한 어머니 나라 무의 비참한 운명을 바라보며, 이 연꽃이 명복을 빌고 있다.

그림 2. 처치워드 교수는 이 그림을 인류의 고향 어머니 나라 무를 상징하는 신성 문자(神聖文字) M라고 한다. 그러나 天-○-아버지, 地-□-어머니, 人-△-사람, 즉 天地人 三材인 천부경의 원리로 풀어 보면, 아버지인 하늘의 햇볕을 받아 만물을 낳고 기르는 어머니인 땅을 상징하는 것이 아닐까 생각한다.

그림 3. 무의 알파벳 4개의 M 상형 문자 가운데 두 번째의 글자로 어머니 나라 무를 상징 한다.

그림 4. 이 세 개의 원은 셋이라고 하는 무의 숫자 표시이다. 시작도 끝도 없는 하늘은 원(圓) ○으로 표상하고, 하늘의 힘이 지구에 미치는 현상을 세로의 선으

로 표시하는 처치워드가 해독한 나아칼(Naacal)의 점토판 그림 문자는 다음의 9에서 13까지와 같다.

그림 5. 싹이 트는 두 연꽃은 무의 이웃에 있는 서쪽의 두 섬을 상징한다.

그림 6. 활짝 피어 있는 이 연꽃은 사원의 벽에 그려진 것이며, 죽음을 애도하는 표현이다.

그림 7. 어머니 나라의 젖가슴을 표현한 것이다.

그림 8. 시들어 가는 이 연꽃은 죽어 가는 무의 운명을 슬퍼하고 있다.

그림 9. 물속에 침몰하기 전의 건재한 무의 모습.

그림 10. 무가 어두움의 나락으로 침몰하고, 빛이 살아진 모습.

그림 11. 빛이 살아지고, 어두움에 쌓인 서쪽의 땅.

그림 12. 서쪽의 땅, 무와 마야.

그림 13. 쿠이(Kui) 나라-마야의 글에서.

그림 14. 무는 물속에 침몰하고, 산의 정상이 남아 이별을 고한다.

그림 15. 열 부족들이 무와 같이 물속으로 살아져 갔다.

그림 16. 무는 죽었다. 어두움이 그를 감싸고 있다. 〈이집트의 사자의 책〉에서.

그림 17. 무에서 빛은 살아졌다. (미국 네바다 주 암벽에 새겨진 인디언의 금석문에서.)

그림 18. 대양의 수평선 위에 가로놓인 무. (같은 암벽의 금석문에서.)

그림 19. 나무와 뱀. (같은 암벽의 금석문에서.)

그림 20. 무의 성스러운 책에 그려진 나무와 뱀.

그림 21. 고대 나아칼(Naacal)의 점토판에 자주 볼 수 있는 M자이다.

그림 22. 무의 궁문(宮紋)이다.

위 점토 반 문자들은 인류가 처음 문자를 창제한 사실을 전한다고 하겠다.

[예시 물 7-5] 천지 창조에 관한 무(Mu)의 성스러운 그림 문자

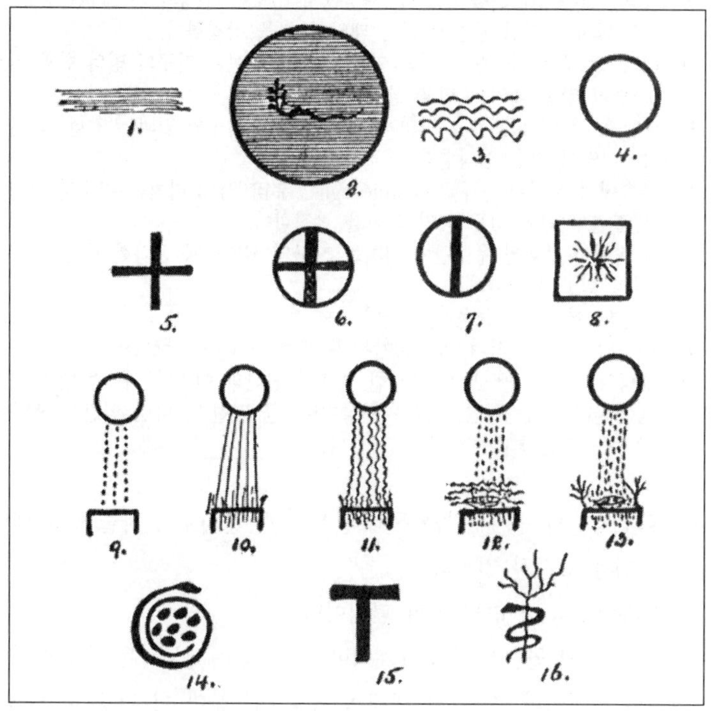

그림 1. 가늘고 곧은 수평선은 우주 공간을 상징한다.

그림 2. 일곱 개의 머리를 가진 뱀이 원으로 표시한 우주 공간을 횡단하고 있다. 이 뱀 신이 동양에서는 용(龍)으로 신격화(神格化)되고, 또한 하수농경민(河水農耕民)의 토템(totem)이 되었다. 또한 일곱 성시(聖市,Rishi)를 나타낸다.

그림 3. 파도치는 수평선은 지상의 물을 상징한다. 물은 생명의 근원이다.

그림 4. 이 원은 하늘 신 또는 태양신을 상징한다.

그림 5. 이 십 자는 전지전능한 하느님에게서 나오는 네 개의 성스럽고 위대한 우주의 힘을 상징한다. <부도지(符都誌)>에서는 기(氣), 화(火), 수(水), 토(土) 이 네 가지 힘으로 만물이 생성된다고 했으며, 그 뒤 음양오행설(陰陽五行說)로 발전하여 음양의 기가 있고, 우주의 다섯 가지 힘 또는 요소를 수(水), 화(火), 금(金), 목(木), 토(土)라 했다.

그림 6. 하느님과 그의 네 가지 위대하고 창조적인 힘을 상징한다.

그림 7. 라훈(Lahun)이라고 하고, 창조주의 양성(兩性) 즉 음과 양의 에너지를 상징한다.

그림 8. 방(方) □은 지(地)를 뜻하며, 땅 속에 불타는 화산 또는 지진을 상징한다.
그림 9. 원(圓) ○은 천(天)을 뜻하며, 태양에서 나오는 수직의 가느다란 점선은 지구의 빛과 밀접한 관련이 있는 태양의 힘을 상징한다.
그림 10. 태양으로부터 나오는 수직의 가느다란 고든 선은 지구의 빛의 힘과 밀접한 관련이 있는 태양의 힘을 상징한다.
그림 11. 태양으로부터 나오는 수직의 파도치는 선은 지구의 열과 밀접한 관련이 있는 태양의 힘을 상징한다.
그림 12. 물속에서 부화된 우주란(cosmic eggs, 宇宙卵)에 미치는 지구의 생명력과 밀접한 관련이 있는 태양의 힘을 상징한다.
그림 13. 땅 속에서 부화된 우주란에 미치는 지구의 생명력과 밀접한 관련이 있는 태양의 힘을 상징한다.
그림 14. 생명의 어머니인 물을 상징한다.
그림 15. 타우(Tau)라고 하며, 부활(復活)과 재현(再現)을 상징한다.
그림 16. 생명의 나무와 뱀, 뱀은 유일한 생명인 인간의 어머니, 무 즉 뱀과 나무를 상징한다. 모든 자연의 삶은 환상이며, 곧 멸한다. 다만 인간은 생명이며, 생명은 영원 하다는 것을 나타낸다.

위 나아칼의 점토판 문자는 녹도문과 같은 그림 문자로서 하늘 또는 태양이 갖는 우주의 힘을 묘사한 것이다.

셋째 기호(記號, symbol)의 발달 단계이다.

의미와 기호사이의 인습적 약속 체계이며, 이 기호는 사물과는 관계의 지시가 없는 임의적인 표기이다, 오늘 날 세계 언어의 대부분이 이 기호 문자이다.

7.2 점토판 설형 문자(楔形文字, Cuneiform character)

「3세 단군 가륵(嘉勒) 2년, B. C. 2181 풍속이 같지 아니하고 방언이 서로 달라 상형표의 문자(象形表意文字, 녹서(鹿書), 우서(雨書), 용서(龍書), 화서(花書)) 등 그림 문자가 있었으나 멀리 떨어진 사람들 사이에 의사소통이 어려웠다. 그러므로 정음 38자를 을보륵(乙普勒)에게 명하여 만들게 했다.」고 했다. 〈소도경전본훈(蘇塗經典本訓)〉

가림토의 어원을 분석해 보면, /가림/은 "긋다"의 뜻이며, /토/는 "점토판"을 말한다. /가림토/는 점토판 위에 선을 그어서 글을 쓰는 행위를 말한다. 집현전 학자들은 한글은 옛 문자에서 자체를 계승했다고 하는데, 옛 문자는 바로 가림토 문자를 말한다. 이와 같이 점토판 위에 글을 쓰는 설형 문자는 옛 페르시아, 앗시리아, 칼데어 등 동양에서 B. C. 3,500경부터 광범위하게 사용된 문자이며, 쓰는 재료로서 진흙 판이 널리 사용되었기 때문에 선형의 획이 쐐기 모양을 하고 있다고 해서 설형 문자라고 한다. 인도, 미얀마, 이집트 등의 사원에서 처치워드가 발굴 조사한 나아칼의 점토판 문자도 햇볕에 진흙을 말려서 그 위에 쓴 글자이다. 〈대영백과사전〉과 그 외의 많은 문헌들은 수메르 사람은 은(殷)나라의 문자와 비슷한 설형 문자를 사용했다고 했다.

수메르(Sumer) 제 3우르왕조를 타도하고 바빌론 제 1왕조를 건설한 앗슈르족 함무라비(B. C. 1728~1686)왕이 만든 함무라비 법 판은 그들의 문자를 가지지 못하였기 때문에 수메르 설형 문자를 빌려 쓰게 되었다. 이 법 판이 건립된 것은 은(殷)의 옥정 왕(沃丁王, B. C. 1728~1686) 연대였다. 함무라비는 처음 그의 서울 바빌론에 이 법 판을 세웠는데, B. C. 300경에 엘람 왕이 바빌론을 점령하여, 이 법 판을 빼앗아 엘람의 수도 수사에 옮겨 놓았던 것이다. 이 법판과 학원사 간의 〈세계문화사〉에서 발췌한 은의 무정왕의 훈공기, 기우제를 지냈다는 기록, 또한 참고로 설형 문자가 한자로 변천하는 과정을 설명하는 표를 참고하면, 아래와 같다.

[예시 물 7-6] 함무라비 법판

[예시 물 7-7] 은의 제22대 무정왕의 훈공기

[예시 물 7-8] 기우제

[예시 물 7-9] 설형 문자가 한자로 변천하는 과정

殷의 갑골문자	周의 금문자	秦의 전서	漢의 예서
[illegible]	[illegible]	[illegible]	人
[illegible]	[illegible]	[illegible]	子
[illegible]	[illegible]	[illegible]	好
[illegible]	[illegible]	[illegible]	斿
[illegible]	[illegible]	[illegible]	旣
[illegible]	[illegible]	[illegible]	來
[illegible]	[illegible]	[illegible]	車
[illegible]	[illegible]	[illegible]	馬
[illegible]	[illegible]	[illegible]	其
[illegible]	[illegible]	[illegible]	茲

더글라스(John D. Douglas) 씨는 「수메르 사람이 60진법(進法) 계산법을 알려주었다.」고 했는데, 이 60진법의 원리는 태호 씨의 8괘의 계산법에서 시작된 것으로 생각된다. 360도가 되는 우주를 동서남북으로 나누면, 다음과 같다.

[예시 물 7-10] 우주의 등분

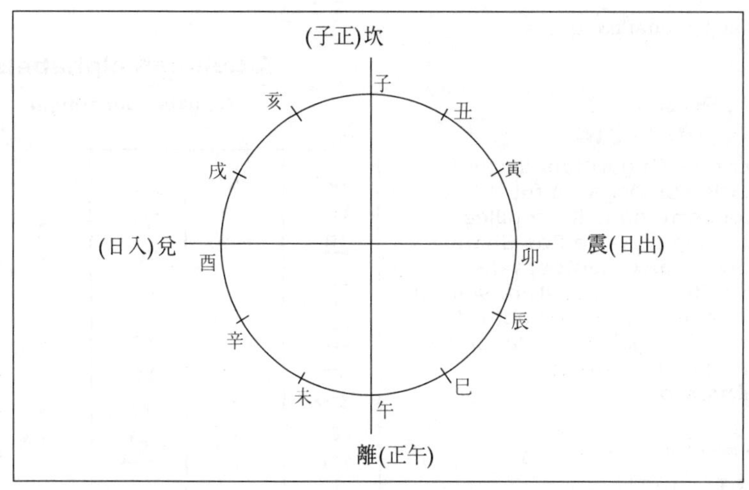

다시 각과 각의 사이를 24등분을 하면, 24절후(節侯) 즉 춘분(春分), 추분(秋分), 하지(夏至), 동지(冬至), 경칩(驚蟄) 등의 절기를 구분한다.

설형 문자는 태호, 소호씨족들이 서구 세계에 전파했으며, 설형 문자 점토판이 시리아의 옛 우가리트 왕국, 페르시아 등 중동 지방에서 출토되어, 세계 각국이 보존하고 있는 숫자가 50만매에 달한다고 한다. 특히 우가리트 왕국에서 발굴된 설형 문자는 B. C. 1800경의 음표 문자이며, 30개의 자모로 다음의 표와 같으며, B. C. 2,181 3세 단군 가륵(嘉勒) 2년에 삼랑 을보륵에게 명하여 창제했다고 하는 가림토(加臨土) 문자와 관련되어 있을 것이라는 추정이 된다. 환웅이 하늘에서 내려오실 때 풍백(風伯), 우사(雨師), 운사(雲師)를 대동했다는 신화와 우가리트 왕국의 바아르 신이 바람 귀신, 비 귀신, 구름 귀신을 대동했다는 신화가 같다는 사실은 우리 겨레의 이동 사실을 알려준다고 하겠다.

[예시 물 7-11] 우가리트 설형 문자

Alphabet Ougaritique

L'ALPHABET OUGARITIQUE

L'écriture Ougaritique (voir l'article sur Ougarit) fut découverte dans les fouilles archéologiques de Ras Shamra en Syrie, aux alentours de 1930. Bien que l'écriture soit de type cunéiforme, elle note de manière alphabétique la langue sémitique dite ***proto-phénicien***.

a	n
b	ẓ
g	s
h	ʿ
d	p
ḥ	ṣ
w	q
z	r
ḫ	ṯ
ṭ	ġ
y	ẑ
k	t
š	i
l	ù
m	ś
ś	

Quelques alphabets

Alphabet ougaritique

'a	n
'i 'e	s
'u 'o	s
b	'
g	ġ
d	p
h	ṣ
w	ṣ ou 'ḍ
z	q
ḥ	r
ḫ	?
ṭ	š
y	ṯ
k	t
l	
m	

[예시 물 7-12] 알메니아 설형 문자

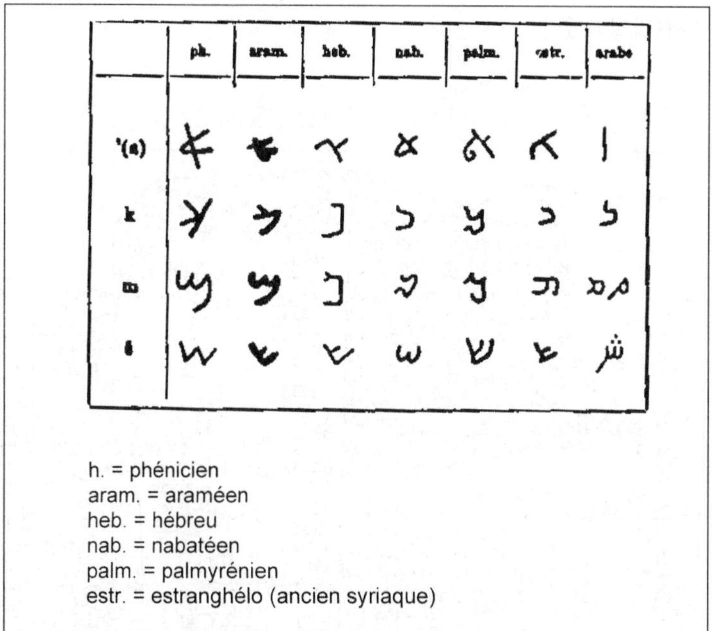

이란의 즈그로스(Zgros)산맥의 카만사(Karmansha) 절벽에 새겨진 다리우스(Darius) 1세의 공적을 찬양하는 비문인 베히스탄의 마애 비(磨崖碑)에도 설형 문자가 다음과 같이 새겨져 있다.

[예시 물 7-13] 베히스탄 마애 비에 새겨져 있는 페르시아 설형 문자

수메르 제 1왕조를 건국한 엔릴 영웅을 찬양하는 설형 문자로 쓴 시(詩)가 니퍼에서 발굴되었다.

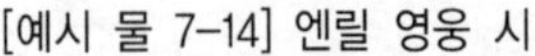
[예시 물 7-14] 엔릴 영웅 시

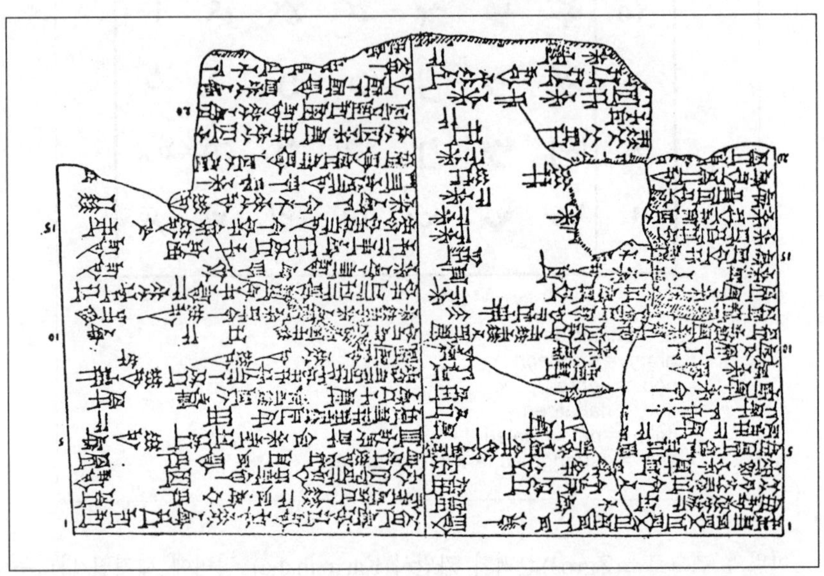

그 외에 길가메시(Gilgamesh)의 서사시, 니느위(Nineveh)의 설형 문자 비석, 앗슈르(Asshur) 1세 우가리트(Ougarit) 왕국에서 발굴된 설형 문자 점토판 25,000매, 라가쉬(Lagash)에서 발굴된 설형 문자 점토판, 고도(古都) 수사(Susa)에 있는 함무라비 법 판, 유프라테스 상류의 하란 지방에서 발굴한 마리 왕궁 터의 설형 문자 점토판 23,000매 등이 발굴되었다.

7.3 루운(Rune) 문자의 흐름

양사오(仰韶)문화권의 질그릇에 새겨진 문자는 B. C. 2,500경의 것들인데,

주목을 끄는 것은 라우완(.遺彎) 유적의 기호이다. 이 문자에 가림토(加臨土) 정음과 훈민정음의 기본 모음인 원점 ·, 직선 l ㅡ, 원 ㅇ, 각 ㄱ ㄴ ㄷ 등의 글꼴을 볼 수 있다. 천(天) ○, 지(地) □, 인(人) △을 표시하는 기호는 이들 문자에서도 볼 수 있다. 그리고 반파유적(半坡遺跡)의 문자와 리우완유적(遺彎遺跡) 기호를 합쳐보면, 다음의 루 운 필기체와 닮은 점을 발견할 수 있다. 루 운 필기체는 시베리아 동부에 있는 예니세이 강의 상류 지대, 즉 외몽고 오르콘강의 계곡으로서 울란바토르로부터 25~30마일 동쪽에 있는 비문에 새겨진 것이며, 이 비문은 A. D. 716~759경의 것으로 추정하고 있다. 이 지역의 양사오문화 유적지(仰韶文化遺跡地)와 바이칼(Baikal)을 중심으로 통용되는 문자가 있었으며, 그것이 좀 더 정리되어 루 운 필기체로 발전된 것으로 추정된다.

[예시 물 7-15] 반포유적 기호

[예시 물 7-16] 루운 필기체

Characters	Transcription	Characters	Transcription
[illegible]	a,ä	[illegible]	ñ
[illegible]	b^1	[illegible]	nt
[illegible]	b^2	[illegible]	nc
[illegible]	γ	> >	o,u
[illegible]	g	[illegible]	ö,ü
[illegible]	d^1	1	p
x	d^2	[illegible]	r^1
[illegible]	z	[illegible]	r^2
[illegible]	ï,i	[illegible]	s^1
D	y^1	|	s^2
[illegible]	y^2	[illegible]	t^1
[illegible]	q	h	t^2
[illegible]	k	[illegible]	č
[illegible]	l^1	[illegible]	š
Y	l^2	⋈	
M	lt		
[illegible]	m		
)	n^1		
[illegible]	n^2		
[illegible]	ŋ		

고대 영국에서 문자가 쓰이기 전, 구라파 대륙에서 오래 동안 이미 문자가 사용되어 왔다고 한다. 앵글로색슨족이 고대 영국에 침입해 들어온 5세기 중엽 이전에 루 운(Rune) 문자는 이미 노르웨이를 비롯하여 스웨덴 특히 고트랜드(Gotland) 섬 전 지역에 널리 사용되었고, 유틀랜드

[예시 물 7-17] 케이스터의 한 묘지에서 나온 루 운 문자

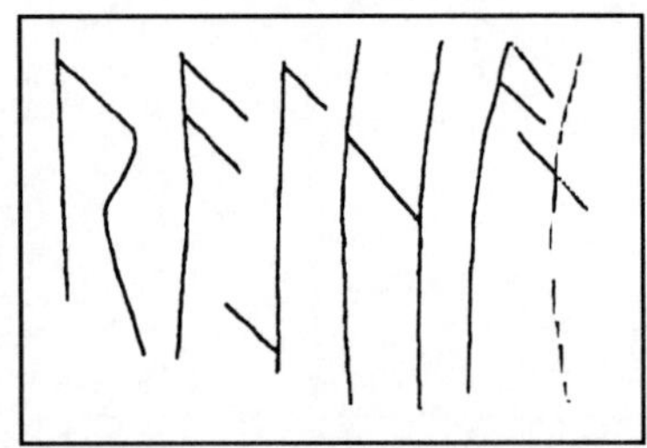

[예시 물 7-18] 이타리아 북부에서 쓰인 루 운 문자

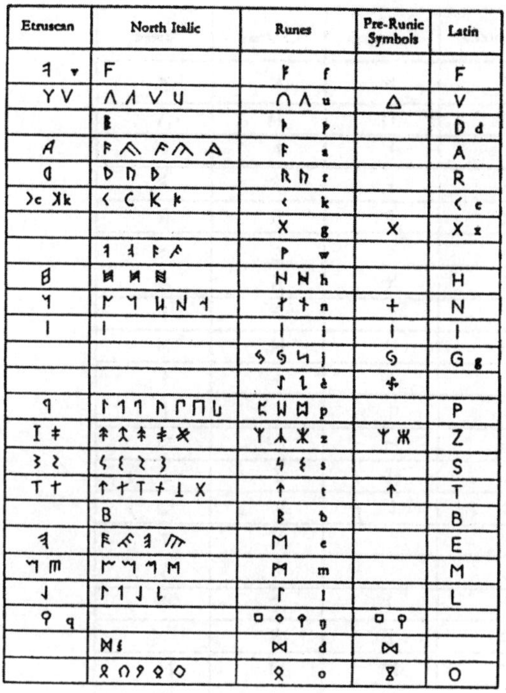

Etruscan	North Italic	Runes	Pre-Runic Symbols	Latin
𐌅 ▾	F	ᚠ f		F
Y V	Λ ᐱ V Ц	∩ Λ u	△	V
	ᛒ	ᚦ þ		D d
A	ᚨ ⩓ ᚨ⋀ ▲	ᚨ a		A
ᗡ	D ᚢ D	R ᚢ r		R
ↄc ꓘk	< C K ᛕ	ᚲ k		< c
		X g	X	X z
	𐌀 ᚾ ᚨ ᚨ	ᚹ w		
𐌇	𐌇 𐌇 𐌇	H ᚺ h		H
𐌍	ᛗ 𐌍 И N ᛁ	ᚾ + n	+	N
I	I	I i	I	I
		ᛃ ᛃ ᛃ j	ᛃ	G g
		ᛇ ᛇ è	✢	
𐌐	ᛚ 1 1 ᚴ Γ Π ᒪ	ᛈ ᛈ ᛈ p		P
I ‡	ᛉ ᛉ ᛉ ᛉ ✲	ᛉ ᛉ Ж z	ᛉ Ж	Z
ʒ ʓ	ϟ { ʓ }	ᛋ ᛋ s		S
T +	↑ + T + ⊥ X	↑ t	↑	T
	B	ᛒ b		B
𐌄	ᛖ ᛖ ᛖ ᛖ	M e		E
𐌌 m	𐌌 𐌌 𐌌 M	ᛗ m		M
ᛚ	ᛚ 1 ᛚ ᛚ	ᛚ l		L
♀ q		□ ◇ ♀ ŋ	□ ♀	
⋈ ɫ		⋈ d	⋈	
	ᛟ ∩ ᛟ ᛟ ◇	ᛟ o	⧗	O

(Jutland) 반도 및 이 반도의 목 부분 지역에 위치한 슐레스비히(Schleswig) 등지에 널리 쓰이고 있었다. 이 문자를 동방에서 전파한 루운문자라 한다. 서구 각지에서 발견된 이 문자를 보자.

또한 이타리아 북부에서 발견된 루 운 문자는 다음과 같다.

루 운 비문 중에서 3,000개 이상이 스웨덴에서 발견되었으며, 이 숫자는 스웨덴을 제외한 나머지 지역에서 발견된 비문을 모두 합친 것 보다 거의 네 배에 해당하는 숫자이다. 그 밖의 루 운 비문은 러시아, 노르웨이, 덴마크, 영국, 오스트리아, 독일 등 여러 지역에 퍼져 있다. 이 문자의 특징은 모나고, 각이 있는 자형으로 되어 있는데, 루운문자가 원래 점토판에 새겨졌다는 것을 알 수 있다.

5가지 유형의 공통 게르만 어 루운문자는 다음과 같다.

[예시 물 7-19] 공통 게르만 어 루 운 문자

	Kylver	Vadstena	Grumpan	Charnay	Breza
1	ᚠ f	ᚠ	ᚠ	ᚠ	ᚠ
2	ᚢ u	ᚢ	ᚢ	ᚢ	ᚢ
3	ᚦ þ	ᚦ	ᚦ	ᚦ	ᚦ
4	ᚨ a	ᚨ	ᚨ	ᚨ	ᚨ
5	ᚱ r	ᚱ	ᚱ	ᚱ	ᚱ
6	ᚲ k	ᚲ	ᚲ	ᚲ	ᚲ
7	ᚷ g	ᚷ	ᚷ	ᚷ	ᚷ
8	ᚹ w	ᚹ	ᚹ	ᚹ	ᚹ
9	ᚺ h	ᚺ	ᚺ	ᚻ	ᚻ
10	ᚾ n	ᚾ	ᚾ	ᚾ	ᚾ
11	ᛁ i	ᛁ	ᛁ	ᛁ	ᛁ
12	ᛃ j	ᛃ	ᛃ	ᛃ	ᛃ
13	ᛈ p	ᛇ i	ᛇ i	ᛇ i	ᛇ i
14	ᛇ i	ᛒ B/p	ᛈ p	ᛈ p	ᛈ p
15	ᛉ z	ᛉ		ᛉ	ᛉ
16	ᛊ s	ᛊ		ᛊ	ᛊ
17	ᛏ t	ᛏ	ᛏ	ᛏ	ᛏ
18	ᛒ b	ᛒ	ᛒ	ᛒ	
19	ᛖ e	ᛖ	ᛖ	ᛖ	ᛖ
20	ᛗ m	ᛗ	ᛗ	ᛗ	ᛗ
21	ᛚ l	ᛚ	ᛚ		
22	ᛜ ŋ	ᛜ	ᛜ		
23	ᛞ d	ᛟ o	ᛟ [illegible]		
24	ᛟ o		ᛞ d		

7.4 수메르(Sumer) 문자

영국의 고고학자 크라머(Krammer)의 저서 〈역사는 수메르에서 시작되다.(History begins at Sumer)〉에, 「수메르 사람은 고도의 문화를 가진 민족이며, 그들은 아마 바다로 동방에서 왔다.(Probably they came from the East by sea.)」라고 했다.

박제상(朴堤上)의 〈부도지(符都誌)〉에 따르면 백소(白巢) 씨족은 월식 주(月息州)즉 지금의 중동 지방으로 이주해 갔으며, 그 뒤 환웅의 신시시대(神市時代)에는 태호(太昊) 복희(伏羲), 소호(小昊) 김천씨(金天氏)족이 메소포타미아로 진출하여 서양 문명의 모태라고 할 수 있는 수메르 문명을 건설한 것이다.

수메르라는 국명은 환인 12나라 가운데 수밀이(須密爾)국의 /수미리/"소머리"에서 유래된 말이며, 중국의 강소성(江蘇省)에는 소밀산(蘇密山)이 있다. 〈동국여지승람(東國與地勝覽)〉에 해인사가 있는 가야산(伽倻山)을 "소머리라" 했고, 교도(京都)에 있는 고류지(廣隆寺)의 太秦을 오오하다 또는 다이진 이라고 읽어야하는데, "우스마사"라고 하는 것은 "소머리"의 뜻으로 해독된다. 이와 같이 수메르라는 국명이 우리들의 말과 연관되어 있다.

중국의 학자 당 란(唐蘭)은 대문구문화(大汶口文化) 유물의 발굴지인 산동성(山東省), 유서 깊은 수메르산이 자리한 강소성(江蘇省) 지방에 그 당시 소호(小昊)의 나라가 있었다고 했다. 대만대 교수 서량지(徐亮之), 홍콩대 교수 임혜상(林惠祥), 중국의 사학자 여사면(呂思勉) 등 많은 학자들이 한 결 같이 같은 주장을 해온 바이다. 대문구진(大汶口鎮) 및 여러 곳에서 발굴된 출토품을 방사성 탄소의 측정을 함으로써 5,785년 전의 것이라는 사실을 알게 되었다.

영국의 저명한 고고학자 우울리(Sir Charles Leonard Woolley) 경은 황금으로 만든 짧은 칼 두 자루를 지니고 죽은 왕의 시체를 발굴했다. 그 왕은 찬란히 빛나는 황금의 투구를 쓰고 있었는데, 머리카락을 뒤에서 묶어 상투를 틀고 있었다고 한다. 이 상투를 하는 풍습은 동이족(東夷族)의 독특한 머리형이다. 한국 사람과 같이 머리털이 검고, 수메르어는 한국어와 같이 교착어(膠着語)를 사용하고, 태호, 소호의 후손들이 건설한 은(殷)과 상(商)의 설형 문자를 쓰는 수메르 사람은 B. C. 3,000경 그들의 고향인 중앙 아세아를 떠나 북부 메소포타미아에 진출하여 구스, 하월라 지방에 에덴동산을 건설하여 서구문화의 모태라고 할 수 있는 수메르문화와 문명을 누리다가, B. C. 2000경 시리아 사막에서 쳐들어 온 아모리 사람에게 정복당하여 역사의 무대 뒤로 살아졌다. 그들의 문자 발전 과정을 살펴보면, B. C. 2500대의 설형 문자는 단순히 그림 문자를 선으로 바꾼 것이었다. 이 문자가 B. C. 1800경에 이르러 보다 더 기호화되고, B. C. 700경에는 표의 문자(表意文字)로 다음과 같이 발전한다.

[예시 물 7-20] 수메르 문자의 발전과정

단계 / 내용 / 연대 / 문자 뜻	제 1 단계	제 2 단계	제 3 단계	제 4 단계
내용	초기 수메르 그림 문자	90° 방향전환 후기 그림 문자	그림 문자 →설형 문자	表意文字 →表音文字
연대	B.C. 3100년경	B.C. 2800년경	B.C. 2500년경	B.C. 700년경
새				
물고기				
당나귀				
숫소				
태양				
곡물				
과수원				
경작한다				
부우머랭				
발				

디이즈(Diez)의 저 〈아세아의 고대 세계(The Ancient Worlds of Asia)〉에서 「수메르 사람은 물품의 양과 가격의 기호를 햇빛에 말린 점토판 위에 새긴다.」 고 했다.

우리 민족의 문자 발달과 수메르 문자의 발달 과정을 연대 별로 비교하면 다음과 같이 추정해 볼 수 있다.

[예시 물 7-21] 수메르, 한 민족 문자 발달 연대 비교

	환족	연대	수메르족	연대
1	녹도문 → 우서	B.C. 380경	초기 수메르 그림 문자	B.C. 3100경
2	우서 → 용서	B.C. 3500경	세로쓰기 그림 문자 → 가로쓰기 그림 문자	B.C. 2800경
3	용서 → (화서)	B.C. 2700경	가로쓰기 그림 문자 → 초기 설형 문자	B.C. 2750경~ B.C. 2500경
4	(원시신전)			
5	(가림토 문자)	B.C. 2200경	원셈 알파벳	B.C. 1600경

7.5 한겨례의 문자사

박제상(朴堤上)의 〈부도지(符都誌)〉에 따르면, 제(祭)와 역(歷), 뗏목을 통한 통신 수단, 제악(祭樂)을 위한 음악, 천부(天符)를 돌에 새기는 문자 등 놀라운 문화의 발달을 이해할 수 있다. 〈부도지〉를 읽어보면, 「황궁(黃穹) 씨의 후예 6만이 부도에 이주하여 지키고, 곧 나무를 베어 뗏목 8만을 만들어서 신부(信符)를 새겨 천지(天池)의 물에 흘러 보내 사해의 종족을 초청하였다. 각 종족들이 신부가 새겨진 뗏목을 얻어서 보고, 모여들어 박달나무 숲에 신시(神市)를 크게 열고, 계불로 마음을 깨끗이 하여 하늘의 움직이는 모습을 살핀 후 마고(麻姑)의 계보를 살펴, 그 족속을 밝히고, 천부의 음에 준하여 그 말과 글을 정리하였다. 또 북극성과 칠요(七曜)의 위치를 정하고 넓고 평평한 돌 위에 속죄

의 희생물을 구워 제사를 올리고 모여서 노래하며, 천웅(天雄)의 악을 연주하였다. 종족들이 방장산(方丈山) 방호의 굴에서 칠보의 옥을 채굴하여 천부를 새기고 그것을 방장 해인(方丈海印)이라 하여 칠난(七難)을 없애고 돌아갔다.」고 기록되어 있다. 위의 〈부도지〉내용을 볼 때 벌써 7만 년 전의 파미르고원의 마고성 시대에 통신 수단으로 문자가 있었던 것으로 생각한다.

우리 겨레는 마고, 황궁, 유인, 환인, 환웅, 단군으로 이어지는 상고 시대부터 고유한 말과 글자를 가지고 문명과 문화를 창조하여 세계의 모든 인류에게 전파한 재능이 있고, 슬기로운 민족이다. A. D. 1,443에 창제된 민족의 자랑스러운 글자인 훈민정음은 그 연원(淵源)이 무엇일까? 3세 단군 가륵께서 삼랑(三郎) 을보륵(乙普勒)에게 명하여 정음(正音) 38자를 찬(撰)하니, 이를 가림토(加臨土)라 하며, 그 글은 다음과 같다.

[예시 물 7-22] 가림토 문자

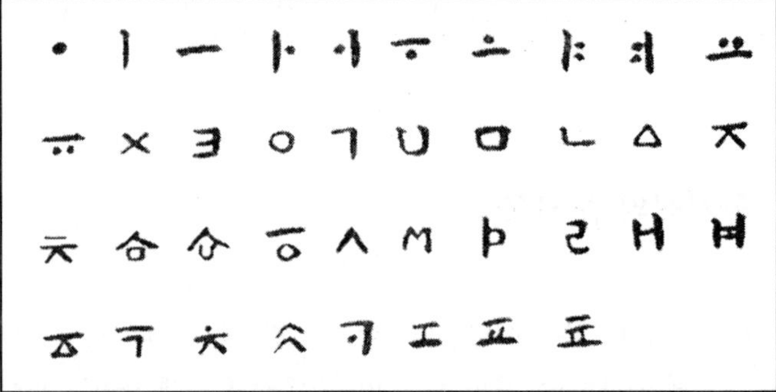

신축(申丑 3년, B. C. 2180)년 신지(神誌) 고결(高契)에게 명하여 〈배달유기(倍達留記)〉를 찬수하였다고 했다. 우선 /가림토/라는 말의 어원부터 생각해 보자. 글, 그림 등의 어원을 보면, /가르다/의 /가르/에서 생긴 낱말이다. /토/는 "점토(粘土, 진흙)"을 말한다. 가림토의 뜻은 "점토판 위에 그려서 글을 쓰다." 이다. 종이가 없는 원시 사회에 있어서는 진흙을 햇볕에 말려서 그 위에 글을 쓴 흔적이 중근동 및 중앙아세아에서 발굴되었다. 위 상형표의 진서란 가림토

문자가 나오기 전 그림문자(象形, 寫象, icon)를 말한다.

이맥(李陌)의 태백일사(太白逸史)에 인용되어 있는 〈대변설(大辯說)〉의 주에서「남해현 (南海縣) 랑하리(浪河里)의 계곡에 있는 바위에 신시(神市) 글자를 새겨져 있는데, 그 글은 환웅이 사냥을 가서 셋 신에게 제사를 지내다.」라는 내용을 담은 것이라고 하였다. (Mu) 제국에서 나아칼이 종교의 가르침으로 사용 했던 원(圓) ○, 방(方) □, 각(角) △은 천부경(天符經)의 天地人 삼재(三才)의 철학에서 유래된 것이다. 제임스 처치워드의 〈The Sacred Symbols of Mu〉에서 이 원은 태양신 라(Ra)의 상징이라고 하였다. 이 원의 중앙에 인도의 나가(Naga)족은 점을 추가하였으며, 위글(Uighur) 사람들은 원의 중앙에 보다 작은 원을 그려서 이중의 원을 만들기도 하였다. 다음의 약간씩 변질된 도형을 보자.

[예시 물 7-23] 태양신 라의 기호

1) 무의 유일신 라의 기호
2) 나가(Naga)족이 변형시킨 기호
3) 위글족이 변형시킨 도형 기호
4) 이집트에서 신들의 머리 장식을 상징하는 도형
5) 사자를 추념하는 의미로 붉은 원을 도형화 한 것이다.

인류의 역사, 문화, 문자 등 모든 연원은 무에서 찾아야 할 것이다. 무(Mu), 마야(Maya), 이집트(Egypt)의 알파벳을 보자.

[예시 물 7-24] 무, 마야, 이집트의 알파벳

ENGLISH	MU	MAYA	EGYPTIAN
A			
B			
C			
CH			
DZ			
E			
H			
I			
K			
KH			
KU			
L			
M			
N			
O			
P			
PP			
SH			
T			
TH			
TZ			
U			
X			
Y			
Z			

〈영변지〉에서 전하고 있는 신지 글자 16자, 위에서 본 가림토문자, 신암리와 백림자에서 볼 수 있는 글자 짜임의 특성으로 볼 때, 위 무, 마야, 이집트의 알파벳과 같이 뜻글자의 유형이 아니고, 소리글자로 발달한 문자임을 알 수 있으며, 인류 문자의 기원과 발달 과정을 이해할 수 있는 고귀한 재료가 된다.

또한 우리나라의 옛 기록들은 훈민정음 창제 이전에 일정한 우리 글자가 사용되고 있었다는 사실을 많은 기록들이 전하고 있다. 집현전의 한 학자인 신숙주의 후손인 18세기의 신경준도 〈훈민정음운해〉에서

「훈민정음 이전에 우리나라에는 옛날부터 백성들이 쓰는 글자가 있었는데,

그 수가 다 갖추어지지 못하고 그 모양이 일정한 규범이 없어 한 나라의 말을 적어내기에는 모자라나 일부 제한된 범위에서는 쉽게 쓸 수 있게 되어 있었다.」

고 했다.

또한 고려와 탐라에도 한자가 아닌 어떤 글자가 쓰이고 있었다고 전하고 있다.

실학자 이덕무의 〈창비록〉에서는 11세기 초에 호부상서 장유가 중국의 강남에 갔을 때 마침 고려에서 떠내려 간 슬(瑟)이라는 악기의 밑바닥에 쓰인 글을 중국 사람들은 읽지 못하였으므로 장유가 한문으로 번역했다는 이야기를 전하고 있는데, 이것은 곧 고려에도 일정한 고유 글자가 있었다는 것을 말하여 준다. 박지원(朴趾源)의 〈연암집(燕岩集)〉과 한치윤(韓致奫)의 〈해동역사(海東繹史)〉, 중국의 옛 책 심괄의 〈몽계필담〉 등에는 탐라(耽羅)에서도 한자가 아닌 고유한 우리 글자가 사용되었다는 것을 전하고 있다.

/신지(神誌, 神志, 臣智, 臣芝, 神市)/라고 표기하였는데, 원래 "큰 사람"이라는 뜻을 가진 말로서 처음에는 "임금"을 가리켰으나 후에는 높은 벼슬 이름으로 쓰이어 "지배자, 통치자"를 가리키는 말이 되어 신지 글자란 "왕이나 지배자, 통치자의 글"이라는 뜻이다. 〈영변지(寧邊誌)〉가 전하고 있는 신지 글자는 다음과 같다. 평안북도 용천군 신암리에서 발굴된 토기에도 신지 글자와 비슷한 모양의 2글자가 새겨져 있고, 중국의 요녕성 여대시 백림자에 있는 고조선 시기의 옛 무덤에서 나온 토기에도 이와 비슷한 모양의 2글자가 새겨져 있다.

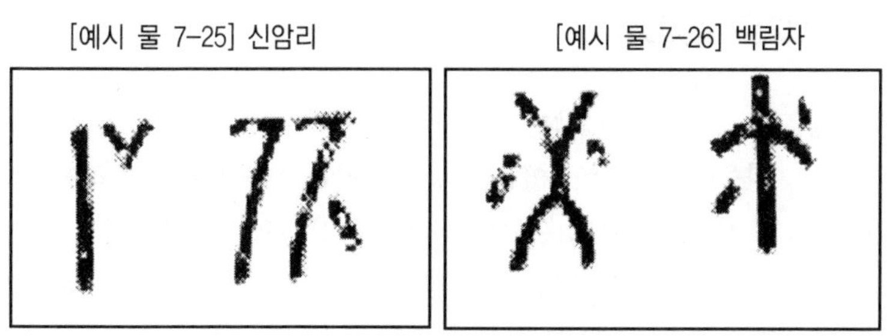

[예시 물 7-25] 신암리 [예시 물 7-26] 백림자

〈영변지〉에 전하고 있는 신지 글자 16자는 다음과 같다.

[예시 물 7-27] 영변지의 신지 글자

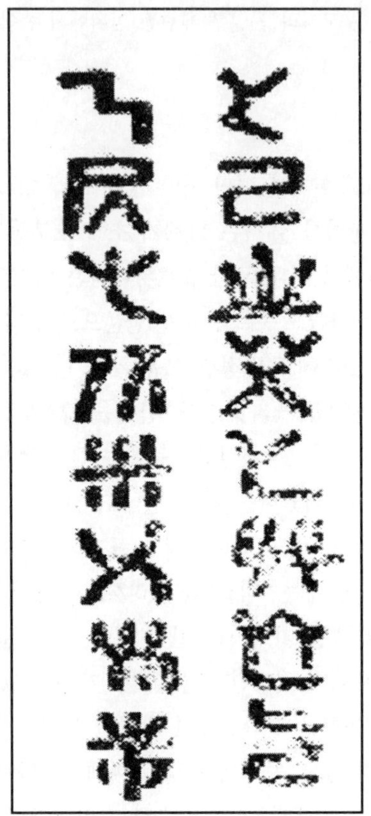

7.5.1 녹도문(鹿圖文)

천부경(天符經)은 마고(麻姑) 시대의 7만 년 전부터 황궁(黃穹), 유인(有因), 환인(桓因) 환웅(桓雄), 단군(檀君)으로 이어지는 시대에 말로 전하여 온 경전이다. 그리고 천부인(天符印)은 천권(天權)의 상징으로 후계자에게 전수한다. 환웅께서 신지(神誌) 혁덕(赫德)에게 명하여 녹도문으로 천부경을 썼다고 〈소도경전본훈(蘇塗經典本訓)〉에 기록하고 있다.

역시 같은 책에 우리 민족의 문자 발달 과정을 다음과 같이 전하고 있다.

1) 녹도문(鹿圖文): 환웅시대 B. C. 3,800 이전
2) 우서(雨書): 자부(紫府) 시대 B. C. 3,800경
3) 용서(龍書): 복희(伏羲) 시대 B. C. 3,500경
4) 화서(花書): 치우(蚩尤) 시대 B. C. 2,700경
5) 신전(神篆, 가림토 문자): 3세 단군 가륵(嘉勒) 시대 B. C. 2,200경
6) 훈민정음(訓民正音): 세종(世宗) 25년, A. D. 1,443

중앙아세아 중가리아 분지 지역의 환국 말기에 인구의 증가와 자연환경의 변화로 환웅(桓雄)과 반고(盤固)가 무리들과 더불어 그곳을 떠나 감숙성(甘肅省)의 삼위산(三危山)을 거쳐 섬서성(陜西省)의 태백산(太白山) 지역에 정착한 때가 B. C. 4,000경이었다.

이 녹도문은 우리 민족의 이동을 고려해보면 중앙아세아, 인도반도 등에서 발굴되는 유물과 관련이 있을 것이라는 추정이 된다. 처치워드가 조사한 나아칼의 점토판에는 사슴 케(keh)가 종종 보이는데, 천지가 창조되는 과정에 사슴은 인간의 출현을 상징하고 있다. 다음의 그림은 이 지구상에 무(Mu)와 인간의 출현을 표현한 그림이다.

[예시 물 7-28] 무와 인간의 탄생

도약하려고 하는 사슴 keh는 나아칼의 점토판에서 종종 보 수 있는데, 인류 탄생을 상징한다. 신시시대에 녹서(鹿書)가 있었다는 사실은 나아칼의 점토판과 관련하여 사슴이 인간의 탄생을 알리는 의사전달(communication)의 수단으로 이용되었는지, 이 녹서(鹿書)는 나아칼(Naacal)의 점토판 내용과 관련시켜 많은 연구가 이루어져야 할 것이다.

7.5.2 우서(雨書)

신시(神市) 때에는 녹서가 있었다. 자부(紫府) 때에는 우서(雨書)가 있었다고 하였는데, 이 말은 자부가 그림 문자로 되어 있는 녹도 문자를 우서의 기호 문자로 발전시켰다는 것을 뜻한다. 그러면, 우서는 어떤 형태의 문자일까? 이것을 알기 전에, 먼저 자부에 관하여 알아보면, 자부는 환웅천황(桓雄天皇)과 가까운 시대의 학자로, 대략 B. C. 3,800경 무렵에 생존하였을 것으로 생각한다. 〈소도경전본훈〉의 내용을 통하여 살펴보면, 자부는 처음에 녹도 문자로 삼황내문경(三皇內文經)이라는 책을 저술하였는데, 녹도문이 어렵고 복잡하여 우서로 다시 썼을 것이다. 〈삼황내문경(三皇內文經)-음부경(陰府經)-황제중경(皇帝中經)-홍범황극내편(洪範皇極內篇)-신시구정균전법(神市邱井均田法) 이 다섯 권의 책은 같은 주제로 저술되었다고 알려져 있다. 그렇다면, 우서란 현재 <홍범황극내편〉에 전하고 있는, 선(線)으로 된 고대 문자를 가리킨다는 사실을 알 수 있다. 〈홍범황극내편〉의 문자 모양이 마치 하늘에서 비가 오는듯한 형상을 하고 있다. 고대의 농경생활에 있어서는 비는 하늘의 뜻과 절대적인 권능을 대변하는 것이었다. 자부(紫府) 선생이 하늘에서 비가 내리는 모양을 보고 문자의 형상을 얻었을 것이라고 추측할 수 있으며, 녹도문과 같은 그림 문자가 기호 문자로 전환되는 문자 발달의 변혁이라 할 수 있다.

갈홍(葛弘)의 〈포박자(枹朴子)〉에 중국이 국조로 받들고 있는 헌원 황제에 관하여 다음과 같은 기록이 있다.

> "헌원 황제는 청구(靑丘, 14세 치우(자오지) 환웅의 도읍지)에 와서 풍산에서 자부(紫府) 선생을 만나 〈삼황내문(三皇內文)〉을 받았다. 그리고 이 책의 가르침에 따라 그는 그의 왕국을 다스리었다"

고 한다.

[예시 물 7-29] 홍법황극내편의 우서

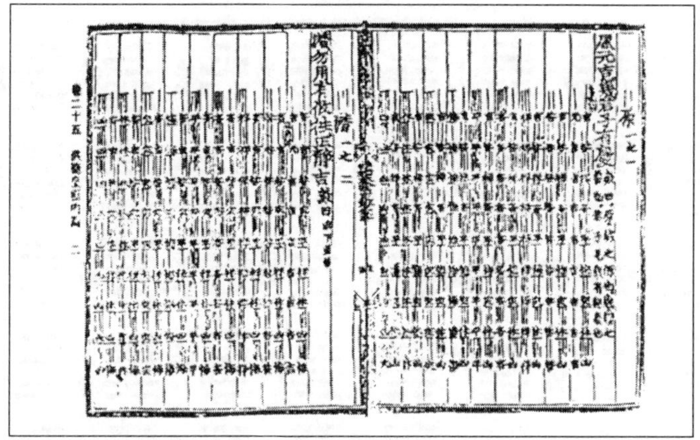

7.5.3 용서(龍書)

〈소도경전본훈(蘇塗經典本訓)〉에는, 「환역(桓曆)은 우사(雨師)의 관(官)에서 나왔다. 때에 복희(伏羲)가 우사가 되어 육축(六畜)을 길렀다. 이때에 신용(神龍)이 해를 좇아 해가 12번 변색하는 것을 보고 곧 환역을 만들었다.」고 했다. 여기에 신용이라 하는 것은 지구를 뜻한다, 고구려의 산상왕 때의 재상 을파소(乙巴素)가 쓴 〈참전계경(參佺戒經)〉에 「태호자(太皞者) 태우환웅지자야(太虞儀之子也)」라고 했으니, 태호(太昊) 복희(伏羲) 씨는 5세 환웅 태우의(太虞儀)의 12자녀 중 막내 아드님으로 인류 최초로 역(歷)과 역(易)을 창제한 것으로 알려져 있다. 복희 때에 용서(龍書)가 있었다는 것은, 복희가 용서를 제정하였다는 것이데, 〈신시역대기(神市歷代記)〉를 참고하면, 복희는 자부(紫府)로부터 약 300~500년 뒤의 사람이다. 용서란 곧 역(易)을 표시하는 기호, 즉 [음 - -], [양 —]의 부호와 같은 문자를 뜻한다고 볼 수 있다. 즉 우서(雨書)는 세로로 내리써야 하는 문자 체계였는데, 이것을 복희가 역의 부호와 같이 가로로 쓸 수 있는 문자 체계로 전환시킨 것이 곧 용서인 것이다. 이와 같이 우서의 세로쓰기 문자가 용서의 가로쓰기 문자로 전환되는 데는 약 400년의 시간이 걸렸다. 용서는 다음의 표와 같이 복희의 64괘(卦)에서 보는 바와 같은 역(易) 문자를 말한다.

[예시 물 7-30] 복희 64괘 용서

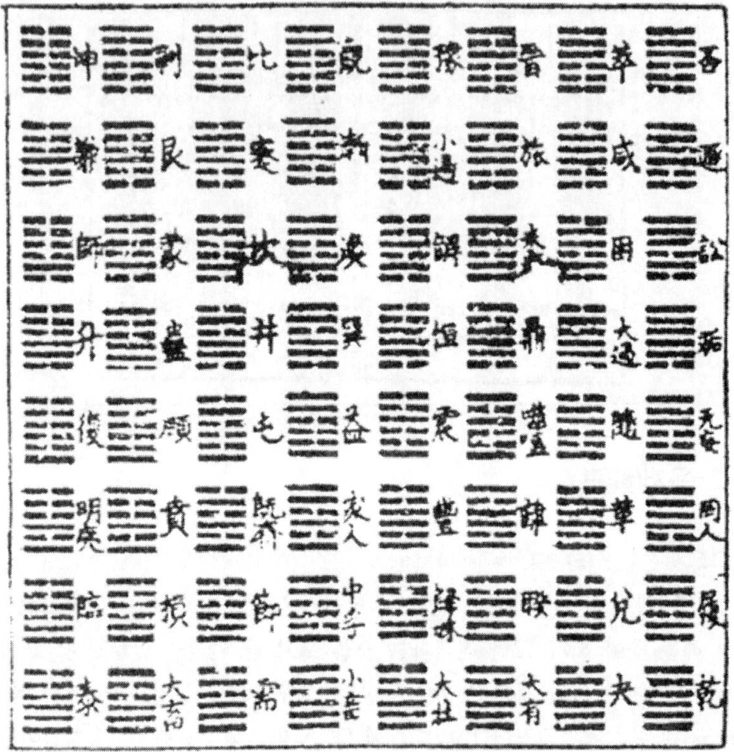

〈소도경전본훈(蘇塗經典本訓)〉에, 「치우천황(蚩尤天皇) 때 화서(花書)가 있었고, 투전문속(鬪佃文束)은 바로 그 흔적이다.」라는 말을 참고하면, 화서(花書)는 아래의 그림과 같은 형태의 것이었으며, 그것이 간단히 정리된 것이 전목(佃目) 10개의 숫자가 아닌가 한다. 그러면, 투전목(鬪佃目)과 고대 숫자에 관한 기록을 살펴보자.

[예시 물 7-31] 투전목의 일부

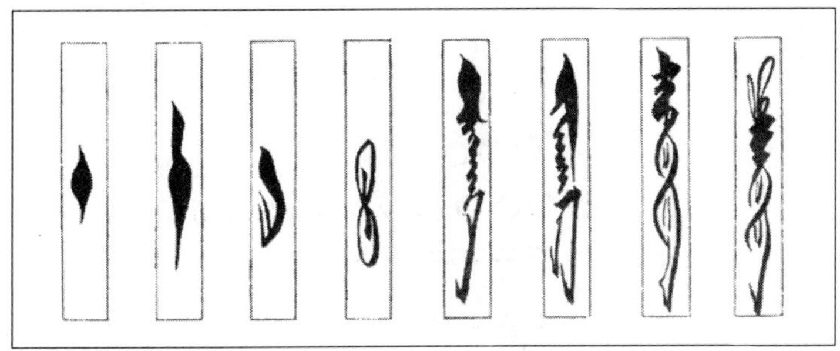

투전(鬪佃)은 종이로 만든 쪽의 일종이다. 사람, 물고기, 새, 꿩, 말, 노루, 토끼 등 1에서 9까지가 있다.

신시(神市) 때에는 산목(算木)이 있었다. 부여(夫餘) 때에는 서산(書算)이 있었다. 그 산 목과 전 목은 아래 표와 같다.

[예시 물 7-32] 산목과 전목

그 산목(算木)은 「— ═ ≡ ≣ ㅣ [illegible] [illegible] [illegible] X」이다(蘇塗經典本訓).
그 전목(佃目)은 「[illegible]」이다(蘇塗經典本訓).

이 산 목이나 서산들은 인도의 나가(Naga)족의 신성 기호와 관계가 있을 것이다.

[예시 물 7-33] 나가의 숫자 기호

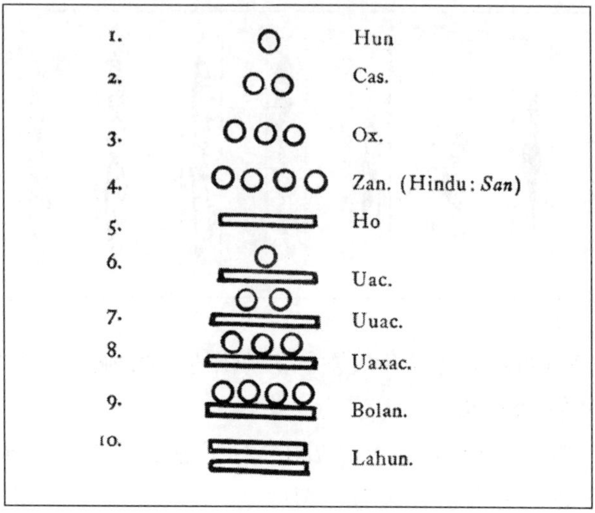

1. Hun
2. Cas.
3. Ox.
4. Zan. (Hindu: *San*)
5. Ho
6. Uac.
7. Uuac.
8. Uaxac.
9. Bolan.
10. Lahun.

나가족과 마야족의 1에서 9까지의 숨은 뜻을 살펴보자.

영어	나가(Naga)	마야(Maya)	숨은 뜻	천부경(天符經)
1.	훈(Hun)	훈(Hun)	우주	양(陽), 우주, 창조주, 하늘
2.	카스(Cas)	카(Ca)	두 신	음(陰), 양(陽), 2 기
3.	옥스(Ox)	옥스(Ox)	신의 힘	천지의 합으로 인(人)이 탄생
4.	산(San)	칸(Can)	네 우주의 힘	기(氣), 화(火), 수(水), 토(土)
5.	호(Ho)	호(Ho)	올 미래	5행(화, 수, 목, 금, 토)
6.	우악(Uac)	우악(Uac)	사물을 배열	어머니 수
7.	우우악(Uuac)	우우악(Uuac)	창조칠요(七曜)	일, 월, 화, 수, 목, 금, 토
8.	우아하흐(Uaxax)	우아하흐(Uaxax)	인간탄생	8괘(卦)
9.	보란(Bolan)	보란(Bolan)	만물의 자전	완성의 수
10.	라훈(Lahun)	라훈(Lahun)	하나 속의 둘	본 자리로 회귀, 1=10

/한/과 /훈/은 음도 같지만 뜻도 공통된다.

아놀드는 그의 〈도박백과(賭博百科)〉라는 논문에서, 최초로 카드를 사용한 곳은 한국이며, 화살 그림을 그린 갸름한 카드 즉 투전(鬪箋)이 카드의 시조라 했다. 극동(極東) 여러 나라의 유희(遊戲)를 조사한 부루크린(Brooklyn) 박물관 관장 S. 크린의 보고서에 한국의 투전(鬪箋)을 서양 카드의 뿌리로 추정했으며, B. 아네스도 이 세상 최초의 카드는 한국의 투전이 아니면, 중국의 화폐(貨幣), 인도의 장기 가운데 하나일 것이라고 주장했다.

7.5.4 가림토문자(加臨土文字)와 한글

가림토 문자에 대하여 임 승국님은 /가림/은 사물이나 뜻을 분명하게 밝히는 것으로 해독하고, /토/는 토씨를 뜻한다고 말하고 있으나, /토/는 "점토(粘土)"를 말한다. /글/의 어원에 대하여 살펴보면, 금을 그리다 에 서의 /긋/과 /그리/는 금을 그어서 일정한 말을 점토판과 같은 것에 쓴다는 뜻이다. 그러므로 /가림토/는 "점토판 위에 금을 그어서 글을 쓰다"라고 해독된다. 우리는 옛날부터 말을 쓰는 것을 /글/이라고 하고, 그것을 쓰는 도구를 붓이라 하며, 그것을 쓰는 행위를 쓴다고 한다. 이 세 개의 낱말은 순수하고 고유한 우리말일 뿐 아니라, 그 어원을 살펴보면, 옛 선조들의 글자 생활을 이해할 수 있다.

〈삼국사기, 권 37〉에 고구려의 고장 이름의 하나인 문현(文峴)을 /근시파혜(近尸波兮)/라고 했으며, /거시바히, 거리바히/에 대한 소리 옮김이며, /문현/은 그 말에 대한 뜻 옮김이다. /거시/로 표기된 /거시, 거리/는 /글/을 표기한 옛 말로서 /문현/에 대응된다. /글/은 /긋/에서 파생된 말이다. /긋/은 옛 날에 /귿/으로 표기하였다. /귿/의 받침소리가 /ㄷ-ㄹ/의 교체 법칙에 따라 /ㄹ/로 바뀌어 /글/이 되었다. 우리말에서는 /듣고-들으니/, /묻고-물으니/에서 보는 것처럼 /ㄷ/이 /ㄹ/로 바뀌는 법칙이 있다. /그림/이란 말도 /긋다/에서 파생된 것이다. 결국 글이란 "금을 그어서 쓴 것"이란 뜻이다. 붓이란 말도 고유한 우리말이다. 붓이라 한 것은 곧 옛날에 글을 처음 쓰기 시작할 때 쇠나 나무 막대기 같은 것을 불에 태워 가지고 금을 그었기 때문에 생긴 말이다. /부수,부루/는 /붇, 붓/ 등의 이형태이다. /봇/이란 /불(火)/에서 생긴 말이다.

/쓰다/는 불에 태운다는 말로 /사르다, 살다/에서 생긴 말이다. 15세기 문헌에 /살다, 사다/로 기록된 예를 볼 수 있다. 수메르 말에도 /sar/해서 "쓰다"의 뜻이 있다. 이와 같이 쓰는 도구와 행위를 나타내는 세 낱말이 우리 고유의 말이므로 한문이 삼국시대에 들어오기 훨씬 이전에 옛 문자가 있었다는 것을 증언하고 있다. 그러면 여기서 문제가 되는 것은 훈민정음은 집현전(集賢殿) 학자들의 독창물인가, 아니면 가림토문자를 근거로 하여 개작한 것인가? 이것을 알아보기 위하여 집현전 학자들의 말을 들어보자. 〈세종실록(世宗實錄)〉에 보면, 「……새로 스물여덟 자를 만드나니 제자의 원리는 발음 기관의 모양을 본뜨고, 글자체는 옛 글자를 모방하였다. (象形而字倣古篆)」고 했다. -鄭麟趾- 또한 崔萬理의 상소문을 보면, 「설혹 말하기를 언문은 다 옛 글자를 본뜬 것이고, 새로 된 글자가 아니라 하지만, 글자의 형상은 비록 옛 전자(篆字)를 모방하였을지라도 음을 쓰고 글자를 합하는 것은 모두 옛 것에 반대되니, 실로 의거할 곳이 없습니다.」 라고 했다. 한글의 기원에 관하여 세종대왕은 "언문개본고자(諺文皆本古字)"라 즉 "한글은 모두 옛 자라"하였으니 이 옛 글자가 가림토문자 외에는 어느 문자도 있을 수 없다는 것은 분명하다. 가림토 정음의 모음체계는 훈민정음의 체계와 완전히 같고, 자음은 ㄱ, ㄴ, ㄹ, ㅁ, ㅇ, ㅈ, 등의 음성표기체가 같으니, 가림토문자가 위작이라는 논쟁은 있을 수 없다. 필자는 한글이 가림토문자의 자체를 모방하였다는 사실을 확신하고 있다.

더욱 호기심을 끄는 것은 가림토 정음 38자와 같은 자모로 된 기록물이 이 나라가 아닌 외국에서 발견된다고 하는 사실이다. 만약 가림토문자가 위작이라면, 일본의 신대문자(神代文字), 인도 구자라트주의 간판에 새겨진 글자, 볼리비아에서 발견된 가림토와 비슷한 문자 등의 연구가 널리 되어서 가림토의 정체를 밝혀야 할 것이다.

일본의 사학자 吾鄕淸彦은 가림토와 글자 모양이 비슷한 소위 신대 문자(神代文字)라고 하는 아히루(阿比留) 문자가 쓰시마(對馬島) 및 그 외 많은 신사(神社)에서 발견되었다고 했다. 일본에 한자가 들어가기 훨씬 이전에 아히루 가문에서 이 문자를 사용하였다고 그는 주장하고 있다. 에도(江戶) 말기 일본의 국학자 히라다 아쯔다네(平田篤胤)는 신대 문자는 신대(神代) 때부터 창제되어 내려 왔다고 한다. 일본의 고대사를 알리는 두 권의 유일한 책, 고지기(古事記, 712)와 니혼쇼기(日本書記, 720)의 내용을 보면, 「이사나기노미코도(伊奘諾尊)와 이사나미노미코도(伊奘册尊)의 사이에 아마데라스오미가미(天照大神), 쯔꾸요메노미코도(月讀命), 스사노오노미코도(素盞鳴尊) 세 자녀가 있었다. 스사노오노미코도는 아버지 이사나기노미코도의 명령에 복종하지 않고 죽은 어머니 이사나미노미코도가 살았던 황천국(黃泉國)을 그리워했다. 이러한 광경을 본 아버지 신은 화가 나서 스사노오노미코도를 네노구니(根國)로 추방을 했다. 추방당한 그 신은 누나가 사는 다가마하라(高天原)에 고별인사를 하러 갔다. 동생이 많은 군사를 데리고 오는 광경을 본 누나는 자기 나라에 쳐들어오는 것으로 착각하고 천(天)의 암호(岩戶)에 숨어버렸다. 이 신은 태양신이기 때문에 온 세계가 암흑과 악령(惡靈)의 천지가 되어 버렸다. 이때에 아메노꼬야네미코도(天兒尾根命)가 신대 문자를 창제하여 신전에 주문(呪文)을 올리고 제사를 지냈다.」고 한다. 이 찬미의 신인 아메노꼬야네미코도의 후손인 쓰시마(對馬島) 복부(卜部) 아히루(阿比留) 가문에 전하여 내려오는 문자이기 때문에 아히루 문자라고 했다. 또한 아히루모지(天日字)라고도 한다. 일본의 많은 신사에 모셔져 있는 이 신대문자는 의심의 여지없이 가림토문자와 자체가 같다.

[예시 물 7-34]
戶隱神社文字

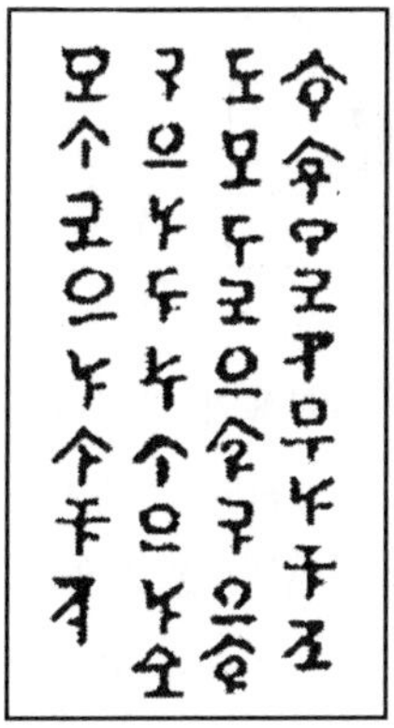

[예시 물 7-35]
須賀神社文字

[예시 물 7-36]
神鏡文字

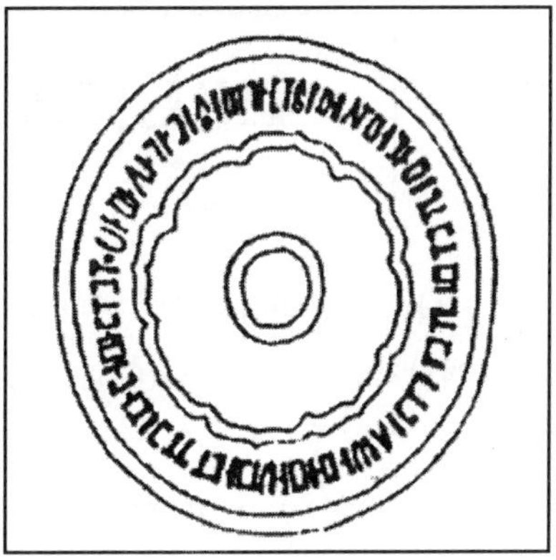

[예시 물 7-37] 神宮文庫古字

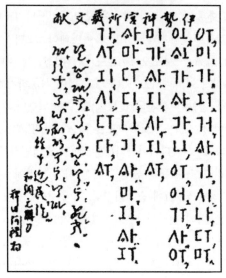

인도의 구자라트 주에 한글 모양과 닮은 자음 가운데, ㄱ, ㄴ, ㄷ, ㄹ, ㅁ, ㅂ, ㅅ, ㅇ 등이고, 모음은 ㅏ, ㅑ, ㅓ, ㅕ, ㅗ, ㅛ, ㅜ, ㅠ, ㅡ, ㅣ 10자 모두가 같다. 그리고 바도다라 시의 간판 글자가 한글이었다는 것이다.

[예시 물 7-38] 바도다라시의 한글 간판

레니에리리구에

또한 남미 볼리비아에서도 가림 토 정음 38자와 비슷한 글자체가 보인다고 한다. 파라과이의 구아라니(Guarani) 인디언들이 약초로 복용하던 스테비아(stevia)라는 이름을 인디언 글로 한글 자모 /꽥/이라고 다음과 같이 쓰고 있다. 「The principal importance of Ka 꽥e'e is due to the possibility of substituting it for saccaharine. It presents these great advantage over saccahrine.」

가림토 정음의 실체의 진위에 대하여 논쟁이 많지만 가림토 정음, 한글, 외국에서 발견되는 닮은 문자들의 맥락을 어족 설과 더불어 깊이 연구해야할 과제이다.

가림토정음과 훈민정음을 비교하면 다음과 같다.

[예시 물 7-39] 가림토 정음과 훈민정음의 비교

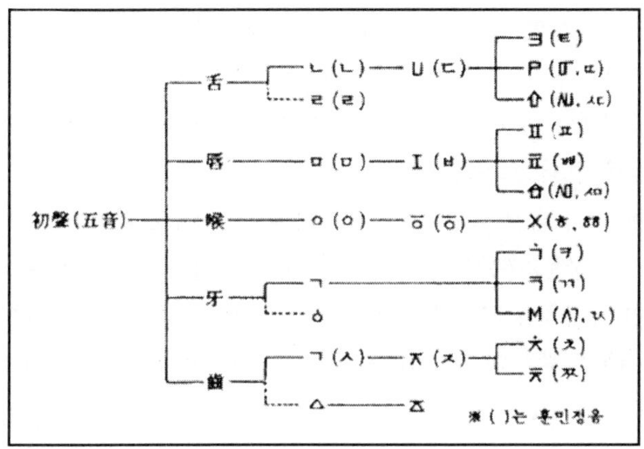

[예시 물 7-40] 훈민정음 자음도

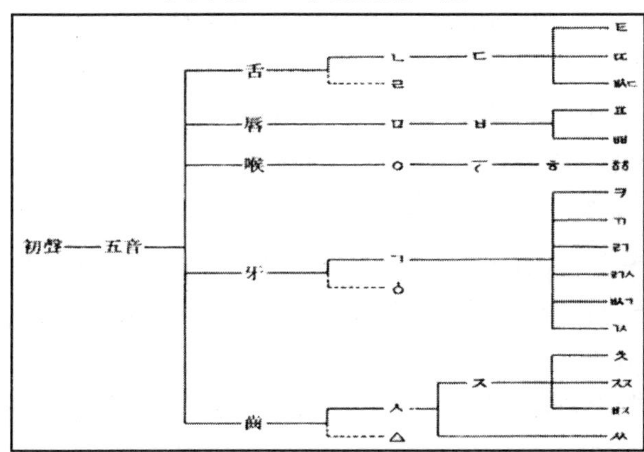

위 표에서 보는 바와 같이, 가림토문자 38자에서 10를 줄여 훈민정음 28자가 되고, 다시 4자를 줄여 지금의 한글 24가 된 것이다.

〈평양지〉에는, "법수교(法首橋)밑에 비문이 있는데, 언문도 범문도 전문도 아닌 글로서 사람이 깨달아 알 수 가 없다. 선조 16년 2월에 법수다리에 묻힌 돌비를 캐내어 본 즉 세 조각으로 잘렸는데, 그 비문은 예서(隷書)가 아니고 마치 법서와 같았다. 혹은 말하기를, 이는 단군 때 신지(神誌)가 썼다는 것이 이것이 라고 하였다. 세월이 오래되어 없어졌다"고 했다.

문화류씨보(文化柳氏譜)에도, "왕문이 글자를 썼는데, 전자(篆字)같기도 하고 부적 같기도 하다"고 했다. 류보는 단군과 깊은 인연이 있는 황해남도 구월산(九月山) 일대의 고장인 옛 문화현(文化縣)을 관향으로 하는 류씨의 오래된 조보라는 뜻에서 더욱 우리의 관심을 끈다.

권덕규(權悳奎) 님은 법수다리 밑의 비문이나, 남해도 바위에 새긴 글자나 일본의 에조의 수궁문자(手宮文字)를 모두 고대 북방의 민족이 사용하던 문자로 추단하고 있다(김윤경 저 〈새로 지은 국어학사〉, 을유문화사, 1963).

〈소도경전본훈(蘇塗經典本訓)〉을 따르면, "부여인 왕문(王文)이 쓴 〈법류부의전〉이 있다고 한다. 왕문은 12 B. C.의 부여 사람으로 번거로운 자획을 대폭 축소하여 글자를 만들고, 그것을 이용하여 성음표기법(聲音表記法)을 써서 이두문을 개발하였다"고 했다.

또한 같은 책에 "자부(紫府)의 내문(內門), 태자 부루(扶婁)의 오행(五行)은 모두 환단(桓檀)에서 나온 것이다. 은학(殷學)과 한문은 대개 왕문의 유범(遺範)이다.........부여인 왕문은 처음에 글자를 번거롭게 만들었으나, 점점 그 획을 생략하여 새로운 글자를 만들었다. 진나라 때에 정막(程邈)이 왕문의 글자를 얻었다. 또 그 획을 가지고 약간 바꾼 것이 지금의 한문 팔분체(八分體)이다. 진나라 때에 왕차중(王次仲)이 또 해서(楷書)를 만들었는데, 차중은 왕문의 후예이다. 지금 문자의 기원을 연구하여 보면, 모두 신시에서 나왔으며, 한자도 역시 그 지류를 이어 온 것이 분명한 것이다"고 기록했다.

한글은 발성기관의 상형(象形)이라는 점에서 그 우수성을 발견할 수 있다. 훈민정음에 수록되어 있는 한글 제자의 해설은 다음과 같다.

1) 牙音 ㄱ 象各根閉喉之形(아음 ㄱ 상각근폐후지형)
舌音 ㄴ 象各附上齶之形(설음 ㄴ 상각부상악지형)
2) 脣音 ㅁ 象口形(순음 ㅁ 상구형)
齒音 ㅅ 象齒形(치음 ㅅ 상치형)
3) ㅋ 比 ㄱ 聲出梢厲故加畫 ㄴ 而 ㄷ ㄷ 而 ㅌ ㅁ 而 ㅂ ㅂ 而 ㅍ
ㅅ 而 ㅈ ㅈ 而 ㅊ ㅇ 而 - 而 ㅎ 其因 聲加畫之意皆同
(ㅋ 비 ㄱ 성출초여고가화 ㄴ 이 ㄷ ㄷ 이 ㅌ ㅁ 이 ㅂ 이 ㅍ
ㅅ 이 ㅈ ㅈ 而 ㅊ ㅇ 이 ㆆ ㆆ 이 ㅎ 성가화지의지의개동)
4) 半舌音 ㄹ 半齒音 - 亦象各齒之形而其體無加畫之意焉
(반설음 ㄹ 반치음 △ -역상각치지형이기체무가화지의언)
5) · : · · · 形之圓 象乎天也(형지도 상호천야)
- : · · · 形之平 象乎地也(형지평 상호지야)
ㅣ : · · · 形之立 象乎人也(형지립 상호인야)

위 상형의 기초와 생성조직을 풀어보면 다음과 같이 과학적이다.

	자음배열	모음배열
어금니소리	ㄱ>ㅋ[ㅇ]	ˋ - ㅣ
혓소리	ㄴ>ㄷ>ㅌ	ㅣ · >ㅣ:
입술소리	ㅁ>ㅂ>ㅍ	· ㅣ>:ㅣ
잇소리	ㅅ>ㅈ>ㅊ	ㅗ>
목구멍소리	ㅇ>ㆆ>ㅎ	->ㅇㅇ
	ㄹ,△	ㅗㅗ · · ·· ¨ ::

한글 자형의 특징은

1) 원점 : .
직선 : ㅣ -
일각 : ㄱ ㄴ ㅅ
원 : ㅇ

2) 원점과 직선의 조합
원점, 원, 직선의 조합
(ㆍ̵1ㆍ ㆎ ㅢ ㅐ ㆍll :ll ㅞ)
원점, 원, 직선의 조합
ㆆ ㅎ ㅇ
각, 직선, 원점의 조합
ㅋ ㅌ ㅁ ㅂ ㅍ ㅈ △ ㅐ ㅊ

매우 단순화된 조합의 원리를 이용한 것이며, 5획을 넘지 않는 이상적 자형이다.

위 ㅇ, -, l 즉 천(天), 지(地),인(人)의 상징은 천지인 일체의 천부경의 사상에서 철학적 개념을 얻었다고 볼 수 있다. 한글은 집현전 학자들의 독창적인 면이 있지만 문자 발달의 유산을 이어 받았을 것이며, 여러 언어들의 문자를 연구해서 그 원리를 참고했을 것이다.

필자는 가림토 정음의 실체를 인정하는 편에서 다음의 몇 가지 점을 제의하고자 한다.

1) 언문의 창제에 관여한 세종대왕, 정인지, 최만리 등이 언문은 옛 자의 차체를 본떠 만들었다고 하였다.
2) 그림문자>상형문자>포의문자>기호문자 등 세계 언어의 문자 발달과정을 보아서 녹서, 우서, 용서, 화서, 신전(갈림토문자)로의 발전과정이 자연스럽다는 점이다.
3) 만약 가림토문자가 허위라면 앞에서 언급한 일본의 신대문자, 양사호 문화권의 빤포유적기호, 라우안유적기호, 인도 구자라트주의 간판에 새겨진 글자, 남미 보리비아와 에서 발견된 이와 비슷한 문자 등의 연구가 널리 되어서 가림토문자와 한글과의 역사적인 관계에 대한 논쟁이 이루어져야 할 것이다.
4) 최만리는 세종대왕이 언급한 "古字"를 漢字의 고자로 이해하고 한글이 한자의 고자와는 음을 빌려 쓰고 자를 합하는 것이 전혀 맞지 않는 다고 세종대왕에게 공박하였으며, 나아가서 최 등은 한자를 빌려 쓰는 이두(吏讀) 사용을 옹호했으나 세종은 이두는 한자음과 다른 음이라고 하여 그의 주장에 대한 부당성을 역설했다. 그 고자라는 것이 최 등이 밝힌 한자가 아니라는 것이 자체를 보아서도

분명하다.

5) 훈민정음 창제에 공헌한 신숙주의 후손인 신경준은 〈훈민정음해례〉에서 훈민정음이 나오기 이전에 신시시대부터 통용되는 고대문자가 있었다고 했다.

6) 15세기 이후 금지서가 되었던 〈삼성기〉에는 단군 때에 신전(神篆)이 있었다고 하였고, 이맥의 〈태백일사〉에도 단군시대에 신지 전서가 있었는데, 그 글자가 태백산, 흑룡강, 청구, 구려 등의 지역에서 널리 썼다고 했다. 또한 지금의 한자는 부여인 왕문의 법류부의전(法類符擬篆)에서 파생된 것으로 기록하고 있다.

우리 겨레의 상고사와 더불어 문자의 역사를 광복하기 위하여 다음과 같이 문자 발달의 계보를 시대별로 정리하고자 한다.

1) B. C. 67,080~B. C. 3,898: 신지(神誌) 혁덕(赫德)의 녹도문(鹿圖文) 그림 문자, 나아칼(Naacal)의 점토판 문자(파미르고원의 마고 성 시대>황궁, 유인의 천산 주 시대>환인의 적석 산 시대>환웅의 태백산 시대)
2) B. C. 3,800경: 자부(紫府)의 우서(雨書), 세로쓰기 기호 문자(홍범황극내편(洪範皇極內篇) 참조)
3) B. C. 3,500~B. C. 3,300: 태호(太昊) 복희(伏羲)의 용서(龍書), 복희의 64괘(卦) 역(易)의 부호와 같은 가로 쓰기 문자
4) B. C. 3,300~B. C. 2,707: 치우(蚩尤) 시대의 화서(花書), 전목(佃目) 및 산목(算木)
5) B. C. 2,181(3세 단군 가륵): 가림토 문자(加臨土文字), 음소 문자(音素文字)로 발달(루운 필기체, 양사오문화유적기호, 인도의 구자라트주 문자, 일본의 아히루 신대 문자, 남미 볼리비아, 파라과이 문자)
6) A. D. 1,443(세종 25년): 훈민정음(訓民正音) (부여시대의 王文文字가 漢文의 시원

08...

한겨레의 역사와 문화의 뿌리를 찾아서

한 겨레 정신문화의 뿌리

우리는 분열에서 통일로, 상극에서 상생으로 대자연의 이법과 순리에 따라 평화로운 세상을 꾸려가야 할 것이다. 인간은 순수한 감정을 잃지 않고 자연의 신성을 눈으로 직접 보고 두 귀로 들으면서 끊임없이 교감해야 한다. 그러나 상극의 질서를 바탕으로 인류문명이 발달하면서 인간 세계에 악이 들어오고, 인간은 차츰 진리의 근본에서 멀어져 닫힌 우주의 거대한 어둠 속에 갇히게 되었다. 모든 인간이 우주 공간에 온 대 광명으로 충만한 신과 더불어 살아가야 한다. 신은 조화요 모든 존재의 근원이며 그 본성이 빛이다. 삼신하나님은 만물 생명의 근원이며 자연 질서의 뿌리로서 영원한 생명과 빛의 본원이다. 대 광명으로 충만한 우주의 중심에 계시는 천지만물을 낳으신 창조주와 하나 되며, 대자연의 도를 터득하여, 조화와 상생의 평화가 이 땅에 뿌리 내리게 해야 할 것이다.

피타고라스는 "인간은 자연 그 자체의 구조의 한 부분" 이라고 했다. 자연은 사람에게 가장 큰 스승이며, 자연은 숫자에 의해 다스려진다고 가르쳤다. 그는 자연에는 하모니가 있다고 했으며, 자연의 다양성 속에 통일이 있고 그 나름대로의 언어가 있으며, 그 것이 곧 숫자라고 했다.

하나님은 모든 것을 만들고 구성, 진화의 과정을 거쳐 빈틈없는 법칙과 이치에 맞도록 이 우주를 창조 했다. 우주 속에 삼라만상의 생성과 구성 그리고 진화는 하늘의 이치에 따라 이루어진다. 이것이 천리(天理)요 천도(天道)이다. 홍(洪)은 하늘과 땅의 큰 법이며, 법은 하늘과 땅과 사람의 원칙을 말한다. 이 도의 등불은 동방에서 나온다고 했고 이 진리의 등불을 높이 들고 전 세계를 환하게 비추어야 할 것이다. 하늘을 공경하고, 땅의 고마움을 알고, 사람답게 지구촌의 한 형제로서 평화롭게 살아야 한다는 것이 우리 인류가 지향해야 하는 세계이다.

태초 이래 가뭄과 홍수, 대지진 같은 자연 재앙, 끊임없는 전쟁, 인간 스스로 지은 죄업과 무지로 인하여 빚어진 상처와 좌절 등 많은 고통을 겪고 있다. 분열된 정치권과 빈부 격차에서 오는 소외감, 억압과 불신, 미래에 대한 불안감으로 점점 삶의 의의를 잃어가고 있는 현대인들에게는 자연의 순리에 순응하는 것, 남과 같이 상생하는 열린 마음이 평화로운 지구촌을 건설하는데 소중한 진리가 된다.

사람은 天一1인 성(性) 즉 영각(靈覺)의 이(理)에서 마음을 얻고 地-1인 명(命)은 음양의 에너지에서 생명을 얻고, 人-1인 정(精)은 운동의 이에서 몸을 얻어 비로소 이 세상에 태어난다는 진리를 말씀하고 있다. 따라서 이렇게 태어난 사람은 天, 地, 人 즉 性, 命, 精이 하나로 합쳐서 된 영적인 실체로서 만물 중의 영장이며 우주의 중심에 위치하고 있는 것이다.

따라서 사람은 하늘을 공경하고 조상을 숭배하고 사람을 사랑해야 한다는 것은 천륜이요 인륜인 동시에 이 나라 민족으로서의 정통윤리관인 것이다. 우리의 정통 윤리관은 경천사상(敬天思想), 숭조사상(崇祖思想), 애인사상(愛人思想)으로 구성되어 있다.

만물은 태초의 하늘과 땅, 음양 천지부모가 교합한 상태를 태극(太極)이라고 하는데, 그래서 1수는 성부를 말하며, 2수는 성모를 말하며, 이 둘이 결합함으로 아들이라는 성자 개념의 3수를 낳은 것이다. 이 3수가 천지인 창조의 기본 숫자로 성삼위(聖三位)이면서 바로 동양 철학이 말하는 삼태극(三太極)의 원리다.

우주를 움직이는 근원적인 힘은 4개로 양은 나무와 불, 음은 쇠와 물로 이것을 사상(四象)이라고 하고, 이 사상이 4 시공(時空)으로 전개될 때 네 방위가 된다는 것이다. 이러한 우주원리로 우리 인체에서는 사 지가 있어 십자, + 의 모양으로 이 사지의 우주력은 한 뿌리의 조화 기운 중성, 흙으로부터 흘러나와서 현상 세계를 작용 변화 시켜 나간다는 원리이다. 음양오행설을 바탕으로 동방의 성인 우리의 국조 단군왕검이 세운 천손의 도 맥은 중앙 5,10 흙에 나온 조화성으로 중앙황색봉황(中央黃色鳳凰) 조하를 나타내며, 상징이 봉황이다.

또한 1은 하늘 님, 창조주, 만물의 주재자, 조화신, 천제, 천심, 하늘의 성리(性理), 자연의 이법 등 넓은 뜻이 있다. 경천의 뜻은 천부경의 철학인 진리대로, 순리적으로 천륜을 어김이 없이 건전하게 살아가는 것을 말 한다. 또한 조상을 기리는 효는 인본주의의 핵심이다. 나아가 인간을 높은 존재로 보고 인권과 존엄성을 존중하며, 사람이 사람답게 살아 갈 수 있는 행복을 누리며 함께 더불어 잘 살자는 뜻이다.

홍익인간의 가치관은 그 속에 전 인류의 화합과 번영을 추구하는 인간의 존엄성과 자유 평등을 지향하는 인본주의를 내포하고 있을 뿐 아니라 기독교의 사랑, 불교의 자비심, 유교의 인 사상도 포함하고 있다. 나의 생명의 근본을 찾아 역사의 뿌리와 진리의 근원으로 돌아가야 한다.

예수에게는 바이블이 있으며, 부처에게는 불경이, 마호메트에게는 코란이 있다. 그렇다면 신교(Shamanism)의 경전은 천부경이라 할 수 있다. 스테파노프(Stepanov)는 불교가 신교의 영향을 받았다고 했다. 그에 따르면, 석가모니는 샤먼이며, 셔먼의 법전이 바라문교나 라마교 그리고 여러 종파의 근본이 되었다고 주장했다.

불교의 상징인 원 수레(原乘)는 아마도 북이었을 것이다. 그러면, 천부경과 불교 두 사상을 비교하여 정리해 보자.

천부경(天符經):	천신(天神)☞3신 창조하는 신(造化神), 가르치는 신(敎化神), 다스리는 신(治化神)
불교:	여래불☞세 수레☞듣고 묻는 수레(聲聞乘), 인연을 깨달은 수레(緣覺乘), 남에게 베푸는 수레(菩薩乘) 세 몸☞법신(法身), 화신(化身), 보신(報身)
천부경(天符經):	하늘 신☞세 신조화신(造化神), 교하신(敎化神), 치화신(治化神))
성경:	여호와☞세 위(성신(聖神), 성부(聖父), 성자(聖子))

앞의 비교 내용을 통하여 모든 종교 사상이 어디에 근거를 두고 발전했는지 알 수 있을 것이다.

먼저 기독교에 관하여 살펴보도록 하겠다, 저자의 책 〈수메르·이스라엘문화를 탄생시킨 한민족〉에서, 에덴과 천산, 마고성의 구조가 같다는 것을 설명했으며, 여호와는 모세가 받들어 모신 그의 조상신 여와(女媧)라고 말하였다. 〈구약성서 창세기〉2장 7절에, 「여호와 하나님이 흙으로 사람을 지으시고 생기를 불어넣어 사람이 생력이 된지라」하였다.

〈참전계경(參佺戒經)〉에는 「여와(女媧)님이 흙을 이겨 사람의 형상을 만들고 혼령을 불어넣어 7일 만에 이루어 마쳤다.」고 했다.

수메르 민족이 이스라엘에 정착하기 이전에는 파레스티나와 그 밖의 어느 곳에서도 야훼(Yahweh) 신앙의 흔적을 찾을 수 없고, 또한 그 이전의 문헌에서도 야훼라는 신명이 언급된 사례가 발견되지 않고 있다. 야훼라는 명칭이 모세 조상신들의 씨족 신에 적용되어 있던 예배상의 명칭이었는데, 모세가 이스라엘 하느님의 공식 명칭으로 신봉했을 것이라 추정된다. 여와는 태음력과 역(易), 하도(河圖)를 제정한 태호 복희의 후(后)이며, 복희는 환웅 5세 태우의의 황자이다. 우리나라 성경에는 여호아 라하고, 서양인 학자들은 Yawheh라고 한다. 모세가 입교한 여호아 신은 그 들의 먼 조상신 여와라는 사실을 추론케 한다.

서양 유대 족은 이스라엘 땅에 '사랑'이라는 성부 하느님의 영임을 나타내어 '나는 영이니'라고 말씀했고, 또 '아버지가 내안에 내가 아버지 안에 있 너 니라' 그리고 '나를 본 것이 하나님을 본 것이다'이렇게 말씀했던 것이지만, 하늘의 섭리를 헤아려 볼 수 없었던 그 시대 이스라엘 백성들은 예수가 감히 하나님과 자기를 동등하게 말한다고 하여 이단으로 내쳤고, 마침내는 야훼 하느님에 대한 불경모독죄로 십자가에 처형되고 말았던 것이다.

아직도 완전히 이해되지 못하고 기독교가 숙제로 안고 있는 성부와 성자와 성신이라 성삼위 일체론이다.

그러나 환웅천왕께서 가르쳐주신 하늘의 이치, 삼신천법(三神天法)은 하느님 신위는 비록 그 본질은 일체이지만 현실 역사에서 작용하는 주체적 입장은 아버지(聖父)와 아들(聖子), 그리고 어머니(聖母)는 엄연히 독립적으로 존재한다는 이러한 가르침이었다.

이렇게 우리 배달겨레는 조상신 환웅천제 하느님으로 하여 일찍부터 이러한 하늘의 섭리를 배워 왔다. 하늘에는 조하주 환인, '한얼님'이, 교화주 환웅,'한울님', 치화지 단군, '한알님'으로 삼신이 일체를 이루었다.

하늘을 주관하는 마고, 땅을 주관하는 궁희, 그리고 사람을 주관하는 소희, 이 삼위 신의 숭배 사상은 창조 주, 환인, 교화 주, 환웅, 치화 주 단군으로 이어져 전 세계로 전파되어 갔다.

포랜드의 수학자 프르노브스키는 "희랍의 문명은 동양의 문화권에 속 하며, 이 동양의 문명은 터키반도의 서쪽에 있는 미노레 섬에서 약 1.6km 떨어져 있는 사모스 섬을 통하여 희랍에 전파되었다"고 했다. 위대한 희랍의 철하자, 피다고라스는 이 사모스 섬에서 출생했으며. 이 섬에는 삼위 신을 상징하는 원, 방, 각이 새겨진 그의 동상이 서 있다.

하나님 사상은 천부경이나 성경도 같다는 것을 알 수 있다. 수메르 이스라엘 민족의 종교는 처음부터 일신교는 아니었다. 그들이 기도하는 신은 여호와만은 아니며, 수메르 제 3왕조가 있었던 바비론 지방에 그들의 월신 전(月神殿)을 세우고 달 신에 예배했으며, 우르 지방에서 출토된 청회색 도자기, 그들이 향한 순장(殉葬)의 장례의식 등 한민족과 같은 문화, 습속 등을 읽을 수 있다. 그들은 여호아 단일 신을 믿기 전에는 태양신, 월신, 페니키아신, 앗시리아신, 바비로니아신 등에 대한 예배도 있었다. 그들은 "어머니 나라" 마고성에서 믿었던 샤머니즘을 이어간 것으로 생각한다.

제사를 지낼 때 정결을 부여하는 세례는 유대교와 근동의 다른 종교에서 예부터 행해졌다. 예수는 요한에게 세례를 받았다. 기독교의 세례는 한국의 계불과 같은 것이었다. 오늘날 목욕재계라는 유습으로 아직도 우리 겨레의 예속으로 남아 있다.

위 비교한 내용의 근본적인 배경은 천부경의 천지인일체(天地人一體) 사상에서 찾아야 할 것이다. 그러면, 여기서 한 걸음 더 나아가 유학의 조종이라 할 수 있는 홍범구주(洪範九疇)에 대하여 살펴보자. 홍은 하늘과 땅의 큰 법이며, 법은 하늘과 땅과 사람의 원칙을 설명해 놓은 것이다. 공자의 「述而不作 信而好古」라는 말씀이 있다. 유교의 조종으로 알려진 공자에 의한 유교는 공자 자신이 창작해낸 종교가 아니라 어디까지나 동이들의 조상인 요순(堯舜)의 도를 믿고 따르면서 보다 구체적으로 정리해 놓은 것이 유교라는 것을 분명히 공자 스스로 밝히고 있다. 맹자도 요순의 도를 즐겨하고 숭상한 것이 유교라는 것을 공자 자신이 증언하고 있다고 했다. 유교의 핵심은 경천애민(敬天愛民)하며 하늘의 뜻에 따라 생활한다는 것이며, 생의근본이 하늘이라는 것을 말하고 있다.

우리겨레는 일찍이 인도반도, 파미르고원, 천산, 적석산, 태백산, 알타이 산에 진리의 등불을 밝혔으며, 이 등불을 〈성경〉에서는 "빛은 동방에서 온다."고 했고, 이 천부 진리의 등불을 높이 들고 전 세계를 밝힌 우리 겨레를 위해 인도의 시인 타고르는 "동방의 등불"을 노래하지 않았던가. 우리는 하늘에 부합되는 세상을 만들려고 하는 이상향(理想鄕)을 향해 사람을 구하려고 하고 있다. 하늘나라가 우주 공간에 있을까. 우주 공간에는 하늘나라는 없다. 다만 사람의 마음속에 있는 하늘나라를 지상에 실현시켰을 때 비로소 천지인일체(天地人一體)의 원리가 완성되는 것이다. 하늘을 공경하고, 땅의 고마움을 알고, 사람답게 살아가는 세계, 그것이 우리 인류가 지향해야하는 세계이다. 천, 지, 인 이념을 이해하려면 천산, 천주, 천간의 뜻을 이해하야 한다. 중국의 회남자(淮南子)의 〈천문훈(天文訓)〉에 따르면, " 공공(共工)과 전옥(巓砡)이 왕위를 차지하려고 다투며, 싸우다가 하늘 기둥이 부주산(不周山)에 부딪혀 끊어지고 천지의 모든 것이 동요되었다"는 것이다. 이 이야기는 20세기 초 중국의 유명한 극작가 곽말약(郭沫若)이 여와신을 주인공으로 하여 엮은 작품으로 인기가 있었다. 하늘 기둥은 하늘과 땅이 동요하지 않고, 안정을 지키도록 천지의 중앙에 세워져 있는 천하명산이다. 천지 사이에 천산이 서 있는 모양은 마치 王자의 기둥과 같다. 王자의 위 一은 하늘, 하 一은 땅, 중 一 은 사람을 상징한다. 중국의 강소성(江蘇省)에 있는 수메르산 과 곤륜산(崑崙山) 및 메소포타미어에 있는 수메르산은 천신산(天神山)이고 하늘 기둥 위에 장수가 변한 가루다가 앉아 있다고 한다. 천산은 정상이 하늘에 닿게 높이 솟은 산이며, 지방에 따라 천주산(天柱山), 수미산(須彌山) "金山", 알타이 산 "金山", 아라루 산 "北山", 백산, 박산(白山, 博山) "밝은 산", 에덴동산, 곤륜산이 모두 하느님이 세상을 주관하시는 천산이다. 몽골의 하늘 기둥, 한국의 솟대, 미국 인디언의 솟대(Totem pole)도 천산이다.

하늘 신은 자기와 동행하는 사람 즉 천, 지, 인이 지켜야하는 길을 가는 올바른 사람을 구원하시고, 인법지(人法地), 지법천(地法天), 천법도(天法道), 도법자연(道法自然) 즉 자연의 법도를 어기는 사람은 지옥으로 보내게 된다.

사람은 땅에 있는 법을 지키고, 하늘의 계시를 받는 법을 지켜 옳고 바르게 살면 구원을 받게 된다. 노아의 홍수, 〈엔릴의 영웅시〉에 기록된 홍수는 메소포타미아에서 일어난 홍수이고, 양자강(楊子江), 황하(黃河)에서 일어난 홍수는 중앙아세아에서 일어난 재앙으로 하느님의 뜻을 좇아 세상 만물을 지상에서 휩쓸어 버린다는 것이다.

아담의 10세 손 노아의 재세 시에 홍수가 대발했다. 그 홍수가 일어난 해가 2,348 B. C. 이다. 이 시기의 홍수로는 양자강 유역의 묘족(猫族)이 만난 홍수요, 다른 하나는 황하 유역의 요나라 황제가 겪은 홍수였다.

알타이 지방 이야기에서 말세의 홍수 때 천신의 사랑으로 구출된 사람의 이름 nama는 법화경(法華經)에 기록된 Nahannaman(尊者大號)의 naman과 같은데, 이 이름이 인도-유럽어의 name의 어원이 되었다. 말세의 홍수 때 구출된 사람의 이름이 세계의 여러 말에 분포되어 있다고 하는 사실은 파미르고원의 마고 씨족이 도처로 이동한 사실을 전하여 준다고 하겠다.

고기 영어	:	nama
화란어	:	naam
독일어	:	name
산스크릿어	:	naman
라틴어	:	nomen
희랍어	:	onoma
몽골어	:	nere
한국어	:	nirem
일본어	:	na

홍수가 아니라 큰 불로 지상의 모든 것이 멸망하였다는 이야기도 성경, 중앙아시아 또는 세계 도처의 것과 같다고 하는 사실은 이들의 역사적 관계를 시사

하고 있다.

〈부도지〉의 내용과 〈구약성서〉〈창세기〉의 몇 가지 내용은 원형이 거의 일치하고 있다. 〈부도지〉에는 마고성이 있으며, 〈구약성서〉에는 에덴동산이 있다. 두 곳이 다 낙원이었다. 그들은 다 같이 금하는 열매를 머고 낙원에서 추방당했다. 그러고 나서 홍수를 만났다. 그 곳은 원시 여권씨족사회였으며, 아버지 없이 아이를 낳는 단성생식을 했다. 〈부도지〉에 나타난 순수성과 원형성은 〈부도지〉의 사상이 〈구약〉의 원류였으리라는 심증을 더욱 굳혀 준다. 〈부도지〉의 선, 후천의 설정 및 천지창조, 마고성과 에덴동산, 홍수 이야기, 바벨탑의 와해가 아닌 높은 탑과 계단의 축조, 포도와 선악과 등에 얽힌 기록들은 〈구약〉보다 원초적이고 자연적이다.

예수교의 인간애, 불교의 자비심, 유교의 인 등의 정신이 올바르게 수행되고 있는 지 심히 염려 하지 않을 수 없다. 오히려 종교 간에 반목하고, 싸움하여 마침내 인류의 분열과 갈등을 일으키는 상호 파멸의 길을 가고 있는 것은 사실이다. 이러한 불행을 막기 위하여 세계적으로 종교 화합운동(The United Religion Initiative)이 일어나고 있다.

미국, 멕시코, 티벳 등을 누비며 인류의 샤마니즘을 연구해 온 독일의 칼바이트(H. Kalweit)는 본래 유(儒), 불(佛), 선(仙), 도(道), 이스람교, 기독교는 모두 샤마니즘에 연원을 두고 각기 지역과 문명에 따라 그 갈래가 나뉘었다고 하고, 그 때는 인간들을 가르치는 위대한 영적 스승이었으며, 하늘과 땅을 오르내리며 자연과 하나 되어 조화로운 삶을 산 그 신인들을 광명의 큰 무당, 화이트 샤먼(White Shaman)이라 했다.

세계의 모든 종교와 믿음은 삼신오제의 신교(Shamanism)에 그 연원을 두고 있다고 할 수 있다. 인간과 천지가 온전히 하나 되어 살아가는 새로운 천부경의 얼이 담긴 신교의 시대가 오고 있다. 신교는 상고시대, 즉 즉 파미르고원, 천산산맥, 태백산, 알타이산맥을 중심으로 번영했던 환국시대 이래로 우리 조상들이 받들어 온 겨레의 생활문화이다.

증산교(甑山敎)의 상생, 즉 인간과 신, 사람과 사람, 사람과 자연 사이에 갈등을 제거하려는 운동, 동학(東學)의 하늘과 사람의 합일 운동, 또한 원불교의 넷

자비심 즉 정각정행(正覺正行), 지은보은(知恩報恩), 불법활용(佛法活用), 무아봉공(無我奉公) 운동 등이 인류의 평화와 복지에 많은 기여를 할 것을 기대한다.

동서양 인류문화의 사조가 태고의 순수한 신교(神教, Shamanism)문하로 돌아가고 있다. 우리 겨레의 유형의 물질문명과 무형의 정신문화가 합일되고 인간과 천지가 하나 되어 살아가는 새로운 신교의 시대가 열릴 것이다. 이 신교는 한민족 혼의 고향인 동시에 인류문화의 모태였다.

인류의 태고 시대를 정의 한다면, 동서를 막론하고 신교문명의 황금시대였다. 그 때 인류는 공통된 신앙대상과 가르침을 갖고 있었다. 이는 아득한 옛날 태고의 숨결을 노래한 세계 각 민족의 신화 내용이 유사하다는 점에서 확인할 수 있다. 대자연의 품속으로 들어가 인간을 둘러싼 자연의 실상을 그려낸 신화 속에는 천지생명의 창조 원리와 순환 섭리가 신격화 또는 의인화되어 깃들어 있다. 신화의 정신을 모르면, 인류문명이 어디서 와서 어디로 가는지 알 수 없다.

하늘과 땅은 진리의 원형이자 인간 생명의 근원이다. 인간은 하늘과 땅에서 태어나 살다가 하늘과 땅으로 돌아간다. 따라서 인간은 자연의 변화를 떠나서는 존재할 수 없으며, 천지의 무엇인지를 깨치고 그 섭리를 이루어가는 삶을 살아야 한다.

천부경의 철학을 살펴보면, 태초 우주 자연법칙에서 비롯된 음양의 이치로 상생, 상극, 한 짝을 이루게 한 우주의 한 집에서 더불어 살아가는 아름다운 자연의 길을 안내하고 있다. 그러나 서양은 정신주의의 상실로 인간 정신의 혼란을 가져와 사람의 인격마저 달러로 추정하는 데까지 타락하였으며, 오늘날 동양의 도학에 관심을 크게 기우리고 있다. 그래서 서양이 낳은 철인이요 역사가인 토인비는 죽어 다시 태어난다면 동양철학에 심취해 보고 싶다고, "동양으로 돌아가라(Go back to the orient)라고 경고 했다.

지금 전 세계는 갈등과 분쟁으로 전쟁이 끊이지 않고 있다. 미움과 갈등의 악순환을 극복하고 상생의 평화로운 이상향을 건설해야 한다. 우리는 道의 진리의 등불을 높이 들어 온 세상을 밝혀야 할 것이다. 우리는 道에 부합되는 세상을 만들어 弘益人間, 理化世界의 정신으로 하늘을 공경하고, 땅의 고마움을 알고 전 인류가 형제자매처럼 사랑하고 사람답게 살아가는 세계를 건설해야 할 것이다. 전 인류가 원하는 이상세계, 싸움과 갈등이 없이 화합하는 세상의 문을 여는 열쇠가 바로 무위자연이다. 열린 마음으로 진리의 대장정을 떠나 보자. 열린 마음으로 道의 관문을 통과하면 마침내 무궁한 광명의 세계가 펼쳐지리라!

역사의 수레바퀴 속에서 어두움을 밝혀온 촛불의 눈물 같은 자연의 道는 하느님을 사랑하고, 이 땅을 사랑하고, 사람들을 사랑하라는 영원불멸의 진리를 엄숙히 선언한다. 참으로 진실하고 참으로 선하고 참으로 아름다운 도의 말씀이 자유와 평등과 사랑의 강물이 되어 동으로 흐르고 서로 흐르고 남북으로 흐르고 마침내는 온 세계로 도도하게 흘러갈 것이다.

수레바퀴가 돌면 길이 지나고 세월이 지나고 인간도 역사도 모두가 지나간다. 역사는 순리에 따라 물이 높은 곳에서 낮은 곳으로 흘러가듯 흘러가는 인간사임을 우리에게 전해준다. 그러나 사람들은 자기의 목적을 위하여 역사의 진실을 왜곡하고 있지만, 시공의 역사바퀴는 돌아 천지인 일체화의 사상시대에 이르렀으니, 홍익대도에 모두 함께 나아가 상극이 없는 세상을 창조해야 할 것이다. 홍익인간 이화세계 그 말씀대로 이 얼어붙은 이 세상을 녹여, 하나의 밝은 빛으로 우뚝 서야 한다. 깨끗한 마음은 깨끗한 생명력으로 그 가 터 잡은 이 우주를 깨끗하게 만들어 낼 것으로 믿는다.

09...

맺는 말

오늘날 우리 겨레는 우리의 선조들이 남긴 자취인 소중한 사료가 매몰되고 있습니다. 우리의 상고사는 신화나 전설의 베일 속에 거의 잃거나 잊어버리고 말았습니다. 모두가 주체성을 잃어버린 채 비틀거리고 있는 것이 아닐까? 우리는 먼저 지금 수 만년동안 우리의 선조들이 이룩한 역사와 문화의 뿌리, 그 실체를 찾는 일이 시급합니다.

중국은 이미 하상주단대공정(夏商周段大工程, 1,996-2,000)을 통해서 중국의 고사서 〈魏志〉에서 밝힌 기원전 2,333년 단군시대의 역사보다 약 300여년 늦은 하(夏)나라(기원전 2,070년), 상(商)나라(기원전 1,600년), 주(周)나라(기원전 1,046년)의 역사를 복원하였고, 이 공정을 성공적으로 마친 중국의 사회과학원은 후속 작업으로 2,000년부터 중화문명탐원공정(中華文明探源工程)을 진행하고 있다. 신화와 전설의 시대로 알려진 3황인 복희(伏羲), 신농(神農), 헌원(軒轅), 5제인 소호(小昊), 전욱(顚頊), 고신(高辛), 요(堯), 순(舜) 시대까지를 중국의 역사로 복원하여 그들의 역사를 1만전 즉 환인시대와 같은 연대의 10,000년 전으로 끌어올리고, 이를 통해서 중국의 역사가 세계 최고의 문명임을 밝히려는 거대한 프로젝트를 진행하고 있다. 2003년 6월 24일자 중국의 光明日

報에 "고구려는 중국 동북지방의 소수민족이며, 고구려는 중국역사의 일부분이다."라는 기사가 실렸다.

하나라 이전 이들 오제의 시대가 5백여 년 이었다고 〈史記〉에 기술되어 있다.

「史記卷一五帝本記 皇帝者 小典之子 註 色隱 爲五帝之首 系本並以 伏羲 神農 爲三皇 小昊 高陽 高辛 唐堯 虞舜 爲五帝 皇帝號有熊 以其本是 有熊國 君之子也 黃帝 都軒轅之丘因以爲名 索隱 小典者 諸侯國號 非人名也 八帝五百餘年」

황제는 유웅국 소전군주의 둘째 황자이며 수구(壽丘)에서 출생했는데, 수구는 노나라 지방의 동문 북쪽 지금의 연주 부곡현이라 밝히고 있다. 홍산문화 우하량(牛河梁) 유적에서 여인상이 발굴되었는데, 이 여신상이 나온 여신 묘에서 흙으로 만든 곰 아래 턱 뼈가 발굴되었는데, 단군 신화에 등장하는 웅녀의 원형일 가능성이 있다. 18세 거불단 환웅과 유웅국의 웅여 가 후가되었다는 사실을 알 수 있다. 단군의 외가가 유웅국이요, 헌원이 유웅국 출신이라는 점에서 더욱 호기심이 가는 대목이다.

더욱 〈산해경(山海經)〉에 따르면 삼황오제는 중국의 한족이 아니고 동이족이었다고 증언하고 있다. 이 들은 흰 옷을 입고 사는 숙신에서 배출된 인물들이라는 것이다. 대북 대 교수 서양지는 말 하 기리를 지금으로부터 4천여 년 전 은나라 대 이전뿐 아니라 은대 이후 의 주나라 춘추전국시대까지의 중원은 동이족의 활동지였다고 했으며, 산동 지방을 위시해 하남, 강소, 안휘, 호북, 하북 및 발해 요동반도 지방은 동이가 점유하고 있었다고 했다. 문헌상으로 숙신은 단군조선의 봉후 국에 수봉된 신지(神誌)의 후예들이라고 〈규원사화〉는 전하고 있다. 읍루, 말갈, 물길, 금, 여진족들도 같은 후예들이다.

황하문명의 유적은 하남성의 낙양 서쪽 양사오촌의 은나라 유적지에서 발굴된 채도(彩陶)와 산동성의 용산진(龍山鎭)에서 발굴된 흑도(黑陶) 문화가 있다. 서양지 교수는 동이는 원시 세석기문화 인이었다고 하고, 동이인 순은 흑도문화의 창시자였을 것이라고 했다.

이러한 때에 우리의 역사를 지키는 것이야말로 민족의 뿌리와 정체성을 지키고 민족적 자긍심을 지켜내는 실로 소중한 일임이 아닐 수 없다.

중원에서 활약한 영수들의 사적을 밝혀 중국의 대 공정에 맞설 우리의 상고사를 하루 속히 광복해야 할 것이다.

〈三聖紀〉에 따르면, 환웅과 반고(盤固)는 무리 3,000을 거느리고 새로운 삶의 터전을 찾아 이동하게 된다. 오늘 날 중가르 분지의 비단길의 요지인 우르무치 역에서 서안까지 깔려있는 철도 노선을 따라 가다가, 반고는 돈황의 납목동굴에서 도읍을 하게 되고 환웅은 섬시성(陜西省)의 태백산(太白山)에 도읍을 하였다. 환웅과 반고가 약 6,000년 전에 헤어져 각각 다른 곳에 정착하게 된 것이 중국사와 한국사가 분리되는 분기점으로 생각한다.

오늘 우리들은 우리의 역사, 문화와 얼의 뿌리를 찾는 일이 시급하다. 이와 같이 왜곡된 우리 국사의 광복이 절실하다.

일제(日帝)가 우리 민족을 그들의 영구적 식민 통치하에 두기 위해서 뿌리 깊은 우리의 역사를 먼저 잘라야 했다. 이것이 우리 민족혼을 말살하려는 그들의 침략정책이었다. 이제 우리는 '한얼' 사상의 보배로운 정신적 가치관을 되찾고, 면면이 이어온 우리 조상의 숨결과 정신을 되살려, 손과 손을 잡고, 나의 조국을 바로 세워야할 것이다. 우리는 유라시아 대륙 파미르고원에서 인류의 문화와 문명을 창조하여, 이 세상 동서남북 곳곳에 전파한 우리 선조들의 위대한 업적을 바로 찾아 알고, 이 튼튼한 역사의 뿌리를 디디고 민족중흥의 기치를 더 높여, 세계사의 주류 속에 뛰어들어야 한다. 그러므로 우리는 지나온 역사 속에서 사실들을 다시 조명해 봄으로써 왜곡 속에 묻혀 진 역사의 진상을 밝혀 우리 민족이 주체성이 있는 통일국가로 21세기 문명시대를 열어가는 세계화 주류 속에 주도적 역할을 해야 할 것이다.

그런데 오늘날 우리는 어떠한가? 뿌리를 같이하고 있는 동족끼리 그 사상을 달리하는 분단국가로 대립하고 있지 않은가. 민족주의란 독립의식이 있어야 한다. 그러나 그처럼 민족주의를 내세우며 민족과 나라를 사랑한다는 정치인들은 그것이 한낱 자신들의 영달만을 위해서 빌려 온 입 잔치에 불과했음을 그 들이 만들어 나온 역사의 수레바퀴가 말해 주고 있지 않은가 인류의 역사를 연구하는데 있어서 문자의 기록으로 남겨진 것을 중심으로 생각해 볼 때, 가장 오래된 옛날의 사료를 기록한 학자는 〈삼성기(三聖紀)〉를 남긴 원동중(元董仲)과 레무리아 대륙의 무(Mu)제국에 관한 사료를 제공해준 영국의 고고학자 제임스 처치워드(James Churchward)이며, 자료로는 작자를 알 수 없는 메소포타미아의 왕명 표이다. 이 세 사료들이 약 7만 년 전의 인류사에 관한 매우 중요한 정보를 우리에게 제시한 것으로 생각한다. 제임스 처치워드는 50년 동안 인도, 미얀마, 티벳, 이집트 등의 나아칼(Naacal)의 점토판을 발굴, 해독하여 그의 저서를 통하여 다음과 같이 말하고 있다.「나는 티벳의 사원에서 추정의 실마리가 되는 나아칼의 점토판을 발견했다. 그것에 따르면, 약 7만 년 전 나아칼이 어머니 나라의 신성한 책, 거룩한 영감의 책의 사본을 위글(Uigur)의 수도로 가져왔다.」고 했다. 또한 메소포타미아의 왕명 표에는「왕권이 하늘에서 내려와 먼저 에리두에 있었다. 에리두에서는 아무림이 왕이 되어 28,800년간 통치하였다. 아라르가르는 36,000년 간 통치하였으니, 두 왕은 합하여 64,800년간 통치하였다.」고 했다.

〈삼성기(三聖紀)〉에는「환인(桓因) 7세의 역년이 3,301년 혹은 63,182년이다.」라고 기록하고 있다.

증선지(曾先之)가 집필한 〈십팔사략(十八史略)〉은 반고의 뒤를 이은 황제로, 천황(天皇), 지황(地皇), 인황(人皇)을 들고 있으며, 인황씨와 그 들 씨족들이 150대를 이어 45,600 년을 집권 했다고 했다. 위 공통된 약 70,000년 전이라는 년대는 인류사가 파미르고원에서 시작되었음을 우리에게 알리고 있다.

미국의 생화학자 W. M. 브라운 교수는 18만년 내지 36만 년 전에 아세아의 대 협인(大俠人)이 황색, 백색, 흑색 인종의 조상이 되었을 거라는 가설을 내놓았다.

또한 〈환단고기(桓檀古記)〉에,「다섯 물건들 중에서 빼어난 것이 사람인데, 맨 처음에 한 남자와 여자가 있었으니, 나반(那般)과 아만(阿曼)이라. 서로 짝이 되어, 그 자손이 다섯 빛깔의 종족이 되니 황인종, 흑인종, 백인종, 남색인종, 홍인종이다」고 했다. 위 기록들은 인류사의 기원을 밝히는데 매우 중요한 정보를 시사하고 있다.

1경남 산천 군 지리산 천왕봉 밑 천왕사에는 마고(痲姑) 성모를 모시고 제를 오리고 있으며, 경북의 영덕에는 마고산(痲姑山)이 있다. 북한의 여러 지방에는 지석묘(支石墓)와 마고할미에 관한 전설이 아직까지 전하여 오고 있다. 중국의 고서 〈산해경(山海經)〉에도 「막고야산(藐姑射山)에 신인(神人)이 있었다.」고 했으며, 마고할미에 관한 전설이 중국에도 많다고 한다. 인류의 역사가 시작된 파미르고원의 마고성에 관한 사실은 묻혀 지고 있지만 이러한 마고 전설은 민초들의 입을 통하여 몇 만 년을 이어 전하고 있다.

파미르고원은 높이가 5,000m로서 "세계의 지붕"이라는 별명이 있다. 북쪽으로는 천산산맥(天山山脈)이 동서로 뻗어 있으며, 남쪽에는 곤륜산(崑崙山)이 역시 동서로 길게 뻗어 있다.

파미르고원의 /파+미르/는 "밝은 뫼"로 해독되며, 이 지방의 대부분은 타자키스탄의 고르노바다흐산주에 속하며, 동쪽은 중국의 신장웨이 우얼 자치구(新彊維吾爾自治區), 남서쪽은 아프가니스탄에 속해 있다.

마고의 세계는 다음과 같다.

마고(痲姑, 인류사의 시원) → 궁희(穹姬) → 황궁(黃穹) → 청궁(靑穹) → 소희(巢姬) → 백소(白巢) → 흑소(黑巢)

〈부도지〉에 따르면, 마고는 남편이 없이 궁희와 소희를 낳았고, 궁희와 소희 역시 남편이 없이 두 궁과 두 소를 낳았다고 하는 것을 볼 때, 마고 원시 사회는 모 권적 씨족 제(母權的氏族制)였다고 생각한다. 구석기시대의 초엽에는, 남녀의 혼인에 있어서도 란혼(亂婚)이 이루어져 자녀들이 아버지는 누구인지 알지 못하고 어머니를 중심으로 같은 혈연(血緣)의 무리가 형성되었을 것이다. 처치워드가 나아칼의 점토판을 해독하여 전하는 약 7만 년 전 나아칼이 영감의 책을 위글의 수도로 가져갔다고 했는데, 마고성에서 나아칼이 영감의 책을 위글의 수도로 가져갔다고 보는 것이 옳은 것 같다. 무(Mu)제국의 /무/와 마고성의 /마/가 "어머니"의 뜻으로 같은 어사라고 생각되며, 지리적으로도 위글의 수도는 그 당시 비옥한 땅이었던 고비사막에 위치하고 있었으니, 그 당시의 교통 사정으로

보아서 무 제국은 태평양에 있었다고 하기보다는 파미르고원으로 보는 것이 타당하다고 사료된다. 그러므로 필자는 마고성이 인류사의 시원지라고 밝혀왔다. 〈부도지〉에, 마고씨족 열두 개 파는 네 파로 나누어 이동을 시작했는데, 청궁씨족은 돈황(敦煌)이 있는 동쪽으로 이동하여 중원(中原)문명을 건설했으며, 백소씨족은 사마르칸드를 지나 서쪽으로 이동하여 중, 근동문명, 나아가 서양의 문명을 건설한 주인공들이며, 흑소 씨족은 남쪽으로 이동하여 인도 문명을 건설했으며, 황궁씨족은 북쪽 천산산맥 방향으로 이동하여 유인, 환인, 환웅, 단군으로 이어지는 우리들의 직계 조상이 되었다.

우리 겨레의 역사가 시작된 원시, 상고시대에 관하여 〈부도지(符都誌)〉와 〈환단고기(桓檀古記)〉에 따르면, 약 7만 년 전의 파미르고원의 마고성(麻姑城)시대, 황궁(黃穹) 씨와 유인(有因) 씨의 천산주(天山州)시대, 환인(桓因) 씨의 적석산(積石山)시대, 환웅(桓雄) 씨의 태백산(太白山)시대, 단군(檀君)의 아사달(阿斯達)시대로 구분하고 있다.

1세 단군왕검(檀君王儉)이 B. C. 2,333년 즉 지금으로부터 4,333년 전에 아사달(阿斯達)에 도읍하고 조선(朝鮮)이라 했다고 하고 이때가 요(堯)와 같은 때였다고 〈위서(魏書)〉는 전하고 있다.

1세 단군에서 47세 고열가(古列加)까지 2,096년간을 문물(文物)의 전성기를 누렸으나 제(帝) 고열가(古列加)는 어질고 순하기만 하여 결단력이 없어 명령을 내려도 시행되지 않고, 백성의 사기가 날로 떨어졌다. 제(帝)는 제위를 버리고 입산수도 길에 들어가고 이에 오가(五加)가 나라 일을 다스리기를 6년이나 계속 되었다.

그러나 B. C. 239년, 고리국(槀離國)의 후예(後裔)인 해모수(解慕漱)가 수유(須臾)의 기후(箕侯) 번한(番韓)조선과 연합하여 아사달을 점령하니 단군 조선이 막을 내리고 북부여가 대통을 이어갔다.

유라시아 대륙의 가장 중심지역에 알타이산맥이 뻗어 있으며 이 두 산맥사이에 마치 항아리처럼 생긴 준가르분지가 있고, 그곳 천산산맥 아래에는 광대한 타크라마칸 사막, 타림분지들이 전개되어 있고 이들 지역은 또한 몽골 고원의 고비 사막으로 연결된다.

환인(桓因)이 도읍한 천산(天山)은 천산산맥(天山山脈)에 있는 중국과 키르키즈(Kirgiz)의 국경지대의 한등격리봉(汗騰格里峰, 6,995M)으로 비정되고, 환웅(桓雄)이 도읍한 중국 섬서성(陝西省)의 태백산(太白山), 단군(檀君)이 도읍한 아사달(阿斯達)이 알타이산맥에 있는 알툰산(Altun, 4,057M)으로 비정된다. 그러므로 한족(韓族)이 한반도까지 동진해 온 이동 경로를 이해할 수 있다.

이와 같이 韓족은 환인・환웅・단군으로 이어지는 상고조선의 제후국의 한 갈래로 이해해야 할 것이다.

단군조선의 봉후국(封候國)에 대하여《규원사화(揆園史話)》〈단군기〉에 의하면, 시조 단군 때에는 그 강역이 북으로 대황(大荒)에 이르고 서로는 설유를 거느리고 남으로 해(海), 대(岱)에 이르고 위세가 점점 크고 넓어짐에 따라 제께서 천하의 땅을 공훈이 있는 신하와 친척에게 나누어 다스리게 하였다. 그 후 영토가 점점 넓어짐에 다라 제4세 단군 오사구(烏斯丘) 때부터 천하를 9개의 대국과 12개국의 소국 즉 21주로 나누어 통치하게 되었다고 기술하고 있으며, 그 봉후국은 다음과 같다.

단군조선의 封候國

	封候國	位置	受封者	推移
1	藍國 (奄慮忽)	서남지방 (中國東北)	蚩尤氏 후손	風夷・畎夷가 갈리어져 나왔고 海岱(山東)・江淮(河南)에 진출, 嵎夷・萊夷・淮夷로 불림
2	僂侲 (肅愼忽)	동북지방 (先春嶺 以東)	神誌氏 후손	후에 挹婁・勿吉・靺鞨로 불림(金・女眞의 祖上)
3	靑丘 (樂浪忽)	동남(남부?)지방 (평안・황해・경기도지방)	高失氏 후손	농업발달, 禮儀, 敎化盛行(후에 南으로 진출 三韓성립)
4	蓋馬	咸南개마고원일대	朱因氏 후손	
5	濊國	중서부지방 (開原縣부근)	余守己	
6	句麗	서방 (고구려의 발상지)	夫蘇 (王儉의 第2皇子)	
7	眞番	서방	夫虞	

		(후의 眞蕃郡의 소재지)	(王儉의 第3 皇子)	
8	夫餘	북부지방 (長春以北 農安縣 부근)	夫餘 (王儉의 第4 皇子)	
9	沃沮 卒本 沸流	남만주와 咸北지방 (압록강對岸 : 沸流水상류부터 咸北지방)	仙羅 · 道羅 · 東武	

이 아홉 개의 대국을 중국 쪽에서는 구이(九夷), 구려(九黎), 구환(九桓)이라고 했다. 예는 개원현(開原縣) 부근에 여수기(余守己)가 수봉(受封)된 봉후국(封候國)이며, 한은 고실(高失)씨가 수봉 받은 청국국(靑丘國)에서 이어져 오는 나라이다.

국조 단군은 중원의 요임금과 같은 시기에 주앙 아세아의 알타이 산맥에 있는 아사달에서 건국했다. 그 이후 은나라에서 망명해 온 기자는 여러 곳을 이동하며, 고죽국에 한동안 정착했다. 그러나 194 B. C.년에 연(燕)의 위만에게 조선을 찬탈 당했다. 또한 위만 조선은 108 B. C.년에 한나라의 무제(武帝)에게 패망하고, 그 곳에 한사군이 설치되었는데, 그 위치는 얼빠진 사학자들이 주장하는 것처럼 한반도가 아닌 주원대륙(中原大陸)의 연(燕)과 제(齊) 나라가 있었던 지방이었다.

그러기에 그 곳의 후(候)로 위만조선 이계상(尼谿相)을 제나라 지방의 획청후(획淸侯)로 봉했고, 조선상(朝鮮相)으로 로인(路人)의 아들 최(最)를 역시 제지방의 온양후(溫陽侯)로 봉했고, 장군 왕겹(王唊)은 지금의 북평 지방인 평주후(平州侯)로 봉해졌고, 상한음(相韓陰)은 발해 지방의 추저후(萩苴侯)로 봉해졌다고 〈사기조선열전(史記朝鮮列傳)〉에 엄연히 기록되어 있는데도 한사군을 한반도내에 있었다고 〈사기〉의 이론을 반박하는 한국 사학자들의 역사관에 심히 의심을 가지지 않을 수 없다.

고조선의 강역이 만주와 중국대륙이었다는 〈산해경(山海經)〉의 기록을 사료로서의 신빙성이 없어서 가치가 없다고 주장한 친일 사학자들의 주장은 무었을 이야기 하는지 이해 할 수 없다.

위만조선의 왕검성이 하북성 동쪽지방의 발해 지방이었다고 여러 사서들의 기록을 반박하며, 위만조선의 왕검성은 대동강 유역에 있었다고 하는 강단 사학자들의 주장은 다시 검토해야할 문제이다.

고구려와 백제가 약 400년간 동북의 요동과 요서를 점령하고 있었다는 두우(杜佑)의 〈통전(通典)〉은 사료가치가 희박하며, 〈송서(宋書)〉와 그 외 사서들의 인용은 문장해석이 잘못되어 있다는 사학자들의 주장은 또 무슨 주장인지 이해할 수 없다.

국사 찾기 운동협회 회원들의 민족사 광복 운동에 사학자들은 동참해서, 이 겨레의 역사를 일제 식민지 사관에서 벗어나도록 힘써야 할 것이다. 북 삼한·남 삼한의 체계적 연관을 규명하려고 시도한 사람은 신채호님이며 그의 《조선상고사(朝鮮上古史)》에 전 삼한·후 삼한 설을 다음과 같이 요약될 수 있다.

1) 전삼한 : 단군 시대 봉후 국으로 한이 있었으며, 기준(箕準)이 남쪽으로 이동하기 이전 북방에 있던 요동(遼東), 길림(吉林)방면의 진(眞, 辰) 조선(朝鮮), 요서(遼西), 개원(開原)이북의 번조선(番朝鮮) 한반도의 기자조선(箕子朝鮮), 곧 막(莫, 馬) 조선(朝鮮)의 삼 조선을 삼한으로 간주했다.
2) B. C. 1150년 재위) 때에 기자(箕子)는 주(周)나라를 떠나서 당시 번한조선(番韓朝鮮) 땅인 하남성(河南省) 개봉시(25세 단군 솔나(率那, B.開封市)의 동남쪽 서화(西華)에 살았는데, 그 후손 기후(箕候)가 춘추전국시대(春秋戰國時代)에 번한조선의 도성 가까이로 옮겨 수유성(須臾城)을 세워 들어와 살다가 번한조선의 왕권을 찬탈하여 번한성, 즉 백랑성(白浪城)에 들어갔다.

기씨(箕氏) 번한의 후예인 기준(箕準)도 위만(衛滿)에게 번한 왕을 빼앗기자 마한(馬韓)에 들어가 왕이 되었다고 하였는데, 기준의 마한 땅을 금마(金馬)라고 한다고 《삼국사기》〈위지〉〈동이전〉에 기록하고 있다.

금마(金馬)는 오늘날의 익산(益山)으로 비정하고 있다. 그러나 신채호(申采浩) 님은 그의 《조선상고사(朝鮮上古史)》에서 마한국의 왕도(王都)는 월지국(月支國)이며, 그 월지국은 백제국(伯濟國)과의 경계인 고마나(熊川) 즉 공주(公州) 부근의 어디일 것이라고 한 것이다.

그는 진국(辰國)시대의 맹주국이며, 그 뒤 마한국의 중심지이기도 하였던 목지국(目支國)은 익산(益山)이 아니라 직산(稷山), 성환(成歡), 평택(平澤)지역이라고 했다. 또한 마한국(馬韓國)과 백제국(伯濟國)의 경계라고 하는 고마나(熊川)는 공주(公州)의 금강(錦江)이 아니라 직산(稷山) 북쪽의 안성천(安城川)이며, 이 안성천에 고마다리(熊橋), 고마나루(軍勿津) 등의 지명이 남아 있어, 안성천이 웅천(熊川)임을 말해 주고 있다고 했다.

또한 직산일때에는 도하리(都下里), 안궁리(安宮里), 평궁리(坪宮里), 신궁리(新宮里) 등 도(都), 궁(宮)과 관련되는 지명이 많다는 것이다.

천관우(千寬宇) 님은《삼국사기》〈온조기(溫祚紀)〉의 기록을 참고하여 마한국(馬韓國)을 홍성군(洪城郡) 금마(金馬) 일대로 비정(比定)했다. 그리고《삼국지》및 100여 년 늦게 쓴 송(宋)나라의 범엽(范曄)이 쓴《후한서(後漢書)》에 다음과 같은 기록이 있다.

「한유삼종 일왈마한 이왈진한 삼왈변진
韓有三種 一曰馬韓 二曰辰韓 三曰弁韓
마한재유오십사국 기북여낙랑 남여접왜
馬韓在有五十四國 其北與樂浪 南與接倭
진한재동 십유이국 기북여예맥접 변진한
辰韓在東 十有二國 其北與濊貊接 辨辰韓
지남역십유이국 기남역여왜접 범
之南亦十有二國 其南亦與倭接 凡
칠십팔국 백제시 기일국언 대자만여호
七十八國 伯濟是 其一國焉 大者萬餘戶
소자수천가 각재산해간 지합방사천여리
小者數千家 各在山海間 地合方四千餘里」

마한 54개국으로 가장 크고 진한과 변한이 각 12개국으로 모두 78개국이라 했다. 각국의 위치를 기록하였는데, 마한은 서쪽에 있는데, 북으로 낙랑과 접하고 남으로 왜와 접하고 있으며, 진한은 동쪽에 있는데 북으로는 예(濊)·맥(貊)과 인접하며, 변한은 남으로 왜와 인접하여, 산간과 임해에 있는데 큰 나라는 만여 호 되고 작은 나라는 수천가가 된다고 한다. 여기 《후한서》에 78개국의 이름까지 나열되고 있다.

김상기님이 추적한 한·예·맥 종족의 이동경로는 다음과 같이 추정된다.

서안(西安)의 서쪽 기주(岐周) → 섬서성(陝西省) 한성(韓城) → 하북성(河北省) 고안(固安) → 남만주(南滿州) → 한반도(韓半島)

로 이동하였다고 추론하고 있다.

삼한 소국들 가운데 백제의 주류가 된 백제(伯濟), 신라의 주류가 된 사로(斯盧), 가락국의 주류된 구야국(拘耶國)에 대해서 말하자면, 삼한과 백제, 신라, 가야는 어느 선으로 경계를 확정할 수 없는 성질의 것이다. 중국의 자료에서 삼한이 소멸되고, 백제, 신라, 가야 등이 나타나는 것은 서진(西晋)이 망하고 북중국에 오호십육국(五胡十六國), 남중국에 동진(東晋)이 시작되는 서기 310-320경이 이른바 삼한시대의 하한으로 봄이 타당할 것 같다.

진한지역과 사로왕국에 대해서 살펴보면, 경주지역에 불구내(弗矩內) 즉 박씨부족, 탈해(脫解) 즉 석씨(昔氏)부족, 알직(閼智) 즉 김씨 씨족공동체가 씨족연합체로 형성되면서 신라가 성립되는 것이다.

마한지역과 백제왕국의 형성과정을 살펴보겠다. 백제의 경우 그 시조 온조대의 기록은 벌써 성읍국가의 단계를 넘어서 영역국가의 단계를 반영하고 있다고 생각된다.

진한 지역의 핵심세력인 사로국(斯盧國)의 경주, 변한 지역의 핵심세력인 구야국(拘耶國)이 김해인 것은 의심할 여지없이 분명하다. 이에 대하여 마한지역에 있어 그 조기의 핵심세력은, 기자조선왕(箕子朝鮮王) 준(準)이 남하하여 세운 마한국과 부여, 고구려계의 비류(沸流), 온조(溫祚)계가 남하하여 세운 백제국(伯濟國)이라는 이원적(二元的)인 형세에 있다. 그 마한 국·백제 국의 위치부터가 각각 이설을 안고 있는 것이다. 그러나 삼한의 백제국과 후의 삼국시대의 백제국의 경계가 어디냐 하는 것은 어려운 일이지만 소서노(召西奴) 어하라(於瑕羅)로 부터 이동한 흔적을 정리해 보면 다음과 같다.

어하라(於瑕羅)
요동반도 대련시 용담산성(遼東半島大連市 龍潭山城)
↓
미추홀(彌鄒忽)
평안남도 평원군 영유현(平安南道 平原郡 永柔縣의 米豆山城)
↓
하북위례성(河北慰禮城)
(平安南道 평성시 청용산성)
↓
하남위례성(河南慰禮城)
황해도 평산군 태백산성 일명 성황산성(黃海道 平山郡 太白山城 一名 城隍山城)

변한지역과 구야왕국(拘耶王國)이 김해지역에서의 국가 형성과정을 살펴보겠다. 김해의 구야국은 그 시조 수로대(首露代)에 이미 성읍국가를 형성하였다고 본다. 구야국의 국가형성기는 수로말로 표시된 서기 199년을 기점으로 얼마간 거슬러 올라간 서기 1세기의 중엽으로 볼 수 있을 것이다. 변한족을 이끈 수로의 김해 내도가 진한족의 경주 내도와 거의 동시기로 추정된다. 이로써 가락국은 9대 491년 간 계속되었다가 신라 법흥왕(法興王)과 싸웠으나 패하고 신라에 투항하고 말았다.

고령지방에서 성립된 대가야(大伽倻)는 시조가 이진아시(伊珍阿尸)로서 16세계 520년간 내려오다가 신라의 24세 진흥왕(眞興王)과 싸워 패하고 말았다. 그 외 성주지방의 성산가야(星山伽倻), 함안을 중심으로 한 아라가야(阿羅伽倻), 함창을 중심으로 한 고령가야(古寧伽倻), 고성을 중심으로 한 소가야(小伽倻) 등이 A. D. 529~562년 사이에 신라 또는 백제의 영토로 들어가고 말았다.

기자의 부정설을 주장하는 공통적인 논거는 기자가 한민족(漢民族)계의 인물이라는 것이 그 전제가 되어 있다. 그러나 조선으로 동래한 기자는 서방계의 인물이 아니고 우리 동이족(東夷族)의 인물이다. 그러므로 상(商)·은(殷)왕조는 우리 동이족의 후예가 세운 나라가 분명하다.

중국의 사학자 서량지(徐亮之)도 그의 저서 《중국사전사화(中國史前史話)》

에서, 「이로 미루어 본다면 殷(商)나라는 요동(遼東)에 있는 조선의 동이(東夷) 땅에서 일어났음이 분명하다는 사실을 알 수 있다」고 하고 있고, 전사년(傳斯年)도 이른바 이하동서설(夷夏東西說)을 발전시켜 은족(殷族)을 동이의 일파로 보며, 결국 기자족도 동이계라는 전제아래 논리를 전개하고 있고 또 예일부(芮逸夫)도 중국 고대의 은족과 한국문화의 기초를 이룬 고조선은 동원(同源)이라고 할 수 있다 라고 하고 있으며 전락성(傳樂成) 역시 「은족은 동이 인에 속한다고 볼 수 있다」라고 하고 있을 뿐 아니라 그 외의 대다수 중국의 학자들도 은족이 동이에서 왔다는 학설을 발표하고 있다.

한(漢)나라 때에 유방의 황후인 여황후의 전횡으로 인하여, 연 왕 노관(盧綰)이 흉노에 망명하자 노관의 부하장수인 위만이 요동으로 달아나 기후번한에 망명하였다. 번한 왕 기준은 위만을 신뢰하고 박사로 위촉하여 운장(雲障)에 머물게 하고, 연나라에 대비토록 하였다.

B. C. 194-180년 사이에 기자조선의 마지막 왕인 준(準)이 위만에게 왕권을 빼앗겨 기자조선은 위만조선으로 교체되었다.

《사기(史記)》〈조선 전(朝鮮傳)〉에서 연인(燕人) 위만이라는 기록 때문에 위만조선의 지배자가 화하 계(華夏系) 계통인 것처럼 오해가 되고 있으나 실은 동이계로 보는 것이 옳겠다. 청조(淸朝) 때의 《성경통지(盛京通志)》에 개평현(蓋平縣)은 주대(周代)에는 조선에 속해 있었다고 한다. 본래 북 진번(北眞番)의 땅이었는데, 진대(秦代)에는 위만이 있었던 곳으로 생각된다. 연나라의 지배층은 화하 계(華夏系)이었으나, 그 영내에는 지역에 따라 오환(烏桓)·선비(鮮卑)·조선계의 주민이 많았다. 위만도 연나라 영에 있었던 동이계로 추정된다. 위만이 처음 번한으로 들어왔을 때의 모습을《사기(史記)》〈조선 전〉에 「상투를 틀고 오랑캐의 옷을 입고 있었다」고 했다. 상투는 동이 계 특유의 습속이었다. 변봉혁역(1984) NHK취재반 편의《잃어버린 과거에의 여행》에 의하면, 메스칼람투구의 무덤에서는 갖가지 재보에 쌓여, 황금단검 두 자루를 몸에 지니고 죽은 왕의 시체가 나왔다. 머리 부분에는 찬란히 빛나는 황금투구가 있었다. 이 투구는 전체가 왕의 머리를 본떠 만든 것으로, 머리카락 하나하나가 부조(浮彫)되어 있고, 그 머리카락을 뒤에서 묶어 상투를 틀었다. 우울리경은 이 투구를 가리켜 수메르(Sumer)의 금 세공품 중에서 가장 아름다운 작품이라 단정하고 있다. 우리가 주목해야 할 점은 왕의 상투머리이다. 이 상투를 하는 풍속은 동이족(東夷族)에게서만 찾아볼 수 있는 풍습이다.

〈부도지〉에 따르면, 파미르고원의 마고성에서 출발한 우리 겨레는 지구상의 동서남북에 사방으로 이동하여 천도(天道) 정치의 한국 문화를 전 세계에 심어 놓았다. 천부(天符)의 한국 문화는 메소포타미아, 인도, 이집트, 그리스, 프랑스, 영국, 동남아시아, 태평양, 아메리카 대륙에 역법(歷法), 거석, 세석기, 빗살무늬 토기, 신화, 전설, 종교, 철학, 천문학, 음악, 수학에 그 발자취를 남겨 놓고 있다.

〈부도지〉에는 한국 고대 문화와 철학, 사상의 원형 외에도 미래 사회의 씨앗이 될 값진 문화적 자산이 많이 숨어 있다.

덴마크의 언어학자 페데르센(H. Pedersen)은 고대 소아세아에 노스트라트 조어(Nostratian Proto-language)가 있었으며, 이 조어는 함-셈어족, 인도-유럽어족, 우랄-알타이어족, 드라비다어족을 포괄한다고 했다. 또한 세계의 언어 족이 거의 포괄되는 유라시아 공통 조어 설이 스텐포드 대학의 그린버그 교수에 의하여 밝혀졌다. 이 조어에는 인도-유럽어족, 우랄-알타이어족, 에스키모-에룻어족, 축치-길략어족이 자매 언어 군을 구성하고 있다. 유라시아는 파미르고원, 알타이산맥, 우랄산맥, 천산산맥이 있는 곳이며, 이곳에서 우리의 상고사가 비롯되었고, 인류문명의 발상지라는 사실도 알게 되었다.

히프쿠트 교수는 그의 저서 〈고대 해양왕의 지도〉에서, 「약 만년쯤의 태고시대에 고도로 발달한 문명이 있었는데, 그 문명은 중국대륙에서 아메리카까지 지상 전역에 퍼져 있다가 살아졌다」고 했다. 북·남미 인디언들이 인종적으로 몽골 종에 속한다는 설이 확인되고 있으며, 남미의 마야, 잉카문명 등이 동양에서 전파된 것으로 니이벤 씨의 발굴 조사와 처치워드의 금석문(金石文) 해독으로 판명되었다.

페르시아 왕 다리우스 1세의 공적을 기리는 베히스탄 마애 비(磨崖碑)가 있는 동굴에서 천공도(天空圖) 한 폭이 발견되었다. 이 천공 도에는 13,000년 전의 천체의 위치가 그려져 있었는데, 이 그림이 그려진 곳이 옛날에 우글의 수도가 있었고, 오늘 날 몽골의 고비사막의 한 복판이라는 것도 밝혀졌으며, 1925년

미국의 〈National Geographic〉에 발표한바 있다. 고비사막은 황궁, 유인, 환인이 도읍한 천산산맥의 남방에 위치하고 있다.

폴란드의 수학자 J. 브로노브스키는 그의 저서 〈The Ascent of Man〉에서, 고대 그리스 문명을 동양 문화권에 속한다고 했으며, 동양의 문화가 터키 반도 서쪽에 있는 사모스 섬을 통하여 그리스로 유입된 것으로 보고하였다. 예를 들면, 60진법(進法)의 수리 체계, 시간과 각도의 측정 등 이러한 과학 이론들이 한 때에는 그리스 사람들이 창시한 것으로 생각했던 것이 태호(太昊) 복희(伏羲)의 역(易)과 역(歷)의 이론이 수메르, 이집트를 통하여 그리스로 전파된 것으로 판명되고 있다. 5세 태우의(太虞儀) 환웅의 막내 아드님이 태호 복희이며, 그의 후가 모제가 조상신으로 모신 여와(女媧) 즉 여호와이며, 그의 손자가 소호 김천 씨였다. 이 부족은 하수농경민(河水農耕民)이며, 뱀 토템 족으로 알려져 있다. 오늘 날 중국의 산동 성(山東省) 여러 사당에는 복희와 여와의 인면사신(人面蛇身)의 사진들이 남아 그들의 유적을 전하고 있다. 이 부족이 역(易)과 역(歷)을 창시하여 전 세계에 전파하였으며, 또한 이들이 대문구문명(大汶口文明)을 고도로 발전시킨 후 B. C. 3,500경 메소포타미아에 진출하여 서구문명의 모태라고 할 수 있는 수메르 문명을 건설하고, 그리스의 헬레니즘과 히브류의 헤브라이즘을 탄생시킨 주인공들이다.

〈소도경전본훈(蘇塗經典本訓)〉에 따르면, "신시(神市) 때에는 녹서(鹿書)가 있었다. 자부(紫府) 때에는 우서(雨書)가 있었다. 치우(蚩尤) 때에는 화서(花書)가 있었다. 투전목은 바로 그 잔흔이다. 복희(伏羲) 때에는 용서(龍書)가 있었다. 단군 때에는 신전(神篆)이 있었다. 이러한 자서들은 白山, 黑水, 靑丘 등 구려(九黎)의 지역에 널리 쓰였다."고 하였다. 인간이 생활을 하고, 의사 전달의 수단으로 문자를 만들어 쓰는 것은 필연적인 일이다.

또한 〈평양지(平壤志)〉에도 "법수다리에 옛 비문이 있었는데 언문도 범문도 전문도 아닌 글로서 사람이 깨달아 알 수 가 없다. 선조 16년 2월에 법수다리에 묻힌 돌비를 캐내어 본즉 세 조각으로 잘렸는데......이는 단군 때 신지가 썼다는 것이 이것이다."고 하였다.

3세 단군 가륵(嘉勒) 경자 2년(2,181 B. C)에 시속이 오히려 같지 아니하고,

방언이 서로 달랐다. 상형표의의 진서가 있었으나 10가의 읍의 말이 대부분 통하지 아니하고 100 리의 나라가 서로 이해하기 어려웠다. 이 때문에 삼랑 을보륵(乙普勒)에게 명하여 정음(正音)을 만드니, 이를 가림토라고 하였다. 신지 고결에게 명하여 배달유기를 찬수 하였다(檀君世紀). 위 내용의 상형표기의 진서란 앞에서 제시한 녹서, 우서, 화서를 가리키며, 신전이란 바로 가림토문자라고 추정된다. 그리고 훈민정음도 가림토 38자에서 취해 왔다는 것을 알 수 있다. 세종이 한글을 만드는 과정에서 있었던 여러 가지 사실의 기록물들이 연산군의 언문 금지령으로 없어졌기 때문에 한글의 기원에 대해서는 여러 가지 억측과 견해가 있었다. 정인지의 〈훈민정음해례〉에 글자는 고전을 본받았고 하였으니 이 고전이 가림토문자임이 확실하다.

3,800 B. C.년 경 환웅천황은 신지 혁덕으로 하여금 녹도문으로 천부경을 쓰게 하였는데 이 녹서는 그림문자일 것이고, 수메르의 그림문자와 연관이 있었다고 추정이 되나 자료의 부족으로 아직 명확한 해답을 밝히지 못했다.

또한 우서, 용서, 화서, 신전, 가림토문자, 빤포유적기호, 라우안유적기호, 루운필기체, 일본의 아히루 문자, 인도에서 발견되는 한글의 자모와 같은 문자들과 한글과의 역사적 연결 사실이 있는지 하는 과제는 앞으로 더 깊은 연구가 있어야 할 줄 안다. 본서에서는 우리 겨레의 문자 발달 사실을 부족하나마 제시하는 미력을 다 하였다.

친일 사학자 또는 사대주의에 저져 있는 사학자들이 마고, 황궁, 유인, 환인, 환웅, 단군으로 이어져 오는 한국사를 전설과 신화 속에 매몰시켜 놓고, 단군조선과 기자조선뿐 아닌 지나 대륙에 존재했던 조선을 모조리 부정하고, 기자조선의 마지막 왕 준(準)은 연나라에게 패망하고, 연의 지배를 받다가 보다 더 강했던 한족(漢族)이 연인 위만을 멸하고, 한사군을 설치함에 따라 한족의 지배를 받아 온 이 겨레는 그 후에도 계속해서 진(晉), 위(魏), 당(唐), 송(宋)의 지배뿐 아닌 원(元), 명(明), 청(淸)의 지배에서 벗어나지 못했던 민족이었으므로, 36년간 일본의 지배를 받게 된 것은 우리 민족의 숙명이었다는 일제 식민 사관을 가진 사학자들의 반성을 촉구하지 않을 수 없다.

친일 사학자 또는 사대주의에 저져 있는 사학자들이 마고, 황궁, 유인, 환인,

환웅, 단군으로 이어져 오는 한국사를 전설과 신화 속에 매몰시켜 놓고, 단군조선과 기자조선뿐 아닌 지나 대륙에 존재했던 조선을 모조리 부정하고, 기자조선의 마지막 왕 준(準)은 연나라에게 패망하고, 연의 지배를 받다가 보다 더 강했던 한족(漢族)이 연인 위만을 멸하고, 한사군을 설치함에 따라 한족의 지배를 받아 온 이 겨레는 그 후에도 계속해서 진(晉), 위(魏), 당(唐), 송(宋)의 지배뿐 아닌 원(元), 명(明), 청(淸)의 지배에서 벗어나지 못했던 민족이었으므로, 36년간 일본의 지배를 받게 된 것은 우리 민족의 숙명이었다는 일제 식민 사관을 가진 사학자들의 반성을 촉구하지 않을 수 없다.

청도기 문화의 발달과 함께 군장이 지배하는 사회가 출현하는데, 그 중에서 환웅의 환국이 가장 먼저 건국되었다. 치우천왕이 등극한 해가 서기전 2,707년이니 지금부터 4,700 여 년 전이다. 치우(蚩尤)씨는 쇠와 수금을 재취하여 갑옷과 청동으로 만든 투구를 만들어 탁록에서 헌원과 싸워 70여회나 승리를 했으나 뒤에 전사하였다고 중국의 고 사서들이 기록하고 있다. 특히 〈산해경〉에는 "동두철액(銅頭鐵額)"이란 말로 치우의 전투모습을 전해주고 있다. 고조선의 사료는 중국 사기의 〈송미지세가〉와 중국 최고의 인문지리지 〈산해경〉, 〈사기소진열전〉, 〈사기진시왕본기〉외에 10여종에 달하는 사료가 있다. 그러나 〈삼국유사〉나 〈삼국사기〉는 고조선의 사료들을 거의 외면했다고 해도 과언이 아니다. 그러나 〈환단고기〉, 〈규원사화〉, 〈조선상고사〉와 같은 책은 우리의 상고사에 관한 사료들을 입증하고 있다. 그런데 사학계에서는 이 책들을 위서로 몰아붙이는 이유가 무엇인지 앞으로 많은 연구 검토가 있어야 하겠다.

그 뿐만 아니다. 〈사기〉에 전국시대(戰國時代) 연(燕)의 진개(秦開)가 동호(東胡) 땅 천 여리를 빼앗았다는 기록에 따라, 고조선이 연의 진개에게 청천강 이북의 땅을 모조리 빼앗기고 겨우 대동강을 중심으로 고조선의 명맥을 유지하다가 그마저도 위만에게 멸망되고 그 후에 다시 연이 한 무제에게 멸망한 자리에 한사군이 설치되어 서기전 313년까지 한사군의 낙랑군이 한반도의 평양에 400년간 건재했었다는 이와 같은 비참하고 참혹하게 날조된 우리의 상고사를 광복하는 일이 시급하다. 무엇보다 먼저 말살되어 버린 우리의 상고사를 복원하고, 〈산해경〉의 기록대로 조선의 문물이 중원대륙을 덮었다는 우리 상고 조선의 영광을 드러내지 않는 한, 현행 국사가 일제의 식민지 사관에서 탈피한 국사라고 할 수 없다는 것은 분명한 사실이다.

〈사기〉에 기록된 한사군의 위치가 산동 북부의 제(齊) 지방과 하북성의 연(燕) 그리고 발해 지방이며, 한 무제 때 설치된 한사군이었다는 것을 밝힘으로써 현행 국사 한사군이 한반도에 이었다고 하는 주장을 수정해야할 것이다.

같은 사서에 나오는 조선에 흐르고 있었다는 습수, 산수, 열수는 북경의 서북방에서 천진 쪽으로 흘러 세 강이 합해지는 곳이며, 낙랑조선이었다는 이 책이 밝힌 습수, 산수 열수의 위치를 중원에 있었다고 하는 것은 분명하다. 조선이 있었다고 밝힌 갈석산(碣石山) 북위 40도 선이 지나가는 발해 연안 산해관 남쪽에 존재하는 요동대륙의 창려(昌黎) 지방임이 분명하다.

한나라 초기의 연과 위만조선과의 접경이었다는 패수(浿水) 또한 지금의 북경 동북방에서 발해 쪽으로 흐르는 백하(白河)라는 것을 밝혀, 패수는 요동에 있었다는 것을 밝힘으로써 패수는 요동에 있었으니, 한사군은 한반도에 설치된 것이 아니라 요동에 있었다는 것이 확실하다.

평양의 토성을 낙랑군 치소로 볼 수 없는 증거는 고구려의 고성은 예외 없이 석축이었던 것인데 하필이면 왕검성이었다는 토성이었다고 보는 것은 고고학적 견지에서 볼 때 사리에 맞지 않는다고 일본의 고고학자가 후지다(藤田亮策)의 증언이 있었다.

위만조선의 왕검성은 반도에 있는 평양에 있었던 것이 아니라 발해 연안 창려 지방에 있었다고 이 책은 밝히고 있다.

평양토성은 고구려 15대 미천왕이 낙랑 대방군을 격파하고 한인 포로 8천명을 평양으로 끌고 와서 수용했다는 사실일 가능성이 높다. 또한 황해도 사리원의 토성은 미천왕이 낙랑 대방군을 격파하고 남녀 포로 2천명을 끌고 와서 수용했다는 사실을 그 때 생포되어 왔던 대방태수 장무이(張撫夷)의 무덤에서 발견된 전문(塼文)이 그 사실을 입증하고 있다. 그 전문의 내용은 한인 1천명이 흙벽돌을 정성들여 만들어 견고하니 여기에 글을 새겨 예를 밝히나이다. 사군대방태수(使君帶方太守) 무이여 슬프다. 무신년에 어양인(漁陽人) 장 무이 여기에 잠들다, 라는 벽돌에 새신 글이다. 이렇게 분명히 밝혀 놓은 사실을 부정하고 사리

원 토성이 대방군의 치소였다고 주장하는 사학자들은 깊이 반성하고 국사광복에 동참해야 할 것이다.

선사시대(Pre-historic age)의 역사를 연구하는데 있어서, 지질학(地質學), 고생물학(Paleontology), 인류학(Anthropology), 언어학(Linguistics), 토속학(土俗學), 민속학(民俗學), 신화학(神話學), 사회학(社會學) 등 관계 제 과학의 도움을 받지 않을 수 없다. 인류문화의 시원지라고 하는 파미르고원의 마고 성을 연구하는데 중요한 사료를 제공한 박제상의 부도지(符都誌), 환단고기(桓檀古記), 제임스 처치워드의 50년간에 걸친 인도, 위글, 미안마, 이집트, 티벳 등의 사원에서 발굴, 해독한 나아칼(Naacal)의 점토판, 그린버그의 유라시아 공통 조어 설 등의 연구의 성과가 없었다면, 선사시대의 인류사는 영영 어두움 속에 파묻혀 버리는 결과를 가져왔을 것이다. 지금까지 인류문화의 발상지(發祥地)로 여러 가지 설이 주창되어 왔으나 확실한 견해는 없었다. 예를 들면, 진화론의 창시자인 다윈(Darwin)의 아프리카 설, 메슈(Mathew)의 중앙아세아 설, 그라바우(Grabau)의 히마라야 -티벳 설, 에리옷 스미스(Eilot Smith)의 히마라야와 아프리카의 중간지점 설들이 있었다. 그러나 인류문화의 시원 지(始源地)가 파미르고원의 마고성이라고 하는 것을 위 연구 성과를 통해서 확신하게 되었다.

우리 겨레의 철학은 삼신오재(三神五帝)를 최고 원리로 삼은 주기적(主氣的) 자연주의(自然主義)였다. 하늘(天), 땅(地), 사람(人)이 곧 삼신(三神)이며, 태양(太陽)으로 상징되는 하늘, 만물을 낳고 기르는 대지(大地), 해의 양기(陽氣)와 땅의 음기(陰氣)가 화합하여 생겨난 만물 중에서 가장 정교한 인간, 이 셋을 삼신이라 한 것이다. 오제는 오행(五行)이라고 하는데, 물(水), 불(火), 나무(木), 쇠(金), 흙(土)을 말한다. 삼신오제는 우주(宇宙)의 자연(自然) 이법(理法)으로 이해되고 있다. 결코 자연을 초월하여 자연의 밖으로부터 자연을 움직이는 주재자가 있는 것이 아니고, 자연 스스로 자신을 다스리는 자율적 기능으로 이해되고 있다.

천부경(天符經)에서, 사람은 하늘의 한(天一)인 바탕(性) 즉 넋의 깨달음으로 마음을 얻고, 땅의 한(地一)인 명(命) 즉 음양(陰陽)의 힘으로 생명을 얻고, 사람의 한(人一)인 정(精) 즉 운동의 이치에서 몸(身)을 얻어 비로소 이 세상에 태어난다는 소박한 진리를 말씀하고 있다. 하늘의 한은 창조주(創造主), 만물의 주재자(主宰者), 조화신(造化神), 천제(天帝), 천심(天心), 하늘의 성리(性理), 자연의 이법(理法) 등 넓은 뜻이 있다. 그러므로 하늘의 바탕에 따라 순리적으로 생활하고, 하늘이 가르치는 윤리를 어김없이 지키며, 살아야 한다는 것이다.

조상을 숭배하고, 부모에게 효도하며, 사람을 사랑하고, 함께 더불어 사는 세상을 만들어야 한다는 것이 우리 선조들이 주창한 기본 윤리이다. 홍익인간(弘益人間)은 편협한 민족애가 아니고, 지상의 모든 인류를 널리 이롭게 한다는 소위 글로벌 정신이다.

우리는 겨레의 주체성을 확립하여 우리의 현실에 대한 정확한 이해와 분별을 토대 로 하여 우리가 서 있는 자리에 자립의 정신, 자주의 정신, 그리고 자조의 정신으로 지난날의 그릇된 가치관에서 미래지향적인 가치관을 찾아 앞으로 나아가야 할 것이다.

세계문화사적으로 보면, 물질문명을 발전시킨 서양과 정신문명을 발전시킨 동양으로 그 사상이 대립적 관계로 놓여 있다.

천부경의 철학을 살펴보면, 태초 우주 자연법칙에서 비롯된 음양의 이치로 상생, 상극, 한 짝을 이루게 한 우주의 한 집에서 더불어 살아가는 아름다운 자연의 길을 안내하고 있다.

말하자면 인간 중심적인 인도(人道)를 닦음으로써 인간과 우주관을 정립하였던 것으로 이것이 동양의 도이며 참 주체사상으로 자기실현의 첩경이며, 우주의 원리라는 것을 알았던 것이다. 동양사상에서의 인간관은 우리 고유의 사상인 삼일철학(天地人)의 경천(敬天) 숭조(崇祖) 애인(愛人)사상에 비롯된 사람이 곧 신이란 높은 경지의 휴머니즘으로서 서양의 휴머니즘이 도달치 못하는 극치의 종교이며, 철학이다. 이러한 높은 사상을 우리의 조상들로부터 이어 받아 온 자랑스러운 민족이다. 우리 배달민족은 꺼지지 않는 심지의 불씨가 민족정기로 살아남아 우리 조상들의 기상으로 인류 평화를 주도해 가는 자랑스러운 민족으로 미래를 창조해 가야 할 것이다.

참고문헌

강길운, 〈한국어 계통론〉, 형설출판사, 1988.
강봉식, 〈그리스, 로마 신화〉, 을유문화사, 1968.
江上 波夫, 〈アジア文化史研究〉, 東京, 1965.
고유섭, 〈대종교 중광 육십년사〉, 대종교 총본사, 1971.
구자일, 〈한국고대역사지리연구〉, 지문사, 1997.
김규승, 〈동이 고사 연구의 초점〉, 범한서적, 1974.
김기빈, 〈한국지명의 신비〉, 지식산업사, 1989.
김동춘, 〈天符經과 檀君史話〉, 가나출판사, 1981.
김방한, 〈한국어의 계통〉, 민음사, 1983.
김병총 평역, 〈사마천의완역사기 1-10〉, 집문당, 1997.
김병모, 〈한국인의 발자취〉, 집문당, 1986.
김상일, 〈신학과 한국사상의 만남〉, 기독교 사상, 1985, 7 · 8월호.
_____, 〈한철학〉, 전망사, 1983.
김수경, 〈고구려, 백제, 신라언어연구〉, 평양출판사, 1981.
김원룡 외, 〈청동기시대와 그 문화〉, 삼성당, 1977.
김은수, 〈주해 부도지(符都誌), 朴堤上 저〉, 한문화, 2002.
_____, 〈주해 환단고기〉, 가나출판사, 1985.
김재환, 〈인류 시원사〉, 백수사, 1974.
김정배, 〈한국 민족문화의 기원〉, 고려대 출판부, 1980.
鹿島 昇 번역 · 주해, 〈桓檀古記〉, 新國民社, 1960.

대 야발, 〈단기고사〉, 개마서원, 1981.
룩콴텐, 〈유목민족 제국사〉, 민음사, 1984.
문정창, 〈단군조선 사기 연구〉, 박문당, 1977.
_____, 〈韓國~수메르 이스라엘의 역사〉, 柏文堂, 1979.
_____, 〈加耶史〉, 柏文堂, 1987.
문희석, 〈구약성서 배경사〉, 대한기독교출판사, 1985.
박 표, 〈超古代文明에의 招待〉, 드라이브社, 1976.
박기용, 〈수메르語 格體系對照分析〉, 언어학 제19호, 1996.
박병각, 〈自然과 人間〉, 학문사, 1999.
박성수, 〈민족사의 맥을 찾아서〉, 집현전, 1985.
_____, 〈단군문화 기행〉, 서원, 2000.
박성화, 〈천부경 연구〉, 민족 정통사상 연구회, 1993.
박시인, 〈알타이 人文硏究〉, 서울대학교출판부, 1981.
박용숙, 〈한국의 시원사상〉, 문예출판사, 1985.
_____, 〈지중해 문명과 단군조선〉, 집문당, 1998.
박은봉, 〈세계사 100 장면〉, 가람기획, 1992.
변봉혁 역, 〈잃어버린 과거에의 여행〉, NHK취재반, 1984.
徐亮之, 〈中國史前史話〉, 香港, 1956.
송기중 역 〈유목민족 제국사〉, 믿음사,1984.
송호수, 〈겨레 얼 삼대 원전〉, 겨레 얼 연구회, 1983.
_____, 〈한 뿌리 3만년〉, 도서출판 한터, 2004.
_____, 〈韓民族의 뿌리 思想〉, 개천학술원, 1985.
_____, 〈한민족의 뿌리 사상〉, 국학연구회, 1983.
신용하, 〈한국 민족의 형성과 민족 사회학〉, 지식산업사, 2000.
신정일, 〈정신한(온)학〉, 정화사, 1993.
신채호, 〈朝鮮上古史〉, 삼성문화문고, 1977.
신학균 역, 〈揆園史話〉, 대원문화사, 1976.
안옥규, 〈어원사전〉, 동북조선민족교육출판사, 1996.

安田德太郎, 〈인간의 역사〉, 교문사, 1962.
안호상, 〈환웅과 단군과 화랑〉, 사림원, 1985.
에리아데, 〈생명의 기원〉, 전파과학사, 1984.
_______, 〈샤머니즘〉, 삼성출판사, 1977.
_______, 〈우주의 역사〉, 현대사상사, 1984.
역사편집실, 〈단군과 고조선연구〉, 사회과학출판사, 1996.
유 열, 〈조선말역사〉, 사회과학출판사, 1990.
유준하, 〈세계사의 주역 뉴 코리어〉, 대민출판사, 1995.
이명수, 〈씨름의 유래에 대하여〉, 1998.
유동식, 〈한국 무교의 역사와 구조〉, 연세대 출판부, 1985.
이능화, 〈조선 무속고〉, 삼성출판사, 1977.
이민수, 〈삼국유사〉, 을유문화사, 1985.
_____, 〈정감록〉, 홍신문화사, 1985.
이병도, 「阿斯達과 朝鮮: 특히 그 명칭에 대하여」 〈서울대학교 인문사회과학논문집 3〉, 서울대학교, 1956.
_____, 〈삼국사기〉, 을유문화사, 1985.
_____, 〈한국 고대사회와 그 문화〉, 서문사, 1977.
이상시, 〈檀君實史에 관한 考證硏究: 우리 上古史 다시 씌어져야 한다〉, 고려원, 1990.
이석호, 〈회남자(淮南子)〉, 을유문화사, 1982.
이성무, 〈한국역사의 이해 1,2,3,4,5〉, 집문당, 1995.
이승헌, 〈한국인에게 고함〉, 2001.
이은성, 〈역법의 원리 분석〉, 정음사, 1985.
이진진, 〈천부경 81자〉, 치국평천지사, 1989.
임승국 번역·주해, 〈한단고기〉, 정신세계사, 1999.
임효제, 〈한국 신석기 문화〉, 집문당, 2002.
장기홍, 〈지질학, 지구사, 그리고 인류〉, 전파과학사, 1984.
전해종, 〈동이전의 문학적 연구〉, 일조각, 1982.

정연규, 〈A Study of Alaic Case Morphemes〉, 朝鮮學大會, 大阪經商大學, 1983.
_____, 〈몽골언어〉, 영남대학교출판부, 1992.
_____, 〈言語로 풀어보는 한민족의 뿌리와 역사〉, 한국문화사, 1994.
_____, 「To prove Korean Affinity Through the Examination of the Altaic Word Initial /P/ Correspondence」 〈언어〉, 한국언어학회, 1996.
_____, 「上古朝鮮語와 알타이 자매언어 재료간의 대응에 관한 歷史比較言語學的硏究」 〈제5차 조선학국제학술토론회 Vol. 4〉, 大阪經濟法科大學 아세아硏究所, 北京大學, 國際高麗學會, 1997.
_____, 〈언어 속에 투영된 한민족의 상고사〉: 桓因 · 桓雄 · 檀君時代의 言語材料分析, 한국문화사, 2000.
_____, 〈언어 속에 투영된 한민족의 고대사〉: 부여, 삼한, 예맥, 기자조선, 위 만조선, 삼국시대의 언어재료분석, 한국문화사, 2002.
_____, 〈한겨레의 역사와 얼은 인류사의 뿌리〉, 한국문화사, 2004.
_____, 〈Ancient Korea and the Dawn of Human Histories on the Pamirs〉, 집문당 Korean Studies Series 34, 2005.
_____, 〈The New Horizon to Ancient Korean History〉 근간 예정.
_____, 〈겨레 사랑으로 민족사 광복〉, 근간 예정.
정재서, 〈산해경〉, 민음사, 1985.
조철수, 「수메르語, 國語古語文法範疇對照分析」, 언어학 제19호, 1996.
정형진, 〈천년왕국 수시아나에서 온 환웅〉, 일빛, 2006.
조희성, 〈일본에서의 조선소국의 형성과 발전〉, 평양, 백과사전출판사, 1996.
中國編纂委員會, 〈中國史朝鮮傳〉, 天豊印刷株式會社, 1987.
中田 薰, 〈古代日韓交涉片考〉, 京創社, 1956.
지방훈 역, 〈태평양에 침몰한 환상의 대제국 아틀란티스〉, 제임스 처치워드, 부름, 1984.
진단학회, 〈한국사〉, 을유문화사, 1971.
천관우, 〈古朝鮮史 · 三韓史硏究〉, 一湖閣, 1989.

_____, 〈한국 상고사의 쟁점〉, 일조각, 1983.
최길성, 〈한국의 무당〉, 열화당, 1981.
최남선, 〈육당 최남선 전집〉, 현암사, 1973.
_____, 〈六堂 崔南善全集2, 不咸文化論〉, 玄岩社, 1975.
최 동, 〈조선 상고 민족사〉, 동국문화사, 1966.
최동원, 〈Cheon Bu Gyeong Original Text〉, 天地成誌社, 2004.
최몽룡, 〈인류문화의 발생과 전개〉, 동성사, 1985.
최무장. 〈한국의 구석기 문화〉, 집문당, 1994.
최상수, 〈한국 민속놀이의 연구〉, 성문각, 1985.
최인학 · 최래우 · 임재해, 〈한국민속연구사〉, 지식산업사, 1994.
최재인, 〈상고조선 삼천년 사〉. 정신문화사, 1998.
하기락, 〈朝鮮哲學史〉, 螢雪出版社, 1996.
한승연, 〈역사의 수레바퀴〉, 한누리 미디어, 2004.
한종섭, 〈위례성 백제사〉, 집문당. 2006.
한승조, 〈인류역사와 세계문명〉, 집문당, 1998.
허홍식, 〈한국 신령의 고향을 찾아서〉, 집문당, 2006
_____, 〈고려로 옮긴 인도의 등불〉, 일조각, 1997
홍대용, 〈조선 금석 총람〉, 경인문화사, 1969.
휴 즈, 〈인류의 기원〉, 탐구당, 1983.
Alexander, 〈North American Mythology〉, 1963.
Ball, C. J., 〈Chinese and Sumerian〉, Oxford University Writing, Baltimore : The Johns Hopkins Press, 1913.
Black, J. A., Sumerian Grammar in Babylonian Theory, Rome : Biblical Institute Press, 1984.
Bright, John, 〈A History of Israel〉, 1972.
Churchward, James, 〈Cosmic Forces of Mu〉 Ives Washburn Publisher, New York, 1953.
_____, 〈The Sacred Symbol of Mu〉, 1953.

_____, 〈The Lost Continent of Mu〉, 1953.

_____, 〈The Chidren of Mu〉, 1931.

Diez, 〈The Ancient worlds of Asia〉, New York, 1968.

Douglas J. D., 〈The New Bible Dictionary〉, 1963.

Gadd, C. J., A 〈Sumerian Reading Book〉. Oxford : The Clarendon Press, 1924.

Greenberg J. H., 〈Universals of Language〉, The MIT Press, 1961.

Hayes, J. L., 〈A Manual of Sumerian Grammar and Texts〉, Undena Publications, Malibu, 2000.

Holmberg, 〈Finno-Ugrig Siberian Mythology of All Races〉, Boston, 1927.

Kanazawa, S. (ed.), 〈Kojirin〉. Tokyo : Sanseido, 1958.

King, L. W., 〈A History of Sumer and Akkad〉. New York : Greenwood Press (reprint of 1910 original by Chatto & Windus), 1968.

Kramer, S. N., 〈From the Poetry of Sumer〉, Berkeley : University of California Press, 1979.

_____, 〈History Begins at Sumer〉, Philadelphia : University of Pennsylvania Press, 1979.

_____, 〈Sumerian Mythology〉, Philadelphia : University of Pennsylvania Press, 1961.

_____, 〈The Sumerian : Their History, Culture, and Character〉, Chicago : University of Chicago Press, 1963.

Jochelson W. 〈People of Asiatic Russia〉, The American Museum of Natural History, 1968.

Landsberger, B. et. al. MSL Ⅳ 〈Materialen Zum Sumerischen Lexikon〉, Rome : Pontificium Institutum Biblicum, 1956.

Lieberman, S. J. 'The Phoneme /o/ in Sumerian'. 〈Studies in Honor of Tom B. Jones〉 ed. by M.A. Powell and R.H. Sack (Alter Orient und Altes Testament, Band 203). Kevelaer : Butzon und Bercker Verlag

: Neukirchen Vluyn : Neukirchener Verlag, 1979.

Matsumura, A. (ed.). 〈Dai Jirin〉, Tokyo : Sanseido Press, 1988.

Miller, R. A. 〈Origins of the Japanese Language〉, Seattle : University of Washington Press, 1980.

_____, 〈Japanese and other Altaic Languages〉, The Unversity of Chicago Press, 1981.

Nelson, A. N. 〈The Modern Reader's Japanese-English Character Dictionary〉, Tokyo : Charles E. Tuttle Co., 1962.

Parpola, S. 'Transliteration of Sumerian : Problems and prospects'. 〈Studia Orientatia〉, ed. by The Finnish Oriental Society. Vol. 46. Helsinki : North Holland Publishing Co., 1975.

Saggs, H. W. F 〈The Might That Was Saayria〉, London : Sidgwick & Jackson, 1984.

Sheegan, J. F. X. et al. (trans.). 〈An Akkadian Grammar〉, a Translation of Riemschneider's Lehrbuch des Akkadischen. Milwaukee : Marquette University Press, 1974.

Sjöberg, A. W. (ed.). 〈The Sumerian Dictionary〉, Vol. 2 (B). Philadelphia : The University Museum (at the University of Pennsylvania), 1984.

Skinner 〈The Cambridge Bible for Schools and Colleges〉 Isaiah, 1826.

Thomson, M. 〈The Sumerian Language : An Introduction to its History and Grammatical Structure, Mesopotamia 10〉 Copenhagen : Akademi Forlag, 1984.

Yoshiwara, R. 〈Sumerian and Japanese〉, Japan English Service, Inc. Chiba, Japan, 1991.

부록: 한국사 연표

연대(경)	사 실	근 거
B.C. 67080~ B.C. 3897	파미르고원의 마고성(麻姑城), 황궁(黃穹), 유인(有因)의 천산주(天山州)시대, 환인(桓因)의 적석산(積石山)시대, 제임스 처치워드의 나아칼의 점토판의 해독「나는 티벳의 사원에서 추정의 실마리가 되는 나아칼의 점토판을 발견했다. 그것에 따르면, 약 7만 년 전 나아칼이 어머니 나라의 신성한 영감의 책의 사본을 위글의 수도로 가져왔다.」	박제상(朴堤相)의 〈부도지(符都誌)〉 元董仲의〈三聖紀〉, James Churchward의 〈The Lost Continent of Mu>, 레셔돕의 〈지구의 자연과 인간의 기원>, 소련의 해양관측선 비타아즈 호의 인도양 해저탐색에 관한 보고서 W.M. 브라운 교수의 아세아의 大侠人에 관한 보고서와 〈桓檀古記〉의 인류의 시조 나반과 아만 그리고 그들에게서 태어난 다섯 빛깔의 종족 히프쿠트 교수의 아세아 고대문명에 대한 보고서, J. 브르노브스키의 고대 그리스 문명이 동양문화권에 속한다는 설, 그린버그 교수의 유라시아 공통 조어 설, H. Pederson의 노스트라트 공통 조어 설, <山海經>에 기록된 막고야산(藐姑射山), 지리산, 경북 영덕, 이북의 여러 곳에 마고산, 마고할미, 마고제단, 지석묘와 마고할미에 관한 전설.
B. C. 3897	1세 桓雄 陝西省 太白山에 도읍, 班固는 甘肅省 敦煌縣에 도읍함. 敦煌窟에는 風伯 · 雨師 · 雲師의 그림 및 기마	〈桓檀古記〉

연대(경)	사 실	근 거
	수렵도 발견. 桓雄 大聖尊께서는 神誌 赫德으로 하여금 鹿圖文으로 天符經을 쓰게 함. 鹿圖文은 그림 문자임 紫府께서는 하늘에서 내리는 비모양의 雨書를 창제	
B C. 3804~ B. C. 3619	2세 환웅 居弗里 재위(B. C. 3804) 3세 환웅 右耶古 재위(B. C. 3718) 4세 환웅 慕士羅 재위(B. C. 3619)	安含老 지음의 〈三聖紀 上〉, 元董仲 지음의 〈三聖紀 下〉
B .C. 3512	5세 환웅 太虞儀 재위. 그의 12자녀 중 막내가 太昊 伏羲氏이며, 女媧氏와 남매지간에 결혼했으며, 人頭蛇身의 神이다. 또한 女媧(=女希)氏는 小昊金天氏의 祖母이며, 이들이 창제 · 발전시킨 태음력이 수메르로 전파됨. 모세가 받들어 入敎한 여호와神은 그들의 먼 祖上神 女媧로 생각됨.	安含老 지음의 〈三聖紀 上〉, 元董仲 지음의 〈三聖紀 下〉
B. C. 3419	6세 환웅 多儀發 재위. B.C. 3500경 太昊 小昊족이 메소포타미아에 진출 수메르 역사가 시작됨.	安含老 지음의 〈三聖紀 上〉, 元董仲 지음의 〈三聖紀 下〉
B. C. 3321~ B. C. 2707	7세 居連~14세 慈烏支(=蚩尤) 환웅 재위. B.C. 3200경 太昊가 易의 부호와 같은 가로쓰기의 龍書 창제. 蚩尤 때에는 투전목의 일종인 花書창제. 蚩尤氏는 쇠와 水金을 채취하여 갑옷과 투구를 만들어 강성한 황제로 涿鹿에서 軒轅과 70여 회나 싸워 전승함.	安含老 지음의 〈三聖紀 上〉, 元董仲 지음의 〈三聖紀 下〉
B. C. 2381	18세 居弗壇 환웅과 熊氏族 王女 사이에 B.C. 2370 단군이 태어남. B.C. 2357 단군이 裨王이 됨.	
B. C. 2333~ B. C. 295 (1세단군~ 47세 高列加)	B.C. 2333 단군왕검이 아사달에 도읍하고 국호를 조선이라 하였는데, 堯와 같은 때였다고 〈魏書〉가 전한다. B.C. 2240 보위에 오른 2세 단군 扶婁는	紅杏村叟編의 〈檀君世紀〉 休崖居士編의 〈北夫餘紀 上, 下〉 一十堂主人撰의 〈太白逸史〉 校閱海鶴李沂 編著 雲樵

연대(경)	사 실	근 거
	禹王의 治水를 도와주었고, 「부루단지」의 민속으로 오늘에 전승되고 있음.	桂延壽 〈桓檀古記〉
B. C. 2333~ B. C. 295 (1세 단군~ 47세 高列加)	3세 단군 嘉勒은 B.C. 2181에 보위에 오르고, 당년에 三郞에게 명하여 正音38자를 지으니 加臨土라 하였다. 수메르에 전하여진 加臨土楔形文字도 같은 류의 문자로 생각됨. 4세 단군 烏斯丘는 B.C. 2137 보위에 오르고, 황제의 동생인 烏斯達을 몽골의 汗으로 봉했다고 한다. 5세 단군 丘乙대에는 六十甲子의 曆法이 제정되었다. 8세 단군 于西翰대에는 20분의 1의 세제가 제정되어 민생복리를 도모하였다. 10세 단군 魯乙대에는 天文台가 설립됨. B.C. 342 고리국의 解慕漱가 일어나 단군조선의 대통을 잇고, 北夫餘를 세우게 됨.	李相時 〈檀君實史에 관한 고증연구 - 우리 上古史는 다시 씌어져야 한다〉 고려원 金東春 〈天符經과 檀君史話〉 가나출판사 신학균 역 〈揆園史話〉 대원문화사

English Abstract

When and where did man make the first advent on this earth?

When and where did the history and civilization of human begin?

〈Ancient Korea and the Dawn of Human History on the Pamirs〉 written by the author, makes the assertion that the culture of Mago Castle on the Pamirs dates more than 70,000 years ago, and that members of this race gradually migrated throughout the world, transplanting their culture to the colonies as they went.

Where did the culture and history of mankind originate from? Various scholars have suggested several answers to this fundamental question. Darwin proposed Africa as the birthplace of civilization, while Mathew preferred Central Asia. Osborn saw Mongolia and Tibet as likely locations, a view shared to some extent by Grabau (the Himalayas and Tibet) and Eliot Smith (somewhere between the Himalayas and Africa). These views differ in specifics, but they all point to Central Asia as the most probable starting point for any search into the origin of human civilization and culture.

Fortunately, however, there are records that describe the history of man up to 70,000 years ago. James Churchward's deciphering of the Naacal tablets states that "the Naacal brought the Sacred Inspired Writings to Uighur 70,000 years ago" and the official report of the unearthing of the Kish ruins in Mesopotamia tells us that the kingdoms of this area lasted for about 70,000 years. The Sanseunggi(三聖紀) claims that the Mago dynasty on the Pamirs began its matriarchal queendom 70,000 years ago.

The 〈Eighteen Saryak(史略)〉 written by Jeung Seonji(曾先之) records that after Pango, Tien Hwang(天皇,"the emperor of Heaven"), Ji Hwang(地皇, "the emperor of Earth") and In Hwang(人皇, "the emperor of Man") succeeded to the kingdoms, and further this book states that one hundred fifty generations of the In Hwang dynasties lasted for 45,600 years.

These corresponding periods of about 70,000 years give us clues to tracing the events of the misty prehistoric human civilization.

The four main directions of migration from the Mago Castle on the Pamirs were north, south, east and west, to the ends of the world. We can follow the courses or lines taken by the colonists from ancient remains, symbolic writings, tablets and ancient documents found in all parts of the world. However, no records have been found showing which direction was first taken, or the approximate date when the Motherland's first colony was established. The date of only one colony has been found by James Churchward so far, the Maya Colony on the Nile Delta in Egypt, which was settled about 16,000 years ago

According to ⟨Budoji⟩, from the Mago Castle in the Pamirs which was the origin and cradle of human civilization, the Mago tribes organized themselves into the four groups, that is, Hwanggung(黃穹, moved to the north Tiensan Province (天山州)), Cheunggung(青穹, moved to the east Wunhae Province(雲海州)), Baegso(白巢, moved to the west Weolsig Province(月息州)) and Heogso(黑巢, moved to the south Seongsaeng Province(星生州)), and moved to the four directions of the global ends, creating the Mago colonies and transplanting their culture and civilization as the follows :

1)Hwanggung(黃穹)>Youin(有因)>Hwanin(桓因)>Hwanwung(桓雄)>Dangun (檀君)>Korean culture. The band of nomads crossed the Bering land bridge to Alaska, creating Eskimo-Aleut culture, and moved to the south, creating the colonies in the New World.

2) Cheunggung(青穹)>Chinese culture, representing that of the Hwang River (黃河). The Emperor Hyeonwon(軒轅) settled at Tunhwang(敦煌) and became the main ancestral line of the Chinese Han(漢) race today.

3) Baegso(白巢)>Near, Middle East and European culture, representing those of Sumer, Skythen, Egypt, Greece and Rome. Their moving route was; from the Pamirs in Central Asia>Samarkand>Iran>Mesopotamia>Egypt>the West. The later movement was done by the Taeho(太昊), Yeowa(女媧) and Soho(小昊) tribes with his developed Daemungu(大汶口) civilization, and settled at the Upper Mesopotamia, creating the Garden of Eden around 3,500 B. C.

4) Heogso(黑巢)>Southeast culture, representing that of the Ganges and the

Indus Rivers and Maya and Dravida cultures in Dravida region, Hindu peninsular. The Maya navigators crossed the Pacific Ocean and entered the Colorado Harbour, and formed the Cliff Dwellers in the North America, Maya Dynasty on Yucatan in Mexico and Inca Dynasty in the South America.

The morpheme /mago/ consists of /ma/ "mother" + /go/ "land".

For instance, the Maya word /ma/ means "mother, earth, and country." In the Egyptian, the word /ma/ also means "mother, earth and country."

The word "Pamir" consists of /pa/ "bright" + /mir/ "mountain" in terms of Korean morphemes. This plateau stands between the north Tiensan(天山) Mountain Ranges and the south Kunlun(崑崙) Mountain Ranges, which is called "the roof of the world," at a height of 5,000 m. The existence of Mago Castle on the Pamirs in Central Asia is confirmed by the Naacal tablets, books, writings, inscriptions and legends found and deciphered by James Churchward.

In terms of anthropological investigations, the oldest civilizations have been identified in Egypt along the Nile river, in Sumer along the Tigris and the Euphrates rivers, in India along the Ganges and the Indus rivers, and in China along the Hwang river(黃河). These civilizations are estimated to be not more than 6,000~7,000 years old.

However, according to Budoji(符都誌), Mago opened her primitive and matriarchal queendom about 70,000 years ago. There are the foundations of records to prove the origination and history of human on this land. Weishu(魏書)'s recording on the opening of Dangun(檀君)'s dynasty in 2,333 B. C. Hwandangogi (桓檀古記)'s recordings on the beginning of Hwanwung(桓雄)'s dynasty in 3897 B. C. and the Mago(麻姑), Youin(有因) and Hwanin(桓因)'s dynasties about 70,000 years ago assuredly confirm us that the Mago dynasty on the Pamirs in Central Asia began to develope the earth's first civilization.

The author wishes to express his indebtedness to James Churchward's deciphering and translation of the Naacal tablets, which he discovered in India and many other countries over fifty years of investigation and research. In addition, the author would like to acknowledge Joseph H. Greenberg's proposal of an Eurasian proto-language family which includes Indo-European, Ural-Altaic, Chukchee-Kilyak and Eskimo- Aleut families and the proposal of Nostratian proto-language including Endo-European, Ural-Altaic, Dravidian and Hamito-Semitic families by Danish philologist, H. Pedersen, which suggests that the original home of human language is in Central Asia.. Other important influences on this book were the Budoji(符都誌), translated and annotated by Gim Eunsu(金殷洙), written by Bark Jesang(朴堤相), a great historian as well as a minister of the Silla(新羅) Dynasty, and the Hwandankoki(桓檀古記) translated and annodated by a great Japanese scholars, Kazima Noporu(鹿島 昇) and Im Seunggug(林承國), and Gyeuwonsahwa (揆園史話) written by Bugae(北厓) and Joseonsanggosa(朝鮮上古史 "Ancient Korean History") written by Sin Chaeho(申采浩). Without these valuable references, it would have been impossible to trace the misty prehistoric first steps of ancient Korean history.

Danguns' 47 generations lasted from 2,333 to 239 B. C. a total of 2094 years. After the downfall of Old Joseon, many feudal states became independent and caused a fundamental geographical realignment and a mass migration. These led to the intermingling of inhabitants, bringing about an ethnic integration and cultural fusion. For example, a vassal, Gosil(高失) of Tangun emperor, was appointed as the lord of Cheonggu(青丘). He was a minister of the agriculture who was appointed as a feudal lord in Cheonggu(青丘) state whose capital city was Nagnang(樂浪) Fort. These clans moved to the south to establish Three Han : Mahan(馬韓), Byeonhan(卞韓) and Jinhan(辰韓). In consequence, the overview of Korean history can be briefed as we trace the Dangun's feudal colonies as the follow :

Mago(麻姑) queendom in the Pamirs(about 70,000 years ago)>Hwanggung(黃穹)>Youin(有因)>Hwanin(桓因, 7,198 B. C.)>Hwanwung(桓雄, 3898 B. C.)> Dangun(단군, 2333 B. C.).

After the downfall of Dangun's Old Joseon, many feudal states became independent and caused a fundamental geographical realignment as

the follow :

1). Sinji(神誌)'s feudal colony, Nujin(僂侲)>Eubru(挹婁)>Mulgil(勿吉)> Malgal(靺鞨)>Chin(金)>Jurchen(女眞)>Ching(淸). Sinji(神誌), a vassal of Dangun "Heavenly king or the son of the sun" was appointed as feudal lord in Xiaoshen(肅愼) state. The land of the territory was vast, but barren to farm. All the people were the hunters roaming around finally to settle down along the Hei River(黑水) and engaged in fishing and hunting. They founded the states, which Han(漢) called Eobru(悒婁) and Wei(魏) called Mulgil(勿吉) and Sui(隨), Dang(唐) called Malgal(靺鞨). The descendants of this tribe, founded the Chin(金) state led by

Aguda(阿骨打). They built an altar on the Baegdu Mountain(白頭山, Chinese called this mountain Jangbai(長白)), and performed an ancestral worship to the Heavenly king, Dangun(檀君). This ceremony was named as Gaecheonhongseongjemyeo (開天弘聖帝廟 "The Sacred Shrine of Heavenly Emperor").

2). Gosil(高失)'s feudal colony, Cheunggu(靑丘)>Mahan(馬韓), Jinhan(辰韓), Beonhan(卞韓)>The unification of Mahan>Baegje(百濟), Silla(新羅), Garag(駕洛)>The unification of Silla>Goryeo(高麗)>Lee Joseon(李氏朝鮮)

Gosil(高失), a vassal of Dangun, a minister of the agriculture, was appointed as a feudal lord in Cheunggu(靑丘) state whose capital city was Nagnang(樂浪) Fort. These clans moved to the south to establish Three Han : Mahan, Byeonhan and Jinhan.

3). Yeosugi(余守己)'s feudal colony, Yegug(濊國)>Ye(濊)>Dongye(東濊), Hanye (寒濊)>Nine Maeg(九貊)

4). The third prince of Dangun, Buwu(夫虞) was appointed as a feudal lord in Buyeo(夫餘) state, Buyeo>North Buyeo(北夫餘), East Buyeo(東夫餘)>Goguryeo(高句麗)>Balhae(渤海)>Daewon(大元), Heongryo(興遼), Jeongan(定安)

5). The descendants of Chiwu were appointed as feudal lords in the Nam(藍) state whose capital city was Eomryeo(奄盧) Fort. The 14th generation of Hwanwung, Chiwu(Jawoji(慈烏支)), the greatest emperor, was the first to make iron and bronze weapons, and fought against the emperor, Heonweon(軒轅) at the Tagrog(涿鹿) Battle, winning the victory over 70 times. Chiwu's image, holding a large axe to commemorate his courageous deed as a great warrior, can be seen in Tagrog Ancestral Shrine. The tomb of emperor Chiwu is in Dongpyunggun(東平郡), Santung(山東) Province, and his shrine is in Dongpyungguk(東平國), Sujanghyeon(壽張縣). The Ming(明) Dynasty built the Heavenly Chiwu altar for the admiration of the God of War, the God of Thunder, the God of Wind(風伯), the God of Cloud(雲師) and the God of Rain(雨師).

A number of Korean enthusiastic World Cup fans (called "Red Devils") waved the flag of Chiwu, designed by a designer Chang Buda, for the memory of the God of War.

Besides China and Korea, there are historic remains in the American continent which suggest that the Mongolians moved to this continent from Central Asia. The museum of Kansas University possesses "the spiro mound", the shell on which the image of Chiwu is carved. The Otstungo Indians who live along the Five

Great Lakes hold a memorial service for the God of Light, Chiwu, who rescues them from evil. Tennessee, Missouri and Oklahoma, along the Mississippi River, also possess "the spiro mound", the shell on which Chiwu, Boghi and Yeowas' images are carved.

6). Seonra(仙羅), Dora(道羅), Dongmu(東武)s' colonies, Ogjeo(沃沮), Jolbon(卒本), Biryu(沸流)>Ogjeo>North Ogjeo, East Ogjeo

7). Juin(朱因) was appointed as a feudal lord in Gaema(蓋馬) state.

8). The first Dangun's second prince, Buso(夫蘇)'s feudal colony was Guryeo(句麗)

9). The first Dangun's third prince, Buwu(夫虞)'s feudal colony was Jinbeon(眞番)

All of these tribal descendants of Dangun were called 9 Eastern Ii(東夷) which comprised the tribes of Geon ii(畎夷), Wu ii(嵎夷), Bang ii(方夷), Hwang ii(黃夷), Baeg ii(白夷), Jeog ii(赤夷), Heon ii(玄夷), Pung ii(風夷) and Yang ii(暘夷). From these original feudal states of Dangun, all the states of Eastern Asia had developed up to the present time.

Before the Han Race(漢族) moved to Jungweon(中原) from the Tarim Basin between the north Cheonsan Mountain Range(天山山脈) and the Konryeun Mountain(崑崙山), all the territories of Jungweon were supposed to be occupied by the Dongii(東夷), the ancestor of Korea. A professor of Taipei University, Seo Yangji(徐亮之) said that from the age of Eeon(殷) to the age of Chunchu-Jeonguk(春秋戰國) Dongii monopolized the area of Jungweon the center of which was Santung Province(山東省). Pango(盤固), Youso(有巢), Suin(燧人), Boghei(伏羲), 신농(神農) emperors all were from Dongii Tribes who had been the descendants of Hanwung(桓雄). Even the emperor Heonweon(軒轅) whom the Chinese admired as the progenitor of China was from Youwung State(有熊國) which had been the state of the empress Hwanwung. The name Heonweon was that of the capital city of Youwung and his pen name was Youwung. The emperor Heonweon(軒轅) was a son of Sojeon(小典) from Youwung state(有熊國), one of the feudal state of Hwanwung. His family name was Gongson(公孫) and his second name was Heonweon. The name Heonweon was that of the capital city of Youwung state and his pen name was Youwung. In this sense, three emperors, Boghui(伏羲), Sinnong(神農) and Heonweon(軒轅) and the five kings, Soho(小昊), Goyang(高陽), Gosin(高辛), Dangyo(唐堯) and Wusun(虞舜) the Chines classic recorded about were certainly from the Dongii tribe.

The emperor Heonweon fought against Chiwu(蚩尤), the 14th emperor of Hwanwung, but he was defeated at Tagrok(涿鹿) by the Chiwu infantry who wore the bronze helmet and the iron cap then. The iron civilization in China has been estimated to begin from the age of Yin(殷), but we should recognize that Chiwu had the arms made of the bronze and the steel earlier than those of the age of Hia(夏) and Yin. Probably the steel production might be the oldest in the world history.

The remains of the Hwangha civilization were the variegated and the black potteries unearthed at the ruins of Yin(殷) in the Yangshao village in Hanam Province which was in the west of Nagyang(洛陽). Many historic records reported that the original producer of the black potteries was Sun(舜) who was from Donii.

The Bronze Culture of Old Joseon began in 2,500 B. C. The remains of the early Bronze Culture were unearthed such as the delicate arrow, sword, mandoline-shape dagger and the other bronze implements in the areas of Liaosi and the basin of the Hwanghe River.

In about 800 B, C. the Iron Culture began in Old Joseon. The practical implements for farming and hunting were unearthed.

In 1930, the Chinese archaeologists excavated the remains of Honsan Culture at Honsanhu, Cheupeong City(赤峰市 紅山后), and in 1940 Dong Jusin(佟柱信), a Chinese archaeologist. unearthed the colorful earthenware and the farming tools such as the spade, the sickle, the axe and the plow made of stone. The Hongsan Culture is characteristic of the microlith, the colorful pottery and the agriculture. Many kinds of the earthenware with black and grey color were unearthed, and on them, the pattern, 之, the horizontal line and the triangle were carved.

In the Hongsan Culture site, many kinds of jade products such as the dragon head, the turtle, the eagle, the bracelet were unearthed at the stone tomb, which were artistic and delicate for the use of the ceremony and the religious rites.

The implements made of stone unearthed inform us that the Hongsan Culture enjoyed the highly developed agriculture. In addition to this agriculture, they did hunting, fishing and livestock farming.

The relics of the Neolithic Culture were unearthed in the southern and northern areas of Yenshan(燕山). The excavation covered Sojodalmyeong(昭烏達盟), Cheolimogmeong(哲里木盟) in Inner Mongolia and Beijing, Tienjin and

Liaoseong City in Hopei.

In this area, many rivers flow from Inner Mongolia to the Songliao Plain and to the shore of Liaonam. The important and fruitful sites where the Chinese archaeologists worked at were Imsigwataengja(林西鍋撑子),

Geonsisagwadun(錦西砂鍋屯), Cheupeongsanhu(赤峰山后), Puheogu(富河溝)

tombs, and Shaoheoyen(小河沿). Since 1980, the Chinese archaeologists had been successful in unearthing the precious relics at Tungshanchi(東山嘴), Newheoryang(牛河梁), Singryungwa(興隆洼), Sangtaeg(上宅) and Jaobaogeowu(趙寶溝). The periods of cultures were measured as the follows;

Neolithic Age

Shaheosi(小河西) Culture : 7,000-6,500 B. C.

Singryungwa(興隆洼) Culture : 6,200-5,200 B. C.

Puheo(富河) Culture : 5,200-5,000 B. C.

Jaobaogeowu(趙寶溝) Culture : 5,000-4,400 B. C.

Neolithic and Bronze Age

Hongsan Culture : 4,500-3,000 B. C.

Saoheoyen(小河沿) Culture : 3,000-2,000 B. C.

Bronze Age

Syajatyen Hacheung(夏家店下層) Culture : 2,000-1,500 B. C.

During the neolithic period, from 6,000 - 2,000 B. C. Yangsao(仰韶) Culture developed in the area of Pan-po, Xian. In this area, archaeologists have excavated remains which indicate agriculture and breeding of domestic animals, as evidenced by stored millet and bones of pigs raised on the farms. Also found were colorful pottery artifacts painted with fishes, deer and geometric symbols, as well as jars with seashell designs.

The city, Cheupeong(赤峰) in the southeast of Inner Mongolia was the center of Sajidyenhacheong Culture(夏家店下層文化). In the Jeokbong museum, we can see the potteries with the geometric pattern which are the remains of Hongsan Culture as well as Sajidyenhacheong Culture. The Cheupeong in the Youwung State was the home city of the Bear Woman, Mother of Dangun. At the Hongsan site of Neuheoryang(牛河梁), the woman statue was unearthed and under this statue, the bear's cheekbone was found.

There is a mythology that Dangun was born between the eighteenth Hwanwung king, Keobuldan(居弗檀) and Female Bear. A female bear suggests that she was from the Youwung State(有熊國, A Bear State) which had been one of the feudal states of Hwanwung. Now there stands a statue of the Bear Woman in the Dangun Park of Mancheonseong(滿天星), Manchuria, which tells the vivid legend of Dangun's birth. Evidence of bear-worship is also found in the countless stories of the Siberians, Ainus, Eskimos, and American aboriginals just as Dangun's birth. The bear was called /kam, keom, keum, kom, kaema, koma/. In the eastern Siberia, the shaman was called kam, and in Turkey, Mongol, Silla and Ainu, the god was called Kam or Kamui. In the theocratic society, the shaman was the supreme ruler then.

The Hongsan Culture was characteristic of the matriarchal society, where we can find many remains relating to the bear. This was supposed to be the place where the tribe of Hwangwung and that of the Bear met and married.

In 1930, Chinese archaeologists unearthed the remains of Hongsan Culture in Honsanhu(紅山后), Cheupeong(赤峰) City, Inner Mongolia. Later, a Chinese archaeologist, Yang Sayeong(梁思永) excavated the variegated potteries and the bluish grey earthenwares of Hongsan Culture also in the same site.

Many kinds of the farming implements such as spades, hoes and so on inform us that some Hongsan people developed the high agriculture, but Some were fishers and hunters, roaming around.

People of Hongsan Culture left the remains of excellent jade vessels they had produced. 〈Weichi(魏志)〉 records that they thought the jade highly and ornamented clothes, ears and necks with jade artifacts, but not with gold or silver. The jade products are the same as those of the Daemungu Culture(大汶口文化) and the Yangjeo Culture(良渚文化).

In the region of Chihai-Singreungwa(查海-興隆窪), Liaosi, the neolithic culture prospered in 6,000-5,000 B. C. They made the jade vessels with the dragon design. In the area of Hongsan Culture, many jade vessels with the design of a cow head were also unearthed. This head was the totem of the northern nomads as Baar in the Ugarit kingdom in old Syria.

In 1983-1984, The Research Center of Archaeology, The Academy of Social Science unearthed the remains of Singryuwa Culture in the area of Singryugwa, Inner Mongolia, which provided the historical relics of the Neolithic Age. They excavated the refined hoes, knifes, daggers, spades, and axes made of stone. Many bluish grey porcelains artifacts which were same type and color as those of Hongsan and Daemungu Culture were unearthed. Thanks to a joint project between the University of Pennsylvania and the British Museum in 1923-1937, Sir Charles Leonard Woolley unearthed the area of Ur, and found many Summerian bluish grey porcelain artifacts which was the same type and color as those produced by Taeho Boghi and Soho Gimcheonssi and Damungu, Hongsan and Heungreungwa Culture, which suggests some kinds of historic relation between them. "The first tribe who produced bluish grey pottery was Soho," Taiwanese professor, Seo Ryangji(徐亮之) insisted in his book 〈The Prehistory of China(中國史前史話)〉. He added that "the representatives of the grey pottery civilization were Soho(小昊), Jeonug(顓頊), Jegog(帝嚳) and Jesun(帝舜) who were the emperors of Jungweon Continent.

The author's book, 〈The Ancient Korean transplanted the oriental culture to Sumer〉, I proposed that Taho and Soho moved to Mesopotamia with the highly developed Damunungu Culture. The third Ur was a period of relative calm and stability, and is often called the "Sumerian Renaissance", due to a blooming of Sumerian art, literature, dual principle and lunar calendar transmitted by Taeho and Soho. The first Akkadians were a company of Naga-Maya from India who came through the Persian Gulf and made their first settlement at the mouth of the Euphrates River. They came to Burma and India from the Mago queendom on the Pamirs. The Sumerians and Akkadians were one and the same people; the difference being that one group lived in inland and other lived on the seashore. Babylon was called "Ka Ra" which is a Naga-Maya term for "the city of the sun."

The people of the Hongsan Culture in Heomudu(河姆渡) along the Changjang River admired the sun god, Ra Ma, which had been inherited from the sun god, Mago on the Pamirs. The circle is the picture of the sun, symbolizing the character of "everlasting, without end and infinity". The Naga in India placed a dot in the center of the circle, while the Uigurs added another circle. Various such modifications were found in all seats of civilization around the world.

〈Shanhaiching(山海經)〉 reported「大荒地中 有山名曰不咸 肅愼氏之白民北 有樹名曰熊 常先八代帝於此取之」"There was a mountain called Bulham in the land of Taewhang where the Xiaoshen(肅愼) tribe with the white clothes had lived. They elected the tree with Hwanwung image for the memory of the emperor Hwanwung." This proved that the three Chinese emperors, Bokhei, Sinnong and

Heonweon and five kings, Soho, Koyang, Kosin, Dangyeo and Wusun had come from Xiaoshen(肅愼), one of Hwanwung's feudal states.

According to 〈Suching(書經)〉 and 〈Shichi(史記)〉, because King Yo was too old to govern his state, he abdicated his throne to King Sun(舜), and King Sun had an audience with the king of Sugsin in the east. He visited Taesan in Santung and performed the memorial service to Heaven, and learned Joseon's tao(道), the calendar, the law, the standard of weights and measures and the five codes of ceremonies by whose standards Sun governed his kingdom in the Jungweon Continent well as the following record.

『〈書經虞書堯典〉〈史記五帝本記〉 於是帝堯老 舜攝行天子之政 遂類於上帝 歲二月東巡狩 至於岱宗 遂見東方君長 合時月正日 同律度量衡 修五禮』

At the age of Yeo Sun, Gon(鯀), father of Hia Wu failed in the flood control, and he died after the banishment to Wusan. His son, Wu, succeeded in the flood control by the assistance of Buru(夫婁), the prince of the first Dangun.

〈Shiching〉 and 〈Shichi〉 states that King Wu married a princess from Dosan State, one of the Sugsin feudal states and had a son, Gye(啓). King Wu married her to get the assistance of flood control from the prince Buru, 〈Sejongsilrogjiliji〉 suggested. 〈Hanshu〉 proved the fact that King Wu of Hia succeeded in the flood control by Dosan's assistance.

According to 〈Shiching〉 and 〈Shichi〉, the last king, Geol(傑) of Hia was indulged in the women and drinks, and Sugsin King, Heavenly Emperor ordered Tang(湯) to punish Geol. After Tang perished Hia, he founded Yin. But again the tyrant Ju(紂) of Yin was defeated by Wu Ti of Chow. Sugsin Joseon helped Chow which had been the feudal state of Yin. Without Sugsin's assistance, Chow would not have succeeded in defeating Yin. 〈Shiching〉 proved this fact that Chow Gong said to Yin officials, 'you did not follow the order of the Heavenly Emperor of Sugsin, so Sugsin punished Yin.'

When the emperor Heonweon governed Jungweon, Chiwu(蚩尤) was a monarch of Kuryeo(九黎, the nine Dongii tribes). The Dongii tribes in Jungweon grew up rapidly to become the nine tribes, Keonii(畎夷), Heonii(玄夷), Pungii(風夷), Yangii(陽夷), Wuii(于夷), Pangii(方夷), Hwangii(黃夷), Jeokii(赤夷) and Paekii(白夷). According to 〈Shanhaiching〉, the emperor Heonweon and the emperor Chiwu fought against each other at the Takrok(琢鹿) battle field, and the Rain God and the Wind God from Hwanwung state came to help Chiwu.

In this sense, the three emperors and the five kings the Chines classic recorded about were certainly from the Dongii Tribe.

In conclusion, all the land of Jungweon was occupied by Dongii tribes, the center of which had been Youwung State, one of the feudal colony of the emperor, Hwanwung. The Chinese scholars, Seo Yangji(徐亮之), Wang Dongryeong(王桐齡) and Im Hesang(林惠祥) insisted that 4,000 years ago, before the Han tribe migrated to Jungweon from Tibet, all the lands of Jungweon had been monopolized by the Dongii tribes.

According to 〈Hwandangogi〉, the Dangun dynasties attained a high state of civilization and culture; they practised astrology, mining, textile manufacture, architecture, mathematics, writing, reading, and medicine, etc. They were expert in decorative art on silk, metals, and woods, and they made statues of gold, silver, bronze and clay.

The historic data in 〈Hwandangogi〉 indicate that the Hwanin period corresponds to the Paleolithic Age before 10,000 years ago, the Hwanwung period to the early Neolithic Age before 6,000 years ago, and the Dangun (Old Joseon) period to the late Neolithic Age before 4,300 years ago. Old Joseon was founded in 2,333 B. C. whose age corresponds to the beginning of the Bronze Age.

The early and mid-Old Joseon periods coincide with the Bronze Age, and the use of iron began in the late Old Joseon period.

Bronze spears, arrowheads, shields, helmets, the other weapons have been unearthed in large numbers from many Old Joseon territories; the entire Korean Peninsular, the Junweon Continent, northeastern Hebeisheng, and eastern Neimengguzizhiqu and so on.

Recently the remains of Liaoheo Culture were unearthed in the areas of Cheupeong City along the Liaoheo River basin, Inner Mongolia and Chaoyang City, Liaoning Province, whose unearthed neolithic and bronze remains is older than those of the Hwangheo Civilization. This culture is two hundred years older than those of Yangsho, Heomudu and Changjang cultures. Many Chinese records proved that these cultural areas had been occupied by Old Joseon.

But from the Dangun's middle dynasties to the period of the later dynasties, the strength of the country declined by degrees. Finally, the 47th Dangun, Goyeolga (高列加), succeeded to the throne in 295 B. C. only to be dethroned by Haemosu (解慕漱) from the Gori(藁離) States. Haemosu then founded Bugbuyeo(北扶餘),

ending the era of the 47 Dangun dynasties in 239 B. C.

Goyeolga was known to have been indecisive, hesitant and weak in propelling the state policy, and finally gave up his throne and retired to the secluded mountain.

Haemosu sat on the throne as Dangun, the first king of Bugbuyeo and the leader of five ministers(五加), having the title, "the son of the sun" descended from Heaven.

Lee Gyugeong(李圭景) classified Han as North Han and South Han in his book 〈Ojuyeunmunjangjeonsango(五州衍文長箋散稿)〉.

He also said that at the age of Gija Joseon(箕子朝鮮), Han occupied the land of Liaotung(遼東) and Liaosi(遼西). Sin Chaeho(申采浩) classified Han as Pre-Han and Post-Han. He added that Han had been one of the Tangun's feudal state which occupied the land of Liaotung, Liaosi and Manchuria before Gijun(箕準) moved to the south. There were Jin(眞, 辰) Joseon(朝鮮) in the land of Liaotung and Gilrim(吉林), Manchuria, Beon(番, 卞) Joseon in the land of Liaosi and the north of Gaewon(開原) and Ma(馬, 莫) Joseon in the land of Korean Peninsula. All of three states were called Three Hans(三韓).

We can trace the moving routes of Han, Ye(濊) and Maek(貊) as the follow :

The first movement : The west of Giju(岐周)>Hanseong(韓城) Prefecture, Seumsi(陝西) Province

The second movement : Seumsi Province>Goan(固安) Prefecture, Hopei Province

The third movement : Hopei Province>Liaotung(僚東), Manchuria and Korean Peninsula

Therefore, Three Han might be regarded as the feudal states from the age of Hwanwung which moved from Jungweon(中原) to the northeast and finally to Korean Peninsula.

Around 1,100 B. C. Gija and his family took refuge in the area of Dangun Joseon. Gija was a descendant of the Shang(商) royal family. As the Shang Dynasty fell to the Chow(周), Gija sought shelter in the western Luanhe River basin. Shang(商) and Yin(殷) were founded at Liaotung(僚東) by Dongii(東夷), Chinese historians, Seo Ryangji(徐亮之) in his 〈Junggugsajeonsahwa(中國史前史話)〉, Jeon Sanyeon (傳斯年) in his 〈Ihadongseoseol(夷夏東西說)〉, Ye Ilbu(芮逸夫) and Jeon Ragseong(傳樂成), all insisted same way.

In B. C. 146, Wiman(衛滿) dethroned Gijun, and Gijun moved to Korean Peninsular and settled at Geumma Mahan(金馬馬韓), so the dynasty of Gija was said to have lasted until it was replaced by Wiman(衛滿).

Yubang(劉邦)'s empress of Han(漢) was known to have been severely despotic. By her pressure, Nokwan(盧綰), a king of Yen(燕), escaped to the land of Hsingnu(凶奴), and Nokwan's subject, general Wiman(衛滿) took refuge in the land of Byeonhan governed by Gihu.

Gijun, king of Byeonhan, believed in Wiman, and appointed him as savant(博士), and ordered him to defend Wunjang(雲章) against Yen.

But in 194-180 B. C., Wiman dethroned June(準), the last king of Gija Joseon, by force. This was the historic event that Wiman Joseon took place of Gija Joseon. Wiman founded Wiman Joseon at Liaotung County, Yangpeong Province and called his state Manbeonhan(滿番韓) at first.

In 220 B. C. Qin Shi Huangdi(秦始王) conquered many states and unified China, and to defend the aggression of the northern Hsingnu, Xianpi, Wuhuanpi and the other northern tribes, he sent his general, Mongnyeom(蒙恬) with 300,000 forces to built up the Great Wall. In this formidable project, the king put the people of Old Joseon from Santung, Honam, and Kangsu Provinces by force. To avoid this compulsory and dangerous works, the people of Joseon migrated to the northeastern areas in around 57-18 B. C.

But Han perished Qin, and it unified China in turn. During the war, Gim Ilje (金日磾), the son of Hsingnu King, Hyeudo(休屠), was taken the prisoner of war at Nongseo in 120 B. C. by Wu Ti of Han, and Gim Ilje served as a footman at the court of Han faithfully.

Afterwards, Wangmang(王莽), a great-grandson of Gim Ilje defeated the Han Empire by the coup and declared the founding of the new empire. But after 17 years of reign, Yousu(劉秀) destroyed the Wangmang Empire, and began to wipe out Gim families. In the fear of revengeful massacre, the Joseon people escaped to Korean Peninsular.

A general, Go Jin(高辰) was the second prince of Hae Mosu(解慕漱), the first king of Bugbuyeo(北夫餘). Go Jin's grandson, Go Mosu(高慕漱), Bulriji(弗離支) kidnapped Yuhwa(柳花), Habaeg(河伯)'s daughter who was taking a walk along the Cheong River(青河) with her sisters, Heonhwa(萱花) and Wihwa(韋花), and married Yuhwa by force.

Go Jumong was born as a bastard between Go Mosu and Yuhwa in 79 B. C.(Danoh(端午). Go Jumong was handsome, and at the age of 7, he was very good at archery. He wandered around to stay at Gaseobwon(伽葉原), and he was employed as a footman of the district office. Later, Geomwa(金蛙), the second king of Gaseobweon Buyeo, invited him to the palace and treated him as royal family with his mother, Yuhwa. But the other prince, Daeso(帶素) was jealous of him, and hated to kill him.

Jumong escaped from the palace to avoid Daeso's conspiracy to murder him. Three faithful followers, Mali(摩離), Oi(烏伊) and Heobbu(陜父) accompanied Jumong, and they crossed the Eomlidae River(淹利大水) to arrive at the Jolbon River(卒本川). The monumental stone of the king, Gwangaeto(廣開土) records that Jolbon was the Holbonseo Mountain Fort(忽本西山城) in the Biryu Valley(沸流谷), and later it was called Nulhyeonseong Fort. The land there was fertile and the mountains around were steep and rugged, making a natural fort.

In B. C. 38, at the age of 22, Jumong founded Goguryeo(高句麗) at the basin of the Biryu River.

But in 668 A. D. the Dang troops under Lee Shihchi defeated the forts in Liaotung and then besieged Peongyang Fort. After the bloody war continued for one month, and finally Goguryeo surrendered to Dang and Silla ally. It was the 705th year from the founding of Goguryeo by Go Jumong that Goguryeo hid behind the history and was perished in 668 A. D.

From the first generation of Goguryeo, Go Jumong to the last 28th king, Bojang(寶藏), the 28 dynasties lasted for 725 years. The ally forces of Silla and Dang collapsed Sabi(泗沘) Fort and Wungjin(熊津) Fort, and perished Baegje in 660 A. D. at age of the last 32nd king, Euija, and further perished Goguryeo, collapsing Peongyang Fort in 668 A. D. at the age of the last 32nd king, Boja.

In 42 B. C., Go Jumong intended to inherit throne to Yuri(瑜璃) who was the son of Jumong's first empress, Ye(禮) Soya. The second empress, Soseono left Goguryeo with her sons, and settled at Paedae(浿帶) which had fertile land and abundant goods to live on.

Yuri, the son of the empress, Ye Soya, succeeded to the throne as the second king of Goguryeo and Yeodal(閭達) sat on the throne of Gureo(句麗), and Biru succeeded to her mother's Eohara Queendom. But Onjo was annoyed at his having nothing to inherit. Onjo made his mind to exploit the colony.

Onjo himself built the ships, and crossing the sea, he arrived at Michuhol(彌鄒忽), Youngyu Prefecture, Peongannam Province and moved again to the Wirye(慰禮) Fort, the Cheongyong Mountain(靑龍山), Peongseong City.

Baegje kingdom of which 31 kings had reigned for 678 years, thus collapsed miserably in 660 A. D. by the troops of Silla-Dang ally.

Silla evolved out of Saro(斯盧), one of the many states in Jinhan. Saro was located on the alluvial plains in the present Gyeongju(慶州) and may have been peopled by the six clans.

The chiefs of the six towns met at the side of the Alcheon River(閼川) and elected Bark Heoggeose(朴赫居世) as the first ruler of Saro. Heoggeose's queen came from Gim's family. The founding rulers of Silla revolved around the Bark, Seog and Gim families.

According to the founding legends, the Barg family was the leading force that created Silla. The Seog and Gim then moved to the area to take turns, holding leadership. However, it seems that the indigenous tribe was actually the Gim family. But it is not clear that whether these families came from the north Jinhan or they came from the Tamil race, the southern part of Dravidian Peninsular, India.

In the legend, Seugtalhae was a prince of King Hamtalpa(含達婆) from the Tapana(多婆那) Country. Hamtalpa corresponds to the Tamil Handsppa, the second son of Siva, who was admired most in Indian Hinduism. Tapana corresponds to the Tamil and Sanskrit Tapana which consists of the morphemes /dapa/ "the sun" + /na/ "country". Another name for Tapana is Yongseung(龍城) "the dragon castle", the seven-headed serpent in the Chola kingdom who was brought to India from Burma by the Naga tribe. This is one of the most interesting of all the ancient symbols. Its origin was in the Motherland and it symbolizes the Creator and Creation. In Hindu works, this is called both Caisha and Narayana.

Jijang, the preceptor of Silla Kingdom, received an oracle from Munsu Bodhisattava while he was cultivating himself at the Cheongyang Mountain, China at the age of Dang. This oracle strongly suggests that Gim family of Silla came from Chola Kingdom of ancient India.

"汝國王是天竺刹利種族 豫受佛記 故別有人緣 不同東夷工工之族" The oracle states that your king was a person from Chola race of Cheonchug(天竺, India) who had received an oracle. He was different from the Gonggong race of Dongii(東夷).

Many corresponding cognates and common cultures between the Tamils and Sillas suggest important links between the two races, though the study of the common characteristics of history, culture and language between the two races is far from satisfactory as yet. A. V. Smith in his <History of India>says, “Someday, perhaps, the history of the Dravidian may be written by a competent scholar, skilled in all the lore and language required for the subject.

The Tamils produced the excellent Wootz steel which was exported all over the worlds. They were also known to have been excellent navigators, who carried the name of the kingdom, “Chola”, across the Pacific Ocean to the American continents.

It is remarkable that the names of chiefs in Silla and Tamil correspond to each other in both languages. This might suggest a significant historical relation.

Names of the village chiefs	The names in Tamil
Alpeung(閼平)	Aryappan
Sobeuldori(蘇伐都利)	Sobolthurai
Jibaegho(智伯虎)	Chippaiko
Gurelma(俱禮馬)	Kurema
Jitha(祗陀)	Cheetha
Hojin(虎珍)	Hochin

(From 〈The Ancient Korea and the Dawn of Human History in the Pamirs written by the current author and published at Jimoondang).

Bark Heuggeuse(朴赫居世), the first king of the Silla dynasties corresponds to the name of the Tamil, Pakkiyakose. The morpheme ‘Bark’ means “bright” and ‘Geose’ means “the king” in middle Korean. Najeung(蘿井), the birthplace of Bark Heuggeuse, corresponds to the Tamil nazung, meaning “ditch”.

The first ruler of Silla Dynasty, King Barg Heoggeose was born of the cosmic egg at Najeong, carried on the Sun Carriage by Heavenly Horse. Seunabeol(徐那伐) corresponds to the Tamil sonapol, which consists of /so/”gold” +/pol/ “field”.

The other pen name of the first Silla(新羅) king was Bulkunae(弗矩內) which corresponds to purugunai, Tamil village. The name of the empress, Alyeung(閼英), also corresponds to the Tamil Ariyam, an abbreviated form of Ariyamala, meaning "precious germ".

The fourth king of the Silla dynasty was Seuk thalhae(昔脫海), which consists of the morphemes /seuk/ "iron" + /thalhae/ "forge". This morpheme corresponds to the Tamil /sok/, an abbreviated form of Sokalingam "the blacksmith" and talhae "forge, head, chief".

The pen name Thohae(吐解) "forge" corresponds to the Tamil tohe or tohai which means "the wings of a bird, a guardian". The danyagu(鍛冶具), a tool of the blacksmith, corresponds to the Tamil dhanyaku. Finally, the Mongolian Tarhachi "a king, the blacksmith" corresponds to the Korean thalhae.

The Chola kingdom in southern India, in which the Tamil race established itself, produced the excellent Wootz steel, which was exported all over the world. The 4th king, Seukthalhae was supposed to have come from Tamil. He was famous for being a blacksmith who produced excellent iron products.

Nisakeum(尼師今) meaning /nisa/ "the supreme" + keum "God", which is the title of the king succeeding Seuk, corresponds to the Tamil Nisagum "the great king or the emperor".

The adoption of nisageom means that a senior member of the most influential clan was now entitled to the kinship of Silla. During the nisageom period, the kingship alternated among three royal houses. The emergence of the Talhae-nisageom, who possessed the attributes of both a skilled metalworker and also a shaman, indicates that by this time, Saro had already expanded its influence through trade.

〈Samgugsagi〉 reports that King Barg Heoggeose used to make tours of inspection around the six villages in Seorabeol(徐羅伐), and he promoted the industry of weaving the hemp and cotton cloth as well as the agriculture of the rice production.

"三巡撫六部 妃 <閼英>從焉 勸督農桑 以盡地利"

The fourth king, Yuri also held the "Weaving Contest" on Thanksgiving Day called Chuseog(秋夕).

The correspondence of the following cognates between Tamil and Korean terms in traditional games such as the four-stick game on the lunar New year's Day, the swinging top, the flying kite, kicking the shuttlecock and so on as well as the linguistic data presented above fully make us confirm that there were the cultural exchanges between two countries:

Korean	Dravidian	Meaning
ssal	sal	rice
byeo	biya	rice plant
al	ari	egg
ssi	bici	seed
pul	pul	grass

(M. Clipplinger : Korean-Dravidian Link Revisted)

Koean	Dravidian	Meaning
The terms of folk games		
yud nori	yudh, yuddambarum	four-stick game
(The stop of progressing unit of this game /do, ge, geol, yud, and mo/ in Tamil and Korea are just the same.)		
jegi nori	jegi noori	shuttlecock game
Juibul nori	chupul noori	mouth- fire game
yeon nori	yon noori	kite game
jegi nori	jegi noori	spinning a top
ttagji nori	ttachi noori	slap-match
ja chigi nori	cha noori	measuring stick
neol ttuigi nori	nolthuki	seesaw game
geune nori	kune	a swing game
mal tagi	mal noori	a horse riding
The terms of manual industry		
gochi	kothi	worm
nue	nue	silkworm
beondegi	beondegi	caterpillar
bidan	pittan	silk
sam	sam	hemp
gilsam	gilsam, gilasam	weaving
sil	sil	cord yarn
The terms of agriculture		
pul	pul	grass
ib	nib	leaf
bag	bag	gourd

hobag	hobag	pumpkin
dalg	dag	rooster
dalgyal	dalgal	egg
mettugi	bettukki	grasshopper
so	so, gaya	cow
mal	ma, mal	horse
ori	ori	goose
jippagui	jippagu	thrush
dogsuri	suri	eagle
ttang	ttang	land

(Cited from Kim Jeongnam's paper who is a correspondent as well as a scholar of Tamil language in Toronto, Canada.)

In the period of the Bronze Age, irrigating the rice plant farm using the river water(河水農耕), the culture of dolmen, the mythology of cosmic egg(宇宙卵) from which the king was born, the images of the twin fish carved on the entrance of King Gim Sulo's tomb, at the Eunhasa Temple, Korea, and Hindu Temple in Ayhodia, India, and Silla royal family's belt, bronze instruments, quipu(結繩文字), which ocean navigators used for the communication, the bronze cup made of horns and the correspondence of the cognates above between both languages strongly suggest that there might have been the interchanges of culture between the Maya and Dravidian tribes in India and Silla, Gaya, Jurchen and other East Asian countries, and the countries in American Continent in ancient time.

The proposal that the royal families, Barg, Gim and Seog and the chiefs of the six villages in Silla Kingdom were from Tamil race is far from satisfactory yet, but we can expect the fruitful consequences in near future.

In Deogcheon, Gyeongju City, archaeologists have excavated remains which indicate agriculture and breeding of domestic animals, as evidenced by stored millet and bones of pigs raised on the farms. Together with this agricultural development, industries such as the textiles and silkworm culture progressed. Also found were pottery artifacts painted with fishes, deer and geometric symbols, as well as the bronze jars with seashell design, the earthenware with duck pattern and the belt painted with the horse and the tiger, which suggest that the cultural carriers of Tamil race are indeed great.

At the age of the king, Gyeongae, the king of Post-Baegje, Geonwon, destroyed the Daeya Fort(大耶城) with large band of troops, and marched to the Jinye Fort (進禮城).

In 920 A. D. the troops of Geonwon attacked Geongju, the capital of Silla, and captured the king, Geongae, and he forced the king to suicide himself.

Afterwards, the last 56th king Geongsun believed he could hardly manage to govern his country and gave his country to Goryeo king, Wanggeon.

56 generations of Silla kings reigned for 992 years.

The ally forces of Silla and Dang collapsed Sabi(泗沘) Fort and Wungjin(熊津) Fort, and perished Baegje in 660 A. D., and further perished Goguryeo, collapsing Peongyang Fort in 668 A. D.

From the first generation of Goguryeo, Go Jumong to the last 28th king, Bojang(寶藏), the 28 dynasties lasted for 725 years. The ally forces of Silla and Dang collapsed Sabi(泗沘) Fort and Wungjin(熊津) Fort, and perished Baegje in 660 A. D. at age of the last 32nd king, Euija, and further perished Goguryeo, collapsing Peongyang Fort in 668 A. D. at the age of the last 32nd king, Boja.

At this time, the captives of Goguryeo banded together under the leader, Dae Joyeong(大祚榮) at Yingzhou, and they founded Jin state in 713 A. D. and later named his country as Balhae. The founder of Balhae, Dae Joyeong was a former Goguryeo general. Upon the fall of Goguryeo, he had been taken as a prisoner and forced to stay in Yingzhou, but he seized upon the occasion of the Khitan people's revolt against Dang, and established a new state. He helped a band of followers and moved eastward to Dongmoushan(東牟山, present Donhwa, Gilrim Province), the former Gyeru area, where he proclaimed himself the king of the independent state, Jin.

Before the reign of Taejo, Dae Joyeong, his father, Geolgeol Jungsang(乞乞仲象) founded Post-Goguryeo at Dongmo Mountain (東牟山), the old land of Goguryeo, Gaeru and Eupru(The present Sapeongsi(四平市), Ssangroheon(雙遼縣), Hugogajin(後高家鎭) from 668-699.

The 14 generations of kings for 243 years of reign had lasted, but the instability in its society was the main reason why Balhae surrendered so easily to the attack by the Khitan in 926 A. D. Moreover, once Balhae fell, there was no way for its culture to be transmitted to the later generations.

In 918 A. D. at the age of 42, after 3 years of the king Geongmeon's reign, Wan

Geon was recommended to the throne by the revolutionaries, and declared the founding of a new state, Goryeo at Songag(松岳, present Gaeseong(開城) where he had been born and brought up. At this time, Silla sent a diplomatic messenger to Goryeo to ask for a friendly relationship between two countries.

Geonweon fell the Daeya Fort and attacked Jinye Fort, and the king of Silla asked to rescue the forts from the aggression of Geonweon to Goryeo.

Bangweon(芳遠), Nameun(南誾), Jo Inog(趙仁沃), Jo Jun(趙浚) and Jeong

Jeong Dojeon(鄭道傳) and his supporters dethroned Goryeo King Gongyang by force, and instead, they seated their leader, Lee Seonggae, on the throne. So Goryeo Dynasty came to an end in the 4th year of Gongyang's reign in 1,392 A. D. with 34 successive kings for 475 years.

It is regretful that Japanese scholars distorted the truth of historic facts that Silagi(新羅), Koma(高句麗), Kudara(百濟) and Mimana(任那) were in the Chain of Japanese Islands, especially in Tzeusima(對馬島) and Kyusyu(九州).

Silaki, Koma, Kudara and Mimana colonies were in Tsusima, Kyushu and many other Japanese chain of islands. In addition, it is obvious that the Empress, Singong(神功皇后) conquered Silagi in Tsusima Island, not Silla in Gyongju.

Shamanism in Korean belief has been surely the melting pot into which Confucianism, Buddhism, Christian, Taoism, Islam and so on have been poured. In this sense, Shamanism might be the original starting point for the birth of all religions.

Every mythology is thus the result of the efforts of the earliest human mind to explain the mysteries of the universe: the sky, the sun, the planets, the weather, the seasons, dawn and twilight, and other varied elemental phenomena which early man personified as divine beings. These gods were of supernatural significance to the simple fancies of primitive people, and in order to understand this naturalistic religion, we must attempt to discover its heart, and feel its life currents. We must imagine ourselves at one with the original humans, listen to their hymns and prayers, and witness their rites and ceremonies; we must endeavor to comprehend their religious ideals.

The primitive Mago dynasty was a primitive tribal society with theocratic and matriarchal sovereignty, and their polytheistic shamanism can be characterized as the worship of the Sun, the Moon, the Fire, the Water, the Trees, the Gold and the Earth. These were named after seven Great Stars(七曜), and formed the original religion as well as heralding human science.

These cosmological ideas described in the myths are surprisingly alike to that of dual principle(易) originated at Mago Castle and later theorized by Boghi(伏羲).

Spiro mounds of shells have also been found, on which images of the 14th Hwanwung emperor, Chiwu(蚩尤), Boghi(伏羲) and his wife Yeowa(女媧) are carved. These are preserved in the museums of Tennessee, Missouri and Oklahoma States. The Otstungo Indians living near the Five Great Lakes still perform memorial services for Chiwu the Great.

All of the ancient nations copied the Mago's symbols in Cheubugeong-the Mayas of Yucatan, the Naga-Mayas of India, the Babylonians, the Assyrians, the Egyptians and Pueblo Indians of southwestern North America.

Furthermore, these ancestors developed the first cosmic science of human civilization, the theory of which is well documented in the Cheunbugeong(天符經), which consists of a grid of 9 horizontal and 9 vertical (9x9=81) symbols with 31 numerals and 50 letters. These symbols are arranged and distributed in the geometric square formation(魔方陣). This entire sutra has just 81 words but throughout the history of mankind no other study is able to surpass its reasoning, its thought, its logic, its philosophy and its simple description of the universal law, order and force for the union between the heaven, the earth and the man.

These three original symbols (the circle, the equilateral triangle and the square) were extremely symbolic. The circle, having no beginning and no ending, symbolized Heaven or the Sun. The square was the conventional symbol of the Earth, since its four corners represented the four points of the compass - east, west, north and south. The equilateral triangle (symbolizing Man) has three equal sides, representing Heaven, the Earth and Man, joined to one another and forming a single unbroken line without end.

The legends in Central Asia say that the Creator made man. Then the Creator divided universal beings into two principles (male and female) which is the dual principle found in the Cheunbugeong(天符經), originating more than 70,000 years ago, and used to teach early man that the universal beings existed in duality.

I am really amazed at the exact correspondence between the presentation of cosmic forces proposed by James Churchward and those of Cheunbugeong(天符經).

Before moving further on, it is necessary to appreciate the significance of Choe

Chi Weon's (崔致遠, a great scholar of Silla Dynasty)so-called "Diagram of Truth"(眞理圖).

A Seung(性)-1 is the Natural Essence which is the law of truth, physics, ethics and the way for us to observe the ideal world. This is defined as the Infinite Universe itself, the Creator, the Deity and the Law of Nature.

A Myeong(命)-2 is the Source of Life, encompassing the positive(Yang) and negative(Yin) forces and the dual energy as elementary particles of physics. All substances are composed of atoms and these are composed of elementary particles(素粒子). These elementary particles are the Yang and Yin forces with circulating energy.

A Jeong(精)-3 is the Apparatus of Movement in which the energy of positive and negative forces revolve by Natural Law, the Will of the Almighty. In terms of physics, Jeong is the nucleus of the atom according to the theory of elementary particles. The nucleus incessantly operates and moves by circulating force as fast as the meson and the velocity of light presented by Einstein's theory of relativity, E=MC2(C=300,000km a second). In consequence. through the union of the vital force of Yin(陰, male) and Yang(陽. female) the universal harmony of nature has been produced. Afterwards, Liaotze said that "The Tao produces one. One produces two. Two produces three. Three produces all universal beings. The created world carries the Yin at its back and the Yang in front."

This Satra is characteristic of comprehending the spatial and temporal relativity concerning the infinite universe.

An American mathematician, F. Swetz says in his 〈Legacy of the Luoshu(洛書)〉 that "this Luoshu, a hieratic numeral writing was transmitted to the Western worlds and became the foundation by which the Western science prospered." The Naga, the Maya and other seats of civilizations, all inherited this hieratic numerals from this Luoshu. The legend says that the king, Wu(禹) of Hia(夏, 2205-1767 B. C.) invented the Luoshu by observing Heavenly Law carved on the back of Turtle God. Taeho(太昊) Boghi(伏羲) is said to have drawn the Hado(河圖), observing the design on the Dragon and Horse, and presented Heavenly Law. I am sure that these great Luoshu and Hado became the basis on which the world science and religion developed.

〈Juyeog Gyesajeon(周易 繫辭傳, The Dual Principle of Chow) states that "Boghi(伏羲, 包犧) invented The Eight Trigrams For Divination(八卦), observing the terrestial and celestial bodies." After his death, Sinnong(神農) inherited this principle, and after Sinnong's death, the Emperor Yeo and Sun inherited this principle.

These universal forces are theorized as the dual principle by Boghi(伏羲). He regards the symbol of the male as Hyo(爻) [━] and the symbol of the female as Hyo(爻) [- -]. He further defines the positive male force has celestial properties, while the negative female force has terrestrial properties. The Five Elements(五行), Metal, Wood, Water, Fire and Earth are produced through the operating forces, Chi(氣) of Yin and Yang.

Also Pythagoras said that "There is harmony and uniformity in nature which is governed by the Number."

Numeral writing carries a hidden meaning. The numbers used in this form of writing are from 1 to 10. Numeral writing was the temple writing in Egypt up to 500 B. C. and probably later. We know this from the writings of the Greek, Pythagoras, who was initiated into the Sacred Mysteries when in Egypt.

Pythagoras, on his return to Athens from Egypt, taught his pupils: "To honor numbers and geometrical designs with the name of God." It is well known that modern geometry has been handed down to us by Euclid, who obtained his knowledge of geometry in Egypt. The author believes that the Egyptians inherited this knowledge from their forefathers, who came to Egypt from the Motherland, Mago Castle on the Pamirs.

The ancient Koreans taught us that "The law of the Earth is governed by the Heaven(地法天), the law of the Man is governed by the Earth(人法地) and the law of Heaven is governed by Tao(道) (天法道). and the law of Tao is governed by Nature(道法自然)."

Dual Principle of Chow(周易) states that 一陰一陽謂道 "The positive(Male, Yang) and negative(Female, Yin) universal forces are governed by Tao, the Order of Nature. Liaotze said that "All things in the universe are governed by Tao."

Laotze(老子) said that "Nature and the Sage are not benevolent for they have to act according to the doctrine of naturalism. The people may maintain peace and harmony without mundane knowledge and desire. Man models himself after the Earth, The Earth models itself after Heaven, The Heaven models itself after Tao and Tao models itself according to the Law of Nature. Being in accord with Nature, he is in accord with Tao"

All the religions, beliefs, principles and philosophies have a common origin in the Mago Castle on the Pamirs 70,000 years old. In this sense, we are all the global brothers and sisters who share the blood of the same ancestors.

The belief of Cheunbugeong(天符經), Hado(河圖), Luoshu(洛書), Taoism(道教) and so on surely leads us to live peacefully and harmoniously without struggle and disaster in this global society as sisters and brothers. This ideal can be realized by your keeping Tao of Nature, the Sacred Inspired Writings of Mago Castle on the Pamirs, the cradle and center of human religion and science. This was the Religion of the Motherland, and the First Religion of Man.

The common property of dual principle(易), the cosmic forces, the myths, the symbols of science and religion, ○, □ and △, customs, practices, rituals, the affinity between the languages and the hieroglyph, so far examined all over the world, give the proof of the great and original civilization of man in the Mago Castle on Pamirs more than 70,000 years ago.

In the garden of nature will be found the great school for learning true science, for nature is the school-house for the higher learning, where man is taught to live peacefully. There are many, many lessons which nature would teach us, but they remain unlearned.

This sutra teaches people with priority to return to Nature by finding their true selves. Tao of Nature is ever present and surrounding the whole universe, just like streams and rivers, all running into sea and ocean. A great world is like the vast sea in the lowland toward which all streams and rivers flow in. The ultimate aim of the world is to protect all the global sisters and brothers and lead them live peacefully without hatred, disaster, struggle and war.

In consequence of all of my sweat, I propose the following overview on ancient Korean history.

The overview of ancient Korean history

1) The Mago matriarchal queendom on the Pamirs : 70,000 years ago (Hwanggung(黃穹)>Youin(有因))
2) Hwanin's 7 dynasties : 7,198-3,898 B. C. from the first Hwanin to the 7th Hwanin, Jiwiri at the Tiensan Mountain
3) Hwanwung's 18 dynasties : 3,898-2333 B. C. from the first Hwanwung to the 18th Hwanwung, Geobuldan at the Taebaeg Mountain, Seomsi Province
4) Dangun's 47 dynasties : 2,333-295 B. C. from the first Dangun to the 47th

Dangun, Goyeolga at Asadal, Altai Mountain Ranges

5) Buyeo

A. Bugbuyeo's six dynasties : 295-62 B. C. from the first Haemosu to the 6th Gomuseo at the Inner Mongolia

B. Gaseobwonbuyeo(East Buyeo) : 49-494 A. D. From the first Haeburu to the third Daeso

6) Three Han : Pre-Han and Post-Han : From the period of Dangun Age to Three Kingdom Age.

Their movement routes can be traced as the following ;

The first movement : The west area of Giju>Hanseong, Seomsi

The second movement : Seomsi>Goan, Hopei

The third movement : Hopei>Liaotung>Korea

7) Ye-Maeg : We can also trace their movement routes from Seomsi> Hopei>Liaotung>Manchuria>Korean Peninsular

8) A: Gija Joseon : Around 1100 B. C. Gija and his family took refuge in the western border of Old Joseon from Yin. Their movement routes were from Santung>Gojug, Liaosi>Peongyang, Korean Peninsular

B: Wiman Joseon : Wiman from Yen dethroned Jun, and founded Wiman Joseon at Liaotung in about 194-180 B. C. Wi Ti of Han perished Wiman Joseon

9) Three Kingdom, Goguryeo, Bagje and Silla

A. Goguryeo : 28 dynasties : 38 B. C. -668 A. D. It was the 705th year from the founding of Goguryeo by Go Jumong that it was perished by the forces of Silla-Dang ally.

B. Baegje : 32 dynasties : 31 B. C.-660 A. D. from the first queen Soseono to the 31rst king Eoija. Baegje fell miserably by the forces of Silla-Dang ally in 660 A. D.

C. Silla : 56 dynasties : 57 B. C. -920 A. D. from the first king, Barg Heoggeose to the 56th king Gyeongsun. The last king of Silla escaped to Goryeo.

10) The founding of Balhae : 699 -926 A. D. from the first king, Dae Joyeong to the 14th king, Dae Inseon. Balhae surrendered to Khitan.

11) The founding of Goryeo : 910- 1392 A. D. from the first king Wanggeon to the 34th king, Gongyang.

The last king was dethroned by Lee Seonggae, the founder of Lee Joseon.

12) Shamanism>Cosmic force and dual principle by Cheonbugeong>Hieratic Numerals in Hado and Luoshu which explain the order, the law and forces of Nature>Taoism and other aboriginal beliefs such as Boghi's Dual Principle, Jeongsan's Teaching, and so on have mixed with the foreign religions, Confucianism, Buddhism, Christian, Islam and so on.

찾아보기